复杂世界的经济学

杨风禄　著

山东大学出版社
SHANDONG UNIVERSITY PRESS
·济南·

图书在版编目(CIP)数据

复杂世界的经济学/杨风禄著．—济南：山东大学出版社，2021.9
ISBN 978-7-5607-6793-2

Ⅰ．①复…　Ⅱ．①杨…　Ⅲ．①经济学—研究　Ⅳ．①F0

中国版本图书馆 CIP 数据核字(2021)第 104911 号

责任编辑　王桂琴
文案编辑　张馨月
封面设计　牛　钧　王秋忆

出版发行　山东大学出版社
社　　址　山东省济南市山大南路 20 号
邮政编码　250100
发行热线　(0531)88363008
经　　销　新华书店
印　　刷　济南乾丰印刷有限公司
规　　格　720 毫米×1000 毫米　1/16
　　　　　35 印张　645 千字
版　　次　2021 年 9 月第 1 版
印　　次　2021 年 9 月第 1 次印刷
定　　价　79.00 元

出版说明

山东大学自1901年办学兴校伊始就以“立德树人，育人强国”为根本宗旨，始终将大学的命运与国家民族的命运紧紧联系在一起，为天下储人才、为国家图富强，引导学生通过求学成才报效国家。山东大学是中国近代研究生教育理念与实践的起源性大学之一，是全国最早招收和培养研究生的高校之一，是中国研究生培养的重要基地。2020年，以“培养最具创造力的研究生”为目标，学校制定了首个研究生教育综合改革发展意见，研究生教育以“立德树人，服务需求”为鲜明旗帜，全面进入新时代，致力于铺就一流大学建设的“强校之路”。2021年，山东大学迎来120周年华诞，“百廿山大，强校兴国”是10万多名山大研究生学子不变的初心使命。未来的研究生教育，将在山东大学“由大到强”的历史性转变中，在教育强国、人才强国、科技强国的理想奋斗中继续变强，为实现中华民族伟大复兴作出新的更大贡献！

课程体系优化和精品课程建设是人才培养质量的保障，深化研究生培养模式改革首要的就是进一步优化学科课程设置。本丛书以公共课程智慧教学与研究为主题，聚焦研究生教育教学改革、创新研究生育人模式，从“教”与“研”两个视角对研究生公共课程教学进行深入思考，推进研究生公共课程多元化智慧教学创新改革，打造内容国际化、形式现代化、手段智慧化的优质研究生公共课程体系，促进研究生培养质量进一步提升。

本丛书的建设目标为：

一是打造国际化、世界一流的课程内容。公共课程创新计划旨在贯彻落实建设教育强国战略方针，探索新形势下研究生教育发展趋势，对标世界一流高校的先进经验和做法，引入最新的研究生课程教育教学理念，进一步提高研究生公共课课程教学质量。

二是打造现代化、多元化的全新课程形式。全面改革公共课程现有授课模式，对公共课教学的瓶颈问题进行针对性的梳理、总结，对多种在线教学模式进行比选融合，对课程知识点进行组合和重构，推进线上线下混合式教学，实现研究生公共课程体系现代化。

三是打造精品化、全面化的公共课教学体系。鼓励和倡导以公共课程设置创新为契机对智慧教学的规律、特点进行探索，对授课方式、授课内容、课程成绩评价体系进行全面更新，以跨学科公共课程体系为依托推进导师团队建设、学科交叉创新、科教产教融合。

本丛书将对深化研究生教育教学研究、推进研究生公共课程体系优化、提高研究生教材建设水平等有所裨益。

山东大学研究生院、党委研究生工作部

2021年9月

写在前面的话

这本《复杂世界的经济学》是在为山东大学硕士研究生开设的一门同名选修课的基础上加工完成的。课程面向那些具备了一定的专业知识和反思能力，同时又心存迷茫、希望更深地了解外部世界中的人与社会，也希望对经济学有更深了解的同学。

很多人希望通过学习经济学来理解现代社会，很自然地，人们首先把目光聚焦到各种流行的经济学。初入经济学世界，人们能够发现这是一个绚丽的舞台——如云的学者，潮水般的学子，更有令人眼花缭乱的参考书，当然，令人印象最为深刻的还是变幻莫测的公式、众说纷纭的观点。

当代经济学家试图把经济学建设成为从公理推导出的理论体系。现代经济学理论建构在曾经流行一时的"公理化"体系之上，其基础性构件包括：(1)利益最大化取向的行为主体(企业和个人)，即行为主体都理性地追求个体利益；(2)有效的市场体系——价格灵敏反应与要素充分流动性，它们为个体行为提供了实现机制；(3)数理逻辑为基础的线性因果关系，提供和确保了理论或行为的逻辑一致性。

虽然，作为"倾向"，上述构件无论是在市场交易还是在日常生活中都确实存在，但是，现代行为科学研究证明，它们并非是对人类经济行为的完整、准确的描述。更准确地说，"理性"行为只是人类行为的冰山一角，如果不是更多至少同样多的人类经济行为不能被纳入"理性"的模式之下。当我们对比经济学理论与真实的人类日常行为时，每个人都会产生与怀特海、熊彼特、奈特、科斯等一样的困惑：现代经济学，理论和现实的差距为何如此之大？那些"逻辑一致、推理严密"的理论对现实世界却没有什么解释力。

本书将引领大家从一个跨学科的视角，通过利用其他学科(物理科学、数学、系统科学以及认知科学)的成果，开始一场对现代经济学的反思与批判之旅。这种探索迫使我们穿行在一片广阔的思想领地之上，在各个方向上纵横交错地穿行。本书的目的还在于告诉大家，我们生活于其中的真实世界是复杂的、非线性的，并提示大家在这个真实世界中我们应有的学习、工作和人生态度。当然，我并不试图让每个人都认同书中的观点，但希望你能够借此机会，跟随本书一起，以批判的眼光审视自己曾经深信不疑的事情，意识到你此前所听到的、学到的、看到的、相信的、希望的事情未必就是真的或都能成真。

如果你是一位有心的人，那么相信你会有这样的体验：通过一副"眼镜"，无论是显微镜还是望远镜、X光镜，你都能够重新发现自己先前遗漏了多少未曾注意到的事物，或歪曲了多少事物的真实面目。著名经济学家约瑟夫·熊彼特也有同样的忧虑，他说：

> 18世纪发展起来的这一思想体系，只承认利己主义的调节原则……基本的事实是，不论作为原因还是结果，这种哲学非常清楚地表达了19世纪的激情和世俗（更准确地说是被世俗化的）社会特点，那就是逃避社会责任。在道德迷茫中，经济成就只会使得一个世纪以来经济自由主义必然产生的社会和政治问题更加严重。[①]

不难看到，当代经济学家并没有超越他们所处时代的价值观，而是沦为时代价值观的奴隶，他们极尽迎合"增长"观念之能事，并不关注资源耗竭或环境污染问题，忽略健康和就业等社会问题，不遗余力地为"增长"辩护，认为一切都要为"增长"让路。事实证明，时代流行的思维定式深刻影响着人们的所思、所见、所信，也同样影响了人们的行为和最终得到的结果。所以，除非读者打算抛开现代经济学的一系列假设和思维模式，否则极有可能无法充分理解本书内容。

本书既可以看作是一次传道，也可以看作是一次对机械论知识清算的尝试，更是一场试图改变人们观念的冒险。当然，本书还有一个梦想，那就是引导大家开启一段思考、阅读之旅，没有阅读的积累，根本无法培养出一个具有反思能力的人！

在开启这场"朝圣之旅"之前，希望大家准备好一种开放的心态和求知的欲望，其他一切随缘。本书确实试图做到对有兴趣打开它的人"开卷有益"。如果能够坚持阅读完本书并基本理解其中内容的话，相信读者判断是非的能力、应对复杂社会的能力、与大师对话的能力都会得到提高。

本书并不以解决争论为目标，写作本书的过程中，我始终提醒自己谨记那句古老的拉丁谚语："不要与一个只懂得一种专业知识的人争论。"如果大家在

---

① Joseph Schumpeter, "The Future of Private Enterprise in the Face of Modern Socialistic Tendencies", *History of Political Economy*, Vol. 7, No. 3, 1975, pp. 294-298.

学习过程中能就某些问题与我们达成一定程度的共识，如果大家在此过程中学会了用开放的思维模式去思考问题，那将是我们最希望看到的，我们也会为之感到欣慰，认为我们所付出的努力取得了部分成功。

最后，送大家一句美国著名物理学家弗里曼·戴森说过的话：

> 科学不服从西方哲学或西方方法论的管束，科学跟所有文化中的自由精神是天然盟友，违抗每一种文化强加在人们身上的暴政……科学是一种颠覆的力量，倘若科学不再造反权威，那么，它就不值得我们最聪明的那些孩子为之奉献自己的聪明才智。[①]

作　者

2021 年 9 月

---

① [美]弗里曼·戴森：《反叛的科学家》，肖明波、杨光松译，浙江大学出版社 2013 年版，第 15、18 页。

目 录

1 复杂世界与经济学导论

2 理性的限度

3 复杂世界经济学的理论基础与方法

4 经济:一个复杂适应性系统

5 复杂世界中的市场

6 复杂世界中的企业

7 复杂世界中的政府

1 复杂世界与经济学导论

试图在事物的本性方面一探究竟，这种努力是多么肤浅、无力和充满缺陷啊！在哲学讨论中，关于陈述的最后定论即使有丝毫教条式的或独断式的确定性，都是某种愚蠢的展示。①

——[英]怀特海

我们获得了前所未有的关于物理的、生物的、心理的、社会的知识，科学愈益广泛地使经验的和逻辑的检验方法占据了统治地位，理性的光明似乎把迷信和蒙昧压制到了精神的最底层。但是在各处，谬误、无知、盲目跟随我们的认识同时进展。②

——[法]埃德加·莫兰

21世纪，所有的学科都在经历重大转型：从将世界视为高度有序的、机械的、可预见的、在某种程度上静态的，转变为将世界视为不断进化的、有机的、不可预测的、处于永远发展中的。物理学、化学、数学、地质学等都是这样，经济学也不例外。③

——[美]布莱恩·阿瑟

① [英]A. N. 怀特海：《过程与实在》，杨富斌译，中国城市出版社2003年版，第8页。

② [法]埃德加·莫兰：《复杂性思想导论》，陈一壮译，华东师范大学出版社2008年版，第3页。

③ [美]布莱恩·阿瑟：《复杂经济学、经济思想的新框架》，贾拥民译，浙江人民出版社2018年版，第XVIII页。

首先需要指出的是，本书涉及的理论和思想并没有局限于经济学的范围，现代物理学、现代哲学、语言学等都对本书的形成具有至关重要的贡献。在许多重要问题上，不同学科以及不同思想家之间的意见往往并不一致。其实世界上根本没有绝对的知识，那些宣称有所谓绝对知识的人们，不过是不知道或不承认所有信息都是不完备的。这就是人类知识的真实状况。也许我们可以相信：

> 极为重要的是，我们领域中的所有问题更会涉及哲学问题……几乎所有伟大的经济学家同时都是哲学家，而且至少从过去的情形来看，所有伟大的哲学家同时也都是经济学家。当然，这种现象绝不是偶然的。①

本书要揭示的两个问题是：真实世界是怎样的？它与刻板的经济学理论之间的鸿沟有哪些？从现代经济学在经济实践中的无能的表现看，这两个问题远远没有解决。

1.1 现代经济学：事实还是虚构

> 过去的三个世纪，西方科学思想的主要倾向是还原论的。的确，“分析”这个词在最广泛的范围中被使用，这种情况也清楚地表明，科学家习惯上是毫无怀疑地把一个问题拿来进行分解，然后再解决它。但是，有些问题只能通过综合才能解决，它们在性质上是综合的或整体的。②
>
> ——[英]保罗·戴维斯

1.1.1 事实还是虚构

一直以来，经济学以社会科学中最具科学特征的学科自居。甚至自称“社会科学的皇后”，更有一些人，宣称其他社会科学应该学习经济学的思维方式。当然，这只是一种自负的声音。在任何问题上，我们似乎应该具备中国古人就有的古老智慧：“兼听则明，偏听则暗。”我们不妨记住怀特海（Alfred North Whitehead）在《科学与近代世界》中曾经说过的话：

> 如果科学不愿退化成一堆杂乱无章的特殊假说的话，就必须以哲学为

---

① [英]哈耶克：《哈耶克论文集》，邓正来译，首都经济贸易大学出版社 2001 年版，第 437 页。

② [英]保罗·戴维斯：《上帝与新物理学》，徐培译，湖南科学技术出版社 1995 年版，第 64～65 页。

基础，必须对自身的基础进行彻底的批判。[①]

早在1997年11月，在鹿特丹的伊拉斯谟大学召开了主题为“事实还是虚构·实在论和经济学的展望”的会议，会上提交的论文的修正稿编辑成《经济学中的事实与虚构：模型、实在论与社会建构》一书。会议（以及这本书）主要从经济学模型、经济的本质、经济学学科本身的社会结构三个相关的视角，讨论三个关键问题：经济学模型与现实有怎样的关系？与经济相关的那部分世界是怎样运转的？经济学的学科制度对其面向事实还是虚构有怎样的影响？

在《经济学中的事实与虚构：模型、实在论与社会建构》一书中，乌斯卡里·迈凯（Uskali Maki）[②]提出了这样的问题：

> 事实还是虚构？经济学究竟是一门受人尊敬的、有用的、面向事实的学科，抑或只是经济学家们虚构了很多模型的智力游戏？[③]

当然，这并非只是迈凯他们的疑问，而是许多人多次提出的一个问题，我们相信这是一个比任何其他经济学主题都更为重要、更为严肃的问题。

迈凯在该书的序言中指出：

> 经济学是一门有争议的科学，不仅是它的各种理论、模型和方法，更值得注意的是，它作为一门科学的地位，都受到了争议。[④]

迈凯在这里说的，是经济学尤其是现代经济学一直面对的问题，也是那些以经济学为业的人不愿意正视甚至努力掩盖和不断为之辩护的话题。

> 很多人认为经济学是一门傲慢且无知的学科，因为从方法论价值来看，它在数学上的精炼和专业化，与其生产关于真实世界的正确知识这个目标几乎不相干甚至毫不相干。他们认为，就严格的数学表达这方面来说，经济学或许可称为社会科学的皇后，但它的不足在于与真实世界的关联。经济学很大程度上是一门形式化的虚构的学科，与真实世界中极其丰

① ［英］A. N. 怀特海：《科学与近代世界》，何钦译，商务印书馆1959年版，第17页。

② 乌斯卡里·迈凯是荷兰鹿特丹伊拉斯谟大学的科学哲学教授和伊拉斯谟哲学与经济学研究所的学术主席。他的研究领域包括科学实证主义、非实证主义假设、经济解释、社会本体论、经济学的修辞、经济学的经济学以及新制度经济学的方法论。

③ ［荷］乌斯卡里·迈凯：《经济学中的事实与虚构：模型、实在论与社会建构》，李井奎译，上海人民出版社2006年版，第7页。

④ ［荷］乌斯卡里·迈凯：《经济学中的事实与虚构：模型、实在论与社会建构》，李井奎译，上海人民出版社2006年版，第17页。

富的事实几乎无关。正如托马斯·卡莱尔的评价,“这是一门沉闷的科学”。①

确实,围绕经济学的争论由来已久。早在1819年,西斯蒙第(Simonde de Sismondi)就对李嘉图(David Ricardo)忽视人的需要,过度沉迷于抽象,把政治经济学变成了一门思维推论的空论的做法提出批评,认为他们常常为了抽象的理论而牺牲了人和现实利益②。他说:

> 我认为必须反对一般的、往往是轻率的、往往是错误的评判社会科学著作的方法。社会科学所要解决的问题比各种自然科学问题复杂得多;同时,这种问题需要良心正如需要理智一样。③

从西斯蒙第那里,我们可以看到今天听来仍觉熟悉的批评:

> 一般说来,在政治经济学中应该防止绝对的假定,正如应该防止抽象一样。用来在每个市场上进行平衡的每种力量,本身就能够变化,并不需要受它所要平衡的力量的影响。任何地方也没有绝对的数量,任何时候也没有永远相等的力量,而且一切抽象都是欺骗。所以,政治经济学不是单纯计算的科学,而是道德的科学。如果人们认为被数字支配的时候会失去方向,那么只有注意到人们的感情、需要和热情时,它才能达到目的。④

在20世纪70年代,经济学更是遭到了经济学界一些人的严厉批评。他们指责他们的经济学同仁一直专注于想象的、假定的而非可观察的现实,认为他们所使用的理论和模型建立于凭空捏造的关于人类行为的假设之上,而作这样的假设常常是为了数学处理的方便,并非为了与具体现实保持一致。这导致抽象的经济学理论与具体的事实毫无联系,并与纯数学已几乎没有什么区别了。⑤

马克·布劳格(Mark Blaug)是当代著名的经济思想史学家,即使是像他这样的一位主流经济学的坚定拥趸者,也对主流经济学的做派表达过严重的不满。

---

① [荷]乌斯卡里·迈凯:《经济学中的事实与虚构:模型、实在论与社会建构》,李井奎等译,上海人民出版社2006年版,第11页。

② 参见[瑞士]西斯蒙第:《政治经济学新原理》,何钦译,商务印书馆1983年版,第527~528页。

③ [瑞士]西斯蒙第:《政治经济学新原理》,何钦译,商务印书馆1983年版,第13页。

④ [瑞士]西斯蒙第:《政治经济学新原理》,何钦译,商务印书馆1983年版,第191页。

⑤ 参见[荷]乌斯卡里·迈凯:《经济学中的事实与虚构:模型、实在论与社会建构》,李井奎等译,上海人民出版社2006年版,第13页。

> 他批评了主导经济学的形式主义的缺陷，这种形式主义将经济学转变为一项与政策无关的理论游戏。他特别批评了1954年阿罗-德布鲁证明之后的一般均衡微观经济学、近来经济学家对博弈论的迷恋和新古典宏观经济学。经济学家失去了解决真实世界问题的兴趣。[①]

迈凯在《经济学中的事实与虚构：模型、实在论与社会建构》一书的序言中指出：

> 第一个结论就是“经济学”是一个在其背后隐含着种种不同含义的危险的综合概念。如果认为经济学是这样的或是那样的，就会有很大的风险，一个简单的原因是并不存在那种能够让人有充足理由作出直接断言的一致的“经济学”。[②]

哈耶克(Friedrich Hayek)是奥地利经济学派最重要的成员之一，20世纪最具影响力的经济学家及社会思想家之一，1974年获诺贝尔经济学奖。在现代经济学方法问题上，他始终一致地坚持了自己的立场。他说过：

> (在经济学中使用)数学方法导致人们产生了这样一种幻想，即我们可以用这种方法去预测和确定那些量的数值；此外，它还使人们去探寻那些量的常数或数的常数，而我们知道，这种努力注定是徒劳无功的……我常常希望我们的数理经济学家能够把这个道理牢记于心。我必须承认，我直到现在仍然怀疑他们对可计量的量值所做的探寻工作是否对我们从理论上理解经济现象作出过重大的贡献……认为只有可计量的量值才是重要的因素的观点实是一种迷信。[③]

> 那些看似简明但却错误的理论往往会因为表面上遵循那些公认的科学标准而得到人们的赞誉，但是……这种虚名却会导致极为严重的后果。[④]

---

① [荷]乌斯卡里·迈凯：《经济学中的事实与虚构：模型、实在论与社会建构》，李井奎等译，上海人民出版社2006年版，第13～14页。

② [荷]乌斯卡里·迈凯：《经济学中的事实与虚构：模型、实在论与社会建构》，李井奎等译，上海人民出版社2006年版，第16页。

③ [英]哈耶克：《哈耶克论文集》，邓正来译，首都经济贸易大学出版社2001年版，第388页。

④ [英]哈耶克：《哈耶克论文集》，邓正来译，首都经济贸易大学出版社2001年版，第389页。

1.1.2 现代经济学之梦

(1)终极理论之梦

终极理论是一种试图解释一切——从宇宙万物到人类的全部现象——的梦想。当然,终极理论有各种类型的变种,在不同领域也有不同的版本。其中,为大家所熟悉的也许是某些原理或通论,这些原理、通论试图解释某个领域里的一切。

终极理论的梦想在很早的时候就开始了。在西方,它可以追溯到古希腊。在苏格拉底之前,爱奥尼亚的米利都城的泰勒斯(Thales)创建了古希腊最早的哲学学派——米利都学派。泰勒斯是第一个问出"世界的本原是什么",并开启了"本体论哲学"的哲学家。他认为基本的物质是水,而在阿那克西米尼(Anaximanes)看来,应该是空气。在色雷斯的另一个学派的德谟克里特(Democritus)和留基伯(Leucippus)告诉我们,所有物质都由称作"原子"的永恒的小粒子组成。

在柏拉图(Plato)以后的思想发展史上,我们总会清晰地看到,在各种理论尤其是哲学理论背后赫然耸立着一个终极理论的影子,那个理论将有无限的意义,它的完备与和谐将完全令人满意。人们寻求自然的普遍真理,寻找一个共同的起点,一个能够给出所有解释的起点,一个能精确描述所有自然物的定律体系,也就是所谓的终极理论。

经过17世纪的伽利略(Galileo Galilei)、开普勒(Johannes Kepler)和笛卡尔(René Descartes)的研究,特别是到了牛顿时代,终极理论又获得了新生。牛顿(Isaac Newton)的运动和引力定律,精确决定着物体任何时刻在运动中的位置。在20世纪,最为明确地追寻终极理论目标的人当属爱因斯坦。爱因斯坦(Albert Einstein)生命最后30年的大部分都献给了所谓的统一场论——一个试图统一麦克斯韦电磁论和爱因斯坦广义相对论的理论。

我们不难看到,即使是在当代,寻找终极理论的努力也依然没有停止,正如1979年诺贝尔物理学奖获得者斯蒂芬·温伯格(Steven Weinberg)所说:

> 爱因斯坦昨天的奋斗也是我们今天的奋斗,那就是寻找终极理论。[①]

> 虽然还不知道那终极理论会是什么样子,也不知道还要过多少年才能找到它,但我们相信已经开始模模糊糊地看到了它的身影。[②]

---

① [美]斯蒂芬·温伯格:《终极理论之梦》,李泳译,湖南科学技术出版社2003年版,第14页。

② [美]斯蒂芬·温伯格:《终极理论之梦》,李泳译,湖南科学技术出版社2003年版,第1页。

即使是在数学领域，也有数学的终极理论之梦，成果最突出的当然是伟大的数学家希尔伯特(David Hilbert)。然而，1931 年，哥德尔(Kurt Godel)发表了《论〈数学原理〉中形式上不可判定的命题及其有关系统Ⅰ》，宣告了希尔伯特纲领的失败。哥德尔定理对任何一个公理系统都是适用的，甚至在一些数学分支上也不例外。尤金妮娅·程(Eugenia Cheng)在《超越无穷大：一次跨越数学边界的冒险之旅》中指出：

> 无穷是一场梦，一个巨大的由无穷无尽的时间和空间所构成的迷幻世界。无穷是一个黑暗森林……无穷是一个环形，它在我们面前呈现为一个无穷无尽的螺旋。①

> 但是一经仔细研究，这些无穷就消失了……而且，这些无穷往往会造成矛盾、冲突、不可逾越的鸿沟和黑暗的陷阱……它们其实禁不起严格的逻辑检验。②

(2)经济学的终极理论之梦

从古典经济学家们的政治经济学原理，到瓦尔拉斯(Léon Walras)的一般均衡理论，到凯恩斯(John Maynard Keynes)的《就业、利息和货币通论》，再到现代经济学的宏微观原理，都是要建立一个经济学的终极理论。

在现代经济学中，为了建立这样一个经济学的终极理论，经济学家提出了理性人假说。理性人与理性选择堪称现代经济学的理论基石，虽然存在各种各样的思想版本，但核心思想是用一个给定的偏好函数来建立个体行为的模型，在其中人们追求效用最大化。这个函数通过每一个特定的投入组合确定效用的量，每一个投入都作为一个自变量进入这个函数。个体可以根据可得到的效用来进行理性选择，以达到效用最大化。

实际上，现代经济学仍然是一种试图寻找普适性经济学理论(或通论)的努力，是寻求经济学的大一统理论(终极理论)的一个具体表现。而且，无论是在观念上还是方法上，经济学中的“最优”“最大化”都与数学中的“无穷”“极限”方法联系在一起。当然，它们与数学上的“无穷”“极限”概念一样，都是一些很容易想象却很难具体描述的概念。

遗憾的是，世界终归是复杂的，是变动不居的，而不是根据某种逻辑设

---

① [英]尤金妮娅·程：《超越无穷大：一次跨越数学边界的冒险之旅》，杜娟译，中信出版社 2018 年版，第 3 页。

② [英]尤金妮娅·程：《超越无穷大：一次跨越数学边界的冒险之旅》，杜娟译，中信出版社 2018 年版，第 6 页。

计的。

1.1.3 迷失的范式

20世纪，是经济学形式化的世纪。20世纪的经济学家们不去把握和解释真实的经济结构和经济过程，而是潜心于建立方程。那些权威的经济学刊物，如《美国经济评论》《经济杂志》《政治经济学杂志》和《经济学季刊》等，最典型地代表了这种变化。20世纪20年代以前，90%以上的文章用的是文字描述。到了20世纪90年代初，代数、积分和计量经济学的内容在这些权威杂志发表的文章中已超过了90%。目前，经济学在形式化的道路上似乎有越走越远的趋势。特别是20世纪最后1/3的时间里，经济学在理论上的变化是相当明显的。翻开任何权威的主流经济学杂志都可以看到，现代经济学对探究模型的偏好要远甚于探究现实特征。

(1)经济学形式主义的局限

经济学数学形式主义的倡导者们说，数学赋予这一学科严谨性和精确性，霍奇逊(Geoffrey M. Hodgson)在《演化与制度》一书中，对当前这种经济学形式主义进行了多方位的批判。他说道：

> 正如托马斯·梅耶指出的那样，经济学中的真实和精确是不可兼得的，二者之间存在某种权衡。建模者会说，由于简化和抽象是必需的，因此理论中的现实主义或描述上的准确就是不可能的。这句话一点没错，但并不能证明为了模型而不顾现实是正当的。①

实际上，后面我们会告诉大家，上面这种关于数学的理解是十分错误的，虽然它流传了很久。数学并不能与严谨和精确画等号。其一，数学是一种抽象思维，并不总是严谨的，它是关于理性状态或纯粹状态的逻辑，因此，常常需要作出大胆和武断的假设，并不需要顾忌现实是怎样的。其二，数学也并非总是需要精确，当今具有广泛用途的模糊数学就是因为概念无法精确才产生和发展起来的。至于建模，大家只需要记住当代著名统计学家乔治·博格斯(George Box)说过的话："所有模型都是错的，但有些是有用的。"由于人们认知能力有限或者有些数据难以获取以及数据的测量错误，模型的构建与现实总是存在很大的距离。模型只是对现实尝试性的解释，是用模拟的方法描述这个世界。现实和模型"长"得不一样，所有的数学模型都是对现实的一种近似，它们会带给人们启示，因此是有用的。

---

① [英]杰弗里·M.霍奇逊：《演化与制度：论演化经济学和经济学的演化》，任荣华等译，中国人民大学出版社2007年版，第2页。

柏格森(Henri Bergson)在《创造的进化论》中指出:

> 对于有机体的创造,即很好地建构生命的进化现象,我们无论如何也不能采取数学的处理办法……有人认为生物体与太阳系一样也可以用某种超人的计算器来进行数学方面的考察。这种想法逐渐产生于伽利略的物理学发现之后形成并壮大的形而上学的思潮中……这种形而上学在人类的心理上总是显得十分自然。因其表面上的清晰,人们急不可耐地要将它视为真理,如此之多的优秀思想家无须证明就热烈地接受了它——简而言之,它所施加予我们思想上的一切诱惑力,应使我们对它有所警惕。形而上学对于我们来说确实具有它的吸引力,这点便足以证明它可以满足人们的某种先天的倾向。①

(2)超越思维世界(逻辑演绎)

真实世界不同于思维世界。在真实世界的几乎所有领域里,只有不清晰的概念、模糊的分类以及有歧义的语言。在这里,此时、此地的A,可以不同于彼时、彼地的A,1+1可以等于、大于或小于2。只有在思维世界中,才有清晰的概念、确定的语言,才有A同一于A,才有1+1=2。实证主义为了实现它们精确与确定的梦想,正试图把思维世界的事情等同于真实世界的事情。因此,真实世界与思维世界实际上是两个不同的世界,而实证主义者并没有认识到这一点。在《观念的冒险》中,怀特海告诉我们:

> 实证主义的重要思想学派……目前在科学领域占统治地位。它的目的是专注于事实,而抛弃一切思辨。不幸的是,在各种不同派别的意见中,它是最经不起与事实相面对的。它从未被实施过。它永不可能被实施,因为它不能提供一个立足点。②

需要指出的是,怀特海对各种实证主义学派的不满是有充分理由的。而他在这里所说的它们"专注于事实",并非是指真实世界的"事实",而是经过抽象概念剪裁之后并用实证主义的手段加工过的"事实"。在经济学领域中,则是那些可以用于逻辑推理的数字。因此,怀特海说,这样的"事实"是最经不起与(真正的)事实相面对的。

现代经济学沉迷于形式主义而不去理解现实,已经使经济学在重大的经济转型和危机面前束手无策。当前有些主流大学经济学系主要的注意力并没有

① [法]亨利·柏格森:《创造的进化论》,陈圣生译,漓江出版社2012年版,第25页。
② [英]A. N. 怀特海:《观念的冒险》,周邦宪译,贵州人民出版社2000年版,第145页。

集中在当今世界的紧要问题上，他们通常并不强调对现实经济过程、体系和制度的研究。

怀特海特别强调，一门科学对其自身的假设必须时刻保持警觉和批判。当然，这并不是说我们可以接受天真的经验主义者的观点，他们认为能够简单地从事实中发现理论。我们也不应该遵从完全相反的演绎论者的方法，他们不顾事实，随意作出假设，然后据此进行演绎推理并得出结论。

(3)思维范式的转变

埃德加·莫兰(Edgar Morin)是法国当代著名哲学家、社会学家、人类学家和政治评论家，复杂性研究的开拓者；①1950年，进入法国国家科学研究中心工作；1973～1989年，任该中心所属的社会学、人类学、政治学跨学科研究中心主任。20世纪60～70年代受系统论、控制论、信息论以及自组织理论的影响，莫兰提出复杂性方法(复杂性思想或复杂性范式)。1973年，其发表的《迷失的范式：人类研究》一书中首先提出"复杂性范式"的概念，号召人类进行思维方式上的新革命。

莫兰对现代科学中研究人的方法表示了强烈不满：物理学主义用物理学方法研究人类行为(典型如经济学)，文化主义只从社会文化方面研究人，生物学主义只从自然生物方面研究人。这些研究对人性和社会的认识只能得到片面的结果。莫兰认为经典科学的认识方法有两个极端：一是化简，即把复杂的事物还原为简单的事物，如把人类学问题还原为生物学问题来处理，把生物学问题还原为物理—化学问题来处理。二是割裂，即如果确定了认识对象的不同层次或方面的性质，就使它们截然分割、不相连属，如使人类学问题、生物学问题、物理—化学问题彼此隔绝，不相影响。

莫兰在《教育的七个黑洞》中表示，人们教授确定性，然而需要教授的恰恰是不确定性。他这样描述当前的教育：

> 我们被迫在充满不确定因素的海洋上航行，时而穿行于确定的群岛之间，这就是人类的冒险。今天，我们知道这是未知的冒险，我们需要一种教育，能帮助我们面对这个冒险而不气馁。②

只有多一些深刻的反思、多一些真实社会的经历，人们才会明白，几乎所有的事情都没有完全的确定性。因此，莫兰坚持认为，对人类行为的研究需要多

---

① 在莫兰之后，1977年诺贝尔化学奖获得者、比利时的普里戈金也提出了"复杂性科学"的口号，在世界上引起很大反响。1984年，美国的圣菲研究所成立，接过了"复杂性科学"的口号作为自己研究所活动的旗帜。

② [法]埃德加·莫兰，陈力川：《教育的七个黑洞》，《经济管理文摘》2006年第23期。

维度、多因素、多基源、多中心展开,在认识方法上需要坚持多元决定论的观点。

莫兰在《复杂性思想导论》开篇指出:

> 我们获得了前所未有的关于物理的、生物的、心理的、社会的知识。科学愈益广泛地使经验的和逻辑的检验方法占据了统治地位。理性的光明似乎把迷信和蒙昧压制到了精神的最底层。但是在各处,谬误、无知、盲目跟随我们的认识同时进展。一个根本的觉醒对于我们是必要的:
>
> 1. 谬误的深刻原因不是存在于事实的谬误(虚假的知觉)或逻辑的谬误(不一致)中,而是存在于把我们的知识组织为思想系统(理论、意识形态)的方式中。
>
> 2. 存在着一种新的与科学本身的发展相连的无知。
>
> 3. 存在着一种新的与理性的恶化的运用相连的盲目。
>
> 4. 人类遭受的最严重的危险与认识的盲目和失控的进展相连(热核武器、各种类型的操纵、生态环境的失序等等)。①

他想要表明这些谬误、无知、盲目、危难具有一个共同的特点,即它们产生于我们认识的一种肢解性的组织方式,不能认识和理解现实的复杂性。

1.1.4 经济学超历史吗

众所周知,现代经济学中,完全没有历史的地位。因为,在经济学家眼里,经济学所探讨的是一般原理,是普适的。它不仅超越所有的经济实体,而且超越了所有的历史时期。因此,诸如路径依赖、环境约束(即国情)、制度作用等都是异质性的因素,会削弱甚至从根本上动摇经济学的普适性。

但是,在真实的经济实践中,谁能够在完全没有历史与环境(国情)的条件下从事经济活动呢?又有什么人类活动能够完全不受文化与传统的影响呢?不仅生物学演化受到路径依赖的影响,大自然乃至物理世界的演化也摆脱不了路径依赖。路径依赖,说到底,就是承认文化、传统以及历史与环境对人类活动的深刻影响,其中当然包括经济活动。

柏格森告诉我们:虽然在形而上学世界中可以没有历史(如现代经济学原理),但是,没有任何人,也没有任何事物能够割断与历史的联系。

> 如果我们不是出生以来的历史的凝聚体,我们究竟又是什么呢?我们的性格又作何解释呢?我们的历史甚至要从出生以前算起,因为我们带有出生以前的气质。也许我们只利用了我们的过去的一小部分来思考;但

---

① [法]埃德加·莫兰:《复杂性思想导论》,陈一壮译,华东师范大学出版社2008年版,第3～4页。

是，在我们渴求、发愿和行动之时，却是动用了我们过去的全部，包括我们先天的性向。这就是说，我们的过去会以它的驱动力量和造成趋势的形式，整体地出现在我们的面前，尽管呈现于我们的意识中的只是其中很小的一部分。①

霍奇逊对经济学忘记历史的做法提出了严厉的批评：

人们对一般性理论的迷恋，部分地导致了在现代经济学和社会学中存在一定程度的忽略历史的现象。②

在19世纪和20世纪，在经济学中进行一般性理论构建的吸引力一直在增强。人们已经确信：经济学原理在范围上必须是普遍性的，这些原理必须适合所有的经济体系和任何一个历史时期。③

在经济学中，对于普遍性追求的核心就是个人效用最大化的思想。20世纪的经济学进行一般性理论构建的主要工具之一，就是理性的概念。随着这个概念范围的扩展和内容的改进，主流经济学对于一般性理论的主张更加自信，将其扩展到了整个社会科学，甚至更广。④

一般性理论学家们将其理论建立在被认为是共同的或普遍的特征之上，而不是历史的或文化的特性之上。在这一方面他们所参照的范例是在自然科学中成功得出的统一性解释和一般性理论。例如，在经济学中，一般均衡的理论学家们已经作出了关于人、他们的禀赋以及他们之间的交互行为的看似一般性的假设。正是基于这些假设，他们试图得出一些关于经济均衡的一般性结论。⑤

克里斯多弗·彻尼亚克已经指出了在逻辑体系中计算的局限性。他证明，整个宇宙所有可能的计算资源即使在宇宙存在的所有时间里都进行计算，也不足以确定多于138个的、定义明确的命题的逻辑一致性。显然，

---

① [法]亨利·柏格森：《创造的进化论》，陈圣生译，漓江出版社2012年版，第12页。

② [英]杰弗里·M.霍奇逊：《经济学家是如何忘记历史的：社会科学中的历史特性问题》，高伟等译，中国人民大学出版社2008年版，第4页。

③ [英]杰弗里·M.霍奇逊：《经济学家是如何忘记历史的：社会科学中的历史特性问题》，高伟等译，中国人民大学出版社2008年版，第264页。

④ [英]杰弗里·M.霍奇逊：《经济学家是如何忘记历史的：社会科学中的历史特性问题》，高伟等译，中国人民大学出版社2008年版，第265页。

⑤ [英]杰弗里·M.霍奇逊：《经济学家是如何忘记历史的：社会科学中的历史特性问题》，高伟等译，中国人民大学出版社2008年版，第8页。

一个人的计算能力比这要有限得多。我们可以进行逻辑处理的命题必然比 138 个要少得多。①

显然,外部的世界并非一个抽象的理想世界,现代经济学更没有恰当地描述、解释这个世界。

1.2 真实世界与虚构世界

在这里,我们希望说明,人们关于世界的看法(世界观)与他们的知识和行动密切相关。一个时代所流行的对于世界的基本图景的理解,支配着人们的思维和行动。在当代科学关于世界的解释以及人们的社会实践活动背后,正是世界观发挥着根本的作用。当然,经济学也不例外。怀特海在《观念的冒险》中告诫我们:

> 切不要认为,宇宙论的普遍的问题存在于实践兴趣的范围之外。各个时期对人类活动的指导,以及同一时期这些指导之间的冲突,都是解决这一宇宙论问题的不成熟以及成熟方案(它们在人群中得到推广)所造成的结果。②

1.2.1 真实世界:万物互联,黑天鹅出没

任何一种世界观都与时代的科学发展分不开。如果一个人、一种科学(学科)闭目塞听,不去了解其他科学,尤其是自然科学的进步,想要获得对世界的正确认识就完全是奢谈。

20 世纪,是各门科学,尤其是自然科学中的物理学、生物学、认知科学等长足发展的世纪。这种发展不断地刷新着人们对世界的认知,也一次次地冲击着那些故步自封的科学,尤其是经济学(它是最为典型的故步自封的科学)。

在现代经济学中,"规律"和"定律"是使用非常普遍的字眼。相反,"不确定性"倒是没有什么地位。经济学家们的解释是,意外事件可能发生,但是它们对人类经济活动并不构成什么威胁,在短期冲击过后,经济总是能够恢复到趋向均衡运动。这是迄今为止经济学的主流观念,它贯穿各种版本的经济学始终。

任何时代、任何领域,人们都要面对不可预测的事件(黑天鹅事件)的冲击。

① [英]杰弗里·M. 霍奇逊:《经济学家是如何忘记历史的:社会科学中的历史特性问题》,高伟等译,中国人民大学出版社 2008 年版,第 19 页。

② [英]A. N. 怀特海:《观念的冒险》,周邦宪译,贵州人民出版社 2000 年版,第 158 页。

表面上，黑天鹅事件罕有发生，实际上，几乎一切事情都逃不过黑天鹅的影响，而世界始终是被各种类型的黑天鹅事件所左右。

不幸的是，世界的紧密联系以及不可预期的事件在我们生活中的影响被严重低估甚至抹杀了。

（1）万物互联的世界

①地球系统

地球看似相对封闭，但并非孤立的系统，太阳、月球、其他行星乃至银河系都对它有着直接的影响。它们之间不只是存在物质与能量的交换，而且在运动意义上相互吸引与扰动（见图 1-1）。

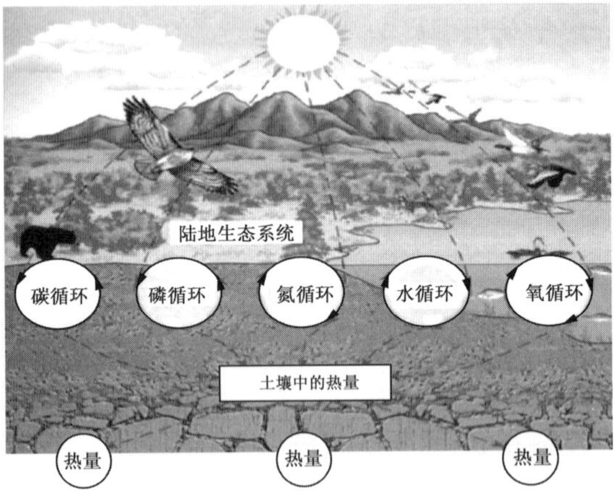

图 1-1 地球系统的相互联系示意

我们生活于其中的系统叫作地球（地球系统或地理环境）。这是一个由大气层、水圈、生物圈、土壤圈、岩石圈和人类构成的相互作用着的系统。

②环境系统

地球上各个圈层关系密切地联系在一起，形成了总的可供人类生存的生态圈。这个生态圈内，一刻不停地进行着物质循环、能量转换以及信息的传递。

生物从大气圈、水圈、土壤岩石圈获得这些营养物质，而营养物质在生态系统中都是沿着从周围环境到生物体再到周围环境的途径反复运动。这种循环过程又称为生物地球化学循环，简称生物地化循环（见图 1-2）。

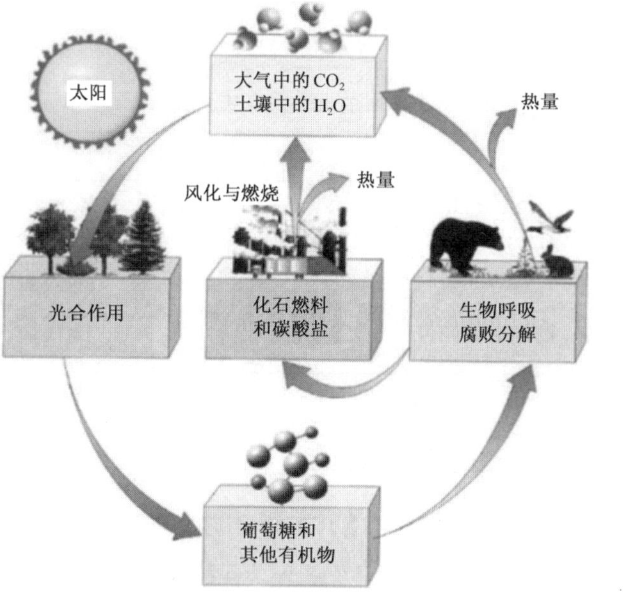

图 1-2 地球环境中的碳循环过程示意

生物体要不断地从生活的环境中汲取新能量,只有这样才能在复杂但不稳定的条件下维持生命。理论家有时把这一层次的复杂存在称作复杂适应系统。在过去 40 多亿年的时间里,各种各样的生物体已经极大地改造了地球的环境并创造出了生物圈。

植物与真菌构建的共生体系生物体量庞大、种类丰富、功能复杂。植物根系与菌根真菌形成的互惠共生体,从内共生到外共生、从分解到修复、从合成到生产、从低等到高等,体现出超强的生物学和生态学机制,构建起一个巨大、完整、统一的共生网络。

③人的系统

实际上,每个人本身不仅是一个多重性质组成的复合体,而且还是一个开放系统,与外部世界紧密联系在一起。

人的化学层面:人体和地球一样,都是由各种化学元素组成的,存在于地壳表层的 90 多种元素均可在人体组织中找到。维持人体正常生命活动不可缺少的元素称为必需微量元素。所谓不可缺少,并非指缺少将危及生命,而是指缺少时会引起机体生理功能及结构异常,导致疾病发生。正常人每天都要摄取各种有益于身体的微量元素,目前,公认的必需微量元素有:铁(Fe)、铜(Cu)、锌(Zn)、钴(Co)、钼(Mo)、锰(Mn)、钒(V)、锡(Sn)、硅(Si)、硒(Se)、碘(I)、氟(F)、镍(Ni)等 13 种。尚未明确其生物学作用亦未发现有毒性的元素称为非必需微量元素。

表1-1是人体中的(部分)元素含量情况。

表1-1　　人体中的(部分)元素含量①

元素	70 kg动物或人体中元素含量	重量百分率
氧(Oxygen)	43 kg	61%
碳(Carbon)	16 kg	22.9%
氢(Hydrogen)	7 kg	10%
氮(Nitrogen)	1.8 kg	2.6%
钙(Calcium)	1.0 kg	1.4%
磷(Phosphorus)	780 g	1.1%
钾(Potassium)	140 g	0.2%
硫(Sulfur)	140 g	0.2%
钠(Sodium)	100 g	0.14%
氯(Chlorine)	95 g	0.13%
镁(Magnesium)	19 g	0.03%
铁(Iron)	4.2 g	0.006%
氟(Fluorine)	2.6 g	0.004%
锌(Zinc)	2.3 g	0.003%
硅(Silicon)	1.0 g	0.001%

人体的生物层面:人体是一个复杂的微生态系统,我们的身体里居住着数以万亿计的微生物,包括真核生物、古菌、细菌及病毒,分布在我们的皮肤、口腔、鼻腔、生殖器及肠道等部位,构成了被称为人类的第二基因组的人类微生物组。其中,微生物细胞总数约10^{14}个,其数量是人体自身细胞的10倍左右,其编码的基因数量至少是人体自身基因数量的100倍。人体内的微生物重量占到了我们身体重量的1%～3%。人类的肠道与细菌建立了互惠共生体系:前者为后者提供了适宜的温度、丰富的营养物质、优越的栖息和繁殖环境;后者则能够调控肠道上皮细胞发育、防止细胞损伤、调节宿主脂肪存储、刺激肠道血管生成、构建生物被膜等免疫屏障、阻抑外来致病菌的侵入定殖、帮助人类消化大分

① 参见吕选忠等:《元素生物学》,中国科学技术大学出版社2011年版,第26页。

子食物成分、合成人类必需的维生素与氨基酸等、参与糖和蛋白质代谢、促进营养元素吸收与利用。

如果不理解我们身上的微生物以及我们与微生物之间的共生关系，我们就无法完全理解自然和社会的运作。

人的社会层面：吃喝拉撒、繁衍后代、生老病死，是每个人都要经历的自然过程。同时，人还是社会过程的主体和参与者。每个人都不仅是生物的人、物理的人，而且还是社会的人。人的出身、经历、社会角色、成长机会、个人努力、知识积累、价值观、意识形态、社会制度与文化等因素都复杂地融入人的一生。

④社会系统

社会系统的概念似乎有些抽象。那么，如何理解“社会”？这也许是一个众说纷纭的社会学话题，对它的讨论超出了本书的范围。但是，我们强调，任何情况下，首先我们要看到人的个体性，它是“社会”的基础。而被我们称之为“社会”的事物，并不是一个独立于“个体”的不同事物，而是人的相互联结、相互影响形成的。

个体之间的相互联结、相互影响当然具有“物质”一样的真实性，也就是说，“社会”并不是一个虚构的概念。特别是现代国家诞生之后，“社会”拥有了一种超越了个体性的独立形态，显现出了看得见的独立轨迹。这种情况下，社会性对每个人的影响是巨大而真实的。这里所涉及的问题是，经济学可以置人的社会性于不顾吗？

现代物理学上有一个单粒子的双缝干涉实验，我们看到单个粒子也能表现出波的特性。为了解释这种现象，量子力学提出了一种叠加态的假设，并将态叠加原理[①]纳入量子力学体系中。

态叠加原理指出，假设 A 和 B 是一个粒子的两种不同的状态，那么 A 和 B 的线性组合 A+B 也是这个粒子的可能状态，同时具有状态 A 和状态 B 的特征，A+B 可称作叠加态。

态叠加原理告诉人们，一个微观粒子同一时刻可以处于多个状态的叠加态。一个粒子不同时刻可能分别处于不同的状态，多个粒子同一时刻也可能分别处于不同的状态，但一个粒子同一时刻绝对不能处于多个状态。它处于这个状态，就意味着它没在另一个状态。你不测量它，就不知道它的状态，即不能确定它的状态，但是不能确定它的状态不等于它的状态不确定。

叠加态的概念让测量甚至是人的主观意识变得相当重要，因为你没测量前，它的属性是不确定的，而如何测量又是人的主观设置，完全是随意的，这正

---

① 狄拉克认为：“每当系统是确定地处于一个态时，我们就能把它看成是分别部分地处于两个或更多的态中的每一个。”（[英]狄拉克：《量子力学原理》，陈咸亨译，科学出版社 1965 年版，第 11 页）

是量子力学让人们产生争论的焦点之一，因此产生了各种各样的量子力学解释，让人眼花缭乱、无所适从。

叠加态原理作为量子力学的一个基本原理，在量子力学中具有重要的地位。但是，其重要性并不只是局限于物理学领域。

如果我们用这样的观点看世界，世间的每一种事物都是处于叠加态中的事物，甚至是我们每一个人也都是生存在叠加状态中。例如月亮，既处于与地球的相互作用之中，也处于与太阳的相互作用之中，还处于与其他物体的相互作用之中。每一种相互作用都给它一个“身份”。

对于人来说，多重身份的叠加状态更是明显。例如，从生物学上看，一个人就是一种生物；人类学家看到的是一个一个高等动物或智慧动物；政治学家看到的则是政治动物。另外，大家既是一个学生，也是某人的子女、是某人的同学、是××社团的成员……每一种身份都会对你的行为产生不同的影响，而且它们之间常常不一致，甚至会有冲突。

> 当各个部分以较复杂的形式相互作用时（就像蚁群中的蚂蚁彼此相遇一样），知道孤立的个体行为并不能了解整个系统（蚁群）的情况。简单地运用还原的观念——只是孤立地研究部分——在这样的情况下很难有效地研究整体性质。因此，我们必须既研究各个部分，又研究各部分之间的相互作用。①

(2)黑天鹅出没（不确定性）的世界

上面谈到的万物互联，可以等价于开放系统的概念。万物互联正是世界不确定性的来源。

黑天鹅问题不仅是一个随机性的技术问题，还涉及我们看待世界的方式。人们总是错误地认为自己知道的很多，能够预测未来。特别是现代社会，我们称之为大数据时代，人们掌握的信息前所未有的丰富，各种类型的伪科学、假大师天天贩卖基于大数据的“预测术”，实际上，世界的偶然性丝毫未曾降低，相反，各种灾难前所未有的频繁。

现实生活中，美妙的世外桃源、和谐繁荣的乌托邦世界始终远离我们，可望而不可即。真实世界是复杂的，它充满了风险、不确定、灾难、失业、危机，充满了竞争，甚至欺骗、阴谋、战争也从来没有从这个世界消失。翻看人类历史，灾难从来都是如影随形：欧洲黑死病肆虐百年，夺走2500多万人的生命；卢旺达种族大屠杀，尸横遍野；20世纪初，英国工厂大火，上百名女工葬身火海；轮船装

---

① [美]约翰·霍兰：《涌现：从混沌到有序》，陈禹等译，上海科学技术出版社2006年版，第16页。

载的炸药爆炸，方圆百里被夷为平地；核泄漏之后的土地寸草不生，人迹罕至；还有洪水、泥石流、化学污染、飓风袭击，数不清的灾难，如梦魇般挥之不去。以下是《不可不知的世界5000年灾难记录》[①]部分目录：

一、死亡之旅：特大空难

“兴登堡”号飞艇坠落
环航800客机惨案
特内里费特大空难
美国“挑战者”号失事
韩航801号航班毁灭
协和式超音速飞机落难
洛克比大空难
1999年埃航空难
韩国客机被苏联击落
太阳神航空522班机大空难
德里“1·12”撞机空难
529号航班悲剧
“哥伦比亚”号的大爆炸
日本航空123班机空难事件
利雅德空难
美击落伊朗民航空惨案
纽约皇后区的大空难
土耳其DC-10航班失事
乌伯林根空难
美国航空191号空难

二、海上坟墓：可怕的海难

“泰坦尼克”号的沉没
“自由企业先驱”号的倾斜
“卢西塔尼亚”号的命运
“多纳·帕兹”号渡船与“维克特”号油轮相撞
“苏珀娜”号轮船沉没
美国“长尾鲨”号核潜艇悲剧
“萨米拉”轮船沉入海洋底
“斯堪的纳维亚之星”号渡轮
“爱沙尼亚”号客轮瞬间消失
“爱尔兰女皇”号轮船沉没
“兰开斯特里亚”号大海难
“莫洛·卡斯”邮轮起火沉没
“威望”号油轮沉没
“江亚轮”海难事件
“群星王子”客轮遭遇台风
“对马丸”号的悲剧
“古斯特洛夫”邮轮被击沉
“萨拉姆98”号客轮的毁灭
塞内加尔“乔拉”号大海难

三、恐怖地狱：地震灾难

人间灾难——唐山大地震
葡萄牙里斯本大地震
日本关东大地震
墨西哥大地震
汶川大地震
意大利墨西拿市大地震
土耳其埃尔津詹大地震
叙利亚安条克大地震

① 李杰卿：《不可知的世界5000年灾难记录》，武汉出版社2010年版。

秘鲁钦博特大地震
1990 年伊朗大地震
旧金山大地震
华县大地震
1995 年日本阪神大地震
邢台地震
美国阿拉斯加大地震
厄瓜多尔大地震

四、无法抗拒：火山和海啸

火山毁灭庞贝古城
喀拉喀托火山大爆发
1783 年的拉基火山爆发
1980 年的圣海伦火山爆发
坦博拉斯火山大爆发
菲律宾皮纳图博火山大爆发
马提尼克岛培雷火山爆发
哥伦比亚内华达德鲁兹火山大爆发
阿拉斯加卡特迈火山喷发
日本云仙岳火山爆发
印度洋大海啸
智利大海啸
印度尼西亚阿贡火山喷发

五、狂风骇浪：飓风和洪水灾难

加尔维斯顿大飓风
佛罗里达群岛强飓风
“米奇”飓风
“弗洛拉”飓风
“法夫”飓风
“安德鲁”飓风
“卡特里娜”大飓风
澳大利亚“翠西”大飓风
“吉尔伯特”飓风
“奥帕尔”飓风
“名古屋”超级台风
美国的约翰斯敦洪灾
密西西比河大洪水
汉堡洪灾
海河大洪水
1987 年孟加拉国大洪水
俄亥俄州大水灾
荷兰洪水的肆虐
1991 年孟加拉国大水灾
突尼斯大洪灾
北美黑风暴
黑风肆虐河西走廊

六、人为悲剧：剧烈污染

马斯河谷烟雾事件
多诺拉烟雾事件
伦敦雾事件
印度博帕尔毒气泄漏事件
日本遭原子弹轰炸
切尔诺贝利核灾难
三里岛核事故
乌拉尔存储罐核爆炸
太平洋核试验：比基尼事件
北海大爆炸
日本水俣病事件
芥子气炸弹在港口爆炸

日本米糠油事件
剧毒物污染莱茵河事件
博帕尔毒气事件
痛痛病事件
四日市哮喘事件
喀麦隆湖底毒气
库巴唐"死亡谷"事件
西德森林枯死病事件
雅典"紧急状态事件"
"卡迪兹"号油轮事件

七、狂魔肆虐:可怕的传染病

雅典大瘟疫
安东尼瘟疫
东罗马帝国大鼠疫
欧洲黑死病:肆虐三百年,死亡近两亿
1520 墨西哥天花:美洲灾难
伦敦大瘟疫
黄热病:无法估量的损失
霍乱:19 世纪"世界病"
西班牙流感:20 世纪的噩梦
艾滋病——"黑色性瘟疫"
疟疾:仍在肆虐的瘟疫
英格兰出汗热
斑疹伤寒的爆发
非洲埃博拉病毒
非洲睡眠病

当然,我们确实可以看到,世界有时候显现了另一面:短暂的安宁、祥和、秩序、幸福、成功、富裕……但是,在黑天鹅面前,它们是那么脆弱,那么不堪一击。在不确定性的冲击下,那些来之不易的安宁、祥和、秩序、幸福、成功、富裕可以瞬间化为乌有,一切固定的东西都可能烟消云散。

真实世界远比人类的认知要复杂得多。我们生活其中的真实世界是一个复杂世界,一个非线性的世界,一个相互影响、相互关联、相互作用的世界。在这个世界里,万事万物都是息息相关的;在这个世界里,有近乎无限多种因素发生着相互作用,也影响着我们的生活、我们的选择和我们的行动。每个时代、每个人的生活都不是一成不变的,就像赫拉克利特(Heraclitus)所说的,"一切皆流,无物常住"。

(3)复杂相互作用:非线性演化过程

任何事物的发展都跟自己的过去高度联系,而且延伸和指向未来。大到宇宙,中到地球,小到个人和社会,都是一段连续的历史、一个绵延的过程。我们把事物在时间流逝过程中表现出来的系统属性及其变化当作是系统的演化性特征。

将研究对象视为有一个历史演进过程并以此解释其演进的方法叫作演进的方法。任何事物都有自己生成、发展和衰亡的历史,这几乎是老生常谈,同时也是最简单、最朴素的道理。但是,我们却总能看到另一种情形:形而上学的各种理论(哲学、经济学、物理学)没有也不需要历史的观念,不存在演进的机制。

演化的核心问题不是存在(being),而是生成(becoming)。根据演进的观念,经济过程不是一架精巧的机械时钟,而更像是一条条永恒流淌着的河流。只有演化思维才能为理解(社会、技术和组织)创新的意义及其与经济增长、结构变迁和竞争过程的关系提供强有力的思想和方法。

演化思维意味着一种动态的视野。与均衡思维不同,演化思维强调交互作用和创新过程在经济中所起到的作用。它无须均衡概念作为组织原则,认为没有静止状态,所有的事情都是流动的。并且,流动是在交互作用和自组织过程中发生的——市场就是有力的例证。实际上,即使是市场秩序,也是人类行为的结果,而不是任何人类设计的产物。

用演化思维去认识和把握一个真实世界,有三个重要概念需要牢记:初始状态、过程和结果,也就是它的复杂系统性特征。简单地说,对于真实世界的任何事物来说,不仅初始状态是重要的,过程也一样重要,最后,结果总是不同的、无法预期的。复杂世界的经济学强调具有历史意识和经济系统的演化。过去与现在交融聚合,同时体现着各种不尽相同甚至互相对立的叙述,需要依据文化、记忆、经验、理性来对历史作出阐释。作为演化的经济学,复杂世界经济学的关键性概念是适应、学习和创新。

①不尽相同的初始状态

复杂世界的第一个重要的特点,就是初始状态(条件)对事物的运动、变化轨迹的影响非常大。初始状态不同,事物的运动、变化轨迹完全不一样。

例如,每个人的出身、经历、个人努力程度、个人机遇不同,都会深刻地影响、决定一个人的命运。国家、企业、各种有机体等也是如此。

往大了说,任何事物的发展都是从最初的可能性(初始状态)开始的,我们现在所看到的一切,并不是从一开始就注定要发展成为现在这个样子的。在事物发展的初期,它们往往有多种发展的可能性,由于条件或者机遇的关系,最终才沿着某一个特定的方向发展。人类历史,就是一系列偶然事件造就的历史,关于未来的结局也不是某种现成力量(包括意愿)所能决定的。

人类总是自作多情,尤其是中世纪,西方人把自己说成是上帝的选民,并由此演绎出人类中心主义论。他们完全不知道,中国古代思想家庄子在《齐物论》中早就告诉后人:人并不比其他万物更优越。

量子物理学诞生以来,物理学已不再仅仅处理那些必然发生的事情,而是处理那些最可能发生的事情。同样,今天的生物学也不再把某个物种的出现看作进化过程中必然的现象,而只把它们理解为可能出现的种族中的一员。这样一种思想从20世纪初统计物理学创立以来已经扎根于科学家的头脑,这确实是科学思想的一次革命。大家应该记得，在以牛顿物理学为代表的近代科学中，宇宙被描述成一个结构严密的确定性机器，一切都是按照某种定律精确地发生的，未来的一切都是由过去的一切严格决定的。

实际上，在日常生活中，这个道理老百姓是明白的，甚至古人也知道：不同的初始状态(条件)，对一个人的成长和未来影响巨大(任何事物都是如此)。所以中国古代有孟母三迁，今天又有家长们的各种看似奇怪的行动——购买学区房、择校等，家长们为何这样做？难道是家长们错了？

多年来，政府一直在试图消除这种现象，出台了一系列政策、措施，有效吗？实际上，我们的决策者大多是线性思维的俘虏，经常“头痛医头，脚痛医脚”。他们不知道的是，用简单的线性思维解决许多社会问题就像庸医治病，用一种疗法解除了这种病状，却又引发了其他病状。

当然，在不确定的自然面前，人类并不是完全无能为力的。如果人们能够了解事物面临的可能性空间是什么，能够在可能性空间中选择某些状态为目标，能够控制某些条件，那么，人们就能够通过自己的选择和努力，使事物在一定程度上向既定的目标转化。

但是，恰恰是在这里，人类常常犯下过于自负的错误。生活中，许多人特别是一些政策制定者常常对自己的智慧具有很强的自信。他们不愿意承认，人类努力寻找解决问题的某些方法，却往往使事情变得更糟。政府的政策可能会产生意想不到的副作用，为稳定系统所作的努力可能会使系统更加脆弱。政府的决策总会引发人们对结果的预判而采取必要的对策性行动，最终使政策达不到预期的目的。基于线性思维的政策失灵的现象比比皆是、屡见不鲜。值得我们思考的是，各种类型、各个层级的规划、战略等，在多大程度上是成功的？

哈罗德·D. 拉斯韦尔(Harold Lasswell)和亚伯拉罕·卡普兰(Abraham Kaplan)在《权力与社会：一项政治研究的框架》中说：

> 政治神话由那些关于政治事态的“基本假设”所构成。存在于任何既定时代的信仰体系一般都可以追溯到当时特定的基本假想，无论它们实际上是正确的还是错误的，都为社会大众所认同，似乎它们一点都不具有假想的特征。[①]

任何社会的政治学说(political doctrine)是构成基本预期和需求的政治神话的组成部分。政治科学的假设与政治哲学的需求和预期之间，没有清晰的界限。政治神话通过煽动性宣传(agitational propaganda)和劝诱性宣传(persua-

---

① [美]哈罗德·D. 拉斯韦尔、亚伯拉罕·卡普兰：《权力与社会：一项政治研究的框架》，王菲易译，上海人民出版社 2012 年版，第 116 页。

sive propaganda)而转化为大众信仰。

德国哲学家恩斯特·卡西尔(Ernst Cassirer)在《国家的神话》中指出:

> 新的政治神话不是自由生长的,也不是丰富想象的野果,它们是能工巧匠编造的人工之物……神话可以在与任何其他的现代武器(譬如机关枪和飞机)同样的意义上以同样的方式被制造出来。这是一种新东西,并且是一种从根本上说来十分重要的东西,它已改变了我们社会生活的整个形式。①

> 在这里,受过教育的、有知识的人,突然放弃人的最高特权的诚实而正直的人,他们不再是自由和人格的主体了。他们表演着同样规定的仪式,开始用同样的方式感觉、思维和说话。他们的姿态是强烈而狂热的,但这只是一种做作的假的生活。事实上,他们是受外力所驱动的。他们的行动就像木偶剧里的挂线木偶,他甚至不知道,这个剧的绳子,以及人的整个个人生活和社会生活的绳子,都由政治领袖们在那里牵动。②

> 我们现代的政治家知道得非常清楚,用幻想的力量比用纯粹的物质力量更易于鼓动起大批的群众,而且他们已充分地运用了这种知识。政治家变成了一种公众的算命先生,预言是新的统治技巧中的一个本质的成分。③

卡西尔提到了斯宾格勒(Oswald Arnold Gottfried Spengler)的《西方的没落》,作者凭借尖锐的语言,点燃了读者想象力的火花,表达了一种普遍的不安。卡西尔说道:

> 给我印象最深的是,斯宾格勒的书和我最近读过的一些占星术论文极为相似。当然,斯宾格勒并没有企图去预言星球上文明的未来,但他的预测和占星术预测有着完全同样的形式……实际上,斯宾格勒的书也是一种历史占星术,是一个展示令人忧郁的启示预见的占术者的作品。④

这里,我们给出一条对大家的忠告:当你所面对的是复杂的社会系统时,你不能指望用简单的线性思维来解决任何工作、生活和社会问题。从外部干预一个复杂系统,一定会在其他某个你没有想到的细微处引发意外的后果。应该从了解整个系统入手,用整体性思维去寻求解决问题的办法。

---

① [德]恩斯特·卡西尔:《国家的神话》,范进等译,华夏出版社 2003 年版,第 342~343 页。

② [德]恩斯特·卡西尔:《国家的神话》,范进等译,华夏出版社 2003 年版,第 347 页。

③ [德]恩斯特·卡西尔:《国家的神话》,范进等译,华夏出版社 2003 年版,第 350 页。

④ [德]恩斯特·卡西尔:《国家的神话》,范进等译,华夏出版社 2003 年版,第 352 页。

②无休止的变化过程

世界上没有什么事物能够长久保持不变。宇宙天体在高速地旋转、移动；每一条河流都在不断更新；每个人在不断成长；每个企业在市场上沉浮……甚至柏拉图都告诉我们：

> 一个人虽然始终用同一个名字，但他方方面面都在变化，每一天他都是一个新人，而原来的他已不再存在。我们可以看到他的头发、肌肉、骨头、血液以及身体的其他所有部分都在变化。不仅他的身体变，而且他的灵魂也在变。他的性格、气质、思想、欲望、快乐、痛苦、恐惧都不是终生不变的，而是有些在出现，有些在消失。这条原则用于人的知识甚至更加令人惊奇，我们关于事物的知识，有些在增长，有些在遗忘，可见，在知识方面我们从来也不是同一个人。对每一知识部门来说，这条原则也适用。[①]

而且，重要的是它们相互关联。某一刻大洋上的蒸汽可以变成另一时刻高山上的积雪，可以变成多年以后的河水，还可以在另一个时间进入人体，成为某人血液中的一部分。我们的身体在不断更新，只要活着，我们的身体就会处于变化过程中。我们自以为可以控制自己的身体，实际上，人身体的变化很大一部分是在人的控制之外的。

1929年，怀特海的《过程与实在》告诉人们的是这样一种思想：

> 世界的创造性进展就是那些共同构成严格的事实的事物之生成、毁灭和客观永存。[②]

怀特海告诉人们，当下世界被有意识地理解为由各种广延联系所组成的连续统。换言之，世界是广延的，是互联的，也是整体的。

> 广延连续统是由各种存在物所组成的复合体，这种复合体是由各种属于同一系列的整体对部分的关系、为拥有共同的组成部分而形成的交叠关系、相触关系以及产生于这些原初关系的其他关系所统一起来的……这种广延连续统表达了所有那些可能的观点在世界的整个发展过程中都是休戚与共、密切相关的。[③]

③不确定（不可预测）的结果

a. 微观层面：测不准原理

---

① [古希腊]柏拉图：《柏拉图全集》第2卷，王晓朝译，人民出版社2003年版，第250页。

② [英]A. N. 怀特海：《过程与实在》，杨富斌译，中国城市出版社2003年版，第6页。

③ [英]A. N. 怀特海：《过程与实在》，杨富斌译，中国城市出版社2003年版，第120～121页。

根据牛顿力学，任何运动的物质在任何时刻都处在空间中的一个确定位置上，这个物质的各个相继的位置形成一条连续的线，称作轨迹。一个给定物体在不同时刻所处不同位置之间的距离，除以相应的时间间隔，就得到了速度。从位置和速度的概念出发，整个经典力学就建立起来了。

建立在经验基础上的经典力学定律又被用来解释更大的物体（如行星和恒星）的运动，能够极为精确地推算出几百万年前和几百万年后的各种天文现象，因而成功地构建了天体力学。然而，当我们进入微观宇宙时，用牛顿力学定律来描述微观的原子系统，情况却是大谬不然了。

在量子世界里，由于存在着物理相互作用，观测行动（记录仪器）必然会对运动物体产生影响。因此，观测这一行动对物体运动所造成影响使观测本身就变成了物体运动的一个重要部分。事实证明，要想把我们所熟悉的经典力学观念推广到微观物质中去是不可能的，牛顿的经典力学概念不适用于原子世界。

不能再用我们熟悉的经典力学，我们就再也无法确定微观物质的运动轨迹。因为无论它的位置还是速度，都具有一定程度的测不准性。海森伯（Werner Heisenberg）的测不准原理和玻尔（Niels Bohr）的互补原理把过去我们熟知的经典物理概念，如运动粒子的轨迹、精确位置和准确速度，统统扔进了垃圾堆。

b. 宏观层面：不确定性原理

一个复杂的系统——无论是生态系统还是社会系统，都是完全无法预测贩。一个非线性系统中，内外部影响因素（变量）实在太多，任何一个因素（变量）的变化都会对其他所有变量产生不同影响，最后表现出不一样的演化轨迹。

谁能够预测技术进步（特别是重大技术的突破）与创新？

谁能够预测金融风暴与股市日常波动？

谁能够预测经济周期？

谁能够预测战争与瘟疫？

如果说我们并不能准确地预见未来，那么我们能不能完全地还原过去？我们真的能够发现某结果的全部原因吗？

(4)小结

外部世界是一个整体世界，又是一个关联世界，还是一个动态世界，甚至可以说“万物一体”。约翰·多恩（John Donne）曾经作过一首诗《没有人是一座孤岛》[①]，也没有任何孤立的事和物。复杂世界是指包括了全部现存事物及其相互

---

① 《没有人是一座孤岛》是17世纪英国诗人约翰·多恩的著作。“没有人是一座孤岛，可以自全。每个人都是大陆的一片，整体的一部分……任何人的死亡都是我的损失，因为我是人类的一员，因此，不要问丧钟为谁而鸣，它就为你而鸣。”英国甚至有一部同名电影。

作用的世界。

在简单的世界中，重复之前所做的事往往得到同一个结果，所以基于过去经验的预测是可靠的。在复杂的世界里，重复之前所做的事无法得到同一个结果，基于过去经验的预测往往是不可靠的。

在简单的世界中，事物发展的方向往往是事先确定的；在复杂的世界里，事物发展的方向往往是未知的。

在简单的世界中，事物之间的关系往往是清晰的；在复杂的世界里，事物之间的关系往往是模糊的。因此：

> 除了非常简单的物理系统外，世界上几乎所有的事情、所有的人都被裹罩在一张充满刺激、限制和相互关系的巨大的非线性大网之中。一个地方小小的变化会导致其他所有地方的震荡，就像T. S. 艾略特所说的那样，我们无法不扰乱宇宙。整体几乎永远是远远大于部分的总和。用数学来表示这个特征——假如这样的系统可以用数学来表示的话——则这就是个非线性的方程式：画出来的图线是弯曲的。①

因此，"复杂世界经济学"意在纠正当今越来越盛行的用简单、机械的眼光看世界，反对用线性的、决定论的思维方式去解释世界的各种说法和做法。而最终目的则在于更好地理解外部世界、解释世界并指导我们的行为和实践。

1.2.2　简单世界(虚构世界)的图景

世界上并不存在简单的事物，简单这个词连同简单的事物只不过是当人的认识能力不足时人类主观愿望的产物，是人类的一厢情愿。

(1)简单世界素描

说起复杂，我们很自然地会想起另外一个词——简单。其实，当我们谈论复杂世界的时候，并不是说客观上还有另一个与它对应的简单世界。但是，简单世界确实出现在人们的思想中，出现在各种类型的著作、教科书甚至实验室、人为世界(人造世界)中。

分形被定义为一个几何形状，可以分成数个部分，且每一部分都是(或近似地是)整体缩小后的形状，即具有自相似的性质。分形广泛存在于自然界中，不管是曲折蜿蜒的海岸线，俊俏叠嶂的山峰，还是变幻万千的云彩，旁逸斜出的树枝，抑或是我们身体内的血管和肺气管树，都是分形的具体表现形式。可以说，我们生活在一个分形的世界。分形是一个科学术语，仍然只是一种人为的

---

① [美]米歇尔·沃尔德罗普：《复杂：诞生于秩序与混沌边缘的科学》，陈玲译，生活·读书·新知三联书店1997年版，第79页。

抽象。

分形研究是非线性科学的前沿研究之一。时至今日,分形理论所包含的深刻内涵还远未被揭示出来。当今社会,谁不知道熵概念就不能被认为是科学上的文化人;将来,谁不知道分形概念,也不能被称为有知识。美国物理学家约翰·阿奇博尔德·惠勒(John Archibald Wheeler)曾经说过,分形概念表达了20世纪下半叶人们看世界的一种新的方式,虽然在某种意义上说,它比整形更能反映事物的本来面目,但它仍然是一种普通的科学模型。

世界本质上是非线性的,而分形是复杂非线性特征的一种几何表现。对于大自然而言,自相似性是普遍存在的,但从来没有绝对的自相似。从自相似概念到分形概念在思维上有一个巨大的质的飞跃。

(2)简单的思想渊源

从古希腊时代开始,摆在思想家们面前的当然是复杂世界,但是,这个世界太多变化,太多不确定。强烈的求知欲望使他们怀疑,是不是在复杂性现象的后面,有一种不变的东西、一个永恒的秩序。德谟克利特提出了原子论的思想,他认为万物的本原是原子和虚空,原子是一种最后的不可分割的物质微粒。柏拉图建立了以不变的理念论为核心的哲学体系,这也是柏拉图哲学的基石。柏拉图在他的《理想国》一书中说道:

> 有一个美本身、善本身,以及一切诸如此类者本身。相应于每一组多个的东西,我们又都假定了一个单一的理念,假定它是一个统一者,而称它为每一个体的实在。[①]

在柏拉图那里,可见世界中不断变化的事物被称为影像,能够被思想把握的理念才被称为实在,它们显示了不变的秩序。这是持续最为漫长、影响最持久的人类秩序之梦。

也许,郑乐隽说得非常到位:"一个许多人不理解的事实是,数学的目的是让事情简单化。"[②]在方法上,数学里使用的方法是逻辑,仅仅是逻辑。数学中所做的事情不外乎两种:

第一是抽象,舍弃事物的特点,将真实世界中的事物转化为数学世界中的事物,即通过忽略事物的微小细节,致力于寻找事物的相似之处,来达成简化的目的,将原本不是数学的事物变为数学[实际上,这里有(或者说它本身就是)一个难以逾越的困难,也就是古希腊哲学家(如柏拉图)曾经遇到、现在依然困扰人们的困难——对事物进行准确的分类和命名]。

---

① [古希腊]柏拉图:《理想国》,郭斌和、张竹明译,商务印书馆1986年版,第264页。

② [英]郑乐隽:《数学思维》,朱思聪、张任宇译,中信出版社2020年版,前言第5页。

第二是推广(广义化或普适化),举一反三。用柏拉图的话说,就是“因为它们是相同的,所有相同的东西都可以归入同一门技艺或知识”。但是,正如柏拉图所警告的,以这种方式去“探索事物,分析它们意义的人会处在上当受骗的巨大危险之中”①,因为一切事物都处在运动、进步、流动之中,所以,在《克拉底鲁篇》中,柏拉图借苏格拉底的口说道:

> 克拉底鲁,我经常在想一件事,应当问问你的看法。请告诉我,有没有一种绝对的美或善,有没有其他绝对的存在?②

> 如果一切事物都处在变动之中,无物常驻……那么,我们也不能合理地说有知识……如果事物有无永恒的性质,或者真理就像赫拉克利特及其追随者,还有许多人所说的那样,是一个难以决定的问题……好好想想吧,像一个人那样,不要轻易地接受这样的学说,因为你很年轻,正处在学习的年纪。你什么时候找到了真理,就来告诉我。③

400多年前,笛卡尔提出了简化范式,他假定,整体中的一部分与它们在整体中发挥功能时完全相同,即部分的结合能够还原为整体,这种分解不会歪曲所研究的现象。因此,笛卡尔的方法,即拆分问题并逐个考察——分而析之。现在,我们知道,这是一个严重的错误。

实际上,借助于抽象方法和分析方法,把复杂的、整体的东西分解为简单的东西,这个范式主导了古代西方(从柏拉图、亚里士多德开始)到近代以来的西方科学,也让他们的科学和生活置于分离的、还原的和抽象原则的统治之下,由此构造了一个弗里曼·戴森所说的“想象中的世界”。

当然,外部世界并非确实如此,但是,却只有少数人保持了这份清醒。

现代教育,从一开始便是根据这种传统的学科分解进行的,我们关于这个世界的知识被分成了不同的学科或部门。但是必须注意,对自然的任何分解都具有一定的人为性和任意性。显然,并不是自然把自己细分为物理学、生物学、心理学、社会学等,倒是我们把这些分解强加给了自然,而且这种分解在我们的思想中变得如此根深蒂固,以至于影响着我们对事物的认识和知识的形成;另一方面,完全客观、合理的分解标准并不存在。

如果我们超越了经典物理现象而进入到更复杂的领域——诸如生物学领域或人类社会——那么,用笛卡尔的方法进行这种分解的最终结果,都是具有

---

① [古希腊]柏拉图:《柏拉图全集》第2卷,王晓朝译,人民出版社2003年版,第127~128页。

② [古希腊]柏拉图:《柏拉图全集》第2卷,王晓朝译,人民出版社2003年版,第132页。

③ [古希腊]柏拉图:《柏拉图全集》第2卷,王晓朝译,人民出版社2003年版,第133页。

似是而非性质的。

无论如何，通过对外部世界的分解，我们建立起了一个庞大的学科体系。各个学科的科学家忙着进行专业化的研究，而不同学科之间则形成了一道道无形的屏障，把人们隔离开来，也把知识分割开了，把联系的世界、整体的世界分割成碎片。

实际上，简单世界只是一个虚构的世界，它体现了人类希望得到的东西——和谐的、永恒的世界。

线性科学的长期发展以及它们在思想、科学中的统治地位，形成了一种扭曲的认识或“科学思想”：线性系统、现象过程才是客观世界中的常规现象和本质特征，自然界存在普遍规律，人们能够找到和建立一般原理和普适方法。这就是简单世界产生的思想根源之一。

确实，在我们的思想中、在各种教科书和文献中，都能找到大量关于简单世界的理论，它们描绘了一幅简单、机械的世界图景。而真实世界却如罗德·霍夫曼(Roald Hoffmann)①所说：

> 世界上还有别的事物，它们的功能也是十分多样化的。不仅如此。事物由于有差别，所以事物的种类才层出不穷；简单，只能使我们懒惰的头脑感到舒服，但却不是现实生活的真谛。②

(3)简单世界的图景

简化的或虚构的简单世界的图景是怎样的呢？

早先的时候，人们对世界的认识是简单的，人们没有办法处理非线性问题。牛顿、莱布尼茨所创立的微积分理论简单、易懂且实用，为线性思维提供了有效的处理方法。经过长期的发展，经典科学中有了一套处理线性问题的行之有效的方法，例如傅立叶变换、拉普拉斯变换、传递函数、回归技术等；物理实验也主要是做那些可以进行线性分析的实验。从这个特点看来，经典科学实质上是线性科学。

一个简单世界就是一个线性世界，它其实还有一个必要前提：必须是一个封闭系统，即隔绝了与外部的联系。如果没有这个条件，简单世界就不可能存在。

在简单世界中，事物之间的关系都是线性的，也就是存在着固定的比例关

---

① 罗德·霍夫曼，毕业于美国哥伦比亚大学，1962年获得哈佛大学化学物理博士学位。1965年起，任教于康奈尔大学化学系。霍夫曼因为与伍德沃德共同发现分子轨域对称性守恒定律，1981年获得诺贝尔化学奖。

② [美]罗德·霍夫曼：《相同与不同》，李荣生等译，吉林人民出版社1998年版，第26页。

系。在数学上，这种关系可以用一条线来表示，这就是线性关系。在线性关系统治的世界里，因产生果、付出终有回报、犯罪必有惩罚、善有善报、恶有恶报、投入＝产出（经济学的逻辑）。但这不过是一种人类的主观愿望，它反映了人类对对称、均衡乃至永恒的追寻。线性的东西是人们高兴看到的，因为它简单、可靠，人们最熟悉如何处理它、驾驭它。但是，线性从来都是一种对真实世界的近似，而不是真实世界本身。

（4）简单世界理论的影响和局限性

经典科学实质上是线性科学，它们建立在线性观念的基础之上。经典理论家们在对大自然中的许多现象进行探索时，总是力求在忽略非线性因素的前提下建立起线性模型，至少是力求对非线性模型作线性化处理，用线性模型近似或局部地代替非线性原型，或者借助对线性过程的微小扰动来讨论非线性效应。

在经典物理学中，首先考察的是没有摩擦的理想钟摆，没有黏滞性的理想流体等；在数学中，数学家们首先研究的是线性函数、线性方程等。

在近代科学看来，非线性系统只是例外的病态现象和非本质特征，只能作为对线性系统的扰动或采取特殊的方法作个别处理。这与柏拉图的思想可以说是一脉相承。由此得出的认识论结论是，线性系统才有普遍的规律、才是科学探索的基本对象，线性问题才存在理论体系。

所以，经典科学的长期发展都是封闭在线性观念和思维路径里进行的，而由此得到的知识则不过是一例例“盲人摸象”的结论。

早在 1929 年，美国哲学家杜威（John Dewey）写了《确定性的寻求》这本书，很好地解释了这种现象。他谈道：

> 人生活在危险的世界之中，便不得不寻求安全。人寻求安全有两种途径。一种途径是在开始时试图同他四周决定着他的命运的各种力量进行和解……另一种途径就是发明许多艺术，通过它们来利用自然的力量，人就从威胁着他的那些条件和力量本身中构成了一座堡垒。他建筑房屋、缝织衣裳、利用火烧，不使为害、并养成共同生活的复杂艺术。[①]

当然，杜威是知道生活中的不确定性的。他说：

> 实践活动有一个内在而不能排除的显著特征，那就是与它俱在的不确定性。因而我们不得不说：行动，但须冒着危险行动。关于所作行动的判

① [美]约翰·杜威：《确定性的寻求：关于知行关系的研究》，傅统先译，上海人民出版社 2005 年版，第 1 页。

断和信仰都不能超过不确定的概率。然而,通过思维人们却似乎可以逃避不确定性的危险……依照传统的主张,理智却可以抓住普遍的实有,而这种普遍的实有却是固定不变的……并且,确定性的寻求已经支配着我们的根本的形而上学……因此人们把理论与实践、知识与行动分割开来了。这就是我的基本的主题思想。[①]

1.2.3 形而上学——幻想的瘟疫

求知是人类的本性。人们依靠感觉去认知事物,各种感觉集合到一起,积累成为经验并最终上升到知识,知识的系统化则成为科学。

但是,我们所能看见的世界只是冰山一角。即便我们用望远镜、显微镜及其他工具来扩展我们的感知能力,仍有许多东西是用肉眼看不见的。使用各种工具也存在其范围和局限——使用工具只能让我们“看”得更细或更远,却不能使我们“知”得更深刻,外部世界仍有许多事物不为我们所知。

20 世纪以来的量子物理学的进步告诉我们,任何观测行为本身都会对被观测的对象产生根本的影响,而且,不止如此,量子物理学也证实了观测行为还会决定被观测的对象究竟是什么。观测者和被观测对象之间存在着难以割裂的联系。

应该说,形而上学也是一种求知活动,是与科学并行的活动。但是,它探索知识的基本途径是借助于逻辑的方法,因此,它并没有超出思维的世界。按照康德的说法,形而上学是去解决理性由于对自身统一性要求而提出的问题。

正是从这里开始,长久以来一直困扰人们的问题——我们能知道什么?什么为“真”?——诞生了。人类的知识进路遇到了分岔,其中的一个方向坚守着观测、实验的方法,这里是归纳方法的主阵地;另一方向则由理性主宰,这里成了演绎方法的主战场。

(1)秩序的诱惑

也许我们可以说,人类最持之以恒的追求莫过于对秩序的追求,因为秩序意味着确定性。在人类大多数活动的背后,都能寻找到对秩序的渴求。

齐格蒙特·鲍曼(Zygmunt Bauman)[②]被认为是当代性与后现代性最著名的思想家之一,他在《个体化的社会》一书中说道:

---

① [美]约翰·杜威:《确定性的寻求:关于知行关系的研究》,傅统先译,上海人民出版社 2005 年版,第 3~4、15、17 页。

② 齐格蒙特·鲍曼,1925 年出生在波兰,英国利兹大学和波兰华沙大学社会学教授。他生前共出版 77 部著作,是一位现代生活杰出的阐释者。著有《现代性与大屠杀》(1989)、《流动的现代性》(2000)、《共同体》(2001)、《个体化的社会》(2001)、《被围困的社会》(2002)、《通过社会学去思考》(2002)等。

> ……世界在本质上的不确定性和难以把握：在这种世界上，凡事都会发生，一切都能做到，但是凡事都不可能一劳永逸地得以完成——无论发生什么事情，都是不宣而至，并在不知不觉中离去……在这样的世界上，几乎没有什么能够被认为是稳固和可以信赖的，任何东西都不可能使人回想起一块坚实的画布，使人们可以在上面绘制自己生活的轨迹。①

在真实世界中生存，没有人对未来的前景一清二楚，更不清楚如何使未来能够遂自己所愿。许多事情没有确定性，多数事情缺乏控制，这一切都使得人们忧心忡忡。

> 万物都有不确定的起源、含混的状态和模糊不清的命名，即矛盾重重。混乱的发现增强了对建立秩序的渴望，也增强了洋溢于建立秩序、修复秩序和保护秩序实践之中的热情。②

> 秩序的主要诱人之处，即安全，它源于对自己行为的将来结果很少有错误甚或毫无误差的预言能力。你可以去追求自己正在追求的任何目标，全神贯注于自己需要做的事情而无须担心任何意外：只需稍事努力，所有的障碍都逃不出你的预料之外，全部置于一己的运筹帷幄之中。简而言之，就是一切都会井井有条，即便你对事情的秩序高枕无忧。③

但是，不幸的是，人类追求秩序的努力并不能完全如愿以偿。

> 对调整世界的复杂性以形成综合性的整齐划分所作的任何努力都不大可能成功，因此矛盾重重的状态也不大可能得以消除，从而也不大可能终止对寻求保障的人们的困扰。相反，其反面倒会成为可能：寻求秩序的欲望越强烈，建立秩序的努力越疯狂，那么矛盾重重的成分就越大，它们引起的忧虑也越深。秩序的建立几乎没有可能达到终结，因为它是一种自我推动、自我强化的东西，将在不断战胜自我的运动之中来回往返，周而复始。④

但是，鲍曼接着指出：

---

① [美]齐格蒙特·鲍曼：《个体化社会》，范祥涛译，上海三联书店2002年版，第102页。鲍曼告诉我们，人类秩序建构活动的实质在于对社会成员进行重新分类，一方是创造秩序、维护秩序的立法者和管理者，另一方是被迫接受教化、服从秩序的普罗大众。对于后者而言，生活只能在服从和抗争中徘徊。

② [美]齐格蒙特·鲍曼：《个体化社会》，范祥涛译，上海三联书店2002年版，第26页。

③ [美]齐格蒙特·鲍曼：《个体化社会》，范祥涛译，上海三联书店2002年版，第23页。

④ [美]齐格蒙特·鲍曼：《个体化社会》，范祥涛译，上海三联书店2002年版，第26页。

“秩序”是一个引起争论且“其本质受到争议”的概念。在相同的社会背景中秩序概念的形成大相径庭。①

因此，对于秩序而言：

我们可以补充的是，为一切现实的意图和目的，秩序在现代已经逐渐被看成控制和管理的手段，后者反过来又意味着已经建立了实践的准则，并且有能力强制对准则的服从。换言之，秩序这一概念与其说和事物本身有关，倒不如说和控制事物的方式有关；与建立秩序的能力相关，而不是与事物在那一瞬间碰巧具有的任何性质相关。②

在权力之争中，总是希望自己的对立面更“有秩序”，更可被预见；总是想让对立面的行动步骤常规化，剥夺一切偶然性和出乎意料的因素，而唯有自己有权对常规视而不见，行踪可以飘忽不定。③

无论是各国的历史中，还是当前世界的政治舞台上都是如此的。用一句俗话说，生活中经常上演“只许州官放火，不许百姓点灯”的活剧。

对于人类追求秩序的活动来说，许多深层的困难是无法逾越的。因此，对秩序的追求、对确定性的追求只是人类的一厢情愿。

分类的“不纯”，边界线的模糊以及边界的可渗透性与不稳定状态之间存在着令人生厌但又是内在固有的联系，因此，它们是建立秩序、保护秩序所产生的并与二者密不可分的恐惧和袭击的永久源泉。④

所以，虽然我们已经知道秩序不过是对世界的极大的简化，但是，它仍然充满了诱惑。难道现代社会不是这样吗？有谁能够否认现代社会矛盾与冲突的事实？

它缺乏一致性和方向性，它越发明显地没有能力做任何事情，没有能力缓解贫困、阻止屠杀或控制暴力。德国的汉斯·马格努斯·厄曾斯伯格(Hares Magnus Erzensberger)对即将到来的国内战争忧心忡忡(他已经计算了所发动的大约 40 次这样的战争——从波斯尼亚到阿富汗再到布干维尔岛)。在法国，阿兰·明克(Alain Minc)著文指出，新的黑暗时代即将来临。在英国，诺曼·斯通(Norman Stone)质问，我们是否又回到了中世纪

① [美]齐格蒙特·鲍曼：《个体化社会》，范祥涛译，上海三联书店 2002 年版，第 27 页。
② [美]齐格蒙特·鲍曼：《个体化社会》，范祥涛译，上海三联书店 2002 年版，第 98 页。
③ [美]齐格蒙特·鲍曼：《个体化社会》，范祥涛译，上海三联书店 2002 年版，第 27 页。
④ [美]齐格蒙特·鲍曼：《个体化社会》，范祥涛译，上海三联书店 2002 年版，第 26 页。

时代，到处是乞丐、瘟疫、火灾和迷信。①

当前，全球化正在受到真正的威胁，由于一些不负责任的全球化破坏者的行为，全人类被置于人为的不确定性之中。

> 逃逸与规避、轻松与无常已经取代了笨重而预示不祥的在场，成为获取支配地位的主要技巧……不仅生存岌岌可危，连他们的生活方式以及关于生活的思维方式也不能幸免。②

我们不知道未来会不会像鲍曼所说：

> 在现代"监狱般"的社会中若仍然要求纪律严明，那么不仅伤财而且劳命。相比之下，没有限制、消解规则和灵活多变似乎是一次巨大的向前飞跃……不大可能有人对未来提出什么要求，除非提出要求的人把现在牢牢地掌握在手中；而正处于全球化的世界中的大多数居民恰恰缺乏对现在的把握。③

如果说现代性是错误的选择，那么，后现代会是一种拯救吗？

(2)无形的瘟疫

人类幻想的天性留给人们的是广泛的形而上学的遗产。当这种"形而上学之花"在社会科学领域中开放的时候，其危害就是巨大的。齐泽克（Slavoj Žižek）④把这种现象称为幻想的瘟疫，认为是幻想托起了意识形态的大厦。在我们看来，不仅如此，幻想也托起了理性主义的大厦，托起了形而上学的大厦。幻想的瘟疫导致了形而上学神话的泛滥，导致了现代理性主义的泛滥。

齐泽克通过《幻想的瘟疫》一书把这个秘密揭露出来。他指出：

> 彼特拉克在《我的秘密》中提及的这种"幻想的瘟疫"，它使我们的清晰逻辑变得模糊，在今天的视听媒介中发挥到了极致。在我们时代富有特色的各种对抗中，也许最关键的是日益破坏着我们的生活的抽象化行为（以数码化、投机市场关系等为伪装）和泛滥的伪具体形象之间的对抗。⑤

---

① ［美］齐格蒙特·鲍曼：《个体化社会》，范祥涛译，上海三联书店2002年版，第98页。

② ［美］齐格蒙特·鲍曼：《个体化社会》，范祥涛译，上海三联书店2002年版，第29～30页。

③ ［美］齐格蒙特·鲍曼：《个体化社会》，范祥涛译，上海三联书店2002年版，第29～30页。

④ 斯拉沃热·齐泽克，斯洛文尼亚作家、哲学家、社会学家。他以拉康精神分析理论、黑格尔哲学和马克思主义政治经济学解析社会文化现象，熔精神分析、主体性、意识形态和大众文化于一炉，被称为"文化理论的猫王""最危险的西方哲人""从天而降的第欧根尼"。代表作包括《意识形态的崇高客体》《自由的深渊》《幻想的瘟疫》《斜目而视》《欢迎来到实在界这个大荒漠》《不敢问希区柯克的，就问拉康吧》等。

⑤ ［斯洛文尼亚］斯拉沃热·齐泽克：《幻想的瘟疫》，胡雨谭、叶肖译，江苏人民出版社2006年版，介绍第1页。

在这部作品中，齐泽克说明了幻想是如何与意识形态联系起来的。

曾有两位建筑设计师设计了纳粹党的地方总部：阿道夫·科佩蒂在1928年设计的新帝国式仿古建筑和朱塞佩·特兰尼在1931～1936年间设计的具有高度现代主义特色的透明玻璃屋。当我们把这两个设计方案放到一起时，它们不正暴露出法西斯意识形态的内在矛盾吗？一方面，它号召回到前现代的有机合作组织；与此同时，它又以前所未闻的力度动员起一切社会力量，服务于急速前进的现代化。

苏联在20世纪30年代的公共建筑工程则提供了一则更好的例证。当时，在多层办公楼的顶部竖立起巨大的新人类或新夫妇的塑像。仅仅数年之后，楼顶的塑像把下面的办公楼（这可是人们实实在在的工作场所）压垮的趋势越来越明显，到最后办公楼成了那比生活更高大的塑像的底座。建筑设计外在的、物质性的特征不正暴露出斯大林式意识形态的真相吗？①

通过幻想与意识形态的便利联系，真实世界、真实的人消失了。

真实的、活生生的人变成未来新人这个幽灵的底座，所谓的未来世界新人是个意识形态怪兽，它将真实的、活生生的人践踏在自己的脚下……因此，不仅要说意识形态渗透到日常生活的表层之中，更要说意识形态在表层的物质凝结过程中，暴露出自身的内在矛盾冲突，而意识形态的明晰表述不敢承认那些矛盾冲突。这就仿佛如果意识形态结构要正常发挥功能，就必须服从于一个“反常的小鬼”，以其物质存在的外在表征叙述出内在的矛盾冲突。②

在日常生活中，越是当人们诉诸简单的功利性时，意识形态发挥的作用也就越大。请不要忘记，在一个符号的世界上，功利性是个反射型概念。也就是说，功利性总要涉及将功利视为有意义的判断。③

换句话说，当人们意欲表达什么的时候，幻想的瘟疫就应声而至，意识形

① ［斯洛文尼亚］斯拉沃热·齐泽克：《幻想的瘟疫》，胡雨谭、叶肖译，江苏人民出版社2006年版，第1～2页。

② ［斯洛文尼亚］斯拉沃热·齐泽克：《幻想的瘟疫》，胡雨谭、叶肖译，江苏人民出版社2006年版，第2页。

③ ［斯洛文尼亚］斯拉沃热·齐泽克：《幻想的瘟疫》，胡雨谭、叶肖译，江苏人民出版社2006年版，第2页。

态、形而上学也就被召唤到了战场上,得以发挥作用。这正是因为人类身上这个隐形的功利性——赋予任何一件事情以"意义"。而符号化的世界为幻想开辟了最便捷的道路,或者说,其本身就是幻想的化身。

齐泽克举例说道:

> 比如说,有个人在大城市中,拥有一辆大陆巡洋舰越野车,这并不仅仅意味着他过着一种少废话、重实际的生活。实际上,他是通过拥有这样一部车来表示他过着一种少废话、重实际的生活。①

当然,这个"表示"充满了幻想的成分,它并不必然揭示了真相,而可能只是武断的猜测,或仅仅是一种主观想象。但是,重要的是,幻想发生了,哪怕是其他的内容的幻想。

齐泽克提到了作为幻想的瘟疫的代表——列维-施特劳斯。他就做食物的三种方式(生食、烤、煮)建立起一个符号学三角,向人们展示了食物也可以成为"思想的食物"。

齐泽克还说到了人们关于厕所的幻想:传统的德国式厕所,可以检查它以找寻疾病的踪迹;典型的法国式厕所,排泄物一排泄出来就消失得无影无踪;最后,盎格鲁-撒克逊式(英国或美国的)厕所则展现出一种综合。其实,厕所只是厕所,关于厕所的诸多意义不过是幻想赋予的。

在齐泽克看来,幻想大师非黑格尔莫属。

> 黑格尔是最早分析德国—法国—英国这一地理三角的哲学家之一,他将三者表达为三种存在态度:德国人喜深思、求完整;法国人爱革命、性急躁;英国人身上体现出的则是温和实用主义。在各自的政治立场上,这一三角可解读为德国的保守主义、法国的激进革命主义和英国的温和自由主义;在占主导地位的社会生活领域方面,它可解读为德国的形而上学和诗歌、法国的政治学和英国的经济学。②

所以,齐泽克告诉我们:幻想让真实情景模糊、淡化,产生出情景幻象。

> 正是幻想托起了意识形态的大厦。③

---

① [斯洛文尼亚]斯拉沃热·齐泽克:《幻想的瘟疫》,胡雨谭、叶肖译,江苏人民出版社 2006 年版,第 2～3 页。

② [斯洛文尼亚]斯拉沃热·齐泽克:《幻想的瘟疫》,胡雨谭、叶肖译,江苏人民出版社 2006 年版,第 3～4 页。

③ [斯洛文尼亚]斯拉沃热·齐泽克:《幻想的瘟疫》,胡雨谭、叶肖译,江苏人民出版社 2006 年版,第 6 页。

幻想、想象与抽象不可能被严格地区分开来，实际上也没有清晰的界限，它们具有相同的功效。大卫·休谟(David Hume)在《人类理智研究》中认为，想象的本质就是概念的合成：

> 心智的全部创造力就是对直觉和经验提供给我们的素材进行混合、变换、扩大或减小的能力。当我们考虑一座金山时，只不过是将金子和山两个概念简单地加在一起，且我们以前对它们就很熟悉。①

毫无疑问，幻想的瘟疫肇始于古希腊。泰勒斯、赫拉克利特、巴门尼德、德谟克利特、毕达哥拉斯以及柏拉图等，他们都是创造和传播这一瘟疫的杰出代表。这也许正说明了人天生就是形而上学的动物。

人类的精神及思维具有覆盖一切、消化一切的力量。阿马蒂亚·森(Amartya Sen)曾经说道："理论有其自身的生命力，它会严重地无视真实可见的现实世界。"②这种理论的典型代表——理性主义旗帜下的各种学说——就是如此。沉迷于思维世界里、置社会事实于不顾的理性主义是最大的非理性，或者更应该说是一种伪理性主义。不幸的是现代以学术为业的体制形成后，那些无视现实世界的理论也有了自己的生命力。

(3)语言神话与乌托邦

语言作为人类的精神及思维的外在体现，是人类精神和思维的符号化。在人类认知世界过程中发展起来的各门学科，无一例外地都借助于语言学让自身显现，在这同一过程中，原本作为工具的语言学却似乎消隐不见了，凸显出来的倒是其他各门学科。

但是，作为人类精神和思维的符号化，语言不能也不曾掩盖人类的精神及思维的局限。外部世界在语言中，一如它在人类精神和思维中，或被夸张，或被扭曲，或被颠倒，或被视而不见。所以，当代发展起来的语言学与符号学为我们认识人类的精神和思维提供了一个范本。

符号学固有的特征是社会集体性，而意识形态则是一种集体意识和集体表象，因此，以符号学模式分析意识形态，可以说是非常恰当。

在《神话——大众文化诠释》一书中，罗兰·巴特(Roland Barthes)介绍说：

> 本书是连续两年每月一篇以法国时事为主题的感言。当时，我正试图定期就法国社会所蕴含的一些(流行)神话进行反省。

---

① [英]大卫·休谟：《人类理智研究》，吕大吉译，商务印书馆1999年版，第13页。

② [印]阿马蒂亚·森：《身份与暴力：命运的幻象》，李风华等译，中国人民大学出版社2012年版，第88页。

> 这些反省的出发点，常是当看到我们的报纸、艺术和常识领域成为现实所包装的一种“自然法则”时，心生不耐所致。即使这是个我们在其中俯仰生息的现实，却无疑地是由历史所决定的现实。简言之，在我们当代情境所赋予的各种解释中，我讨厌目睹自然和历史在每个环节中混淆视听，我要一路追踪，在每一件“想当然耳”(ce quiva de soi)的情节之中，锁定意识形态的滥用(lábusidéologique)，而它们在我的眼里，正潜伏在某个角落。①

在巴特看来，神话有双重的意义，它或者是古典或人类学意义下的一篇叙事(récit)，甚至也可以是一种文体，或者是一种程序、一种功能，这时它的意思是“神话化程序”(mystification)。在今日社会中，中产阶级与国家融合了。在现代话语体系中，神话成为一种被窃的语言，在它们永恒的类比之下，某种体制、某种秩序、某种意识形态就隐藏于普遍性的神话之中。

巴特首先把神话定义为一种传播体系、一条信息、一种意义构造方式、一句话语(parole)等，然后，以符号学基本概念对法国社会流行的、以大众文化面目出现的、借助于社会程序被强加在所有社会阶层之上的意识形态神话，进行了分析和揭露。换句话说，巴特在这些文章中所要做的，就是对隐藏在各个角落的意识形态进行“解神化”。

> 怎能忘记符号学与意义之激情具有着密切关系：它的终极使命，以及(或者还有)它的乌托邦理想？②

巴特在介绍自己走向符号学的研究生涯时说过：

> 读过索绪尔后我执着于这样的希望：赋予我对自以为是的小资产阶级神话的谴责以一种科学说明的手段。这种手段就是符号学对意义过程所作的精细分析，借此方式资产阶级将其历史的阶级文化转化为普遍自然。③

虽然巴特在这里用了“小资产阶级”这样的字眼，但是，这里的“小资产阶级”代表的是任何社会中的那部分浪漫主义的、理想主义的、执着于对意义进行形而上学的演绎的一群人。例如柏拉图、黑格尔、罗素、韦伯等。

与幻想的瘟疫所制造的形而上学神话不同，其他类型的文本——小说和文

---

① [法]罗兰·巴特：《神话——大众文化诠释》，许蔷蔷、许绮玲译，上海人民出版社1999年版，初版序第1页。

② [法]罗兰·巴特：《符号学的历险》，李幼蒸译，中国人民大学出版社2008年版，第3页。

③ [法]罗兰·巴特：《符号学的历险》，李幼蒸译，中国人民大学出版社2008年版，第3页。

艺作品，可以充满了想象力，但却并不为幻想提供舞台。在这个领域里，《理想国》《乌托邦》《形而上学原理》之类的远离现实的理性主义文本没有半点生命迹象。

萨默赛特·毛姆(William Somerset Maugham)，英国小说家、戏剧家，1874年1月25日生于巴黎。1892年，毛姆去德国海德堡大学学习，在那里，他接触到德国哲学史家昆诺·费希尔的哲学思想和以易卜生为代表的新戏剧潮流。同年，毛姆返回英国，在伦敦一家会计师事务所当了六个星期的练习生，随后进入伦敦圣托马斯医学院学医。为期五年的习医生涯，不仅使他有机会了解到底层人民的生活状况，而且使他学会用解剖刀一样冷峻、犀利的目光来剖视人生和社会。从1897年起，毛姆弃医专事文学创作。他写了一系列揭露上流社会尔虞我诈、钩心斗角、道德堕落，讽刺有闲阶级荒唐行径的喜剧，如《周而复始》《比我们高贵的人们》和《坚贞的妻子》等。他的《人生的枷锁》出版于1915年，描述了主人公菲利普三十年的生活经历，反映了其成长过程中的迷惘、挫折、痛苦、失望和探索，其所受到的身体缺陷、宗教和情欲的束缚，以及主人公最后摆脱这些枷锁的成长历程。

生活现象是纷纭复杂的，现实主义作家是用历史的、具体的人生图画来如实记录生活、反映社会的。虽然这些作品体现了作者的观察、思考、思想倾向和爱憎感情，内容上需要概括化的艺术加工，但是，通过对现实生活客观、具体的描写，仍记录了丰富多彩的现实生活中个性化的人物和事件。西方文学史上的许多著名作家，如巴尔扎克、福楼拜、莫泊桑、狄更斯、雨果、司汤达、普希金等人都是现实主义文学的代表人物。

反观我们的人文社科教科书或著作，又有多少这样直面社会、触及心灵而又深刻揭示现实的作品？除了少数作者，如尼采、克尔凯郭尔、别尔嘉耶夫、舍斯托夫以及一些后现代杰出思想家，在几乎所有其他各类的社科著作和教科书中，完全不见了世界的踪影，不见了人的踪影，它们所关怀的不是人文和社会，而是逻辑，是各种类型的抽象的概念以及这些概念的逻辑推演。我们可以称之为关于社会的形而上学幻想。幻想天然具有与形而上学内在联结的性质，它让我们看到的不是真实的世界和人类社会，充其量是关于社会的浪漫主义的水彩画。

18世纪以前，政治和社会理论一直受到古代和中世纪哲学家详细阐述的思想范畴的支配，而且很大程度上一直是在神学的框架内运作，虽然积累了浩如烟海的文献却几乎没有实用价值。

实际上，迄今为止的社会知识的发展受到了两种基本倾向的影响而毫无成效。一方面，长期的理性乐观主义的形而上学为人文社会科学各个领域的研究留下了大量的精神遗产；另一方面，人们试图把自然科学的传统与整套研究方法搬到社会科学领域的尝试导致了严重的混乱和误解。

19 世纪，科学曾经被认为是绝对的、普遍的、永恒的真理，后来受到人们的质疑。过去曾被当作是理所当然的事情，现在却被认为需要得到论证和证明。20 世纪，出现了一大批关于西方文明的“终结”“衰落”“危机”“衰败”或“死亡”的著作。

卡尔·曼海姆(Karl Mannheim)，德国社会学家，1893 年 3 月 27 日生于布达佩斯。他影响了 20 世纪上半叶的社会学领域，也是经典社会学和知识社会学的创始人、代表人物，先后就读于柏林大学、巴黎大学和海德堡大学，1918 年获哲学博士学位；1926 年，任海德堡大学编外讲师；1930 年，任法兰克福大学社会学教授；1933 年，因受纳粹迫害逃往英国，任伦敦经济学院讲师；1942 年后任伦敦大学教育学院教授。

曼海姆在自己的著作《意识形态和乌托邦》中，对我们时代的社会潮流和局势从思想上、信仰上和行为上作了清醒的、批判性的学术分析。他说明了意识形态(即指导维持现存秩序的活动的那些思想体系)和乌托邦(即往往改变现行秩序活动的那些思想体系)不仅使人们的思考偏离了所观察的事物，而且把人们的注意力引到了空洞虚幻的方向上。人类的知识活动也不能免于受这些影响，因此，曼海姆说：“对真理的反思也不及对下述惊人事实的反思，在不同的观察者眼中，同一个世界可能是不同的。”[①]

众所周知，我们的社会是一个高度多样化、劳动分工细致、极端异质性和根本利益冲突的社会，而人类的行动始终受到环境和那些发生在我们身边的事件的制约，同时又成为这些事件的一部分。但是，我们却看到，在研究外部世界时，现代理性主义科学构造了一群虚幻的行为主体——各种类型的社会公众，然后把自己局限于外部世界显示出来的一致性和规律性，用一种教条主义尺度——理性人的尺度——把社会科学的研究仅限于那些可以从外部感知和测量的具体物体上。这样，表面上崇尚科学的逻辑和方法论的现代理性主义思想，实际上只不过是形而上学的新的泛滥，结果是社会科学知识越来越偏离了客观性的轨道，成为一种不折不扣的理性乐观主义幻想。《意识形态与乌托邦》一书分析了导致这种危境的各种力量，并对知识危机作了前所未有的深入分析。

> 一种思想状况如果与它所处的现实状况不一致，则这种思想状况就是乌托邦……这种思想状况在经验上、思想上和实践上都朝向于在实际环境

① [德]卡尔·曼海姆：《意识形态与乌托邦》，黎鸣、李书崇译，商务印书馆 2000 年版，第 6 页。

中并不存在的目标。[①]

当然，曼海姆认为，意识形态和乌托邦是有区别的。

历史上每个时期都有过超越现存秩序的观点，但它们不像乌托邦那样起作用。只要它们还“有机地”“和谐地”与代表那个时期的世界观特征结合在一起（即不造成革命的可能性），它们就是这个存在时期的适当的意识形态。[②]

充满愿望的思考总是出现在人类的事务中。当想象力不能在现实中取得满足时，它便寻求躲避于用愿望建成的象牙塔。神话、仙女的传说、宗教对彼岸世界的许诺、人本主义的幻想、旅行传奇，一直在不断改变着对实际生活中所缺少的东西的表达。它们比反对现状和瓦解现状的那些乌托邦，对当时现实存在的图景是更近似补充的色彩。[③]

在西方世界的思想史上，始终有一条主线贯穿其中，即追求超越现实的、理性的、周密的思维模式。

我们把所有超越环境的思想（不仅仅是愿望的投入）都看作是乌托邦，无论这些思想具有如何改变现存历史—社会秩序的作用……我们意识中的乌托邦因素在内容和形式上变化不定。存在于任何特定时刻的环境都在不断地被不同的超越实际环境的因素所打破。[④]

在现代历史发展中，乌托邦的一系列形式，开始都与一定的历史发展阶段紧密联系，它们之中的每一种形式都与特殊的社会阶层紧密联系。占主导地位的乌托邦常常是作为某一个人的愿望和幻想首先提出的，只是后来才被合并为更广泛的群体的政治目标，这个群体在相继的每一个阶段都能够更精确地在社会学上加以确定。[⑤]

---

① ［德］卡尔·曼海姆：《意识形态与乌托邦》，黎鸣、李书崇译，商务印书馆 2000 年版，第 196 页。

② ［德］卡尔·曼海姆：《意识形态与乌托邦》，黎鸣、李书崇译，商务印书馆 2000 年版，第 197 页。曼海姆还提出了意识形态的特殊概念：“意识形态的特殊概念标志着介于以单纯的谎言为一极、以谬误为另一极（这是被扭曲的、错误的概念构架造成的结果）之间的现象。它指的是性质上属于心理学的谬误的领域，它不像蓄意欺骗，不是有意的，而是从某种因果决定因素产生的必然的和无意的结果。”（［德］卡尔·曼海姆：《意识形态与乌托邦》，黎鸣、李书崇译，商务印书馆 2000 年版，第 62 页）

③ ［德］卡尔·曼海姆：《意识形态与乌托邦》，黎鸣、李书崇译，商务印书馆 2000 年版，第 209 页。

④ ［德］卡尔·曼海姆：《意识形态与乌托邦》，黎鸣、李书崇译，商务印书馆 2000 年版，第 210 页。

⑤ ［德］卡尔·曼海姆：《意识形态与乌托邦》，黎鸣、李书崇译，商务印书馆 2000 年版，第 210 页。

1.2.4 经济学:对世界的简化与扭曲

经济学如实地描述了真实世界的经济活动吗?显然,答案是否定的。戴着理性主义的有色眼镜,心怀精确、严谨的形式主义理想,如何能够揭示真实世界的经济画卷?

(1)理性人的世界

丹尼尔·卡尼曼(Daniel Kahneman)[①]在《有限理性的图谱——迈向行为经济学的心理学》一文中指出:

> 理性人模型有一个特别不合实际的假设,那就是理性人在一个无所不包的情形下进行决策,理性人不仅会综合所有当前状态的相关细节,而且还会综合所有关于未来的机遇和风险的期望。很多证据支持一个和理性人模型相反的论断,即人们对决策和决策结果的看法通常是以"狭隘的框架"以及"心理核算"和"决策支架"的相关概念为特征的。[②]

在现代科学领域,到处都能看到的一种现象是把思维世界混同于真实世界。当然,许多人这样做是无意的,但这并不是说这样是无害的。迈克尔·希尔齐克(Michael Hiltzik)在《洛杉矶时报》(*Los Angeles Times*)2013年10月27日刊发文称,如今学界普遍追逐炫目的研究成果,加之诸多不负责任的后续研究,这都意味着全球各地数以十亿计的资源被投入到一个无尽的"老鼠仓"之中。当然,这种浪费只能算作是损失,而非害处。我们无法否认,这一类的科学误导了大众,也贻害了社会。有一些思想"病毒"已经渗透到了人类精神生活的每一个方面,并且造成了极大的影响。

(2)决定论的假设

决定论(线性关系)是隐藏在经济学中的一个常见假设,更准确地说是一种决定论的世界观。马克斯·H. 布瓦索(Max H. Boisot)在《信息空间》一书中指出:

> 经济学不仅从经典物理学寻找一般的灵感,它采用了很多物理学的概念模式。就像米罗斯基所说的,人们越是深入地挖掘,就愈益明白新古典经济学模仿物理学不是随意的或表面的,它的模式大都是逐个术语逐个符

---

① 丹尼尔·卡尼曼,1934年出生在以色列;1954年毕业于以色列希伯来大学,获心理学与数学学士学位。普林斯顿大学教授。2002年,因为把心理学研究和经济学研究结合在一起而获得诺贝尔经济学奖。

② [美]丹尼尔·卡尼曼:《有限理性的图谱——迈向行为经济学的心理学》,吴敬琏编:《比较》第13辑,中信出版社2004年版,第36页。

号地仿照物理学的说法。它们是些什么模式呢？本质上是笛卡尔的机械论哲学和牛顿的万有引力定律。笛卡尔将所有想象归结为运动中的物质，这一归纳加上牛顿的远距离作用的概念，可以将宇宙看作一座按照永远不变的规律运行的巨大的机械时钟装置，在没有摩擦力的条件下可以永远地运转下去。①

经济学通过借用19世纪中叶的牛顿物理学理念和思维模式而取得了它的“科学”地位。但是，此后经济学并没有继续跟上物理学进步的步伐，而是停留在了牛顿时代，而且致力于经济学的形式化（即与数学的嫁接）。进入21世纪，这种趋势不仅没有改变，而且越来越突出。

米歇尔·沃尔德罗普（Mitchell Waldrop）在《复杂：诞生于秩序与混沌边缘的科学》一书中，记录了一群美国科学家如何开创21世纪的科学的故事，特别是布赖恩·阿瑟（Brian Arthur）教授，介绍了一场新的启蒙运动——正在形成的科学的复杂体系。

在伯克利的教室里，经济学就像是纯数学的一个分支。作为经济学基础理论而著称的“新古典”经济学，已经把这个多姿多彩而又错综复杂的世界简化成了用几页纸就能写尽的一系列狭隘、抽象的法则。所有的教科书都充满了数学等式。最优秀的年轻经济学家们好像都在把自己的学术生涯献给对一个个定理的证明，而不顾这些定理和现实世界是否有任何关系。阿瑟说：“经济学如此重视数学使我感到非常吃惊。对我这个来自应用数学领域的人来说，定理是一个永久不变的数学真理的声明——而不是用许多公式来包装打扮对琐事的观察结果。”②

让阿瑟对经济学感到非常不满的是经济学不可理喻的非现实性。他看到：

计量经济学家们如此成功地把他们的学科转变成了假扮的物理学，在他们的理论中，人类所有的弱点和激情都被滤去了。他们的理论把具有动物本能的人描绘成了像粒子那样的东西：“经济人”，像神一样的存在物。这些存在物的理性思维永远是完美无缺的，永远是冷静地追求可以预测的自我利益。就像一个物理学家可以预测一个粒子对任何一组特定的力会作出何种反应那样，经济学家也可以预测经济人会对什么样的特定经济形

---

① ［英］马克斯·H. 布瓦索：《信息空间——组织、机构和文化中的学习框架》，王寅通译，上海译文出版社2000年版，第10页。

② ［美］米歇尔·沃尔德罗普：《复杂：诞生于秩序与混沌边缘的科学》，陈玲译，生活·读书·新知三联书店1997年版，第12页。

势作出何种反应：他（或它）会正好把自己的“实用功能”发挥到极致。①

在20世纪40～50年代，一些经济学家中的少壮派[如保罗·萨缪尔森（Paul A. Samuelson）、杰拉德·德布鲁（Gerard Debreu）等]是一群自命不凡的家伙，他们决心要用自己掌握的数学理论改造经济学，使经济学变成像物理学那样严格精确的一门科学。其实，早在阿瑟之前，怀特海就在《观念的冒险》一书中提醒人们：

> 我们必须承认，在时空的任何领域中，难以数计的大量物质事物在某种意义上是重叠的。因此在每一时空领域内的物质事实便是：宇宙间众多物质实体对于该领域所具有的全部意义的总和。但是，一个完整的存在并非是数学公式（仅仅是数学公式）的合成。它是演示数学公式的诸事物的具体合成，是定性和定量诸元素的一种交织。举例来说，当一个活体吸收食物时，实际情况不可能仅仅是一个数学公式吸收了另一个数学公式。事实不可能仅仅是二加三等于五吸收了三三得九这个事实，十一这个数也不可能吸收十六这个数。这些数学公式中的任何一个都可能被演示出来，但事实却远非仅仅是演示出来的公式。②

（3）现代经济学——一部描述简单（虚构）世界的杰作

从根本上讲，现代经济学就是一部关于简单（虚构）世界的杰作。

第一，经济学只注意到了稀缺性和由此产生的竞争，说到底，经济学从头到尾只强调了这一种事实。在经济学家的世界里，不会发生意外事件，市场上发生的小小变化即使出现也会迅速消失。然而，在真实世界里，除了有稀缺性之外，还有不确定性、动态性和不完全信息等。

第二，经济学只注意到了人理性的一面，却忘记了非理性的一面。它用理性人和理性行为的手术刀，剔除了经济生活、经济活动中所有真实、复杂的方面。事实上，如果给定变量和约束条件，那么唯一可做的事情就是最大化了，于是复杂的经济问题就简化成一道道数学题，正如我们在经济学教科书或文献中经常看到的那样。

但真实世界显然并不满足经济学的前提条件。现实社会甚至自然界中的事件，大多不能简单地由一些数学变量表征，因为它们是很难量化的。主流经济学的这种做法是一种典型的自娱自乐，而在知识层面上则是误人子弟。

---

① [美]米歇尔·沃尔德罗普：《复杂：诞生于秩序与混沌边缘的科学》，陈玲译，生活·读书·新知三联书店1997年版，第12页。

② [英]A. N. 怀特海：《观念的冒险》，周邦宪译，贵州人民出版社2000年版，第184页。

主流经济学理论把自然简化为土地，把土地简化为地租，再进一步把地租转化为土地价格。即使科学需要必要的抽象，也不能抹杀自然世界全部的丰富内容，经济学中所做的这种抽象已经扭曲了世界的本来面目，产生了严重的误导性。此外，还把产品最根本的特性——使用价值——抽象为无差别的效用，并赋予其一个符号——价格。市场被简化为需求与供给的机械抗衡，需求又被定义为有效需求，它等于收入决定的需求（需求的收入约束），最终结果就是价格的波动，它可以像物理学中的运动一样，精确地被刻画出来。在《复杂：诞生于秩序与混沌边缘的科学》一书中，沃尔德罗普写道：

> 考温说："通往诺贝尔奖的辉煌殿堂通常是由还原论的思维取道的。"也就是把世界分解得尽可能小、尽可能简单。你为一系列或多或少理想化了的问题寻找解题的方案，但却因此背离了真实世界，把问题限制到你能发现解决办法的地步。"这就造成了科学上越来越多的碎裂片。而真实的世界却要求我们——虽然我讨厌这个词——用更加整体的眼光去看问题。任何事情都会影响到其他事情，你必须了解事情的整个关联网。"①

实际上，潜在需求对于企业创新，或未来（需求的、收益的、技术的）预期对于企业家、投资者的投资，进而对于经济的长远发展具有根本的重要性。这就是凯恩斯所强调的"对未来经济的信心"，已经超越了主流经济学的理性范围。而且，正如弗兰克·奈特所强调的，它们与"风险、不确定性"而不是"确定"的变量紧密联系。

当然，这还并不是问题的全部。现代经济学把市场简化为供求力量，也就简化或过滤掉了许多其他力量对市场的影响。

> 如果说科学家们还没有意识到他们因未能理解价值之于维持社会秩序的作用而引发的责任的话，那么这在很大程度上是因为这样一种观念所致，即科学本身并不关注价值的效力（the validity of values）。的确，从我们对事实之间的因果关系的理解当中，并不能够推论出有关价值之效力的结论。这无疑是一个真实的陈述，但是值得我们注意的是，正是这个陈述被夸大成了这样一个错误的信念，即科学与价值无涉……现存的事实性社

---

① ［美］米歇尔·沃尔德罗普：《复杂：诞生于秩序与混沌边缘的科学》，陈玲译，生活·读书·新知三联书店1997年版，第72页。

会秩序之所以存在,实是因为人们接受了某些价值所致。①

我们常常会看到这样一种奇怪的现象,即一些科学家在特别强调科学具有价值无涉之特性(the wertfrei character)的同时,却竭力用这种科学去摧毁那些盛行的价值,并且把它们贬斥为一些只是对非理性的情感或特定的物质利益的表达。这些科学家常常给人们这样一种印象,即唯一在科学上受到尊重的价值判断乃是这样一种判断:我们所拥有的那些价值实际上是没有价值的。据此我们可以说,这种态度乃是因为人们错误地理解了那些为人们所接受的价值与当下普遍存在的事实性秩序之间的关系而导致的一个结果……我认为,社会科学所担当的最为崇高的使命之一,便是明确地揭示出价值之间所存在的冲突。②

1.2.5 差异 VS"本质"

现代经济学中,充斥着大量的一般概念。从需求到供给,从消费者到生产者,从效用到生产函数等,无一不是同质的概念,具有高度的同一性,甚至被认为符合数学上的严格性和精确性,以至于可以直接运用数学工具加以推演。这种态度不仅是非常幼稚的,而且是自欺欺人的。正如洛德·霍夫曼在《相同与不同》中指出的:自然界没有什么事物是纯的。

在现实世界里,每样东西都不纯。如果你仔细观察一下,在我们周围最纯的东西中,如石英片、白糖或者药物等,都含有一些你不大想了解的东西存在,它们的含量只在百万分之几的水平……为什么天然物质不纯?因为活的组织都是复合的,是进化的产物。个人,或一株葡萄,都需要上千种化学反应,上万种化学物质才能维持生命。自然界是个"修补匠";一个植物,一个动物,它们能存活是自然界百万年修补的结果。生命的每一细节,都依托着千百万种形状和颜色各异的分子。③

理性主义者相信,他们用于构建理论体系的语言是严格定义、内涵外延清晰的,逻辑是严谨的。这只不过是理性主义的错觉。实际上,除了形而上学外,

① [英]哈耶克:《哈耶克论文集》,邓正来译,首都经济贸易大学出版社2001年版,第250页。需要指出的是,较早提出这一观点的人是马克斯·韦伯。同为奥地利学派的米塞斯也认为一切科学都必须价值中立(或德语的"wertfrei")。无论是在市场交易还是在总体意义的人的行动当中,都不存在什么"客观价值"。当然,持这种观点的大有人在,其最著名的代表也许是弗里德曼。

② [英]哈耶克:《哈耶克论文集》,邓正来译,首都经济贸易大学出版社2001年版,第251页。

③ [美]洛德·霍夫曼:《相同与不同》,李荣生等译,吉林人民出版社1998年版,第5~6页。

即使是自然科学也不存在这样的语言，社会科学尤其如此。

> 任何语言中的词汇都没严格定义，是含糊的。字典是一种深度循环的构造，你可以看到，那些定义的链条很快就会返回到自身上去。①

一般概念（或抽象概念，如哲学上的现象、本质等，生物学上的类、属等，经济学上的消费者、生产者、效用等）讨论的是思维世界、逻辑世界的事情。只有有差异的个体化的概念才能解释真实世界的事情，才能让我们回到真实世界。我们应该知道，“变易之外无物存在，多样性之外无物存在，无论是多样性，还是变易，都不是表象或幻觉”②。

从古希腊开始的不变的事物、同一的概念不仅是假象和幻觉，而且具有严重的误导和蒙蔽作用。

从古希腊开始，人们就错误地把思维的抽象活动比喻为“透过事物现象，抓住事物本质”。本质是古希腊人提出的一个概念，是从变化中寻找不变和永恒，它需要的全部工具是思维，而它所做的事情就是抽象。

抽象是什么？抽象不是别的，就是用思维的方法去消灭差异，就是化差异为同一；就是从真实世界进入虚构世界，从物理世界进入符号世界、进入形而上学世界。正是借助于抽象这一思维活动，人们构建了数学、形而上学和许多其他各种理性的科学。

还原主义常常成为形而上学的心理支柱。但是，不仅在人性和科学之间无法还原，甚至在关系密切的物理与化学之间，也不能够还原。正如霍夫曼所说：

> 不能把化学的概念还原到物理概念。如果它们被还原了，它们许多有价值的内容便失去了。只有化学家才思索着像芳香性、酸性、碱性、官能团、取代效应这样一些观念。当人们试图把这些概念规定得太死板，它们就没有意义了。它们不能像数学那样单纯，不能那样“毫不含糊”。③

德勒兹高度重视差异。吉尔·路易·勒内·德勒兹（Gilles Louis Rene Deleuze），法国作家、哲学家，后现代主义的主要代表人之一，1925 年 1 月 18 日出生在巴黎，1944 年进入巴黎索邦大学哲学系就读，开始致力于哲学研究，是当代影响巨大的后现代哲学家，是 20 世纪 60 年代以来法国复兴尼采运动中的关键人物。德勒兹通过解读尼采而引发了对差异哲学和欲望哲学的热情，他的哲

---

① ［美］洛德·霍夫曼：《相同与不同》，李荣生等译，吉林人民出版社 1998 年版，第 60 页。

② ［美］斯蒂文·贝斯特、道格拉斯·凯尔纳：《后现代理论：批判性质疑》，张志斌译，中央编译出版社 2001 年版，第 103 页。

③ ［美］洛德·霍夫曼：《相同与不同》，李荣生等译，吉林人民出版社 1998 年版，第 18 页。

学思想的一个主要特色是对欲望的研究，并由此发散到对一切中心化和一般化批判。如今，德勒兹的影响遍布人文科学的各个角落，他的《反俄狄浦斯》《千高原》《电影Ⅰ：动作—影像》《电影Ⅱ：时间—影像》《什么是哲学》《感觉的逻辑》和《差异与重复》都已取得世界性的声誉。

在德勒兹看来，事实上也是如此，近代思想史上的杰出代表人物之一柏格森，是少数不忘差异重要性的人。德勒兹在《〈荒岛〉及其他文本：文本与访谈（1953—1974）》一书中指出：

> 差异的观念一定可以阐明柏格森的哲学，反之，柏格森主义也一定会对差异哲学作出最大贡献。这种哲学通常依靠方法论与本体论两个平面。一方面，问题在于规定诸事物之间的本性差异（les differences de nature）：只有如此，我们才能"回到"诸事物本身，对之加以分析而不会将它们化约为除它们之外的另外事物，并在他们的存在之中掌握它们。另一方面，诸事物的存在在某种意义上就在它们的本性差异之中，那么我们可以期望差异本身就是某种事物，它具有一种本性，最终它将存在交付给我们。这两个问题（方法论问题和本体论问题）永远相互指涉：一个是本性差异的问题，另一个是差异本性（la nature de la difference）的问题。在柏格森的著作中，我们将在两者的联系中碰到这两个问题，会突然发现由此及彼的过渡。①

> 柏格森主要指责他之前的哲学家没有理解真正的本性差异。这样一种批评在柏格森的著作中经常出现，同时向我们指出这一主题在柏格森著作中的重要性。②

> 为了种属的利益而忽略本性差异，这倒是向哲学撒谎。这些本性差异，我们已经失去了。我们面对一种科学，它以简单的程度差异取代本性差异，我们也面对一种形而上学，它更特别地以简单的强度差异（differences d'intensitie）取代本性差异。③

然而，在形而上学的各种文本中，本性的差异消失在了同质性之中。于是，

① ［法］吉尔·德勒兹：《〈荒岛〉及其他文本：文本与访谈（1953—1974）》，董树宝等译，南京大学出版社2018年版，第40页。

② ［法］吉尔·德勒兹：《〈荒岛〉及其他文本：文本与访谈（1953—1974）》，董树宝等译，南京大学出版社2018年版，第40～41页。

③ ［法］吉尔·德勒兹：《〈荒岛〉及其他文本：文本与访谈（1953—1974）》，董树宝等译，南京大学出版社2018年版，第43页。

树木消失了，森林也不见了，剩下的只有可以用于推理的干瘪的树木与森林概念。

与形而上学的思维世界不同，在真实世界中，有多少持久与持续就有多少流动与变化。

> 一旦不再被思考，差异就要消散于非存在之中。人们因而得出这样的结论：差异本身仍然是被诅咒的，它要么应当赎清自身的罪孽，要么应当被理由所拯救，成为可实际经验之物、可被思维之物，成为有机表象之对象。①

德勒兹一针见血地指出，在形而上学中，虽然也使用了表象的概念，但是，它们的表象已经是抽掉了血肉的表象，是表象的概念而非表象本身，这里的表象已经与本质没有什么差异。特别是黑格尔，更是让表象征服了一切，把表象演绎成为一个完全形而上学的概念。

> 哲学的最大努力可能就在于使表象成为无限的（狂放的）表象。而这涉及使表象一直延伸至过大的差异与过小的差异；涉及给予表象一个不容怀疑的视角，亦即发明使表象能够整合自在之差异的深度的神学、科学、美学技法；涉及使表象征服晦暗；使它包含过小差异之消逝与过大差异之分割；使它骗取眩晕的强力、迷醉的强力、残酷的强力，甚至死亡的强力。简而言之，这涉及使些许狄奥尼索斯的血液在阿波罗的有机血管中流动。这种努力一直渗透到表象的世界当中。变为狂放表象并征服自在：这就是有机表象最大的愿望。而这种努力在莱布尼茨与黑格尔那里迎来了自己的巅峰时刻。在莱布尼茨那里，表象征服了无限，是因为一种无限小的技法集聚了最小的差异和该差异的消逝；在黑格尔那里，表象征服了无限，是因为一种无限大的技法集聚了最大的差异和该差异的分解。由于黑格尔的问题同样是消逝的问题，而莱布尼茨的问题同样也是分解的问题，所以二者达成了一致……但这并没有带来任何改变，差异仍旧承受着诅咒，人们不过是发现了一些更为精巧、更为卓越的方法来使差异在表象范畴下赎罪、服从与偿还。②

德勒兹看到，柏拉图当然是典型的形而上学家，但是，他却另外提出了复制品和幻象的差别，在他那里，复制品等于原型，而幻象则脱离了原型，但它们二者都被柏拉图称为现象。柏拉图选择了复制品而抛弃了幻象，复制品可以等同

---

① ［法］吉尔·德勒兹：《差异与重复》，安靖、张子岳译，华东师范大学出版社2019年版，第440页。

② ［法］吉尔·德勒兹：《差异与重复》，安靖、张子岳译，华东师范大学出版社2019年版，第440～441页。

于原型、等同于本质。德勒兹则批判地说，复制品也不能等同于原型，不能等同于本质。

> 用柏拉图主义来界定形而上学是确切的，但用本质与现象的区别来定义柏拉图主义显然是不够的。由柏拉图所建立的第一个严格区别是原型相和复制品的区别；然而，复制品绝不只是单纯的现象，因为它表现出了与作为原型相的理念的、精神的、精神论的、存在论的内在关系。第二种更为深刻的区别是复制品本身和幻象的区别。有一点是清楚的：柏拉图之所以对原型相与复制品进行区分甚至还将二者对立起来，只是为了得到复制品与拟像间的遴选标准：前者奠基于它们与原型相的关系之上，而后者则失掉了这种资格，因为它们无法忍受复制品的考验与原型相的约束。因此，如果现象是存在的，那么区分下面两种现象就非常重要：一种是有根有据、光辉灿烂的阿波罗式现象，另一种是恶意的、不祥的、影射的，既不尊重根据也不尊重被赋予根据者的现象。正是这一驱除拟像的柏拉图式意志引起了差异的服从。因为原型相只能被一种作为相同之本质的同一性设定所界定；复制品只能被一种作为相似之质的内部类似性分殊所界定。①

在德勒兹那里，拟象是一个很常用的概念，这个概念非常近似于尼古拉斯·库萨(Nicholas Cusanus)②的缩影化的概念，但是二人对拟象关系的理解却是完全颠倒着的。尼古拉斯与柏拉图的理解保持了一致，即本原被称作世界的形式或灵魂，是事物的动因、原型和本质，本原借着缩影化以一种形式或另一种形式把可能性赋予具体的存在。

> 柏拉图主义者们把后者(即本原)称为普遍的必然性，因为它从绝对必然性那里降下来而变成一种缩影化的必然性和缩影化的形式，在其中真实地有着一切形式。③

> 本原与可被限制的客体之间、质料与形式之间、宇宙的可能性与必然性之间存在着联系，它由精神通过某种运动把它们统一起来而现实地形

---

① [法]吉尔·德勒兹：《差异与重复》，安靖、张子岳译，华东师范大学出版社 2019 年版，第 443 页。

② 尼古拉斯·库萨，文艺复兴时期神圣罗马帝国神学家，德国天主教枢机主教、中世纪伟大的思想家，1416 年入海德堡大学学习法律，1417 年转帕多瓦大学，1423 年获得法学博士学位。他对神学、数学、天文学、地理学、力学、生物学、哲学、法学和艺术以及无穷小、相对运动都有深入的研究，还对古希腊的学术思想作过探讨，故有文艺复兴时期最早的现代哲学家之称。1440 年，他曾发表《论有学识的无知》一文，指出唯自知无知者才是有学识之人。宇宙中的事物与宇宙整体是矛盾的也是统一的，即极大与极小是统一的，一与多是统一的。

③ [德]尼古拉斯·库萨：《论有学识的无知》，尹大贻、朱新民译，商务印书馆 1988 年版，第 85 页。

成。有些人习惯地把这种联系说成是决定了的可能性，因为起决定作用的形式和可被决定的质料之统一把可能的存在转化为在行动中存在着的个体。①

这种转化被尼古拉斯称为“缩影化”，即树木的概念缩影化为具体的树木，人缩影化为张三或李四。

德勒兹看到，柏拉图以及以后的哲学家们发现了另一个好用的概念——表象。正是在这个概念下，关于本质的思维游戏得以继续，同一性的概念安然无恙。德勒兹这样解释：

> 表象是先验幻相的场所。这一幻相具有多种形式，或者说，它具有四种互相渗透且分别与思想、感性物、理念和存在对应的形式。思想实际上是被一个由若干歪曲了它的运用和发生的公设所组成的“形象”覆盖着。这些公设终结于一个作为概念一般之同一性法则的同一的思维主体的设定(position d'un sujet identique)。一种从柏拉图式世界到表象世界的“滑行”由此产生(所以我们在这里还是将柏拉图安排在了起源的位置上安排在了一种决断的十字路口)……柏拉图式理念的“相同”已经让位给了奠基于思维主体之上的本源概念之同一性。思维主体将记忆、认知、自我意识这些主体伴生物给予了概念。②

换言之，柏拉图及以后那些理性哲学家们通过发明并经由表象的概念(它可以有多种表现)，就滑行到了具有同一性的柏拉图的理念、本质等概念，形而上学的各种范本——纯粹理性、理性人、效用函数粉墨登场。

差异是事物存在的根本。另一种说法是“世界上没有两片完全相同的树叶，生活中也没有两个完全一样的人。”德勒兹说，形而上学思想家通过把差异隶属于类似性而取消了差异的意义，抹杀了差异的存在，从而加固了同一性的幻象，不等之物被均等化了。在经济学中，张三等于了李四，玉米等于了小麦，劳动力等于了机器等，在此基础上，可以放肆地进行概念的推演，形而上学的逻辑体系得以建立。

德勒兹说，在消除个体差异的道路上，类似性也功不可没。当用到类似性的概念时，总是意指事物之间的同一性程度——中国人、苹果树、私家车、生产者……只要被归为一类，强调的就是他们同一的一面，原本重要的差异，再一次被取消。

---

① [德]尼古拉斯·库萨：《论有学识的无知》，尹大贻、朱新民译，商务印书馆1988年版，第86页。
② [法]吉尔·德勒兹：《差异与重复》，安靖、张子岳译，华东师范大学出版社2019年版，第444页。

第二个幻相毋宁说关涉着差异对类似性的从属。鉴于类似性被分配在了表象之中，它没有必要完完全全成为复制品对原型相的类似性。但是，它要放任自己被规定为感性物(杂多)与其自身的类似性。这样一来，概念同一性不但可以被应用于感性物之上，而且还可以从感性物那里获得特殊化的可能性。幻相获得了下面这种形式：差异必然倾向于在覆盖它的质中被取消，与此同时，不等之物趋向于在它被分派于其中的外延中被均等化。量的相等性或均等化的主题将重复质的类似性与同化的主题……这一幻相是先验的，因为差异确确实实在质和外延中被取消了。但幻相终究还是幻相，因为差异的本性既不在覆盖它的质之中，也不在外展它的广延之中。①

当然，这种纯属概念游戏的做法并不奏效，它们不仅没有增进人的知识，而且在实践中也毫无所用。

变化了的事物应该被视为同一事物吗？出生1个月的张三是不是60岁的张三？黑格尔的答案是是的，这就是黑格尔的辩证法，差异被粗暴地取消了。

第三个幻相关涉着否定及其使差异在限制与对立的形式下从属于它的方式……这种旨在以否定之劳作取代差异与微分之游戏的变质在黑格尔那里达到了顶峰。现在……否定与肯定、差异性设定与差异之肯定的互补性被虚假的肯定发生(faussegenèse de l'affrmation)取代了，后者由否定所生成并且就是否定之否定……差异是应当被构想为量的限制还是应当被构想为质的对立？这是因为，无论是被构想为限制还是被构想为对立，差异都被错误地看成是一种否定的非存在。由此还会再产生一种虚幻的非此即彼的取舍：要么，存在是充分的实定性或纯粹的肯定，但这一来，差异便不复存在，存在是未分化的；要么，存在包含着差异存在即差异，同时还存在着非存在，一个否定的存在。所有这些二律背反都是相互勾连的，而且它们全都取决于同一个幻相。②

根据黑格尔的这种逻辑，一辆新的福特轿车同一于使用了10年的福特轿车，3个月大的张三(消费者)同一于30岁或60岁的张三。当然，现代经济学也是这样述事的。不仅如此，资本、劳动也具有同一性，可以相互替代，(可支配)收入和消费也可以画上等号……

---

① [法]吉尔·德勒兹：《差异与重复》，安靖、张子岳译，华东师范大学出版社2019年版，第446页。

② [法]吉尔·德勒兹：《差异与重复》，安靖、张子岳译，华东师范大学出版社2019年版，第447～448页。

> 第四个幻相，同样也是最后一个幻相，涉及的是差异对判断之类比的从属……类比者……得到了一种分配的共通意义(sens commun)的同一性和一种顺序的(ordinal)良好意义(bon sens)的同一性……这种由范畴掌控的分配形式已经背叛了存在之本性、分配之本性、差异之本性。这是因为个体只能作为差异一般的承负者，并且也只能被思为差异一般的承负者。同时，存在本是也被分配在了这些差异的固定形式之中，并且还以类比的方式诉说着存在之物。①

在经济学中，资本对劳动的替代就是基于这里的类比，只要我们停留在思维领域里，我们确实可以看到：资本是有成本的，劳动是有成本的，既然成本是可以比较的，那么，资本和劳动就是可以相互替代的。因为在这个逻辑体系中，一切以盈利为标准。没有人，没有社会，也没有自然界，或者换句话说，不仅生命的延续、生活的意义需要用盈利的标准来衡量，而且自然界也为赚钱服务，太阳也服从钱的意志。

我们应该接受这样的逻辑体系吗?

德勒兹告诉我们：

> 理性必须直达个体，真正的概念必须直达事物，理解必须直达“这一个”……实际上，理性应该是柏格森所谓的“微妙差异”的理性。在精神生活中，偶然因素是不存在的：微妙差异就是本质。②

让我们再重复一遍：真实的理性必须直达个体，真正的概念必须直达事物，理解必须直达“这一个”。只有这样，才能看到差异；只有这样，才能述说真实世界的事情；只有这样，才能避开形而上学的文字游戏。

我们知道，柏格森非常强调直观、绵延概念，与那些理性的科学和形而上学相比，它们赋予事物一种全新的真实性。德勒兹提道：

> (只有直观)向我们指出了一种提出问题、构建问题的活动在精神生活中的重要性，这绝非是偶然的……柏格森哲学的原创性之一就是他在其特有的学说中将直观本身组织成一种真正的方法，一种消除假问题、真实地提出问题的方法，一种由此根据绵延提出问题的方法……毫无疑问，正是绵延评判了直观，正如柏格森多次提醒的那样。但是，不管怎样也唯有直

---

① [法]吉尔·德勒兹：《差异与重复》，安靖、张子岳译，华东师范大学出版社2019年版，第449～450页。

② [法]吉尔·德勒兹：《〈荒岛〉及其他文本：文本与访谈(1953—1974)》，董树宝等译，南京大学出版社2018年版，第47页。

观在其意识到自己作为一种方法时才能在事物中找寻绵延，诉诸绵延，祈求于绵延，只因为直观将其所是的一切都归功于绵延。[①]

而在柏格森那里，存在就是变动，变动才是实体。他认为绵延就是差异的东西或者是改变本性、质性、异质性的东西，就是与自身相异的东西。[②] 因此，我们不难理解，柏格森为什么要创作《创新的进化论》，为什么柏格森的思想为那些以学术为业的主流学派所不容。

直观是一种寻找差异的方法。直观呈现为它寻找并找到本性差异（les differences de nature）、“实在的关节”（articulations du reel）。[③]

德勒兹这里所说的直观是指事物第一表现（等同于胡塞尔的现象概念），它的重要性在于，它是某种事物在直观中且经由直观呈现出来，它是事物本身给予的而非思维加工出来的，而非人为地（主观地）从其他事物中推论、总结出来的。

现代许多科学则不同，它们通过概念、总结、推理来获得关于事物的知识。这些概念、总结、推理作为一种中介横亘在我们与事物之间，许多时候，它们并没有提供认识上的便利，而是成为一种有色眼镜，造成了对认识的扭曲和误导，甚至成为我们认识事物的障碍。

如果一种理论，使存在变成一种一般性，变成某种不变的、无差异的东西，那么，这种理论就具有形而上学的性质，就是提出了假问题，并给出了假的答案。德勒兹非常同意柏格森的观点，他说：

存在就是差异，不是不变的或无差异的，也不是只作为错误运动的矛盾。存在就是事物的差异本身，柏格森经常将其称之为“微妙差异”（nuance）。[④]

柏格森强调，只有在直观中，事物才与它的差异同一，事物才是其所是。

哲学家不应将思想稀释到一般之中，他应该将思想聚焦于个体……柏

① ［法］吉尔·德勒兹：《〈荒岛〉及其他文本：文本与访谈（1953—1974）》，董树宝等译，南京大学出版社2018年版，第24页。

② ［法］吉尔·德勒兹：《〈荒岛〉及其他文本：文本与访谈（1953—1974）》，董树宝等译，南京大学出版社2018年版，第29页。

③ ［法］吉尔·德勒兹：《〈荒岛〉及其他文本：文本与访谈（1953—1974）》，董树宝等译，南京大学出版社2018年版，第30页。

④ ［法］吉尔·德勒兹：《〈荒岛〉及其他文本：文本与访谈（1953—1974）》，董树宝等译，南京大学出版社2018年版，第28页。

格森揭露了一种共同的危险，在科学与形而上学之中，任凭差异逃脱，因为科学将事物构想为一种产物、一种结果，因为形而上学将存在构想为可以充当本原的、不变的某种东西。[①]

1.3 复杂世界的经济学是怎样的

严格地讲，我们所有的知识都是存在疑问的，即使是数学科学。弄清真理的主要手段是归纳和类推——都基于概率。

从柏拉图开始，在长期的理性传统思想熏陶、教育下，人类顽强地从混乱世界中寻找规律，在现象背后寻找本质，在无序之中寻找有序。然而，大自然并不轻易将自己的真实面目展示给人们，也不会为了让我们感觉舒适而变得整齐有序。

1.3.1 认识、解释世界的两种方法

实际上，人类历史上一直存在着两种认识、解释世界的基本方法——决定论的方法和非决定论的方法。但它们的历史地位并不相同，占主导地位的始终是决定论的观念和方法。

迄今为止的几乎所有的自然科学、社会科学理论和方法（包括经济学），皆源自这两种不同的关于世界的基本信念，每一个人也都不同程度地成为两种不同信念的信徒。

（1）因果决定论的方法（线性方法）

在科学发展的早期，人们首先是从简单的因果关系来认识自然事物的。20世纪20年代以前，基于传统牛顿力学、相对论等理论的成功，科学家认为世界是由因果规律支配的，一切事物都严格遵守因果律和自然法则。

确实，决定论的思想源远流长，是一种长期且广泛流行的关于世界的观念。这种观念认为：外部世界或自然界，存在着各种类型的自然法则或规律——物理学的、化学的、生物学的、社会学的规律，它们预先决定一切。

用一句话概括决定论的世界观和信仰：世界是必然的、确定的、连续的、可预测的、可以理解的。这种观念认为，如果说有一个现象我们现在还不了解它，那只是因为我们所知道的信息、知识太少而已。人可以通过总结经验和科学研究，去发现法则和规律，一旦我们知道了这些法则和规律，就能够根据现在的数

① [法]吉尔·德勒兹：《〈荒岛〉及其他文本：文本与访谈（1953—1974）》，董树宝等译，南京大学出版社2018年版，第28～29页。

据预测未来。只要人们掌握了足够的知识、掌握了世界的变化规律、搜集到足够多的信息、能够处理足够大的运算量，就可以由初始状态推知它的未来状态，就能如同上帝一般无所不知。

在生活层面或经验层面上，决定论观念的表现方式是因果观念，即每一个事件都是有原因的。简单地说，这种观念认为，对于每一个事件，我们总是能够问它为什么发生。这意味着任何一件事情的发生，都是由构成原因的那些事件预先决定的。[①]

在早期的西方，古希腊的毕达哥拉斯、柏拉图都持有决定论的宇宙观。古希腊有个学派叫作爱利亚派，创建人巴门尼德(Parmenides of Elea)认为存在是绝对静止的，而运动是荒谬的。毕达哥拉斯及其追随者不像爱奥尼亚学派那样试图用某些物质性元素(火、空气、水等)来描写宇宙，而是一成不变地用数字来解释宇宙。

> 前苏格拉底时期以来，自然哲学的一个基本问题是，发现有序是如何从复杂的、无规的和混沌的物质状态产生出来的。赫拉克利特认为，一种产生有序的能力(逻各斯)协调着无规的相互作用，创造出有序的物质状态。[②]

这是一种决定论的方法，也是一种简单方法或线性方法。

开普勒的三大定律和牛顿天体动力学的成功，导致了近代对于科学决定论的几乎普遍的接受。拉普拉斯[③](Pierre-Simon Laplace)是分析概率论的创始人，但他却是一个典型的决定论者，他坚持决定论的立场。他的《概率分析理论》一书，论述了概率在选举、审判、调查、气象等方面的应用。

拉普拉斯在《概率的哲学导论》中这样写道：

> 假如有一个智者知道了在某一时刻支配自然的一切作用力，以及它所有组成部分的相对位置，假如他的智力足够发达，能把这一切数据加以分析，并把全宇宙中从最巨大的物体到最细小的原子的一切运动完全包括在一个公式里面，这样对他就没有什么东西是不确定的了。[④]

---

① 我们并不是说因果论是错误的，而是说任何事件都是许多因素联合作用的结果，世界上并不存在线性的因果关系。

② [德]克劳斯·迈因策尔：《复杂性思维：物质、精神和人类的计算动力学》，曾国屏、苏俊斌译，上海辞书出版社 2013 年版，第 4 页。

③ 拉普拉斯是法国概率论学家和物理学家，法国科学院院士，天体力学的主要奠基人、天体演化学的创立者之一。代表作《天体力学》《宇宙体系论》和《概率分析理论》等。

④ 转引自陈诗谷、葛孟曾：《数学大师启示录》，开明出版社 2005 年版，第 197 页。

这里的智者被后人称为“拉普拉斯妖”(Laplace's demon)。实际上,拉普拉斯妖是理想化的人类科学家,是理想化的拉普拉斯。他相信自己解决了太阳系的稳定性问题——没有外部干涉,众行星会在所有未来时期中继续保持它们目前与太阳的平均距离。

在近代历史上,决定论已经上升为这样一种世界观:整个宇宙只不过是一台精密的机器,它的每个零件都按照定律精确地运行。决定论最极端的代表人物是朱利安·奥弗鲁瓦·德拉美特利(Julien Offroy De La Mettrie),法国哲学家,著有《人是机器》。他运用医学、生理学和解剖学的大量科学材料,认为人的身体状况决定人的心灵状况,人的机体组织是类似钟表那样纯粹由物质的机械规律支配的自动机,得出“人是机器”的结论。

现代历史唯物主义的理论认为:未来将发生的事情主要由过去或现在所决定,我们今天的所作所为都会影响或者决定未来的结局。但是,显而易见的是,生活中没有人认为未来是完全确定的。

历史上,拉普拉斯决定论所给出的论述是最为有名的。在拉普拉斯的时代,牛顿力学的成就让大部分的思想家倾向于接受决定论。在1814年版的《概率的哲学导论》中,提到了所谓的“拉普拉斯妖”。

> 因此,我们应该把宇宙的目前状态看作其先前状态的结果与将来状态的原因。倘若有一个智者,在一瞬间即能洞见使大自然生机盎然的一切力量和构成大自然的那些存在物的各自的位置——一个神通广大到足以将这些数据加以分析的智者——那么,他定能把宇宙中最庞大的天体的运动与最轻微的原子的运动悉数囊括到同一个公式之中;在他看来,没有什么是不确定的,未来如同过去,都将呈现在它的眼前。[①]
>
> 拉普拉斯还清楚明确地说明,在行星和彗星的运动中所发现的规律性也同样存在于所有其他现象之中:“天文学为我们揭示的彗星运动的规律性无疑也存在于一切现象之中。一个简单的空气或蒸汽分子在运动时所描画的曲线肯定同样受到行星轨道所遵循的规律的支配。”[②]

近代自然科学正是从研究线性系统这种简单对象开始的。在牛顿和牛顿之前的时代,人们都相信世界都是线性的,甚至非线性被认为是邪说。例如,坚

① 转引自[英]吉利斯:《概率的哲学理论》,张健丰、陈晓平译,中山大学出版社2012年版,第15页。

② 转引自[英]吉利斯:《概率的哲学理论》,张健丰、陈晓平译,中山大学出版社2012年版,第16页。

持因果理念的物理学家普朗克(Max Karl Ernst Ludwig Planck)、德布罗意(Louis Victor Duc de Broglie)、薛定谔(Erwin Rudolf Josef Alexander Schrödinger)、爱因斯坦都认为:量子力学中的非决定论与统计律是暂时的,原因应归于我们的浅知;测不准式的解决问题方法并不意味着必须放弃决定论。

在其他科学领域和生活中,因果理念根深蒂固。很早的时候,有人就告诉我们"一分耕耘,一分收获",这句话描述的情况就是一个线性过程,是决定论的不同版本。我们只能说,在这个非线性世界里,遇到一种线性过程是一件幸运的事。

在日常生活中,线性过程还是常常发生的。我们确实能够看到一些"一分耕耘,一分收获"的线性现象。但这些现象是偶然的、非决定性的,用统计学语言说,这是观察样本不充分的表现。

比如,你付出的时间和精力越多,你的业务能力就越精进,勤奋的员工往往比懒惰的员工多拿一些工资等。相信"天道酬勤",每天能量满满的努力和付出,然后收获,这样的良性循环能让人变得更加优秀。出现这种情况的原因之一是社会选择的标准是一个近似封闭的系统,如军队用人标准是身强力壮,社会用人标准是责任心强、有奉献精神,学校、科研机构用人标准是知识丰富、方法熟练等;原因之二是统计尺度、范围不足。[①] 说到底它们仍然是不同的概率事件。

(2)复杂性方法(非决定论的方法或非线性方法)

非决定论认为世界是不确定的,我们从来没有,也不能准确地预测它。实际上,这是对人类意识的主观性的承认。

持有非决定论观念的人相信:世界、大自然从来都不肯轻易把自己的真实面貌示人。这种观念常常来自一些阅历丰富、思考深刻的人,这些人往往不急于从所看到的一事一物立刻得出结论,而是对将要得出的结论慎之又慎。

哈耶克曾经指出:

> 当我们不得不处理极其复杂的人类事务的时候,想对特定事件作出具体预测的那种希望似乎是极其自负且愚蠢的……而套用一位杰出的人类学家的话来说,这正是文化的本质之所在。[②]

在人类思想史上,中国的老子、庄子,古希腊的德谟克利特,英国的洛克、休谟等,基本上都是非决定论的著名代表。尤其是到了20世纪后期,现代科学的

---

① 最小的时间单元是普朗克时间,最小的长度单元是普朗克时间乘以光速。普朗克时间为10～43秒,普朗克长度为10～35米。

② [英]哈耶克:《哈耶克论文集》,邓正来译,首都经济贸易大学出版社2001年版,第281页。

最新进展表明，我们是生活在一个充满了不确定性的世界里。

在社会和人生问题上，更普遍的情况是：在一个人成长的过程中，第一，我们会遇到各种各样的影响因素。在你人生的某一个时刻，一些人——你的家长、亲戚、同学、老师、朋友等——出现在了你的生活中，陪伴你走过人生的一段路，也影响着、改变着你的人生轨迹。第二，每个人的机会都不相同。时代（一代人有一代人的命运）、职业、环境等都会影响到机遇。第三，每个人的人生轨迹都是唯一的、与众不同的。

这就是复杂性、非线性、非决定论的世界。

美国当代理论物理学家、圈量子引力论创始人之一李·斯莫林[①]在《时间重生》中说道：

> 或许有人认为，对永恒自然规律的否定是一种科学精神的倒退；但我认为，这种科学精神仅仅是一种形而上学的负担，束缚了我们对真理的追求。[②]

当今时代，科学的发展，尤其是量子力学的发展已经使决定论遭到了否定，并导致思想家们在较大程度上倾向于认为宇宙在本质上是非决定论的。

非线性、复杂世界的一个重要特点是各种因素相互作用、相互影响，因此，即使初始条件相同，随后的变化过程也不会相同，最终也还是产生不完全相同的结果。因此，线性过程——“一分耕耘，一分收获”并不能完整地反映这个世界的真实面目。准确地说，世界的真实面目是非线性的！

相信每个人应该都有过这种发现：有的人，平时不怎么花时间学习，却取得了好成绩，而有的人，每天花大量的时间复习、练习，可是考试的时候却成绩不理想，付出与收获不成比例，因与果不对称。这就是复杂性的、非线性的、非决定论的过程。

为什么会是这样？

原因可能有许多。根本的一条在于，我们都置身于开放的世界。在任何一个过程中，总会有这样那样的外部因素，它们影响或冲击这个过程，而且这一过程内部的因素也在不停地变化，导致最终出现不同的结果。

比如，你可能恰巧遇到了一位特别好的老师，他用通俗易懂的话讲透那些

---

① 李·斯莫林（Lee Smolin），1955 年生于美国，哈佛大学博士，普林斯顿高等研究院、圣巴巴拉理论物理研究所以及芝加哥大学博士后；曾任教于耶鲁大学、雪城大学和宾夕法尼亚州立大学。现任加拿大圆周理论物理研究所研究员、滑铁卢大学物理系客座教授、多伦多大学哲学系研究生导师。美国知名理论物理学家，圈量子引力论创始人之一，被誉为“现今最具原创力的理论学家之一”。

② ［美］李·斯莫林：《时间重生》，钟益鸣译，浙江人民出版社 2017 年版，引言第 7 页。

晦涩的原理定律，于是你学习轻松不少，成绩实现了质的飞跃；或者你遇到一位心仪的老师，他让你对学习兴趣盎然；或者你很好地理解了一个概念、一句关键的话，对整个课程的学习茅塞顿开……

有没有人遇到过这样的情况：临近考试，你突然大病了一场，所有的复习计划都被打乱，甚至不能按时参加考试，那么最终的成绩可能不如先前的预期。相反的情况也会有，考前才看到了某一个例题，结果幸运地在试卷上遇到了这个题。

实际上，就考试这件事来说，成功的概率(付出＝回报)还是非常大的。因为几乎大多数的考试(毕业考、高考、托福……)都有一个考试范围，即考试的内容是有限的、有边界的，只要你努力了，总能够对它掌握个差不多。在一种相对封闭系统中做事情，遭遇到的不确定性冲击相对较小。

但是，也有一种考试——面试，就存在着更大的不确定性，比较不容易把握。因为一句不当的话、不当的举动、下意识的行为，都有可能名落孙山。

对于人们期待确定结果的做法，怀特海给出了一种我认为是最好的说法：

> 根本就不存在一种理想的"秩序"——所有实际存在物都应当达到它，但实际上都达不到。在每一种情况下，每一种具体的实际存在物都有一种特有的理想，并且都是从它的"给定"状态的主导成分中产生的……一种理想观念往往产生于那种灾难性的和过分的思想道德说教，后者通常受盲目信仰和卖弄学问的影响。每一种实际存在物所特有的那种主导理想观念，通常都是柏拉图式的。①

世界上的任何事情都在改变，并没有完全不变的东西，"物是人非"是一个并不准确的说法。从恰当的时间尺度来看，那些看似不变的东西也在改变，一些事物的变化过程可能相当漫长，一颗恒星燃烧着自身的氢气燃料，演化了几十亿年后可能在几秒钟的时间里爆炸成一颗超新星。变化结果只是最后才能被观察到，一个持续两年的牛市，可能在几个小时内崩盘。

不确定、非线性结果的出现，看似不合常理，即有悖于我们对行动与结果之间关系的正常预期。因与果之间失去了直接联系，不再是一种对称性关系。问题在于这里的常理并不直接等同于真实世界。实际上，非预期结果的出现并没有违背自然，这就是蝴蝶效应——微小的、任意的变化被反馈结构放大，在空间和时间中形成模式并造成了巨变。热带风暴、心脏有节奏的收缩、房地产市场的持续周期、金融风暴，都自发地产生于系统中行动者和要素间的反馈。

---

① [英]A. N. 怀特海：《过程与实在》，杨富斌译，中国城市出版社 2003 年版，第153 页。

因此，我们的工作、生活、学习，都受到很多因素的影响。并不是说投入越多的时间精力、付出越大的努力，效果就必然越好。上帝并不幽默，却常常开滑稽的玩笑。

这不仅是一种生活的方法论，更应该成为一种生活态度、世界观。作为一种方法论，它能指导我们正确地认识和理解世界；作为一种世界观，它会让人变得豁达。

生活中，确实有不少人把自己的人生牢牢限制在线性思维中。他们做事原则单一，意识形态极端，对工作、生活、学习等依赖成见，不接受非线性世界，不认识非线性世界。一旦事与愿违，就消沉、失落、自暴自弃，甚至作出其他更极端的选择。

(3)线性与非线性事件或系统的差异

结构上，线性系统的基本特征是可叠加性或可还原性，部分之和等于整体，总效应等于各个因素单独作用效应的加和。因而描述线性系统的方程遵从叠加原理，即方程的不同解加起来仍然是方程的解，分割、求和、取极限等数学操作都是处理线性问题的有效方法。而非线性系统则整体不等于部分之和，叠加原理失效。

运动形式上，线性现象一般表现为时空中的平滑运动，是连续的、可微的。非线性现象则表现为从规则运动向不规则运动的转化和跃变，带有明显的间断性、突变性。

系统对扰动和参量变化的结果上，线性系统是决定论的，而非线性系统是不确定的。参量的微小变化往往造成系统巨大变化和本质性的改变，很多时候甚至无法找到确定的因和果。

在复杂的系统中，因和果常常在时间和空间上相隔遥远，而人类理性的局限在于：我们的注意力常常倾向于寻找近因（近因效应），由此造成了许多错误的认识和结论。

在线性系统中，可计算性是受算法复杂度限制的。非线性系统的可计算性是受概率测度限制的。复杂动力学系统的计算模型并不总是可计算的。

1.3.2 何为复杂世界的经济学

复杂世界的经济学将努力回答：外部世界、社会系统（包括经济系统）是如何运行的？人类对社会、经济运行机理、机制的认识与驾驭达到了什么程度？具体地说，如人类能够避免战争、消除危机或经济波动吗？

复杂世界的经济学就是要超越当前流行的书本上的对经济生活简单、机械的描述，更是要改变经济学无助于理解、解释现实的尴尬状况，还想要提供一些对经济生活和人生有指导意义的理论。

简单地说，复杂世界的经济学就是开放世界的经济学，是非线性系统的经济学。具体地说：

(1)复杂世界经济学是一种不同于主流世界观、方法论的，关于经济生活、经济行为的新的认识、理解和解释

现代主流经济学是牛顿物理学的产物，是机械决定论在经济学领域中开出的花朵。现代经济学秉承了瓦尔拉斯的均衡精神(根源上讲来自物理学)。它包含了两个最核心的假设，即理性的经济人及完全信息(成本的契约安排)，竞争与均衡构成了现在被我们称为新古典的主流分析基础模式。

从很早的时候开始，经济学家就试图把经济学建设成像物理学一样的科学。在《纯粹经济学要义》中，莱昂·瓦尔拉斯(Léon Walras)要“为经济学完成牛顿在两个世纪以前为天体力学所做的事情”[①]。米尔顿·弗里德曼(Milton Friedman)则说：“我们向马歇尔致敬，但我们要追随的是瓦尔拉斯。”[②]

错误的假设下，没有正确的结论，哪怕这个结论碰巧或表面上能够解释现象。

(2)时间不可逆，历史影响未来

在复杂世界经济学中，历史与时间都是重要的和根本的要素。简言之，时间不可逆，历史影响未来。

现代经济学中，均衡分析具有十分重要的地位，可以说贯穿经济学始终。这里的“均衡”是从物理学中引进的概念。在物理学中，均衡表示同一物体同时受到几个方向不同的外力作用而合力为零时，该物体所处的静止或匀速运动的状态。均衡一旦形成后，如果有外力使它离开原来的均衡位置，则其他力量会使它恢复到均衡。经济学中，均衡指各种变量的作用恰好互相抵消、进一步调整的决策(如价格、产量)已不可能增加任何好处的一种相对静止状态，如消费者均衡、生产者均衡、均衡价格、均衡产量。

表面上，主流经济学也考虑变化(或动态)，但是，这种所谓的“动态”确实只是表面，它们的变化或动态只有一个不变的目标，那就是从一个均衡到另一个均衡，即当外部因素注入时，经济系统会重置，然后就会从一个均衡跳跃到另一个均衡。然而，重要的、有意义的恰恰是这个变化过程，经济主体的全部活动就是这个变化过程。这种变化并非简单地回到过去，而是走向新的起点，会带来新的东西，由此产生了经济永无休止的演化。

---

① [法]莱昂·瓦尔拉斯：《纯粹经济学要义》，蔡受百译，商务印书馆2011年版，第7页。

② Milton Friedmann, "The Marshallian Demand Curve", *Journal of Political Economy*, Vol. 57, 1949, p. 489.

复杂世界经济学坚持这样的立场：任何事物只有永恒的运动，而且没有任何事情可以回到从前，时间不可逆性决定了任何时点、任何状态都是全新的。在两个时点表面上的价格稳定或不变的背后，是不同的或全新的供求。供求都走过不同的时点，写下不重复的历史。自然、社会或经济进程都应该被理解为奔腾向前的“河流”[①]，而不是新古典经济学的“钟摆”。

我们看到，戴维·玻姆(David Joseph Bohm)与我们有着近乎一致的理解，他认为怀特海是第一个系统地发展“过程”观念的人。[②] 与怀特海类似，玻姆认为：

> 过程观念的本质应表述如下：不仅万物皆变(everything changing)，而且一切皆流(all is flux)。这就是说，变化过程本身就是一切，而一切物体、事件、实体、条件、结构等都是能够从这一过程中抽象出来的形式。过程的最好映像或许是流动溪流的形象，但溪流的实体绝不是相同的。从溪流中人们可以看到永远变化着的漩涡、涟漪、波浪、水花飞溅等形式，这些形式本身显然不是独立存在的，而是说，它们是从溪流运动中抽象出来的，它们在整个流动过程中产生着、消失着。[③]

在这里，我们意在强调时间的不可逆性以及时间与过程的同一性。“时间流动”和“变化过程”自然而然地进入了系统演进之中，流行经济学回到某种状态——例如均衡状态——的说法完全是错觉和幻想。人没有一分钟可以回到从前，市场也绝无可能恢复到某个过去状态(市场均衡)。

所以，**市场均衡根本就是一个错误的隐喻**。

(3)经济活动表现出不断变化的、永远新奇的行为模式

复杂世界经济学关注模式形成、结构变化、创新以及永远的创造性毁灭的后果，认为均衡模式的经济学——简单的重复或回归到均衡状态——是一种物理学幻想，在真实生活中是不存在的。实际上，任何经济活动都具有涌现和创

---

① 在这里我们把“河流”概念当作一种模式的概念，它与赫拉克利特的“河流”同义，即坚持赫拉克利特的“人不能两次踏入同一条河流”的立场。在这里我们用它抗衡主流经济学的均衡模式，意在驳斥、摒弃和替代均衡论的诸学说。

② 其实这种说法并不正确，早在古希腊，赫拉克里特就坚持“变化”和“过程”的观点，在怀特海之前，也有柏格森很好地表述了过程的世界。

③ [美]戴维·玻姆：《整体性与隐缠序：卷展中的宇宙与意识》，洪定国等译，上海科技教育出版社2013年版，第56～57页。玻姆进一步指出：长期以来，人们认为，电子、质子、中子等是全部实在的终极实体，所有流动的运动，比如溪流的运动，必须归结为是从相互作用着的粒子聚合体在空间的运动中抽象出来的。然而，现在已经发现，即使是这些基本粒子也能被创造、湮灭和变换。这就表明：甚至这些基本粒子也不可能是终极实体，它们也是从某一更深的运动层次抽象出来的相对不变形式。

新的特征。

更进一步，那些所谓的历史研究的大量成果，在多大程度上准确地描述了过去？量化历史研究[①]的可行性有多大？

任何一个社会事件或现象，也包括历史事件，都是许多因素综合作用的结果。如果我们甚至不能完整地梳理出当前事件的各种影响因素，我们又如何能够对历史事件作出分析？米塞斯（Ludwig Heinrich Edler von Mises）在《货币、方法与市场过程》中说：“统计学所提供的材料是历史的，这意味着是各种力量复杂作用的结果。社会科学从来不能享有只让一个变量变化而控制其他变量不变以观察变化之结果的便利。”[②]

耶鲁大学的一位华裔教授陈志武是量化历史研究的推动者。他曾提出：政治学、社会学应该向经济学学习，那些“手拿锤子的人”都擅长这样做。基于他的量化历史研究方法，他在《金融的逻辑》一书中得出的结论是：美国社会的许多资产都能被纳入资本市场并进行流通，是美国迈向富庶的一大原因。[③] 他们甚至编辑出版了《量化历史研究》杂志作为自己发声的阵地。

(4)非对称信息、人的有限理性、经济行为与结果的不确定性

复杂世界经济学强调非对称信息、人的有限理性、经济行为和结果的不确定性，这些遭到主流经济学排斥的因素对理解真实世界的经济学非常重要。这就是复杂世界的经济学，相关内容将在第 3 章和第 4 章展开。

凯文·凯利（Kevin Kelly）在《失控：全人类的最终命运和结局》中说：

> 近年来，学者们提出了上千种非均衡态模型；事实上，现在有一个小圈子，专门研究混沌非线性数学、微分方程和复杂性理论等，所有这些研究都有助于改变这样的旧有观念：大自然和经济活动都会收敛到平衡稳态。[④]

诚然，真实世界的复杂性仍然是摆在数学家、物理学家、社会学家面前的一道难题。虽然人类对非线性世界的研究已有 30 多年，但目前只是初步揭开了非线性世界的面纱。

我们可以有这样的预期：在 21 世纪，非线性的世界观和方法论必将带给我们更多的惊奇和发现。也许不需要多久，线性思维的经济学就会被淘汰出局。

---

① 历史研究中的量化方法就是用数据说话，加上图表和一些普通的统计指标，比如均值、方差和相关系数。

② ［奥］路德维希·冯·米塞斯：《货币、方法与市场过程》，戴忠玉、刘亚平译，新星出版社 2007 年版，第 5 页。

③ 参见陈志武：《金融的逻辑》，国际文化出版公司 2009 年版。

④ ［美］凯文·凯利：《失控：全人类的最终命运和结局》，陈新武等译，新星出版社 2010 年版，第 136 页。

复杂世界的经济学还将告诉大家这样一个道理：任何一个逻辑体系本身都有一个形式证明的难题，从一个有限的前提集出发，必然会遇到不能直接从该前提集推出的结论。换言之，形式逻辑或逻辑以及基于逻辑的知识绝非万能，因此，我们将坚持埃德加·莫兰所提出的这样一个观念：

> 复杂的东西不能被概括为一个主导词，不能被归结为一条定律，不能被化归为一个简单的观念。换言之，复杂的东西也不能用“复杂性”一词来概括，归结为一条复杂性的定律，被化归为复杂性的观念。复杂性不是能用简单的方式来加以定义并取代简单性的东西。复杂性是一个提出问题的词语，而不是给出解决办法的词语。①

1.3.3 复杂世界经济学与简单世界经济学的不同

复杂世界经济学与简单世界经济学（主流经济学）存在许多不同，我们概括了以下四个方面：

第一，世界观不同。与新古典经济学的静态的决定论、机械世界观不同，复杂经济学的科学基础是整体的、动态的、演化的和非线性的世界观。

①决定论、机械论思想渊源。400 多年前，伽利略和牛顿把时间和空间视为运动定律中的基本参照系，它们被认为独立于物质的运动（这符合我们的直觉）。牛顿最著名的三大运动定律甚至不需要辨别过去和未来，他所有的等式都具有时间对称性，也就是说无论时间朝着哪个方向走，这些等式跟自然现象的描述一样站得住脚。

牛顿物理学和他的世界观深刻地影响了近代以来的科学，影响了近代以来人们的思想。经典物理科学一直以为时间和空间是固定而绝对的，是永恒不变的，这种观念长期作为定义“运动”概念以及理解世界的知识背景。1693 年，莱布尼兹（Gottfried Wilhelm Leibnitz）提出了机械能守恒原理，指出在保守力场中动能与势能的总量保持不变。这里的“恒”演变为“均衡”。

②复杂性科学的思想渊源。非线性问题何时进入科学家视野的？大致地说，庞加莱（Jules Henri Poincaré）②研究三体问题的时候，人类开始对非线性问题有了初步的了解。庞加莱所做的工作证明了三体问题没有确定的解。

---

① ［法］埃德加·莫兰：《复杂性思想导论》，陈一壮译，华东师范大学出版社 2008 年版，前言第 1～2 页。

② 庞加莱，法国数学家、天体力学家、数学物理学家、科学哲学家，研究涉及数论、代数学、几何学、拓扑学、天体力学、数学物理、多复变函数论、科学哲学等许多领域。被誉为“最后一位传统科学家，也是第一位现代科学家”。他的哲学著作有《科学与假设》《科学的价值》《科学与方法》等。

牛顿曾经表示过对太阳系的运动可能会陷入紊乱的担心。1784年，拉普拉斯提出太阳系是一个完善的自行调节的机械系统，行星之间的相互影响和彗星等外来天体所造成的摄动，最终都会自行得到改正，太阳系将无限期地继续做着目前的周期运动。当然，拉普拉斯的答案并没有消除科学界的这个疑虑。

1887年，瑞典国王奥斯卡二世悬赏2500克朗征求天文学中一个重要问题的答案。“太阳系是稳定的吗?”瑞典国王的问题是一个三体系统运动的求解，实际上是复杂动力系统的稳定性问题。但是这个问题太复杂了，庞加莱的时代还不具备描述混沌现象的数学工具，要解决这个问题几乎是不可能的。实际上，系统长时间的运动状态是无法确定的。

虽然庞加莱凭着他超人的几何直觉对混沌的复杂性有所洞察，但也未能彻底攻克它。但是，他却为了做这一工作而创立了一个新的数学分支——拓扑学，并大大推进了人们对这个历史难题的认识。他因此获得了悬赏奖金。

庞加莱面对的是一个非线性问题，数学上无解析解，只有数值解。[①] 在计算数值解的过程中，初始的微小误差会被不断放大，计算叠加过程中本身也有计算误差，因此最终无法获得一个稳定的数值，无法预测三体的运动状态，这个结果就是混沌(chaos)。庞加莱从三体研究过程中所得到的结论和思想，由于太超前于他的时代，以至于在半个多世纪里并未受到科学界的重视。

大自然并不缺少混沌，混沌不是偶然的、个别的事件，而是普遍存在于宇宙间各种各样的宏观及微观系统中。万事万物，莫不混沌。混沌是指发生在确定性系统中的貌似随机的不规则运动，一个确定性理论描述的系统，其行为却表现为不确定性——不可重复、不可预测，这就是混沌现象。现代科学研究表明，混沌是非线性动力系统的固有特性，是非线性系统普遍存在的现象。

现代科学重新发现了混沌。公认的对现代非线性理论作出杰出贡献的是美国气象学家洛伦兹(Edward Norton Lorenz)[②]，其实，洛伦兹也是无意之中闯入非线性世界的大门的。他的论文《确定性非周期流》(Deterministic Nonperiodic Flow)没有能够发表到主流的数学期刊上，而是发表到了一份不起眼的气象学的刊物(1963年的《大气科学》杂志)上，因为主流杂志的编辑都不认为这是一篇有价值的论文。可见，思想领域、学术界到处都是“手中只有锤子，看什么都像钉子”(马克·吐温语)的人。这篇论文发表之后，长达10年间也没引起什么注意。这让我们见识了让习惯了线性思维的学术界接受一个新的发现是何

① 解析解能够很直观地体现各参数之间的关系，不但能进行定量计算，还能进行定性分析，是探讨事物规律一种方法，其公式具有一般性。数值解就是用数值方法求出近似解，不如解析法可靠。

② 洛伦兹，美国麻省理工学院气象学家。1917年5月23日出生于康涅狄格州，1963年首次提出长期天气预报是不可能的观点。代表作有《动力学方程的最大简化》《振荡力学》等。

等困难。

对非线性世界全面、系统的研究开始于20世纪80年代。到目前，混沌理论、复杂性研究已由当初的数学学科扩展到物理学、化学，甚至是经济学、社会科学。

第二，理论基础不同。开放系统理论和复杂性科学理论是复杂世界经济学的两大理论支柱。

经济思想史的研究表明，新古典范式形成于边际革命时期对牛顿主义经典物理学的类比和模仿，复杂世界经济学则建立在开放系统理论和复杂性科学理论基础之上。

①20世纪初普里戈津的开放系统理论(第3章中有详细介绍)。

②20世纪初的量子力学革命。量子力学是一门研究亚原子世界的科学理论，20世纪量子力学的发展证明了认为宇宙万物全部都是确定的这一观念太过乐观了。现代物理学研究已经证实，要精确预测每一次试验的结果是不可能的，哪怕只是在大体上进行预测也是不可能的。理论只能预测不同结果的可能性。在社会科学中情况会变得更加复杂，因为社会科学中的各种相关因素往往交织在一起，并且它们通常是很难确定的。17世纪的研究者们很快就发现，要寻找像牛顿的万有引力定律那样精确并且普遍适用的社会规律，从一开始就注定是不可能成功的。当把人类天性的复杂性引入方程式时，要想获得确切的预测几乎是不可能的；当把整个人类的思维都纳入考察范围内时，就更加没有希望了。

另外，大家也会看到，尽管信息问题现在已变成在现代物理、化学和生物中非常重要的问题，主流经济学仍在过时的19世纪均衡框架中处理它们。

③20世纪下半叶的复杂科学。现在真正需要的是一种远远偏离均衡的经济学的框架，它允许创新、发展和学习。演化经济学采用整体分析法，关注多样性，用复杂系统的观点看待经济体系；关注经济动态过程，认为系统按照特定种类的过程变化，把经济系统看成演化过程的产物。演化经济学主要采用的是生物学的类比和隐喻，作为科学的一种新范式，演化和多样性的思想是在19世纪下半叶的生物学革命中诞生的。量子力学革命、复杂科学本质上也与达尔文革命具有一致性，与牛顿主义的时间可逆、本质论思维和决定论世界观形成鲜明对照，达尔文主义是以时间不可逆、个体群思维和不确定性的世界观为特征的。

第三，研究方法与解释不同。复杂世界的经济学采用整体分析法，主流经济学采用的是简化分析法；复杂世界的经济学是经济、社会、历史和文化开放、演变的系统，而主流经济学是一个封闭、可预测系统；复杂世界的经济学研究把经济系统理解为整体的、相互关联的、相互作用的系统，如技术、制度和特定的产业等都不能被看作独立变量,主流经济学追求最优的结果;复杂世界的经济学重视历史对现状的影响,主流经济学不注意时间也无历史观。

第四,理解和解决问题的方法与思路不同。

1.3.4 重要补充:在非线性世界的边缘上

封闭系统可以用线性方法来描述,开放系统只能用非线性方法来说明。虽然从根本上讲世界是非线性的,但不等于说线性理论和方法完全失去了存在的合理性。在某一些特殊条件下,一些系统可以暂时地、近似地看作线性的,系统内各要素之间可以大致地保持一种线性关系。在此意义上,我们生活于线性与非线性系统的边缘。

按照系统的开放程度,大致可以分为三类:

(1)近乎封闭的人工系统

封闭系统就是环境相对稳定的系统,准确地说就是那些能够控制主要影响因素、控制输入变量的系统。在一些人工建立的封闭系统中,我们还是能够看到类似线性的关系,例如各种类型的实验室、现代化工厂、养殖场、一个历史悠久的城市、一所百年大学等。对于封闭系统,我们还是可以用线性的模型、方法来近似处理的。

现代农业与传统农业的差别之一就是,传统农业暴露在开放环境下,人们需要靠天吃饭;现代农业生产则部分改变了这种状况,开始工厂化生产,建立起了准封闭系统,通过对温度、湿度、土质等的控制,实现了农产品产量和质量的稳定。

从大处说,人类社会的发展历史,就是一部不断地构造准封闭系统以抵御来自开放系统的不确定性的历史,甚至科技、制度、文化、国防与警察队伍建设也是同样的目的,用美国著名哲学家杜威的话说,就是一部追寻确定性的历史。

当然,严格地说,上述这些系统也都是开放的系统,根本上仍然属于非线性系统。这一点对于我们理解工作、生活、社会和人生都具有重要意义。

(2)相对封闭的自然系统

几乎所有类型的自然系统都可以近似地被看作是相对封闭的系统。大到一个星系,小到一个小区域的生态系统,人体内环境,甚至一个细胞等,都可以近似地看作是准封闭系统(近似线性系统)。这类系统都通过各种类型的进入限制(作用边界),形成了对内部系统的相对保护,部分排除了外部因素的影响,具有半封闭性质。正是这种性质,保持了系统的连续性和稳定性,它对于各种事物的生存来说十分重要。

(3)高度开放系统

即使在相对封闭系统中,也可以存在高度开放的子系统。例如,人类社会中,文化系统、市场系统、网络系统、城市交通系统、气候与环境系统等都具有高度的开放性。

重要的是我们想提醒大家:正是由于系统的开放和非线性作用,才形成了外部世界的无限多样性、丰富性、曲折性、奇异性、复杂性、多变性和演化性。

1.4 如何学习复杂世界的经济学

> 我们真正碰到最大的敌人就是我们自己。
>
> ——任正非

一提到学习,现代人立刻会想到从中能够获得什么技巧和工具,以便自己能在未来的竞争中有一技之长。这当然无可厚非,我们历来相信"学以致用"是学习的根本目的和深层动力。但是,我要告诉大家的是:即使你完全掌握了非线性分析工具,也仍然不能说你有能力应付这个非线性的世界,因为,非线性方法的特点就是它的结论的不确定性。因此,学习复杂世界的经济学,重要的不是学会什么技巧或掌握什么工具,而是要认识到不确定性是世界的本来面目。

复杂世界的经济学从根本上讲是跨学科的,其知识基础至少包括:(1)跨学科的知识储备。既包括历史学、经济学、社会学等社会科学,还包括现代认知科学乃至心理学。(2)跨学科的理论和方法的储备。复杂世界的经济学是开放系统的经济学,它立足于非线性动力学以及在数学、物理和工程学中得到发展的系统方法。

你为什么要学习经济学？格里高利·曼昆(N. Gregory Mankiw)如此说:

> 为什么你应该从事经济学的学习呢？有三个原因:
>
> 第一个原因是学习经济学有助你了解你所生活的世界。有许多经济问题会激起你的好奇心。这些问题是经济学课程可以帮助你回答的一些问题。①

这个说法,无论如何让人有些费解。后面大家会逐渐了解到,现代经济学描述了一个虚构世界的图景,除了误导,它如何能够"有助你了解你所生活的世界"。

---

① [美]格里高利·曼昆:《经济学原理》(第5版),梁小民译,北京大学出版社2009年版,前言第1页。

> 学习经济学的第二个原因是，经济学将使你更精明地参与经济。在你的日常生活中，你要作出许多经济决策……学习经济学本身不会使你富有，但它将给你一些有助于你努力致富的工具。[①]

> 学习经济学的第三个原因是，它将使你更加理解经济政策的潜力与局限性。经济学原理可以适用到生活中的许多方面。无论以后你阅读报纸、管理企业或坐在白宫椭圆形的办公室中，你都会为学习过经济学而感到欣慰。[②]

历来，经济政策的局限性犹如秃子头上的虱子，似乎不需要什么证明；而“经济学原理可以适用生活中的许多方面”这个说法最具有误导性，也最不被大家所认同。相信曼昆本人也没有成功地将某一条原理适用于自己的生活。

在国内，更是有很多人完全重复这样的陈词滥调。这样的例子比比皆是，不胜枚举。

无论是什么人，首先应该讲真话。即使是以学术为业，也应该遵守这一规则。克鲁格曼(Paul R. Krugman)[③]在《致命的谎言——揭开经济世界的真相》中说道：

> 不可否认的一点是，现代经济学家也包括其他学术领域的人，花费了太多时间去做那些毫无意义的工作，其实，也就是对技术的卖弄。比如，本来用一般术语就能说得非常明白的事情，却用玄妙的数学来表达；或者，那些看上去明显愚蠢的事情，经过数学的描述反而变得模糊不清。[④]

说真话与反潮流的代价是高昂的，这并不是一个简单的话题。大卫·罗森

---

① [美]格里高利·曼昆：《经济学原理》(第5版)，梁小民译，北京大学出版社2009年版，前言第1页。

② [美]格里高利·曼昆：《经济学原理》(第5版)，梁小民译，北京大学出版社2009年版，前言第1页。

③ 保罗·克鲁格曼，现为麻省理工学院经济系经济学教授，主要研究领域包括国际贸易、国际金融汇率变化理论。他创建的新国际贸易理论，分析解释了收入增长和不完善竞争对国际贸易的影响，他的理论思想富于原始性，常常先于他人注意到重要的经济问题。他在1994年对亚洲金融危机的预言，更使他在国际经济舞台上的地位如日中天。他担任着许多国家和地区的经济政策咨询顾问。克鲁格曼是主流经济学派的衣钵传人和捍卫者，但同时，克鲁格曼又是一位急先锋，敢于向任何传统理论开战。

④ [美]保罗·克鲁格曼：《致命的谎言——揭开经济世界的真相》，陈宇峰译，北京大学出版社2009年版，序言第1～2页。

汉恩(David L. Rosenhan)[①]在其1975年发表在《科学》(*Science*)杂志上的《精神病房里的正常人》(On Being Sane in Insane Places)中说道：

> 从某种意义上来看，现在的我就如同被逐出了伊甸园一样。可是，想回头已经不可能。现在，我对以下这些现象深有体会：站在真相这一边，未必总能获胜；巧舌如簧的江湖人物，往往能让那些有地位的“好人”误以为他们才是智者，而且有些在我看来极为愚蠢的经济理念，常常被外行人误以为是深刻的见解。[②]

克鲁格曼的下面这段话，我们认为是对当前经济学现状作出的最真实的描述。如果说很多人不会承认这些事实，那也并不奇怪。

> 其实，很多人对经济学的许多概念都已经根深蒂固。部分原因是由于日常生活的收支经验，使得人们误以为自己比别人更懂得经济学。此外，人们很容易接受某些符合政治偏见的经济教条……此外，某些颇有影响力的经济学写手或演讲者，已经在造假上投入了很多精力，即通过歪曲事实，甚至是虚构事实，以及巧妙的修辞手法，来掩盖他们在逻辑上的漏洞。特别需要指出的是，这些人以及被蒙蔽的人，其实都不太高兴见到谎言被揭穿的那一天……荒唐经济学的散布者正在玩一种“请君入瓮”的游戏。他们承诺提供精妙的分析，以此来吸引观众，然后再用一些简单而粗劣的故事作为替代品。[③]

1.4.1 观念变革：摒弃机械论和还原论

不知道大家想过没有，在幻觉和感觉之间有没有本质的区别？

无论是谁，如果他有一个幻觉，他可能会相信这就是现实。那么，他怎么样才能够走出幻觉？只有当他向周围的人谈起这个幻觉的时候，别人的提醒才会使他幡然醒悟。问题是，如果其他人也在幻觉中怎么办？就像柏拉图经典的“洞喻”。

---

① 大卫·罗森汉恩，1929年出生在美国新泽西州泽西市，是心理学和法学专家，1958年获得哥伦比亚大学博士学位。他是美国科学促进会会员，曾经在多个学校任教，包括斯沃斯莫尔学院、普林斯顿大学、哈佛学院、宾夕法尼亚大学和斯坦福大学。1973年，罗森汉恩进行了其最著名的实验——罗森汉恩实验。

② [美]保罗·克鲁格曼：《致命的谎言——揭开经济世界的真相》，陈宇峰译，北京大学出版社2009年版，序言第3页。

③ [美]保罗·克鲁格曼：《致命的谎言——揭开经济世界的真相》，陈宇峰译，北京大学出版社2009年版，序言第3～4页。

实际上，各个时代，在世界观、意识形态、观念文化方面，都有一些观念被当作不可辩驳的道理强加于人，这些观念在人的求知过程中甚至在人的童年时期就铭刻在了人的头脑中。在僵化教条的社会，那些倔强的、不信邪的、持反对意见的人都遭到排斥，有时甚至在肉体上被消灭。我们知道在科学发展的初始阶段，伽利略被迫作过检讨，布鲁诺在罗马遭受火刑。所以，对世界观、科学方法和推理、证据、经验事实等问题的回答具有重要的意义。凯恩斯在《就业、利息和货币通论》中指出：

> 经济学家以及政治哲学家的思想，其力量之大，也往往出乎常人意料。事实上，统治世界者，就只是这些思想而已。许多实践家自以为不受任何理论的影响，却往往当了某个已故经济学家的奴隶。①

科学是如何发展进步的？它与世界观是一种怎样的关系？

在库恩（Thomas Sammual Kuhn）之前，人们认为科学是一种循序渐进的过程，前人的发现成为新发现的开端，科学就这样点滴积累，一步步逼近真实。但库恩在《科学革命的结构》中指出，科学不是这样简单的过程。他提出了存在一种支配一切的科学范式，科学范式本身是基于各种信念、偏见和假设基础之上的一套假说、理论和研究方法，即思考和认识事物的特殊方式——某一科学共同体中司空见惯的思维方式，比如亚里士多德、牛顿和爱因斯坦的物理学。对某一范式理论和假说的真理信仰，无非是某一群科学家共同的判断，但这并不意味着它们正确无误，更不意味着没有其他可供选择的思维方式。在某一范式结构之内从事科研的科学家，总是试图寻求证据去证实范式所支持的各种理论。② 如果库恩是正确的，那么，结论是很清楚的：科学也无法避免人类的弱点和历史的偶然性。科学家之间的分歧，可能不是因为实验结果不同，而是因为范式的改变，或者是个人信仰的冲突，或者是话语背景的不同。通俗地说，人总为自己的观点寻找证据，没有任何神秘的地方。

不同的世界观对人的行为影响极大，即使是在科学家阵营里。莫兰在《教育的七个黑洞》中说道：

> 在人文科学领域，也可以说是伪人文科学领域，有些思想观念显得无可置疑，至少是在讲师教授在大学里掌握很大权力的情况下是如此。幸亏这些思想观念在讲授它们的人退休或死后就消失了。但是，让我们看一看

---

① ［英］约翰·梅纳德·凯恩斯：《就业、利息和货币通论》，金碚、张世贤译，经济管理出版社 2011 年版，第222 页。

② 参见［美］托马斯·库恩：《科学革命的结构》，金吾伦、胡新和译，北京大学出版社 2003 年版。

科学的历史吧。在十九世纪,哪怕是在那些有过惊人发现的人看来,宇宙也是一架受决定论支配的机器,一个拉普拉斯想象的聪明的精灵能够通晓过去和未来。还有一种化繁为简的理论:如果我们认识基础的部分,就可以继而认识全部。如今这些思想正在被扬弃。①

美国著名的化学家斯蒂芬·罗思曼(Stephen Rothman)②对化学领域中的还原论思想和做法深恶痛绝。他在《还原论的局限——来自活细胞的训诫》一书中说道:

差不多40年前,作为一名具有理想主义的年轻科学家,我当时是一名在哈佛大学工作的、天真的波普尔主义者;因此我发觉自己处在一场日益激烈的、与我的愿望和初衷大相径庭的剧烈争论之中。从我的专业训练和思想倾向来看,我一直认为科学乃是检验关于自然的各种理论,并由此来确定它们是否能够合格地通过这些检验——差不多就像通过波普尔所主张的科学方法那样。我那时认为,科学家的神圣职责便是抛弃所有与自然属性不相一致的任何理论,而不管它们或许看上去是多么具有魅力——这才是"希波克拉底誓言"所倡导的科学。总之,这才应当是作为一名科学家的应有之责。③

在该书中,罗思曼还记录了自己在还原论泛滥的学术环境中的遭遇(这具有非常高度的典型性,也具有很大的启发意义):

那时,我刚刚发表了我的实验结果——它们与当时有影响力的细胞功能理论完全相左。那种主流细胞功能理论是现代生物学的主要观念支柱,它将细胞看作一种与如何分泌蛋白质相关的机械——化学机器。因而,对于我的研究工作以及相关实验结果的专家反馈,的确使我瞠目结舌:他们非但未对我的研究结果极具兴趣和深表惊奇,非但没有面对相反结论而质疑他们自己理论的有效性,反倒径直无视我提出的那些观察报告的真实

---

① [法]埃德加·莫兰、陈力川:《教育的七个黑洞》,《经济管理文摘》2006年第23期。

② 斯蒂芬·罗思曼,生物学博士,曾先后担任美国哈佛医学院、加州大学旧金山分校教授,对蛋白质分子膜传输作出了开创性研究。当今科学界认为,他的研究对于理解生命的起源和本质具有重要意义。《还原论的局限——来自活细胞的训诫》指出,将生命的物质体现或是生命的组成部分的加和等同于生命整体本身,是与对自组细胞的实验观察相悖的一种错误的信念。这种信念,来源于至今仍统治着生物学界研究思维方式的强微观还原论。40多年来他一直与还原论方法作斗争,在《自然》《科学》等著名杂志上发表论文200多篇。

③ [美]斯蒂芬·罗思曼:《还原论的局限——来自活细胞的训诫》,李创同、王策译,上海译文出版社2006年版,中文版序言第3页。

性。有些专家甚至大为光火,大声惊呼我的那些实验结果不过是人工赝品;即使有些专家可能被这些实验结果所折服,他们也会极力以业已确立的理论方式来解释它们,而不管那样做是否可行。一言以蔽之,要说他们的模型是不正确的,那几乎是不可想象的。

在全然没有任何思想准备的情形下,我遭遇了他们的范式——科学信念构成的庞然大物,一场捍卫他们范式城池的战争打响了。我关于试验科学理论可以证伪的理想视域,一头摔落到科学现实世界的真实红尘之中——由科学家们笃信不渝的信念和固若金汤的范式组成的真实世界。尽管更深入的研究愈益加深了我的怀疑态度,但毫无疑问地亦加深了他们对我异端歧见的怀疑态度——我的怀疑关乎他们的范式,而他们的怀疑则关乎我的观察实验。正由于此,争端愈演愈烈。除了我的家庭和一些学生之外,我颇感孤独——只有一个人的少数派。而权威范式的支持者不仅具有人数的优势,不仅从事于或掌管着大型而资金充沛的实验室,而且掌控着科学期刊和各种专业学会组织。它们之间相互契合得如此紧密,以至于各方面都不会有所失控——至少对整个研究领域施加着巨大的影响。总而言之,无论权威范式指引下的研究多么广泛、深入或精密,其实验设计和理论解释都不是为了检验、质疑或用于挑战他们自己如此心悦诚服的模型。他们所孜孜以求的,不外是对那一模型的不断确证。

正是在这种孤掌难鸣的处境之下,我初识库恩的经典名著。我发觉这本著作既怪异又宽慰。其怪异之处在于它如此惊人地准确描述了我所历经的情景——甚至撰写在我的经历之前。他好像已经早有先见之明。其宽慰之处在于它启示了我——我并不孤立:在科学的历史上,我不过是个初学乍练之辈,而许多曾经是科学巨匠的研究和见解亦曾遭遇其同行同样的不屑一顾和贬低拒斥,而且是以同样的方式、以同样的那种原因。阅读库恩著作带来的宽慰,使我不再将自己的遭遇个人化,并且,使我醒悟到:自己以前关于科学的理想主义和理想化的观念太过超然。科学,从来都不是其所宣称的那样一种事业。尽管科学不厌其烦地突显着自己的卓尔不群,但它仍然与多数人类的探索活动一样,在很大程度上,无非是一种政治和社会事业,而绝非对真理简单追求的世外桃源。

…………

无论科学事业多么崇高,我们都不应当误读科学的真实本质:它充满着各种范式,而且常常隐而不显,有时甚至难以察觉,是它们规定并形式化着科学研究的事业。由此一来,我们便必须总是警觉:准备从只不过是信仰、范式使然的知识中，区分出真正的灼见。[①]

当然，在这个浮躁的时代，浅薄的实用主义是不会作这类思考的，虽然他们并没有摆脱这些问题。事实上，不仅没有人能够摆脱这些问题，更可悲的是，许多人深受错误观念之害而不自知。有多少人能清醒地意识到信仰和范式的影响，又有多少人怀疑或反思过信仰和范式？

在后面的内容中，大家将会看到20世纪的科学发展——系统论、相对论、量子理论和演化论——对西方传统世界观、占主导地位的信仰和范式所带来的挑战，这些挑战又引发了当代科学最值得关注的发展和进步。但是，不同学科的进步显然并不一致。

1.4.2 唤醒怀疑精神与批判思维

怀疑精神与批判思维是一种最可贵的、现代人最缺乏的品质。

批判性思维是为决定相信什么或做什么而进行的合理的、反省的思维。20世纪40年代，批判性思维成为美国教育改革的一个主题，70年代成为美国教育改革运动的焦点，80年代成为教育改革的核心。哈贝马斯(Jürgen Habermas)将批判性思维等同于解放性学习(emancipatary learning)，即学会从阻碍人们洞察新趋势、支配自己生活的强制力中挣脱出来。现在，加拿大、美国、英国、新西兰、澳大利亚等越来越多的国家的高校开设批判性思维课，产生了各种新课程和数以百计的不断再版或重印的教科书。

现代主流经济学或实证主义经济学家特别愿意宣扬价值中立。这当然是有原因、有渊源的，但是，这确实是徒劳的。首先，价值中立与他们的理论科学性并无关系。世界观是全部认识的基础，它与价值判断并无关系，但它却是建构所有理论的认识基础。错误的世界观就是一种有色眼镜，价值中立也不能挽救这种世界观指导下的理论错误的命运。其次，价值中立带有很大的自我欺骗成分。

(1)数学大师对经济学的评论

理性是经济学中的基本概念。经济学教科书一般开篇都会讲，人们的行为是理性的。理性的定义为：人们在决策时，可以很清楚地区分某两个决策的利弊得失。经济学这一定义是对人的极端简化，这种简化的原因是功利化的，即这种简化的定义便于决策模型的求解过程，否则决策模型都将会变得异常复杂，很多情况下甚至无法得出一个满意的结果。在理性—效用最大化理论框架

---

① [美]斯蒂芬·罗思曼：《还原论的局限——来自活细胞的训诫》，李创同、王策译，上海译文出版社2006年版，中文版序言第3～5页。

下，人的最优决策实际上是在求解一个线性规划问题。

诺伯特·维纳(Norbert Wiener)这样尖锐地评论说：

> 如同原始人照搬毫无自身特色的西方着装方式和议会制，这是出于一种模糊的感觉……经济学家也习惯于用无穷微积分这样的语言来粉饰其并不精确的观点……因此，所有假称应用精确公式的都是一种欺骗和浪费时间。①

当然，看清经济学理论中的幼稚错误的人有很多，除了维纳，怀特海也指出：

> 非常值得讨论的是，亚当·斯密之后，政治经济学这门学科早期的研究究竟是弊大于利还是利大于弊……它把人们固定在了一套抽象的体系上，而这些抽象对现代思想产生了灾难性的后果……它的方法论过程是排外和不容异己的，而且确实如此。它把注意力固定于一组明确的抽象，而忽略了所有其他的东西……然而虽然是成功的，但它有局限。对这些局限的忽视导致了灾难性的疏忽……自满的理性主义事实上是一种反理性主义。它意味着武断地停留在一系列特殊的抽象中。②

(2)经济学家们的批判

现代经济学遭到了很多人的批判，其中，特别著名的经济学家有列昂惕夫(Wassily Leontief)、哈耶克、西蒙(Herbert Alexander Simon)、科斯(Ronald Harry Coase)、罗默(Paul M. Romer)等。

列昂惕夫的批评见《经济学为什么还不是一门科学》：

> "枯燥乏味的说教……经济学家所揭示的最明显的是该学科在研究方面落后的程度。"这篇由重要的经济周刊发表的评论(关于美国经济学会1981年年会)还说，实际上，"这个皇帝是赤身裸体的"。但是，似乎置身于美国当前学术性经济学行列中的人谁也不知道这一点，或者是谁也不敢这么讲。③
>
> 专业经济学杂志上连篇累牍地充满了数学公式。这将读者从一套似乎有理而完全是任意的假说引到精确的但却是无关的理论结论。《美国经

---

① Nobert Weiner, *God and Golem*, Cambridge, Mass.: MIT Press, 1964, p. 89.

② [英]A. N. 怀特海：《科学与近代世界》，何钦译，商务印书馆1959年版，第200页。

③ 转引自[美]阿尔弗雷德·S. 艾克纳：《经济学为什么还不是一门科学》，苏通等译，北京大学出版社1990年版，绪言第1页。

济评论》的执行编辑说，10年前，"关于数理经济学和经典经济理论的文章比以前任何时候都占据了越来越多的突出版面，而具有更多经验、注重政策和解决问题等特点的文章似乎在不断减少"。年复一年，经济学家在继续建立大量的数学模型，而且更为详细地探讨这些模型的性质。同时，经济计量学家把所有可能的代数函数式用于基本上是同样的一些资料。这些都无助于进一步深入理解一个现实经济系统的结构和运行。①

哈耶克在诺贝尔奖获奖演说中说道：

从一个方面看，人们普遍认为，经济学已然在某种程度上赢得了自然科学所具有的尊严和声望，而新近设立诺贝尔经济科学纪念奖的举措则可以说是经济学在不断获取自然科学之尊严和声望这个进程中迈出的具有关键意义的一步。而从另一个方面看……我们实在没有什么可以引以自豪的，因为作为职业经济学家，我们已经完全把事情搞糟了。在我看来，经济学家之所以未能以一种比较成功的方式指导政府政策，实是与他们总是倾向于尽可能全力地去模仿业已取得辉煌成就的自然科学的做法紧密联系在一起的——然而，如我们所知，在经济学领域，这种努力可以酿成大错。这种认识进路也就是那种最终被称之为"唯科学"的态度……这种唯科学谬误……直接导致了近年来经济政策中所发生的一些最为严重的错误。②

试问：还有多少人记得哈耶克的肺腑之言？又有多少人愿意反思一下自己的经济学贡献？当然，在许多其他地方，哈耶克毫不屈服地坚持着自己的立场，他也被经济学家有意识地忘记。

赫伯特·亚历山大·西蒙认为，主流经济学派简化大量的细节，提出牵强的假设，使得经济学理论模型对实际问题的解决既无益又无补，因为这些模型已经将把造成问题的症结砍掉了。

西蒙敏锐地指出，新古典主义的不足在于不能确定决策在现实中是如何达成的。主流经济学喜欢完全理性，完全理性的好处在于不用理会决策者的思维过程、选择过程等，只要给出环境，理性决策者就可以给出最优解。"在有限理性的框架下，我们假设人们面临一些目标和约束，搜寻一个达到目标的可行途

---

① 转引自[美]阿尔弗雷德·S.艾克纳：《经济学为什么还不是一门科学》，苏通等译，北京大学出版社1990年版，第4页。

② [美]哈耶克：《哈耶克论文集》，邓正来编译，首都经济贸易大学出版社2001年版，第381～382页。

径，决策者受制于约束，特别是他们在知识、计算能力以及技巧方面的限制。”①

同样地，像“生产函数”这样的概念也是有相当大的问题，因为生产函数根本就是个虚无缥缈的东西。我们根本不能确定生产函数的具体形式，因而，由生产函数所引出的一系列微积分运算就只是一种智力游戏。

现实中的厂商不会使用边际成本等于边际收益来进行计算，因为他们算不出来，即便算出来，所耗费的巨大计算力也是一种浪费。西蒙发现，在企业组织的内部，员工对企业的贡献通常难以精确度量，而企业也不可能全面地评价和监督个人的贡献，因此，员工的付出和他们得到的报酬很可能是不相称的，工作质量高的员工也可能只得到较低的报酬。② 西蒙认为我们对之有兴趣的理论是那些对我们日常工作有帮助的理论，如果理论把关键的现象给舍弃掉了，那么它给我们的建议就会很要命。经济学理论除了满足人类求知好奇的本性外，还应该帮助和指导企业的实际管理和运营，它必须是一套描述真实世界的理论，而不是一套假设的理论。最后，经济学理论还应该有助于理解和指导经济的运行。对于现实世界，我们只需要有限理性即可给出很好的解释。

科斯在《论经济学和经济学家》一书中表达了他对主流经济学的不满，讽刺它们为“黑板经济学”。他说：

> 现代经济学理论的另一个特征，是分析的日趋抽象化，似乎无需对真实经济体系进行详细了解，甚至在完全没有关于真实经济体系真实的情况下，也可以发展理论，这使经济体系其他方面（指制度、产权等）更易忽略……经济学家所研究的是一个存在于他们心目中的而不是现实中的经济体系，企业和市场似乎有名无实，我曾把这种现象称为“黑板经济学”。主流经济学理论中的企业曾经常被描述为“黑箱”，现在仍然如此。③

罗默在《宏观经济学的困境》中指出：

> 他们（宏观经济学家）的模型把宏观变量的波动归因于假想的原因，而这些原因不受任何个人行为的影响……我们可以看到在科学中的一种一般的失败模式——当对德高望重的领导者的尊重演变成对权威的顺从，当这种顺从取代了客观事实在科学真理中的最终决定性地位时，这种失败模式就会发生。

---

① 参见[美]赫伯特·西蒙：《基于实践的微观经济学》，孙涤译，格致出版社 2009 年版，第 18 页。

② 参见[美]赫伯特·西蒙：《基于实践的微观经济学》，孙涤译，格致出版社 2009 年版，第 48 页。

③ [美]罗纳德·H.科斯：《论经济学和经济学家》，罗君丽、茹玉骢译，上海三联书店 2010 年版，第 6 页。

> 我不再是一个学术研究者。我是一个实践者，这意味着我想让有用的知识起作用。我不在乎我是否再次在重要经济学期刊上发表文章或赢得任何专业荣誉，这些对实现我的目标没有太大的帮助。

> 问题并不是宏观经济学所说的与事实不符。真正的问题是其他经济学家并不在意宏观经济学家不关心事实本身。比起坚定地维护错误，冷漠地容忍一个明显的错误对科学更具有腐蚀性。[①]

1.4.3 坚持学习与工作的实践标准

人们对外部世界的认识、各个领域的研究都受到观测尺度的限制。丘成桐在《大宇之形》中说：

> 古典几何对宇宙的逼近，一直到普朗克尺度（10～33 厘米）之上都几乎没有瑕疵，因此具有一定的重要性，但是在普朗克尺度时，标准的几何就会囿于量子效应，连简单的测量都做不到……在普朗克尺度，不论是点、线，甚至曲率，所有的东西都会静不下来地振动着。我们所熟知的几何学无疑正在走向终结，以后将会被某种更有威力的陌生几何学所取代。[②]

当然，科学的尺度远不止有形的尺度。

（1）物理世界的尺度

物理世界尺度的问题总是涉及时间和空间两方面。然而，这并不是一个容易解决的问题。最重要的一点是，它们相对客观，能够达成基本的共识。事实上，时间尺度确实因情况而异。

（2）思维的尺度

毫无疑问，在微观尺度上的研究会得到更多的有关微观层面的知识，但是，这往往以宏观层面的知识丢失为代价。

在神经系统中，个体神经元发生适应性变化的间隔从数秒到数小时；免疫系统的适应性变化则需要数小时到数天；商业公司的适应性变化往往需要数月到数年；生态系统的适应性变化可能需要数年到数千年，甚至更长。

当前经济学的状况大致说来有这样几个特点：

①不仅在观念上遵循着近代机械论的科学哲学，而且也在模仿物理学的机

---

① 转引自［美］罗纳德·H.科斯：《论经济学和经济学家》，罗君丽、茹玉骢译，上海三联书店 2010 年版，第 40 页。

② ［美］丘成桐、［美］史蒂夫·纳迪斯：《大宇之形》，翁秉仁、赵学信译，湖南科学技术出版社 2012 年版，第 353 页。

械论、还原论的方法。

②经济学家对其他科学发展缺乏认知。

③自以为是,罔顾批判。

世界只有一个,而认识世界的角度却是多维度、多视角的,千百年来,我们积累和流传下来了许多完全不同的方法。一个非常现实的例子是,现代学科——物理学、化学、社会学、经济学等不仅在传授不同学科的知识,更是在传授一些不同的方法,当然也构筑起了一道道人为的藩篱。虽然大家都在说着同一个世界的事情,却是基于各自的专业,从不同的视角、从各自的角度去分析和把握这个世界,这是现代版的依然典型的"盲人摸象"。

(3)学问的尺度

表面上,经济学很繁荣,经济学"像"科学。但是,在实践面前,经济学常常颜面扫地。这实在不足为怪,学问的尺度只能是实践。

人很早就熟悉的一句话"术业有专攻"是指用以谋生的职业越专业越好。尤其是现代社会竞争激烈,不专业就没有优势,就没有好的工作,就没有高的收入,就没有满意的社会地位。但是,如果有谁由此以为理解外部世界和人类社会也是越专业越好(例如一些专家四处演讲,无所不谈),这就大错特错了。

现代经济学的发展并没有使我们走向"事实的王国"。无数主观的个体行为关系汇集成的集体后果还是主观的,任何认识、知识都是而且只能是主观的。所以,那些自诩"客观"的实证科学,并没有也不可能摘除它们主观性的帽子。说到底,是人类的生存本能促使我们发现并偏好自然界中可以被总结和利用的规律,这些规律通常是基于确定性和连续性的。然而,从浩瀚宇宙的宏大时间和空间尺度上看,宇宙中充满了复杂的关系,从组成万物的极微小单元的时间和空间尺度上看,物体组成部分之间也充满了复杂的关系。

100 多年来,特别是 20 世纪中期以来,经济学家、学习经济学的人以及经济学研究成果都在呈指数增长,虽然经济学领域诞生了那么多诺贝尔奖获得者,但各种经济、社会问题依然困扰着国际社会。无论是美国、中国、欧盟还是俄罗斯,经济问题依然数不胜数:失业、通货膨胀、贫富差距、经济犯罪、资源枯竭、环境污染、金融危机……

中外经济学舞台上,有很大一批以经济学为业的人,他们除了关心自己的成果、职称、收入以外,并无意于推动经济学的进步。这群人不仅自以为是、故步自封,而且以卖弄方法为荣。

本章参考文献

①Milton Friedmann,"The Marshallian Demand Curve", *Journal of Political Economy*, Vol. 57,1949, p.489.

②Nobert Weiner, *God and Golem*, Cambridge,Mass.: MIT Press,1964.

③[英]狄拉克:《量子力学原理》,陈咸亨译,科学出版社1965年版。

④[瑞士]西斯蒙第:《政治经济学新原理》,何钦译,商务印书馆1983年版。

⑤[美]阿尔弗雷德·S.艾克纳:《经济学为什么还不是一门科学》,苏通等译,北京大学出版社1990年版。

⑥[美]米歇尔·沃尔德罗普:《复杂:诞生于秩序与混沌边缘的科学》,陈玲译,生活·读书·新知三联书店1997年版。

⑦[德]库萨的尼古拉:《论有学识的无知》,尹大贻、朱新民译,商务印书馆1988年版。

⑧[美]罗德·霍夫曼:《相同与不同》,李荣生等译,吉林人民出版社1998年版。

⑨[法]罗兰·巴特:《神话——大众文化诠释》,许蔷蔷、许绮玲译,上海人民出版社1999年版。

⑩[德]马克斯·H.布瓦索:《信息空间》,王寅通译,上海译文出版社2000年版。

⑪[英]A.N.怀特海:《观念的冒险》,周邦宪译,贵州人民出版社2000年版。

⑫[德]卡尔·曼海姆:《意识形态与乌托邦》,黎鸣、李书崇译,商务印书馆2000年版。

⑬[英]哈耶克:《哈耶克论文集》,邓正来译,首都经济贸易大学出版社2001年版。

⑭[美]斯蒂文·贝斯特、道格拉斯·凯尔纳:《后现代理论:批判性质疑》,张志斌译,中央编译出版社2001年版。

⑮[美]齐格蒙特·鲍曼:《个体化社会》,范祥涛译,上海三联书店2002年版。

⑯[古希腊]柏拉图:《柏拉图全集》第2卷,王晓朝译,人民出版社2003年版。

⑰[德]恩斯特·卡西尔:《国家的神话》,范进等译,华夏出版社2003年版。

⑱[英]A.N.怀特海:《过程与实在》,杨富斌译,中国城市出版社2003

年版。

⑲[美]斯蒂芬·温伯格:《终极理论之梦》,李泳译,湖南科学技术出版社2003年版。

⑳[美]约翰·麦克里兰:《西方政治思想史》,彭淮栋译,海南出版社2003年版。

㉑[美]丹尼尔·卡尼曼:《有限理性的图谱——迈向行为经济学的心理学》,吴敬琏编:《比较》第13辑,中信出版社2004年版。

㉒陈诗谷、葛孟曾:《数学大师启示录》,开明出版社2005年版。

㉓[美]约翰·杜威:《确定性的寻求:关于知行关系的研究》,傅统先译,上海人民出版社2005年版。

㉔[美]约翰·霍兰:《涌现:从混沌到有序》,陈禹等译,上海科学技术出版社2006年版。

㉕[荷]乌斯卡里·迈凯:《经济学中的事实与虚构:模型、实在论与社会建构》,李井奎等译,上海人民出版社2006年版。

㉖[斯洛文尼亚]齐泽克:《幻想的瘟疫》,胡雨谭、叶肖译,江苏人民出版社2006年版。

㉗[美]斯蒂芬·罗思曼:《还原论的局限——来自活细胞的训诫》,李创同、王策译,上海译文出版社2006年版。

㉘[英]杰弗里·M.霍奇逊:《演化与制度:论演化经济学和经济学的演化》,任荣华等译,中国人民大学出版社2007年版。

㉙[奥]米塞斯:《货币、方法和市场过程》,戴忠玉、刘亚平译,新星出版社2007年版。

㉚[英]杰弗里·M.霍奇逊:《经济学家是如何忘记历史的》,高伟等译,中国人民大学出版社2008年版。

㉛[法]埃德加·莫兰:《复杂性思想导论》,陈一壮译,华东师范大学出版社2008年版。

㉜[美]保罗·克鲁格曼:《致命的谎言——揭开经济世界的真相》,陈宇峰译,北京大学出版社2009年版。

㉝[美]纳瑞蒙·贝尔拉夫什:《这才是经济学:经济学的误解与真相》,麻勇爱译,机械工业出版社2010年版。

㉞[美]凯文·凯利:《失控:全人类的最终命运和结局》,陈新武等译,新星出版社2010年版。

㉟[美]罗纳德·H.科斯:《论经济学和经济学家》,罗君丽、茹玉骢译,上海三联书店2010年版。

㊱[英]约翰·梅纳德·凯恩斯:《就业、利息和货币通论》,高鸿业译,商务印书馆1999年版。

㊲[印]阿马蒂亚·森:《身份与暴力:命运的幻象》,李风华等译,中国人民大学出版社2012年版。

㊳[法]亨利·柏格森:《创造的进化论》,陈圣生译,漓江出版社2012年版。

㊴[美]哈罗德·D.拉斯韦尔、亚伯拉罕·卡普兰:《权力与社会:一项政治研究的框架》,王菲易译,上海人民出版社2012年版。

㊵Joseph Schumpeter, "The Future of Private Enterprise in the Face of Modern Socialistic Tendencies", *History of Political Economy*, Vol. 7, No. 3, 1975, pp. 294-298.

㊶[美]丘成桐、史蒂夫·纳迪斯:《大宇之形》,翁秉仁、赵学信译,湖南科学技术出版社2012年版。

㊷[美]戴维·玻姆:《整体性与隐缠序:卷展中的宇宙与意识》,洪定国等译,上海科技教育出版社2013年版。

㊸[德]克劳斯·迈因策尔:《复杂性思维:物质、精神和人类的计算动力学》,曾国屏、苏俊斌译,上海辞书出版社2013年版。

㊹[美]李·斯莫林:《时间重生》,钟益鸣译,浙江人民出版社2017年版。

㊺[法]吉尔·德勒兹:《〈荒岛〉及其他文本:文本与访谈(1953—1974)》,董树宝等译,南京大学出版社2018年版。

㊻[英]尤金妮娅·程:《超越无穷大:一次跨越数学边界的冒险之旅》,杜娟译,中信出版集团2018年版。

㊼[法]吉尔·德勒兹:《差异与重复》,安靖、张子岳译,华东师范大学出版社2019年版。

㊽[英]郑乐隽:《数学思维》,朱思聪、张任宇译,中信出版社2020年版。

2 理性的限度

经济学家和政治哲学家的思想，不论正确还是错误，都比人们通常认为的更具影响力。其实，统治世界的，除了这些人的思想之外，几乎别无其他。讲究实际的人自以为完全不受知识界的影响，其实他们通常是某位已故经济学家的奴隶。①

——[英]凯恩斯

康德评价“教授”：“这是一群不敢越行政法规和教科书通则这个雷池一步的奴仆。他们自己不思考，而是反刍别人的思想。他们在讲台上将书本知识灌输进年轻人的头脑。他们不讲生活实践所必需的知识，而是现买现卖他们在自己专业领域内的那点有限的知识。他们大多是枯燥乏味的学究。只有当他们彼此争吵时，他们才有一点点生气。‘教授是一潭死水，正在腐臭。’”②

——[德]盖尔

① [英]约翰·梅纳德·凯恩斯：《就业、利息和货币通论》，高鸿业译，商务印书馆1999年版，第390页。

② [德]曼弗雷德·盖尔：《康德的世界》，黄文前、张江山译，中央编译出版社2012年版，第135页。

唯有当我们已经体会到，千百年来被人们颂扬不绝的理性乃是思想最冥顽的敌人，这时候，我们的思想才能启程。[①]

——[德]海德格尔

不要认为往更微小的世界进展就能获得宇宙最基本的真理……不论在比我们大或是比我们小的世界里，宇宙都是"全方位的无限"。如果仅凭人类经验与认知的范畴，开始不断地探索宇宙，那么，不论是往更巨大或更微小的方向，都会达到一个我们的认知和观念都不再适用的模糊世界中。[②]

——[美]魏彻特

① [德]马丁·海德格尔:《林中路》，孙周兴译，上海译文出版社2008年版，第280页。

② 转引自[美]F.J. 戴森:《全方位的无限》，李笃中译，生活·读书·新知三联书店1998年版，第42～43页。

当我们思考任何问题时，很难做到不受传统观念和思想经验的影响。一种僵化的理论的或思维模式是会阻碍人们学习、接受新的知识的，无论新知识正确与否。

在17～20世纪，人们相信人人都能独立思考，将个人理性奉为圭臬，民主制度建立在选民无所不知无所不晓的基础上，自由市场经济笃信消费者永远明智。

现代经济学为了构建一个一般理论，作出了全面的主观假设——从物到人，从信息、效用到理性。其中，理性人和经济人的概念构成了经济学的重要基石，而且也是那些教科书式经济学家的精神支柱。

经济学中关于理性人的描述，可以追溯到亚当·斯密(Adam Smith)在《国富论》中的这样一段话：

> 我们每天所需的食料和饮料，不是出自屠户、酿酒家或烙面师的恩惠，而是出于他们自利的打算。我们不说唤起他们利他心的话，而说唤起他们利己心的话。我们不说自己有需要，而说对他们有利。[①]

在经济学的理论中，基于理性人的自利之心，市场得以运行，经济秩序得到实现。因为理性人的存在，看不见的手(市场)犹如上帝一般协调着整个社会。

在这一章里，我们打算对现代人推崇备至的理性、对时代的精神状况作探究。因为，我们不难发现，要对建立在理性假设之上的、充斥着理性行为分析的现代经济学作出评判，特别是要在经济生活和实践中摆脱经济学教条，理性问题是一个无法规避的话题。

人类是理性的吗？在人类历史上，理性是主宰人类历史的基本力量吗？人类理性在人类社会中占据怎样的社会地位？

2.1　理性，一个自负的隐喻

> 让我们想象一个洞穴式的地下室……有些人从小就住在这个洞穴里……这些人除了看到投射到墙壁上的阴影，不能看到其他……他们会断定，他们所看到的阴影是真物本身……理智世界中它本身(那些实物)就是真理和理性的决定性的源泉……每个人的灵魂必须转而离开变化的世界(才能看到真相)。[②]

① [英]亚当·斯密：《国富论》，孙善春、李春长译，万卷出版公司2015年版，第10页。
② [古希腊]柏拉图：《理想国》，郭斌和、张竹明译，商务印书馆1986年版，第272～280页。

在柏拉图的这个著名的“洞喻”中，人们可以看到：第一，在洞穴中看到的东西，暗示所有情况下所看到的东西；第二，人们能看到、听到的东西都是假相，真相都在看、听之外；第三，变化的世界（变化的事物）都是假象，必须离开它们，而只有灵魂（即理性）才能做到，只有理性才能看到真相、抓住本质，才是可信的。这是柏拉图始终坚持的观点，也是许多古希腊哲学家的共同观点。这种观点影响了西方思想 2000 多年，拥有广泛的信徒。

两千多年来，理性一直被用来定义人类的本质。理性不仅包括我们的逻辑推理能力，而且包括提出质疑以及解决问题的能力，还包括评估、批评和思考我们应当如何行动的能力，以及如何理解我们自身、他人和世界的能力。

> 科学理论被剥夺了它作为理论本身所固有的全部说服力。它不得超越经验，不得肯定任何无法被经验测试的东西。最重要的是，科学家们必须随时准备在理论与任何观察结果有冲突时把这一理论抛弃掉。只要理论无法经受经验的考验—或者似乎不能经受这种考验—它就应该被修正，以便使它预期的东西被限定在可观察到的范围内。①

现代科学中的实证主义不过是一场对近代理性主义反叛式继承。实际上，它全盘保留了对理性的信仰和理性主义留下的预设前提。但是，它要去实证的正是理性所生产出来的那些东西。

2.1.1 人在多大程度上了解自己

人类理解力一直是一个重要话题。与动物不同，人为了更好地生存，总是试图理解外部世界，并且努力寻找外部世界的秩序。这种努力至少持续了几万年。

培根写道：“人类理解力依其本性容易倾向于把世界中的秩序性和规则性设想得比所见到的多一些……人类理解力依其本性倾向于作些抽象而赋予流逝的事物以一种本体和实在。”②这种说法未必正确，但是，他确实指出了一种心理现象——人类对秩序与规则的追寻。

人类始终都有一种自然冲动，孜孜以求想要理解外部世界，想要知道我们在其中的位置。无论是个人还是集体，无论是古代还是现代，无论是宗教还是科学，在根本上我们和自己的祖先并无多大的不同。虽然不同时代提出的问题和认识问题的方法、手段在不断变化，但求知和发现生命的意义的冲动一如既

---

① [英]迈克尔·波兰尼：《个人知识——迈向后批判哲学》，许泽民译，贵州人民出版社 2000 年版，第 13 页。

② [英]培根：《新工具》，许宝骙译，商务印书馆 1984 年版，第 22、27 页。

往。宗教中的创世神话，科学中对秩序与规则的探寻，都是为了理解万物的起源和本质。

乔治·莱考夫(George Lakoff)[①]在《肉身哲学》一书中写道：

> 我们最基本的哲学信念与我们对理性持有的观点密不可分。两千多年来，理性一直被用来定义人类的本质。理性不仅包括我们的逻辑推理能力，而且包括提出质疑以及解决问题的能力，还包括评估、批评和思考我们应当如何行动的能力，以及如何理解我们自身、他人和世界的能力。因此，我们对"理性"了解的彻底改变，就是对我们"自身"了解的根本改变。基于实证研究，我们出乎意料地发现，人类的合理性行为根本不是西方哲学传统所认为的那样，而且也令人震惊地发现，我们自身完全不同于哲学传统所论述的那种样子。[②]

作为一门新兴学科，认知语言学在20世纪八九十年代开始迅猛发展。认知科学(cognitive science)综合了心理学、语言学、人类学、哲学和计算机科学等诸多学科中有关心智研究的内容。该学科试图重新解答这样一些问题：什么是理性？人们如何理解自己的经验？什么是概念系统(conceptual system)以及它是如何组织起来的？是否所有的人都使用同样的概念系统？虽然这些问题并非新问题，但近年来有了全新的解答，这些回答对传统的观念乃至传统科学具有近乎完全的颠覆性。

美国医学家、生物学家刘易斯·托马斯(Lewis Thomas)在《细胞生命的礼赞——一个生物学观察者的手记》中说道：

> 人，这种生物圈的后来者，在其科学和技术发展的过程中，抛弃了对神的信仰，嘲弄了原始的神话，却编造了并坚持着自己的信仰和神话。人相信自己的品质和权利，相信自己是，或应该是无所不知、无所不能；在杜撰的人与外部环境的对立中，人能控制一切，战胜一切；人能控制疾病，干预死亡，人能制天、制身、制心，人能预言未来。[③]

---

① 乔治·莱考夫，当代认识语言学大师，加州大学伯克利分校教授，圣塔菲研究所科学委员会委员，国际认知语言学协会主席，认知科学学会理事会成员。32岁时发表了第一篇认知语言学论文，成为认知语言这门学科的创始人之一。代表作有《我们赖以生存的隐喻》《别想那只大象》《女人、火与危险事物：范畴显示的心智》以及《肉身哲学》。

② [美]乔治·莱考夫、马克·约翰逊：《肉身哲学：亲身心智及其向西方思想的挑战》，李葆嘉等译，世界图书出版公司2018年版，第3页。

③ [美]刘易斯·托马斯：《细胞生命的礼赞——一个生物学观察者的手记》，李绍明译，湖南科学技术出版社1997年版，第4～5页。

奥地利心理学家弗洛伊德(Sigmund Freud)曾经指出:

> 在过去的时间里,科学之手对于人类朴实的自恋有过两次重大的打击。第一次是认识到我们的地球并不是宇宙的中心,而是大得难以想象的宇宙体系中的尘埃……第二次是生物学的研究剥夺了为人类特创的特殊优越性,将人类废黜为动物的后裔。①

(1)感觉的局限

经验知识来源于通过视觉、听觉、触觉等直接感知的外部世界。任何人都离不开对感觉的依赖,但是,人类的感觉却存在许多缺陷。人类有五种基本感觉:视觉、听觉、嗅觉、味觉、皮肤的感觉(触觉、痛觉、冷觉、热觉),每一种感觉都存在先天的或自然的局限性。

①视觉:观察是我们获得知识的重要的和基本的手段。但是,这并不是一种完美的方法,它存在着很大的限制。

光谱(spectrum):是复色光经过色散系统(如棱镜、光栅)分光后,被色散开的单色光按波长(或频率)大小而依次排列的图案,全称为光学频谱。整个电磁波谱包括了无线电波、红外线、紫外线以及X射线等,它们的波长不同,波长在400～760纳米之间就是一般的可见光,是人的视觉可以感受的光谱。

白光经棱镜或光栅色散后呈红、橙、黄、绿、蓝、靛、紫彩带,即为可见连续光谱。可见区是整个电磁波谱中极小的一个区域,即使我们充分利用了高科技手段,人们仍然不足以通过观察获得精确的、可靠的知识。

例如,我们要观察一张人脸,借助世界上最好的仪器,我们能看到的细部究竟有多精细、多准确呢?

在普通光照射下,肉眼可以看清脸上的每一个细节,然而,这仍然只是脸部的轮廓。如果我们要观察得更细,就需要借助仪器,如放大镜、显微镜等。但是,细节的清晰度是由光的波长决定的。通过短的紫色光波,我们可以看到更为精细入微的细部,通过紫外显微镜可以看到细胞中的放大了3500倍的染色体。但这里有个极限:没有什么光线可以使我们看到染色体内的人体基因。如果我们还想更深入地进行观察,就必须缩短光的波长,直到运用X射线。但是,X射线穿透力太强,任何物质都不能使其聚焦;我们无法制造一台X射线显微镜。

年复一年,人们设计日益精密的仪器来对自然现象进行更为精确的观察。但是,人们失望地发现,它们仍然模糊不清,而且像从前那样令人感到扑朔

① 转引自[美]斯蒂芬·杰·古尔德:《自达尔文以来》,田洺译,海南出版社2008年版,序言第6页。

迷离。

人类通过观察获得知识的这一途径，不仅仅在微小的、原子的尺度上受到限制，在整个宇宙的范围，在无限星空这样的范围上，也同样存在实际的限制。虽然天文仪器不断得到改进，一些偏差终会消失，但是，事实上，如果我们将各次观察结果加以比较，我们就会惊奇地发现，错误仍无法从观察中根除。量子物理学的发展则从根本上证明了在微观层面上，如电子的位置或速度，不可能同时被确定。这就是海森堡测不准原理。在广泛意义上，这是一条颠扑不破的原理。从此，人们知道，我们不能要求世界准确无误。我们能够辨认出同一个物体，是因为它看上去高度相似，而非与从前完全相同，它在不停地变动之中。

数学家高斯(Carolus Fridericus Gauss)则从数学的角度深入研究误差的分布，他提出了高斯曲线(the Gaussian Curve)，使这种离散性可以由这种曲线的偏离或分布来概括，并由此产生了一个具有深远意义的观点：这条曲线标明了不确定的区域。

②听觉：物体在介质(气体、液体或固体)中振动，就产生了声波，声音的大小与声波的振幅直接成正比。声音的大小以分贝(decibel，dB)度量，1dB 是人耳几乎不能够察觉的声音大小的对数增加值。人耳耐受的声音大小为 0～130 dB，超过 130 dB 的声音会引起耳痛。人耳可以听到 20～20000 Hz 的声音，但最佳范围为 1000～4000 Hz。

③嗅觉/味觉：我们所感受到的食物中的味道，80%依靠嗅觉。人有超过 1000 种不同的嗅觉受体，分别针对不同种类的气味分子。每个嗅觉神经元都含有 1～4 个受体，当气味分子结合受体，神经信号就会被传递到嗅球(olfactory bulb)。嗅球解码信号，识别哪些受体被刺激及出现了多少刺激，然后通过嗅神经(第一脑神经)把这些信息传送到大脑的嗅觉中枢。之后，嗅觉中枢将信号传递到大脑的边缘系统(limbic system)，从而决定这个气味是舒适的还是难以忍受的。

科学家研究了狗的嗅觉与人类的嗅觉，发现人的嗅觉细胞只有 500 万个，覆盖着鼻腔上部黏膜的一小部分，面积仅有 5 平方厘米左右；而狗的鼻子里有许多皱褶，因此它鼻子里的表面积就增加了许多，狗的嗅觉细胞为 12500 万～20000 万个，有的品种数量还要多，例如一种牧羊犬的嗅觉细胞竟达 22000 万个，这些嗅觉细胞在鼻腔上占的面积达 150 平方厘米左右。凭借这么多的嗅觉细胞，狗的嗅觉能力至少是我们人类的上百万倍。

(2)观察世界的尺度

尺度是一种以一致的方法度量事物的形式，是我们度量事物、认识事物所采用的标准。在日常生活中，尽管我们没有完全意识到尺度的意义所在，却无时无刻不在使用着它。你的车速多快(常用千米每小时描述)?某件事发生了多久(常用秒、分钟、小时等描述)?室外的温度是多少(常用摄氏度描述)?身高、体重、腰围……

物理学上的尺度有7个基本单位,每个基本单位代表一个单独的物理属性:长度、质量、时间、电流、热力学温度、物质的量、发光强度。

生物学上的尺度有体重、血压等。

随着人类探索的目标变得越发庞大,如地球表面、深海和外太空,两点间长度和空间的测量变得越来越具有挑战性,因此,更稳定可靠的测量工具也变得尤为重要。

但是,宇宙中的事物与现象,它们的尺寸、速度、质量及数量的上、下限与我们的日常生活经验实在相距甚远,我们很难对它们的数量级有一个清晰的概念。无论是原子结构里微小的粒子,还是星系中心浩渺的黑洞,都太难以捉摸了。当我们开始探索超过地球尺度的距离时,事情就会变得复杂,因为我们还没有可以从地球伸展到太空中的其他星体的尺子!

社会生活领域的尺度却很不完善,许多方面完全达不到可以进行计量和比较的程度。耶鲁大学经济与统计学教授菲利普斯2003年撰文指出:

> 40多年来的宏观经济预测经验表明:我们预测经济活动的能力是有限的。事实上,尽管有大量的宏观经济理论和模型研究以及计量方法的改进和更好、更大的数据库,总体的预测的表现几乎没有什么改善。①

某种程度上,计量的社会科学有些自欺欺人。

(3)理性的隐喻

现代人都愿意相信自己是理性的。为什么大家都愿意相信自己是理性的?现在,有一种解释非常值得我们重视,这就是隐喻说。隐喻就是通过另一种事物来理解和体验当前的事物。

乔治·莱考夫、马克·约翰逊在《我们赖以生存的隐喻》中指出:

> 不论是在语言上还是在思想和行动中,日常生活中隐喻无所不在,我们思想和行为所依据的概念系统本身是以隐喻为基础。这些支配着我们思想的概念不仅关乎我们的思维能力,它们也同时管辖我们日常的运作,乃至一些细枝末叶的平凡细节。这些概念建构了我们的感知,构成了我们如何在这个世界生存以及我们与其他人的关系。因此,我们的这个概念系

① Peter C. B. Phillips, "Laws and Limits of Econometrics", *Economic Journal*, Vol. 113, No. 486, 2003, pp. 26-52.

统在界定日常现实中扮演着举足轻重的角色。我们的概念系统大部分是隐喻——如果我们说的没错的话，那么我们的思维方式，我们每天所经历所做的一切就充满了隐喻……基于语言学证据(linguistic evidence)，我们已经发现我们普通的概念系统，究其实质，大都是隐喻的，并且找到了一种方式来仔细鉴定那些建构我们如何感知、如何思考、如何行动的隐喻究竟是什么。①

传统上，人们一直是这样来定义理性的：理性是指人人都有趋利避害的天性，因此做任何事情，都需要冷静、有逻辑、符合原则，这样的人是理性的；而非理性意味着做事鲁莽、冲动、不计后果，感情用事……总之，近乎傻瓜。

在这样一种关于理性和非理性的定义面前，每个人的立场、站位就不难设想了，我们都愿意相信自己是理性人。

例如，更简单、更普遍的情形是好人与坏人的隐喻。差不多每个人从小时候起，就建立了好人与坏人的概念。

好人有同情心、诚实守信、乐于助人……反之则是坏人。于是人们自觉站队，站到好人的队伍里来。

但是，日常生活中，好人与坏人、理性与非理性，任何一对对立着的概念，它们的划分真的那么清晰吗？我们真的那么理性吗？按照理性人的标准，"矢志不渝"——那些不知道变通的人是非理性的；"生命诚可贵，爱情价更高，若为自由故，两者皆可抛"也是非理性的。

其实，每个人并非如自己想象的那样理性，人类社会也是如此。人与人类社会都常常是非理性的。弗洛伊德说过，人对于自己精神和意识的了解比不上对宇宙的了解(虽然人们对宇宙的了解也非常有限)。人的意识实际上由两个部分组成：意识和潜意识。意识是理性的，而潜意识却是非理性的，它平时不表露出来，甚至我们自己都不知道它的存在，但是，它在更深的层次上支配了我们的行为，如见义勇为行为、捐赠行为、爱情行为、道德行为等这是人类行为非理性的个体行为学说。

人类的自我形象一直受到各种根深蒂固的偏见和误解的歪曲。这些歪曲正如400年前伟大的哲学家弗朗西斯·培根(Francis Bacon)所指出的：由偏见和误解所造就的幻象②。人类之所以会产生这些幻象，一方面是因为人类心智发展的一定阶段；另一方面，最真实的情况是，我们通过自己的认知过滤器来感

① [美]乔治·莱考夫、马克·约翰逊：《我们赖以生存的隐喻》，何文忠译，浙江大学出版社2015年版，第1页。

② 根据培根的说法，人类有四种认识方面的谬见(假象)，即种族假象、洞穴假象、市场假象和剧场假象。

受现实。在某种意义上，我们是在通过自己的滤网创造现实。换句话说，我们生存在自我认知的世界中。因此，人类大脑解读的世界和理解世界、我们的感受和现实并不总是保持一致。

也有人从人类历史的角度来看问题，得到的是同样的结论。查尔斯·麦凯(Charles Mackay)在《人类愚昧疯狂趣史》中说：

> 过分强调人类自身的重要性是人类产生偏见的主要原因。一想到星星在他们的人生道路上照耀着他们，通过移动和方位的变化预示了等待着他们的欢乐和悲伤，这给人类的自尊心带来多大的满足！人类与宇宙的比例尚不足无数蚕食夏日树叶的那些几乎看不见的昆虫与地球之比，但却乐于想象永恒的各种天体主要是为了预测我们的命运而创造的。①

对人类历史有些的了解人都知道，各个国家都曾经出现过像个人一样疯狂和鲁莽的时期。有的时候，整个社会的注意力突然为一样东西所吸引，并对其疯狂追逐(十字军东征)；千百万人同时被一骗局所打动而趋之若鹜(炼金术、郁金香事件、南海泡沫)。有的时候，一个国家(从高层人物到低层百姓)，突然被一种强烈欲望所支配而不能自拔，直至血流成河才恢复理智。

现代心理学家强烈反对将人类描述为理性的、像计算机一样的经济人的观点。他们揭示了人的心理活动受到许多偏见的影响——赌徒谬误、后见之明偏见、基率谬误(base-rate fallacy)、合成谬误(conjunction fallacy)、终极归因谬误(ultimate-attribution error)、鸵鸟效应(ostrich effect)等。因此，我们看到，在日常生活中，许多人的偏见牢牢限制了他们的行为和观点。

人们也许都渴望理性，但我们的日常行为选择常常有悖于那些理性人假设。我们对外部事物的认识，并不是像人们想象的那样客观，事实上，很多因素都在影响我们的认知。虽然我们是通过感觉来和世界建立联系的，但是人类对世界的认识却是由许多因素共同塑造的，比如世界观、信念以及成长过程、心理、生理、遗传、习惯和记忆等。但是，如果确实是这些因素共同塑造了我们对世界的看法，那么，我们所认识的其实是一个被创造出来的世界。

本质的概念是古希腊人发展的，本质主义的暴政延续了近两千年的历史，它是柏拉图思想的精髓，是柏拉图留给西方思想的遗产。现代英国进化生物学家理查德·道金斯(Richard Dawkins)称之为“不连续思想的暴行”。他指出，在柏拉图思想中，几何学的完美性就是理想思想的化身，是事物看不见的本质在

---

① [英]查尔斯·麦凯：《人类愚昧疯狂趣史》，朱品凡等译，漓江出版社2000年版，第419页。

真实世界中的投影。①

2.1.2 “理性”从诞生到巅峰——从柏拉图到康德的“理性”

理性与科学是当代的主流意识形态。但是，早在古希腊时代，理性就作为主流意识形态登堂入室了。真正困扰着柏拉图、笛卡尔、康德的问题是如何看待人类理性、理性为何，这些问题并没有得到解决。

(1)理性崇拜从古希腊开始

我们在很多时候都会谈起想象力，谈到诗人的想象力、艺术家的想象力，但是，我们其实压根儿不知道我们在说什么。就是想象力贯穿了整个围绕在我们周围看不见的世界——科学的世界，也是想象力能够感受和探索到那些存在于我们意识之外、看不见摸不着的东西。

人类想象力可以具象化，具象化就是我们先在脑海里构建出一些东西，然后创造出一个跟我们脑海中想象的东西十分相似的实实在在的物品。现实世界中的多数人造物都是人类想象力具象化的结果，可以说，人类是生活在自己的想象力之上的，特别是工业化社会的到来以后，丰富的物质产品或人类的物质文明都是人类想象力具象化的丰硕成果。从一定程度上说，现代科技、互联网的发展将给我们的未来带来的改变是我们现在根本无法想象和评估的。想象力的具象化必将赋予人类更大的创造力。

> 现在我们要明白，基于具象化想象力的观点，能够实现经济发展的，并不是消费实力，而是人们把梦想变为现实的能力。简而言之，经济发展不是购买力而是创造力。②

在我看来，这是一个非常深刻的结论。也许有人会说，伊达尔戈这话太唯心主义了吧？大家当然可以给出这样的判断，但是，如果在此之前，先思考一下唯物和唯心的性质，也许更有助于你得出正确的结论。

古希腊思想家柏拉图并不是理性主义的始作俑者。泰勒斯被认为是古希腊哲学第一人，提出水是万物的起源。正是这种对世界本源的探索，引导着古希腊哲学家走上了理性主义之路。毕达哥拉斯、赫拉克利特、苏格拉底、柏拉图都属于理性主义的早期代表。

泰勒斯认为水是万物的起源；毕达哥拉斯将“数”置于第一的位置；苏格拉

---

① 参见[美]约翰·布罗克曼：《哪些科学观点必须去死》，胡正飞等译，浙江人民出版社 2017 年版，第 71 页。

② [美]塞萨尔·伊达尔戈：《增长的本质：秩序的进化，从原子到经济》，浮木译社译，中信出版社 2015 年版，第 4 页。

底寻求正义和善的一般定义；柏拉图宣扬理性的权威：他认为理性是灵魂中最高的部分，逻辑力量是灵魂的最高属性，提出理念、共相，建立了一个客观唯心主义体系。正如怀特海在《科学与近代世界》中所指出的，本质与秩序都不过是我们信念的产物。

> 理性的信念就是相信事物的终极本质是聚集于一种没有任何武断情形的和谐状态中。也就是相信我们在事物的后面所找到的将不仅是一堆武断的神秘物。对自然秩序的信念使科学得以成长起来，但这只是一种深层信念中的一个特殊例子。这种信念不能用归纳的概括加以证明，它是当我们对自身的现存直接经验中所显示的事物本质作直接观察时产生出来的。①

罗蒂（Richard Rorty）也在《后形而上学希望——新实用主义社会、政治和法律哲学》中指出：

> 无论如何……必须确信，柏拉图的追求，透过表象抵达实在内在本质的那个企图，是徒劳的。②

中世纪的经院哲学开启了信仰和理性的争论。托马斯·阿奎那（Thomas Aquinas）终其一生努力调和信仰和理性的矛盾，认为人类知识来源于启示和理性，人类认识分为理智与情感。

文艺复兴开始，教会的威权衰落，科学的威信上升，西方社会进入理性时代，理性成了思想家的共同旗帜。笛卡尔开创了近代唯理论，认为理性是检验真理的唯一尺度，从普遍怀疑出发寻求知识的确定性。与笛卡尔相反，培根从经验出发探求知识的确定性，认为确定性来自实验的方法，强调对经验感觉的观察，认为实验的方法是感觉和理性的结合。

杜威曾经指出过：迄今为止，欧洲思想的动力一直是保守的，它一直站在有闲阶级一边，赞成稳定而反对变化。它们一直千方百计地赋予永恒不变以威望。③

罗蒂对某些仍然热衷于建构理论体系的思想家提出了警告：他们的活动很可能是一些私人化的活动，也就是说，那些活动只有满足个人虚荣心的价值，而

---

① ［英］A. N. 怀特海：《科学与近代世界》，何钦译，商务印书馆1959年版，第19页。

② ［美］理查德·罗蒂：《后形而上学希望——新实用主义社会、政治和法律哲学》，张国清译，上海译文出版社2003年版，第29页。

③ ［美］理查德·罗蒂：《后形而上学希望——新实用主义社会、政治和法律哲学》，张国清译，上海译文出版社2003年版，第10页。

并不具有社会实践价值。

> 像威廉·詹姆斯和弗里德里希·尼采，唐纳德·戴维森和雅克·德里达，赫拉雷·普特南和布鲁诺·拉图尔，约翰·杜威和米歇尔·福柯这样来自欧美两边的哲学家都是反二元论者……他们都试图摆脱某些特殊形而上学二元论的影响，那些二元论是西方哲学传统从古希腊那里继承下来的：它们是本质和偶然、本体和属性、表象和实在之间的对立，他们正尝试用一幅不断变化着关系的流动图画取代在这些古希腊对立支持下建立起来的那幅世界图画。这个泛关系论的一个后果是，它让我们抛弃了在主体和客体之间、在来自心灵的人类知识和来自世界的人类知识之间的区分。并因此帮助我们抛弃了真理符合理论。①

罗蒂还指出：

> 对实用主义者来说，不存在诸如“X的非关系特征”这样的事物，更不存在像“X的内在性质或本质”之类的事物。所以，根本就不存在作为描述的这样一个事物，它和“脱离于其与人类需要、意识或语言的关系的”X实际存在的方式相匹配。一旦内在和外在之间的区分行不通，那么实在和表象之间的区分也就行不通了，在我们和世界之间是否存在着屏障的担忧也是如此。②

我们应该如何避免让自己陷入形而上学之思？罗蒂提出了一个解决办法——在性质上把它们看作与数字相似的东西。

> 对桌子、星星、电子、人类、自然学科、社会制度或任何其他事物都不能从本质主义方面给予考虑。我们建议你从如下方面把所有这些客体看作数字的相似物：除了一个极其庞大的、永远可以扩张的相对于其他客体的关系网络以外，不存在关于它们的任何东西有待于被我们所认识。能够作为一条关系发生作用的每一个事物都能够被融入于另一组关系之中，以至于永远。所以，可以这样说，存在着各种各样错综复杂的关系，它们或左或右，或上或下，向着所有的方向什放：你永远抵达不了没有处于彼此交叉关

① [美]理查德·罗蒂：《后形而上学希望——新实用主义社会、政治和法律哲学》，张国清译，上海译文出版社2003年版，第26～27页。

② [美]理查德·罗蒂：《后形而上学希望——新实用主义社会、政治和法律哲学》，张国清译，上海译文出版社2003年版，第30～31页。

系之中的某个事物。[①]

反本质主义者建议，对于一些错误的、令人误入歧途问题，最好的办法是抛弃它们。

> 抛弃如下所有问题：事物中止于何处？事物的关系开始于何处？事物的内在本质从何处开始？事物的外在关系从何处开始？事物的本质核心和偶然边缘从何处开始？……都“仅仅是字面的问题”，或者更糟糕地，“仅仅是哲学的问题”。[②]

当然需要指出，罗蒂这里所谓的哲学是指狭义的哲学或形而上学哲学，也可以称之为本质主义哲学，而罗蒂的反本质主义的解决办法未必会奏效。实际上，形而上学依然在许多领域“猖獗”。

在19～20世纪的反形而上学运动中，上演了人类思想史的百家争鸣：实用主义、存在主义、现象主义、解构理论、整体论、过程哲学、后结构主义、后现代主义和解释学、认知科学以及语言学纷纷登场。

(2)演绎方法的缘起

从根本上讲，抽象是一种思维活动，是从众多的事物中抽取出共同的特征、舍弃其具体特征的过程。抽象方法是对感性材料的加工制作，形成概念、判断、推理等。科学的概念或范畴都是抽象的结果。

在经济学家的观念中，人们把经济学概念等同于数学中的概念，并认为它可以像在数学中一样进行推理，其始作俑者是瓦尔拉斯。当代经济学家更是越来越热衷于采用分析概念和以数学化为导向的经济学，并美其名曰实证主义的方法——他们只是在描述现象以及由此产生的可能后果。

大家知道，在数学中，我们的确可以进行这样的分析和推理。但前提是这些概念都需要边界清晰，没有模糊和重叠。但是，经济学中，没有一个概念是如此的。因此，经济学中能够用数字处理的东西是非常有限的。

不少经济学家搬来了马克斯·韦伯的价值中立说辞来为自己辩护。一方面，价值中立并不是任何人都能够轻易做到的，它带有很大的幻想成分或自我欺骗的成分；另一方面，实际上，仅价值中立完全不能保证经济学的客观性。同样，用数字说话也不足以证明结论的正确无误。只要存在概念边界不清，甚至

---

① [美]理查德·罗蒂：《后形而上学希望——新实用主义社会、政治和法律哲学》，张国清译，上海译文出版社2003年版，第34页。

② [美]理查德·罗蒂：《后形而上学希望——新实用主义社会、政治和法律哲学》，张国清译，上海译文出版社2003年版，第40～41页。

是主观的(如效用)问题,再精确的数学也拯救不了经济学。

最后还有一种潜在的威胁,谁要挑战主流的实证主义经济学,就意味着要把自己置身于这个学术团体之外。

(3)当代经济学的数学崇拜

经济学从来没有赶上过其他学科,更不用说领先了,其始终跟在物理学、生物学、化学、天文学等自然科学后面,亦步亦趋地模仿自然科学的方法。而观念上,经济学甚至还停留在其初创时期,在近 200 年的时间里,经济学用于机械论、还原论、决定论的泥潭,尤其是主流经济学。

1969 年第一次为经济科学设立诺贝尔奖时,埃里克·伦德伯格(Eric Lumdberg)教授代表诺贝尔委员会为这一决定作了如下解释:“经济科学已日益朝着数学的精确性以及对经济内容的定量分析方向发展。”这种数学分析的技术是如此成功,足以使那种模糊的、用文字表达的经济学相形见绌了。这一年,两位欧洲经济学家拉格纳·弗里希(Ragnar Frisch)和简·丁伯根(Jan Tinbergen)因为“使经济学有了数学的准确性,并给了它一定结构,从而使定量分析和对各种假设的数学证明成了可能”而分享了第一个诺贝尔经济学奖。这是何等的误解和误导?这种说法其实与今天依然能够见到的预测股市、预测周期之类的说法没有任何分别。盖伊·劳思(Guy Routh)在《经济学与混沌》一文中写道:

> 在经济学中,存在一个确立已久的范式,虽然面对大量异质的反例,其核心(掺和着隐喻)却处在持久的僵化之中。这一 17 世纪建立起来的范式宣称,各种经济变量是可以计量的,因而具有数学和力学领域中的那种确定性和决定性。①

> ……在经济变量间假设一种确定性关系的任何理论,要么是同义反复,要么是错误的……教科书上的那些模型,尽管经过严谨的教授的仔细检验,但仍是可以变更而未确定的,并缺乏说服了。因为它们遗漏了必要的成分(行为的、历史的、法律的),缺乏这些,模型是无效的。②

> 那些追求确定性的经济学家,以内省的论证进行他们的心智实验,并且出于对科学的偏好,将微分学作为一种担保……期待着把经济量数量

① [英]盖伊·劳思:《经济学与混沌》,[美]理查德·H. 戴等:《混沌经济学》,傅琳等译,上海译文出版社 1996 年版,第 4 页。

② [英]盖伊·劳思:《经济学与混沌》,[美]理查德·H. 戴等:《混沌经济学》,傅琳等译,上海译文出版社 1996 年版,第 3～4 页。

> 化，以使经济学在方法和权威上进入物理学和化学之列。不幸的是，这一过程的困难是无法克服的……理论思维的产物，依然是不能确定和无法量化的，是形式的而非实体。[①]

现代经济学基本上忘记了约翰·希克斯(John Richard Hicks)[②]关于经济理论的有限范围的告诫。他说：

> 经济问题中更具有特性的是变革、增长和衰退，以及波动的问题，把这些归纳成科学概念的可能性是相当有限的；因为在经济过程的每一个阶段中，新的东西总在发生，这些东西是以前从未有过的。我们需要一种理论来帮助我们处理这些问题；不过，无从相信它会成为一种完美的理论。其性质决定了它只能是不完备的……因为经济学不是"静止的"，而是演化的，所以它不太像科学，而更像历史。[③]

经济学的当代状况，最充分地体现了经济学的故步自封与自负。我们已经看到，当自然科学已经摒弃了机械论、还原论、决定论的时候，主流经济学家们仍然满足于200多年前的观念，只是在方法上有些改进——微积分、计量、博弈论。正如怀特海在《观念的冒险》中指出的：

> 现代学术和现代科学也产生了与当初制约希腊化时代和经院哲学时代同样的局限。它们把思想和观察导入预定的范围内，这些范围都是教条地设想出来的不充足的形而上假设。现代的假设不同于以往的假设，但并非都比以往的假设好。它们把更多的存在的终极价值排斥在理性主义的思想以外。谨小慎微的职业化学术把它的研究题目转向一些琐屑的事物……以此来逃避批判。世界又将沉入单调乏味而琐屑的理性思想中去。[④]

2.1.3 理性主义跌下神坛

在从古希腊开始的传统观念中，理性一直被当作是绝对的和唯一可靠的，这是一种根本的错误。怀特海在《科学与近代世界》中写道：

---

① [英]盖伊·劳思：《经济学与混沌》，[美]理查德·H. 戴等：《混沌经济学》，傅琳等译，上海译文出版社1996年版，第5页。

② 约翰·希克斯，英国经济学家，在微观经济学、宏观经济学、经济学方法论以及经济史学方面卓有成就。1972年，与美国经济学家肯尼斯·约瑟夫·阿罗(Kenneth J. Arrow)一起获诺贝尔经济学奖。

③ [英]盖伊·劳思：《经济学与混沌》，[美]理查德·H. 戴等：《混沌经济学》，傅琳等译，上海译文出版社1996年版，第11页。

④ [英]A. N. 怀特海：《观念的冒险》，周邦宪译，贵州人民出版社2000年版，第137页。

> 思维本是抽象的东西，而理智对抽象思维的偏执运用却是它本身最大的缺陷。这一缺陷在回到具体经验中时也并没有完全得到纠正。因为人们所要注意的具体经验只限于某种有限的范围。①

正是因为把理性看作绝对的和可靠的，从这一错误中，诞生了上千年来的对古希腊传统的尊崇。怀特海指出：

> 亚里士多德的逻辑并不如他们所相信的那样，它其实是一件浅薄的武器。因此，它并未解决许多关于思想的更基本的问题，诸如人们用数学考察的量的诸种关系，以及一个体系内多重关系的种种复杂可能性等问题。所有的这些问题，以及其他一些，亚里士多德的逻辑学都未能澄清。②

现代科学最了不起的进步在于，哲学家、数学家、逻辑学家、语言学家已经在人类认识世界之能力问题上达成共识，已经看清理性自身的局限。首先，现代系统科学、物理学的进步，让科学家认识到了这个世界的复杂程度；其次，当代数学家、逻辑学家发现，任何一个形式系统，它必定包含某些不能证伪的命题，论证的力量是有局限的；最后，现代语言哲学家告诉我们，对于这个我们自身生活在其中的世界，我们的描述能力是受到局限的。

(1)作为经验科学的物理学

我们生活在物理世界之中，然而，这个物理世界是复杂的。任何事情都不是表面看上去的那样简单：最小的微粒也不是一个点，最细的金属丝也不能说是一条直线。所有的物体都具有热力学反应，所有的原子都在运动中存在。

特别是，在物理的现实世界中，没有任何东西能够在真正的意义上被度量，任何度量都只是粗略的近似。

除了我们生活于其中的物理世界，还有一个世界——想象的世界。在那里，事物简单精致，现实美好和谐。文学作品、诗画世界等都是如此，那里有真正的圆、完全的方、标准的点、理想的气体、标准的原子、理性的人等。这就是早期哲学、早期数学、古典物理学，它们把世界理解为纯粹的世界。

更重要的是，数学世界也是想象的。早在古希腊，万物的本质被归结为"数"，而在伽利略、牛顿和康德那里，数学与物理学几乎是一回事。伽利略曾说过："数学语言是书写宇宙的文字。"事实上，即使是在今天，持有这种观念的也大有人在。

近代之后的科学发展历程，首先揭示了数学与物理学的巨大不同：物理学

---

① ［英］A. N. 怀特海：《科学与近代世界》，何钦译，商务印书馆1959年版，第18～19页。

② ［英］A. N. 怀特海：《观念的冒险》，周邦宪译，贵州人民出版社2000年版，第136页。

随时随地会遭遇理论与现实(或实验)的矛盾。

在19世纪,经典物理学得到了迅速而稳定的发展,经典力学、热力学、电磁学和光学的基本原理已经足以说明当时所知的几乎所有现象。但是,理论与现实之间的差异是明显的。

怀特海在《科学与近代世界》中告诉人们:

> 纯粹数学这门科学在近代的发展可以说是人类性灵最富于创造性的产物。另外还有一个可以和它争这一席地位的就是音乐。①

> 数学的特点是:我们在这里面可以完全摆脱特殊事例,甚至可以摆脱任何一类特殊的实有……当你研究数数学时,你便处在完全、决定的抽象领域里。你所说的一切不过是:理性坚信任何实有如果具有能满足某某纯抽象条件的关系,就必然也具有能满足另一件纯抽象条件的关系。数学被认为是在完全抽象的领域里活动的科学,它和自身所研究的任何特殊事例都脱离了关系。②

一直以来(从古希腊开始),人们认为数学具有高度的确定性。到了康德那里,它甚至成了人类理性的典型代表。但是,想认清数学的庐山面目,是需要深厚的数学造诣的。怀特海告诉人们说:

> 数学的确定性建筑在它完全抽象的一般性上。③

> 当我们评述一种理论时,如果它的基础是把数学应用在特殊的实际事例上,我们心中便应当把以下三种过程完全记清楚。首先我们必须细细地检查一下纯数学的推理,验明它没有漏洞,没有因为偶然疏忽而产生的不合逻辑的地方。任何数学家都能从本身痛苦的经验中认识到,开始拟定一系列推理过程时很容易发生一点极微小的错误,后来却因此而差之毫厘,谬以千里。但当一种数学推论已经检验过,并且在专家们之前考验过一个时期之后,偶然的错误是不大可能发生的。接着,第二个过程是,确实肯定一下,这个推论所预先假定的抽象条件是否可以成立。这就是把数学推理开始的抽象前提确定一下。这一过程是相当困难的……第三个评述过程是验证我们的抽象假设在当前的特殊事例中是否能成立。④

---

① [英]A. N. 怀特海:《科学与近代世界》,何钦译,商务印书馆1959年版,第20页。
② [英]A. N. 怀特海:《科学与近代世界》,何钦译,商务印书馆1959年版,第21页。
③ [英]A. N. 怀特海:《科学与近代世界》,何钦译,商务印书馆1959年版,第22页。
④ [英]A. N. 怀特海:《科学与近代世界》,何钦译,商务印书馆1959年版,第23页。

(2)作为抽象科学的数学

长期以来,数学通常被视作确定的代名词。但是,这种观念却是错误的。人类第一次感觉到数学的非确定性要追溯到公元前5世纪。据传,这种非确定性的发现也导致希帕索斯(Hippasus)因为自己证明的定理而惨遭谋杀。①

欧几里得(Euclid)所著的《几何原本》(*Elements*)是收录了当时已知数学知识的百科全书,2000多年以来,一直备受追捧。欧几里得从一系列公理、假设入手,推理出更多新的结论。每一个新定理都能够通过公理以及之前的推论得出,这种公理化的方法给人们带来了一种数学具有确定性的印象。如果最初级的公理是正确的,也就能够通过推理得出的结论。长期以来,欧几里得的专著《几何原本》一直都被视为数学方法的原型:先提出公理,然后利用显式或隐式的演绎规则,由公理证明定理。从这个角度来看,推理才是解决数学问题的唯一途径,这也反映出古希腊数学家和哲学家对于推理的重视。

公理化方法确立之后,人们常常把推理视为解决数学问题的唯一工具。19世纪下半叶至20世纪初,有人意识到欧几里得作出的很多假设并非基于推导。因此,数学发展的基础摇摇欲坠,各类学者纷纷试图捍卫数学的基础。

大卫·希尔伯特(David Hilbert)②确信,这种算法一定存在。1899年,希尔伯特出版了学术著作《几何基础》,在书中列出了一个更新、更长也更完整的公理列表。公理化方法是否能够应用到整个数学学科?是否能够找出一组公理,构建出数学学科的全部?包括希尔伯特和罗素(Bertrand Arthur William Russell)在内的一些数学家认为这种公理化方法是可行的。

希尔伯特1900年在巴黎第二届国际数学家代表大会上的"数学问题"的演说中说道:

> 数学这门科学究竟以什么作为其问题的源泉呢?
>
> 当纯思维的创造力进行工作时,外部世界又重新开始起作用。通过实际现象向我们提出新的问题……我们面临这样的问题:数学会不会遭到像其他有些科学那样的厄运,被分割成许多孤立的分支,它们的代表人物很

---

① 希帕索斯是毕达哥拉斯学派的成员,这个神秘的学派相信,数字能够表示所有事物的本质。希帕索斯证明出数字无法表示所有长度,这一论断直接撼动了他们最基础的信念。据说当希帕索斯将自己的证明展示给其他毕达哥拉斯派成员时,愤怒的同伴用沉重的链条缠住他的身体,将他溺毙在湖中央。这个故事的真实性难以考证。

② 大卫·希尔伯特,德国著名数学家。他于1900年8月8日在巴黎第二届国际数学家大会上提出了新世纪数学家应当努力解决的23个数学问题,被认为是20世纪数学的制高点,对这些问题的研究有力推动了20世纪数学的发展,在世界上产生了深远的影响。他所领导的数学学派是19世纪末20世纪初数学界的一面旗帜,希尔伯特被称为数学界的无冕之王。

难互相理解，它们的关系变得更松懈了？我不相信会有这样的情况，也不希望有这样的情况。我认为，数学科学是一个不可分割的有机整体，它的生命力正是在于各个部分之间的联系。尽管数学知识千差万别，我们仍然清楚地意识到：在作为整体的数学中，使用着相同的逻辑工具，存在着概念的亲缘关系，同时，在它的不同部分之间，也有大量相似之处。我们还注意到，数学理论越是向前发展，它的结构就变得越加调和一致，数学是调节理论和实践、思想和经验之间差异的工具。它建起了一座连通双方的桥梁并在不断地加固它。事实上，全部现代文明中有关理性认识和征服自然的部分都有赖于数学！①

1920 年，希尔伯特提出了最初的计划：数学应该建立在一个完整、连续的公理系统上，并且在系统内进行一致性证明，这就是希尔伯特计划(Hilbert's Program)。1928 年，他增加了判定问题，他认为应该存在一个决策程序，能够告诉我们一个论述能否通过这些公理证明。

其实我们不难看到，一流数学家(希尔伯特、怀特海、维特根斯坦等)与其他人的显著差异是他们的哲学修养。同样，一流的经济学家也不同于以学术为业的经济学家。他们对整个数学的内在统一性、对数学的基础有着深刻的理解，能够从哲学的高度看问题。他们重视技巧，但不舍本逐末，不像一般人那样只见树木、不见森林，虽然有时候他们的想法也被证明是错误的。

希尔伯特的计划是无法被证明的。这是哥德尔(Kurt Gödel)、邱奇(Alonzo Church)和图灵(Alan Mathison Turing)的结论。

1931 年，奥地利逻辑学家哥德尔证明了如果公理是连续的，那么它们就不是完整的。

(3)逻辑学上的进步

即使是在现代教育体系中，数学、逻辑学、计算机科学甚至是哲学都是单独分开教学的，然而，这些学科之间的联系非常紧密。特别是数学和逻辑学，甚至可以把它们视为一个学科。

莱布尼兹就曾经梦想选出一种通用代数，其中把一切推理都划归为计算。实际上这正是数理逻辑的总纲领，莱布尼兹也被视为数理逻辑真正的创始人。他希望建立一套普遍的符号语言，其中符号是表义的，这样就可以像数字一样进行演算。

为了将人类的思想用程序编写或仿真出来，我们必须能够理解、拆解、分解

① 转引自[美]康斯坦丝·瑞德：《希尔伯特——数学世界的亚历山大》，袁向东、李文林译，上海科学技术出版社 2001 年版，第 221 页。

它。换句话说，在计算机语言中，为了能够将思想编写成代码，首先必须能够将其解码！计算机科学的历史也是人类梦想结合数学和逻辑学这两大相近分支的历史。

英国数学家布尔(George Boole)确信符号化可以使逻辑变得严密，布尔代数就是真正使逻辑代数化的努力；对现代数理逻辑贡献最大的是德国数学家弗雷格(Friedrich Ludwig Gottlob Frege)；用符号语言对数学进行公理化的是意大利数学家皮亚诺(Giuseppe Peano)。

1936年，邱奇和图灵分别独立解决了判定性问题，其答案是谓词逻辑不存在一种判定性算法。所以，推理和计算之间还是有本质区别的，希尔伯特试图用计算来代替推理的计划落了空。

1936年，图灵发表了《论可计算数及其在判定问题上的应用》(On Computable Numbers, with an Application to the Entscheidungs Problem)。这是一篇关于数学逻辑基础的论文，也是图灵最重要的知识贡献。论文证明了判定问题的根本缺陷，从而终结了希尔伯特计划。图灵意识到，任何计算都可以拆分成一系列简单的步骤，并且可以制造能够完成其中每一个步骤的理论机器[①]，这些机器就是我们现在所说的图灵机。他的论文不只具有历史价值，他告诉我们计算机能完成哪些任务、不能完成哪些任务；他告诉我们计算的限制乍看起来似乎直接明了，可对其作出正确回答却超出了任何一台计算机的能力范畴。

普林斯顿大学逻辑学家邱奇采用了一种完全不同的方式来探索计算。两人得出了一样的结论：希尔伯特作出的假设是错误的，不过邱奇先于图灵发表了自己的结论。

我们已经看到，维特根斯坦、哥德尔、图灵等是殊途同归。不幸的是，虽然有这些数学上、逻辑学上、计算科学上的巨大贡献，现代科学领域中的多数人并没有跟上他们的步伐。

(4)认知语言学的新解释

任何时代的社会生活都是由一套主流观念或意识形态的信仰体系塑造和主导的。所以，人们不仅生活在自然世界中，而且也生活在自己的观念里。

莱考夫在《女人、火和危险事物》[②]一书中强调，新的认知科学认为，理性具有肉身(bodily)基础。

---

① 参见赵晓霞：《计算机基础教学的现状和发展趋势研究》，冶金工业出版社2019年版。

② “女人、火与危险事物”指的是一个语言学或人类学上的事实：迪尔巴尔语把它们划入了同一个范畴。莱考夫以这一事实为例，说明人类的范畴化的模糊性和复杂性。这一模糊性和复杂性在所有人类语言中都有体现，由此，莱考夫展开了他对人类语言和人类心智的探索，揭示了人类语言和人类心智的奇幻性。

思维、理性以及有意义的活动，它们不会独立地、抽象地存在，不会独立于任何特定的亲身化（embodiment）之外，而只能体现在人类或者其他生物体的活动中。换言之，思维、理性与有意义活动都是依附于“某人的”“某环境的”，每个人都有自己独特的生活感受、世界认知，只有每个个体的生命和经验才是真实的。理性不可能超越任何生物体的自身局限性。

我们无法孤立地定义某个词的含义，虽然词典让众人以为这是可能的。语言中所有的真命题同时定义了所有词的含义，命题“鸟在天上飞”成立这件事同时对“鸟”“天”和“飞”这三个词的定义有所贡献。更确切地说，定义了语言中词的含义的并不是所有真命题的集合，因为这个集合无穷大而且还很复杂；而确定什么命题成立的那些标准，才真正定义了词的含义，对于数学语言而言，这些标准就是公理和演绎规则。

2.1.4 现代理性主义——早期思想家的奴隶

古希腊哲学家开启了理性崇拜的迷途，最具代表性的人当然非柏拉图莫属。即使是亚里士多德也说：人是天生的政治动物。后来，这句话转换为这样的说法：“人是理性的动物。”从此，理性拥有了人，当然，这个“人”乃是形而上的人。

（1）源远流长的理性崇拜

一直以来，人们对于人是理性的动物这个说法深信不疑，很少对此加以反思。人们还相信，人类社会迄今所取得的各项成就都可以归功于人类理性，都可以看作是对这个说法的最好证明。

在牛顿、培根和笛卡尔的机械论世界观看来，世界是一部大机器，它呈现出我们在星球运动中所观察到的那种井然有序的规律。一切都只是运动中的物质，完全可以用数学公式来精确衡量，连人也只是机械世界中的物理现象而已。这种世界观强调的是速度、效率和精确性，笛卡尔曾说过：

> 我苦思冥想，终于悟出了万物都可归结为数学的道理……坦率地说，我坚信它（数学）是迄今为止人类智慧赋予我们的最有力的认识工具，它是万物之源。[①]

在现代社会中，广泛流行着对理性的崇拜，这进一步演变为对数字、数学工具的崇拜，人们认为：一门科学只有充分应用数学时才是一门真正的科学。无

---

① 转引自仕保坤：《由人是什么到人应该是什么》，云南民族出版社2011年版，第29页。

论是谁，只要试图对理性说不，简直就是与人类为敌。[①] 当代的科学（自然科学、社会科学、人文科学）被说成是人类理性的结晶，尤其是关于人的科学（人文科学、社会科学）基本上都是按照理性人的假设建立起来的。不仅是现代科学，连现代生活都绕不开无处不在的理性。当前，主流的观念无疑被理性主义全方位统治。

因此我们能够看到，那些戴着理性主义有色眼镜的理论家们，在理论上，用他们自己预制的概念——理性人、理性行为、经济人——去度量行为、构筑理论、推演结论。把一些片段的知识夸大成为一般原理，是那些乐观主义、浪漫主义学者的通病。在更深层的意义上，这只不过是人类的一种不切实际的幻想，是用逃离现实的完美理性来自我安慰、自我麻醉。这种情况在知识的各个领域、各个时期和各个地区都是常态。在实践上，人们则是用这些概念、逻辑和推演出来的理论体系去裁剪事物、裁剪生活、指导行动。

怀特海在批判 19 世纪后期流行的纯历史理论时说道：

> 历史学家们关于历史的这一概念（纯历史的概念），据说是避免了审美的偏见，也无须依赖形而上学的原则和宇宙论的结论。然而，这实则是想象的虚构之物。只有偏狭的头脑才会相信这一关于历史的概念——这种偏狭性是由时代、种族、学术团体、某种倾向的兴趣等诸多因素造成的——这种幼稚的头脑不能推测自身潜在的局限性……对思想和行动的判断都取决于这种隐蔽的先行认识。倘不依据某一判断标准、某一预期的目标，你便无法思考什么是聪明，什么是愚蠢，什么是进步，什么是堕落。[②]

怀特海对纯历史观念的批判，同样适合当前那些实证社会学、经济学。可以肯定，过去没有、现在没有、以后也不会有能够脱离了自己的判断去分析历史、描述事实的人。所谓实证的潜台词不过是想说明自己正确，这是现代实证科学最大的幼稚和虚妄。

> 根据观察而进行的分辨并不是由无偏倚的客观事实决定的。人们在观察中进行了选择、舍弃，留下的东西则根据主观认定的轻重缓急进行了重新安排。这种在观察中所进行的重新安排，实际上是对事实的一种歪曲。[③]

---

① 这也许是一种典型的鸵鸟心态，不敢面对复杂的真实世界。据说鸵鸟被逼得走投无路时，就会把头钻进沙子里。鸵鸟心态用来比喻一种不敢面对问题、逃避现实的心理。心理学研究证明，人在面对无法克服的困难、压力时，大多会采取回避态度。

② [英]A. N. 怀特海：《观念的冒险》，周邦宪译，贵州人民出版社 2000 年版，第 4～5 页。

③ [英]A. N. 怀特海：《观念的冒险》，周邦宪译，贵州人民出版社 2000 年版，第 180～181 页。

保守地说，完全的理性主义和完全的非理性主义观点都是对错参半的，至少就那些极端言论而言是这样。人类的行为并不单纯受到理性或非理性因素的控制而保持千篇一律的模式。

人类历史以及现代心理科学研究也都证明：人类经常会作出不理性的、具有偏见的甚至是非常愚蠢的决策和行动。丹尼尔·卡尼曼在《有限理性的图谱——迈向行为经济学的心理学》中说道："日常观察和系统研究表明，大多数思维和行动通常都是直觉性的。"①

(2)现代经济学中的理性主义及其幻想

在现代经济学中，流行着盲目的理性乐观主义，他们相信物质进步是没有止境的，财富增长也是没有限度的，而科学技术就是这种永无止境的进步的可靠保证。从资本主义萌芽起，经济增长就一直是绝大多数经济学家追求的目标。一些经济模式因带来了显著的经济增长而备受他们赞誉，经济的增长和发展也被他们视为人类进步的同义词。他们闭眼不看由于经济的快速增长以及人们对科学技术的崇拜和放纵，世界环境、非再生能源和物质材料的消耗已经到了一个非常危险的水平。

> 尽管有石油危机和其他资源短缺，西方多数经济学家仍认为价格机制和市场调节能防止任何匮乏，任凭天翻地覆，亚当·斯密那只"看不见的手"仍然在经济领域中指点迷津。②

1972年，丹尼斯·麦多斯领导的一个17人小组向罗马俱乐部提交了一份题为《增长的极限》的报告，对当代西方增长癖文化进行了批判。报告指出，由于地球的能源、资源和容积有限，人类社会的发展和增长必然有一定的限度。用倍增的速度去求得经济和社会的发展，注定会使社会在物质和能源方面达到极限，给人类带来毁灭性的灾难。

当现代主流经济学家忙于证明经济增长的理论的时候，我们看到，当今社会的人口、经济以及对非再生能源和物资的消耗呈指数增长。就人口而言，人类人口数达到第一个10亿花了整整200万年，再增加10亿只花了100年，第三个10亿却只花了30年，第四个10亿竟然只花了15年。根据罗马俱乐部当时的估计，照这样的速度发展下去，预计到2000年，世界人口将大约是70亿。

综上所述，除了理性之外，人还是狂妄自大的、贪婪的、迷信的动物，人是感

---

① [美]丹尼尔·卡尼曼：《有限理性的图谱——迈向行为经济学的心理学》，吴敬琏编：《比较》第13辑，中信出版社2004年版，第1页。

② [美]杰里米·里夫金、特德·霍华德：《熵：一种新的世界观》，吕明、袁舟译，上海译文出版社1987年版，第2页。

性的、非理性的动物。

尽管我自己没有、也不提倡反潮流，我还是期望大家能够学会比理性主义者更加完整地去看待世界，而不是简单地预设、假定一些前提，然后进行漫无边际的逻辑推理、思维游戏。

2.1.5 “格式化”一下自己的大脑

亚里士多德的头脑当然可以算作是最伟大的头脑之一，但他关于自由落体的观点完全是错的，不得不由伽利略在16世纪90年代加以改正。牛顿关于光的性质和透镜的观点也是错的，并且没有注意到光谱线的存在，他的运动定律和万有引力理论也被爱因斯坦在1916年修正。爱因斯坦指出：空间在有物质的地方会发生弯曲，无论是行星绕着太阳转，还是物体下落，都是因为空间发生了弯曲。1851年11月，哈德·黎曼(Bernhard Riemann)在高斯的指导下，完成了博士论文《复变函数论的一般理论的基础》，认为任何一个弯曲空间的特征都可以用一个数学量来描述，称之为黎曼曲率，用大写的“R”来表示。黎曼曲率提供了一种方案，让身处空间内部的人也能计算自身所处空间的弯曲程度。后来爱因斯坦写了一个方程，将这个“R”与物质的能量等价起来，也就是说，空间在有物质的地方会发生弯曲。

人类理性在人类社会中到底占据怎样的社会地位？这是每一位准备去研究、学习和接受理性主义观念的人首先需要明确的问题，虽然这样做确实不容易。经济学，从头到尾都在兜售理性主义的说教，却又对它不求甚解。以其昏昏，使人昭昭，这是最简单、最偷懒，也是最不负责的做法。所以，为了开放地接受新的思想，我们必须先“格式化”一下自己的大脑。何谓“格式化”？清除垃圾之谓也。

每个人都必须对自己在认识过程中会犯的如下错误保持高度警惕，我把它称为“意识的黑洞”，从通俗的意义上讲，这就是人类意识中的有色眼镜定理。在很大程度上，我们每个人都有可能成为拿锤子的人、丢斧子的人、山中之人、摸象之人和从众之人。

(1)拿锤子的人

马克·吐温说过，手拿锤子的人，看什么都像钉子。

这种现象在各个领域都极为常见，甚至在一定程度上可以说我们都是这样的人。那些“拿锤子的人”，那些经过了专门培训的经济学家、工程师、营销经理、投资经理等，在了解了一些其专业领域的思维模式后，也受到了这些模式的影响，试图用这个方法来解决所有遇到的问题。

(2)丢斧子的人

疑邻窃斧是《列子·说符》中的一则寓言,真实、生动地说明了情感的变化对理性判断产生的重要影响作用。戴上了怀疑的有色眼镜,看谁都是小偷,同样,戴上了有色眼镜的科学研究也不能保持客观。

奥古斯特·孔德(Auguste Comte)是法国著名的哲学家,社会学和实证主义的创始人。他强调科学研究的实证主义思想,强调自然科学的实证精神支配一切,倡导唯科学主义,代表作有《实证哲学教程》《实证政治体系》《论实证精神》等。在孔德身上,充分地体现了一种成见——对理性的盲信和对实证的盲信。

(3)山中之人

我国宋代诗人苏轼在《题西林壁》中写道:"不识庐山真面目,只缘身在此山中。"另外,"当局者迷,旁观者清"也同样说明了这种情况。

马丁·海德格尔(Martin Heidegger)写过一本书,叫作《林中路》。他始终将自己思想的旅程比喻为在林中行路,也把哲学研究看作是林中探路。海德格尔本人特别热衷于林中行路,这让他发现了许多别人发现不了的东西,也带给他无穷乐趣。

(4)摸象之人

可以说,"分析"二字,是近一个世纪以来的最热词汇。有人把20世纪称为分析的时代,这是对那个刚刚过去的世纪最恰当不过的概括。各个领域却都是在用分析的方法去认识世界,都在把整体的事物分解为局部或部分。

在更广泛的视域上,我们甚至能够清晰地看到一个分析的社会——把分析的方法应用于社会,就叫作分工——分工的生产、部门化的社会管理、专业化的大学……

分析的方法自然有其优势和必要性。但是,高度专业化、过度分工的社会也会暴露出其不利的一面——不仅在一些方面制造了社会摩擦,提高了协调成本,降低了社会效率,而且不可避免地造成了对外部世界认识上的扭曲。而且,在一定意义上,正是高度的社会分工制造了"平庸之恶"[汉娜·阿伦特(Hannah Arendt)语]。

我们对一个具体事物的观察了解不可避免地存在着片面性。也就是说,我们的眼睛、我们的思维并不客观,而是非常主观片面的。这就是成语"盲人摸象"所揭示的现象。

一旦出现了思想上的成见,人们就会对生活中的许多基本事实视而不见、熟视无睹。[1] 诚所谓:“心不在焉,视而不见,听而不闻,食而不知其味。”

长期接受现代科学、文化和知识教育的最主要结果,是让人们学会了、习惯于用一些特殊的标准、特殊的方法对许多重要的事实进行选择、过滤、裁剪,而不是全面加以考虑。这样,我们用语言、用科学规律、用理性分析所描述的世界,是经过了反思后的世界,而不是我们最初感知的世界本身,不是真实、完整的外部世界。

2.2 理性的限度

无论是哪种形式的迷信和崇拜都具有反智主义性质,因为它总会像慢性毒药一样侵蚀人的心智和行为。

从古希腊思想家开始,理性就被视为一种超越表象、进行思维(或推理)的能力。在以后长期的沿用过程中,理性更被视为揭示事物本质的工具。用维特根斯坦的话说,对本质的寻求是“对一般性的渴求”,这一倾向是形而上学的真正来源,并把哲学家领进了彻底的黑暗。

由于这种超越现象、无视具体事实的做法获得了观念上的合法性,这样,理性终于可以根据自己的需要堂而皇之地任意使用猜想和假设了。例如,如果你能借助镜子和透视图,那么,世界就可以立刻变成几何形状的;通过类比,你也可以借四季循环大谈世界秩序。结果就是我们已经看到的,形而上学不断在各学科泛滥,最终导致空洞学术,逐渐削弱乃至葬送理论生命力。

2.2.1 演绎与归纳

古希腊时代,人们就把推理的方式分为两类:演绎和归纳。人们认为,对于获得知识而言,演绎方法比归纳更可靠。这当然是一种错觉,实际上,两种方法都不绝对可靠。如果我们仅仅停留在“形式”的世界,那么,演绎方法确实保证了概念的同一性,如果推理得当,可以得到确定的结论。但是,问题恰恰出现在这里,真实世界中,没有任何事物保持不变,概念的同一性完全是一个不切实际的幻想,根本无法保持;更严重的问题是,甚至边界清晰、内涵确定的概念也是一种奢望。

培根的《新工具》一书是他关于科学方法的最具系统性的著作。他把归纳

---

① 黑格尔的逻辑学是本体论、认识论和价值论三者同一的体系。在逻辑学中,本体论和认识论是紧密不可分地结合在同一个概念推演过程中的,它们都指向同一个目的,即从根本上解释世界,找出现实世界之必然存在和发展的合理性的根据,说明世界的本质,论证现实性和合理性的统一,为理性的探求确立一个终极意义上的价值取向。

法看作是演绎法的一种替代性方法，认为亚里士多德的物理学是一个完美而精致的陷阱，虽然它在逻辑上是一致的，但它与这个世界是完全脱节的。培根是正确的。他说：

有人把逻辑招来替他做科学发现。但逻辑除了名称之外，是与发现无关的。因为逻辑的发明并不在发现一些原则和主要的原理，而只在找出符合于那些原则和原理的事物。[①]

培根坚持认为，数学是有用的，但在实验领域中只能居于从属地位。他相信，人们可以通过单纯的数学推理推导出自然界运作方式的想法是一种危险的幻觉，必然会把科学家引入歧途。除了进行仔细和系统的观测之外，没有其他办法能够知道世界是如何构造的。

他指出，扩大人类对世界认识的唯一途径，就是直接从自然界中获得知识，这就意味着需要系统性的观察和实验。这其实也是后来出现的现象学派的基本观点。

我们必须把人们引导到特殊的东西本身，引导到特殊的东西的系列和秩序；而人们在自己一方面呢，则必须强制自己暂把他们的概念撇在一边，而开始使自己与事实熟习起来。[②]

培根认为，现在，人类理解力已经被一些假象和错误的概念所劫持。而那些被错误观念劫持了的人的习惯做法则是：

假如有与他们的教条相违反的新的特殊东西和例子被提出而引起讨论，他们不是对自己的规律作一些区划或解释而把它们巧妙地融入他们的体系之中，就是干脆把它们作为例外而粗暴地加以排除；至于对那些不相违反的特殊东西，他们则努力要用合于他们那些原则的原因来作解释。[③]

不知道大家看到培根的这几句话有什么感想？至少大家会对培根揭示的这种现象感到非常熟悉吧，因为这正是今天许多科学中最为常见的事。

当然，至今那些被形而上学观念和方法所劫持了的人们仍在不断地续写西西弗斯的神话，依然不懈地追寻秩序，追寻确定性。但是，每个人都知道，每时每刻，生活中的危险和不确定性都可能不期而至，同时，生活中的机遇也在不断向我们袭来，秩序与确定性总是昙花一现。

---

① [英]培根：《新工具》，许宝骙译，商务印书馆 1984 年版，第 60 页。
② [英]培根：《新工具》，许宝骙译，商务印书馆 1984 年版，第 17 页。
③ [英]培根：《新工具》，许宝骙译，商务印书馆 1984 年版，第 99 页。

我们当然承认，在这个不确定的世界上，有限秩序是存在的，那就是在，而且只是在一些相对封闭系统中，我们能够找到一些在不确定性威胁之下的确定性。前提是我们通过人工的方法，构建起这样的封闭系统，当然，这是能够做到的——我们建立了实验室、工厂、法律、文化、国界等，它们构建起了一种人工环境，在这些人工环境中，不确定性稍有减少，秩序部分地实现了。如果说世界是一个开放性系统，那么，有限的秩序就显得那么脆弱，那么不堪一击。

2.2.2　数学与真实世界

在我们这个世界上，原本没有数学，也没有什么事物是按照数学规律发生和变化的。在实践过程中，人类为了认识世界，找到了一种新的方法——数学的方法——来理解和认识事物。这个过程的一个必要步骤是抽象化。

但是，我们什么时候都不应忘记，数学不是真实事物本身。或者用怀特海的话说："我们不妨认为数学的研究是人类性灵的一种神圣的疯癫，是对咄咄逼人的世事的一种逃避。"[①]美国华盛顿大学的莫里兹在《数学的本性》中收录了数学史上部分数学家对数学的各种解释，在此略摘几句：

> 纯粹数学并不涉及具体的数量，而仅仅是一种已经转变为机械运算的相对有序观念的学说……纯粹形式科学，逻辑和数学，只处理对象的特殊内容或实质之间的关系，特别是那些包含着量、测度和数等等概念的对象之间的关系，它们都属于数学范畴。[②]

数学使用了逻辑的方法，结论由清晰的数理逻辑推导出来。数学与理性走到一起的原因在于它目标上的一致性：所有的结论都是经过严格论证的，一旦某个结论被证明了，它就不能被反驳。因此，数学家、哲学家和科学家，都认为我们人类能够通过使用数学工具而变成完全理性的人。

(1)数学与逻辑世界

外部世界是复杂的，而数学的目的是让复杂的事物简单化。数学是怎么做到这一切的呢？那就是借助抽象：剔除所有差异或模棱两可的部分，忽略与任何实际问题有关的细节。

在数学中人们所做的，就是把真实世界中的事物转化为数学世界中的事物。在抽象的世界里，而且只有在抽象的世界里，才可以构想无穷无尽的循环。我们能够想象芝诺的想象，可以有"阿喀琉斯追不上乌龟"，可以设想"飞矢不动"，也可以"一尺之棰，日取其半，万世不竭"等。

---

① ［英］A. N. 怀特海：《科学与近代世界》，何钦译，商务印书馆 1959 年版，第 21 页。

② ［美］莫里兹：《数学的本性》，朱剑英编译，大连理工大学出版社 2008 年版，第 5 页。

数学致力于寻找事物的相似之处，这个过程就是不断地对事物进行抽象化的过程。数学研究的第一步就是实现从具体到抽象的跨越，这也是一个让人离开真实世界的过程——把任何有差别的东西：手机、汽车、糖、猴子、房子或别的什么——变成数字。每一层次的抽象都使得数学更加远离实际生活。

> 抽象做法的优势在于，在完成了理想化处理之后，你就可以运用逻辑来分析它们并得出结论了；而它的弊端在于，经过理想化的事物与实际生活中的事物不完全相同。[①]

因此，苏格兰数学家和物理学家开尔文勋爵（Lord Kelvin）说："数学是真实的玄学体系。"[②]数字与数字运算是一种抽象形式，而作为数字的替代形式的符号和符号运算自然也是一种抽象形式。这个过程中最重要的一点在于：

> 当我们到处简化和理想化我们的问题情境时，我们必须很小心地避免过度简化——我们不能把研究对象简化到让它们失去了其所有有用的特性。[③]

决定忽略哪些特点具有很大的主观性，主要取决于我们讨论问题的情境——就像我们在物理学、生物学、化学中所看到的那样。

从具体事物到数字的抽象对人类来说也许并不困难，儿童在三四岁的时候就能够掌握这种能力。而在日常工作生活中，每个人也都在不断地做这种从具体到抽象的事情，很多时候他们甚至都没有意识到自己进行了这样的思维转换。

数学的一个重要特点是，数学中的一些表达式，不管赋予构成它的简单语句以什么样的值，总是得到逻辑为"真"的结果，这样的语句叫作重言式，在逻辑中具有特殊的重要性。"天在下雨或天没有下雨"，无论我们给这个语句以怎样的真值，这都是一个逻辑真理。换句话说，一个重言式的真值集永远是所有可能世界的集合（全集）。

另外有些语句，不管它的简单语句的真值如何，它总是得到"假"的结果，这样的表达式叫作矛盾式。概括地说，一个重言式的真值集是全集，一个矛盾式的真值集是空集。

数学在发展过程中，经历了从数字到符号的转变，这个转变的完成就是现代形式数学的诞生。形式数学的一个最基本却又最容易被忽略事实是：任何命

---

① ［英］郑乐隽：《数学思维》，朱思聪、张任宇译，中信出版社 2020 年版，第 41 页。

② ［美］莫里兹：《数学的本性》，朱剑英编译，大连理工大学出版社 2008 年版，第 23 页。

③ ［英］郑乐隽：《数学思维》，朱思聪、张任宇译，中信出版社 2020 年版，第 19 页。

题都蕴涵(imply)它自身。这是数学世界与真实世界的根本不同。超出数学世界、思维世界去应用数学，就是对真实世界形而上学的改造，是不可能期望逻辑一致的。

自我指涉(self-reference)简称自指，是一个逻辑学的概念。通俗来说，一个东西在描述自己，这就叫作自我指涉。自指是奇妙的哲学问题，也是一个强大的工具，能出现在音乐、文学、美术领域。埃舍尔(Maurits Cornelis Escher)①就曾经用精妙绝伦的绘画完美地表现了自我指涉的概念。

最早从毕达哥拉斯、柏拉图及其追随者开始，人们就试图地用数字来解释宇宙。开普勒全心全意地继续毕达哥拉斯的探索，追求和谐的数字。从开普勒到伽利略，我们第一次看到了数字作为被测得的量进入数学公式。笛卡尔的泛数学则希望通过数学的方法建立起科学的理论。

在将数学应用于分析和描述物质世界的过程中，应该特别提到两个人，他们是欧洲这场逐渐兴起的运动中的先驱者。这两个人就是威廉·莱布尼兹和艾萨克·牛顿。莱布尼兹在他关于计算和逻辑方面的著作《组合的艺术》一书中，首次明确提出，原则上，所有涉及物质世界中形形色色事件的思想和观念，都可以还原为根据数学原理推演出来的简单的逻辑表达式。他认为，既然数学原理可以精确描述具体物体在物理现实中的相互影响，那么所有用数学语言表述出来的新观点就应该是对于物质世界运行情况的准确预测。②

莱布尼兹的思想具有重要的意义，因为这一思想为我们用一套确定的逻辑规律来解释任何可能提出的问题提供了线索。实际上，莱布尼兹更进一步说明，任何一个可以用人类语言表述出来的断言，原则上都可以简化为用一种具有通用特性的语言表述的命题。莱布尼兹的目标是利用数学的基本原理建立一套逻辑语言体系。

1665 年，23 岁的牛顿发明了微积分。牛顿的微积分以及其竞争对手莱布尼茨版本的微积分，均得到了广泛流传，他们的微积分转化为大量的数学实践和众多的数学分支学科。

以微积分为起点的新的数学领域——数学分析，成为 18 世纪数学的主要分支，并且成为该学科的主要支柱之一。它使数学研究能够应用到几乎所有领域，从行星的运动到琴弦的振动，从蒸汽机的运作到电动力学——几乎囊括了从那时到现在的数理物理学的各个领域。这场数学革命在接下来的几个世纪里改变了整个世界。

几个世纪以来，逻辑都属于修辞学与文法学的范畴，而在 20 世纪左右会变

---

① 莫里茨·科内利斯·埃舍尔，荷兰版画家，因其绘画中的数学性而闻名。

② 参见李烨：《微积分发展概论》，现代教育出版社 2018 年版，第 43 页。

成数学的一支，部分地要归功于德国哲学数学家弗雷格。弗雷格的巨著《概念记法》，成功地将逻辑同时公设化与形式化，也就是以人造的纯符号语言系统地描述之，是现代程序语言的前身。这样的语言，其规则非常清楚，可以机械式地推演而不需要了解这些符号的意义。弗雷格把这个新的数学化逻辑作为数学的基础，特别是算术或数论的基础。正是经过莱布尼茨、牛顿、弗雷格以及希尔伯特等人的共同努力，到 20 世纪初，数理逻辑这门新学科发展成一个完整的知识工具。

但是，正如阿米尔·亚历山大(Amir Alexander)在《无穷小：一个危险的数学理论如何塑造了现代世界》一书中所指出的：

> 要说芝诺悖论和不可通约性问题能够证明什么的话，那就是数学与物理世界之间达到一种完美契合的梦想是站不住脚的。无穷小在规模上，其数量与物理对象是不对应的，任何为实现两者的契合所作的努力最终都导致了悖论和矛盾。尽管数学推理的自身条件是严格而正确的，但它还是不能告诉我们这个世界的真实面目。①

(2)数学与真实世界

数学特别是数论这个数学分支孕育出许多柏拉图学派的信徒，他们就像柏拉图一样，相信非具象的想象的形式(forms)是客观、独立地存在的，自然数就是典型的代表。对于星辰、大海、树木、社会，我们只能观察，却不能用形式(forms)去剪裁，而形式的世界、思维世界却可以受到人类意念的随意操弄。

> 数学的一条重要特性就是，因为它是纯粹由逻辑构建起来的，所以当某个陈述逻辑上是正确的时候，所有的数学家都会马上同意……数学使用“逻辑的方法”，事实仅由不掺杂主观情感的、清晰的逻辑推导出来。数学真理被一致认同的原因在于证明过程：所有的结论都是经过严格论证的，一旦某个结论被证明了，它就不能被反驳。②

在真实世界里，不仅一切都是狂野的、不服从的和可能的，而且一切都是有限的。我们的生活是有限的，我们的时间是有限的，我们的大脑是有限的。我们相信：**有限与无限所解释的是两个不同世界的事情(物质世界和思维世界)，而非一对逻辑矛盾**。

我们的世界不仅是有限世界，而且还是一个演化世界，这个世界更适合用

---

① [美]阿米尔·亚历山大：《无穷小：一个危险的数学理论如何塑造了现代世界》，凌波译，化学工业出版社 2019 年版，第 30 页。

② [英]郑乐隽：《数学思维》，朱思聪、张任宇译，中信出版社 2020 年版，第 324～325 页。

归纳的方法获得相对的知识。英国经验主义哲学家培根就是一位主张通过归纳方法获得知识的人。与培根一样,英国数学家沃利斯(John Wallis)[①]在《无穷算术》的开头写道,他将通过归纳法来进行证明,他使用了一种非常特别的哲学体系:实验哲学,还发明了一种数学实验来契合皇家学会的实验精神。对此,亚历山大评论说:

> 沃利斯的数学,不是通过演绎推理得出颠扑不破的普遍规律,不是强迫认同和排除所有异议,而是通过一次又一次的实验,不断地收集证据,小心谨慎地得出一般性的、暂时的结论。这就是实验者获取知识的途径……他研究的是客观存在的外部对象,而不是去构造一个几何对象;他的数学依靠的是归纳法,而不是演绎法,归纳法永远不会声称得到了终极真理。[②]

我们确实可以运用理性去分析我们遇到的问题,数学模型也可以简洁而优美,但数学模型不能如我们所期望的那样反映所有的现实情况。毫无例外地,逻辑分析进行到某一点之后,总会剩下一些我们无法解释的,总有一些东西,常常是更重要的东西出现在逻辑范围之外。我们必须承认,世界上存在着逻辑能够解释和不能解释的事物。一个更为合理的结论是:理性思考并不足以解决生活留给我们的所有问题,而最真实的事物都是跨越了逻辑边界的事物。因此,在生活中,理性总会令我们失望。

如果某事可以通过逻辑思考得出结果,那么这个世界就太过简单了。也就是说,不需要依赖于想象力、猜测、运气、直觉、复杂的解释、信仰、勒索、毒品、暴力等,你就可以解决问题。非理性和不合逻辑的做法也许并非人性的弱点,而是人性的优点。

真实世界中,任何事物都具有复杂性,造成事物复杂性的原因也有很多,而数学并不会处理所有这些复杂的情况。

> 在数学中,你需要做的就是不断地剔除和忽略,直到你不再需要做其他,只需要应用纯粹、明确的逻辑规则进行思考。[③]

但是,每一位打算使用数学工具的人必须清楚,这是数学的特权,也是其他应用科学的禁区。一个敢于假定摩擦力为 0 的人,不可能把卫星送上天,自然

---

① 沃利斯,英国数学家。出版有《无穷算术》(1655),对他的同时代人和后人产生了巨大的影响,是微积分发展中非常关键的一步。

② [美]阿米尔·亚历山大:《无穷小:一个危险的数学理论如何塑造了现代世界》,凌波译,化学工业出版社 2019 年版,第 263～264、274 页。

③ [英]郑乐隽:《数学思维》,朱思聪、张任宇译,中信出版社 2020 年版,第 175 页。

也是一个伪航空科学家。同样，一个假定了完全竞争市场、完全信息或经济世界是理性人的世界的人，也必然是一个伪经济学家。

(3)范畴论再说“逻辑”的极限

早在1931年，哥德尔就已经证明了构建一致性的公理体系的不可能性，现代数学的一个新发展——范畴论——让人们又一次看到：

> 承认逻辑的极限是非常重要的，而且我们不能假装逻辑是所有事物的最终答案：它确实不是。①

诚然，这句话出自一位年轻的数学家之口，可能对于一些资深的经济学家来说很不容易接受。然而，科学的世界是民主的，不论年龄长幼，也不论获得过什么奖项，在这个领域里，只有真知是最有力的裁判。重复一遍这句话：“承认逻辑的极限是非常重要的，而且我们不能假装逻辑是所有事物的最终答案：它确实不是。”我们希望告诉那些唯逻辑与实证的、热衷于玩弄逻辑推理的经济学家，回头是岸。

> 逻辑是有极限的，尤其是在我们这个混乱的、人性化的、美丽的现实世界中。这并不意味着逻辑是失败的，也不意味着我们在某些情况下应该放弃逻辑。但是，这确实意味着我们不应该将逻辑推到它的极限以外。②

现代认知科学家莱考夫也证明：数学在某种程度上同样是一种社会建构的产物，它与社会生活中的其他事物具有同样的性质，生活中的许多方面——制度、法律、意识形态都是如此。郑乐隽在《逻辑的力量》中继续说道：

> 范畴论试图启发我们更好地理解数学。事实上，范畴论可以被视为一种阐释数学的普适性方法——它致力于解释、阐明，启发学习者达成真正的理解，这就是它的全部工作，它所扮演的角色，或者说，这就是只有它可以完美适配的水晶鞋。我并不是说范畴论能够解释数学里的所有问题，毕竟数学也不能解释世界上的所有问题。③

她指出：“范畴论是数学的数学。”如果范畴论被视为一种阐释数学的普适性方法，那么，这与希尔伯特的理想也许并没有什么两样，最终也会被证明这条道路是行不通的。我们相信，哥德尔的证明也同样适用于范畴论。

逻辑必须从某个地方开始，而开始的地方是我们的假设。我们将其称为公

---

① [英]郑乐隽：《逻辑的力量》，杜娟译，中信出版社2019年版，第150页。

② [英]郑乐隽：《逻辑的力量》，杜娟译，中信出版社2019年版，第150页。

③ [英]郑乐隽：《逻辑的力量》，杜娟译，中信出版社2019年版，第305页。

理，公理必须是通过某些其他的方式，而不是通过逻辑来提出的。它们是逻辑极限的一个方面，逻辑的另一个极限是：

> 在一定的(甚至是很低的)复杂程度等级之外，完全严格地写出逻辑证明是根本不切实际的。[①]

因此，结论是：无论是我们要认识世界还是解释世界、改造世界，单凭逻辑本身是不够的。或者，用更准确的话说，世界并非只有一种逻辑——数理逻辑，而是多元逻辑在共同发挥作用；而且，数理逻辑从来不是真实世界的逻辑，它只是思维世界的逻辑。在真实世界中，还存在物理的逻辑、化学的逻辑、生物学的逻辑和人与社会的逻辑等。确实，运用形式数学有它自身的好处：

> 形式数学证明的好处在于，它剔除了论点中的直觉部分。你不需要猜测某人试图说的是什么，也不需要费力解读他们的话，倾听他们语调的变化，或是仔细观察他们脸上的表情，并回应他们的身体语言。你不需要考虑你与他们的关系的性质、他们当时所承受的压力、他们可能喝醉了的事实，或是他们过去的经历对他们现在行为方式的可能影响。你不需要想象某事看起来是什么样子的，你不需要想象八维空间，或是200万个苹果堆成一堆会是什么样子，或是身处北极会有怎样的感觉。所有这些会引发种种问题的细节都被剔除了。[②]

数学逻辑属于思维世界，而**真实世界具有比数学世界更高的地位。数学逻辑的严谨只是因为它抽象掉了变化、差异、模糊，这其实是最根本的不严谨**。

因此，早期人们(如古希腊哲学家)认为数学事实比其他种类的事实有一种更高地位的观念是错误的！实际上，在不同的场合下，例如当事物之间的差异成为重要信息时，这个结论就不再成立。这时，简单地套用数学方法不仅是无用的，而且是误导性的。谁都知道，两个人、两个企业、两个国家之间，更重要的是它们的差异。真实世界上没有完全相同的两片树叶，真实世界没有清晰的概念边界，真实世界没有静止不变的事物。

> 形式数学证明的问题恰恰就是所有这些细节的缺失。这些会引发问题的细节并不是无用，它们的作用能够体现在另外一些方面。它们有助于我们从个人的角度理解事物。你也许认为数学不应该讨论个人观点，但最终，所有的理解都是个人观点。这就是理解和知道的差别。形式数学证明

---

① [英]郑乐隽：《逻辑的力量》，杜娟译，中信出版社2019年版，第151页。

② [英]郑乐隽：《数学思维》，朱思聪、张任宇译，中信出版社2020年版，第325～326页。

> 也许是严丝合缝的、清晰无误的，但它们很难被理解。[①]

这其实正是数学思维（与方法）的局限所在。回到真实世界，无论是在社会中还是在日常生活中，重要的、有意义的恰恰是这些被舍弃的内容——变化、差异以及模糊性。

2.2.3 数学，确定性的丧失

数学可以帮助科学家们描述世界现象，这在欧洲很快就得到了普遍的认同。在莱布尼兹和牛顿建立的微积分学中都体现了这一思想。尤其是对于牛顿来说，微积分正是用一套简单的不变性原理构建一个完备的数学体系的首选工具。实际上，牛顿运动三定律就是建立在微积分学基础上的，这些具有预测性的数学工具证明了太阳系实际上是一种持续运动的精密机制。

康德是牛顿物理学的忠实信徒，他自己也是一个小有成功的物理学家，正是康德哲学将理性主义推向巅峰。康德所做的就是调和经验主义和理性主义的矛盾，在理性批判的基础上重建了形而上学。康德的先验哲学进一步区分了感性、知性和理性。

康德之后，黑格尔进一步发展理性哲学，认为思想不仅是我们的思想，同时又是事物自身、事物的本质，因此绝对理念也就决定了事物的本质，自然世界就是绝对理念外化。到此为止，“数学体现了一切似乎必然真实的合理思维，而现实则是从被视为偶然的事件中总结出来的——这就是说，仅仅是恰好如此而已”[②]。

也许我们可以说，真正的数学家是能够对数学性质有正确认识的，比如怀特海、维特根斯坦、哥德尔、克莱因等。在《科学与近代世界》中，怀特海说道（这句话我们前面引用过，因其重要，不辞重复）：

> 数学的确定性建筑在它完全抽象的一般性上。[③]

克莱因在《数学：确定性的丧失》中写道：

> 任何关于数学为何有效的解释不论其是否令人满意，认识到自然和自然的数学表示并不相同才是重要的，它们的差别不仅仅在于数学是理想化

---

① ［英］郑乐隽：《数学思维》，朱思聪、张任宇译，中信出版社 2020 年版，第 326 页。

② ［英］迈克尔·波兰尼：《个人知识——迈向后批判哲学》，许泽民译，贵州人民出版社 2000 年版，第 12 页。

③ ［英］A. N. 怀特海：《科学与近代世界》，何钦译，商务印书馆 1959 年版，第 22 页。

的产物。[①]

克莱因这里所说的数学的理想化也就是人们所说的数学对真实世界的抽象,它把事物的差别、变化和模糊性丢掉,把不同事物视为同质的东西,只去考察它们之间的数量关系。毫无疑问,这种做法只在特殊的领域——形而上的领域——有效。所以,我们必须记住:

> 数学的成功是有代价的,代价就是把世界用长度、质量、重量、时间等简单概念来看待。这样的解释是不足以表示丰富多彩的体验的,就如同一个人的身高并非此人一样。数学最多只描述了自然的某些过程,但其记号并未容纳所有的一切。此外,数学处理的是物理世界中最简单的概念与现象,它的研究对象不是人而是无生命的物质,它们的行为是重复性的因而数学可以描述。但在经济学、政治理论、心理学以及生物学领域,数学就无能为力了。即使在物理王国,数学也只研究简单化的事物,这些简单化的事物与现实的接触就如同曲线的切线仅切曲线于一点一样。[②]

所以,克莱因这样的评价是正确的,确定性也许只不过是我们在不断捕捉的一个幻影。遗憾的是,长期以来,只有像怀特海、克莱因这样的数学大师才有这样的认识。在《数学:确定性的丧失》一书中,克莱因说:

> 就知识的确定性而言,数学是一种理想,我们为这一理想而奋斗。尽管我们也许永远不会达到。确定性也许只不过是我们在不断捕捉的一个幻影,它是如此无止境地难以捉摸。然而,理想具有力量和价值,公正、民主和上帝都是理想。[③]

2.2.4 时间不可逆与信息

时间不但是真实的,而且是最为真实的。我们所知、所感的一切事物,甚至是我们的感觉本身,无一不是发生在时间之中。时间对人类的一切行动包括思维活动发挥着至关重要的作用。河水不能倒流,人死不能复生,时间不可逆在任何时候都是一个基本事实。没有时间概念,一切都是不可说明、不可理解的。

然而,不顾时间的真实性这一基本事实,无视时间的存在和特性,恰恰是各种版本理性学说的最武断的做法,同时又是它们的共同特点。

---

① [美]M.克莱因:《数学:确定性的丧失》,李宏魁译,湖南科学技术出版社2001年版,第361页。
② [美]M.克莱因:《数学:确定性的丧失》,李宏魁译,湖南科学技术出版社2001年版,第362页。
③ [美]M.克莱因:《数学:确定性的丧失》,李宏魁译,湖南科学技术出版社2001年版,第365页。

(1)时间的特性

1856年,德国物理学家和数学家鲁道夫·克劳修斯(Rudolf Clausius)[①]发表了论文《论热的力学理论之第二定律的一个修正形式》(On a Modified Form of the Second Fundamental Theorem in the Mechanical Theory of Heat)[②],首次为"熵"概念提供了数学版本,1867年出版了《热的力学理论及其在热机和物体之物理性质方面的应用》(*The Mechanical Theory of Heat-with its Applications to the Steam Engine and to Physical Properties of Bodies*, 1867)[③],第一次精确表述了热力学定律:不可能把热量从低温物体传到高温物体而不引起其他变化。

熵用字母"S"表示,是个可测量也可计算的量,在孤立系统中会增加或保持不变,但永不减少。为了表示它永不减少,我们可以这样写:

$$\triangle S \geqslant 0$$

$\triangle S$ 永远大于或等于零,人们把它称为热力学第二定律。

为什么人们把时间与熵联系起来?因为在物理学中,热力学第二定律是唯一一条能够把过去与未来区分开的物理定律,即它能够描述物理过程的不可逆性,其他任何一条定律都无法做到这一点,牛顿定律、麦克斯韦的电与磁方程组以及爱因斯坦相对论的引力方程都不行,同样,海森堡、薛定谔、狄拉克的量子力学方程也不行,这些方程都无法把过去与未来区别开,它们允许一系列事件发生,也会允许这一系列事件在时间上的逆过程发生。

现代物理学已经发现,不仅不同地点没有一个单一的时间,甚至对同一个地点而言,同一的时间都不存在。现代物理学已经证明,时间长短只与拥有既定轨迹的物体的运动有关。时间不仅与物体的邻近程度(位置)有关,还与运动的速度有关。如果考虑到爱因斯坦的相对论,空间、时间还是可以弯曲的。

(2)世界不只是简单的四维

在物理学上,如果我们只考虑位置移动,那么,充其量只需要四个维度(三维空间+时间),数学、物理课堂上的简单运算常常就是如此进行的。但是,一旦进入真实世界或人类的生活,并非仅有位置移动的问题。[④] 一个活生生的人、

---

① 鲁道夫·克劳修斯,德国物理学家和数学家,热力学的主要奠基人之一。1865年,引进了"熵"的概念。

② R. Clausius, "On a Modified Form of the Second Fundamental Theorem in the Mechanical Theory of Heat", *Philosophical Magazine*, Vol. 12, No. 77, 1856, pp. 81-98.

③ R. Clausius, *The Mechanical Theory of Heat-with its Applications to the Steam Engine and to Physical Properties of Bodies*, London: John van Voorst, 1867.

④ 从这个意义上看,现代各种科学中常用的三维坐标方法是高度简化的,也是严重扭曲的。即使是四维世界,也同样是高度的简化。当然,构建更高维度的坐标系则是另外一回事。

一棵小草或一棵树，都不只是有物理学上的四个维度，人还有体重、身高、性格、肤色、社会角色、国别等不同的维度。自然、人类和社会中的事物远远不止是四个维度，而是近乎无限的维度——物理的维度、生物的维度、社会的维度、情感的维度等。其中，在每一个维度上，又存在各种复杂因素的交织和相互作用（例如在人类社会层面上，有物质的诸因素、自然的诸因素，还有体制的因素、意识形态的因素、传统习惯的因素、文化的因素等，每一项还都可以细分下去）。因此，任何事物都是在具有许多维度的空间里发生的事情，而不是所谓的三维或四维空间。经济学中常常用二维、三维坐标展示价格、需求、收入、产量等的变化，算不算是离谱的错误？

在数学中（或在思维世界中），我们可以减小考虑的维度数以降低问题的难度。但是，在生活中却做不到。例如就业或择偶问题常常是让人左右为难的事情，因为这个决策你通常需要考虑很多变量，实际上，这只是证明了你遇到的是一个多维度的问题——环境、亲情、文化、生活习惯、生活成本、收入、发展前景等。

一旦我们认识到"世界是复杂的，生活是复杂的。在这个语境下，成为一个'理性的人'这个想法实际上很荒谬"[①]。同样荒谬的是自始至终只谈论简化了的思维世界中的理性行为，并且构建了这样一种理论体系。而那些始终热衷于这种理论体系的人，也许只是因为它为他们提供了饭碗，这也许和演员、占星师等职业的诞生有很大的相似性。

(3)时间与信息

我们身处在无时无刻不变化的世界之中，在每个时点上都发生着太多的变化，每个人只能获得的局部信息并作出响应。在任何领域、任何问题上，获得完全信息或完全认识外部世界永远是不可能的。有各式各样的进程——自然的、社会的、经济的、文化的、技术的——千变万化、纵横交错，我们只能知道其中的一部分。

因此，完全信息在各个领域都是一个极端错误的假定，而没有完全信息，完全理性也就失去了基础，也就不可能有经济学中的一般均衡（一般均衡是一个基于完全信息的幻想），理性行为的理论大厦原来是建立在沙滩上的。

(4)时间不像钟摆

钟表有钟摆，钟表在循环，这也许是最具误导性的现象，似乎外部世界就是如此运行的——昼与夜的交替、四季轮回、月圆月缺等。其实，这与太阳围绕地球旋转的假象没有什么不同。

---

① [英]郑乐隽：《数学思维》，朱思聪、张任宇译，中信出版社 2020 年版，第 183 页。

时间不可逆。如果说河水不能倒流，人死不能复生，那么，不仅我们每个人从来没有机会回到从前，而且我们的社会过程（也包括经济过程）永远不可能复归某一点，哪怕这一点叫作稳定或均衡。世界上的各种过程根本没有回复、重复这回事！

2.3 启蒙运动带来了什么

西方思想中的理性思维源远流长，其文化源头之一古希腊对世界秩序的探寻就包含了理性精神，这体现在“逻各斯”“理念”等概念和思想中。

在近代，从启蒙运动开始，斯宾诺莎（Baruch de Spinoza）、笛卡尔以理性的自我意识作为思想和理论体系的出发点，“我思故我在”成了理性主义哲学的一个标志性命题。以笛卡尔、康德、黑格尔为代表的思想家把理性主义推到了思想的高峰，几乎达到了登峰造极的地步。但是，这场以理性为旗帜，主张以理性的权威取代上帝的权威、以科学代替神话的思想运动，在扳倒了一个“偶像”的同时树立起了另一个“偶像”。

2.3.1 以赛亚·伯林的反启蒙运动

理性是西方思想中根深蒂固的哲学观念，是两千年来的思想主流。但是，是启蒙运动把这种观念推到了顶峰。

17 世纪数学方法所取得的许多重要的成功，不仅在当时的自然科学中，也在这一时期的哲学社会科学中形成和增强了一种新的信念。这种信念即是用数学的方法，按照固定的规则从“自明”的公理出发进行演绎、验证，可以得到丰硕的成果。但是，正如以赛亚·伯林（Isaiah Berlin）所指出的：

> 对这些方法的狂热和盲目的运用在一个领域里能取得丰硕的成果，但当它被机械地用于另一个领域里时，并不必然类似于第一个运用这些方法的领域那样产生相同的结果。[①]

17 世纪物理学和数学的空前发展改变了当时人们普遍持有的关于物理世界本质甚至关于真实知识本质的看法。18 世纪的人们普遍地相信：

> 将数学的方法和语言运用于感觉所揭示的可测性质一时成为发现与解释的唯一可靠的方法。笛卡尔和斯宾诺莎，莱布尼茨和霍布斯，全都期

① [英]以赛亚·伯林：《启蒙的时代：十八世纪哲学家》，孙尚扬、杨深译，译林出版社 2005 年版，第 4 页。

求赋予他们的论证以数学式的结构。一切能说的必定可以用带有数学性质的语言陈述出来,因为缺乏精确性的语言可能会隐含谬误和含糊性、大量混乱的迷信和偏见,这些正是令人生疑的神学和其他形式的关于宇宙的独断学说的特点,而新科学已逐渐清除并取代它们。[①]

早在古希腊时代,人们就对变化的世界感到困惑,那些对想象力高度自信的哲人大胆地创造了不变的"终极"概念——本源、本质,以此满足形而上的精神诉求,这种情况一直延续到近代乃至现代。伯林指出:

伽利略和笛卡尔认为感觉世界是模糊的、有欺骗性的、含混不清的,充满了只能以定性词汇描述的现象,也就是说,感觉世界不能容纳恰当的、定量的、科学的世界图式。科学所研究的"第一"性质本身并不是直接呈现给感官的。[②]

这种态度甚至在洛克、休谟和康德的著作中也都是极其清楚的。

对洛克和休谟来说,数学代表知识的最完美形式——确实,所有其他关于知识的主张与这种明晰性和不可辩驳的确定性的典型相比较而言都是有缺陷的。[③]

当然,洛克和休谟以及莱布尼茨也都认识到数学推理与经验事实的陈述之间的区别。尤其是休谟,他对逻辑与数学的陈述和事实陈述之间的区别有深刻的洞察。他坚信必然性和同一性的关系既不能通过对外界的观察而被发现,也不能通过内省发现。那些声称是"必然的"知识,不能提供任何关于世界的消息,它不能超越或然性,也并非永远正确。

毫无疑问,通过把科学的方法运用于人事法则的谨慎的尝试,已经做了大量有益的事情:减轻了人类的苦难,避免或者阻止了不公正,揭示了无知;教条得到了反驳,偏见和迷信成功地受到了公众的嘲笑……但是,主要的梦想,即证明世界上的每一事物都按照力学的方式运动,所有的灾难都能通过适当的技术步骤而得到消除,在人类灵魂和肉体上都存在着工程

① [英]以赛亚·伯林:《启蒙的时代:十八世纪哲学家》,孙尚扬、杨深译,译林出版社2005年版,第4～5页。

② [英]以赛亚·伯林:《启蒙的时代:十八世纪哲学家》,孙尚扬、杨深译,译林出版社2005年版,第10页。

③ [英]以赛亚·伯林:《启蒙的时代:十八世纪哲学家》,孙尚扬、杨深译,译林出版社2005年版,第12页。

师，却被证明是虚妄不实的。[①]

伯林指出：启蒙运动宣扬理性的自律性和以观察为基础的自然科学方法是唯一可靠的求知方式。

> 牛顿物理学在无生命的自然王国里连连获胜，人们相信，和它相似的方法，也可同样成功地用于几乎没有多少进步可言的伦理学、政治学以及一般人类关系的领域。一旦这种方法生效，不合理的、压迫人的法律制度及经济政策就会被一扫而光，取而代之的理性统治将把人们从政治和道德的不公正及苦难中解救出来，使他们踏上通往智慧、幸福和美德的大道。[②]

16～17 世纪以来，尽管存在着深刻的分歧，那些有神论者、自然神论者和无神论者，乐观主义者和悲观主义者在下面观点上却存在着广泛的一致：

> 一组普遍而不变的原则支配着世界，莫不如此认为。这些规律既支配着无生命的自然，也支配着有生命的自然，支配着事实和事件、手段和目的、私生活和公共生活，支配着所有的社会、时代和文明；只要背离它们，人类就会陷入犯罪、邪恶和悲惨的境地……这仍然是整个启蒙运动的基本信条。[③]

但是，吉安巴蒂斯塔·维柯(Giambattista Vico)以不同寻常的革命精神，在他的《新科学》中坚称，笛卡尔主义者认为数学有着科学之科学的地位，是犯下了一个严重的错误；数学具有确定性，仅仅是因为它是人类的发明。[④] 按维柯的观点，数学并不像他们设想的那样与实在的客观结构相一致，它只是一种方法，而不是一个真理体系；借助于它，我们能够探明规律——外部世界现象的发生，但并不能发现它们为何那样发生或为什么目的而发生。我们的生活和活动，反映着我们为求生存、为满足我们的各种欲望、为相互理解并理解我们自己的过去所作的努力。对最基本的人类活动的功利主义解释是错误的。

伯林非常赞同维柯的观点：

> 维柯的……最有创见的贡献，他的革命性举动，在于他否认了永恒的自然法学说，而自亚里士多德直到我们今天，它向来就是西方传统的核

---

① ［英］以赛亚·伯林：《启蒙的时代：十八世纪哲学家》，孙尚扬、杨深译，译林出版社 2005 年版，第 18 页。

② ［英］以赛亚·伯林：《反潮流：观念史论文集》，冯克利译，译林出版社 2002 年版，第 2 页。

③ ［英］以赛亚·伯林：《反潮流：观念史论文集》，冯克利译，译林出版社 2002 年版，第 4 页。

④ ［意］参见维柯：《新科学》，费超译，京华出版社 2000 年版。

心……因此他同时为比较文化人类学、比较历史语言学、比较美学和比较法理学奠定了基础;语言、礼仪、纪念物,尤其是神话,是认识集体意识之不同形式的唯一可靠的钥匙。

对启蒙运动持批判立场的另一个重要代表人物是柯尼斯堡的神学家和哲学家哈曼(Johann Georg Hamann)[①]。哈曼比维柯走得更远,他相信:

所有真理都是特殊的而非普遍的,理性没有能力证明任何事物的存在,它只是一个方便分类和组织材料的工具……真正的知识是对单个实体的直接领悟,概念无论多么特殊,对于全部个人体验来说也绝对不可能完全恰当。[②]

而歌德对哈曼的立场表示了极大的赞赏:

科学可以被用于实际事务,但是没有任何概念能够使我们理解一个人、一件艺术品,理解各种姿态、符号……只有个体才是真实的,也就是说,它的真实性取决于它的特性、它同其他事物、事件和思想的差别,而不是取决于它和后者的共同因素,而普遍性的科学所要记录的就是这种共同因素……科学的理性得出的分析性真理,会把它们变成毫无意义的符号……科学家发明了各种体系,哲学家按人为的模式梳理现实,他们对现实视若无睹,一心营造空中楼阁……理论体系不过是精神的囚牢,它们不光在知识领域里造成歪曲,而且导致庞大的官僚机器的建立,所依据的原则无视生命世界丰富的多样性和人们多姿多彩的内心生活,为了一些与构成现实世界的灵肉统一性毫无关系的意识形态狂想而强求一律。[③]

根据伯林的说法,谢林(Friedrich Wilhelm Joseph Schelling)已经清楚地认识到,现实世界被那些数学和自然科学的静态的符号曲解了。

在谴责理性主义和唯科学主义用分析歪曲了实在的思想家行列中,哈曼位居第一,他的追随者是赫尔德、雅各比和默泽尔,影响后者的是沙夫兹伯里、杨格和柏克的反智主义抨击……这种态度最雄辩的代言人是谢林,

---

① 哈曼出生于柯尼斯堡,曾在柯尼斯堡大学学习神学、法学、语言文学和哲学,曾做过律师秘书、关税站翻译、海关仓库管理员和报刊编辑等,与康德一起参与启蒙运动。1756 年以后,哈曼开始质疑及至反对启蒙思想,并对当时流行的启蒙信念持有不同的观点。其主要著述包括《思考我的经历》《语文学想法与疑问》《理性纯粹主义元批判》等。

② [英]以赛亚·伯林:《反潮流:观念史论文集》,冯克利译,译林出版社 2002 年版,第 8 页。

③ [英]以赛亚·伯林:《反潮流:观念史论文集》,冯克利译,译林出版社 2002 年版,第 9 页。

本世纪初柏格森使他的思想重新焕发了活力。他是那些反理性主义的思想家之父，在他看来，绵延不绝、不能分析的现实整体，被数学和自然科学那些静态的空间符号曲解了。①

伯林指出，谢林非常难能可贵地认识到人类语言的局限，这要比现代语言学的发展早出了近200年的时间。

语言直接反映着不同的社会和民族的历史生活："每一个法庭，每一所学校，每一种职业，每一个团体，每一个宗派，都有自己的语言。"我们吃透这种语言的意义，是怀着一种"情人、朋友和至交"的"热情"，而不是用规则、用打不开任何一扇门的空想的万能钥匙。②

米歇尔·福柯，法国哲学家、社会思想家和思想系统的历史学家，被认为是一个后现代主义者。福柯主要从历史发展的维度关注知识与权力的关系——权力通过话语权，并配合各种规训的手段将权力渗透到社会的各个细节中去，比如监狱制度、性问题等。他对文学评论及其理论、哲学、批评理论、历史学、科学史、批评教育学和知识社会学有很大的影响。

康德于1784年发表的《什么是启蒙?》，把启蒙说成是人类摆脱他们所加之于其自身的不成熟状态，是人类运用自己的理性而不服从任何权威。而福柯写了《什么是启蒙运动?》，他评论道：

（康德的）文章把"启蒙"描写为人类将运用自己的理性而不服从任何权威的那个时刻，然而，"批判"正是在这一点上才是最必需的，因为"批判"的作用正是确定在什么条件下运用理性才是正当的，以断定人们所能认识的、应该去做的和准许期望的东西。正是对理性的不正当使用，加上想象，产生出教条主义和他律。反之，正是当理性的正当运用在其原则中得以确定时，理性的自主才能有保证。③

在康德和其他人的眼里，启蒙是人类走向成熟的表现。而福柯却对此表示了怀疑，当然，福柯是有道理的。他说道：

我不知道人类有朝一日是否会变得"成年"。我们所经历的许多事情使我们确信，"启蒙"这一历史事件并没有使我们变成成年，而且，我们现在

---

① ［英］以赛亚·伯林：《反潮流：观念史论文集》，冯克利译，译林出版社2002年版，第10页。

② ［英］以赛亚·伯林：《反潮流：观念史论文集》，冯克利译，译林出版社2002年版，第11页。

③ ［法］福柯：《福柯集》，杜小真编选，上海远东出版社1998年版，第533页。

仍未成年……我不知道今天是否应该说批判的工作包含着对启蒙的信念。[①]

那么，迄今为止，这个问题解决了吗？也许不同的人仍然会给出不同的回答，而我们则站在福柯这一边。“我们处于起点。”

2.3.2 谢林：宇宙是一种原始的、非理性的力量自我展现

德国哲学家谢林在哲学史上有着无可争辩的重要性，但他也常被认为是风格隐晦、没有条理的。黑格尔在《哲学史讲演录》中故意贬低谢林，将谢林描述为德国唯心主义发展过程中的一个小注脚。而伯林对谢林的评价则完全不同：

> 谢林大概是所有这类哲学家中最具辩才的一位，他们把宇宙看作一种原始的、非理性的力量自我展现的过程，只有那些具有天才想象力的人——诗人、哲学家、神学家或政治家——能够用直觉的力量把握这种力量。自然是个鲜活的有机体。[②]

与伯林一样，海德格尔也对谢林的思想予以高度评价，这的确是应了那句中国老话：英雄所见略同。在《谢林论人类自由的本质》一书中，海德格尔说道：

> 1809年谢林关于自由的论著发表。它是谢林最大的成绩，它同时是德国哲学最深刻的著作之一，因而也是西方哲学最深刻的著作之一……从最初著作到自由论，他的思想完成了一种迅猛的发展。这15年期间每年都带来一篇或数篇论著，其间又有决定性著作如《自然哲学一种体系初纲》(1799)、《先验唯心论体系》(1800)。前者把费希特的唯心论带入一个全新的领域，并把一般唯心论带入一种新的轨道。后者成为黑格尔《精神现象学》的先行者。[③]

在介绍谢林的生平时，海德格尔又说道：

> 很少见一个思想家像谢林那样从自己最早时期起就如此热情地为自己唯一的立场进行斗争。黑格尔则相反，这位审慎思考的人在37岁时才发表他第一部大作。[④]

---

① [法]福柯：《福柯集》，杜小真编选，上海远东出版社1998年版，第542～543页。

② [英]以赛亚·伯林：《反潮流：观念史论文集》，冯克利译，译林出版社2002年版，第19页。

③ [德]马丁·海德格尔：《谢林论人类自由的本质》，薛华译，辽宁教育出版社1999年版，第3～4页。

④ [德]马丁·海德格尔：《谢林论人类自由的本质》，薛华译，辽宁教育出版社1999年版，第9页。

从这些关于谢林的评语中，足见海德格尔对谢林的高度肯定。暂且不论海德格尔、伯林如何看待谢林，当谢林强调“宇宙是一种原始的、非理性的力量自我展现的过程，自然是个鲜活的有机体”的时候，我们相信，真理在谢林这边。

2.3.3 柏格森作出最具原创性的生命诠释

亨利·柏格森(Henri Bergson)，在法国乃至在世界文化思想界都算得上一位传奇式的人物。他是数学家、物理学家、哲学家，获得过诺贝尔文学奖。1900年，他被法兰西学院聘为教授，1901年，柏格森被选入法兰西道德和政治科学院。1914年，他被选为法国科学院终身院士，并当选法兰西道德和政治科学院主席。

(1)柏格森的基本思想

柏格森是思想史上少有的牛人之一，他是一个思想非常敏锐的人。他既反对唯心主义，也反对实在主义以及与现代科学紧密联系的实证主义：他要破除亚里士多德、笛卡尔、斯宾诺莎、莱布尼兹、康德等人所推崇的理性观念，对18～19世纪流行的哲学主张，包括实证主义、机械进化论、唯物主义和决定论持有毫不妥协的否定态度，因此给自己树敌很多。在认识方法上他不相信理智而推崇直觉，认为抽象的概念分析只能歪曲实在，直觉才能体验世界的本质，代表作有《时间与自由意志》《物质与记忆》《创造进化论》。时至今日，人们突然发现，那个几乎被人遗忘的柏格森其实并未过时，随着时间的推移，柏格森思想的原创意义越来越为人们所重视，他作为现代最重要的法国哲学家的地位，正为越来越多的人接受和肯定。

柏格森生活的时代是实证主义流行的时代。在法国，有孔德的实证主义；而在英国，则有穆勒(John Stuart Mill)和斯宾塞(Herbert Spencer)的实证主义。柏格森哲学的基本出发点和动力是要改造形而上学，或者说建立新的形而上学，改造哲学、建立新的哲学，康德也是这样。

在柏格森那里，并没有将精神与物质截然分开，“生命冲动”或“绵延”既是心理的，又是物质的。他认为建立在实证主义基础上的现代科学是人为地剪裁的自然事实(典型地表现为“电影放映法”的应用)，它们所提供的概念性的东西只向我们提供了实在的影子，只能认识事物相对的静止状态，不能深入认识运动不息的万物的“实在”——真实的“绵延”，亦即“生命冲动”。

(2)绵延的时间

在生命进化的问题上，传统哲学、物理学乃至生物学的共同特点就是只用理性的方法来对待客观世界，不是采取机械论的立场，就是采取目的论的立场，即用空间、静态的观点来看待事物，看不到世界实际是一个永不停息的生成过程。经过人类理智工具的定格处理，宇宙就变成了由固定事物组成的物质世界。形而上学的这种思维方式与自然科学有很大的关系。当我们试图用语言或符号来表达生命时，我们实际上是在将它从变动不居的东西变为静止的东西将它空间化。计量时间就是将时间空间化。这样一来，无论是几何学还是物理学，都是把运动理解为物体在空间中的位移。

近代以来的时空观念是建立在牛顿物理学绝对时空的基础上的。所谓绝对时空，就是把时间和空间看作是无待于事物的宇宙框架，是万物创造的场所。人们以为，时间是一条由一个个同质的、前后相继的瞬间或现在累积而成的线，也就是说，实际上我们日常和在科学中是用空间来理解时间，或者说将时间空间化的。这使得我们可以度量时间、计算时间，虽然这一切对于我们的功利目的来说是必要的，但无法使我们体会真正的时间。

真正的时间是"绵延"，它是生命本身异质性的延伸，而不是可以度量的、由同质同量的单位组成的科学的时间。柏格森认为，生命进化既不是机械的，也不是有目的的，生命是一个不断变化的、异质的整体，是一个不断自由创造的过程。生命的演进或创造是"绵延"，它连续而不间断，就像一段音乐，更像一条河流。由于生命时时刻刻在变化，并且这种变化始终是异质的，所以它是不可预测的。

(3)柏格森对理性主义形而上学的贬斥

从柏格森对生命演进的解释中，至少可以清晰地看出：

第一，柏格森对机械论、逻辑主义(也就是理性主义)的批判。

柏格森清晰地看到人类的智能或知性以及分析方法的不足，在《创造的进化论》中以大量的篇幅论证这点，但他并没有否定其相对的认识作用。在《创造的进化论》中，柏格森指出：

> 我们的思维以纯粹的逻辑形式绝无可能体现生命的真正本质以及生命进化活动的深邃含义……事实上，我们不难意识到，任何一种思维范畴，无论是一元的，还是多元的，实证的(机械的因果论)，抑或是理智的(理智决定论)，等等，都不能切中生命现象的肯綮……我们徒劳无益地硬将生物纳入这样或那样的框架之中，没想到所有的框架因此都发生断裂的现象；对于我们打算放进去的东西来说，这些框架显得格外狭小和死板。我们的推理能力在无生命的事物中游刃有余，充满自信，但是换到有生命的场合，便有支绌与不胜负荷之感。人们如想举出一个全凭推理而来的生物学发现，一定会感到十分为难。[①]

① [法]亨利·柏格森：《创造的进化论》，陈圣生译，漓江出版社2012年版，绪论第2～3页。

柏格森确实一语中的,指出了近代以来理性科学的通病。不幸的是,今天这种现象不仅依然在继续,而且更加严重。深层原因在于这个时代的激励制度,每个人都急于出成果,因此走捷径,模仿和套用其他科学的方法,然后贩卖、兜售一些似是而非的结论。每个人都不愿意作艰苦的、出力不讨好的反思。

第二,柏格森对时间的解释。

柏格森从事物的绵延性入手,指出了近代科学中机械论和决定论的错误,他非常认真地思考了时间,并以自由意志来抨击科学中所流行的决定论。他的结论是:“如果我们把生命实体看作是未分割的整体,它们必定是一种流动(flux),而不是物体。”①

柏格森最后把时间、绵延归结为意识现象,用他的话说:“绵延与陆续出现并不属于外界,而只属于具有意识的心灵。”②即时间是连续的、不间断的,是事物运动的绵延。能够被断开的不是时间的本性,而是机械论意识(它把意识看作是像照相机一样的)的错觉。在《时间与自由意志》一书中,柏格森用了很大的篇幅对此进行了详细的讨论。

第三,柏格森的整体主义宇宙观。

柏格森还有一个极重要观点——宇宙整体性的观点:

> 如果我们排除“理性思维”方式中那些不切实际的假定,有一点会非常明显,即一个实体的具体性并不止于我们触及的那个点;只要这个实体的影响所及,这个实体都存在着;它的吸力(仅以吸力为例)会影响到太阳、行星,甚至会影响到整个宇宙。物理学越是发展,就越是会消除各种实体的个体性,甚至会消除那些核子(而科学正是依靠分解出这些核子,才展开科学想象的);各种实体和微粒子全都具有溶解为一种普遍的相互作用的趋向。③

在这里,柏格森已经表达了一种正确的世界观——整体论的世界观。我们确实需要用这样的世界观去指导我们去认识外部世界、认识社会、认识人生。它能让我们在复杂世界中多一些淡定和从容,具有非常重要的人生意义。

2.3.4 怀特海与过程论的世界观

20世纪的数学家、哲学家怀特海大概可以列入20世纪最不被人们理解和欣赏的人之列。他的著作所具有的广泛的革命意义在很大程度上被忽略了,例

---

① [法]亨利·柏格森:《创造的进化论》,陈圣生译,漓江出版社2012年版,第160~161页。

② [法]亨利·柏格森:《时间与自由意志》,吴士栋译,商务印书馆1958年版,第81页。

③ [法]亨利·柏格森:《创造的进化论》,陈圣生译,漓江出版社2012年版,第162页。

如,《过程与实在》就被认为是一部在难度上可与康德的《纯粹理性批判》相媲美的著作。

(1)怀特海简介

怀特海通晓古典思想,曾宣称全部哲学史都不过是柏拉图的注脚;他的历史知识十分广泛;他非常熟悉理论物理学,对牛顿和笛卡尔机械论宇宙观的批判构成了他自己形而上学体系发展的主要土壤。

无论作为数学家,还是作为哲学家,怀特海都享有盛誉。作为数学家,他的《泛代数论》使他被选入皇家学会,而他与罗素合写的著作《数学原理》则被公认为近代符号逻辑领域第一部奠基之作。怀特海在科学哲学领域有广泛影响,《自然知识原理研究》《自然的概念》《符号论》和《理性的功能》则阐述了他对语言理论和理性本质的重要看法。

然而,他更为重要的形而上学著作是《科学与近代世界》《过程与实在》和《观念的冒险》,极富创造性、挑战性和彻底性。在这三部著作中,《过程与实在》被认为是怀特海最重要的著作,因为它对他的形而上学体系作出了最成熟、最详细和最严格的总结。

柏格森的确是怀特海思想的一个重要来源。柏格森的《创造的进化论》连同其对时间、创造和绵延——通过直观加以把握的一种连续的、自我展开的创造性进展——的强调,对怀特海产生了持久的影响。怀特海的著作非常明显地与罗素的分析方法分道扬镳,在一封写给罗素的信中,这样说他与罗素的区别:

> 你认为世界就是晴天正午时分看上去的那个样子,而我认为世界是清晨人们刚从睡梦中醒来时看上去的那个样子。

(2)具体性误置的谬论

怀特海认为,从17世纪开始,科学思想方法中具体性误置的错误流行开来,造成了思想和科学的混乱。

> 把具体的事实,在非常抽象的逻辑结构下表现出来。这里面有一个错误……这就是我们说的"具体性误置的谬论"中的例子。这种谬论在哲学中引起了很大的混乱。[①]

当我们把自己的抽象概念——无论是哪个层面上的——误认为具体实在时,就会产生这种谬误。更具体地说,当我们把数学与逻辑当作现实世界的逻辑时,这里就已经发生了具体性误置。

① [英]A. N. 怀特海:《科学与近代世界》,何钦译,商务印书馆1959年版,第49页。

18世纪的人们把现代的社会生活理性化，并把他们的社会学理论建筑在援引自然界事实的基础上。

> 关于这一世纪的科学进步，不论是怎样普泛的描述都不能把数学方面的进步略而不谈……由于数理物理学家的出现，带来了一种思维方式。这种方式将统治下一世纪的科学界。这将是一个"数学分析统治"的时代……数学家的最大特色是他们具有处理抽象概念，并从这种概念中演绎出一系列清晰的推理的才能……不知不觉地迫使哲学承认它们是事实的最具体的说明……但是，玩弄抽象概念并不能克服17世纪科学思想方法中"具体性误置"所引起的混乱。①

因此，18世纪以来的社会科学，尤其是那些打着实证旗号的社会科学，都假借了理性的名义和概念，却不知道已经错误地把抽象混同于具体。当然，其中最为典型的是现代经济学，错误地把抽象的逻辑推导误以为是经济学的逻辑，美其名曰经济思维。

启蒙运动中流行开来的是笛卡尔所倡导的思维方式：每个人把自己的注意力集中在自觉的经验上，这种个体经验被当作是有价值的事实。

> 到19世纪，社会进入了工业化时期，这些学说的恶劣效果就发生了致命的影响……由此产生的两个恶果是：(1)不顾每一个机体和环境的真正关系；(2)不顾环境的内在价值，而在考虑终极目的时，环境的内在价值是必须充分估计进去的。②

这造成了个体与整体的割裂和关系的扭曲。因此，怀特海认为，必须有一种新的理论——机体论的学说来纠正这种错误；另一方面，怀特海还看到了知识专业化的严重危害。他说：

> 现代社会所遇到的另一个大问题是知识的专业化……这种情形埋伏着一个危机。它将产生出限于一隅的思想……在思想上限于一隅，在一生中便只会思考某一套抽象概念。这个角落将成为人们跨越局域的障碍……但任何抽象角落都是不足以包括完整的世界……他看到的只是这一种或那一种环境。而没有看到全面……简单地说，社会的专业职能可以完成得更好、进步得更快，但总的方向却发生了迷乱。细节上的进步只能增加由于协调不当而产生的危险……这可以适用于一切环境，不论是国

---

① [英]A. N. 怀特海：《科学与近代世界》，何钦译，商务印书馆1959年版，第54～55页。

② [英]A. N. 怀特海：《科学与近代世界》，何钦译，商务印书馆1959年版，第187～188页。

家、城市、地区、机关、家庭、甚至是个人,都是一样。特殊的抽象理论有发展,但具体的理解则在退化,使整体沉沦在某一局部之中。[①]

这就使得整体的观念、整体的方法从人们的思想和行为中消失。

(3)过程论的世界观

世界的本质就是创新。创新无所不在,既存在于生物,也存在于所谓的非生物,亦存在于人类的心灵之中,“创造是个持续不断的过程,所谓‘过程本身就是实体’”[②],“世界过程的观念因而被认为是过程总体的观念”[③]。在《思想方式》一书中,怀特海说道:

> “存在(existence)”(在任何意义上)都不能从“过程”中抽象出来。“过程”与“存在”观念是相互预设的。从这一论断可以推论出:过程中“点”(point)的观念是错误的,这里所说的“点”暗示着过程可以被分析成缺乏过程的终极实在的结构。[④]

这段话是怀特海对“过程与实在”所作的最简单、最清晰的表述。

怀特海看到,亚里士多德在分析“变化”(becoming)和“过程”(process)时,他的思想中有一个缺陷,“变化”分析得越细,越接近“消亡”(perishing):存在,变化,死亡。在柏拉图那里,世界永远在变化着,当它变化时,它终止并且死亡。笛卡尔也讨论了“完满”“完成”,但他选择的概念过于局限又过于含混,他的讨论有一个错误的前提,即一个静态的终极存在的“完满”的观念。

在怀特海看来,外部世界是一个历史世界,宇宙是一个历史宇宙。它的统一性(自然、社会的时空联结)通过各种样式——波动、分子、石子、植物的生命、动物的生命、人类的生命——展示出来。

1927～1928年,怀特海在爱丁堡大学所作的吉福德系列讲演,促成了《过程与实在》这部著作的问世。在书的前言中,他说道:

> 这些讲演所肯定的学说关涉到生成、存在和“实际存在物”的关系……这种关系完全关涉到生者对死者的占有——也就是说,对“客观不朽”的占有,而剥夺了其自身活的直接性的东西成为其他生成的活的直接性中某种实在的成分。这种学说就是:世界的创造性演进就是那些共同构成严格的

---

① [英]A. N. 怀特海:《科学与近代世界》,何钦译,商务印书馆1959年版,第188～189页。

② [英]A. N. 怀特海:《怀特海文录》,陈养正等译,浙江文艺出版社1999年版,第318～319页。

③ [英]怀特海:《思想方式》,韩东辉、李红译,华夏出版社1999年版,第85页。

④ [英]怀特海:《思想方式》,韩东辉、李红译,华夏出版社1999年版,第87页。

事实的事物之生成、毁灭和客观永存。[①]

这就是怀特海所理解的关于世界演进的学说(宇宙学),这种宇宙学说解释了宇宙“生成、存在和‘实际存在物’的关系”,怀特海的世界并没有死或静止,它是生生不息的(这是一个符合物理学上的物质不灭、能量守恒的世界)。其中,传统观念上所谓的“死者”只不过是以另一种形式进入了新生成的事物(如有机物进入生命体,生命死亡后又被分解重新进入其他演进过程),换言之,那些先前的元素并没有真正的死亡或消失,因而可以称之为客观不朽的元素,而整个世界就是这样一种生生不息、永恒变化(或创造)的创造性演进过程。怀特海在这里所要做的是,透过整个具有时空特征的宇宙被观察到的演进来理解和解释地球上的生命。

怀特海深有感触地说道:

> 试图在事物的本性方面一探究竟,这种努力是多么肤浅、无力和充满缺陷啊!在哲学讨论中,关于陈述的最后定论即使有丝毫教条式的或独断式的确定性,都是某种愚蠢的展示。[②]

从古希腊开始直到现代科学,人们都在寻找不变的事物的本性。然而,世界不仅是永续变化的,而且各种元素又可以不断地转化为其他新生成的某种实在的成分。因此,哪里有什么不变的本性?钙、铁、碳水、蛋白质,既可以是土壤的成分,又可以成为植物的组成成分,还可以成为人体的重要元素,之后还有无尽的衍生序列。因此,关于事物本性的探究,无论是古希腊还是现代科学,完全是搞错了方向。

> 如果过程对于实存是基本的,那么每一终极的个体单元就必须被描述为过程。牛顿力学对于物质的描述是把物质从时间中抽象出来,即认为物质“处在某一瞬间中”。笛卡尔的描述也是这样。如果过程是基本的,那么这种抽象就是错误的。[③]

在怀特海这里,“实存”概念又被称为“实现了的事实”。“每一个实现了的事实都包含了历史世界中和形式王国中的无限关系,即宇宙的内在关系。”[④]其中,每一个实现了的事实都是实存的转瞬即逝的当下形态(specious present),

---

① [英]A. N. 怀特海:《过程与实在》,杨富斌译,中国城市出版社 2003 年版,前言第 6 页。

② [英]A. N. 怀特海:《过程与实在》,杨富斌译,中国城市出版社 2003 年版,前言第 8 页。

③ [英]怀特海:《思想方式》,韩东辉、李红译,华夏出版社 1999 年版,第 80 页。

④ [英]怀特海:《思想方式》,韩东辉、李红译,华夏出版社 1999 年版,第 80～81 页。

都有一个生成和消亡的过程。

> 过程和个体(实存)是相互需要的;若相分离则各自都失去了意义。过程形式的特性是从它所包含的个体中派生出来的。个体的特性也只有从包含个体的过程的角度才能理解……关键问题在于:每一个体事物影响了包含着它的过程,因此任何过程都不能在对它所包含的个体的抽象方面进行考察。反之亦然。这样,数学与逻辑的绝对普遍性也就消失了,归纳也不再保险了。因为在不同的情况下、会有不同的结果。①

从这里我们不难看到,怀特海已经指出了形式逻辑、数理逻辑以及各种类型的静态学的错误。没有过程的思想,实际上都是没有意义的。

> 一切意义取决于持续,持续就是在时间过程中保持价值的达成态。持续的东西是自身固有模式的同一。持续需要有利的条件。整个科学的问题就是环绕着持续机体的问题。②

> 《过程与实在》全书几乎可以理解为,在像亚里士多德分析变化那样的同样水平上去分析死亡的尝试。抓住过去的概念意味着过去是一个死亡了的元素,并且因此是一个保留在彼岸中的元素,并且因此是客观化的。这就是整个的看法。如果你得到一个死亡的意义是什么的一般概念,你就达到了关于下面问题的理解:你认为记忆和因果关系是什么,在你感到我们是什么这个问题的无限重要时,你认为是什么,因为当我们死亡时,我们是不朽的。这就是一个关键的思想。围绕着它编排了《过程与实在》的整个内容。③

> 西方哲学的发展一直受阻于关于静止的时空和物理的秩序形式的必然性的心照不宣的假定。近二百年间科学知识的发展则彻底清除了此类必然性假定的一切根据。但是这种假定即便在科学家那儿也仍有遗存。在那些明确予以否认的人中间,这是一个默认的假定。④

(4)卡洛·罗韦利——过程论的现代继承者

卡洛·罗韦利(Carlo Rovelli)是意大利理论物理学家,圈量子引力理论的开创者之一,曾在美国、意大利工作,对科学哲学、科学史颇有研究。时间流逝

---

① [英]怀特海:《思想方式》,韩东辉、李红译,华夏出版社1999年版,第88页。

② [英]A. N. 怀特海:《科学与近代世界》,何钦译,商务印书馆1959年版,第186页。

③ [英]A. N. 怀特海:《怀特海文录》,陈养正等译,浙江文艺出版社1999年版,第267页。

④ [英]怀特海:《思想方式》,韩东辉、李红译,华夏出版社1999年版,第80页。

意味着什么？罗韦利给出了与怀特海相同的回答——过程。在《时间的秩序》一书中，罗韦利说道：

> 一个简单的事实是，没有物体存在，而是事件发生。[①]
>
> 我们可以把世界看作由物体、物质、实体这一类东西构成。或者我们可以把它看作由事件、发生、过程、出现组成。它不能持久，会不断转化，无法在时间中永恒。基础物理学中，时间概念的毁灭导致了以上两种观点中前者的崩塌，而非后者。[②]

> 通过把世界看作事件、过程的集合，我们得以更好地理解与描述世界。这是与相对论兼容的唯一方式。世界并不是物体的集合，而是事件的集合。物体与事件的区别在于，物体在时间中持续存在，而事件的持续时间有限。[③]

> 经过更仔细的审视，实际上，即使那些最“像物体”的物体，也只不过是很长的事件。最坚硬的石块，根据我们所学的化学、物理学、矿物学、地质学、心理学，实际上是量子场的复杂振动，是力瞬间的作用，是粉碎重归尘土前短时间维持原状、保持平衡的过程，是星球元素间相互作用的历史中短暂的篇章，是新石器时代人类的痕迹，是一群孩子使用的武器，是一本关于时间的书中举过的例子，是本体论的隐喻，也是世界被分割出的一部分——那世界与其说取决于被感知的物体，不如说取决于我们进行感知的身体构造……退一步讲，假如世界真是由物体组成的，那么这些物体又由什么构成呢？是原子吗？我们已经发现，它由更小的粒子构成。是基本粒子吗？我们发现，它们只是场的短暂振动。是量子场吗？我们发现这仅仅是谈及相互作用与事件时所用的语言代码。我们不能把物理世界看作由物体或实体组成，这行不通。[④]

> 把世界看作事件网络才行得通。简单的事件，以及可以被分解为简单事件组合的复杂事件。举几个例子：一场战争不是物体，而是一系列事件；一次暴风雪不是物体，而是事件的集合；山上的一朵云不是物体，而是风吹过山上时空气中水蒸气的凝结；波浪不是物体，而是水的运动，而且形成波浪的水总是不同的；一个家庭不是物体，而是关系、事件、感受的集合。一

---

① [意]卡洛·罗韦利：《时间的秩序》，杨光译，湖南科学技术出版社2019年版，第70页。

② [意]卡洛·罗韦利：《时间的秩序》，杨光译，湖南科学技术出版社2019年版，第70～71页。

③ [意]卡洛·罗韦利：《时间的秩序》，杨光译，湖南科学技术出版社2019年版，第71页。

④ [意]卡洛·罗韦利：《时间的秩序》，杨光译，湖南科学技术出版社2019年版，第71页。

个人呢？当然也不是物体，就像山上的云，它是食物、信息、光、语言等进进出出的复杂过程……它是社会关系、化学过程、情感交流网络中的一个结点。①

阿那克西曼德(Anaximander)的箴言：我们通过研究变化而非研究物体来理解世界。相反，柏拉图和开普勒等则试图通过寻找不变来理解世界，这就不奇怪为什么他们能够走到了一起，因为他们都被同样的数学诱惑了。

从托勒密到伽利略，从牛顿到薛定谔，所有行之有效的物理学与天文学都在数学上精确描述了事物的变化，而非它们的形式。一切都与事件有关，而非物体。②

牛顿力学、麦克斯韦方程组、量子力学等，都告诉我们事件怎样发生，而非事物是什么样的。通过研究生物的演化与生存，我们理解了生物学。通过研究人与人交往、思考的方式，我们才理解心理学（只有一点点，并不多）……通过形成过程而非存在，我们理解世界。③

通常我们称之为“真实”的事物，都存在于现在或当下，而非过去存在或未来会存在。我们说过去或未来的事物曾经是真实的或将要是真实的，但我们不会说它们现在是真实的。④

有种观点认为，只有当下是真实的，过去与未来都不真实。然而，实在会从一个当下演化到下一个当下，任何一种当下并不是放之四海而皆准的。

20世纪物理学以一种对我而言很明确的方式表明，现在主义并没有很好地描述我们的世界：客观且统 的当下是不存在的。我们最多也就能说：有一个相对于运动的观察者的当下。那么，对我而言的真实就不同于对你而言的真实，虽然我们都尽可能客观地使用着“真实”这个词。因此，世界不应被看作一连串的当下。⑤

从古希腊开始，西方的人们都相信，流动与变化都是虚幻的，过去、现在与未来都同等真实，同样存在，哲学家把这种观点称为永恒主义。永恒主义认为，世界没有任何变化，没有什么真的在流逝，流变是假象。中国古代持这种观点

① [意]卡洛·罗韦利：《时间的秩序》，杨光译，湖南科学技术出版社2019年版，第72页。
② [意]卡洛·罗韦利：《时间的秩序》，杨光译，湖南科学技术出版社2019年版，第74页。
③ [意]卡洛·罗韦利：《时间的秩序》，杨光译，湖南科学技术出版社2019年版，第75页。
④ [意]卡洛·罗韦利：《时间的秩序》，杨光译，湖南科学技术出版社2019年版，第76～77页。
⑤ [意]卡洛·罗韦利：《时间的秩序》，杨光译，湖南科学技术出版社2019年版，第79页。

的也不乏其人，如汉代董仲舒认为“天不变，道亦不变”。

> 我们无法把宇宙按照单一的时间顺序排列……这表明变化并不按照单一序列次第发生：世界的时间结构比每个时刻按照简单的、单一的线性排列要复杂。①

特别是考虑到相对论，哪怕是物理学意义上的过去、现在与未来，都只有特别狭小的范围。例如，地球上的现在是太阳 7 分钟前的现在。因此，罗韦利说道：

> 我们发现客观、统一的当下并不存在，在试图搞清其中的含义时，却发现我们的语法是围绕着过去、现在与未来的绝对划分构建的，而这只在我们周围才适用。②

2.4 尼采、海德格尔与雅斯贝尔斯：人之为人

为什么我们要知道尼采？因为历史上，尼采比较早地对理性的说教给出了最彻底的批判[在他之前还有一个人——叔本华(Arthur Schopenhauer)]。哪怕大家暂时不能完全理解他，我也希望有朝一日大家能变得像尼采一样深刻。

尼采是德国著名哲学家、思想家，对宗教、道德、文化、哲学以及现代科学等领域提出了广泛的批判，对于后代哲学的发展影响极大，尤其是在存在主义与后现代主义上。美国哲学家罗蒂将当代称为后尼采时代，海德格尔称尼采终结了西方哲学传统，德里达(Jacques Derrida)认为尼采是最卓越的解构思想家。

2.4.1 尼采：悲剧历史与本能的人

尼采是有史以来被人们谈论最多的哲学家之一，但不幸的是，他并不是被人们很好地理解了的思想家。关于尼采到底说了些什么，许多解释都被淹没在误解和夸大其词之中。

(1)尼采其人

尼采不是一个追求体系的哲学家，他用格言警句的形式写作，只言片语，隐喻象征，虽细心组织，但又杂乱无章。他向各种各样的立场观点开战——形而上学的，道德的，社会的，宗教的。他猛烈抨击将哲学变成一个体系的努力，并

---

① [意]卡洛·罗韦利：《时间的秩序》，杨光译，湖南科学技术出版社 2019 年版，第 80 页。
② [意]卡洛·罗韦利：《时间的秩序》，杨光译，湖南科学技术出版社 2019 年版，第 81 页。

称之为“缺乏正直与诚实”。试图把尼采丰富多彩的观察与思考融进一个统一的框架是徒劳的。

福柯说:“理解尼采有严肃的意义。”对于许多人,尼采是难以理解的。但是,如果要去理解一个人,想要知道他为什么要这样做那样想,必须从位置、身份、情境出发,必须从人与人、人与社会的联系出发,必须从过去、现在、未来出发。总之,社会是一张大网,一团乱麻,任何事情都不是孤立的,都是互相联系、相互影响的。

在《瞧,那个人》中,尼采把自己比作耶稣,还把自己当成苏格拉底(德尔菲神谕说的“雅典最聪明的人”),他写过《我为什么这么智慧》《我为什么这么聪明》。尼采甚至称自己是命运之神。有些评论家认为尼采写作这本书的时候已经疯了,其实,这只不过是尼采式的黑色幽默(一个作家用什么形式来表达他的思想是次要的,重要的是他要表达的是什么思想)。

雅斯贝尔斯(Karl Theodor Jaspers)说道:

> 尼采与克尔凯郭尔注意到了欧洲虚无主义的到来,无情地诊断它的病症。这两位哲学家在他们的同代人看来,无非是两个怪人,两个没有人会认真对待的危言耸听的预言家。但他们其实是发现了业已存在而尚未引起普遍不安的事物的先行者。只是到了我们今天,他们才作为论述了当代现状的思想家而受到了赞扬。①

尼采终其一生关注了两个主要问题:一是生命的意义,二是流行文化批判,也就是“价值的重估”。尼采在他后期作品中最为关注的核心问题就是他所谓的“价值的重估”,正如他解释的,这主要与道德价值的重新估价有关:“道德对生活有什么价值?”(重估一切价值的说法有误导性)尼采“价值的重估”的努力是有积极意义的,它防止我们变得教条,使我们睁开双眼去面对这个世界的不断变化和复杂性。

其实,真理的声音,更准确地说是“说真话”“说实话”,在任何时代,都有那么一些“不合时宜”、不受欢迎!因此,尼采始终在说,而且只能是说一些“不合时宜”的话。但是,100多年来,尼采的学说已经渗透到人类文化的各个方面。

(2)《悲剧的诞生》与本能冲动

《悲剧的诞生》是尼采的第一部正式出版的著作,发表于1872年。在这部著作中,尼采首次表达了他对人生意义的理解。对于尼采,不同的人有不同的解读。但是,从他的生活经历中我们应该能够捕捉到一些有价值的信息。这部

---

① [德]卡尔·雅斯贝斯:《时代的精神状况》,王德峰译,上海译文出版社2013年版,第11页。

书的问世无疑是和他对人生的悲观体验与思考分不开的。

尼采有早年丧父的经历，童年时代就患有眼疾和头痛，从小多愁善感，一生疾病缠身，他很早就沉浸于生命无常的忧思，这种悲观的倾向更因接触到叔本华[①]哲学而得到了印证和加强，1889年，尼采精神崩溃。另外，《悲剧的诞生》这部书的构思过程是在战场上（普法战争），这个重要背景可能对理解这本书具有特殊意义。

和叔本华一样，尼采认为，生命本来就像希腊悲剧所揭示的那样多舛和不幸，希腊悲剧的诞生就是在诠释人生。用他自己的话说：艺术不是像大多数人所理解的那样仅仅是一种娱乐形式，艺术是生命的最高使命和生命本来的形而上活动。这就是尼采对生命的理解、对艺术的理解，这就是《悲剧的诞生》要向人们揭示的真谛。

也正因为从悲观主义的内在经验出发，尼采才会特别注意到希腊悲剧并从悲剧艺术中看出了希腊人对于生存痛苦的深刻感悟。尼采用叔本华悲剧哲学的眼光发现了希腊悲观主义。而从另一种意义上说，他是把自己的悲观心理移植到希腊人身上去了，解释希腊人的天性和希腊文化的本质。不过，与叔本华不同，尼采自己没有向悲剧屈服，而是用行动去与自己悲观的命运抗争。

《悲剧的诞生》中的“悲剧”有两种意义——作为一种戏剧形式的悲剧和社会人生意义上的悲剧。书中，日神阿波罗和酒神狄奥尼索斯是两个主要角色。无论是日神还是酒神的行动，都植根于他们的本能，都具有非理性的色彩。本能支配着人的行动，却不为理性所支配。“只要我们不单从逻辑出发，而且从直观的直接可靠性出发，来了解艺术的持续发展是同日神和酒神的二元性密切相关的，我们就会使审美科学大有收益。”[②]

日神与酒神的区别表现在：日神的特征是适度，适度的节制，摆脱了狂野激情。“适度即美的尺度”是希腊人自觉遵守的界限，即“美丽外观的界限”，同时它们也具有“掩盖真理”的一面。相反，酒神的鲜明特征是过度。在酒神状态中，“面对汹涌而至的普遍人性和普遍自然性的巨大力量，主体性完全消失”。[③]这个时候，人不再以认识的主体出现，不再恪守由认识的形式加于事物的界限，人与人之间、人与自然之间的分别不复存在。在酒神状态中，被掩盖的真理终于显现出来了。

尼采认为，酒神现象表明，人除了执着于美的外观幻觉（日神现象）外，还有

---

① 亚瑟·叔本华，德国著名哲学家，是哲学史上第一个公开反对理性主义哲学的人，是意志论哲学的创始人，认为生命意志是主宰世界运作的力量。代表作有《作为意志和表象的世界》。

② ［德］尼采：《悲剧的诞生——尼采美学文选》，周国平译，上海人民出版社2009年版，第90页。

③ ［德］尼采：《悲剧的诞生——尼采美学文选》，周国平译，上海人民出版社2009年版，第122页。

一种更强的冲动，这便是摆脱束缚，打破外观幻觉，回归自然本性。酒神精神肯定了人的天性中充满幸福的狂喜。在《悲剧的诞生》中，我们看到的不仅是叔本华悲观主义对尼采的影响，更有尼采对叔本华悲观主义的超越。

尼采还有一个说法很有意思，他认为："民歌多产的时期都是受到酒神洪流最强力的刺激"，并且"只有在酒神秘仪中，在酒神状态的心理中，希腊人本能的根本事实——他们的生命意志——才获得了表达"①。这一点可以与我国"李白斗酒诗百篇"的说法在某种程度上相互印证，另外，大家也许知道，苏东坡也是一个酒圣，三国魏晋时期的竹林七贤②也是好酒之人。他们都用自己放荡不羁的行为与时代观念和礼教抗争。

我们一旦想通了它，真正理解并接受它，那么我们就再也不会对人生的苦难耿耿于怀了。明天还会照常来，日子总得过下去。

也许我们应该承认：人生苦难重重，这是个真理。理性乐观主义者是看不到这一点的，或者说大部分人不愿正视它，而愿意用一些臆想的东西来安慰自己、麻醉自己。在他们看来，似乎人生既舒适又顺利。正是这些人，一旦遭遇不顺、不幸，他们或者怨天尤人，抱怨自己生而不幸；或者哀叹麻烦、压力、困难，认为自己是世界上最不幸的人。

人应该怎样度过自己的人生？这是尼采终其一生要回答的问题，也是我们每个人都应该思考和回答的问题。尼采的回答就是用酒神精神，用超人精神去引导自己的行动，像他们一样地不受任何束缚地生活，而不应该成为迂腐观念、世俗教条的奴隶，像奴隶一样去生活。

例如，现代流行一时的一些东西——成功学（实际上就是名利之学）、励志学、心灵鸡汤等，这一类的说教对于许多年轻人特别有吸引力，外表上传递一些正能量，但实际上只不过是麻痹人的精神的迷魂汤。不难看到，所谓的成功、励志都用了同样的衡量标准——名和利的收获，实际上是用人们的功利心去迎合社会。如果过多地接受这些东西，就会不自觉地被洗脑，变成它们的囚徒。

马克斯·韦伯在《新教伦理与资本主义精神》中就说明，从新教伦理的传播开始，经过与各种观念和势力的残酷斗争，资本主义精神终于取得了统治的地位。到了当代社会，开始流行这样一种观念：物质生活是人生幸福安乐的基础，物质享乐是人生的价值所在。财富和金钱成了成功的标志，成为人生的终极

---

① ［德］尼采：《悲剧的诞生——尼采美学文选》，周国平译，上海人民出版社 2009 年版，第 14～15 页。

② 竹林七贤指的是嵇康、阮籍、山涛、向秀、刘伶、王戎及阮咸七人，他们超然物外，不附权贵，追求自由，与趋炎附势的世人形成鲜明对比。因常在当时的山阳县（今修武一带）竹林之中喝酒、纵歌，肆意酣畅，世谓"七贤"。

目标。

于是，我们看到即使是在高度“文明”“智慧”的今天，依然是“天下熙熙皆为利来，天下攘攘皆为利往”。人们为了能开上豪车、住上别墅、购买更多的消费品而长时间工作，不停地加班，牺牲节假日，甚至牺牲健康。没有时间用于家庭、朋友和邻里的社会交往；没有时间走入大自然去欣赏自然之美；没有时间看书；没有时间让自己静下来思考一下人生。人们前赴后继地上演“出师未捷身先死，长使英雄泪满襟”悲剧，未老先衰、过劳而死……

启蒙运动和资本主义对人的“解放”，说到底就是告诉人们物质、肉欲、权力和金钱就是满足的全部。我们可以问：这是真正意义上的解放吗？而那些与古代巫师有着相同嘴脸的现代励志大师们，教会了我们对物质、肉欲、权力和金钱趋之若鹜，却没有告诉我们人类更需要精神的解放和关怀。于是，被“启蒙”了的现代人并不能够解放自己、放任自己，而是被套上了新的枷锁，陷入无休无止的物欲追求，无法自拔。

查尔斯·汉迪(Charles Handy)认为，在当今时代，人越来越成为组织、机器、电脑和工资的奴隶。他认为，今天的社会是非理性的，未来将是不连贯的变化时代，要想塑造未来，就必须大胆地设想那些不可能的事。他指出，只有那些打破传统思维模式，进行非理性思考的人，才对20世纪的生活产生了最深远的影响。

实际上，汉迪算不上一个思想家，虽然他写过很多东西，真正属于他自己的思想并不多。

今天，大家应该仔细地想一想，我们天天高喊“走自己的路”“做最好的自己”，这当然是正确的。但是，有多少人有这样的勇气？又有多少人将它付诸行动？到最后，这些愿望不都是沦为漂亮的空话？

被时代精神绑架、被世俗的道德绑架、被流行的文化绑架……满眼尽是“稻草人”。在这个纷扰的世俗世界里，能够学会用一颗平常的心去对待周围的一切，也是一种境界。

让-雅克·卢梭(Jean-Jacques Rousseau)的著名论断“人生而自由，但无往不在枷锁之中”，打破了被人类理性理想化了的关于外部世界的构想。他比别人更清楚地看到，我们身处其中的这个世界，并没有远离压迫、贫穷、非正义和战争，它们主要是现存机制的产物。简单来讲，社会弊病在根本上是制度的、文化的和道德的问题，尤其是社会机制，往往是人类不幸福的根本原因。

现代生活种种，究竟是人性、心灵遭到了扭曲，还是我们已经返璞归真，相信大家是有答案的。

所以，尼采对酒神精神的颂扬不仅是对陈规世俗嘲弄，还是对真正人生的肯定，是与悲剧人生的抗争！

实际上，尼采所看到的情况是在人生舞台上，每个人都会面对着悲剧命运的冲击。

> 他清楚地经验到的，绝非只有愉快亲切的景象，还有严肃、忧愁、悲怆、阴暗的景象，突然的压抑，命运的捉弄，焦虑的期待，简言之，生活的整部"神曲"，连同"地狱篇"一起，都被招来从他身上通过……[①]

在尼采眼里，"希腊人深思熟虑，独能感受最细腻、最惨重的痛苦，他们用大胆的目光直视所谓世界史的可怕浩劫，直视大自然的残酷，陷于渴求佛教涅槃的危险之中。艺术拯救他们，生命则通过艺术拯救他们而自救"[②]。

但是，尼采认为，由于苏格拉底的理性主义说教（煽动人们相信不朽灵魂和绝对真理）的影响，没有人认真地思考过自己存在的意义，没有人对自己的生命本质保持清醒。尼采对苏格拉底的理性主义世界观提出批判。他认为，正是由于长期的苏格拉底理性主义的传播与统治，生命的真义被掩盖、被扭曲、被误导了。尼采始终把理性视为扼杀本能的力量，主张直观比逻辑更加直接可靠，他谴责苏格拉底的理性哲学。

概括地说：尼采写作《悲剧的诞生》是想揭示这样的道理：人生和社会本来很悲剧，而作为戏剧形式的希腊悲剧，是为给悲剧的人生带来慰藉、启发、感悟和艺术的体验而诞生。而且值得一提的是，在《悲剧的诞生》一书中，尼采把生命的痛苦和毁灭当作生命的必要条件加以肯定。整个一部《悲剧的诞生》，始终回响着感性直观对理性和逻辑的声讨的强音。

(3)《不合时宜的沉思》

《不合时宜的沉思》这本书是几篇作品的合集。[③] 尼采这里的"不合时宜"首先是"不被接纳"，指一种更高、更单纯、更真诚、更纯洁的德行。而那些"合乎时宜"的、流行的东西，则不过是荒唐、扭曲、掩盖真相和误导人的东西。

在尼采眼中，那些以学术为业的人是一种怎样的形象？他称那些"所谓的有教养的人"是"知识庸人"。[④]

尼采看到了"学者们的堕落状态"：

---

① ［德］尼采：《悲剧的诞生——尼采美学文选》，周国平译，上海人民出版社2009年版，第90页。

② ［德］尼采：《悲剧的诞生——尼采美学文选》，周国平译，上海人民出版社2009年版，第111～112页。

③ 包括《不合时宜的沉思》《施特劳斯——表白者和作家》《历史学对于生活的利与弊》《作为教育者的叔本华》和《瓦格纳在拜雷特》。

④ ［德］尼采：《不合时宜的沉思》，李秋零译，华东师范大学出版社2007年版，第165页。

> 与牟利者、国家和隐藏在一个美丽的外表背后的人们的自私相适应的……(因此)科学是枯燥的、没有心灵,特别是无动于衷地漠视苦难的……职业科学家与不纯的金属一样,是由不同的配料的混合构成的。属于他们的刺激和冲动的,有好奇心和探险的乐趣、辩论的游戏和个人胜利的乐趣、功利主义和对占统治地位的利益集团(政府、教会等等)的考虑、对习惯的坚持和对哲学的憎恨……他们只对邻近的、特殊的和微小的东西有感觉,而对遥远的、普遍的和伟大的东西没有感觉。[①]

尼采劝告人们“与日常政治、与报纸、与一切合乎时宜的东西保持尽可能大的距离……从国家、职位、等级、观念获得解放,尤其是从大学获得解放”,“不再给予任何国家的承认和支持,因为国家不关心真理,而是永远只关心有用”。[②]

尼采还说道:“现在的大学精神与时代精神是一回事。”[③]换句话说,在今天这样一个时代,已经找不到超然的、独立的大学精神了。

2.4.2 海德格尔:本真的人与理性人的对抗

马丁·海德格尔,德国哲学家,20世纪存在主义哲学的创始人和主要代表之一,1889年4月26日生,1914年在弗莱堡大学获哲学博士学位;1916～1923年,任马堡大学讲师和埃德蒙德·胡塞尔的助手;1928～1945年任弗莱堡大学教授;1933年做过9个月的校长;1959年退休以后极少参加社会活动,避居在家乡黑森林的山间小屋,只和很少一些最亲近的朋友一起讨论哲学问题;1976年5月26日去世。

(1)海德格尔画像

海德格尔是(有可能除了维特根斯坦、怀特海之外)20世纪最伟大的哲学家之一,其思想复杂而浩瀚。[④]

海德格尔告诉我们:

> 唯有当我们已经体会到,千百年来被人们颂扬不绝的理性乃是思想最冥顽的敌人,这时候,我们的思想才能启程。[⑤]

我们应当知道人的局限,知道理性的局限。理性也应该走下神坛。面对这个

---

① [德]尼采:《不合时宜的沉思》,李秋零译,华东师范大学出版社2007年版,第18～19页。

② [德]尼采:《不合时宜的沉思》,李秋零译,华东师范大学出版社2007年版,第19页。

③ [德]尼采:《不合时宜的沉思》,李秋零译,华东师范大学出版社2007年版,第19页。

④ 曾经有人把他与纳粹联系起来。维克托·法里亚斯写过《海德格尔与纳粹》。据说,德里达曾在课堂上挖苦法里亚斯说,他恐怕连《存在与时间》的前30页也没有读完。

⑤ [德]马丁·海德格尔:《林中路》,孙周兴译,上海译文出版社2008年版,第241页。

仍然充斥着迷信、教条、霸权的社会，我们应当坚持批判反思，如果我们不能够思考，历史的发展就会走向停滞，思想也会成为死水一潭。所以，乔布斯告诉人们：

> 你的时间有限，所以不要为别人而活。不要被教条所限，不要活在别人的观念里。不要让别人的意见左右自己内心的声音。最重要的是，勇敢地去追随自己的心灵和直觉，只有自己的心灵和直觉才知道你自己的真实想法，其他一切都是次要。①

其实，马云、俞敏洪等做得比乔布斯还优秀。当然，马云他们也是听从了自己的心声，而不是世人的赞誉或咒骂。

受现象学和胡塞尔的影响，海德格尔相信：对于认知对象，要让它"是其所是"地显现它自己。所以，真理就是"去蔽"。这样，在他的全部著作里，都是让事物为它自己讲话，不是强迫事物穿上预先为它们制造的概念的"紧身衣"。用海德格尔自己的话说：

> 不允许把任何随意的存在观念与现实观念纯凭虚构和教条安到这种存在者头上，无论这些观念是多么"不言而喻"；同时，也不允许未经存在论考察就把这类观念先行描绘出来的"范畴"强加于此在。毋宁说，我们所选择那样一种通达此在和解释此在的方式必须使这种存在者能够在其本身、从其本身显示出来。②

(2)《存在与时间》——对传统理性主义的颠覆

《存在与时间》是海德格尔的代表作，是他长期阅读和思考的结晶，这本书不仅对哲学家，而且对神学家、心理学家以及社会学家都产生了重要影响。同时，《存在与时间》也是迄今为止最难读懂的著作之一。

为什么要讨论存在问题？"存在"与人的所有活动相关联，实际上，它就是人类的知识、科学和全部实践活动所要回答的最基本的问题，也是古往今来很多人都在寻找和思考的问题。但是，它们是否真的像其他人所说，只是一些外在的事物？显然，海德格尔不满足于前人的回答。

在书的开篇，海德格尔这样写了这样一段话：

> 现在首先要唤醒对(存在)这个问题本身的意义的重新领悟，具体而微地把"存在"问题梳理清楚，这就是本书的意图。其初步目标则是对时间进

---

① [美]丹尼尔·伊克比亚：《乔布斯传》，周盛译，湖南人民出版社2011年版，第237页。

② [德]海德格尔：《存在与时间》，陈嘉映、王庆节译，生活·读书·新知三联书店1999年版，第19～20页。

行阐释，表明任何一种存在之理解都必须以时间为其视野。[①]

那么，海德格尔理解的“存在问题本身的意义”是什么？这确实是《存在与时间》的主题。他说：

> 通过本书循序渐进的分析，时间性将被展示出来，作为我们称为此在的这种存在者的存在之意义……时间性之为此在存在的意义这一证明也由这一解释得到检验。把此在解释为时间性，并不就算为主导问题即一般的存在意义问题提供了答案，但却为赢得这一答案准备好了地基。[②]

这段话已经清楚地表明：海德格尔是要把此在的意义——时间性揭示出来，然后，以此为基础，上升到对主导问题——一般存在的意义的揭示。不过，海德格尔始终更关心前一个问题——此在的意义问题。

这里立刻产生了两个问题，即：(1)海德格尔为什么要去揭示此在以及一般存在的意义，他对前人的探讨有何不满？(2)为什么他把存在的意义归结为时间性？有什么新意吗？是不是更深刻？

关于第一个问题，他后来在另一本书《形而上学导论》中作了回答。他是这样说的：

> 究竟为什么在者在而无反倒不在？这是问题所在。这问题恐怕不是个普普通通的问题……绝大部分人根本不会遇上这个问题……然而，每个人都会，甚至或许还会不止一次地，为这个问题晦蔽着的威力所掠过，却不明白是怎么回事。比如，在某种完全绝望之际，当万物消隐不现，诸义趋暗归无，这个问题就浮现出来了……在某种心花怒放之际，这个问题就来临了……在某种荒芜之际，这个问题就来临了。[③]

但是，他接下来告诉我们：

> 这是一个最广泛、最深刻又最原始的问题。[④]

不过，这个问题根本不会麻烦在者自身。不提这个问题，星球照样按

---

① [德]海德格尔：《存在与时间》，陈嘉映、王庆节译，生活·读书·新知三联书店1999年版，第1页。

② [德]海德格尔：《存在与时间》，陈嘉映、王庆节译，生活·读书·新知三联书店1999年版，第20页。

③ [德]海德格尔：《形而上学导论》，熊伟、王庆节译，商务印书馆1996年版，第3页。

④ [德]海德格尔：《形而上学导论》，熊伟、王庆节译，商务印书馆1996年版，第4～5页。

照它的轨道运行；不提这个问题，万物照样生机勃勃成长。[①]

海德格尔当然知道，无数的前人思考过这个问题，而且也已经有各种各样的答案。但是，在海德格尔看来，前人的回答都是基于“人类中心”立场的回答。在这些回答中，人类是与众不同的存在者，具有特殊的地位、特殊的意义。最典型、最荒谬的是，人的代表——上帝竟然可以成为“造物主”。实际上，世界既不是人创造的，也没有什么事物为了人而存在，自作多情的人类中心主义解释是滑稽可笑的。人只不过是宇宙万物之一。

如实地说，海德格尔在这部书里其实表达了一种虚无思想，但是，由于不愿意被扣上虚无主义的帽子，他还是很谨慎地不暴露自己的观点。特别是，只要赋予存在以时间性，只要用时间性（有限性）的眼光去看世界，就能看到“无”的世界——世间万物，从无到有，复归于无。小到细胞、细菌，大到地球、太阳、宇宙，无不如此。那些显然带有虚无色彩的话，他是没有必要说的，因为很多人已经说过了。后来，海德格尔在《林中路》中解释过真正的虚无主义与假的虚无主义。另外，在海德格尔的后期研究中，他研究过中国的老子和印度的佛教。至于海德格尔为什么会是一个虚无思想家，恐怕与他自己的生活经历不无关系。

关于第二个问题，海德格尔把存在的意义归结为时间性，其实是有针对性的，但他并不是提出这个问题的第一人。

有针对性是指海德格尔的《存在与时间》矛头直指当时盛行的理性主义的存在论。在流行的、理性的存在哲学中，“存在”是一个没有时间性维度的概念，它主要是指那些空间上的、与意识并存的那些东西——理念论、本质论、规律论等，不一而足。在理性主义那里，“意识”被比喻成一面镜子，而“存在”仅仅是镜子外面的东西。例如，说到“月亮”，就会马上出现两个概念：月亮本体以及人们意识中的月亮。

其实这里还有一个问题，那就是：理性主义的存在论完全错了吗？当然不能这么说，我们只能说他们具有极大的片面性，仅仅强调了存在物两个基本特性中的一个特性、一个维度——空间特性、空间维度。缺少了时间的概念，就不可避免地造成了那些理性主义思想家的静态思维方式和他们的静观世界。而在真实世界中，任何一种实际的存在还有另一个基本特性、基本维度——海德格尔强调和补充的存在之时间性、时间维度（从生到死的生命过程）。这个补充当然是非常重要的。这不仅仅是一种动态性的思维方式，使我们看问题的时候具有历史性视角；更重要的是，时间性本身就是存在者的存在方式，是存在者的“是其所是”。

---

① ［德］海德格尔：《形而上学导论》，熊伟、王庆节译，商务印书馆 1996 年版，第 7 页。

至于说海德格尔不是强调“存在的时间性”的第一人，那么，这第一人是谁呢？这个问题确实不好回答，但是，至少，在海德格尔之前，法国著名物理学家、思想家亨利·柏格森[①]就详尽地讨论了时间问题，而且批判了传统思想中错误的时间观念。

与柏格森一样，海德格尔看到了近代科学以及科学理性的错误，同时也看到了柏格森对“时间”解释的错误，“自亚里士多德直到柏格森，这种传统时间概念不绝如缕”[②]。我们也可以把这一点看作是海德格尔写《存在与时间》的原因之一。海德格尔写道：

> 在隐而不彰地领会着解释着存在这样的东西之时，此在由之出发的视野就是时间。我们必须把时间摆明为对存在的一切领会及解释的视野。必须这样本然地领会时间。为了摆明这一层，我们须得原原始始地解说时间性之为领会着存在的此在的存在，并从这一时间性出发解说时间之为存在之领会的视野。[③]

这段话的意思是：人们在认识和把握“存在”时，不能没有时间概念。各种存在者都具有时间性。这个时间性不是存在者之外的，而是存在者的本性之一维。而且人的存在即“领会着存在的此在的存在”，也是时间性的。因此，当我们谈起某个人的时候，总是某某时间的这个人，在整体上说这个人是时候，也总是有一个时间性的此在。如果我们说的是苏格拉底的话，那就是“苏格拉底，公元前469～前399年”；如果我们说的是海德格尔的话，那就是“海德格尔，1889～1976年”；如果我们说的是毛泽东的话，那就是“毛泽东，1893～1976年”。

此在的时间性就是：无论是谁，在那个时间范围之外，他这个人是不存在的。当然不仅是人，所有的存在者——一棵植物、一只动物、一座高山、一条河流、月亮、地球、太阳乃至宇宙，都是具有时间性的存在者。

据说，有一次，海德格尔在课堂上介绍亚里士多德的时候，他这样说：“亚里士多德，他出生，他死了。”当时，很多人并不理解海德格尔为什么这样说，因为他没有把时间性说通俗、说清楚。

海德格尔的这段话，对于理解他的《存在与时间》非常重要。它解释了这本

---

① 亨利·柏格森，法国哲学家。他反对科学上的机械论，也反对心理学上的决定论与理性主义。代表作有《时间与自由意志》《创造的进化》。

② [德]海德格尔：《存在与时间》，陈嘉映、王庆节译，生活·读书·新知三联书店1999年版，第21页。

③ [德]海德格尔：《存在与时间》，陈嘉映、王庆节译，生活·读书·新知三联书店1999年版，第21页。

书的缘起和动机，也表达了海德格尔对“存在”“此在”和“时间”的理解。实际上，理解了这段话，整部书也就容易理解了；否则，在阅读它的时候就不得要领。

> 一切存在论问题的中心提法都植根于正确看出了和正确解说了的时间现象以及它如何植根于这种时间现象。①

海德格尔对《存在与时间》所要做的事情作了进一步的解释。

> 实际情况是：在“在时间中存在”这种意义上，时间充任着区分存在领域的标准。时间如何会具有这种与众不同的存在论功能，根据什么道理时间这样的东西竟可以充任这种标准，再则，在朴素地从存在论上运用时间的时候，是否表达出了一种可能与这种运用相关的本真的存在论上的东西？这类问题迄今还无人问津。②

所以，不难看出，海德格尔所要做的，就是要弥补这种状况，回答这些无人问津的问题。

> 如果我们确应从时间来理解存在，如果事实上确应着眼于时间才能理解存在怎样形成种种不同的样式以及怎样发生种种衍化，那么，我们就可以摆明存在本身的——而不仅仅是存在“在时间中”的存在者的——“时间”性质了。于是，“时间性的”就不再可能只等于说“在时间中存在着的”。“非时间的东西”与“超时间的东西”就其存在来看也是“时间性的”。③

此在从根本上说具有时间性：它在被“抛入”这个世界之后，便开启了“向死而生”的过程，它在本质上是历史性的。

世界上根本没有永恒的东西！不必悲伤，让我们留住片刻的美好。

(3)海德格尔对传统的理性主义的批判

对传统的理性主义的直接批判，不能算作是海德格尔的主要关切。他着重做的事情是表述自己的见解，而称得上“批判”的文字，散见于他著作的许多地方。当然，从根本上说，他所做的全部工作都是对传统的理性主义的批判。

下面这段话，他直接把矛头指向了传统的理性主义：

> 希腊存在论通过形形色色的分流与扭曲直到今天还规定着哲学的概

① [德]海德格尔：《存在与时间》，陈嘉映、王庆节译，生活·读书·新知三联书店1999年版，第22页。

② [德]海德格尔：《海德格尔自述》，丁大同、沈丽妹译，天津人民出版社2017年版，第156页。

③ [德]海德格尔：《存在与时间》，陈嘉映、王庆节译，生活·读书·新知三联书店1999年版，第22页。

> 念方式……希腊存在论的本质部分盖上了经院哲学的印记，通过苏阿列兹(Suarezl)的形而上学论辩，过渡到近代的"形而上学"和先验哲学，并且它还规定着黑格尔《逻辑学》的基调和目标。在这个过程中，某些别具一格的存在领域曾映入眼帘并在此后主导着问题的提法(笛卡尔的我思、主体、我、精神、人格)；同时……人们把传统存在论的范畴内涵加以形式化，作为纯粹消极的限制加到这种存在者之上，或者为了在存在论上对主体的实体性作出解释而乞灵于辩证法。①

海德格尔强调"常人"，我们都是"如其所是的'此在'"。

在《存在与时间》中，海德格尔把人称作"此在"，只是诸多"存在者"中的一种。称作"此在"而不是称"人"，是海德格尔有意为之。它意味着人与别的存在者没有什么不同。因为海德格尔认为，这些说法——人是带有主观性的主体，人是一种有意识的、不同于众之物——都是错误的，掺杂了太多人类中心主义的东西。

因此，我们看到，在海德格尔的思想里，没有"主体与客体""存在与意识""灵与肉"的二元对立。那些理性主义者如柏拉图、笛卡尔、康德、黑格尔等理论中的核心角色——精神、理念、绝对精神等，在海德格尔的《存在与时间》中统统都没有地位，都没有出场。这当然体现了海德格尔现象学的立场，体现了他反理性主义的基本观点。

海德格尔对"此在"的揭示，完全着眼于、并通过日常状态来完成——常人的畏、烦、操心、好奇、闲言、死亡。为什么是日常生活，而不是理性主义一贯探讨的意识或绝对理念？这正体现了海德格尔对理性主义传统的抛弃。在日常生活中，人首先是一个普通的存在者——"常人"，作为"常人"并不是本真的自我，"常人"是受到很多东西约束的人生状态。但是，"常人"可以升华为本真的自我。要达到本真自我，不是按照某一种模式去实现它，而是通过其原始展开方式，在对自身、现身的调整中，对自身有所领会的过程中，实现自身所具有的可能性，从而达成本真的自我。

在《存在与时间》中，海德格尔强调：人(此在)和其他事物一样，总是借自己的显现方式(即日常生活)使自身得到阐明。海德格尔认为，人的存在都有三个基本的显现方式(特性)：心情和感情，领会和理解，言语。这些都叫作存在情态。这是海德格尔对于人的基本认识。

我们先来看看海德格尔这个"此在"的描述与现代科学中的"理性人"有什

---

① [德]海德格尔：《存在与时间》，陈嘉映、王庆节译，生活·读书·新知三联书店 1999 年版，第 26 页。

么区别。

首先是心情和感情——喜、怒、哀、乐、烦。心情这东西，我们每个人天天都有，受其影响最多，它们对人的行为和决策的影响最大。心情和感情能够被归为理性的范畴吗？当然不能！

其次是领会和理解。它们与理性有一些联系和交叠，但还是与现代科学的理性概念相去甚远。领会和理解既可以是完全理解、正确理解，也可以有误解，也可以有理解不透、不完整等。比方说，对康德、黑格尔、马克思，对海德格尔，或者对我在这里说的每一句话，大家是不是都能够理解？会不会有不一样的理解？

最后是言语。言语是我们天天都在使用的工具，大家再熟悉不过。那么，言语简单吗？其实，言语既是含糊的，又是动态的、变化发展的。

例如，我在这里，即使我想尽最大努力把每一句话都表达清楚，使其没有歧义，但这却很不容易做到。因为几乎每一句话，都与上下文有联系，没有听到或没有理解上一句，就不容易理解下一句。对许多话的理解，还与大家的知识积累，与大家阅读、思考的深度有关。另外，大家应该知道，所有的语言都是活的、有生命的。现在出去用唐宋时期的语言与别人交流，肯定就会把别人吓到；大家学会了课本上的英语，但是，到了英国、美国之后会发现，人家不是这样说话；还有互联网上的许多新词，年轻人听到可能会会心地一笑，而年老的人却不知道说了什么……

卡尔·布莱克(Carl Black)对海德格尔早期的思想影响很大。这是一个反现代主义的神学家，他思维敏锐，《论存在：存在论大纲》一书揭示了现代科学中形形色色的、非反思的、盲目信仰的前提。他主张把那些自认为无信仰、无前提的人们(即那些自封的理性主义者、实证主义者们)，从“教条主义的假寐”中唤醒。布莱克认为：

> 现实是一个永远不会枯竭的秘密，我们都是这个秘密的一部分，被这个秘密所包围。而现代文明却缺乏对这个秘密的必要的尊重。如果人类飞扬跋扈地把自己置于现实的中心，那么他同真理之间，最终只会剩下一种实用性的关系。①

另一个人，布伦塔诺(Franz Clemens Brentano)，德国哲学家、心理学家，是现象学奠基人胡塞尔的老师，他对海德格尔思想的形成影响很深。1874 年，布伦塔诺出版了《从经验的观点看心理学》。布伦塔诺向人们指明：严格说来，根

① 转引自[德]吕迪格尔·萨弗兰斯基：《来自德国的大师——海德格尔和他的时代》，靳希平译，商务印书馆 2007 年版，第 27 页。

本不存在一般整体，存在的只是个别事物，不存在广延性本身，只存在有广延的个别事物。

布伦塔诺警告说，不要把实体错误地赋予概念性的东西。实体并不染指一般性概念，而只存在于个别东西之中。实体是一种极其丰富的、无穷性的东西，它由无穷多的关系构成，因此可以从无穷多的角度加以规定。世界是永不枯竭的，世界只在个别性中、在存在的类型的多样性层次中呈现自己。①

(4)《形而上学导论》——对传统理性主义及其理论釜底抽薪

海德格尔的《形而上学导论》首次出版于 1953 年，它的基础是海德格尔早期的讲课内容。在这本书里，海德格尔做的一点“小事情”就是对传统理性主义及其理论釜底抽薪。

在这本书的开头部分，海德格尔就提醒人们：本书要回答人类社会全部问题中最广泛、最深刻也是最原始的问题（也是形而上学里的基本问题），“我们必须摒弃所有任何特殊的、个别的在者的优越地位，包括人在内”②。

这句话什么意思呢？海德格尔是在告诉我们：如果以人为中心去看世界，是不可能在这个最基本的问题上得到正确的答案的。如果戴着“人的利益”的近视眼镜，考虑人类的意义和目标设置、考虑这个基本问题与日常生活的用处和联系（即功利主义的出发点），都会从根本上偏离问题的方向。而传统的理性思维、理性科学恰恰都是基于人类中心立场的，这不仅导致了错误的认识，而且最终也引发了理性的灾难。

通过简单的反思不难发现，现代理性科学其实都是以人为中心的，都是考虑人类的意义和目标设置、考虑与日常生活的用处和联系的科学。所以，我们就可以看到，人类历史上的理性科学都是提出“它们有什么用处?”“它们要达到什么目的?”这样一些问题。理性科学从来没有，也不可能对超乎寻常的东西作超乎寻常的发问。

何者为知？海德格尔下面这段话应该让人震撼，因为在我们身边，他说的这种情况比比皆是。

> 所谓知就是：能立于真理中，真理是在者的坦露……单纯有知识，即使这种知识很广博，也不是知；即使这些知识经过循序渐进的学习和考试的裁定而最后成为实践中最重要的东西，也不是知；即使这些知识是根据最基本的需要加以剪辑而来，因而“接近生活”，但对他们的拥有也不是

---

① [德]吕迪格尔·萨弗兰斯基：《来自德国的大师——海德格尔和他的时代》，靳希平译，商务印书馆 2007 年版，第 38 页。

② [德]海德格尔：《形而上学导论》，熊伟、王庆节译，商务印书馆 1996 年版，第 6 页。

知……所以,尽管一个人可能拥有上述知识同时还有几手实际技能,但他仍然盲然无知,仍然不可避免地是个半瓶醋。[①]

海德格尔这段话和庄子的说法有高度的一致性,或者说,不如庄子所言深刻。庄子在他的《齐物论》中说道:

道行之而成,物谓之而然……物固有所然,物固有所可。无物不然,无物不可……故分也者,有不分也;辩也者,有不辩也……故知止其所不知,至矣。孰知不言之辩,不道之道?[②]

在生活中,难道不是有大量有知识的无知之人吗?他们知道如何制造原子弹,知道如何提高国家税收,知道如何增加政府支出,却不知道它们对于社会、人类的意义;他们会写文章、能发文章、能申请课题,并且当上了教授、博导,却不知道自己迎合了什么又失去了什么……更有很多很有知识的助纣为虐之徒或唯利是图之徒,这些人当然可以被称为理性人,但是,这样的理性人越多,我们的社会、人类的命运会怎样呢?

海德格尔接着说:

所谓知就是:能够学习……所谓有知的人只是指那种领会到他必须总是不断地学习,并且在这种领会的基础上首先使自己进入那种能够不断地学习的境界的人,这要比拥有知识难得多。能够学习以能够发问为前提条件。[③]

领会到必须不断学习的另一个说法是知道自己无知,这是一种非同一般的境界。庄子说:故知止其所不知,至矣;孔子说:学然后知不足,教然后知困;苏格拉底说:我只知道一件事,那就是我什么都不知道。

(5)守护精神家园

现代也有一些人高喊"守护人类的精神家园"的口号,非常可笑。因为他们理解的精神家园里没有精神。

生活在20世纪上半期,海德格尔已经看到了唯物主义大行其道,物质至上,物欲横流,而人类的精神状况每况愈下,社会上流行着对精神生活、精神世界的贬低和误解,他忧心忡忡地说道:

在地球上并且环绕着地球,正在发生着一种世界的没落……这一世界

① [德]海德格尔:《形而上学导论》,熊伟、王庆节译,商务印书馆1996年版,第23页。
② 《庄子·齐物论》。
③ [德]海德格尔:《形而上学导论》,熊伟、王庆节译,商务印书馆1996年版,第23页。

> 没落的本质性表现就是:诸神的逃遁,地球的毁灭,人类的大众化,平庸之辈的优越地位。世界的没落就是对精神的力量的一种剥夺,就是精神的消散、衰竭,就是排除和误解精神……这种对精神力量的剥夺是从欧洲自身产生出来的,并且最终是由欧洲自身十九世纪上半叶的精神状况所决定(尽管在此之前就开始酝酿),所以,欧洲的状况就愈加成为灾难性的。①

海德格尔解释说,对精神的误解表现为四个方面:

> 第一,将精神曲解为智能,这是决定性的误解……第二,如此被曲解为智能的精神因而就沦入为其他事情服务的工具的角色,成为既可以教人也可以学到的东西……第三,一旦这种对精神的工具性曲解开动起来,那么,精神历事的力量,诗歌和创造性艺术,国家的创立与宗教都进入一种可能被有意识的培植和规划的范围内……为诗歌而诗歌,为艺术而艺术,为科学而科学……今天,科学在它的所有领域内都成了一种获取知识与传授知识的技术的、实用的事务。从这样的科学出发根本不可能发生精神的唤醒,倒是科学自身需要这种唤醒。第四,对精神的最后一种曲解植基于前面所说的一些窜改中。这些窜改把精神想象为智能,把智能想象为为目的而设的工具,再把工具和产出的产品一起想象成为文化的领域。②

今天的状况又如何?为科学而科学,为创新而创新正在成为时尚。这都是理性人的理性行为带给人类的。

(6)“技术的追问”之对现代技术理性的批判

“技术的追问”是海德格尔 1953 年 11 月 18 日在慕尼黑理工学院所作的演讲。在这篇演讲中,海德格尔深思了技术之本质,看到了理性科学所看不到的技术对当今社会的统治,对现代技术理性进行了深刻的批判。

> 我们都不情愿地受缚于技术,无论我们是痛苦地肯定它还是否定它。可是,如果我们把技术当作某种中性的东西,我们就最恶劣地听任技术的摆布了。③

> 我们追问技术,是为了解释我们与技术之本质的关系。现代技术之本

① [德]海德格尔:《形而上学导论》,熊伟、王庆节译,商务印书馆 1996 年版,第 45~46 页。

② [德]海德格尔:《形而上学导论》,熊伟、王庆节译,商务印书馆 1996 年版,第 47~49 页。

③ [德]马丁·海德格尔:《演讲与论文集》,孙周兴译,生活·读书·新知三联书店 2005 年版,第 3 页。

质显示于我们称之为集置[①]的东西之中……集置乃是那种摆置的聚集，这种摆置摆弄人……[②]

海德格尔说，集置就是一种现代技术条件下解蔽的道路，而“解蔽之命运总是贯通并且支配着人类”。

现代技术之本质居于集置之中。集置归属于解蔽之命运……，当我们特别地向技术之本质开启自身时，我们发现自己出乎意料地为一种开放性的要求占有了。[③]

也就是说，在现代技术中，创造了技术的人反而被技术所控制和占有了。

有机会的话，大家真的该去见识一下那些现代化的流水线，人完全依附于机器，服从机器的节奏，成为机器的“零件”。其实，最为可悲的是，现代社会生活已经彻底机械化了，没有一个人能够“诗意地栖居”，每一个人都不得不像急速转动的陀螺，在无情的竞争机制面前，谁都不敢停下脚步，甚至是咿呀学语的小儿，从一开始学说话，就已经进入了社会，站在了起跑线上。

另外，我们也能看到，现在世界各国都在无节制地尝试推迟退休年龄，现代政府下决心要让每个人“春蚕到死丝方尽，蜡炬成灰泪始干”。难道这就是人类社会的进步吗？是人的追求的目标吗？

海德格尔接着说：

一旦人们的生活服从了集置的摆弄，人便从命运方面受到了危害。作为这样一种命运，解蔽之命运在其所有方式中都是危险，因而（服从于技术的——引者）必然就是危险。无论解蔽之命运以何种方式起支配作用，一切存在者一向于其中显示自身的那种无蔽状态都蕴藏着危险，即：人在无蔽领域那里会看错了，会误解了无蔽领域……如果命运以集置方式起支配作用，那么命运就是最高的危险了……人走到了悬崖的最边缘……人膨胀

① 什么是集置呢？海德格尔在文章中解释道：“按其通常的含义，德语中‘Gestell’一词指的是某种用具，比如一个书架，它也有‘骨架’的意思。我们现在所要求的‘Gestell’一词的用法似乎就像骨架一样可怕，更不用说有那种糟蹋成熟语言的词语的任意性了。”为什么要这么做呢？海德格尔解释说：“这种怪癖却是思想的古老需要。思想家恰恰是在要思考至高的东西时才顺从这种怪癖。”集置摆置着人，催逼着人。即现代技术的“集置”具有技术对人提出要求、人服从于技术的含义。

② ［德］马丁·海德格尔：《演讲与论文集》，孙周兴译，生活·读书·新知三联书店 2005 年版，第 23 页。

③ ［德］马丁·海德格尔：《演讲与论文集》，孙周兴译，生活·读书·新知三联书店 2005 年版，第 25 页。

开来，神气活现地成为地球的主人的角色了。[①]

对人类的威胁不只是来自可能有致命作用的技术机械和装置。真正的威胁已经在人类的本质处触动了人类……说到底，凡集置占统治地位之处，便有最高意义上的危险。[②]

文章的最后，海德格尔问：我们是否能够避免这种危险（技术统治人的局面）的出现？哪里有危险，哪里就有救渡。但是，人类真的能够得到救渡吗？海德格尔显然并不那么有信心，他是这样说的：

无人能够知道，在极端的危险中间……然而，我们却能惊讶，惊讶于另一种可能性，那就是：技术之疯狂到处确立自身，直到有朝一日……[③]

最后，海德格尔怀着巨大的无奈总结道：

进行这样一种追问时，我们证实着一种危急状态，即：我们还没有面对喧嚣的技术去经验技术的本质现身，我们不再面对喧嚣的美学去保护艺术的本质现身。但我们愈是以追问之态去思索技术之本质，艺术之本质便愈加神秘莫测。[④]

2.4.3 雅斯贝尔斯对理性与理性科学的忧虑

卡尔·西奥多·雅斯贝尔斯（Karl Theodor Jaspers），德国存在主义哲学家、精神病学家；自幼对哲学感兴趣，因父亲的影响而入读大学的法律系；1902年，转读医学；1913年，他在海德堡大学得到临时心理学教师一职；40岁从心理学转投哲学，主要探讨内在自我的现象学描述及自我分析与自我考察等问题。雅斯贝尔斯在德国与欧洲享有盛名，代表作有《时代的精神状况》《存在哲学》《什么是教育》。

(1)《时代的精神状况》：理性及其虚妄

他强调每个人存在的独特和自由性。《时代的精神状况》写于1930年，雅

---

① [德]马丁·海德格尔：《演讲与论文集》，孙周兴译，生活·读书·新知三联书店2005年版，第26～27页。

② [德]马丁·海德格尔：《演讲与论文集》，孙周兴译，生活·读书·新知三联书店2005年版，第28页。

③ [德]马丁·海德格尔：《演讲与论文集》，孙周兴译，生活·读书·新知三联书店2005年版，第36页。

④ [德]马丁·海德格尔：《演讲与论文集》，孙周兴译，生活·读书·新知三联书店2005年版，第37页。

斯贝尔斯敏锐地观察到技术的进步，人被逐渐地机器化。这个时代，人们愈加追逐物质财富，而忘却了神性的生活。

他看到，过去这近百年时间，历史似乎一直在依惯性往前滑，并无多少改变。一百多年以来，人类的问题愈益紧迫起来。

> 今天的人失去了精神家园，因为他们已经知道，他们生活在一个只不过是由历史决定的、变化着的状况之中……生活的基础在我们脚下动摇……我们生活在一种运动、流动和过程之中……这一运动、流动和过程把我们投入了无休止的征服与创造、丧失与获得的漩涡之中。我们在其中痛苦地周旋，大半是屈服于潮流的力量，只能偶尔在有限的范围内尽自己的努力……今天，那种想要认识一切的骄傲以及把自己看作世界的主人，从而想要按照自己的意愿塑造世界的妄自尊大，叩响了所有的大门。①

这里，雅斯贝尔斯提出了时代的精神状况存在两个问题：一是人们失去了精神家园（即失去了信仰和精神安宁）；二是理性的狂妄——试图认识一切、做世界的主人。不难看到的是，今天我们的情况愈加如此了。虽然许多以科学为业的人在宣称科学昌盛，但是，社会的精神状况却没有变得更好。

> 时代意识进入了一个新的阶段……他们的时代意识首先着迷于建立秩序良好的政治生活，其后就指向了人的实存本身……现在，人的理性能够有目的地塑造生活，直到使生活成为它所应是的状态。法国革命在人类历史上是没有先例的，它被看作是一个新时代的开端。在这个新时代里，为理性原则所指引的人将决定自己的命运。②

雅斯贝尔斯概括了那个由理性原则统治的时代精神的勃勃野心，这种时代精神不仅完全延续到了现在，而且有过之而无不及。

那么，我们能够指望那些忙于其中、乐于其中的理性人吗？能够指望那些迷信理性科学的人保持警惕、保持清醒吗？当然不能！

那些从事着理性科学研究的理性乐观的浪漫主义者当然是不会担忧的。那些实证主义者自以为能够超越他们生活于其中的世界去观察现实。但是，雅斯贝尔斯却指出：

> 关于我们能够认识总体之历史真相及当下真相的观点，是错误的。这个所谓总体是否存在，本身是一个疑问……我不可能从外部来审视这个总

---

① ［德］卡尔·雅斯贝斯：《时代的精神状况》，王德峰译，上海译文出版社 2013 年版，第 2～4 页。

② ［德］卡尔·雅斯贝斯：《时代的精神状况》，王德峰译，上海译文出版社 2013 年版，第 6～7 页。

> 体，它是我在任何情况下都不可能与之脱离的东西。由于我自身的存在不得不在生存的总和中扮演其角色，因此独立不倚的认识无非是一种“煞有介事的愿望”。①

注意这段话，其含义可以用中国大文豪苏轼的一句诗来注释，《题西林壁》中写道：“不识庐山真面目，只缘身在此山中。”我们对周围的现象习以为常，因而想当然地加以解释。

现代实证主义理论家们很不愿意承认这样的事实，他们坚持认为自己的理论是中性的，是客观公正的，因此是不能被怀疑的。这里最值得一提的是，现代经济学的实证研究实际上完全是方法和技巧的堆积，没有任何社会价值和实践参考意义。

雅斯贝尔斯认为，人类的生存，无论是过去的还是当前的，都不可能被完整地认识。相比个人的真实状况，每一种被一般地理解的状况都是一个抽象，对它的描述无非是对一种类型的描述。以这个标准衡量，要达到具体的状况还缺少许多东西，还要补上许多并非确定的知识的东西。

在大学，你将学到一大堆抽象的知识。当大家真正步入社会、走进企业的时候，有很多东西你需要忘记，有很多东西你需要重新学习。这也正是我们大家对于这个问题应该有的态度！那些假装先知先觉的人，那些在各种问题上高谈阔论、好为人师的人，都是知识江湖上的骗子。

(2)教育与理性问题

《什么是教育》是一本讨论教育的小书，记录了雅斯贝尔斯的教育观，包含了他关于教育的重要观点和论述。

他首先回答了什么是人的问题。他认为人是自由的存在物，是作为精神、作为超出主体和个体的力量的存在。人生是人在内心体验的过程中，不断生成和超越，通过内外的体认，人将个体的精神与外在世界的整体精神相连，最终达到人的“存在”。

雅斯贝尔斯特别强调个人的自由，强调人的自由抉择对生命的意义。

> 当代人类所制定的计划、建立的机构和系统已经大大地超过应有的限度，它们渗透到整个人类存在的空间，人们似乎不是为了今日生活，不是为亲在之在的当下感悟，反而无视现在而转向未来，这种本末倒置的做法，将人紧紧抓住，以扼杀人类的存在。②

---

① [德]卡尔·雅斯贝斯：《时代的精神状况》，王德峰译，上海译文出版社2013年版，第25页。

② [德]雅斯贝尔斯：《什么是教育》，邹进译，生活·读书·新知三联书店1991年版，第22页。

他认为，现实的教育将学生当作容器而机械地灌输，不利于学生整体精神的成长；只是训练他人意志的工具、社会的机器，而培养不出真正的人。这种做法的根源在于教育理念上的工具理性。

> 今日所谓的机构也就是有意识的、有组织的控制的总称，都是科技时代的产物。无论在哪里，都有类似的现象。①

> 把整个人类的亲在视为一个群体组织的全盘计划——这种计划在根本上就受到人类理解力的限制——是对真正人性的扼杀。同样的，凡是以各种方式最终将我们整个的亲在拉入不必要的违反本性的任何计划，都是不可容忍的，因为这些计划并没有把自己限制在真正而且必须可计划之事上，反而让这些计划侵吞了私人的自由。②

雅斯贝尔斯的预见能力如此高超，这段话好像现在都没有过时。

> 西方人、印度人和中国人，他们的传统已有三千年的历史，今天他们仍在抗拒精神的毁灭。但是他们中的一些人只看到世界历史进程的无能为力而变得怯懦起来；而另一些人起初怀疑，然后陷入司空见惯的虚无主义中：一切都没有价值，一切都无所谓。③

> 教育决定着未来人类的生存，教育的衰落意味着人类的衰落。④

2.5 数学大师们的忠告

我们的社会早已经形成了对数学的主流看法：数学是精确的、严格的、不含矛盾的科学。然而，这种关于数学的故事是人类自己编造出来的。

> 试图逃避复杂情况的不确定性，可以采取逃向细微而详尽规划高地的形式，最好用数学公式进行强化，因为由计算得到的东西必然是正确的。或许这能解释为什么在心理学、经济学和社会学等“不精确”学科中广泛流行形式方法和“数学化过程”。显然数学对它的误用没有责任，用数学语言清楚地表述思想比用普通术语不清楚地表述思想更可取。但是我们确实

---

① [德]雅斯贝尔斯：《什么是教育》，邹进译，生活·读书·新知三联书店1991年版，第22页。

② [德]雅斯贝尔斯：《什么是教育》，邹进译，生活·读书·新知三联书店1991年版，第23页。

③ [德]雅斯贝尔斯：《什么是教育》，邹进译，生活·读书·新知三联书店1991年版，第29页。

④ [德]雅斯贝尔斯：《什么是教育》，邹进译，生活·读书·新知三联书店1991年版，第34页。

要避免的是简化的单一化的现实，直到能够使它符合一个预定的形式模式，这样修改了的思想不再反映得到这些思想的原始实际。①

19 世纪末到 20 世纪初，数学、物理学都迎来了一个急剧变革的时期。

2.5.1 怀特海，谨防数学的滥用

翻开数学发展史能够看到，一流数学家不仅对数学的基础有着深刻的理解，而且能够从哲学的高度看问题，不会只见树木不见森林，更不会舍本逐末。

1938 年 4 月，剑桥出版社出版了怀特海的《思想方式》，这部著作由怀特海在麻省威尔利斯学院和芝加哥大学的讲义压缩而成，是怀特海晚年的重要著作之一，也是他生前出版的最后一部著作，从某种意义上讲，是对他一生哲学思想的综述。著作讨论了逻辑思维的方法和过程，重在告诫人们不要轻易陷入那些混乱定义的圈套。他指出：

欧洲思想史，甚至时至今日，一直都遭到一种致命误解的腐蚀。这种误解可称之为“教条的谬误”。这一错误在于这样一个见解：我们能够制造这样一些概念，它们可以被充分地定义，以说明为了在真实世界里演示这些概念而需要的那一套复杂的关系……也许，除开一些简单的算术概念，甚至一些我们相当熟悉的观念，虽表面上清楚明白、实际上都染有不可救药的模糊性。②

怀特海没有把数学问题与现实问题混为一谈，而是不断强调二者的差别，并且不断地告诫人们要重视这种差别的意义。他说：

实际上，数学的发现同其他发现一样，既推进了人类的理解能力，也产生了新的错误样式。数学的错误就在于它引入了缺乏“生命与运动”(即过程——引者)形式理论……所有数学的概念都指称一个混合过程……根本没有像纯粹静态的数这样的实体，只有在不同过程中发挥其作用的数，而这些过程被认为是从世界过程中抽象出来的。③

算术中苦心经营的数的观念，传统上就是被带着这种错误割裂的偏见(是指实存与过程的割裂——引者)所处理的。每一个体事物都缺乏数的

---

① [德]迪特里希·德尔纳：《失败的逻辑——事情因何出错，世间有无妙策》，王志刚译，上海科技教育出版社 1999 年版，第 154 页。

② [英]A. N. 怀特海：《观念的冒险》，周邦宪译，贵州人民出版社 2000 年版，第 168 页。

③ [英]怀特海：《思想方式》，韩东辉、李红译，华夏出版社 1999 年版，第 83～84 页。

性质，而每一静态的组群则是以数来刻画的。从这种意义上说，过程似乎就无法进行算术的处理。因而数学一直被视为判例，成为一种错误的形而上学的避难所。柏拉图在思考数学时设想了一种无变化的形式世界……把形式从毫无意义的空虚中拯救出来。①

怀特海指出，柏拉图也把人们引入了他的理念世界（形式世界），甚至跨越了两千多年人们也不曾走出。我们能够看到，怀特海提出的这个观点和培根在这个问题上的认识具有很大的一致性。培根在他的《新工具》中是这样说的：

我们的许多概念，无论是逻辑的或是物理的，都并不健全。本体、属性、能动、受动及本质自身，都不是健全的概念；其他如轻、重、浓、稀、湿、燥、生成、坏灭、吸引、排拒、元素、物质、法式，以及诸如此类的概念，就更加不健全了。它们都是凭空构想的，都是界说得不当的。②

怀特海指出，自古希腊（柏拉图）开始发展起来的数理与逻辑学只适用于表达高度抽象的观念，对于真实世界问题的研究显然太狭隘了。

普遍的数学科学……是从具体的相关联事物中以及联系的具体模式中抽象出来的。只有在数学的某些特别分支中，量和数的概念才是重要的主题。关键在于：真实世界中事物的基本关联性绝不会被省略掉而不出问题……事物的整体情况就像是一个将一切所发生的事情联系在一起的容器。③

在那个时代，也许只有少数像怀特海这样的大师才意识到了并且敢于承认这样的事实，即使是在今天，仍然有很多人茫然不知：

科学的种种确定的东西都是错觉，它们受到了种种未知条件的限制。我们对科学学说的处理，要受制于我们时代普及的形而上概念。即便这样，我们的预想还不断地犯错误。同时，每当获得了新型的观察经验，旧的学说便崩溃瓦解，化为了由种种不准确的东西组成的烟雾。④

在当前的经济学研究中，没有图表、公式和数字的成果常常被认为是没有说服力的，很少有机会被发表。但是，在这位数学大师的眼里，没有图和公式，

---

① ［英］怀特海：《思想方式》，韩东辉、李红译，华夏出版社 1999 年版，第 87～88 页。

② ［英］培根：《新工具》，许宝骙译，商务印书馆 1984 年版，第 11 页。

③ ［英］A. N. 怀特海：《观念的冒险》，周邦宪译，贵州人民出版社 2000 年版，第 179 页。

④ ［英］A. N. 怀特海：《观念的冒险》，周邦宪译，贵州人民出版社 2000 年版，第 180 页。

数学研究照样可以进行，但没有语言则不行。语言在人类思维中起着中心性（虽然并非独一无二）的作用。公式的特点是利用规则可以相对容易地从一个公式推导出另一个公式，并且犯错的概率很小。但公式只表示逻辑关系，在逻辑与现实之间，存在着不可忽视的距离。

> 我们深切感到语言不足以表达我们有意识的思想，以及我们有意识的思想不足以表达我们下意识的思想。哲学的错误就在于假设语言是足够确切的媒介物，于是哲学家们就把语言字面化，接着再设定哪些观念是永久流行的。事实上，即使这些观念被规定出来了，它也需要每个世纪或者每一代人重新予以审定……我们以自觉的精神、人工的语言来加以思想和加以表达的大部分，都是狭窄而肤浅的。[①]

2.5.2 吕埃勒：《数学与人类思维》

法国数学物理学家大卫·吕埃勒（David Ruelle）[②]指出：

> 数学本身具有双重性质。一方面，它可以用形式化的语言、严格的推导规则和一系列公理去发展。所有定理都能机械地获得并验证。这是数学形式化的一面。另一方面，数学实践的基础是思想……这是数学概念化（结构化）的方面。[③]

有一个基本的事实是不能忽略的："所谓的数学是由人或人脑研究的数学。当我们讨论数学的形式方面时，人脑的考虑是无关紧要的，但如果涉及数学的概念方面时，则并非如此。数学概念是人脑的产物，应该会反映出人脑的特质。"[④]

冯·诺伊曼（John von Neumann）的最后一本著作《计算机与人脑》于1958年正式出版，书中对人脑和数字计算机在结构和功能两方面进行了一番生动而又有趣的比较。

毫无疑问的是，人脑有一些特性是计算机所没有的，因而两者在逻辑上未必有必然联系。

计算机与人脑的构造原理是不相同的。计算机是人类的发明，它以数字的

---

① [英]A. N. 怀特海：《怀特海文录》，陈养正等译，浙江文艺出版社1999年版，第316～317页。

② 大卫·吕埃勒，法国数学物理学家，法国科学院理论物理学院士，是统计物理的奠基人之一，混沌动力学的开创者。研究领域为统计物理学和动力系统。

③ [法]大卫·吕埃勒：《数学与人类思维》，林开亮等译，上海科学技术出版社2015年版，第52页。

④ [法]大卫·吕埃勒：《数学与人类思维》，林开亮等译，上海科学技术出版社2015年版，第56页。

形式处理和存储信息，而如何处理和存储信息由程序决定；人脑是生物进化的结果。计算机的高速度很适合完成一些重复的任务，其中每个阶段都为下个阶段提供更新过的输入信息；相反地，人脑的速度很慢，其体系结构是高度并行的，大脑利用大量的并行结构一次性地处理信息。

> 我们不得不依靠自然语言这一事实，是人类数学的一个特性——或者说缺点，它使得对数学文本进行任何机械化的验证都成为不可能的事情。[①]

大脑的优势在于能够进入数学的创造性领域。

数学的世界指逻辑的世界，数学是人类思维仅限于服从纯粹逻辑规则的产物，是纯粹的世界，也是形式化的世界。假如你有一些初始的论断，并且假定它们都是正确的（称为公理），然后就可以根据一套推导法则（即数学的逻辑体系），从而得到更多的正确论断（称为定理）。但是，如果把这种仅限于服从纯粹逻辑规则的东西套用到现实生活中，就像戴上了一种有色眼镜，让世界变得面目全非。

19 世纪之前，欧几里得几何学一直被当作真理和确定性知识的完美典范，它被认为是对空间唯一正确的描述，是必然如此的。包括康德，同样认为欧几里得几何学是绝对确定的真理，并且其正确性是确信无疑的。康德相信欧几里得几何学为形成空间概念和处理空间问题提供了唯一正确的路径，并且这种认识是我们关于自然世界的知识的核心。但是，在 19 世纪一门全新的几何分支——非欧几何——出现了，这门学科给数学家、科学家和哲学家们的思维带来了巨大震撼。人们认为数学提供了永恒的、不变的真理的信仰被打碎了。

2.5.3 李维：数学沉思之后的忠言

几个世纪以来，甚至是古希腊以来，把数学理解为解读宇宙奥秘的工具的观点已经深入人心，并且不断被强化。伽利略、笛卡尔、牛顿、伯努利家族、帕斯卡（Blaise Pascal）、拉格朗日（Joseph-Louis Lagrange）和奎特莱特（Adolphe Quitlet）以及其他数学家们都证实了，自然界是在数学基础上设计的，而科学的数学化被看作是这一观点强有力的证据。甚至人们问：如果数学不是宇宙的语言，那么为什么它在解释自然的基础规律和人类社会特征方面都同样有效？事实上，在很多人看来，自然这本大书是用数学的语言书写的，这种感受已经深深地根植于许多人的观念之中，以至于许多数学家根本就拒绝思考数学概念和结构不能直接与物理世界相关联的可能性。

---

① ［法］大卫・吕埃勒：《数学与人类思维》，林开亮等译，上海科学技术出版社 2015 年版，第 62 页。

更为激进的观念则认为可以将所有的数学知识统一起来，让它们全都建立在少数公理的基础之上(希尔伯特问题)。从19世纪到20世纪，这一想法成为数学发展的主要驱动力。当然，后来的结果证明这种想法是错误的。

> 人类可以通过选择不同的公理集来构建一门完全不同的几何，这一事实第一次引发了人们的疑问：数学似乎是人类的发明，而不是独立存在于人思维之外的、等待人类去发现的真理。同时，欧几里得几何学与真实的物理空间之间直接联系的破裂，也暴露了数学是宇宙语言这种思想的致命缺陷。①

非欧几何的研究最终证明了欧几里得几何学对空间的感知是学习得来的，而不是通过直觉获取的。法国数学家庞加莱也认识到：

> 几何的公理既不是综合的先验性的直觉，也不是经验事实。它们是约定俗成的。我们根据经验事实作出选择，这种选择是自由的。②

换句话说，庞加莱把公理视为“伪装的定义”而且具有高度的迷惑性。

对欧几里得几何缺点的深刻认识，引起了数学家对数学基础特别是数学与逻辑之间的关系的兴趣，也推动了数学的进一步发展。

> 康托和戴得金都把数学视为一种抽象的、概念性的研究，这种研究只受到一致性要求的限制，它对计算或物理世界的语言不承担任何义务。正如康托总结的：“数学的本质完全在于它的自由。”……到19世纪末，绝大多数数学家都接受了康托和戴得金关于数学自由特性的观点。数学的目标也从研究自然的真理转变为建立抽象结构——构建公理体系和探寻那些公理在逻辑上所有可能的结论……那个烦人的问题——数学究竟是人类的发现还是人类的发明——现在终走向终结。如果数学只不过是一场非常复杂的游戏，有任意的规则，那么很明显，相信数学概念的真实性是毫无意义的。③

哥德尔的不完全性定理认为，如果一个理论是相容的(即不能证明一个命

---

① [美]李维：《数学沉思录：古今数学思想的发展与演变》，黄征译，人民邮电出版社2010年版，第172页。

② 转引自[美]李维：《数学沉思录：古今数学思想的发展与演变》，黄征译，人民邮电出版社2010年版，第175页。

③ [美]李维：《数学沉思录：古今数学思想的发展与演变》，黄征译，人民邮电出版社2010年版，第182～183页。

题及其否命题同时为真)，那么存在既不能被证明也不能被证伪的命题。在算法与哥德尔不完全性定理之间存在一个联系：有一些命题(或自然数)可以从一个算法产生，而另一些则不能。这与下述事实有关：实际上存在无限多个命题(或自然数)。除了哥德尔，丘奇、图灵已经给出了不同的回答，幸运的是，这些回答彼此等价。换言之，不仅物理世界不存在形式上的精确性和确定性，人类思想也缺少形式上的精确性。

> 我们得到了一个关于数学的理论：数学是一种人类构造，它不可避免地要通过定义引入一些概念。这些概念随时间而变化，这是因为数学理论自有其生命。除了已经被证明的定理和新命名的概念，就连古老的概念也在被重新审视和定义。①

吕埃勒的这个观念也得到了其他许多数学家和当代认知语言学的认同。英国数学家迈克尔·阿蒂亚(Michael Atiyah)确信：

> 通过理想化和抽象物理世界中的那些基本要素，人类创造了数学……我们无止境地热爱数学，因为它是那么完美、纯粹，被如此的数学所吸引是人类渴望完美、纯粹事物的天性使然……许多人被如空中楼阁般缥缈的数学所吸引的原因在于，其绝对性的真理与人性思想中的不确定性、相对性针锋相对。只有在数学中我们才可以检验一个命题是否正确，不论其证明多么长，都能通过验证其证明的每一个细节而绝对肯定其结论。②

概率论确实可以为我们提供试验次数非常多的结果的精确信息，但是它不能预测任何特定的试验结果。如果一个实验有 n 种可能的结果，这几种可能结果发生的概率都是相同的，那么任何一个结果发生的概率就是 1/n。

认知语言学家乔治·莱考夫和心理学家拉斐尔·努涅斯也与吕埃勒持有同样的观点。

> 数学是人类天性的一部分，它源于我们的身体、大脑，以及我们在这个世界中每天的经历……数学是人类提出的系统化概念，这种概念体系充分利用了人类普通的认知工具。人类创造了数学，并有责任保持和拓展它。在数学的肖像上，一定会有人类的面孔出现。③

---

① [法]大卫·吕埃勒：《数学与人类思维》，林开亮等译，上海科学技术出版社 2015 年版，第 95 页。

② 转引自[法]大卫·吕埃勒：《数学与人类思维》，林开亮等译，上海科学技术出版社 2015 年版，第 162 页。

③ George Lakoff, Rafael E. Nufiez, *Where Mathematics Comes From: How the Embodied Mind Brings Mathematics into Being*, Basic Books, 2001, p. 9.

2.5.4 *P/NP* 问题

美国数学物理学家弗里曼·戴森在《全方位的无限》一书中曾提到他特别喜欢的一本书,雷尹(Willy Ley)所写的《工程师之梦》,记载了20世纪30年代工程师们的梦想——超大型水坝、隧道、桥梁等,这些当年让人非常感兴趣的东西,如今已完全失去了它们的吸引力。另外戴森也提到了冯·诺伊曼对电脑技术的梦想——只要我们有足够大的电脑,就能解决气候预测这类的问题。戴森说:

> 是什么使冯·诺伊曼的梦想落空呢?最主要的关键在于他对流体运动本质上的认知的错误,以为我们能将事物清楚地分成可预测与可控制的,这并不正确。自然比我们想象的更为复杂,自然界里有一大堆传统的动力系统,也包括了一些非线性的电路,和流体一样,它们很容易都产生一种混沌的行为,而混沌的行为是不能预测也不能控制的。它之所以不可预测,是因为任何一个小小的扰动都会快速成长而影响整个运动;它之所以不可控制,是因为任何微小的扰动都会变成一种"混沌运动",而不是一种稳定运动。①

通常,在现代大学教育中,数学、逻辑学和计算机科学都是单独分开教学的,然而,三个学科之间的联系非常紧密。当然,紧密联系的不仅限于这几个学科。

计算机能执行数量巨大的运算,从模拟宇宙事件到调度复杂的航线;计算机可以识别人的声音、面孔和动作;计算机可以获悉人们的喜好,并据此推荐图书、音乐和电影。在不远的将来,借助计算机技术,无人驾驶的汽车将随处可见。智能手机也是计算机,其计算能力比几十年前的超级计算机还要强。计算机似乎无所不能,真是这样吗?

(1)什么是 *P/NP* 问题

兰斯·福特诺(Lance Fortnow)在《可能与不可能的边界:*P/NP* 问题趣史》中提出并回答了计算机科学中的一个核心问题:有些问题在任何合理的时间内都难以解决。

在这本书里,他们探讨了许多计算问题,其中一部分可能永远都无法用简单的计算得到答案。试着解答它们是计算机科学乃至整个数学和科学领域最重要的挑战,人们给这些问题起了一个有些奇怪的名字:*P/NP* 问题。

哥德尔和冯·诺依曼都是20世纪数学界的泰斗。*P/NP* 问题是哥德尔在

---

① [美]F. J. 戴森:《全方位的无限》,李笃中译,生活·读书·新知三联书店1998年版,第198、201页。

1956 年寄给冯·诺依曼的一封信中首次提出的，哥德尔证明了数学不能解决所有的问题。这封信后来不幸遗失，20 世纪 80 年代又被找到。P/NP 问题是克雷数学研究所公布的 7 个千禧年数学难题之一，该研究所为求解这道难题设立了百万美元的奖金。不过，P/NP 问题的意义远不止于此，它涉及经济学、物理学和生物学在内的多个学科。

P 指的是用计算机能很快求解的问题，NP 指的是我们想找到最优解的问题。如果 $P=NP$，那么我们将很容易找到任意给定问题的解。

相反，如果 $P \neq NP$，那么总会有部分问题无法迅速地被解决。那也没有关系，因为我们可以根据具体情况研发出某些技术来解决这些问题。$P \neq NP$ 意味着不可能用自动化的方法解决所有问题。

(2)旅行商问题

旅行商要从家乡旅行到 48 个城市推销商品。为了节约旅行成本，需要找到通过所有城市的最短路径。

作为第一站的城市有 48 种选择，然后从剩下的 47 个城市中选一个作为第二站，再从剩下的 46 个城市中选一个，以此类推。可能的路径共有 $48 \times 47 \times 46 \times \cdots \times 2 \times 1$ 种，也就是下面这个 62 位数：

12 413 915 592 536 072 670 862 289 047 373 375 038 521 486 354 677 760 000 000 000

即使计算机计算一条路线的时间等于光通过最小的原子直径的时间，仍然需要 10 亿亿亿倍于宇宙年龄的时间才能算完。这就是 P/NP 问题。

NP 是存在解的问题的集合，P 则是能很快找到解的问题的集合。如果 $P=NP$ 会怎么样？那么我们将迎来一个美好的世界，计算所有的事物都将易如反掌。$P=NP$ 意味着我们能总是很快地计算出任何问题的解，我们能快速地了解一切，当然也包括找到旅行推销员的最短路径；能够揭开世界上所有事物的神秘面纱，从治愈绝症到洞悉宇宙的本质。

如果能找到所有 NP 问题的最简单的算法，数据分类程序就变成了一道简单的编程练习。我们需要做的只是把海量数据交给算法，然后看着它完成剩下的工作。这样一来，我们几乎能了解所有的事物。

$P \neq NP$ 会带来什么好处呢？它能帮助我们保守秘密。基于量子力学的计算机能否让 P/NP 问题变得无足轻重？不太可能，不过量子计算机可以解决一部分普通计算机束手无策的问题，比如大数的因数分解。

P/NP 问题已成为所有数学领域最难的问题之一。如今，P/NP 问题的关键性作用已经不仅限于计算机科学领域，还延伸到其他许多领域，如生物学、医学、经济学和物理学。

未来将会如何呢？我们仍将面临计算领域的巨大挑战。人们如何与互相协作处理问题的计算机打交道？如何分析每天产生的海量数据？所有事物都能联网，世界将会怎样？要解决这些问题，P/NP 问题只会变得更为关键。

(3)机器学习

机器学习技术使用简单的数据表述方式，通常会把数据的多种特征用相对直接的方式加以合并。如何找到最简表述，即找到任意形式的程序中最短小而有效的数据分类程序，是一个困难的问题，一个 NP 问题。实际上，机器学习也是一个复杂的活动。机器学习有许多不同的形式，也会涉及许多不同的名字：模式识别、统计建模、数据挖掘、知识发现、预测分析、数据科学、适应系统、自组织系统等。

严格来讲，机器学习是人工智能的子域，人工智能的目标是教会计算机做好现在人类做得更好的事，而机器学习可以说就是其中最重要的事。比尔·盖茨说机器学习的突破产生的价值将相当于 10 家微软，其实这个说法有点保守了。机器学习带来的可能不仅仅是新的文明时代，还是地球生命进化的新阶段。

计算机是人类发明的最复杂的产品，计算机设计、工厂生产、程序运行都涉及大量的工作。我们生活在计算机时代，也就生活在算法的时代。几十年前，提到“算法”这个词，可能多数人会脑中一片空白。而今，文明社会的每个角落都存在算法，日常生活的每分每秒也都和算法有关。算法不仅存在于你的手机或笔记本电脑中，还存在于你的汽车、房子、家电以及玩具当中。当人们进出银行时，银行系统就是由各种算法交织而成的庞大集合体；算法安排航班，也驾驶飞机；算法能经营工厂、进行交易、运输货物、处理现金收益，还能保存记录。如果所有算法都突然停止运转，那么人类世界将陷入混乱。

(4)算法的能与不能

算法就是一系列指令，告诉计算机该做什么。所有算法，无论多复杂，都能分解为这三种逻辑运算：且，或，非。通过结合许多这样的逻辑运算，我们可以进行极其复杂的逻辑推理。人们往往认为计算机只和数字有关，其实并非如此，它完全关乎逻辑。数字和算术都是由逻辑构成的，而计算机的所有其他部分也是如此。

但是，一种算法不仅是简单的一套指令，这些指令必须精确且不能模糊，这样计算机才能够执行。方程式对数学家、物理学家和工程师来说就是谋生工具，而这也仅仅是一种特殊算法。例如，牛顿第二定律可以说是有史以来最重要的等式，告诉我们用物体的质量乘以其加速度可以算出作用在物体上的力。在科学的任何领域，如果某个理论无法用算法表示，那么它就不是很严谨。设计算法并不简单，这个过程充满陷阱，什么事都不能想当然。

算法形成新型生态系统，它将生生不息，具有无可比拟的生命多样性。在算法的世界里，潜藏着许多陷阱，其中主要的是复杂性陷阱，人们称之为“复杂性怪兽”。

空间复杂性指一个算法在计算机内存中所需的空间。如果计算机无法提供该算法所需的内存，那么这个算法就没用。

时间复杂性指该算法运行多长时间，也就是说，在产生想要的结果之前，算法利用及重新利用晶体管的步骤有多少。如果算法运行时间太久，我们等不了，那么这个算法也没用。

最恐怖的是人类的复杂性。当算法变得很复杂以致于人类大脑已无法理解，当算法不同部分的交互过多且过于深入时，误差就会悄然潜入。我们找不到这些误差也就无法纠正它们，算法也就不会做我们想做的事。

每位计算机科学家每天都在和“复杂性怪兽”作斗争。每一代新的算法都要在之前的基础上构建，除了这代算法的复杂性，它们还面临之前算法的复杂性。塔会变得越来越高，但它也会变得越来越脆弱，随时都会倒塌。算法里的微小误差可能导致价值10亿美元的火箭爆炸，或者可能导致停电，造成数百万美元的损失。

2.6 认知行为学、生物学与经济学

也许人们并没有意识到，现代经济学是一个典型的封闭理论体系。它把所有非经济的因素排除在外，只考察几个独立的变量之间的变动关系。殊不知，不仅经济与非经济因素的划分是机械的、武断的，而且，任何独立的变量从来没有存在过。

不难发现，现代经济学的蓝本是近代机械论物理学——一个近似封闭的系统，有简单的线性关系以及静态的均衡体系。与现代经济学相比，现代生物学为我们理解真实世界提供了一个更加有效的途径。在现代生物学中，系统是开放的，事物之间的关系是非线性的，过程是演化的。

现代认知科学的进展对经济学具有釜底抽薪的作用，对经济学产生了颠覆性的影响。现代经济学赖以生存的隐喻——理性人和完全信息——被扫进了知识的垃圾堆。

2.6.1 开启行为经济学的研究之路[①]

现代经济学虚构了一个抽象的理性理论体系，它超越了任何人的自身局限性（非理性局限），独立地存在于一个我们无法体验的世界——思维世界、文字的世界和黑板的世界。

一种信念或理论一旦入住我们的精神世界，通常会阻碍我们学习新的东西。那些熟悉了现代经济学理论的人，最有可能抵制新的经济理论。而且，最糟糕的是，一种错误信息总是又成为滋生新错误的土壤。还好，正确的声音无论是微弱还是迟到，总会拨开迷雾，顽强地开辟自己的道路。

(1)米塞斯：《人的行为》

路德维希·冯·米塞斯，作为奥地利经济学派的第三代传人和领军人物，在经济学和其他社会科学领域中均有着诸多原创性的思想和理论贡献，在许多国家仍然有巨大的影响力。但他的个人生活却一生坎坷而不得志。

米塞斯始终强调，个人才是经济思考的起点和重点。对于当时的主流经济学，他指出，在经济学的研究方法问题上，无论是泛物理学主义还是逻辑实证主义或计量经济学，都没有能够认识到：

> 它绝非一种仅研究人类"经济方面"的努力和追求经济物品（commodities），以及人类如何改善其物质福利的理论。它是有关人的各方面行动的科学。选择，决定着人类所有的决策。[②]

在《货币、方法和市场过程》一书中，米塞斯说道：

> 有人提出在社会科学中运用数学，并且相信这样将使社会科学更为"精确"，这是一种谬论。数学在物理学的应用，并不使物理学更"精确"或更具确定性。不妨引用爱因斯坦的名言："一旦数学命题涉及现实，那么，命题就不是确定性的；只要它们是确定性的，那么它们便与现实无关。"[③]

但是，由于受到他所处时代的影响，米塞斯希望建立的是一门关于行动的一般科学或普遍科学。因此，米塞斯一贯反对采用和模仿自然科学的方法来研

---

① 参见[美]理查德·泰勒：《"错误"的行为——行为经济学关于世界的思考，从个人到商业和社会》，王晋译，中信出版社 2016 年版，第 177～190 页。

② [奥]路德维希·冯·米塞斯：《人的行动：关于经济学的论文》，余晖译，上海人民出版社 2013 年版，第 5 页。

③ [奥]路德维希·冯·米塞斯：《货币、方法与市场过程》，戴忠玉、刘亚平译，新星出版社 2007 年版，第 15～16 页。

究人的行为和社会现象，正确地指出了经济学的研究方向，却设计了一个不现实的经济学理论体系——人类行为的公理体系，并且使用了“人的行动学通论”的概念。

> 从古典学派的政治经济学里，人的行动学通论脱胎而出，这就是“人的行动学”(Praxeology)。经济的或交换(Catallactic)的问题都被纳入一门更为一般的科学，再也不会脱离这一有机关系。经济问题本身的处理，决不能避免始于选择行动，经济学由此转变为一门更普遍的科学，即人的行动学的一个部分，虽然其迄今为止依然乃其最精致的一个部分。[①]

米塞斯这本书的主要贡献是强调了不能模仿物理学的方法孤立地研究经济行为。在《经济学的最后基础》中他说：“本书的目的在于强调：宇宙间有些东西不是自然科学所能描述和分析的。在自然科学所可观察、描述的事物范围以外，还有些别的东西，那就是人的行为。”[②]

同时，米塞斯还是坚定的经济自由主义的旗手，认为在任何国家中，经济计算是不可能的。他指出，在计划经济中，没有真实的定价系统可依靠，计划制定者无法准确计算成本、利润和资源的生产力，更无法在现代复杂的经济中分配资源。

(2)转向行为经济学阵营的一些人

1985年10月，芝加哥大学商学院的两位教授——心理学家罗宾·霍格思(Robin Hogarth)和经济学家梅尔·雷德(Mel Reder)——组织了一次会议，讨论的主题是：如何看待心理学和行为经济学？

理性主义者和行为主义者都参会了。参加会议的除了两位诺贝尔经济学奖得主阿罗(Kenneth J. Arrow)和西蒙，还有六七位后来获得了诺贝尔奖。会议为期两天，行为经济学团队由西蒙、特沃斯基和卡尼曼带领，并且有经济理论家阿罗的支持。中青年成员包括鲍勃·席勒(Bob Shiller)、理查德·泽克豪泽(Richard Zeckhauser)和理查德·泰勒(Richard Thaler)。

理性主义者的团队由芝加哥大学的学者罗伯特·卢卡斯(Robert Lucas)和默顿·米勒(Merton Miller)担任领队。乔治·斯蒂格勒(George Joseph Stigler)作为这个阵营的啦啦队员也参加了会议。

尤金·法玛(Eugene Fama)和舍温·罗森(Sherwin Rosen)担任主持人，但显然他们站在理性主义者团队一边。

---

① [奥]路德维希·冯·米塞斯：《人的行动：关于经济学的论文》，余晖译，上海人民出版社2013年版，第6页。

② [奥]米塞斯：《经济学的最后基础》，夏道平译，(台北)远流出版公司1991年版，第21页。

阿罗一开场先批评了理性为必要条件的观点，他的演讲可以简单地总结为：理性（即所谓的利益最大化）既不是经济学理论的必要条件，也不是充分条件。

阿罗指出，有很多严谨规范的理论都是以人类行为为基础的，而对于这些行为，经济学家并不愿意承认它们是理性的。阿罗指出理性并没有多大用处，要想得到有用的结果，理论学家必须增加辅助性的假设条件，比如假设所有人都符合相同的效用函数，也就是说他们都有一样的品位。这一假设不仅被证明是错误的，还会立刻导致与事实相矛盾的各种预测。我们不是经济人，当然更不是一模一样的经济人。

阿罗还发现经济理论家的行为中也存在着不一致性。经济理论家常常是花费几个月的时间，找到某个复杂经济难题的最优解决方案，然后大胆地假设这个模型就能够轻易地解决其他的问题。“在科学分析中，行为主体都会被赋予科学的行为，这一点很奇怪。”阿罗在演讲结束时表明了自己的立场：“显然，我认同赫伯特·西蒙的观点，即认识到理性是有限的这一点很重要。”

会议第二天的下午，泰勒指出，托马斯·库恩的科学革命，只有在人们广泛接受大量反常现象时，范式才会发生变化。泰勒进一步说：

> 我认为，从行为分析的角度进一步研究有效市场模型，这种延伸从某种程度上说改进了这些模型……我把有效市场模型解释为极端状况下的特例，再讲授更符合现实的模型……[①]

从这次会议开始，研究行为金融学的人与支持有效市场假说的人展开了持续 30 年的辩论。支持传统观点的人通常采取这样的防御策略：严厉批评某一研究结果，并解释为什么这种结果没有看上去那么重要。另外，每一种并非反常的现象都会被他们斥为例外性问题，总之，他们要排除令他们感到尴尬的事实，证明他们的理论是合理的。

2.6.2 认知与语言的基本事实

现代经济学中，完全信息是一个重要的假定，消费者行为、生产者行为以及一般均衡理论都建立在完全信息基础之上。经济学家们并不认为完全信息假定有什么不妥，认为它们并不影响到基本原理。考虑到不完全信息，只需要对经济学原理作些简单的修正和补充。实际上，正是这个假定和理性人假定，又一次暴露了现代经济学的虚构性质，它们与真实世界严重不符。在实际生活

---

① [美]理查德·泰勒：《“错误”的行为——行为经济学关于世界的思考，从个人到商业和社会》，王晋译，中信出版社 2016 年版，第 187 页。

中,我们的知识受到认知和语言的两个基本事实的限制。

(1)认知的基本事实

人类对任何事物的认识,都只能获得不完备的知识。我们认识事物的过程,总是可以从不同的认知角度入手——物理的、化学的、环境的、历史的、美学的、人文的,使用不同的方法和工具。我们已经看到的,不同的学科都在对真实世界进行研究,没有一种方法能够让我们认识到事物的全部细节。

以一块石头为例。在某些场合,可以只考虑它的物理特性:它的形状,它的表面纹理,它的化学性质等;在另外的场合,可能需要考虑它的起源和后来的历史:它是火山爆发形成的?它经历了多长时间的风化?而在其他场合,可能需要考虑它的功能等。重要的是,不同的认识方法和工具都是局限性的。附着在真实事物上的信息不可避免地超越了我们认知的信息。

不仅如此,现代认知语言学告诉我们,人类的认知、语言以及思维和行动都依赖于长期不曾被意识到的隐喻。认知语言学大师乔治·莱考夫,综合了心理学、语言学、人类学、哲学和计算机科学等诸多学科中有关心智研究的内容,形成了新兴的认知科学(cognitive science)。该学科重新解答了这样一些问题:什么是理性?人们如何理解自己的经验?什么是概念系统(conceptual system)以及它是如何组织起来的?所有的人群是否使用同样的概念系统?在《我们赖以生存的隐喻》一书中,莱考夫告诉我们:

> 对于大部分人来说,隐喻不是寻常的语言,而是诗意的想象和修辞多样性的一种策略,非同寻常。而且,隐喻通常被看成语言文字的特征,而非思想和行为的特点。由于这个原因,大多数人认为没有隐喻的存在,他们依然可以自如地生活,而我们发现事实恰恰相反。不论是在语言上还是在思想和行动中,日常生活中隐喻无所不在,我们思想和行为所依据的概念系统本身是以隐喻为基础。①

从古希腊时代起,人们相信理性通过抽象,有能力客观地把握外部事物。认知语言学对这种长期流行的理性观念的作用是颠覆性的。莱考夫强调了思维是依赖于身体的,我们的概念系统源于人类的身体经验,其核心直接建立在知觉、身体运动以及具有自然性和社会性经验的牢固基础上。

> 这些支配着我们思想的概念不仅关乎我们的思维能力,它们也同时管辖我们日常的运作,乃至一些细枝末叶的平凡细节。这些概念建构了我们

① [美]乔治·莱考夫、马克·约翰逊:《我们赖以生存的隐喻》,何文忠译,浙江大学出版社2015年版,第4页。

> 的感知，构成了我们如何在这个世界生存以及我们与其他人的关系。因此，我们的这个概念系统在界定日常现实中扮演着举足轻重的角色。我们的概念系统大部分是隐喻——如果我们说的没错的话，那么我们的思维方式，我们每天所经历所做的一切就充满了隐喻。[①]

因此，认知语言学指出，概念是以隐喻的方式建构，活动也是以隐喻的方式建构，故此，语言也是以隐喻的方式建构。所以，一切都不过是人的视角，正如中国古代思想家庄子所言：子非鱼，安知鱼之乐？

> 基于语言学证据(linguistic evidence)，我们已经发现我们普通的概念系统，究其实质，大都是隐喻的，并且找到了一种方式来仔细鉴定那些建构我们如何感知、如何思考、如何行动的隐喻究竟是什么。[②]

(2)语言的基本事实

许多科学家相信，他们所说的内容，不受他所用的语言(德文、法文、中文等)及其词汇的影响，他们所用的文字真实地描述了他们眼中的那个现实世界。如果定义严密，例如用通用的符号来表示，那么，它们就代表了真理。然而，这个认识是错误的。

由于语言本身的局限以及特定环境的性质，任何一种真实事物必然会超越我们用有限的语言所能对它进行的特定描述。对于解释我们实际上所观察到的现象，现有的科学依然是不完美的，各种类型的理论仅仅是粗糙的近似。

对于任何真实的物理客体，描述性话语的数量可以是无穷无尽的。在原则上，产生出的各种描述事实，存在着无尽的可思虑的不同线索，以至于关于任何一个真实事物的描述均是无尽的。例如，推荐工作、找对象、看医生或交朋友等，不同的情境所需要的描述不尽相同。当然除此以外，总还有一些无法描述的方面。

路德维希·维特根斯坦(Ludwig Wittgenstein)[③]，1889年4月26日出生于奥地利维也纳省。他的生平和思想无论如何都是极不平凡的，他被认为是20世纪哲学的典型代表。虽然维特根斯坦的名声远远超越了哲学的界限，他的著作却难解而深邃。

---

① [美]乔治·莱考夫、马克·约翰逊：《我们赖以生存的隐喻》，何文忠译，浙江大学出版社2015年版，第4页。

② [美]乔治·莱考夫、马克·约翰逊：《我们赖以生存的隐喻》，何文忠译，浙江大学出版社2015年版，第4～5页。

③ 路德维希·维特根斯坦，出生于奥地利，后入英国籍。哲学家、数理逻辑学家，语言哲学的奠基人，20世纪最有影响的哲学家之一。

诚然,如果不具备最起码的扎实的背景知识,理解维特根斯坦的研究是困难的。一个在哲学上没有根基的人读他的著作不会有多少收获。

维特根斯坦认为自己的思想经历了大的转折,在后期发表的《哲学研究》中,他抛弃了早期《逻辑哲学论》的许多说法。在世界之外,才能把世界作为一个整体来沉思。这里的世界是事实的全体总和,而不是事物的全体总和。

在《哲学研究》中,维特根斯坦指出,习惯上,我们一直被一种错误的观念所蒙蔽,这种观念认为:

> 每个词都有一个含义;含义与语词一一对应;含义即语词所代表的对象。①

在维特根斯坦看来,这是哲学迷惑的一大来源,即我们倾向于被实词误导,寻找与之对应的东西。如果我们不去回答下面这样一些基本问题,实际上就不能走出词语的迷惑或哲学的迷惑:

> 什么是一个词的意义? ……"什么是长度""什么是意义""什么是数目1"等问题,是我们的精神痉挛由以引起的原因。我们觉察出,我们不能通过指出任何事物来回答这个问题,尽管我们应当指出某种事物。(我们在这里涉及哲学混乱的重要根源之一:一个名词促使我们去寻找一个与它相对应的事物)。②

与寻觅实词对应的实体的倾向相联系,人们有这种想法:任一给定的概念都有一个本质——归在某个一般性语词下的所有东西共有的某种东西。

> 语词含义的通常概念形成了多浓的一团雾气,使我们无法看清楚语言是怎么起作用的。而在某些运用语言的原始方式那里,我们可以清楚地综观语词的目的以及语词是怎么起作用的;因此,从这些原始方式来研究语言现象有助于驱散迷雾。孩子学说话时用的就是这一类原始形式。教孩子说话靠的不是解释或定义,而是训练。③

对孩子的语言教学用的是指物识字法。训练的一个重要部分是,教师用手指着对象,把孩子的注意力引向这些对象,同时说出一个词,例如,指着板石形状说出"板石"一词。

---

① [英]维特根斯坦:《哲学研究》,陈嘉映译,上海人民出版社2001年版,第4页。
② [英]维特根斯坦:《维特根斯坦全集》第6卷,涂纪亮译,河北教育出版社2003年版,第3页。
③ [英]维特根斯坦:《哲学研究》,陈嘉映译,上海人民出版社2001年版,第6页。

> 使用话语的整个过程是孩子们借以学习母语的诸种游戏之一。我将把这些游戏称为“语言游戏”;我有时说到某种原始语言,也把它称作语言游戏。说出石头的名称,跟着别人说的念,这些也可以称作语言游戏。我还将把语言和活动——那些和语言编织成一片的活动——所组成的整体称作“语言游戏”。①

研究语言游戏,就是研究语言的原初形式或原初语言。当我们看这种简单形式时,遮蔽了我们的日常语言用法的精神迷雾就消散了。

同样,数学也是一种语言。语言游戏在数学、伦理、审美和宗教那里一样为真。希尔伯特尽力构造一种数学的元理论,寻求为算术奠定一个可证明为一致的基础;维特根斯坦却说,希尔伯特构建的理论不是元数学,而是数学:

> 它是另一个演算,就像任何其他演算一样。它给出了一系列规则和证明,但需要的却是一种清楚的观看。“证明不能驱散迷雾”。……“如果我不清楚数学的本质,什么证明也不能帮我。如果我清楚数学的本质,那么根本不能提出它的一致性的问题。”……“你不能靠等待一种理论来获得对数学的基本理解。”对一种游戏的理解不能依赖于另一种游戏的构建。……要点是,显然不会出现证成(Justify)一种游戏的问题:如果人们能玩它,人们就理解它。语法或句法也类似:一条句法规则对应于游戏的一个局面……句法不能被证成。②

维特根斯坦论证了语言游戏和生活形式之间的关系:语言游戏中的很多规则都植根于生活形式之中;遵守规则是一种习惯、一种制度、一种实践,它同样存在于生活形式之中;语言游戏也存在于生活形式之中。

2.6.3 行为经济学研究蓬勃发展

作为经济学的一个分支,行为经济学正在不断发展。最近,行为经济学家与行为科学家也开始在决策领域占有一席之地。2010年,英国政府建立行为研究团队。现在,其他国家也纷纷效仿英国,希望在制定公共政策时,将其他社会科学的研究成果考虑在内。商界也迎头赶上,人们发现要想打造成功的企业,深入了解人类行为与充分理解财务报表和运营管理同样重要。毕竟,公司是由人经营的,员工和顾客也都是人。

---

① [英]维特根斯坦:《哲学研究》,陈嘉映译,上海人民出版社2001年版,第8页。

② 转引自[英]瑞·蒙克:《维特根斯坦传:天才之为责任》,王宇光译,浙江大学出版社2011年版,第311～312页。

随着行为经济学的发展,一套全新的观点彻底改变了经济理论的现状。行为经济学家吸收了认知和社会心理学的深刻理解——这些领域的研究人员成绩斐然,证明了人们都倾向于在各种场合应用过分简单和非理性的偏见,向理性人的经典学说提出挑战。例如,经济学家理查德·泰勒和卡斯·桑斯坦(Lass Sunstein)在其畅销书《助推》中指出:"翻翻经济学的教科书你就会知道,经济人可以像阿尔伯特·爱因斯坦一样聪明,可以像蓝色巨人 IBM 公司那样记忆力惊人,可以像圣雄甘地那样意志坚定。"[①]泰勒和桑斯坦将"经济人"和"人类"区别对待,认为前者是古典经济学中的理性人,在对所有相关来源的信息深思熟虑后作出理性决策;后者则是基于有限的认知试探和各种非理性偏见作出偏颇决策的普通人。

卡尼曼和特沃斯基[②]提出的前景理论为人们的行为提供了另外一种解释方法。前景理论的一个重要预测是,人们对损失和收益的反应是不同的。前景理论在解释各种高风险情况下人们的行为时,其有效性不断得到证明,因此接受度也逐渐提高。

(1)质疑产品定价理论

现代经济学中,关于企业定价的理论是这样的:一个追求利润最大化的公司,会在边际成本等于边际收益时定产定价。同样的分析也适用于雇用员工:不断雇用新员工,直到聘用一个员工的成本等于他所带来的收益增加值。20 世纪 40 年代,在《美国经济评论》(*American Economic Review*)中上演了一场激烈的辩论,辩题是管理者在现实生活中是否真的会这样做。

理查德·莱斯特(Richard Lester)(当时他是普林斯顿大学的经济学副教授)怀疑这个理论的真实性。他写信给制造业企业,要求他们解释如何决定雇用多少员工以及生产多少产品,结果没有一个管理者的做法符合边际分析方法,他们似乎不会考虑产品价格变化的影响,也不会考虑员工薪酬变化的影响。与该理论相反的是,他们似乎认为薪酬变化不会对用人计划或产量的多少有多大的影响。这些管理者表示,他们会尽量卖出更多的产品,员工人数的增减要符合这一需求。莱斯特大胆放言:这将导致人们严重怀疑传统的边际理论及其假设的正确性。

支持边际理论的一方以弗里茨·马克卢普(Fritz Machlup)为代表,当时他在布法罗大学工作。马克卢普完全无视莱斯特的调查数据,他给出的理由是,

---

① [美]理查德·泰勒,卡斯·桑斯坦,《助推》,刘宁译,中信出版社 2015 年版,第 7 页。

② 阿莫斯·特沃斯基,美国行为科学家,因对决策过程的研究而出名。他的工作不仅对心理学,而且对经济、法律等需要面对不确定性进行决策的领域都产生了很大影响,1982 年获美国心理学会颁发的杰出科学贡献奖,1985 年当选为国家科学院院士,而他的合作者卡尼曼获得了 2002 年诺贝尔经济学奖。

人们在做什么、如何做并不重要，边际理论不要求公司计算边际成本和边际收益，但管理者的行为却和该理论所预测的出入不大。米尔顿·弗里德曼(Milton Friedman)写了一篇极具影响力的论文，名为《实证经济学方法论》(The Methodology of Positive Economics)。弗里德曼指出，假设与现实是否一致并不要紧，最重要的其实是理论预测的准确性。于是当时的很多经济学家认为问题已经得到了解决，《美国经济评论》不再发表任何有关这一辩论的文章，经济学家也回归了自己的模型，不再担心他们的假设是否是现实的。

卡尼曼和特沃斯基有关启发法和偏见的研究以及有关前景理论的研究都清晰地表明，人们的行为根本不像理性经济学模型预测的那样。弗里德曼们失败了。

(2)稳定偏好假说的崩溃

现代经济学理论另一个重要的基础是人们拥有稳定偏好，也就是说我们一直都知道自己喜欢什么，如果不得不抛弃人们拥有稳定偏好这一假设，经济学理论的教科书将无从编写，因为如果没有稳定的偏好，就不用追求什么最优化了。

但萨拉·利希滕斯坦(Sara Lichtenstein)和保罗·斯洛维奇(Paul Slovic)[①]发现了偏好反转现象，这打乱了经济学家的惯常思维，摧毁了现代经济学的根基。简单地说，当决策者在两个相同评价条件但不同的引导模式下，对方案的偏好有差异，甚至出现逆转现象。用一种通俗的比喻说，估价是构建产生的，而并不是揭示出来的。也就是说，价格是建筑学(创造)，不是考古学(发现)。

格雷瑟(Edward Gresser)和普洛特(Charles Plott)[②]想弄清楚为什么会出现这一奇怪的结果，然而，他们却发现，在加大激励的情况下，偏好反转的频率和强度实际上都增加了，偏好反转的效果更明显。

(3)抛弃理性人——迈克尔·詹森的转变

特沃斯基说服了詹森。罗切斯特大学商学院的泰斗迈克尔·詹森(Michael Jensen)组织了一次会议，詹森那时还是理性选择模型和有效金融市场的坚定拥护者。

在交谈过程中，特沃斯基让詹森评价一下他妻子的决策能力。詹森很快便开始讲述他妻子所作的那些荒谬的经济决策，比如买了一辆昂贵的汽车但却因

① 萨拉·利希滕斯坦，美国俄勒冈大学决策研究所心理学家。保罗·斯洛维奇，美国俄勒冈大学心理学家，他在人类判断和决策、风险感知、评估和沟通等不确定性决策方面有重要贡献，对经济、法律领域产生了重大影响，1982年获得美国心理学会的接触科学贡献奖。二位同为理查德·泰勒的心理学的导师。

② 戴维·格雷瑟，加州理工学院的经济学家。查尔斯·普洛特，加州理工学院的经济学家，理查德·泰勒的实验经济学领域的导师。

为担心剐蹭而从来都不开，这逗得人们捧腹大笑。随后，特沃斯基问詹森，他的学生的决策能力怎么样，詹森又滔滔不绝地讲了一大堆他的学生犯过的愚蠢错误，并抱怨他的学生连理解最基础的经济学概念都很费力。几番交错之后，詹森的故事越讲越有意思。后来，特沃斯基将了詹森一军。他说："詹森，你似乎觉得你认识的所有人基本上都无法正确地作出哪怕是最简单的经济决策，但你却假设你的经济学模型中的所有人都是天才。这怎么解释？"

那次会议以后，詹森在很多方面的观点都在逐渐改变。[①] 当然，就对理性人和理性人学说态度上的转变而言，詹森并非个例，保罗·克鲁格曼（Paul R. Krugman，2008 年获诺贝尔经济学奖）、保罗·罗默（Paul M. Romer，2018 年获诺贝尔经济学奖）等都是如此。

2.6.4 向生物学思维学习

中国古代哲学家老子在《道德经》中提出"人法地，地法天，天法道，道法自然"，将人与世界的关系精辟地阐述了出来。这段话告诉了人们：生存之道在于向天地自然学习，而天地自然则有其自身运行之道。

(1)确定性知识坠入云里雾里

人类获得知识的途径是认知活动。认知是一个复杂的心理过程，包括感觉、知觉、记忆、思维、意识等，认知的局限可以发生在任意一个环节上。

人类认知的局限很大程度上因为"朝菌不知晦朔，蟪蛄不知春秋"。人类活动的有限时间、空间以及"身在庐山"的事实，使得人类无法超越认知的局限。仅就记忆和理解而言，塞缪尔·阿贝斯曼在《为什么需要生物学思维》中作了这样的描述：

> 我们的记忆能力以及在记忆中进行检索的能力，都是有限的，能瞬间识别的事物数量也少之又少。除此之外，我们还很难理解系统内部各种互联的具体含义。具体来说，在面对非线性变化时，我们会不知所措。当某个事物以线性方式发生变化，即一个较小的变化产生一个较小的差异、一个较大的变化产生一个较大的差异时，我们所需要做的主要是以线性形式进行外推。在这样做的时候，大脑几乎不会遇到什么困难，因为线性系统的输入与输出是成正比的。但是，在非线性变化中，一个小变化在流经一个大型互联系统时，会导致系统以不成比例的方式发生变化，以致大脑无法很好地作出应对……正是因为大脑本身具有这样的缺陷，所以我们很难

---

① 参见[美]理查德·泰勒：《"错误"的行为——行为经济学关于世界的思考，从个人到商业和社会》，王晋译，中信出版社 2016 年版，第 60 页。

把握复杂系统，包括我们自己所构建的复杂系统。①

现代工作、生活中，计算机、手机和各种智能产品得到了广泛的使用。也许可以说，今后人类的工作、生活越来越离不开计算机的辅助。美国堪萨斯大学的哲学家约翰·西蒙斯（John Symons）和杰克·霍纳（Jack Horner）研究了这样一个问题：为何我们对软件这种技术系统的构建，几乎立即就会产生无法理解之感？

> 这种情况之所以会出现，最直接的原因在于：软件中存在大量的分叉点。所谓分叉点指的是：如果条件A为真，那么就做这一件事情；如果条件B为真，那么就做那一件事情。也许，与智能软件类似却又更加复杂的是人类的大脑。②

西蒙斯和霍纳指出，一旦某个计算机程序包含了多个分叉点，那么该程序运行路径的数量会倍增。

> 据保守计算，一个只有1000行代码的程序，当分叉点以正常频率出现时，也会有10^{30}个潜在路径可供遍历。10^{30}是一个天文数字，超过了1亿亿亿，因此要检查所有可能的路径，理解每个路径的含义，不仅是不可行的，也是不可能的。可见，这个系统的确是很难被理解的，即使从宇宙诞生之初便开始研究，也无法掌握它的所有细节。换句话说，绝大多数计算机程序都是永远不可能被任何人完全理解的。③

当然，不只是计算机、汽车、手机这些日常生活中的必需品是这样一种情况，人们不是也正在变得越来越“知其然，不知其所以然”了吗？

(2)生物学思维的用武之地

我们应该认识到，不确定性、难以理解、不可预测、不可控制是复杂世界的一个特征。罕见的事情和无法解释的变化都是复杂性的衍生物；即使是最警觉的设计师、最高明的数学家也无法预测和避免一些事情的发生。

人类总想着在短时间内从根本上解决某些问题，例如避免交通拥堵、消灭贫困或解决失业问题等，结果常常是不仅没有解决问题，反而使问题变得更加

---

① [美]塞缪尔·阿贝斯曼：《为什么需要生物学思维》，贾拥民译，四川人民出版社2019年版，第59页。

② 转引自[美]塞缪尔·阿贝斯曼：《为什么需要生物学思维》，贾拥民译，四川人民出版社2019年版，第60页。

③ 转引自[美]塞缪尔·阿贝斯曼：《为什么需要生物学思维》，贾拥民译，四川人民出版社2019年版，第60页。

复杂。归根结底就是忽略掉了系统的复杂性,没有人能够预测开放的复杂系统的所有行为。

生物学是多样性理论、演化理论的领地,在数学、经典物理学领域中,人们通过统一和简化去观察各种现象的明显趋势,无论是在爱因斯坦、牛顿,还是麦克斯韦身上,都能看到这一点。简化,甚至极简化,是在数学、物理学领域广受尊崇的方法之一。

生物学充分地接受多样性、差异和模糊,并倾向于尊重每一个事实,而不在意这些事实是否能用某个统一理论来解释。生物学家更坚定地承认,演化和涌现是这个世界的基本特征。

当然,早期的生物学理论也深受机械物理学的影响。例如达尔文的进化论显然就是生物学中的一股统一力量;许多分子生物学家以及许多研究其他领域的生物学家都倾心于此。甚至,心理学领域也有来自行为主义者的还原的声音。

我们已经见证过,计算机科学家为了某个算法常常需要耗费数月甚至几年的努力,而自然界的生物通过自身的演化就能使一些复杂问题得到的解决,这让最好的计算机程序相形见绌。外部世界是一个复杂系统,而这个系统最大的特点就是不断进化或演化。面对一个不断进化的复杂系统,如果一方停止了进化,就会被不断进化的对方打败。进化方法对问题的解决方式优于经济学传统的最优方法。

遗传算法就是借用生物进化的规律,通过繁殖、遗传、变异、竞争,实现优胜劣汰,一步一步地逼近问题的最优解。因此,它们又被称为进化计算(evolutionary computation)。

1975年,美国芝加哥大学约翰·霍兰(John Holland)教授的专著《自然界和人工系统的适应性》(*Adaptation in Natural and Artificial Systems*)问世,这本书比较全面地介绍了遗传算法,被视作遗传算法问世的标志,霍兰也被视作遗传算法的创始人。1985年,在美国举行了第一次遗传算法国际学术会议(International Conference on Genetic Algorithms),随后,1987年、1989年、1991年、1993年及1995年又多次举行同样的会议。

遗传算法的主要特点是不存在求导和函数连续性的限定,采用概率化的寻优方法,不需要确定的规则,能自适应地调整搜索方向。目前,遗传算法已被人们具体应用于机器学习、信号处理、自适应控制和人工生命等领域。

毫无疑问,与现代经济学传统的优化方法相比,遗传算法尤其适用于解决复杂的非线性问题。

分类系统属于基于遗传算法的机器学习中的一类,正被人们越来越多地应用在科学、工程和经济等领域。目前，分类系统已经成为遗传算法研究的一个重要方面。遗传算法另一个重要的研究方向是它们在神经网络方面的应用，遗传算法与神经网络相结合正在被应用于通过时间序列分析来进行财政预算。遗传算法还有一个值得注意的研究方向是正用于机器学习中的程序设计。

本章参考文献

①[法]亨利·柏格森：《时间与自由意志》，吴士栋译，商务印书馆1958年版。

②[英]培根：《新工具》，许宝骙译，商务印书馆1984年版。

③[美]杰里米·里夫金、特德·霍华德：《熵：一种新的世界观》，吕明、袁舟译，上海译文出版社1987年版。

④[英]怀特海：《科学与近代世界》，何钦译，商务印书馆1989年版。

⑤[德]雅斯贝尔斯：《什么是教育》，邹进译，生活·读书·新知三联书店1991年版。

⑥[美]理查德·H. 戴：《混沌经济学》，傅琳等译，上海译文出版社1996年版。

⑦[德]海德格尔：《形而上学导论》，熊伟、王庆节译，商务印书馆1996年版。

⑧[美]刘易斯·托马斯：《细胞生命的礼赞——一个生物学观察者的手记》，李绍明译，湖南科学技术出版社1997年版。

⑨[德]马丁·海德格尔：《谢林论人类自由的本质》，薛华译，辽宁教育出版社1999年版。

⑩[英]A. N. 怀特海：《怀特海文录》，陈养正等译，浙江文艺出版社1999年版。

⑪[英]查尔斯·麦凯：《人类愚昧疯狂趣史》，朱品凡等译，漓江出版社2000年版。

⑫[德]海德格尔：《存在与时间》，王庆节、陈嘉映译，生活·读书·新知三联书店2000年版。

⑬[美]康斯坦然·瑞德：《希尔伯特——数学世界的亚历山大》，袁向东、李文林译，上海科学技术出版社2001年版。

⑭[英]维特根斯坦：《哲学研究》，陈嘉映译，上海人民出版社2001年版。

⑮[英]维特根斯坦：《维特根斯坦全集》第6卷，涂纪亮译，河北教育出版社

2003 年版。

⑯[德]马丁・海德格尔:《演讲与论文集》,孙周兴译,生活・读书・新知三联书店 2005 年版。

⑰[德]吕迪格尔・萨弗兰斯基:《来自德国的大师——海德格尔和他的时代》,靳希平译,商务印书馆 2007 年版。

⑱[德]尼采:《不合时宜的沉思》,李秋零译,华东师范大学出版社 2007 年版。

⑲[德]马丁・海德格尔:《林中路》(修订版),孙周兴译,上海译文出版社 2008 年版。

⑳[美]斯蒂芬・杰・古尔德:《自达尔文以来》,田洺译,海南出版社 2008 年版。

㉑[英]瑞・蒙克:《维特根斯坦传:天才之为责任》,王宇光译,浙江大学出版社 2011 年版。

㉒[法]亨利・柏格森:《创造的进化论》,陈圣生译,漓江出版社 2012 年版。

㉓[奥地利]路德维希・冯・米塞斯:《人的行动:关于经济学的论文》,余晖译,上海人民出版社 2013 年版。

㉔[德]卡尔・雅斯贝斯:《时代的精神状况》,王德峰译,上海译文出版社 2013 年版。

㉕[美]乔治・莱考夫、马克・约翰逊:《我们赖以生存的隐喻》,何文忠译,浙江大学出版社 2015 年版。

㉖[法]古斯塔夫・勒庞:《乌合之众:群体心理研究》,段鑫星译,人民邮电出版社 2016 年版。

㉗[美]布莱恩・博克瑟・瓦赫尔:《认知商:如何认清现实和错觉?》,杜飞、曹迪译,中信出版社 2018 年版。

㉘[美]乔治・莱考夫、马克・约翰逊:《肉身哲学:亲身心智及其向西方思想的挑战》,李葆嘉等译,世界图书出版公司 2018 年版。

㉙[美]阿米尔・亚历山大:《无穷小:一个危险的数学理论如何塑造了现代世界》,凌波译,化学工业出版社 2019 年版。

㉚[意]卡洛・罗韦利:《时间的秩序》,杨光译,湖南科学技术出版社 2019 年版。

㉛[美]塞缪尔・阿贝斯曼:《为什么需要生物学思维》,贾拥民译,四川人民出版社 2019 年版。

㉜[英]郑乐隽:《逻辑的力量》,杜娟译,中信出版社 2019 年版。

㉝[英]郑乐隽:《数学思维》,朱思聪、张任宇译,中信出版社 2020 年版。

㉞George Lakoff, Rafael E. Nufiez, *Where Mathematics Comes From: How the Embodied Mind Brings Mathematics into Being*, Basic Books, 2001.

㉟[美]弗里曼·戴森:《全方位的无限:生命为什么如此复杂》,李笃中译,生活·读书·新知三联书店1998年版。

㊱[美]约翰·布罗克曼:《哪些科学观点必须去死》,胡正飞等译,浙江人民出版社2017年版。

3 复杂世界经济学的理论基础与方法

有人提出在社会科学中运用数学，并且相信这样将使社会科学更为“精确”，这是一种谬论。数学在物理学的应用，并不使物理学更“精确”或更具确定性。不妨引用爱因斯坦的名言：“一旦数学命题涉及现实，那么，命题就不是确定性的；只要它们是确定性的，那么它们便与现实无关。”①

——[奥]米塞斯

过去人类思想的历史是一个可怜的自满的故事，它带有关于人类存在的因素的一种假定的充分的知识。现在我们知道，过去这种自满是一种错觉。因此，当我们观察我们自己和我们的同事的时候，我们有理由在任何细节上怀疑我们知识的充分性。知识是一种探索的过程。②

——[英]怀特海

① [奥]路德维希·冯·米塞斯：《货币、方法与市场过程》，戴忠玉、刘亚平译，新星出版社2007年版，第15～16页。

② [英]A. N. 怀特海：《怀特海文录》，陈养正等译，浙江文艺出版社1999年版，第224页。

物理学家理查德·菲利普斯·费曼(Richard Phillips Feynman)[①]曾经用一杯葡萄酒说明不同学科间的关系:如果我们贴近地观察葡萄酒,就能看到整个宇宙——晶体的光学、流体动力学、化学物质的排列、发酵过程、阳光、雨水、矿物质、成长的葡萄藤,还有它带给我们的快乐。

葡萄酒把自己的存在强加到那些观察它的意识之中!如果为了某种便利,我们的小小心灵可将这杯酒、这个宇宙,分成各部分——物理学、生物学、地质学、天文学、心理学等等,记住,大自然却不知道这一点。[②]

不幸的是,无论是就经济学而言,还是就哲学而言,还是对于其他学问,人们通常都是越学越专,也就是越学越钻牛角尖,而忘记了理论体系所要考察、描述的任领域都是一个开放系统的一部分。

3.1 走出“必然王国”

传统观念告诉我们:世界上的所有事情都有规律可循,我们生活于其中的世界就是一个由必然性和各种规律统治的世界,是一个“必然王国”。人类学习知识、研究科学的目的就是要掌握这些规律,达到控制自然和改造世界的目的。

现代流行教科书、主流媒体还告诉我们:

(1)认识了各个领域的规律,掌握了那些知识和相关的科学,人们就能够改造自然,而且,科学和技术的进步是没有止境的,人们改造自然的能力也是不可限量的。

(2)有了知识,我们还可以去改造社会。

(3)知识甚至可以改变命运。

在现代经济学理论中流行的、普适的均衡理论认为,完全的市场、理性的决策等把经济系统带入一种稳定的均衡状态,在这种状态下,没有任何人能通过任何行动改善他自身的处境。

在生物学中,也盛行着一种关于“自然平衡”的观念。自然界被认为从原则上来说是守恒的。微小的扰动只会导致微小的变动,只是轻微地改变平衡态,正反馈和负反馈机制保证了生态系统的稳定。这毫不奇怪:以人的自然寿命为时间尺度来观察,有许多变化,如自然环境的变化、山川河流的变化等常常是缓慢的,甚至是不可察觉的,因而自然平衡这个概念会显得非常自然或者符合直

---

① 理查德·菲利普斯·费曼,美籍犹太裔物理学家,加州理工学院物理学教授,1965年诺贝尔物理学奖得主。

② [美]R.P.费曼:《费曼讲物理》,秦克诚译,湖南科学出版社2004年版,第65页。

觉。怀特海在《观念的冒险》一书中告诉我们：

我们的主要结论：我们关于社会学的、政治哲学的、指导大型商业实践的、政治经济学的诸种传统学说，都受到这样一个不明言的假设的歪曲和败坏——社会制度是固定不变的。有了这个假设，人们可以相对安全地以人性的一种简化形式为基础来进行推理……举例来说，我们都仍然记得我们的老朋友：经济人。经济人的好处在于，我们确切地知道他所追求的是什么。无论他的需要是什么，他是知道的，他的邻居也知道……当我们考虑到一个正以重大的方式变化着的社会制度时，这个被简化了的关于人类关系的概念便需要作重大的修订。在过去的三十或五十年间，政治经济的整个趋势完全不同于这些人为的简化提法，这当然也是常识……从亚当·斯密起，旧时的政治经济学统治了大约一百年，以为它所假定的主要理论是符合当时以及数个世纪前人们的生活情况的。这些情况当时便已在开始消失。①

我们面临的是即将发生的一种流动的、变化不居的形势。死板的公式、单凭经验的常规，以及等级森严的教条都会招致毁灭。将来的商业必然会由稍不同于以往世纪的一类人来掌握……另外，我们切不要陷入将商业世界与社会其余部分分开来孤立思考的谬误。商业世界不过是这个社会的一个主要部分，而这个社会才是我们研究的题材。②

美国数学物理学家，普林斯顿高级研究院教授弗里曼·戴森(Freeman Dyson)在《全方位的无限》一书中指出：

在当代的物理学家中，惠勒是唯一认真考虑过"物理定律可能只是宇宙中的偶然真理"的科学家，惠勒说："自从我们知道宇宙是由'大爆炸'开始之后，再要认为物理定律是由无限久之前直到无限久之后都保持不变，就显得十分荒谬了。这些定律不断在变化着；因此，它不可能100%地正确。这意味着……时间是能被超越的，定律是不断变化的，而观察者参与程度也与结论息息相关。"……我希望物理学界证明物理学也是没有止境的……魏彻特说："宇宙是全方位的无限。"大哉其言。③

凯文·凯利在《失控：全人类的最终命运和结局》中说道：

① [英]A. N. 怀特海：《观念的冒险》，周邦宪译，贵州人民出版社2000年版，第108～109页。

② [英]A. N. 怀特海：《观念的冒险》，周邦宪译，贵州人民出版社2000年版，第111、113页。

③ [美]F. J. 戴森：《全方位的无限：生命为什么如此复杂》，李笃中译，生活·读书·新知三联书店2004年版，第60页。

> 生态学家偏爱自然界中的各种均衡状态，其主要原因和经济学家偏爱经济中的各种均衡状态相同：均衡态可以用数学模型来表达，可以为一个过程写出能够求解的方程。但如果你说这个系统永远处于非均衡状态，你就是在说它的模型是无法求解的，也就无从探究。那就相当于你几乎什么都没说。[①]

复杂世界经济学的理论基础之一是开放系统理论：外部世界是一个开放系统，人类经济活动与世界的其他部分存在着广泛联系，共同构成一个运动着的自组织整体；外部世界是一个风险、不确定性统治的领地，只是在它的某些局部（有限的时空）中，我们可以找到一些确定性的影子。而这个确定性的头顶，依然高悬一把不确定性的利剑。

3.2 复杂性科学的世界观

> 我们对自然的看法正经历着一个根本性的转变，即转向多重性、暂时性和复杂性。长期以来，西方科学被一种机械论的世界观统治着，按照这种观点，世界就像一个庞大的自动机。而今天，我们认识到我们是生活在一个多元论的世界之中。[②]
>
> ——[比]普里戈金、[法]斯唐热

经过现代物理科学、生物科学、气象科学家们的共同努力，人们已经达成了新的共识：21世纪是复杂性科学的世纪。复杂世界或复杂系统并不是完全新鲜的概念，事实上，早在古代文明中，人们就知道世界的复杂性。如中国的《黄帝内经》和《易经》，就把外部世界和我们的身体看作是复杂系统。现在，我们已经知道，人体免疫系统便是一个复杂系统，蚁群、地球气候、人的大脑、一切活细胞内的生物化学过程皆是如此，还有一些人工建造的复杂系统，如各种类型的社会组织。人类无意识地干预会让整个系统变得更加复杂，如生态系统，我们的活动改变了生态，但这并不意味着我们知道这一点。

复杂系统是普遍存在的。系统中的许多元素与其他许多元素相互作用。而最严重的问题在于，大多数人对系统和系统中元素之间的相互作用缺乏全面的理解。人们在处理系统性问题时，一个小的认识错误可导致大灾难。所以，

---

① [美]凯文·凯利：《失控：全人类的最终命运和结局》，陈新武等译，新星出版社2010年版，第136页。

② [比]普里戈金、[法]斯唐热：《从混沌到有序：人与自然的新对话》，曾庆宏、沈小峰译，上海译文出版社1987年版，第26页。

迪特里希·德尔纳在《失败的逻辑》中告诉我们：

> 认识一个系统，我们不仅要知道一个系统的构成元素，知道该系统的结构，而且要洞察单一元素与周围环境的关系。这对于自然之物、机械之物是相对容易做到的。例如汽车的动力系统、传动系统以及它们的结构。但是，对于一个社会系统，如经济系统、安全系统，则困难得多，甚至自然系统中的生态系统都不是那么清晰可见……为什么人们倾向于看到一群独立的小系统，而不是一个包罗万象的整体系统？根本的、深层次的原因在于他们的方法论——机械论、还原论，人们习惯于用“分析”的方法，孤立地对待问题。而不知道“分析”的方法是有局限的，许多问题是不可还原的。[①]

3.2.1　整体的而非分散的世界

哲学修养上的差异始终是一流科学家与其他人之间的显著区别。

在过去的几百年里，世界观的概念被广泛地谈论，实际上，世界观的概念比它给人的第一感觉要复杂得多。世界观与语言中的其他概念一样，并没有十分清晰的含义——它与信仰、价值之间并没有清晰可辨的边界。

另一方面，总是有人否定世界观的意义，极力掩饰自己的世界观的存在。那些掩饰自己世界观的人，无非是要给自己披上客观主义的外衣，因为他们把世界观当作一个狭义的价值判断。

理查德·德威特(Richard Dewitt)认为，世界观指的是一个观点体系，其中不同观点如同拼图的一块块拼板一样相互联结。也就是说，世界观并不仅仅是一些分离、独立、不相关的观点的集合，而是一个不同观点相互交织、相互关联、相互联结的体系。[②]

可以肯定，在每一种理论、每一种思想以及每一种活着的社会体系中，都存在着一幅关于人性的画像、一幅关于世界的图谱和一种关于历史的观念。它们活在每一个人的内心，但是，总有很多人徒劳地掩饰他们的世界观。

(1)整体论的世界

把世界看作相互关联、相互依存的领域或连续系统，这是对现有的孤立的、封闭式思维和分析方法所造成的意义丧失的一种回应。我们已经知道，解决真实世界中各种问题的有效方式就是用整体的观念、复杂性的方法、动态的方法去观察周围的事物，去应对我们的世界，整体地看待事物。

---

①　[德]迪特里希·德尔纳：《失败的逻辑——事情因何出错，世间有无妙策》，王志刚译，上海科技教育出版社 1999 年版，第 81～82 页。

②　拼图是理查德·德威特描述世界观的比喻。

我们生活的世界不是一个简单、封闭和孤立的世界。如果走到户外,我们会看到一幅书本上不曾出现的景象。地球的表面是由山脉、海洋、岛屿、河流、火山、冰川和森林、草原等组成的一个复杂的系统,它们各有自己的特性,却又与周围的一切浑然融为一体。

同样,世界是一个各部分之间关联的统一整体,是一个巨大的系统复合体。每一系统中都包含着其他子系统,同时它又被包含在更大的系统之中。

柏格森在《创造的进化论》中说:

> 完整的空间性存在于物质各部分相互间完整的外在关系中……没有一个物质粒子的运动能够不作用于其他的物质粒子。假如我们注意到事物真正地存在于它起作用的地方,我们就会接着说(如法拉第所说的那样):所有的原子都是互相渗透的,而其中的每一个原子都充满于整个世界。①

各种理论和思想中那种各种事物相互独立的状态,说到底,不过是一种心灵的简单的景观。

宏观上讲,要理解太阳系的运动,就需要知道它是银河系的一部分;要说明银河系的事情就要看到整体的宇宙。微观上讲,比如粮食生产是一个系统工程,就不能只关注到田间管理,还要关注到种子、土壤、气候以及病虫害;要理解、解释清楚一个人的行为,就要看到他的家庭背景、学习工作生活环境、个人的心路历程以及社会文化等诸多方面的影响;要解释一个人的知识成就(如亚里士多德),就要看到他老师的影响、当时的学习环境、当时的知识潮流以及他个人的兴趣与努力等。

但是,现代社会的专业化发展却为每个人提供了一个封闭的视角,一个不可避免的结果是让大多数从事学术研究的人,逐渐陷入各自学科的细节中,最后只见树木不见森林。细节固然很重要,但是它们的重要性只有放在一个整体的背景中才能体现。

(2)贝塔朗菲批判罗素

罗素作为一位头脑敏捷、手头快且观点轻率的哲学家,被一些人认为是现代分析哲学创始人之一,他的主要贡献在逻辑原子论和新实在论。

在《人类的知识——其范围与限度》一书中,罗素在谈论生物界的演化时,用分析主义的方法阐述自己的还原主义思想,说道:

> 除了组成有生命的身体的分子的高度复杂性之外,没有任何理由可以

---

① [法]亨利·柏格森:《创造的进化论》,陈圣生译,漓江出版社2012年版,第180页。

认为这类分子不能用人工方法制造出来；也没有一点理由认为一旦把这些分子制造出来，它们会缺少自然产生的有生命的物质的任何一种特点……根据我们的证据，虽然还不能得出最后的结论，这种证据却倾向于表明有生命的物质的每个特点都可以还原到化学，从而最后还原到物理学。非常可能的是：支配有生命的物质的基本定律也就是支配氢原子行为的定律，即量子力学的定律。①

一般说来，科学的进步是由于对研究对象进行分析和把研究对象人为地分离开来。像量子论所表明的那样，也许这种方法的合法性是有限度的，但是如果它不是经常或大致正确的话，那么科学的知识就不可能产生。因此把机械论的看法当作一个指导工作的假设，只有在出现了明显的反面证据时才把它抛弃，永远不失为一种审慎的态度。就生物学所研究的现象而论，直到今天我们还没有发现一件这样的证据……我们没有任何理由假定支配有生命的物质的定律和支配无生命的物质的定律有什么不同，我们却很有理由认为有生命的物质的一切行为在理论上都可以用物理学和化学解释明白。②

贝塔朗菲(Ludwing Von Bertalanffy)在批评罗素的上述言论时说：

罗素的言论恰恰是在基本而又基本的生物现象方面，深深地陷入错误之中。无论你举出哪一种生物现象，如胚胎发育、新陈代谢、生长发育、神经系统的活动，还是生物群落等等，你总可以看到，一个要素在系统内部的行为不同于它在孤立状态中的行为。你不能从各个孤立部分概括出整体的行为；为了理解各个部分的行为，你必须把各种从属系统和它们的上一级系统之间的关系考虑进去。分析和人为隔离的方法是有用的，但是对于生物学的实验和理论却是很不够的。③

美国当代著名的生物学家林恩·马古里斯(Lynn Alexander Margulis)在《倾斜的真理——论盖亚、共生和进化》中说得非常到位：

分类法即把生物分门归类的做法并不只是一项科学实践，它还提供了

① [英]伯特兰·罗素：《人类的知识——其范围与限度》，张金言译，商务印书馆1983年版，第43页。

② [英]伯特兰·罗素：《人类的知识——其范围与限度》，张金言译，商务印书馆1983年版，第47页。

③ [美]冯·贝塔朗菲：《一般系统论——基础、发展和应用》，林康义等译，清华大学出版社1987年版，第63页。

一种思维框架，这种框架渗透进入我们的思想，影响我们的价值观，继而改变我们的行为。而且这种思维框架即使在原有的分类体系被遗弃的时候仍会继续发生作用。①

传统的分类系统认为任何活的生物要么是动物，要么是植物。这种分类方法不仅阻碍了对生命多样性的认识，而且也造成了极大的认识扭曲，忽视了自然与环境对人类生存的根本重要性。最重要的是，导致了非常严重的、跨时代的错误——人类把自己看作是由低级生物进化而来的最高级的最为进化的生命形式。②

马古里斯还说道：

我们轻视了这些提供给我们空气，肥沃我们土壤的生命；同时我们将这些基本过程从生命的网络中分离了出去。这样我们得到的只是无知，并抛弃了向这种所谓的低等生物学习的机会。③

贝塔朗菲也说过：

在整体状态下，系统的一个扰动就会导致一个新的平衡状态。然而，如果系统分裂为一条条因果链，它们就会独立地存在下去。机构化程度的增大，就意味着要素功能只依赖要素自身的定型程度的增大，结果就失去了由于相互关系而存在于系统整体中的调节能力。④

用分割、孤立的方法看待外部世界的现象，在现代人类社会领域中表现尤其突出。目前，整体社会，无论是在实践上还是在理论上，已经被作了许多类型的分解——管理上的分解（各种类型的行政机构），职能上的分解（经济、政治、文化）等。

---

① [美]林恩·马古里斯、多里昂·萨根：《倾斜的真理——论盖亚、共生和进化》，李建会等译，江西教育出版社1999年版，第103页。

② 随着现代科学对微观世界观察的深入，动物和植物的区分标准变得越来越模糊。林恩·马古里斯指出，正是由于旧的分类体系，西方科学热烈地拥抱以自我为中心的观点，把人类自己看作是由低级生物直线进化而来的最高级的生命形式。而显微镜与分子生物学、现代遗传学和古生物学的结合，使科学家们可以从基因和蛋白质的水平上去研究分类单元之间的差别。这些先进的方法冲击着旧有的生物学二分法，它无可争议地证实了今天地球上的一切生命来源于一个共同的祖先——微小的厌氧细菌，它是第一个进化而最后一个得到仔细研究的生命。

③ [美]林恩·马古里斯、多里昂·萨根：《倾斜的真理——论盖亚、共生和进化》，李建会等译，江西教育出版社1999年版，第103页。

④ [美]冯·贝塔朗菲：《一般系统学——基础、发展和应用》，林康义等译，清华大学出版社1987年版，第65页。

在实践上，当我们把社会分解为功能各异的部门时，各部门就会在自身生存过程中自足地发展，取得越来越独立的地位。这时，部门之间的协作就成为了难题，各自为政、相互扯皮、推诿责任、争夺利益……社会的整体性反受其害。

尤其是理论上，孤立的、封闭的理论提供了一个几乎面目全非了的世界。理论自身成了目标，脱离实际、无病呻吟的理论在各个领域泛滥开来，为了理论而理论，为了学术而学术是这个时代的普遍状态。作为无源之水、无本之木，理论已经失去了灵魂。

(3)作为整体现象的涌现

贝塔朗菲特别指出："严格地说，生物学上不存在个体性。"[①]其实，不只是生物学上，在物理学上、社会学上都不存在严格的个体性。整体产生了部分所不具备的属性，且这种整体属性无法归因于部分，这种情况，在系统论中称作涌现。

什么是涌现？涌现的本质就是由小生大，由简入繁。

> 在生活中的每一个地方，我们都面临着复杂适应系统中的涌现现象——蚁群、神经网络系统、人体免疫系统、因特网和全球经济系统等。在这些复杂系统中，整体的行为要比其各个部分的行为复杂得多。[②]

涌现是我们周围世界普遍存在的一种整体现象。

第一，作为涌现的生命现象：碳、氢、氧、氮、硫、磷、铁和一些其他元素，恰如其分地组合而孕育出了生命，但生命的特征在所有这些元素中既没有显现，也难以预测。

第二，作为涌现的大脑活动：20世纪以来，现代神经科学已经取得了很大进步，基本上已经研究清楚了单个神经元的机制，但是，即使到目前，也还无法了解记忆如何工作，同样也解释不了欲望来自哪里。这些也许可以用涌现理论来加以解释。

第三，作为涌现的社会现象：人们日常工作、生活中的创造性活动，从对企业和政府进行改革到创建新的科学理论，所有这一切也都涉及涌现现象。约翰·霍兰说：

> 像涌现这么复杂的问题，不可能只是服从一种简单的定义，我也无法提供这样的定义……本书将一遍又一遍地反复证明，少数规则和规律就能

---

① [美]冯·贝塔朗菲：《一般系统学——基础、发展和应用》，林康义等译，清华大学出版社1987年版，第67页。

② [美]约翰·霍兰：《涌现：从混沌到有序》，陈禹等译，上海科学技术出版社2006年版，第2页。

产生令人惊讶的、错综复杂的系统。这种复杂性不仅来源于系统随机模式本身，而且也与从局部到整体的过渡密切相关。①

3.2.2 普遍联系的而非孤立的世界

在宇宙整体中，各子系统与系统、系统与宇宙之间在物质、结构、能量、信息方面都存在着关系。大家不妨想一想太阳与我们每个人的联系是什么？

(1)关联性的含义

关联即为事物之间的相互作用与相互影响。应该特别注意的是，事物间的关联方式有许多种类型，可以是物理的、化学的、生物学的联系，也可以是行为学的、社会学的联系；可以是直接的联系，也可以是间接的联系。

第一，互联中的人：河水曾经是海洋的飞沫，下一年又可能成为你血液的一部分；你大脑中的某个水分子可能是曾落在地表的雨滴，它也曾在早已不复存在的大洋里汹涌澎湃过。这是广泛联系的一种极端情况(小概率情况)。

第二，互联中的自然：生命在地球上已发展出许多种，包含数以亿计的个体，它们之间以及它们与环境之间会相互竞争或相互影响。

第三，互联中的大脑：我们的思维可以通过记忆和学习，与无限多的人、事建立起广泛的联系。孔子活在你心中，岳飞活在你心中，柏拉图活在你心中，牛顿、爱因斯坦……有时候作为显意识，有时候则是作为潜意识。它们也在无休止地变化，昨天你可能相信孔子、柏拉图，今天相信你们老师等。

第四，互联中的人类历史与社会：我们的历史包含着巨变、战争、宗教以及政治体制的记录，极具复杂性，现代人类社会的经济系统不只由土地、资本、生产者、消费者组成，还有信息、科学技术、文化和自然环境。这里我们要提醒大家的是：既然疾病改变历史、气候改变历史、战争改变历史，而人类的经济活动仅仅是历史中的一个组成部分，那么，抽象掉历史的学问(尤其是社会科学)就没有什么价值。如果经济学家忘记历史的延续，那他们的态度、方法、结论就值得怀疑。

(2)理解关联性的意义

自然是一本最丰富的教科书。人类在创造文明的进程中，一次又一次地回归自然去寻求指引。实际上，关联是世界的本性，对关联性的认识来自大自然的启示。关联的观念在当代社会意义尤其重大。

第一，关联性的认识论意义。

世界各部分之间的关联性给每个个体或部分造成了影响，这一点对理解世

① [美]约翰·霍兰：《涌现：从混沌到有序》，陈禹等译，上海科学技术出版社2006年版，第4页。

界至关重要。首先是环境依存，这很容易理解；其次，任何事物都不仅具有对环境的依存，而且具有种群共生（种群内部不同个体的合作共生）的特点，伯特·荷尔多布勒(Bert Holldoble)、爱德华·O. 威尔逊(Edward O. Wilson)把这称为超个体生存。

威尔逊是美国生物学家，社会生物学的主要开创者；1955 年，获哈佛大学生物学博士学位，同年开始在哈佛大学执教；1969 年，当选为美国国家科学院院士；1996 年，被《时代》杂志评为 25 位最具影响力的美国人之一，主要著作有《昆虫的社会》《社会生物学》《论人的天性》《大自然的猎人》《超个体》《蚂蚁》。《论人的天性》和《蚂蚁》曾两度获得普利策奖。

在人类社会中，生物种群共生在共同的危机——战争、灾难、疾病等面前表现得最为突出。

> 超个体是具备单个有机体的许多特征，但又在生物组织的层级结构中比有机体高一级的一个群体。超个体的基本成分不是细胞和组织，而是相互之间紧密合作的动物。①

除了人之外，其他生物的情况是：

> 尽管在世界上已知的约 90 万类昆虫物种中，这些社会性昆虫种类只占 2%，但它们可能占了生物总量的一半以上。在巴西西北部城市马瑙斯附近的亚马孙雨林的一小块土地上，科学工作者们作了一项测试，结果发现社会性昆虫占了整个生物量的 80%。在同一个样本中，仅仅是蚂蚁和白蚁就占了整个生物量的 30%，而蚂蚁是哺乳动物、鸟类、爬行动物以及两栖动物总和的 4 倍。除了最寒冷和最多雨的地区，在全世界所有森林的每个层次中，社会性昆虫都是优势群体。②

当然，人类是自然史上最具社会性，并且生态学上最为成功的物种。群体的生存可能是自然选择的结果，但是，合作性族群行为是社会性动物在环境中的获得生存优势的基础。族群内部的生活方式以自组织形式展开，既有特殊分工，又有一个功能单位成员之间的密切协同合作。

事实上，任何事物都具有环境依存的特点，生态系统的动态性是永恒的。当生态系统因生物入侵、气候变化或其他原因引起的变化而改变时，生存于这

---

① ［美］伯特·荷尔多布勒、爱德华·O. 威尔逊：《超个体：昆虫社会的美丽、优雅和奇妙》，焦鸿丽、张雁译，中国人民大学出版社 2011 年版，第 1 页。

② ［美］伯特·荷尔多布勒、爱德华·O. 威尔逊：《超个体：昆虫社会的美丽、优雅和奇妙》，焦鸿丽、张雁译，中国人民大学出版社 2011 年版，第 1 页。

些生态系统的物种的生存、生活方式也会发生改变。

世界不确定性的特征是与它的开放性以及普遍关联性紧密相连的。看不到世界的普遍联系，就理解不了不确定性。我们几乎每天都跟不确定性打交道，却往往忽略它们给我们的生活、思维方式带来的日积月累的改变。只是因为我们已经习以为常，“身在山中”，未予注意而已。

第二，“关联性”的实践（工作、生活）意义。

工作、生活就是不断与外部世界打交道，在我们面对真实世界的时候，来不得半点理性的傲慢，不允许丝毫不切实际的假设。

克劳斯·迈因策尔（Klaus Mainzer）在《复杂性思维：物质、精神和人类的计算动力学》中指出：

> 在自然科学中，从激光物理学、量子混沌和气象学，直到化学中的分子建模和生物学中对细胞生长的计算机辅助模拟，非线性复杂系统理论已经成为一种成功的求解问题方式。另一方面，社会科学也认识到，人类面临的主要问题也是全球性的、复杂的和非线性的，往往还是随机的。生态、经济或政治系统中的局部性变化，都可能引起一场全球性危机。线性的思维方式，把整体仅看作其部分之和的观点，显然已经过时了。认为甚至我们的意识也受复杂系统非线性动力学所支配，已成为当代科学和公众兴趣中最激动人心的课题。①

3.2.3 变动不居的而非静止的世界

这里我们特别强调，在任何事情上，都不要忘记它们发生在这样一个变动、流动和不可逆的世界。怀特海在《科学与近代世界》中特别强调任何事件都具有时空特性，“在我们直接经验所感知的自然因素中，没有任何一种东西只具有简单的位置这种性质。”②但是，大道至简，知易行难。

（1）不要用静止的眼光看世界

自然界、外部世界的伟大之处就在于其不断发生变化：宇宙在膨胀，银河系在旋转，地球在沿着轨道转动，而且由于地球轴心倾斜，有了四季变换；潮汐冲刷地球海岸已经超过万亿次；板块构造的变动正在更新着地壳。如果仔细观察放在桌子上的一杯水，你会看到一杯清澈而均匀的液体，看不出有任何内部的运动，但这只是一种表面现象，如果把水放大几百万倍，就会看出它具有明显的

---

① [德]克劳斯·迈因策尔：《复杂性思维：物质、精神和人类的计算动力学》，曾国屏、苏俊斌译，上海辞书出版社 2013 年版，导言第 1 页。

② [英]A. N. 怀特海：《科学与近代世界》，何钦译，商务印书馆 1989 年版，第 56 页。

颗粒结构，是由大量紧紧挨在一起的单个分子组成的。我们还可以清楚地看到，这杯水绝非处于静止状态，它的水分子在来回运动。这种现象是英国生物学家布朗(Robert Brown)首次发现的，因此称为布朗运动。这是一种普遍存在的运动，可以任何液体中观察到，也可以在空气中飘浮的烟雾和尘埃中观察到。

物质处于固态时，它们的分子显然是被紧紧束缚在一定的位置上，但绝不是不受热的影响。根据热运动的基本定律，处在相同温度下的一切物质，无论固体、液体还是气体，其单个分子所具有的能量是相同的，只不过对某些物质来说，这样大的能量足以使它们的分子从固定的位置上挣脱开来，而对另一些物质来说，分子只能在原位上振动。[①] 没有什么能长久保持不变，你无法两次跨进同一条河。

地球表面每天都在不断运动和变化，沧海桑田、水滴石穿。喜马拉雅山脉是由印度洋板块与亚欧板块碰撞形成的，今天的喜马拉雅山脉仍在不断上升中。据地质考察证实，早在20亿年前，喜马拉雅山脉的地区是一片汪洋大海。经历了漫长的地质运动，地壳移动引发了强烈的造山运动——喜马拉雅运动，形成了当今世界上最雄伟的山脉。

我们自身与外界是互动的——环境因素一直对我们的身体、精神和观念进行着不断地塑造和重构，我们的身体也在一刻不停地更新。只要我们活着，身体就会始终处于形态变化的过程中，没有哪两个时刻是完全相同的，“士别三日当刮目相待”是非常有道理的。

毕业之后，大家都会有10年、20年、30年同学聚会，每一次聚会都会给你物是人非的冲击。时间越长，冲击越强烈。

静态和动态理论之间有什么样的关系？熊彼特在《经济分析史》中给出过这样一个解释：

> 一方面，静态理论涉及的是较高水平的抽象……略去了更多的现实特征……因而比动态学更接近于经济量的纯逻辑。另一方面，静态理论可以说是较为一般的动态理论的一个特例……即只要使动态模式中的“动态化因素”等于零，就可以得到静态模式。[②]

熊彼特接着说：

> 实质上，它是一种简单化手段，但也并不仅仅是这样。当我们试图想

① 参见[美]G. 伽莫夫：《从一到无穷大：科学中的事实和虚构》，暴永宁译，科学出版社2002年版，第163页。

② [美]约瑟夫・熊彼特：《经济分析史》第3卷，朱泱等译，商务印书馆1994年版，第314～315页。

象这种过程的样子，想象该过程中会有哪些现实现象时，我们便可发现该过程中缺少哪些现象……进化这个词有广义和狭义两种用法。从广义上说，它包含所有使经济过程脱离静止状态的现象。从狭义上说，它包含上面广义中所提的那些现象，但减去在制度、时尚或技术水平不变的构架中可以称之为速率的连续变动的那些现象，这些现象将包含在成长概念中。①

读者应注意到，至少从逻辑原理上说，一方面是"静态学"和"动态学"，另一方面是"静止状态"和"进化状态"，它们彼此是互不相关的。我们可以用动态模型来描述静止过程：当我们使某一时期某一过程的静止状态取决于该过程以前的状态时，情况便是这样。我们也可以用一连串的静止模型来描述进化过程……这后一种方法称为"比较静态学"。②

应该说，熊彼特的这个解释足够清晰准确了。实际上，静态分析不只是比动态分析考虑了更少的因素，更重要的是缺失了对动态的精神——过程的理解，恰恰是过程赋予了经济活动不确定性；也是过程为经济活动注入了演化的生机。换言之，只有动态分析才能引导我们进入真实世界。这是静态分析与动态分析最大的不同。

从瓦尔拉那里产生的经济世界的静态理论，是经济要素或变量（消费性的和生产性的货物或劳务的价格和数量）之间的大量关系（方程），这些关系被认为是彼此同时确定的……不过，瓦尔拉的联立方程组带来了一大堆逻辑上的或数学上的问题，其微妙复杂程度远远超过了瓦尔拉或其他任何人的想象。③

从这里我们看到，即使是瓦尔拉也意识到了人类经济活动的整体性，因此，要想说明其中任何一个问题，都涉及经济要素或变量（消费性的和生产性的货物或劳务的价格和数量）之间的大量关系（方程），需要整个联立方程组同时确定下来。当然，这是一种确定性的经济学，一种线性思维的经济学，只是他们自己没有意识到，也不可能意识到这一点。无论是在瓦尔拉那里，还是在熊彼特这里，他们都相信：

存在"唯一确定的均衡（一组值）"当然是最重要的……如果无论以多高的抽象水平也无法证明存在着唯一确定的均衡——或者无论如何，证明

① ［美］约瑟夫·熊彼特：《经济分析史》第3卷，朱泱等译，商务印书馆1994年版，第314页。
② ［美］约瑟夫·熊彼特：《经济分析史》第3卷，朱泱等译，商务印书馆1994年版，第314～315页。
③ ［美］约瑟夫·熊彼特：《经济分析史》第3卷，朱泱等译，商务印书馆1994年版，第318～319页。

> 存在着若干种可能的均衡，那么我们所研究的现象便真是一片混乱，无法加以分析了。[①]

而实际上，由于各个要素之间的关联，他们所能得到的最让人满意的结果，充其量是只能够确定不止一个值或值序列。熊彼特评论道：

> 要解决一般均衡问题，需要运用复杂的现代数学工具，进行很高深的论证。瓦尔拉和马歇尔远未解决那一问题——原因之一是，在他们写作的时代，没有所需要的某些数学工具——他们甚至未能弄明白那一问题的性质及困难所在。[②]

这段话也同样适用于熊彼特。因为，在熊彼特的书中，到这里就没有了下文，书中留下了这样几个字："该稿本也未完成。"编者只好从他的早期稿本中单独摘引一段话录在这里。

毫无疑问，他们需要的是动态经济学，需要非线性经济学，需要突破他们的线性思维。而这在当时恰恰是做不到的，因为，那时非线性数学还远远算不上成熟。正是由于这种情况，整体地、动态地描述经济活动甚至让熊彼特也深感困难，以至于他说"对于我们来说，它们太深奥、太专门了"。但是，毕竟熊彼特抓住了问题的关键。

需要补充的是，即使是在现代经济学中，这个问题依然没有解决，哪怕是大家所能接触到的高级微观经济学。实际上，只要停留在线性观念里，只要追求确定性的解，就不可能不遇到这个问题，却又不可能解决这个问题。

(2)不要用静态的方法做事、做学问

请摒弃那些基于静态思维和方法得来的学问。

有了变化的观念，对于学习经济学来讲，或者对于大家以后要从事的工作来讲，你都会发现：经济学中的所有主题不仅概念模糊（这一点很重要，很致命），而且都具有流动、变化的特性。

人的偏好是变化的（而且难以捉摸），人口数量、人的需求是变化的，生产技术、生产的组织是变化的，产品的质量是变化的，要素的供应是变化的，竞争环境与程度是变化的……在这里，我们希望大家记住的是，"均衡"是一个最具误导性的比喻，经济学中贯穿始终的"不变的均衡价格"是一个高度错误的虚构。

所有的事物都遵循那种我们前面强调过的河流模式——一路向前，不会后退，呈现出一个永远的不可逆过程；而且，不要忘记，所有的变化都是不确定

① [美]约瑟夫·熊彼特：《经济分析史》第3卷，朱泱等译，商务印书馆1994年版，第321页。
② [美]约瑟夫·熊彼特：《经济分析史》第3卷，朱泱等译，商务印书馆1994年版，第323页。

的——有路径依赖更有分岔，有连续也有中断。

上帝每天都在掷骰子，不同的只是击中了谁！

3.2.4 非线性的而非简单有序的世界

我们不得不承认，批判决定论的声音即使是在今天都是很微弱的。现代社会的各个层面少有例外地沉醉于现代科学所创造的奇迹。在人文社科领域，更是由于对现代物理科学、认知科学以及系统科学的无知而自我满足地编织着决定论的理论体系。

试图从线性思维出发，用决定论来详细地说明大多数自然界的现象，特别是解释社会现象(包括经济生活)，完全是一种徒劳的举动；关于历史规律的说教其实也没有给人们的行为提供任何有益的指导。

不懈的对确定性的寻求找到的只是不确定的答案。说什么经济学将使你更精明地参与经济、学习经济学将给你一些有助于致富的工具，实际上是自欺欺人之谈。

生活中，你的手机突然坏掉或不小心丢失、你意外患上了感冒、接到一个突如其来的电话、偶遇一位多年不见的老同学……没有人会对此大惊小怪，我们把这些情况称为巧合(根本上说，所谓巧合，就是发生概率极小的事件)。那么，我们反倒期待人类历史、社会的发展是有规律的、可预见的，或者相信经济是在均衡中向前发展、期待供求总会回到某个均衡，这岂不是最大的怪事？

人类已经进入了21世纪，是改变我们观念的时候了！是与拿锤子的人、丢斧子的人、摸象之人和从众之人说再见的时候了！

3.2.5 多元逻辑交织而非一元逻辑统治的世界

我们认为，这个世界是一个多元逻辑交织的世界，而不是一元逻辑统治的世界，因此，试图用一种逻辑去理解和解释全部世界是行不通的。恰如我们前面指出过的，对人与社会活动的理解和解释，既需要物理、化学的方法和逻辑，又需要生物学的方法和逻辑，还需要社会学的方法和逻辑。

就像我们不能仅凭一个人的外在打扮以貌取人一样，我们也应该学会不是依靠外观去评价一种理论、一门学科。现代经济学就具有一种很能迷惑人的“科学”外观。但是，在它“高大上”的外衣下面，掩藏着简陋、粗鄙的灵魂。

现代经济学试图把经济学建立在形式逻辑或数理逻辑基础之上，甚至有人喊出“无计量不学术”的口号。因此，我们看到，它对经济活动的解释是机械的和生硬的，这是现代经济学方法论幼稚病的具体表现，这种做法显然是不会取得成功的，当然我们也不可能依靠它来有效地指导人类的经济活动。

任何人都可以提出这一的问题:经济学就应该是这样吗?这样的经济学会解决实际问题吗?

在经济学中使用数学模型确实有一些优点,但是,它们并不能用观察数据来检验!显然,这只是形式逻辑的优点,这些都是人所共知的。但是,这种情况只是说明,思维世界存在一套比真实世界要精确的算法,仅此而已。

但是,不幸的是,经济学家常常忘记,数学或形式逻辑存在严格的适用条件。实际上,人们太容易忽略,任何一门数学的应用都具有严格的条件:概念边界清晰、前后内涵保持一致,即完全的同一性。数理经济学家错误地认为经济学中的变量或元素可以被定义清楚,经验事实却非如此。

我们认为,这对于理解和解释人类的经济活动是远远不够的。人类的经济活动既需要物质要素的参与,因而需要物理学逻辑、化学逻辑和生物学逻辑的解释;又要有人的因素的参与(这种参与具有重要的意义),因而还需要有社会学、行为学和心理学逻辑的解释。

3.2.6 逻辑主义、实证主义:潮起潮落

法国哲学家笛卡尔认为数学是最重要的学科,他想把几何学、代数学和逻辑学三门学科的优点统一于一种方法。为此,就要扩大数学符号的狭窄范围,必须把那些迄今尚未取得数学名称的学科归入数学。笛卡尔认为,数学不仅是关于数的科学,而且是一门无所不包的科学,它包括了一切有次序和度量的东西,包括数目、图形、星体、声音等,天文学、光学和声学都属于数学范围,数学方法也可应用到哲学中。笛卡尔根据这些想法,提出建立"普遍数学"。

(1)逻辑成为普遍的科学——莱布尼茨之梦

数理逻辑创建于17世纪末,创始人是德国哲学家和数学家莱布尼茨。莱布尼茨继承了思维可以计算的思想,提出了建立理性演算的设想。他认为,所有数学的一般学说都是从逻辑原理中推演出的,他把这种理性演算称为"通用代数""一般数理""逻辑斯蒂"或"数理逻辑",这就是莱布尼茨所要建立的新逻辑。他把逻辑看成是一种普遍的科学,这种科学包括构成其他所有科学(包括数学)的基础的一些原则。

在数理逻辑的初创时期,对逻辑代数建立起重大作用的因素是当时数学的飞速发展。当时,数的概念得到空前的扩充,数系得到扩大,从自然数扩大到有正负号的整数,有理数,实数,复数等。这些不同类型的数与自然数都有一些相似的性质,都遵守交换律、结合律和分配律。但是,这些基本定律又是不确定的,也就是说,它们的形式是抽象的,它们满足各种类型的数的条件是要依赖各类型数的加法和乘法的定义,在自然数中适用的加法和乘法的定义不能在有正

负号整数的加法和乘法中应用。

逻辑代数是同布尔的名字联系在一起的，现今称为布尔代数。布尔是19世纪的英国数学家和逻辑学家，他认为，数学的本质不是探究对象的内容，而是研究其形式，因而，可由符号表示的一切事物都可纳入数学领域。逻辑关系与某些数学运算很相似，代数系统可以有不同解释，把解释推广到逻辑领域，就可以构成一种思维演算。

> 熟悉符号代数理论现状的人们都知道，分析过程的有效性不依赖于对被使用符号所作的解释，而只依赖于它们的组合规律。对所假定的关系的真假没有影响的每一个解释系统，都是同样可允许的，这样一来，同一个过程在一种解释方式之下可以表示关于数的性质问题的解法，在另一种解释方式之下，表示几何问题的解法，而在第三种解释方式之下，则表示力学或光学问题的解法。①

布尔当时所提出的演算还很不成熟，但布尔的贡献是伟大的，他在逻辑史上首先提出了逻辑演算，成为继莱布尼茨之后的数理逻辑的又一个创始人。以他命名的布尔代数现已发展为结构极为丰富的代数理论，并且无论在理论方面还是在实际应用方面都显示出它的重要价值。著名的美国哲学家和逻辑学家皮尔士(Charles Sanders Peirce)对布尔的逻辑代数作了重大改进。

(2)为数理逻辑奠基——功亏一篑的弗雷格

弗雷格是德国著名逻辑学家、数学家和哲学家。1869～1871年，他先后在耶拿大学、哥丁根大学学习，1873年获博士学位，1874年起在耶拿大学任教，直到1918年退休。他是数理逻辑的奠基人之一，对数理逻辑有许多创造性的贡献：他在数理逻辑发展史上首先建立了初步自足的逻辑演算和量词理论，第一次给出了自然数的精确定义，在从逻辑推出算术方面做了大量工作。弗雷格为了实现从逻辑推出算术的纲领，创建了严格的逻辑演算。弗雷格认为，逻辑演算必须要使用严格的形式语言，他称这种语言为概念语言或表意语言。他明确地表示，他想要创造一种语言来分析数学推理。弗雷格对概念语言作用的分析、对概念语言同普通语言关系的分析，大大发展了莱布尼茨的创立普遍语言的思想，克服了布尔的代数语言的局限性，为现代逻辑的形式语言理论奠定了基础。但是，数理逻辑后来的发展证明，把算术或数学划归为逻辑是行不通的。

直觉主义坚持认为，数学真理也是经验的，逻辑、数学与其他自然科学中的归纳法一样，并不是绝对可靠的。数学直觉主义的代表布劳威尔(Luitze Brou-

---

① 转引自余源培等：《哲学辞典》，上海辞书出版社2009年版，第435页。

wer)[①]说道：

> 并不存在非经验的真理，逻辑也并非是发现真理的绝对可靠的工具……严格地按照这个观点来进行探讨，并且专用内省构造的方法来推演定理的数学，叫作直觉主义数学。[②]

直觉主义与其他流派的主要分歧源于对数学本性的理解——数学是什么？它的对象、方法和意义是什么？直觉主义认为数学对象源于人类心智的构造，但同时也与客观世界紧密相连，与超验世界和超自然无关；直觉和创造，而不是证明和演绎，是最重要的数学方法，是数学的生命。这样的数学观导致了他们对排中律的抵制。

1908年，布劳威尔发表了一篇论文，题为《论逻辑原理的不可靠性》，对排中律的有效性提出了质疑。排中律是一个基本的逻辑定律，也是一个常用的数学技巧，指每一个数学命题要么对，要么错，没有其他可能性。1923年，布劳威尔发表了《论排中律在数学特别是在函数论中的意义》一文，阐明了排中律不普遍有效的理由，并给出了使用排中律的两个古典分析例子，说明它们是不正确的。

著名的波兰逻辑学家莫斯托夫斯基(Andrzej Mostowski)[③]对直觉主义逻辑作了十分公正的评价：

> 直觉主义逻辑拥有一种独一无二的地位，它是迄今建立的唯一正被相当大一群干练的科学家实际使用着的逻辑。它也是唯一已被推广到命题逻辑和量词逻辑之外而用来叙述数学的某些部分的逻辑。[④]

莫斯托夫斯基认为数学是一门自然科学：

> 数的概念——不仅是自然数，也包括实数——的源泉和最终存在的理由来自于经验和实际运用……莫斯托夫斯基更进一步说，数学是一门自然科学，其概念和方法均起源于经验，那些试图建立数学而忽视它在自然科

① 布劳威尔，荷兰数学家，他强调数学直觉，是直觉主义学派的创始人和代表人物。

② [荷]L.布劳威尔：《意识、哲学和数学》，[美]保罗·贝纳塞拉夫、希拉里·普特南编：《数学哲学》，朱水林等译，商务印书馆2003年版，第104页。

③ 莫斯托夫斯基，波兰数学家、逻辑学家。1931～1936年就学于华沙大学，1946年开始在华沙大学任教，1956年成为波兰科学院院士。莫斯托夫斯基主要研究数理逻辑、基础数学等，曾于1953年和1966年两次获国家奖，著作有《形式化算术中语句不可判定》《可构成集及应用》等。

④ [波兰]莫斯托夫斯基：《数学基础研究三十年》，郭世铭等译，华中工学院出版社1983年版，第12页。

学中的本源、忽视它的运用、甚至忽视它的历史的努力都注定会失败。[①]

另外，与莫斯托夫斯基一样，魏尔这名直觉主义者也赞成通过在自然界中的运用来判断数学的合理性。在《数学与自然科学的哲学》中，他说道：

> 一种真正的数学应该和物理学一样被当作是真实世界的理论结构的分支，并且我们应该用同样严肃谨慎的态度去对待其基础的扩展，就如同对待物理学的一样。毫无疑问，魏尔提倡将数学作为一门科学来对待。数学定理和物理学定理一样也可能是尝试性的，并无把握。它们也许还须改造，但是，是否与实际相符是检验其合理性的可靠标准。[②]

直觉主义最初和最重要的立场就是对直觉的强调。这当然不是说他们否认数学的逻辑性和严谨性，谁都承认，数学是对逻辑严谨要求最高的一门科学，直觉主义者不可能否认这一事实。但直觉主义者更要强调的是直觉、灵感和创造力在数学中的地位，而这些东西在公理化运动的浪潮中被淹没和忽略了。

康托尔(Georg Cantor)创立的集合论是数学和数理逻辑发展史上的惊天伟业，开辟了崭新的数学领域，为数学奠定了初步基础。但是，康托尔的集合论毕竟是素朴的、直观的，它本身还存在一些不严格、不精确的地方，正是这些不严格之处导致了悖论。所谓悖论是指由一个命题的肯定可以推出它的否定，而由它的否定又可以推出它的肯定。

简单说来，悖论就是一种逻辑矛盾。最古老的悖论是公元前 6 世纪希腊哲学家发现的说谎者悖论。中世纪逻辑学家也发现了一批说谎者悖论的变形。这些都是语义悖论，与认识和语言有关。集合论悖论涉及集合、类、关系、数等一类逻辑和数学的概念，它们是出现于逻辑系统或数学系统之中的悖论。

(3)数学的第三次危机

集合论悖论的出现引起了第三次数学危机。我们知道，第一次数学危机是古希腊时代无理数的发现，第二次是 17～18 世纪关于无穷小量的争论。数学史表明，产生危机是不奇怪的，克服危机恰恰可以促进数学的发展。第一次危机之后，古希腊人为了解释无理数的存在建立了比例论，最后由欧几里得集古希腊数学之大成，写出了数学史上的第一本经典著作《几何原本》。欧氏几何建立之后，又引起了平行公设的争论，经过两千年的漫长过程，导致了非欧几何的

---

① 转引自[美]M. 克莱因:《数学：确定性的丧失》，李宏魁译，湖南科学技术出版社 2001 年版，第 340 页。

② 转引自[美]M. 克莱因:《数学：确定性的丧失》，李宏魁译，湖南科学技术出版社 2001 年版，第 340 页。

建立。非欧几何可以在欧氏几何中找到解释，因此，非欧几何相对于欧氏几何是一致的。借助于解析几何，一切几何命题都可表示为实数代数的命题。因此，欧氏几何相对于实数理论是一致的。这样，实数理论就成了几何的基础。第二次数学危机的结果是分析的算术化，把极限理论建立在实数理论之上。

然而，在数学家们还没有来得及证明集合论一致性的时候，却在集合论中接二连三地出现了悖论。这确实是一场大危机，动摇了整个数学的基础。

(4)模糊数学的出场

真实世界既不存在精确的概念，也不存在简单的线性逻辑。各种力量的相互作用只能以非线性逻辑和思维来描述。在实际生活中，人们常常遇到给命题赋予确切数值的困难。

长期以来，尽管人类习惯于把世界分成几个领域或类型，但他们却常遭遇一些边界模糊或是成分渐变的分类，社会科学尤其如此。人们用某些约定的模糊语言却能对模糊命题给予贴切的描述，这些语言虽然不是精确的，然而却都能被理解接受，并且不但一般不会引起误解，反而显得更贴切有效，这体现了人脑模糊思维的逻辑特征，也正是模糊数学和模糊逻辑产生的最深刻的原因。

罗飞·查迪(Lotfi Zadeh)1965 年发表了关于模糊集合的革命性论文，创立了模糊集合理论。该理论是对经典集合理论的延伸，提出了并集与交集等集合概念的一般化理论，为处理部分元素归属或归属程度不一的分类方式提供了一个数学框架，主要包括模糊集合理论、模糊逻辑、模糊推理和模糊控制等方面的内容。

在经典二值逻辑中也有语言真值，那就是真和假，但是在模糊逻辑中则有无穷多个语言真值，原因在于：第一，该理论能够系统化地处理模糊性。第二，社会科学的许多问题同时具备分类与向量的性质，即使是分类概念，也有程度之分。第三，该理论可以超越条件分析的工具与一般线性模型，用集合理论的一般化操作来分析多变量关系。第四，它有理论上的精确性，大部分理论常常使用逻辑或集合导向的词汇来表达，但多数以连续变量为主的统计模型则不是。第五，模糊集合理论以精确的方式结合了集合导向的思路与连续变量。

经典二值逻辑假定所有的分类都是有明确边界的，任一被讨论的对象要么属于这一类，要么就不属于这一类，一个命题不是真就是伪，不存在亦真亦伪或者非真非伪的情况。模糊逻辑是对二值逻辑的扩充，它是为解决现实世界中存在的模糊现象而发展起来的，它要考虑被讨论对象属于某一类的程度，一个命题可能亦此亦彼，存在着部分真和部分伪。在处理现实世界的问题方面，越来越多的事实说明模糊逻辑远比二值逻辑更为有效。

实际上，在日常生活中我们经常会用到模糊逻辑的描述方法，故模糊逻辑是通过模仿人的思维方式来表示和分析不确定、不精确信息的方法和工具。尽管"模糊"这个词在这里容易使人产生误解，但实际上，在模糊逻辑控制中的每一个特定的输入都对应着一个实际的输出，并且这个输出值是完全可以预测的。所以模糊逻辑本身并不模糊，模糊逻辑并不是"模糊的"逻辑，而是用来对"模糊"进行处理以达到消除模糊的逻辑，它是一种精确解决不精确、不完全信息的方法。许多事实证明，用逻辑处理和分析现实世界的问题，其结果往往更符合实际，用模糊逻辑会使系统适应性更好。

模糊逻辑是通过使用模糊集合来工作的。经典集合是具有精确边界的集合，经典集合对集合中的对象关系进行严格划分，一个对象要么是完全属于这个集合，要么就完全不属于这个集合，不存在介于两者之间的情况。模糊集合具有灵活的隶属关系，它允许在一个集合中部分隶属。对象在模糊集合中的隶属度可以是从 0 到 1 之间的任何值，而不像在经典集合中非得是严格的 0 或 1。基于二值逻辑的理解力推理和归纳推理此时却无能为力，因为它要求前提和结论都是精确的，不能有半点含糊。

用经典逻辑表达命题的形式如"明天将会下雨是真"，其反面则是"明天将不会下雨是真"，二值逻辑不承认有任何过渡。波兰逻辑学家和哲学家卢卡瑟维兹(Jan Lukasiewicz)将二值逻辑扩展成三值逻辑，即加上了另外一种表述："明天将下雨是可能的"。这种表述的逻辑值是 1/2，他用 1 表示真，0 表示假，1/2 表示可能性，这看起来好像仅仅是插入了一个值，然而却是一个突破，因为由此而产生了多值逻辑。

模糊逻辑推理是不确定性推理方法的一种，其基础是模糊逻辑，它是在二值逻辑三段论的基础上发展起来的，它与传统布尔集合论进行了统一处理，用这种推理方法得到的结论与人的思维一致或相近，它是一种以模糊判断为前提，运用模糊语言规则，推出一个新的近似的模糊判断结论的方法。

多值逻辑否定了逻辑真值的绝对两极性，认为逻辑真值具有离散的中间过渡，似乎在某种程度上具有亦此亦彼性。但是，多值逻辑是通过穷举中介的方式表现这种过渡性，把所有中介看成是若干完全分立离散、界限分明的对象，而不承认相邻中介是相互渗透、交叉重叠的。因此，多值逻辑本质上仍然属于精确逻辑，而不是真正的亦此亦彼的逻辑。

模糊控制使用的控制规则是人们在实际工作中的经验，这些经验一般是用人们的语言来归纳、描述的。也就是说，模糊控制规则是用模糊语言表示的。

模糊推理系统是建立在模糊集合、模糊规则和模糊推理等概念基础上的先进的计算系统，它在诸如系统建模、自动控制、数据分类、决策分析、专家系统、时间序列预测、机器人控制和模式识别等众多领域中得到了成功的应用。

在心理学界，出现了以模糊集合为基础的认知理论或记忆理论，模糊集合被用来解决测量问题，并且提供了新颖的分析工具。模糊数据的简化技巧最初由模块认知的研究引进并加以发展，这一类研究很多都属于模糊群聚方法。

时至今日，模糊逻辑已被运用到世界运行的各方面。模糊集合理论为人们提供了一种系统性、建设性地处理模糊性的适当方式，奠定了这一理论研究的基础。由于其多学科的自然属性，模糊推理系统有许多不同的名字，如基于模糊规则系统、模糊专家系统、模糊模型、模糊联想记忆、模糊逻辑控制器或模糊系统。[①]

马塞洛·格莱泽（Marcelo Gleiser）[②]认为，虽然数学被应用于物理问题并屡试不爽，但这并不能证明"世界的完美性"。

> 首先……有许多数学概念和物理现象完全无关。物理学家们会挑选那些对他们有用的数学概念，以实现自己的目标。每个物理学家都非常清楚，人类建立的绝大多数数学模型都大而无用，即便该模型与实际应用密切相关也是如此；不管我们愿意不愿意，绝大多数我们解除的方程也仅仅是方程而已。理解自然要比解方程困难得多。其次，即使是最抽象的数学，也是根源于我们所能感受到的现实：数字、集合、几何，这些都是人脑中的概念，它与人们对现实世界的认识密切相连……正如莱考夫和努涅斯所说的那样，要理清数学的来源，我们必须弄清它的载体，也就是说，我们的思维过程形成了我们的认知结果。最后，"真即是美，美即是真"这一概念是错误的，认为数学在其应用于自然时存在一种美感是不正确的……人们发现最多的不是高于万物的单一秩序，而是有序和无序，对称和非对称，它们在我们描述自然的过程中相辅相成，并行不悖。[③]

3.3 系统理论基础

钱学森说：

> 系统学已经是时代给我们的任务。你不把这门学问搞清楚，把它建立

① 丛爽：《神经网络、模糊系统及其在运动控制中的应用》，中国科学技术大学出版社 2001 年版，第 87～88 页。

② 马塞洛·格莱泽，美国达特茅斯学院自然哲学阿普尔顿教席教授、物理学和天文学教授，著有《不完美的宇宙》等。

③ [美]马塞洛·格莱泽：《求知简史：从超越时空到认识自己》，曾大为、刘勇军译，重庆出版社 2017 年版，第 266～267 页。

起来，你就没有一个深刻的基础认识。我们要把系统这个概念应用到实际工作中去，这方面的应用很多很多。[①]

我认为要是停留在这一点上，那是数学游戏，没有解决什么问题……无非是一个公式……那个罗伯特·肖尤其是瞎胡闹，是数学游戏……当然，就连鼎鼎大名的N. 维纳也说过不负责任的话，他说什么是信息，信息不是物质，也不是精神。到底是什么？这个大教授怎么能随便说话呢？[②]

周光召在《复杂适应系统和社会发展》一文中说道：

封闭系统走向灭亡，而开放系统则生机勃勃。非线性相互作用既能在有规律的运动中产生混沌现象，又能在条件具备时，从无序的混沌中演化出有序的结构，在环境不断变动的压力下，通过自学习、自组织、适应新的环境，求得更好的生存和发展，这种不断进化的结构就是复杂适应系统。我们周围充满了不断产生、不断演化的复杂适应系统，从地球、生物个体到各种社会组织都是。复杂适应系统内部和它与环境之间，都存在非线性相互作用，它们的演化既要遵循共同的必然规律，又都与自身的历史、在历史中冻结的偶然因素有关，是共性与个性，偶然性与必然性结合的结果。[③]

3.3.1 系统科学诞生

应该说，人类从很早的时候就已经学会了与各种各样的系统而且是复杂系统打交道，并且驾轻就熟。举例来说，人体自身就是一个典型的复杂系统——我们是由各种器官组成的一个整体，各种器官之间相互连接、协调运作、自我调节和成长。中医理论把人体看成一个整体系统，并将之与自然环境看作开放的系统来论述人体生理病理以及人与自然的关系。

不只是我们自身，我们遇到的每个组织、每只动物、每个花园都是一个个复杂的系统。但是，作为一门科学，它的诞生出奇得晚。这是有原因的，即亚里士多德开启的“科学”传统。

在20世纪40～60年代，系统理论得到了快速发展，这得益于信息论、控制论和运筹学的形成与发展。

---

① 钱学森：《我对系统学认识的历程》，郭雷主编：《系统科学进展》，科学出版社2017年版，第11页。

② 钱学森：《我对系统学认识的历程》，郭雷主编：《系统科学进展》，科学出版社2017年版，第13页。

③ 周光召：《复杂适应系统和社会发展》，郭雷主编：《系统科学进展》，科学出版社2017年版，第42～43页。

(1)系统论奠基

系统论是把认识对象看作系统,从系统要素、环境的相互联系和相互作用中来整体地理解把握认识对象的方法,它经历了一个不断完善和发展的过程。

①信息论的发展

1948年,美国数学家、通信工程师克劳德·艾尔伍德·香农(Claude Elwood Shannon)和韦弗建立了信息论。

香农是美国数学家、信息论的创始人,1940年在麻省理工学院获得硕士和博士学位,1941年进入贝尔实验室工作。香农将物理学中熵的概念引入到信道通信的过程中,提出了信息熵的概念,开创了信息论学科,为现代数字通信的发展奠定了基础。

熵(entropy)指的是体系的混乱的程度,概念由鲁道夫·克劳修斯(Rudolf Clausius)提出并应用在热力学中。熵定律不仅适用于物理学,也适用于包括所有星系和银河系在内的整个宇宙。现在,熵的概念被广泛应用到了控制论、概率论、数论、天体物理、生命科学等领域,在不同的学科中也被引申出更为具体的定义,是各领域十分重要的变量。

杰里米·里夫金(Jeremy Rifkin)和特德·霍华德(Ted Howard)把熵这个概念广泛运用于哲学、心理学、经济学、政治学、社会学以及西方文化的各个领域。他们预告了牛顿-笛卡尔科学观的死亡,驳斥了那些鼓吹不断增长的经济思想的人,最后得出了"历史是一个不断死亡的过程;人们认为技术能给世界带来更大的秩序,事实又是恰恰相反"[①]的结论。

②控制论的发展

在信息论发表的那一年,美国著名的数学家诺伯特·维纳出版了《控制论》一书。控制论是研究生命体、机器和组织的内部或彼此之间的通信和控制的科学。维纳在阐述他创立控制论的目的时说:"控制论的目的在于创造一种语言和技术,使我们有效地研究一般的控制和通信问题,同时也寻找一套恰当的思想和技术,以便通信和控制问题的各种特殊表现都能借助一定的概念以分类。"[②]

在维纳的《控制论》问世后的几十年中,它的思想和方法一度应用到了一些自然科学和社会科学领域,各种冠以控制论名称的学科雨后春笋般生长出来,例如工程控制论、生物控制论、神经控制论、经济控制论以及社会控制论等,特别是经济与社会的管理更是控制论应用的一个重要领域。

---

① [美]杰里米·里夫金、特德·霍华德:《熵:一种新的世界观》,吕明、袁舟译,上海译文出版社1987年版,第26页。

② 转引自吴冰等:《现代书目控制理论与实践》,知识产权出版社2014年版,第59页。

但是，控制论从一开始就是一门研究自我调节系统的科学，是一种关于封闭系统的理论。控制论模型适合于描述调节机制的形式结构，如水力、电力、生理等系统。不难理解的是，控制论只是延伸了而不是取代了机械论和机器系统理论。

所以，到了20世纪70年代末，控制论研究趋于枯萎，绝大多数控制论的研究停留在原来的水平，有时候又不切实际地编织宏大的画卷。

③运筹学的发展

在第二次世界大战中，同盟国的军事领导机构组织了许多学科的专家研究和解决军事的攻防作战、后勤供给、武器部署使用等问题，于是便出现了军事运筹学。战后，军事运筹学的科学家们把目标转向各种民事经济工程和企业管理问题，在企业和经济组织中取得了许多成果。

运筹学的方法论与控制论在方法论上是一致的，最终也难逃昙花一现的命运。

拓展阅读

协同学的理论创立

1973年，联邦德国斯图加特大学理论管理学教授赫尔曼·哈肯(Hermann Haken)正式提出协同(synergetics)的概念。他指出，一个由大量子系统构成的系统，在一定条件下，它的子系统之间通过非线性的相互作用就能够产生时间结构、空间结构或时空结构，形成一定功能的自组织结构，表现出新的有序状态。

实际上，哈肯并不是新的观念的传播者，协同学依然致力于寻求均衡和有序的世界。哈肯没有告诉人们的重要一点是，那个协同、有序的世界是暂时的、有条件的。

(2)一般系统理论的诞生

1937年，贝塔朗菲提出了一般系统论的初步框架；1945年，在《德国哲学周刊》第18期上发表了《关于一般系统论》的文章，提出定义："系统是相互联系相互作用的诸元素的综合体"，但未被人们注意。1947年，贝塔朗菲在美国讲学时再次提出系统论思想；1955年，其专著《一般系统论》成为该领域的奠基性著作；1968年，出版的《一般系统理论——基础、发展和应用》一书，全面地阐述了动态开放系统的理论，被公认为一般系统论的经典著作；1973年，在修订版《一般系统论——基础、发展和应用》中再次阐述了机体生物学的系统与整合概念，提出开放系统论。

1954年,贝塔朗菲发起成立一般系统论学会(后改名为一般系统论研究会),目的是促进可应用于不止一种传统知识部门的理论系统的发展。其主要职能为:"研究各个领域中概念、规律和模型的同型性并促进各领域之间有益的转移;鼓励欠缺理论模型的领域发展适当的理论模型;尽量减少不同领域中重复性的理论工作;通过加强各专家之间的交流来促进科学的统一。"[①]该学会出版《一般系统年鉴》,由拉波波特负责编辑。一般系统论学会有四位创始人:拉波波特(Michael Rapoport)、贝塔朗菲、博尔丁(Kenneth Ewart Boulding)和杰勒德。

拉波波特是著名数学家,一般系统论的创立者之一。他在哲学、系统论、行为科学、数学、符号学、心理学、政治心理学、决策论、生态学等领域都有深入的研究。他是《一般系统年鉴》的主编,对一般系统论的创立和发展作出了非同一般的贡献。由于种种原因,我国哲学界对拉波波特的一般系统论思想并不熟悉,甚至知之甚少。他的《一般系统论》阐述了一般系统理论所构成的科学的新范式,是对传统科学因果范式的反叛、对传统学科界限的突破。书中所论的系统有三大特征:同一性的保持、组织性和目标定向。

博尔丁1956年发表的论文《一般系统论——科学的构架》非常有名,是系统思想讨论经常性的起点。在这篇论文中,博尔丁把一般系统论看作是"科学的骨架",它旨在提供一个系统论框架或结构,据此把各专门学科和特殊内容的血肉置于一个秩序井然、内在一致的知识体中。

切克兰德(Peter Checkland)说:

> 系统是一个关于在一系列条件下保持自身稳定性的作为整体的实体概念,它提供了一种能把我们的宇宙看作并解释为一个由这类相互联结的整体构成的等级的方式。[②]

> 我们正生活在一个"系统论时代",系统理论预示着一种全新的影响巨大的世界观的到来,我们今天不仅要思考简单的过程,更要思考复杂的系统。更重要的是,一个系统论的倾向性已可以在许多不同学科,包括生物学、地理学、经济学、人类学、社会学、心理学、政治科学、社会管理以及管理科学等的研究者的工作中显现出来。这就证实了系统论作为元科学

① [美]冯·贝塔朗菲:《一般系统论——基础、发展和应用》,林康义等译,清华大学出版社1987年版,第13页。

② [英]P.切克兰德:《系统论的思想与实践》,左晓斯、史然译,华夏出版社1990年版,第17页。

的地位。[①]

不幸的是，到目前为止，在许多领域内，人们仍然没有给予系统论以应有的重视。造成这种状况的主要原因是：

> 它关心的不是一个特殊的现象集合，例如，就像物理学和化学那样，也不像生物化学，它不是一门在现存学科重叠处产生的学科。它也不是一门因为人们认识到有一个特殊的、重要的问题领域存在并要求把大量不同知识细流汇合起来而存在的学科……它不是一门可以放在与其他学科相同集合中的学科，而是一门元科学，其主题实际上可以应用于其他所有学科中。[②]

说到底，更多的人是要固守传统的学科划分，保护那片属于自己的专业领地。也许同样重要的还有一点，系统论要求人们跨越狭隘的学科限制，这让那些急功近利之人失去兴趣。

> 我认为，"系统论"这一学科立志要获得严肃的学术学科的地位。在使用"学术的"这个词时我很是犹豫，因为该词于我所希望发生影响的领域内的应用方式几乎总是在这一意义上的：学术的也就是不实用的。我是在"学问的"意义上使用该词的，并且认为学问不仅涉及思辨，也涉及确立那些能经受得住严格检验，如果可能也经得起实用试验的知识。[③]

迄今为止的系统论的研究和应用已经证明：它不仅是处理现实世界问题的一种有效方法，而且也提供了探索自然界、现实社会的正确的方法论。它给我们提供的最宝贵的结论是：自然和社会现实并不是一个被给定的东西，而是一个不断再创造、永恒变化着的过程。

欧文·拉兹洛(Ervin Laszlo)[④]认为，当今最具普遍性的是系统范式，这一范式构成了一个被称作系统哲学的研究领域，按照动态系统的等级结构来理解人和他的周围世界，并根据它们状态和功能的组织性的不变性来对这些动态系统下定义。他指出：

> 古典科学在它的各门学科中，不管是化学、生物学、生理学，还是社会

---

① [英]P. 切克兰德：《系统论的思想与实践》，左晓斯、史然译，华夏出版社1990年版，第8页。

② [英]P. 切克兰德：《系统论的思想与实践》，左晓斯、史然译，华夏出版社1990年版，第6～7页。

③ [英]P. 切克兰德：《系统论的思想与实践》，左晓斯、史然译，华夏出版社1990年版，第8页。

④ 拉兹洛，系统哲学家、广义进化论专家，创立了系统哲学，作品有《系统·结构·经验》《系统哲学引论》《用系统论的观点看世界》等。

科学，总是企图把观察对象的种种元素——化合物和酶、细胞、初级感觉、自由竞争的个体，等等——孤立起来，然后，希望通过概念或实验把它们重新放在一起以产生整体或系统——细胞、心灵、社会——并成为可以理解的东西。现在终于有了“系统哲学”。用T·库恩在他的著作《科学革命的结构》中的话来说，“系统”概念构成新的“范式”；或者用我的话说，“新的自然哲学”。这种新“范式”或“自然哲学”同机械世界观的盲目自然法则和白痴所述莎士比亚式的故事的世界过程相反，它是一种“把世界当作一个巨大组织”的有机世界观。①

3.3.2 系统论的基本思想

何谓系统？系统是由一个对象集合和一个建立在这些对象之间关系的集合组成的整体。其中，各组成部分相互作用、相互依赖，这个有机整体又构成更大系统的组成部分。一般系统论认为，系统是由相互联系、相互作用的若干要素结合而成的、具有特定功能的有机整体，它不断地同外界进行物质和能量的交换，维持一种稳定的状态。用符号表示为 $S=(M,R)$。

其中，M 和 R 分别为系统 S 的对象集合和关系集合。系统科学揭示了不同于传统科学的一些原理和法则，打破了传统科学中人为的界限，它具有交叉学科的性质，是对传统科学具有重要的补充意义。

系统方法是这样一种处理问题的方法，它取更广的视野，努力把各方面考虑进去，但它把注意力集中在问题各不同部分的相互作用上。②

广义地说，可以指出三个主要领域，它们在内容上不可分割，而在意向上有所区别。第一个领域可以解说为“系统科学”，即各门科学（如物理学、生物学、心理学和社会科学）中的“系统”的科学探索和科学理论，以及适用于所有系统（或确定的支级系统）的原理性学说——一般系统论……第二个领域是“系统技术”，这就是现代技术和社会所提出的问题，它包括计算机、自动化、自调节机构等“硬件”以及新的理论成果、学科等“软件”……第三个领域是系统哲学，即由于引进“系统”这个新的科学范式（与经典科学那种分析的、机械的、单向因果的范式大不相同）而产生的思想和世界观的

① ［美］欧文·拉兹洛：《系统哲学引论：一种当代思想的新范式》，钱兆华等译，商务印书馆1998年版，序言。

② ［英］P. 切克兰德：《系统论的思想与实践》，左晓斯、史然译，华夏出版社1990年版，第7页。

重新定向。①

(1)一种新的范式、新的世界观

贝塔朗菲强调,系统概念构成了一个新范式,是一种新的自然哲学,系统是机体论的观点,认为世界是一个庞大的组织,它不同于机械论世界观所说的自然界的盲目规律。

贝塔朗菲指出,系统哲学分为三个基本部分。第一部分是系统本体论,即系统在可观察世界的各个不同层次上的体现。第二部分是系统的认识论,它和逻辑实证主义或经验主义的认识论有很大的区别,经典科学的分析程序把分解了的组成要素和单向的即线性的因果关系作为基本范畴。与此不同,研究许多变量的有组织整体则要求新的范畴,如相互作用、交感作用、组织、目的论等。第三部分是关于人和世界的关系。符号、价值、社会实体和文化的世界是很真实的东西,它嵌入宇宙的层次系统中,在科学和人性、技术之间,在自然科学和历史、社会科学之间架设桥梁。

特别重要的是,贝塔朗菲指出:

> 系统问题实质上是科学中分析程序的局限性问题……"分析程序"的意思是,一个被研究的整体被分解为可装配的各个部分,因而它也就能由这些部分来构成或再构成。这些程序既可从物质意义上来理解,也可从概念意义上来理解。这是"经典"科学的基本原则,它可以按不同的方式来定义。分解为可分离的因果链,在科学的各个领域中寻求"原子"单元,等等。科学的进步表明,这些首先由伽利略和笛卡尔所阐明的经典科学原则在广泛的现象范围内是极其成功的。应用分析程序取决于两个条件。第一,"各部分"之间的相互作用是不存在的,或者微弱到对于某种研究目的可以忽略不计。只有在这个条件下,部分才能在实际上或在逻辑上和数学上被"分出来",然后再被"装配起来"。第二个条件是,描述各部分行为的关系是线性的,只有这样,累加性的条件才能成立,也就是,描述总体行为的方程式与描述各部分行为的方程式具有同一种形式;部分过程可以叠加而得到总体过程,等等。由"相互作用"的部分所组成的、被称作系统的整体,是不能满足这些条件的。描述它们的典型形式是一组联立微分方程,一般情况下它们是非线性的。②

---

① [美]冯·贝塔朗菲:《一般系统论——基础、发展和应用》,林康义等译,清华大学出版社1987年版,序言第3~4页。

② [美]冯·贝塔朗菲:《一般系统论——基础、发展和应用》,林康义等译,清华大学出版社1987年版,第16~17页。

现在，计算机和计算科学的快速发展为系统论研究提供了更为有力的工具。在数学精巧性方面，集合论方法超过了经典系统论，但是，公理化的系统论与实际系统问题之间的联系还是薄弱的。

数学问题分类、用数学方法解题的难易度如表 3-1 所示。

表 3-1　　数学问题分类、用数学方法解题的难易度①

	线性方程			非线性方程		
	单个方程	数个方程	多个方程	单个方程	数个方程	多个方程
代数方程	轻易	易	基本不可能	极难	极难	不可能
常微分方程	易	难	基本不可能	极难	不可能	不可能
偏微分方程	难	基本不可能	不可能	不可能	不可能	不可能

传统科学是一种人为划分的世界，这种做法可能是局部有效的，但是，它们不仅只适用于有限领域，而且都要假定外部环境不变，即那些理论都是有条件的。一旦超出了范围或条件发生了改变，原来的理论就需要修正。而系统论作为一种一般理论更好地解释了经验世界。

(2)系统是普遍存在的

在宇宙间，从基本粒子到河外星系，从人类社会到人的思维，从无机界到有机界，从自然科学到社会科学，系统无所不在。

现代科学可按所研究的对象系统的具体形式划分成各门学科，如物理学、化学、生物学、经济学和社会学等；也可按研究方法划分成两大类别，即简单系统理论和复杂系统理论。但是不应忘记：

> 科学发现是一种工具，用于构建一个把自然理解为一张相互联系的整体之网的概念框架；在这张整体之网中，人类是它的一个组成部分。这样，世界就变成与人有关的，而不是变成拟人的世界了。人类既不是宇宙的中心，宇宙也不是按照人的形象构建的，人只是构成宇宙全部秩序的一个组成部分。②

(3)整体系统

系统并不仅仅是一些事物的简单集合，而是一个由一组相互连接的要素构

① [美]冯·贝塔朗菲：《一般系统论——基础、发展和应用》，林康义等译，清华大学出版社 1987 年版，第 18 页。

② [美]欧文·拉兹洛：《系统哲学引论：一种当代思想的新范式》，钱兆华等译，商务印书馆 1998 年版，第 47 页。

成的、能够实现某个目标的整体。一个系统中可能包含很多子系统，而它也可以嵌入到其他更大的系统之中，成为那个更大的系统中的一个子系统。

(4)系统变化

系统会产生各种变化，针对各种事件作出反应和调整，生机勃勃地生存下去。

很多系统可能是由各种无生命的要素构成的，具有很强的适应性。有生命的系统还可以自我进化、演变，生成另外一些全新的系统。

3.3.3 封闭系统与线性系统

系统的基本类型：从系统与外部的联系上看，有封闭系统与开放系统；从系统的描述方法上看，有线性系统与非线性系统。

封闭系统和线性系统都是虚构系统或者是人为系统，自然界或真实世界并不存在真正的封闭系统或线性系统。封闭系统是简单的，因果关系清晰，排除了外部因素的影响，结果是确定的。

为什么数学在古希腊时代就有了很高的成就？[①] 这是因为，数学就是一门最典型的基于抽象方法的学问，它允许虚构，还可以不考虑时间，不考虑过程……总之，数学可以不受其他学科的限制，也不受物理或社会实际的限制，即，与其他学科相比，数学的发展几乎不依赖于其他科学的发展。

纯数学推理和数学在生活中的应用是两件不同的事情。在数学、物理学中，“线性”是我们经常看到和面对的现象。对一个系统而言，如果其特性是各部分值的一个线性函数，我们说该系统的特性是线性的。简单说，在线性系统中，部分之和等于整体，几种不同原因的作用所产生的效果等于这些不同原因单独产生效果的累加。同时，这样的系统也一定是封闭系统。

例如，物理中几个外力作用于一个物体上所产生的加速度，等于各个外力单独作用在该物体上所产生的加速度的总和，这个原理称为叠加原理(superposition principle)。在数学中，这个性质被叫作可加性。

叠加原理适用于线性系统。我们的数学工具，包括代数方程、线性微分方程以及这些形式的方程组，从简单的算术、微积分到代数拓扑学，大多数都依赖于线性假设。

---

① 以泰勒斯为首的伊奥尼亚学派开创了命题的证明，为建立几何的演绎体系迈出了第一步；毕达哥拉斯领导的学派将数学理论从具体的事物中抽象出来，予数学以特殊独立的地位；哲学家柏拉图在雅典创办著名的柏拉图学园，培养了一大批数学家；亚里士多德是形式主义的奠基者，其逻辑思想对后世产生了重要影响；欧几里得用公理方法整理几何学，写成13卷《几何原本》(*Elements*)，树立了用公理法演绎数学体系的最早典范；阿基米德是古代最伟大的数学家、力学家和机械师，在纯数学领域作出了重大贡献。

如果能够构建出符合数学要求的环境(如元素的同一性,即保证 $a=a$;变量的有限性;封闭性,即没有外部因素冲击和影响……),那么,数学可以得到很好的应用。例如,一个只有两个物体的封闭系统,我们可以用数学的方法来描述它。

首先描述清楚每个物体的自身行为——即孤立的行为;然后,我们需要说清楚两者的相互作用——即关联性;最后,我们还需要了解两个物体都不存在时系统的行为——即"场"方程组。

总的说来,描述两个具有相互作用的物体所构成的系统需要四个方程——两个孤立方程,一个关联方程,还有一个场方程。当系统中物体的数量增加时,场方程仍然只有一个,但是关联方程的数量却迅速增加,n 个物体存在 2^n 个不同形式的关联方程。

更具体地说,由 10 个物体组成的系统存在 $2^{10}=1024$ 个方程,而由 100000 个物体组成的系统则有大约 2^{100000} 个方程。通过忽略小物质,系统中的方程可以减少。

这里我们看到,即便我们能写出所有方程,解出方程也是非常困难的事情,实际的计算量将随着问题规模的增长而增长。经验表明,除非能够采用某些简化手段,计算量将以问题规模增长量的平方倍数增长,这就是计算的平方律。

柏格森在《创造进化论》中非常清楚地指出:

> 物质发展没有穷尽的时候,因此孤立化的过程也永远不会完成。如果说科学本身也有终了,或者说孤立化的过程已经完成,那只是为了研究的方便而假设的罢了;人所共知,所谓的孤立系统仍要受到某些外部事物的影响。科学只是将这些影响搁置一旁,或者因为它们微不足道,或者打算以后再加考虑。然而,这些影响实际上已形成许许多多的"绳索",将该系统与另一个更大的系统结合起来,结合体又与包含前面两个系统的第三者结合,如此循环往复,便形成了客观上隔离最彻底和最独立自主的系统,即完整的太阳系。即便如此,孤立化的过程仍不是绝对的。我们的太阳把热和光放射到最遥远的行星之外去。此外,它还朝着某种固定的方向移动,并将行星及其卫星吸引在自己的周围。将太阳系与宇宙中其他星系联结的"绳索",无疑是很细弱的。然而,正是依靠这一"绳索",内在于宇宙整体的绵延得以传送到我们赖以生存的世界的最小部分去。①
>
> 无机体的现在状态,端赖于前一刻所发生的事情……在天文学、物理学和化学领域中,上述的命题具有非常严格的特定意义:它意味着,对于科

① [法]亨利·柏格森:《创造的进化论》,陈圣生译,漓江出版社 2012 年版,第 16~17 页。

学来说具有重要意义的现在的某些状态，可以作为前一刻的过去状态的函数来计算……这里的计算方法充其量只能关涉到有机体的某些解体的现象。①

柏格森的这一说法是非常准确的，即使是物理世界，任何一种关于事物状态的数学、物理学的描述也只是一种近似。物质世界的变化是延续的、绵延的。柏格森接着指出：

对于有机体的创造，即很好地建构生命的进化现象，我们无论如何也不能采取数学的处理办法……其一，生物体的现时状态不能在前一时刻的状态中找到解说；其二，有机体的所有的过去，包括它的遗传性——事实上这是很漫长的历史总体——都必须加入到那个时刻中去。②

因此，柏格森认为，无论是机械论的方法还是形式主义的方法都不能处理生物学领域中的问题。当然，我们需要知道，不只是生物学领域，对于那些演进着的系统，无论是物理、生物还是经济系统、社会系统，都能够暴露出形式主义方法的不足。

事实上，科学所探究的系统均是处于总在更新的现在这一刹那……总而言之，他只是涉及特定的刹那，亦即静止的刹那，而不是流动的时间。数学家所面对的世界，是方死方生于每一瞬间的世界；笛卡尔论及连续的创造时，所考虑的也是这样的世界。③

宇宙的绵延了无尽头……系统之所以绵延下去，只是因为它们与宇宙中其他系统不可分离地结合在一起……我们在某一物象上所看到的、可以代表它的特性的清晰轮廓，仅仅是某种我们可能施加于空间某点的影响力所绘制的图形：当我们看着那些物象的表面和边角时，就像从一面镜子中将我们最后的行动概貌送回到我们的眼睛来。倘若去掉这种行动，并随之去掉由知觉在错综复杂的现实世界中为这种行动所绘出的主要路线，那么，物体的特性便要消失于千真万确地代表宇宙中实在性东西的普遍相互作用之中。④

这就像是我们每个人都经常做的一件事——拍照，我们都知道，在照片之

---

① [法]亨利·柏格森：《创造的进化论》，陈圣生译，漓江出版社2012年版，第24～25页。
② [法]亨利·柏格森：《创造的进化论》，陈圣生译，漓江出版社2012年版，第25页。
③ [法]亨利·柏格森：《创造的进化论》，陈圣生译，漓江出版社2012年版，第26～27页。
④ [法]亨利·柏格森：《创造的进化论》，陈圣生译，漓江出版社2012年版，第17页。

外，还有其他与照片联系着的许多东西，而照片显示的只是一个局部，当然，还是一个静态的局部。

在现实生活中，我们观察到的很多力学系统都是由许许多多不同的部分组成的，多数是两个以上，或许多至无数个。在这种情形下，即使物理学家们还能写出描述不同部件行为的方程，他们也很可能无力求解这些方程——即便可以采用某些近似方法。高速计算机的出现拓展了机械力学系统近似求解的范围，但是其作用仍然相对较小。

既然机械力学的形式化方法有如此的局限性，为什么它又被视为所有科学的基础模型呢？那是因为如果期待得到确定答案的话，我们只能采用形式化方法。通过对复杂力学系统作出简化，人们才能应用形式化方法对简化后的系统进行分析求解。

例如，牛顿对太阳系中物体运动的解释。

首先，太阳系不是由多个运动物体组成的，我们已经知道太阳系中存在成千上万个天体以及其他没有成形的物质。可是，关于行星的所有分析从一开始就忽略了其中的大部分天体，因为人们认为它们的体积太小了，不足以对计算结果产生影响。这种做法是如此的自然而然，以至于很多书本对此都没有提及，而实际上，只有在很特殊的情况下才能采取这样的做法。所以说，力学是这样一门科学，它研究的是力学近似原理能很好地对其进行反映的那些系统。

但是，构建纯数学的环境（封闭系统）往往是困难的，充其量只能够近似地获得。从一定程度上讲，近似线性现象也是我们大家所熟悉的：

①实验室：多数的物理学、化学实验，甚至可以说绝大多数实验方法，更甚至是现代科学，都是通过控制一些变量、模拟一个线性系统来追寻变化的原因。这可以说是实验方法的共同特征。

②现代化工厂：现代化生产活动也是以这样的方式进行的。实际上，牛顿经典物理学能够成功的前提恰恰就在于在经典物理学的有限范围内，物理变化的环境或条件是能够控制的。一旦不能满足这样的条件，我们只能得到一些意想不到的结果。

③温室大棚：一个近似封闭的系统，部分做到了对温度、湿度、病虫害的控制，在这里能够看到一些近似线性的过程和现象。

在我们的日常生活中，也有很多近似线性的现象。例如，我们不难发现，习俗、制度和法律也能构建相对封闭的系统，从而获得相对确定的结果（或有序的工作、学习和生活方式），如三点一线的学生生活、按时上下班的人群、各社会阶层的和谐共处……

鲍曼指出，社会文化就有一种生产秩序的功能。其实，不只是社会的制度、文化、意识形态,个人意愿也有此功效。

另外,现代社会中各种类型的现代工程——生物工程、金融工程、基因工程等,实际上就是一种利用技术构建相对封闭环境以求获得预期结果的举动。实际上,控制论的初衷原本就是朝向这样的目标的。

但是,必须记住的是,大多数实际的情形只是近似线性,叠加原理也只是近似成立。我们必须停下来彻底检视我们习以为常的思考方式,实际上,我们的思想以及思考模式就是造成各种现代问题的源头。

如果我们用系统论的眼光回顾科学历程,我们不难得出这样的结论:经典科学的长期发展都是封闭在线性世界里。物理学、化学、生物学……正是线性科学的长期发展,形成了一种扭曲的认识或错误观念:线性系统才是科学探索的基本对象,而非线性系统只是例外现象和非本质特征。

3.3.4 开放系统与非线性系统

自然系统、真实世界都是一些真正意义上的开放与非线性系统。在这里,钟表般的精确逻辑——也即机械的逻辑——并不存在。因此,真实世界,无论是微观层面——如细胞,还是宏观层面——生态、经济与社会,都需要一种超越线性思维和方法的逻辑。

(1)非线性系统的概念

一个系统,如果其输出与输入不成比例,则这个系统是非线性的。

在线性系统中,系统要素之间是互不相干的独立关系;而非线性系统则存在系统要素之间的相互作用,正是这种相互作用,使得整体不再是简单地等于部分之和,非线性系统的特征之一是叠加原理不再成立。

大自然是一个非线性系统。例如,一个生态系统就是一个不断构建自身的组织;农业生产同样是一个非线性系统中的活动;世界各地的气候、地球生命的发展……

人类社会是一个非线性系统。人类社会的每一个领域都是一个复杂的非线性系统。人类历史就是一部饱受自然灾害、战争、疾病的冲击的历史,同时还受到宗教、文化以及政治体制的深刻影响;现代企业在消费者、竞争对手、政府的夹缝里生存……

(2)非线性系统与线性系统的有哪些不同

彭加勒(Jules Henri Poincaré)说过一段话:

> 如果我们准确地知道自然规律和宇宙在初始时刻的状态,我们就能精确地预言该宇宙在下一时刻的状态。然而,即使自然规律完全为我们所掌握,但无论如何我们却只能近似地知道初始位置。如果我们能以同样的近

> 似程度预言后续状态，这也正是我们所要求的，那么，我们应该说现象被预言了，它受定律的支配。但事实并不总是这样；初始条件中的细小差别可能会导致最终结果的极大差别。前者微小的误差会酿成后者的巨大错误。准确地预言不再可能，所发生的一切都成了偶然的事件。①

由于线性系统有较容易的方法进行分析和处理，所以，一般情况下，人们总是将非线性系统理想化或简化为线性系统，用线性系统的方法分析和处理非线性系统。但是，线性是简单的比例关系，非线性是对这种简单关系的纠正；线性关系是独立、互不相干的，而非线性则是相互作用；线性系统可以使用叠加原理，而非线性系统则绝对不能；除此之外，非线性系统还对初值极敏感。

(3)贝塔朗菲所描述的开放系统

贝塔朗菲说："开放系统被定义为与环境交换物质的系统，表现为输入和输出，物质组分的组建与破坏。"②与传统的封闭系统相比较，开放系统表现出似乎与通常的物理学定律相矛盾的特征。

①开放系统趋近于一个稳态

贝塔朗菲认为，在一定的条件下，开放系统趋近于一个与时间无关的所谓稳态。生命系统就是这样的系统，这个系统尽管持续不断地进行着不可逆的过程，有输入和输出，有组建和破坏，但其构成仍保持不变。稳态显示出值得注意的调节特性，而平衡系统则与之相反。

实际上，贝塔朗菲的这种说法很容易产生误解。准确地说，稳定性并非开放系统的特点，贝塔朗菲所说的这种情况叫作系统的鲁棒性。

②开放系统维持在不可积的统计状态

> 从热力学的观点看，开放系统能把自己维持在非常不可积的统计状态上，维持在有序的和有组织的状态上。生命系统把自身维持在高度有序和不可积的状态，甚至可能朝着增强分化和组织性的方向演化，有机体的发育和演化就是这样的……在一个开放系统里，有序性的增大和熵减小在热力学上是可能的……一个开放系统可以"主动地"趋向于更高级的组织状态，也就是说，由于系统内部的条件，它可以从较低的有序状态过渡到较高

---

① 转引自[美]M.盖尔曼:《夸克与美洲豹——简单性和复杂性的奇遇》，杨建邺等译，湖南科学技术出版社2002年版，第25～26页。

② [美]冯·贝塔朗菲:《一般系统论——基础、发展和应用》，林康义等译，清华大学出版社1987年版，第132页。

的有序状态。[①]

这里，贝塔朗菲所说的"生命系统把自身维持在高度有序和不可积的状态"是指生命本身而非生物世界的整体，也不包括社会现象。

根据热力学第二定律，物理过程的一般趋势是增大熵，即增大可积性，减小有序的状态。在封闭系统中熵总是增大的。

(4)作为世界观与方法论的非线性开放系统

非线性之源是系统的开放性，即非线性系统的存在，是因为所有的系统都是开放的，大量的、不确定的系统外部因素，随机地出现在系统面前，对系统造成冲击，严重的甚至会毁灭一个系统。

☞拓展阅读

我们的太阳系

太阳系是银河系的一部分，同时它也是一个螺旋状星系，太阳是太阳系中最大和最重的天体，也是太阳系的"心脏"。太阳系中，包括八大行星及其卫星、大量的小行星、彗星和数量惊人的流星体。

太阳系的主要规律就是行星的运动。它们相对于太阳朝一个方向运动，即逆时针方向的移动。但金星和天王星的自转是按顺时针旋转的。

(5)开放是所有系统的共性特征

在真实世界中，任何系统的运动都表现出非线性特性。第一，每个系统都是一个开放系统；第二，系统中各要素之间、各系统之间都有相互作用；第三，各种要素、各个系统自身都在动态变化。严格地说，任何实际系统都是非线性的系统。

> 开放系统模型有着广泛的应用范围。许多年前，人们就指出生命的基本特征：新陈代谢、生长、发育、自我调节、刺激反应、自发活动等等，归根结底可以看作有机体是开放系统这个事实的结果。因此，开放系统理论将成为一个统一的原理，能够在相同的一般概念之下综合各种各样的异质的现象，并且推导出定量的定律。我相信这个预见，总的说来它是正确的，并为大量的试验所证实……我们可以描绘出一个概括得更广的轮廓。开放系统理论是一般系统论的一部分。这个学说是关于一般地适用于系统的原

① [美]冯·贝塔朗菲:《一般系统论——基础、发展和应用》，林康义等译，清华大学出版社 1987 年版，第 141 页。

理，不管这些系统的组分的性质和支配它们的力的性质。借助一般系统论，我们达到了这样一个水平，我们不再谈论物理的和化学的实体，而只讨论完全是一般性质的整体。至今，开放系统的某些原理一直保持其正确性，并可以成功地运用到更为广泛的领域中去，从生态学，种间竞争和平衡，到人类经济和其他的社会学领域。①

在系统理论中，复杂性不仅仅意味着非线性，还意味着大量的具有许多自由度的元素。所有的宏观系统，如石头或行星、云彩或流体、植物或动物、动物群体或人类社会，都是诸如原子、分子、细胞或有机体这样的组元构成的。具有大量自由度的复杂系统中的单个元素的行为，既无法预测也无法追踪。对单个元素的确定论描述，必须代之以概率分布的演化。②

我们每个人的生活、每个人本身都是一个开放的、非线性系统。想一想，哪些因素在影响和塑造着我们的生活？

人类的身体和大脑是由相互作用的细胞组成的复杂系统。大脑可能是最复杂的一个系统，因为它能够反映外部复杂世界。不仅细胞、有机体等可以看作开放系统，更高层次的集合，如生物群落等，亦可看作开放系统。

(6)开放系统理论与实践的意义

有生命的物体也包含一部分广延的空间，这部分空间与空间中的其他部分有联系，构成与整体密不可分的部分，并且受制于控制任何一种物质作用的物理化学法则。③

想想戈壁上的胡杨树，难道它与水、土壤、风沙、阳光没有关联吗？

开放系统不仅具有重要的科学意义，而且还具有科学之后(meta-scientific)的意义。到目前为止，自然界的机械论观点主要强调把事件分解为线性因果关系；世界的概念被看作随机事件的结果，并且是物理学的和达尔文主义的“掷骰子游戏”的结果；生物过程还原为我们从无生命界得知的规律。与此相反，在开放系统理论方面以及它在一般系统论中的进一步的概括中，多变量的相互作用原理(即反应动力学，不可逆热力学方面的流量和力)明显地成为过程的动态组织和物理学定律在生物学范围考虑下的一

---

① [美]冯·贝塔朗菲：《一般系统论——基础、发展和应用》，林康义等译，清华大学出版社1987年版，第140页。

② [德]克劳斯·迈因策尔：《复杂性思维：物质、精神和人类的计算动力学》，曾国屏、苏俊斌译，上海辞书出版社2013年版，第4页。

③ 参见[法]亨利·柏格森：《创造的进化论》，陈圣生译，漓江出版社2012年版，第18页。

种可能的扩展。于是，这些发展成了一种新的科学世界观的组成部分。①

我们的探索方式认为，物理的、社会的、精神的现实都是非线性的、复杂的、计算的。新认识论的本质结果对我们的行为具有深刻的影响。正如我们所强调的，线性思维在非线性的复杂现实中是危险的。作为一个例子，我们必须记住，我们需要的是一个生态学和经济学之间有良好均衡的复杂系统。我们的医生和心理学家，必须学会把人看作复杂的非线性的身心存在。线性思维可能无法作出成功的诊断。局部的、孤立的、"线性的"医学治疗方法，可能引发负面的协同效应。在政治和历史中，我们必须牢记，单极因果性可能导致教条主义、不宽容以及盲从。由于人类的生态、经济和政治问题已经成为全球的、复杂的、非线性的、随机的问题，传统的个体责任概念就是可疑的。我们需要新的集体行为模式，这种集体行为建立在不同程度的个体机能和见识基础上。②

非线性复杂系统理论……它是一种跨学科方法论，以此来解释复杂系统中微观元素的非线性相互作用造成的某些宏观现象的涌现。光波、流体、云彩、化学波、植物、动物、群体、市场和脑细胞团，都可以形成以序参量为标志的宏观现象。它们不能还原到复杂系统的原子、分子、细胞、机体等微观水平上。事实上，它们代表了真实的宏观现象的属性，例如场势、社会或经济力量、情感乃至思想。③

希望大家记住，线性系统只是非线性系统的特例，物理中的简化方法和数学中的抽象方法在经验科学领域(即科学的实践层面)是近似可用的。

3.3.5 非线性世界与不可知论

自古以来，人类就不断地探索自然，企图了解自然，更企图征服自然。但是，在人们企图改造自然的时候，人们才发现，大自然是如此神秘莫测，以至于我们奋斗了数千年仍然不能完全揭开大自然的奥秘。

(1)中外古今第一至人——庄子

现在我们清楚了，早期历史上的不可知论思想家的观点中蕴含着对世界复

---

① [美]冯·贝塔朗菲：《一般系统论——基础、发展和应用》，林康义等译，清华大学出版社 1987 年版，第 144～145 页。

② [德]克劳斯·迈因策尔：《复杂性思维：物质、精神和人类的计算动力学》，曾国屏、苏俊斌译，上海辞书出版社 2013 年版，第 19 页。

③ [德]克劳斯·迈因策尔：《复杂性思维：物质、精神和人类的计算动力学》，曾国屏、苏俊斌译，上海辞书出版社 2013 年版，导言第 2 页。

杂性和非线性的认识。当然这只是朴素的。

庄子是中外历史上最伟大的思想家之一，他是一个思维开阔、思想深刻、态度豁达的人，迄今没有多少人可与之比肩。但是，很多人认为庄子是一个不可知论者，这确实有几分道理，但又是完全错误的。在庄子看来，“知”有大小，经历过、体验过的事物，可知；经历、体验过的事越多，知识就越多。

> 小知不及大知，小年不及大年。奚以知其然也？朝菌不知晦朔，蟪蛄不知春秋，此小年也。楚之南有冥灵者，以五百岁为春，五百岁为秋；上古有大椿者，以八千岁为春，八千岁为秋。而彭祖乃今以久特闻，众人匹之，不亦悲乎？①

庄子此言太有力了，知分大小，时有短长，物各不同，奚以知其然也？人类由于其自然寿命有限，无法真实地体验和把握合适的时间尺度，这为人类认识世界设置了障碍。依据有限的个人体验，虽然可以借助历史与科学，去解释历史长河，如何能够得到正确的结论？

> 夫道未始有封，言未始有常，为是而有畛也。②

悠悠千古事，皆可为庄子证！

> 故知止其所不知，至矣。孰知不言之辩、不道之道？若有能知，此之谓天府。注焉而不满，酌焉而不竭，而不知其所由来，此之谓葆光。③

所以，那些自以为“知”“全知”之人，谬、诳、妄也。孔子曰：“知之为知之，不知为不知，是知也。”那些读过一本《经济学原理》，或拿到某个大学的某学位，就以为自己知道了人类经济生活的全部的人，只是展示了自负和狂妄。

古今中外，试问哪里有人超越过庄子？

> 庄子与惠子游于濠梁之上。庄子曰：“儵鱼出游从容，是鱼之乐也？”惠子曰：“子非鱼，安知鱼之乐？”庄子曰：“子非我，安知我不知鱼之乐？”惠子曰：“我非子，固不知子矣；子固非鱼也，子之不知鱼之乐，全矣。”庄子曰：“请循其本。子曰‘汝安知鱼乐’云者，既已知吾知之而问我。我知之濠上也。”④

---

① 《庄子·逍遥游》。

② 《庄子·齐物论》。

③ 《庄子·齐物论》。“天府”，道心之谓也。“葆光”，虚怀若谷之状态。

④ 《庄子·秋水》。

这里，虽是借惠子之口，传达的却是庄子思想，“子非鱼，安知鱼之乐？”诚如《庄子·秋水》所言：“夫物，量无穷，时无止，分无常，终始无故。”何可知也？

《庄子·内篇·养生主》：“吾生也有涯，而知也无涯。以有涯随无涯，殆已；已而为知者，殆而已矣！”当然，庄子并没有否认当下可知、局部可知。

至人无己，神人无功，圣人无名。庄子，伟人也。

(2)近代欧洲的不可知论思想家

笛卡尔是17世纪法国著名的哲学家、数学家和神学家，欧洲哲学史和科学史上最有影响的巨匠之一。笛卡尔提出了“普遍怀疑”的主张，留下了“我思故我在”名言。笛卡尔在哲学和思想史上的贡献是普遍怀疑的方法。但是，实际上，笛卡尔不算是一个不可知论者，他是一个可知论者。

笛卡尔的怀疑论指出了寻找知识的起点——怀疑一切，同时，他也制定出了一套系统的怀疑论的方法。

笛卡尔说：“凡在我想象内含有可疑的成分，即使只含有极轻微者，也要毅然扬弃……以便观察除此之外，是否还有一物仍然留在我的信念中，为完全不可怀疑者。如此，由于感官屡次欺骗了我们，我便假定借助感官而想象的对象，没有一样是真实存在。”①他明确指出：“我这样做并不是模仿那些为怀疑而怀疑并且装作永远犹豫不决的怀疑派，我的整个计划只是要为自己寻求确信的理由，把浮土和沙子排除，以便找出岩石或黏土来。”②因此，笛卡尔就是要通过怀疑清除那些被认为是真理而实际上可怀疑的东西。

大卫·休谟，英国人，1711年生于爱丁堡，出身名门。少年休谟沉静勤勉、好学深思。值得肯定的是，和笛卡尔一样，休谟对人类理性的能力持有怀疑态度。一些反对他的人给他贴的标签是近代欧洲不可知论的重要代表之一，这有一定道理，但并不准确，准确地说，他是经验主义最杰出的代表。

休谟认为，任何不存在于经验当中的东西都仅是虚构的并必将被无情地抛弃，他要使科学摆脱虚构而非经验的境况，建立有关人性的学科。他的著作《人性论》(*Treatise on Human Nature*)是一本寻求经验主义原理的研究，在《人性论》中他指出，人的认识完全局限在经验的范围内，人不仅不能感知和证明物质实体的存在，也不能感知和证明精神实体(包括上帝)的存在。对于长期流行的普遍因果性原理(一切事情的发生都有其原因)，休谟这样说：

> 原因和结果的观念是由经验得来的，经验指导我们那样一些特定的对象在过去的一切例子中都是经常结合在一处的。当我们假设一个和这些

---

① [法]笛卡儿：《笛卡儿：我思故我在》，王阿玲译，中国画报出版社2012年版，第38页。

② 转引自葛树先：《西方历代哲学家思想纵览》，南开大学出版社2018年版，第201页。

对象之一类似的对象直接呈现于它的印象中的时候，我们因此就推测一个和它的通常伴随物相似的对象也存在着。①

现代统计学的发展似乎已经充分地证明了休谟的思想。在开放系统中，任何事情都没有确定的、具有线性解释的原因，只有一连串非线性的相关影响因素。世界是非决定论的！

历史上，一些哲学家自负地认为，休谟的这些命题并不可靠，他们清楚地知道其含义何在吗？他们又能够为自己的那种盲目的乐观主义学说辩护吗？

波普尔(Karl Popper)，一个值得一提的人。波普尔是犹太裔思想家，1902年出生于维也纳，1928年获哲学博士学位，1946年迁居英国，1949年获得伦敦经济学院教授职衔，1976年当选皇家科学院院士。他的主要著作有《开放社会及其敌人》《历史决定论的贫困》《科学发现的逻辑》《猜想与反驳：科学知识的增长》《客观知识：一个进化论的研究》《无尽的探索——思想自传》《开放的宇宙》。

波普尔反对理性能够解释一切现象。波普尔指出，任何人的思想都会有不自觉的偏见，在现代学科建制中存在理性主义专制。在他看来，如果一个人坚持理性主义，那么他本身就是有非理性主义因素的。因为理性主义的价值预设就是理性主义比非理性主义更有优越性。他说，完全的理性主义只会给人带来思维上的困惑，而完全的非理性主义却会成为社会的祸害。

《开放的宇宙》一书，是一部专门针对决定论的著作，系统地批判了各种形式的决定论观念——历史决定论、宗教决定论、科学决定论和形而上学决定论。

这种拉普拉斯决定论断言，如果给出它在某个瞬间目前的状况、情境，宇宙在无论未来还是过去的任何瞬间的状况就是完全被决定的。我认为这种拉普拉斯的决定论最确实、最严重地妨碍了对人类的自由、创造性和责任的解释以及对它们的辩护。②

我个人相信，非决定论学说是正确的，决定论毫无根据。③

(3)可知与不可知的是与非

似乎可知论是与科学画等号的，不可知论是与愚昧、原始画等号的。

事实上恰恰相反，可知论是启蒙运动传播的一种旧的迷信；不可知论则可以建立在新的世界观——开放系统与不确定性世界基础上。

我们的解释是：可知与不可知，完全依赖于系统的性质。如果我们面对的

① [英]休谟：《人性论》上册，关文运译，商务印书馆1980年版，第107页。

② [英]卡尔·波普尔：《开放的宇宙》，李本正译，中国美术学院出版社1999年版，序言。

③ [英]卡尔·波普尔：《开放的宇宙》，李本正译，中国美术学院出版社1999年版，第39页。

是一个封闭系统、线性系统，其原则上是可知的；而如果我们面对的是一个开放系统、非线性系统，我们就应该承认，它是一个概率统治的世界。借用《时间的秩序》中的话说：

> 我们知道自己其实是近视，只能勉强看到物体辐射的巨大电磁波谱中一个微小的窗口……我们看到的自洽世界，只不过是从我们与宇宙的接触中推断出来的。①

3.3.6 自组织和复杂适应系统

我们已经习惯于使自己成为各种各样系统的外来组织者，习惯于想象如果没有人的干预，整个世界的秩序将会多么糟糕。

自组织系统提供了例外，它能从无组织的混乱状态中自动产生，并且不断发展和完善自己的秩序。尽管有一个永远在增加熵的规律存在，生物体仍然保持着自己内在的秩序。生物体通过进食，通过消耗最终来自太阳的能量，得以使自己远离平衡，即远离死亡。②

拓展阅读

混沌理论和熵定律

20世纪后半期，通过对错综复杂的非线性系统的研究，一些新的方法和思维方式如系统论、信息论、耗散结构、协同学等理论应运而生。

"混沌"一词原指宇宙未形成之前的混乱状态，中国古代以及古希腊人对于宇宙之源都持混沌论，主张世界的初始状态是混沌。

早在20世纪初，在研究复杂系统时就已经涉及牛顿力学应用的一个局限性问题，即牛顿力学在研究复杂系统时遇到了困难。数学家庞加莱发现，力学无法精确地处理三体问题，直到1963年，洛伦兹发现了一个确定的含有三个变量的自治方程能导出混沌解，说明了天气从原则上讲是不可能被精确预报的。因此，在复杂性面前，牛顿力学是无能为力的，对混沌研究的序幕拉开了。

一个物理系统中任何自发的变化，都朝着使熵增加的方向发展，而最后的平衡状态则对应于熵的最大可能值；当熵达到了极大值时，分子的位置和速度

---

① [意]卡洛·罗韦利：《时间的秩序》，杨光译，湖南科学技术出版社2019年版，第155页。

② 一旦一个生物体死亡，生物体产生有序的能力就会永远失去，最终仍然是熵取得了胜利。

都是完全无规则地变化着、运动着。这就是著名的熵定律，也称为热力学第二定律(第一定律是能量守恒定律)。熵定律说明，系统的总熵要增大，一个系统中某一部分物体的熵减小，这时在剩下的部分中有相应的熵增大来补偿。例如蒸汽机，整个系统有两种相反的熵变化：一部分热转变为活塞的机械能，这时熵会减小；其余热量从锅炉进入冷却设备，这时熵会增大。

生长着的植物从空气中摄入二氧化碳的简单分子，从土壤里吸收水和其他成分，并把它们合成复杂的有机物分子以组成自身。在其他情况下，如燃烧木头生成二氧化碳和水分子时，这个过程是熵增大的过程。

大多数人都会认为，我们生活的世界远没有那么随机——在复杂系统背后，一定还存在某种秩序。但是，真实的世界从根本上来讲都是随机的。

一家公司破产，为何会引发世界最大的股票市场的动荡？如果我们把经济视作相互关联的个人、公司和金融机构网络，就不难理解这些事件发生的原因了。在市场的整体网络中，个别节点的故障(它每天都会发生)很少影响系统的完整性。然而，有时候，特定节点的故障却可能会带来多米诺骨牌效应，最终动摇整个系统。

现在人们已经知道，混沌是非线性系统中存在的一种普遍现象，它也是非线性系统所共有的一种复杂状态。实际上，现代物理学家习惯了同概率理论打交道，物理中的三个基本理论都有统计的特性。

首先，统计力学告诉我们如何计算组成气体的许多原子的平均性质，例如温度和压强。这个理论没有告诉我们所有单个原子的位置和速度(而且无论如何我们也不可能关心到如此程度)。

其次，量子力学告诉我们不能同时测定一个小粒子如电子的特定位置和速度，而只是某个实验中在某个特定的位置发现某个粒子的几率。

最后，混沌理论告诉我们，许多简单的力学系统，例如周期性推动的钟摆，也可能显示出无法预料的行为。我们无法精确知道经过一段长时间后钟摆的位置会在哪里，无论我们对它的运动方程和初始状态了解得多么清楚。[①]

因此，试图仅仅从经典物理学的模式出发来说明自然现象和社会现象，都是徒劳的。主要有两个方面的原因：

一方面，严格地说一切物理系统都是非线性的，只是在一定条件下可简化为线性系统。

---

① 参见[丹麦]帕·巴克：《大自然如何工作——有关自组织临界性的科学》，李炜、蔡勖译，华中师范大学出版社 2001 年版，第 11 页。

另一方面，更重要的是，仅仅看到物理世界中的变化性是不够的，复杂性还包含更高的层次。尽管有永远在增加熵的规律，生物体仍然保持着自己内在的秩序；物理定律能够解释苹果是如何下落的，但不能够解释苹果是如何长成的。物理定律不适用于有机分子的化学，不适用于细胞组织构成的生物世界，我们不能找到一种普遍的自然定律来描述我们周围的复杂事物。

特别是对于社会科学的研究对象来说，任何事物，不仅影响因素众多，而且相互作用复杂，试图控制某些变量的想法几乎是异想天开，是不现实的。[①] 各种因素——资源、科技、制度、文化以及各种不同的行为主体之间利益的复杂关联，永远都是一种“剪不断，理还乱”的状况。试图预测或控制无论是什么——市场供求、发展趋势、价格波动——最终都将以失败告终。

3.4 从机械论“经典”科学到机械论社会的建构

亚里士多德世界观是前300～1600年间占统治地位的观念体系，这个世界观的基础是一系列由亚里士多德进行了最清晰、全面的表述的观点。值得注意的是，“亚里士多德世界观”这个词并不特指亚里士多德本人所秉持的观点，而是指亚里士多德死后，西方主流文化共享的一系列观点，这一系列观点很大程度上以亚里士多德的观点为基础。

实际上，亚里士多德在伦理学、政治学、生物学、心理学和进行科学研究的合理方法等领域，都有许多观点。这些观点之间并非完全一致，只能说大致相同。事实上，从亚里士多德所生活的时代到17世纪，亚里士多德世界观也不断得到了修改，经历了很多变化。17世纪早期的新发现不仅使人们关于宇宙的具体观点发生了变化，更使人们对我们生活在怎样的宇宙中的整体认识发生了变化。

3.4.1 分析方法一路走来

早在古希腊，哲学家们就把世界看作理性分析的对象。人们想当然地认为，整体由部分组成，每个部分都反映了整体的性质，包含了整体的信息，因此，

① 古生物学家史蒂芬·杰伊·古尔德在他的《美好的生命》中指出：只有“叙述”才能被用到许多科学上，因为许多单个和不可预料的事件的结果是偶然的。演化或古生物学上的实验是互不相关的，因为没有什么东西是能够再现的。历史，包括历史的演化、历史事件依赖于极其偶然的事件，也仅仅是“一件又一件该死的事情”。

可通过分解的方法，从部分开始去认识和了解整体。大约从亚里士多德开始，我们关于这个世界的知识就是按照物理学、生物学、心理学、社会学等分类组织起来的。准确地说，亚里士多德是使用分析方法来组织知识的鼻祖。所谓的分析方法(Analysis)又可以称为分拆、解剖的方法，也就是把事物或对象由整体分解成各个部分或属性。

当然，古希腊人所提倡的分析方法在促进知识进步和文明发展方面功不可没，而且在知识与技术的简单形态上，这种方法某种程度上是有效的，会让人们获得更多具体知识。这种观念并没有造成根本的危害。

两千多年前，德谟克利特首先提出了原子论。这种理论把世界看成是由原子构成的，把物体的变化看成是运动着的原子改变排列的结果。这是一种天才的猜想，它使人们用单一的基本成分的运动来理解整个世界的变化。但是，当原子论得到初步证实以后，人们把这一观念看成是绝对真理，即认为整个世界实际上只是由原子建筑块构成的。原子论最终就成了以分析方式处理外部世界的一种理论支柱。

在过去几个世纪里，科学研究中的笛卡尔机械论思维鼓励着人们不断对事物进行解析。我们能够将物质分解为原子、电子和质子、中子，然后是夸克、胶子，且仍在不断分解下去；我们对生物的认识也在不断经历着分解的过程：器官、组织、细胞、细胞器、蛋白质、DNA 等；对社会的认识……对任何事物的认识都经历着这样的不断分解，这就是我们这里所要说的现代社会的分析方法。

在长期的演进过程中，这些人为的划分在我们的思想中变得如此根深蒂固，以至于人们很容易忘记，并不是大自然自己把自己细分为物理学、化学和生物学的，这些划分只不过是为了我们考察的便利。换言之，是我们把这些区分强加给了自然。

司各特·索姆斯(Scott Soames)，南加州大学哲学教授，著有《超越严格性》《理解真理》《20 世纪分析哲学史》等。

《20 世纪分析哲学史》充分展示了分析哲学从 20 世纪初到 20 世纪 70 年代的发展历史，是 20 世纪 70 年代以来的当代分析哲学的优秀入门教科书之一。这本书以 20 世纪初至 20 世纪 70 年代这个时期出现的重要分析哲学家及流派为脉络，系统地介绍并分析评价了摩尔、罗素、维特根斯坦、逻辑实证主义、日常语言学派、蒯因、戴维森、克里普克等人物或学派的哲学思想，侧重于语言哲学及元伦理学方面的问题。

索姆斯认为，分析哲学是一种特定的历史传统。尽管没有一种广泛的哲学立场能长久地占据统治地位，但方法论上的两种发展，久而久之已经重塑了哲学的图景。这段时间内(1900～1975)的分析传统所造就的两项最重要的成就是：①认识到哲学思辨必须扎根于前哲学的思想；②成功理解了这些基本的方法论概念并能将它们彼此区分开来。[①]

蒯因（Willard Van Orman Quine）的一些论证发展成了关于意义和指称的怀疑论原则。他的《经验论的两个教条》是最知名和被讨论最广泛的，在其中，蒯因提出了对逻辑实证主义的批判。这篇文章直到1951年才发表，那时逻辑实证主义已经被终结了。

3.4.2 笛卡尔：近代机械论分析方法的奠基者

谈论机构论分析方法必须提到的一个人是笛卡尔，他是近代机械论方法的倡导者和奠基者。笛卡尔提出了机械论模式的公理——他认为数学就是万物之源，数学探讨的是秩序与度量，可以将自然界的全部运动转化成为运动中的简单物理。

在《谈谈方法》一书中，他把自己的方法归结为四点：

> 第一，绝不接受没有确定为真的东西（但是他却用这种方法推论出了上帝的存在）。
>
> 第二，把每一个考察的难题分解为细小的部分，直到可以被解决的程度为止。
>
> 第三，按照顺序，从最简单、最容易的认识对象开始，一点一点地上升到对复杂对象的认识。
>
> 第四，把一切情况完全地列举出来。[②]

为了说明如何运用分析的方法，笛卡尔在《谈谈方法》一书中详细地描写了心脏和动脉的运动，并指出可以以这种方式来说明最基本、最一般的运动，了解它就很容易知道对其他各种运动应当怎样看。

> 为了使大家比较容易了解我的说明，我要请不熟悉解剖的人费点力气，在读我的说明之前先切开一个有肺大动物的心脏放在面前（因为它的各部分都很像人的心脏），看看其中的两个心舍或心腔：先看右边的一个，有两根粗管子连在上面，一根是腔静脉，这是主要的贮血器，好像树干，体内其他静脉都是它的分支；另一根是动静脉，这个名字取得不好，因为他实际上是一根动脉，以心脏为出发点，然后形成许多分支，布满两肺。再看左边一个心腔，也同样有两根管子连着，跟上面说的两根同样粗，或者更粗，

---

① 参见[美]司各特·索姆斯：《20世纪分析哲学史》，张励耕等译，华夏出版社2019年版，第18页。

② [法]笛卡尔：《谈谈方法》，王太庆译，商务印书馆2001年版，第16页。

一根是静动脉，这个名字也取得不好，因为它只是一根静脉，来自两肺，在肺里有许多分支，跟动静脉的分支交织在一起，又跟气管的分支交织在一起，空气是通过气管吸进来的；另外一根管子是大动脉，从心脏通出去，把分支通到全身各处。我还要请大家看一看十一片小皮膜，好像十一座小门，管着这两个心腔上四个口子的启闭：三片在腔静脉的入口，装配得完全不妨碍其中的血液流入右腔，却正好使血液不能从心脏往外流；三片在动静脉的入口，装配得正好相反，只容许右腔里的血液流到肺里，不容许肺里的血液往回流；另外两片在静动脉的入口，许可血液从肺里往左腔流，不许它往回倒；还有三片在大动脉的入口，容许血液从心脏流出，不许它往心脏回流。这些皮膜的数目也很自然，用不着再找什么别的理由来解释，因为静动脉位置特殊，口子是椭圆的，两片就能闭拢。另外三个口子是圆的，要有三片才能闭拢。此外我还要请大家注意，大动脉和动静脉的组织要比静动脉和腔静脉坚硬得多、结实得多，静动脉和腔静脉进入心脏前扩大成两个囊形，称为心耳，是跟心脏一样的肌肉构成的；心脏里的温度总是高于身体的任何部分；这种温度可以使流入心脏的血滴立刻膨胀扩张，就像我们把各种液体滴入高温容器时通常见到的那样。[①]

其实，笛卡尔对心脏运动的许多解释在现代科学（医学）看来并不正确。当然，我们知道，笛卡尔的意图也不在这里，他真正想说的话是他最后加上的一句：

我愿意提醒你们：我刚才说明的心脏运动……正如时钟的运动是由钟摆和齿轮的力量、位置、形状必然引起的一样。[②]

笛卡尔把一切形体理解为可分的，把一切分割成尽可能小的部分，仔细地一一考察，直到一目了然，这就是力学方法或机械方法。

理查德·韦斯特福尔（Richard Westfall）评论笛卡尔说：

笛卡尔二元论的作用是，以外科手术般的精细态度，从物质本性中剔除精神的每一丝痕迹，留下一片由惰性的物质碎片杂乱堆积而成的、没有

① [法]笛卡尔：《谈谈方法》，王太庆译，商务印书馆2001年版，第38～40页。

② [法]笛卡尔：《谈谈方法》，王太庆译，商务印书馆2001年版，第38页。当然，笛卡尔并不认为人可以等同于机器。他说，有两条非常可靠的标准，可以证明人非机器。第一条是机器决不能像人这样使用语言，或者使用其他由语言构成的讯号，向别人表达自己的思想。第二条是那些机器虽然可以做许多事情，做得跟我们每个人一样好，甚至更好，却决不能做别的事情。从这一点可以看出，它们的活动所依靠的并不是认识，而只是它们的部件结构；因为理性是万能的工具，可以用于一切场合，那些部件则不然，一种特殊结构只能做一种特殊动作。

生命的疆域。这是一个苍白得出奇的自然概念——但是令人赞叹的是，它为着近代科学的目的而设计。[①]

其实，笛卡尔自己也知道，整体不只是各个部分的简单机械总和，当试图扩展机械论的适用范围的时候，它的局限性很快就暴露了。因此，哪怕是笛卡尔，他也承认有一样东西——而且他认为只有这样东西——是不可分的，那就是人的心灵。他说：

人的心灵却只能理解为不可分的；因为事实上我们并不能理解任何灵魂的一半，却可以理解任何一个再小不过的形体的一半，所以我们只能承认它们的本性不仅不同，甚至多半是相反的。[②]

我们不想，也不需要否认经历了长期积累发展的专业化研究的贡献。分门别类的、专业化的分析主义研究有其合理的地方，但是，这种分析的方法不仅会让我们丢失很多重要信息，也常常无法保证结论的有效性。没有人能够否认，任何领域、系统都不只是与相邻领域，而是与其他所有领域相互交织在一起。从整体世界中分割出一个给定的区域、作封闭式的分析研究是典型的形而上学做法。头痛医头、脚痛医脚就是最常见的例子。

一般不容易想到，心理学研究也曾经遭遇过分析方法的毒害。以行为主义心理学[③]为主的机械论心理学模仿物理学方法，用所谓实证方法去诠释人的行为，这种做法貌似可靠却一度让心理学误入歧途。即使是当时，多数心理学家对他们的方法表示怀疑。（实际上，到了 20 世纪中叶，行为主义研究陷入了泥潭，它的影响也越来越小）

贝塔朗菲说道：

理论心理学以及实用心理学，在基本原理上出了毛病。许多学派以各种不同方式表露不安并转到新的方向上去，例如各种各样的新弗洛伊德学派、自我心理学、人格理论（默里、奥波特）、迟迟才被接受的欧洲的发展心理学和儿童心理学（皮亚杰、威纳，夏洛特比勒）、知觉“新论”、自我实现（歌德斯坦，马斯洛）、患者中心治疗法（罗格斯 Rogers）、现象和存在方法、人的

---

① [美]理查德·韦斯特福尔：《近代科学的建构：机械论与力学》，彭万华译，复旦大学出版社 2000 年版，第 32 页。

② [法]笛卡尔：《谈谈方法》，王太庆译，商务印书馆 2001 年版，第 82 页。

③ 行为主义心理学（behavioral psychology）是美国现代心理学的主要流派之一，也是对西方心理学影响最大的流派之一，其创始人是美国的心理学家华生。行为主义心理学主张以客观的方法研究人类的行为，从而预测和控制有机体的行为。

社会学概念(索洛金,1963年)以及其他学派。现在流行的形形色色理论都有一条共同的原理:不是把人看作会反应的机器人或自动机,而看作能动的人格系统。[①]

美国著名的心理学家马斯洛(Abraham H. Maslow)对机械论心理学持坚决的抵制态度。他认为,心理学研究有两种不同的思维模式:一种是原子论的,一种是整体论的。但是,只有整体论才是健康的,坚持原子论模式本身就是一种轻度的精神性神经病。

马斯洛概括说对人的研究存在两种不同的方法:

我们既可以设想所研究的是一个分立的实体,也可以设想所研究的是某个整体的一部分。前一种方法可被称为还原-分析(reductive-analytic)法;后一种则被称为整体-分析(holistic-analytic)法。[②]

马斯洛在《动机与人格》一书中,介绍了他对人的研究和解释中所使用的方法:

……是整体论的而不是原子论的,是功能性的而不是分类性的,是能动的而不是静态的,是动力学的而不是因果式的,是目的论的而不是简单机械论的。我发现,以动力学的方式思维着的人们发觉,整体地而不是原子论式地、有目的地而不是机械地思维要便利和自然得多。这种观点我们称之为整体动力学的观点。[③]

在书中,他还指出:

……一种将世界基于原子论假说之上的科学哲学——在这个世界里,复杂的事物都是由简单的元素所构成的。那么,持这种世界观的科学家的首要任务就是将所谓的复杂简化为所谓的简单。这要靠分析来完成,依赖于进行越来越细微的分解,直至无以再分。这一任务在科学的其他领域完成得不错,至少在一段时期内是这样,但在心理学领域却并非如此。这一结论揭示了整个还原性的努力在根本上所具有的理论性实质。但必须明白,还原性的努力与一般科学的根本性实质无关。它只不过是一种原子论、机械论的世界观在科学上的反映或牵涉,而对于这种世界观,现在我们

① [美]冯·贝塔朗菲:《一般系统论——基础、发展和应用》,林康义等译,清华大学出版社1987年版,第198页。

② [美]马斯洛:《动机与人格》,许金声等译,中国人民大学出版社2013年版,第271页。

③ [美]马斯洛:《动机与人格》,许金声等译,中国人民大学出版社2013年版,第274页。

是很有理由加以怀疑的。[1]

我们想说的是，不只是心理学，社会学、经济学，也包括生物学、环境学、物理学等，所有的开放系统，都不属于分析方法的领地。

3.4.3 牛顿的世纪：分析方法与物理学的辉煌

在机械决定论观念传播过程中，不能不提到另一位重要的人物牛顿。这种新的世界观的产生当然不是牛顿一个人的功绩，但是牛顿确实为新科学提供了核心内容。对于诸如世界观变革这样的事情来说，其背后总有很多复杂因素。

近代机械论哲学是在许多思想家、科学家的共同努力下发扬光大的，纵观17世纪前半叶的西欧科学界，我们能观察到一场指向机械论观念的运动。

(1)背景

17世纪中叶开始，欧洲各国开始用机械论的观念和方法去研究一切事物，这归因于机械论哲学以及机械论解释方式的兴起。这一时期的欧洲，机械论哲学已经由笛卡尔奠基。人们相信自然是一架巨大的机器，并寻求解释现象后面隐藏着的机制。当然，这里也有牛顿的功劳。

近代科学兴起的重要标志是用受控实验来揭示自然的奥秘，它要求一切科学理论成果都用受控实验来鉴别，而受控实验本质上可以理解为寻找某一现象发生的充分必要条件。对于发现事物之间确定性的联系，它和寻找因果关系是同义语。因此，自然科学中的规律又可以表达为因果律。所谓的自然规律总是指一定的条件集合和一定的现象(事件)集合之间存在着确定性的联系。

理查德·韦斯特福尔说：

> 我们应把"机械论哲学"这一名称的提出归功于波义耳。按照波义耳对机械论哲学的概括，机械论哲学将所有的自然现象归于"两个普遍原理"，即物质和运动。[2]

> 在梅森纳(Mersenne)、伽桑狄(Gassendi)和霍布斯(Hohbes)以及那些不太著名的哲学家们的著作中，机械论哲学占了全部篇幅。然而，勒内·笛卡尔(Descartes)对机械论自然哲学产生了比任何其他人都大的影响，而尽管他过于苛求，但他赋予了机械论哲学论述以一定程度的哲学严密性，

---

① [美]马斯洛：《动机与人格》，许金声等译，中国人民大学出版社2013年版，第270页。

② [美]理查德·韦斯特福尔：《近代科学的建构：机械论与力学》，彭万华译，复旦大学出版社2000年版，第42～43页。

这是在其他地方所没有的，而这种严密性正是机械论哲学迫切需要的。①

牛顿在力学方面的兴趣来源于他在自然哲学上的研究，这是笛卡尔对牛顿的影响。牛顿曾读过笛卡尔的《哲学原理》，接受了他的机械论自然哲学。牛顿的力学应用到物质的运动中，通过在物质和运动的基础上加上一个新的范畴力——一个精确的、产生动量并可以加以计量的概念，不仅使得自然科学达到了一个前所未有的水平，而且使数学力学和机械论哲学彼此协调，也使机械论哲学成为更趋完善的哲学体系。

牛顿在整个科学史特别是17世纪科学史上的地位是举世公认的，他对自然的机械论哲学为此后两百多年间西方世界的科学思想提供了总体框架，他的研究成果不仅是对17世纪的科学革命的总结，而且开创了18世纪的物理科学。

就这样，关于世界的机械论观念一直风行，实际上近乎一成不变地维持到20世纪末。在经济生活领域，专业化、机械化生产快速发展（亚当·斯密在《国富论》一书中作了全面描述），生产力有了巨大提高，其最终结果是工业化社会的到来。

在18世纪欧洲人的眼里，牛顿就像先知摩西一样值得人们尊敬。

(2)牛顿其人

17世纪出现了众多的变革，包括科学、哲学、宗教和政治等领域的变革。这些变革相互作用、相互促进，影响了科学发现；同样地，宗教、政治和科学领域的变革也都对彼此产生了相互影响。正如牛顿说过的，他站在了巨人的肩膀上。

其实，牛顿是一个很喜欢"神化"自己的人。

> 牛顿在他还活着时就已是一位民族英雄，而在将近一个世纪之后，主要是通过拉普拉斯的强大影响，他成了欧洲科学革命的象征。天文学家巡视数学所统治的太空。牛顿系统成功地克服了一切障碍。更有甚者，它打开了通向数学方法的道路，由于这种数学方法，表面的偏差能够得到解释，甚至能用来推测出存在着当时尚未知道的行星。在这种意义上说，对海王星的预言乃是牛顿的远见卓识中内在的预言力的贡献。②

但是，牛顿的人生也许没有这么靓丽。

---

① [美]理查德·韦斯特福尔：《近代科学的建构：机械论与力学》，彭万华译，复旦大学出版社2000年版，第32页。

② [比]普里戈金、[法]斯唐热：《从混沌到有序：人与自然的新对话》，曾庆宏、沈小峰译，上海译文出版社1987年版，第62页。

一生压抑、晦暗，缺少父母、爱人和朋友的关心。他总是把自己封闭起来，孑然独居，甚至一度濒临思想崩溃的边缘，与同时代的伟人相互大骂……孤独是牛顿的天赋中最本质的东西。

还是一个青年的时候，他就自学了绝大多数当时人类已知的数学知识，并且随后发明了现代世界用来理解变化和流动的微积分学。但是，他把这些财富全都藏起来，不让别人发现。在他多产的一生中，他一直孤身一人。他害怕把自己的研究暴露在众目睽睽之下，努力逃避批评和辩论，几乎从来不发表自己的著作。①

牛顿在临死前说道："我不知道世人会怎么看我，但是，对我自己来说，我好像不过是一个在海边玩耍的男孩，到处寻找一块更光滑的鹅卵石或者一个更漂亮的贝壳。而与此同时，未被发现的真理的大海就躺在我的面前。"

(3)牛顿的理论与世界观

所有关于外部世界问题的思考都必然以某些预感、疑惑和某种直觉作为开端。这些预感、疑惑和感受的背后，则是对世界(物理或社会)的现象进行解释的一种努力。

牛顿《原理》的第一部分是定义，在这一部分里，牛顿解释了在书中他将如何使用各种术语，接下来是一个很简短的部分(大约 10 页)，在这里牛顿提出了运动三大定律。牛顿第一定律是我们现在通常所说的惯性定律。牛顿运动第二定律的表述是，物体运动的改变与其所受作用力成正比，而且与其所受作用力的方向成一条直线。这条定律通常被归纳为 $F=m \cdot a$，也就是物体所受作用力等于质量乘以加速度。牛顿运动第三定律的表述是，对任何作用力，总会存在一个方向相反、大小相等的反作用力。

运动三大定律是牛顿科学的核心组成部分，然而在《原理》中只占了几页纸的篇幅。另一个关键组成部分是万有引力概念。万有引力通常都被表述为任意两个物体之间的相互吸引力。具体地说，两个物体之间的万有引力作用与物体的质量成正比例，物体质量越大，万有引力作用越强。同时，万有引力作用与两个物体之间距离的平方成反比例，因此，随着物体之间距离的增加，它们之间的万有引力作用迅速减弱。

在我们的观念中，时间和空间是两个独立的概念。如果一个人以每小时 10 公里的速度奔驰在一列以每小时 60 公里速度飞驶的列车上，我们可根据这个人的跑动方向得出这个人相对于地面的运动速度等于每小时 50 公里或 70

---

① [美]詹姆斯·格雷克：《牛顿传》，吴铮译，高等教育出版社 2004 年版，第 3～4 页。

公里。

人们从小就被灌输已有上千年历史的欧几里得几何以及有几百年历史的伽利略和牛顿物理学。但是,这些所谓的常识性知识事实上是错的,或从根本上就错了。这些错误的理论在日常生活中看似正确,但正是这些错误的感觉和认识妨碍了我们对广义宇宙的本质的理解。

(4)绝对的时空观

什么是时间?时间是否像携带着我们顺流而下的河流?我们是否知道时间究竟是什么?

牛顿在他的《自然哲学的数学原理》中写道:"绝对的、真实的和数学的时间,由其特性决定,自身均匀地流逝,与一切外在事物无关,又名延续……绝对空间,就其自身特性与一切外在事物无关,处处均匀,永不移动。"[①]在经典物理学中,时间是绝对的,它一直充当着不同于三个空间坐标的独立角色。

事实上,时间与空间是紧密联系在一起的,这也是为什么爱因斯坦或现代科学把时空看成一个概念的理由。

什么是空间?我们对空间这个概念已司空见惯,因为我们就生活在空间里并在空间里活动。正因为我们太习惯于这个词了,因而便对什么是空间这个问题不会有深入的思考。

空间并不仅指介于恒星和行星之间的虚空,也不仅指外层空间和内层空间两种概念,更不仅指物体与物体之间的虚空,而是指物体自身所占有的部分。

在牛顿的世界观中,宇宙已开始被看作是一台机器。在一台机器中,不同的零件之间彼此推拉,原因正是其他零件所施加的作用力,同样地,宇宙中的物体也被认为是在其他物体的推拉和外界作用力的影响下而形成了其运转模式。这个机器的比喻在新世界观中占了主导地位。宇宙每天保持运转,就像钟表每天不停地转。虽然牛顿世界观也随时间推移而经历了发展,不过一个机械论的、像机器一样的宇宙观一直保留了下来,并且成为这一世界观的核心观点。

早在18世纪20年代,高斯就对欧几里得几何提出了质疑。他拒绝接受欧几里得的平面几何,认为空间的几何性质不能用一张平坦的白纸进行表现。18世纪50年代,高斯的学生黎曼发展了曲面空间几何理论,指出欧几里得几何只是很多广义几何的一个特例。

1905年,爱因斯坦进一步证明了伽利略的相对论是错误的。爱因斯坦认为,伽利略理论不仅不适用于光线,而且不适用于所有运动着的物体。一般说来,我们不能用简单的牛顿公式加减速度。1916年,爱因斯坦指出,在任何有引

① 转引自赵常德:《物理学基础研究文集》,电子科技大学出版社2012年版,第2页。

力的地方，欧几里得几何都不适用，而宇宙中任一地方都有引力在作用着。换句话说，欧几里得几何对我们的宇宙而言是一个不正确的几何描述，三角形的内角之和并不等于180度，似乎平行的线并不是永远不相交。高斯的怀疑是正确的，欧几里得是错误的。空间是弯曲的！引力仅仅是弯曲空间的一种表现形式。

(5)决定论的运动观

牛顿的运动理论体系如下：

①在没有外力作用时，一个静止不动的物体将保持静止状态；

②在没有外力作用时，运动的物体保持直线运动；

③一个受到外力作用的物体，其加速度与质量成正比；

④当用力推一个物体时，该物体会产生大小相等的反作用力。

牛顿的方程式很好地描述了物体运动模式，换句话说，你可以用牛顿的方程式，特别是与重力相关的方程式，来进行很好的预言。

牛顿认为，物体之间的引力与它们的质量成正比，并与它们之间距离的平方成反比。按照牛顿的观点，任何物体都受到引力的作用。物体的运动可以用各种类型的力的合力进行解释，如汽车、火车和行星的运动等。当受到不同种类的力作用时，运动就是每一个不同的力的作用效果之和。牛顿定律同样适用于茫茫宇宙。

我们已经看到，人们过去对空间的想象是不正确的。尽管广义相对论产生百年来已被人们所认可，但那些对空间本质的陈旧的、错误的观点依然在误导我们。空间只不过一个装满各种物质的巨大容器，这些物质构成自然的大千宇宙。空间的弯曲，更不要说它传播波动的能力，听起来似乎是反直觉的，甚至多少有点荒谬。

我们当中的大多数人对引力也持一种习以为常、想当然的态度。我们依然相信，是引力作用使我们能够在地面上，使我们费尽力气才能爬上高坡，使树叶飘落到地面上。虽然我们对引力已司空见惯，然而，当科学家们告诉我们引力和空间的真实面孔时，这些日常的概念一下子变得抽象和不真实起来。

(6)牛顿的世纪

牛顿的说教已经被证明是不正确的。问题的关键是，在一个已经证明其为不正确的时代，我们为什么还要继续讲授这些概念呢？盖因在我们的日常生活中，它们非常接近于我们的直觉：地球上的空间看上去是平直的，欧几里得几何貌似真实，伽利略相对论也是如此。反之，由于我们对空间的真实本质缺乏真正的认识，真实的空间看起来反而扑朔迷离、失去真实感了。

从17世纪末到19世纪末，在长达200多年的时间中，几乎听不到反对牛顿物理学的声音，甚至康德也是牛顿理论的忠实信徒。

牛顿理论所描述的宇宙，是一个其中所有事物都精确地依据规律而发生着的宇宙，是一个细致而严密地组织起来的、其中全部未来事件都严格地取决于全部过去事件的宇宙。这样一幅图景绝不是实验所能作出充分证明或是充分驳斥的，它在很大程度上是一个关于世界的概念，是一个在某些方面能够通过实验，但整体上却超越了实验验证能力的更加普遍的东西。

事实上，近代物理学的巨大成功源于它的这种方法，即划定一个具体的范围来解释现象，揭示这个范围内物体行为的规律。物理学致力于揭示一定范围内的现象中的规律，所以切记，物理定律也只是部分解释了在某些明确定义的条件下的物体行为。

但是，现实中的力学系统一般是由几个不同的部分组成，物理学家甚至不能写出描述不同部分的行为方程，更不用说求解，即便采用近似方法也不行。机械力学的方法，只能说大概率情况下没有问题，因为被它简化或忽略的部分并非真的不重要，并非真的可以忽略。这种忽略，小概率下是致命的。这正是非线性系统、开放系统的特征（蝴蝶效应）。

虽然物理学，特别是机械力学方法有如此的局限性，它却依然被视为所有科学的典范。而且可以这样说，牛顿理论仍然是我们今天许多领域知识的基础。

所以，普里戈金、斯唐热说：

> 牛顿的这一术语（引力）被用于研究定律体系、研究平衡现象的每一事物，甚至被用于一方面自然秩序另一方面道德、社会和政治秩序都可以用包罗一切的和谐性去表达的所有场合。浪漫的哲学家甚至在牛顿的宇宙中发现了被自然力所激励的迷惘的世界。更多的“正统”物理学家从中看到被数学所统治的力学世界。对于实证主义者，这意味着一个步骤的成功，一个被视为与科学的真正定义等同的秘诀的成功。①

在 19 世纪末，物理学征服了世界。这是经典物理的黄金时代。科学的力量似乎从来都没有这样强大，它的力量控制着一切人们所知的现象，万物都遵循着物理学制定的规则。人们所知道的一切物理现象，几乎都可以从现成的理论里得到解释。1846 年海王星的发现，更是它所取得的最伟大的胜利之一。

物理学家们甚至开始相信，这个世界所有的基本原理都已经被发现了，物理学已经尽善尽美，它走到了自己的极限和尽头，再也不可能有任何突破性的

① [比]普里戈金、[法]斯唐热：《从混沌到有序：人与自然的新对话》，曾庆宏、沈小峰译，上海译文出版社 1987 年版，第 63 页。

进展了。如果说还有什么要做的事情，那就是作一些细节上的修正和补充，更加精确地测量一些常数值罢了。人们开始倾向于认为：物理学已经终结，所有的问题都可以用这个集大成的体系来解决，不会再有任何真正激动人心的发现了。

(7)风光不再

20世纪中叶以后，伴随着相对论、热力学以及量子物理学的发展，这种状况终于出现了转变。与因果论世界不同，对不确定的随机事件，只能用统计方法进行探讨。因果解释和概率解释是现代科学描述自然图像的两种基本方法。

大数学家诺伯特·维纳说：

> 现在这种观点在物理学中已经不居统治地位了，而对推翻这种观点出力最多的人就是德国的玻耳兹曼和美国的吉布斯。这两位物理学家都是彻底地应用了一个激动人心的新观念。他们在物理学中所大量引进的统计学，也许不算什么新事物，因为麦克斯韦和别的一些人早已认为极大量粒子的世界必然地要用统计方法来处理了。但是，玻耳兹曼和吉布斯所做的是以更加彻底的方式把统计学引入物理学中来，使得统计方法不仅对于具有高度复杂的系统有效，而且对于像力场中的单个粒子这样简单的系统同样有效。①

只可惜，这种转变只停留在少数领域、少数学科，彻底的转变还远远没有完成。

> 我们个人生活受许多不可预测的随机事件的影响。我们生活方式的模式是高度非线性的、复杂的和随机的。因此，没有捷径可以预测生活：如果我们想要了解生活，我们必须生活过。②

3.4.4 关于确定论观念产生原因的粗略思考

克劳斯·迈因策尔指出：

> 复杂性和非线性是物质、生命和人类社会进化中的显著特征。甚至我们的大脑也表现为受制于我们大脑中复杂网络的非线性动力学。社会科

---

① [美]诺伯特·维纳：《人有人的用处》，陈步译，商务印书馆1989年版，第1～2页。

② [德]克劳斯·迈因策尔：《复杂性思维：物质、精神和人类的计算动力学》，曾国屏、苏俊斌译，上海辞书出版社2013年版，第280页。

学也认识到，人类面临的主要问题也是全球性的、复杂的和非线性的。生态、经济或政治系统中的局部性变化，都可能引起一场全球性危机。线性的思维方式以及把整体仅仅看作其部分之和的观点，显然已经过时了。[①]

关于世界是可知的、确定的这一观念，在18～19世纪最为流行。当然，要从深层次上回答为何决定论的世界观流传广泛是一件很有意义的事情，但也是一件并不简单的事。决定论的世界观广泛流传的原因显然是多方面的，择要而言，似乎可以概括出这样几个方面：

第一，确定性的信念为遭受不确定世界困扰的人类精神提供放松按摩。对确定性的追寻，从生存的意义上讲，它深深植根于人类内心。人类不能够忍受不确定的东西，因为不确定常常意味着风险的存在，意味着可能遭受损失甚至失去生命。

其实，不确定带给人们的并不全部是风险，它还意味着机会的存在。但是，对风险的厌恶使人们产生了对确定性的偏好，并因此而期望世界是确定的、可知的。

近代以来的世界观的基本信念是：在人类之外，存在着一种决定天地万物或宇宙演变的自然规律（natural law），科学的任务就是揭示和发现这些规律。一直到现在，这种信念还是激励着科学家去追寻和探索，他们虔诚追寻放之四海而皆准的普遍真理，试图寻找一个能够解释一切的真理或规律，或者叫作“世界的原动力”，它是这个世界的终极真理。

新的一般性理论家们就又出现了，他们许诺建立秩序。每一个学术团队先是出现，而后又衰落，这一过程周而复始。在实践中，试图建立无所不包的一般性理论的努力，都受到了很大的限制，或者已经失败。

第二，确定性是人类好奇心和求知欲的延伸。从认知的意义上讲，人类似乎有一种天然的好奇心和求知欲（而且也许不只是人类），科学进步的很大部分是由这种好奇心所驱动的。人们对未知的事物表现出强大的好奇心。既然身边的一切给了我们确定性的认识，那么，由近及远，遥远的事情亦当确定。其实，确定性并不是世界的本来面目，得出确定性的结论乃是出于人们的内心向往。人们不喜欢陌生的世界、变化的环境、不熟悉的人群，它们给人一种强烈的不安全感；人们同样不喜欢那种模模糊糊、似是而非的知识。

不幸的是，生活中有许多我们不能够解决的问题，即使是依靠理性和科学的力量，许多现象我们依然不能够解释。因此，一部分人还在相信超自然力量、

① [德]克劳斯·迈因策尔：《复杂性中的思维：物质、精神和人类的复杂动力学》，曾国屏译，中央编译出版社2000年版，中文版序言第1页。

神秘主义、算命、星象、特异功能等。其实,在科学无力回答和解释的地方,就为宗教、迷信留下了生存的空间。可以肯定的是,宗教和迷信一直都是人们理解世界的另一种尝试,一种追求科学之外的解决问题方法的尝试。历史上的一些科学家,由于受到终极问题的困扰,也常常转向宗教来寻求帮助,牛顿、爱因斯坦都是著名的例子。①

第三,生活中,人们几乎天天都需要进行决策和选择,这产生了对确定性知识、信息的强烈需要。毫无疑问,不确定性让人无所适从,让人举止不得,让人左右为难。不确定的世界与不确定的知识对于人们的选择与决策构成了一个严峻的挑战,人们就干脆忽视它们的存在。

当然,我们还可以说,无论科学如何发展,都难以满足人类不断升级变化的物质和精神深层需求,因此,不仅科学探索会永远地进行下去,而且改头换面了的宗教、迷信也必将长期存在下去。

但是,无论如何,决定论是荒谬的。如果这世界一切都是决定论的,那么就会像洛伦兹所说的那样:

> 如果事情完全是决定论的话,那么我们就应该改变我们对同胞的看法,例如我们就不应该处罚凶杀犯或其他犯罪的人,这是因为这些人要犯罪是早已决定了的,他们对此无能为力。这种想法未必能掌握决定论的全部含义。如果某人犯凶杀罪是早已注定了的,那么根据同样理由,我们是否要处罚他也是早已注定了的,我们对此也同样无能为力。②

普里戈金、斯唐热曾经指出:

> 西方思想总是在两个世界之间摆动,一个是被看作自动机的世界,另一个是上帝统治着的神学世界。李约瑟把这称为"典型的欧洲痴呆病"。事实上,这两种观点是联系在一起的,自动机需要一个外部的上帝。③

第四,已经取得的科学技术成果成为确定性观念的垫脚石。一些已经得到

---

① 牛顿不但是一位伟大的科学家,而且是一位虔诚的宗教信徒。这不能不说与他的世界观有关,牛顿认为,从本质上讲,此刻的宇宙与任何其他时刻的宇宙没有什么不同,作为一个整体,宇宙是万古不变的。他对宗教具有浓厚兴趣,他所发表的多数著作都是神学而不是物理学。他曾说:"在没有物质的地方有什么存在呢?太阳与行星的引力从何而来呢?宇宙万物为什么井然有序呢?行星的作用是什么?动物的眼睛是根据光学原理设计的吗?岂不是宇宙间有一位造物主吗?虽然科学未能使我们立刻明白万物的起源,但这些都引导我们归向万有的神面前。"

② [美]洛伦兹:《混沌的本质》,刘式达等译,气象出版社1997年版,第150页。

③ [比]普里戈金、[法]斯唐热:《从混沌到有序:人与自然的新对话》,曾庆宏、沈小峰译,上海译文出版社1987年版,第39页。

确证了的知识确实为人们提供了许多有益的帮助，无论是在社会意义上，还是在个人层面上。这增加了人们对科技的信赖，甚至是依赖，而传统的科学技术和确定论是相互支撑、相互佐证的。

第五，传授知识已经成为一种职业，这也是一个影响深远的事情。从很早的时候起，就有一些智者——孔子、孟子、老子、庄子、苏格拉底、柏拉图，专门从事“传道、授业、解惑”的活动。从分工与专业化的意义上讲，无论是什么活动，当它成为一种职业，哪怕是传道授业，也会获得专业化的好处。但是，这肯定只是问题的一方面。另一方面，当一种活动成为一种职业以后，这些从业者就会与其他行业的从业者一样，即以知识为业的人也会为了招徕顾客、保持自己知识市场的兴旺，而做出类似“王婆卖瓜”的事情，信誓旦旦地宣称他们掌握了外部世界的确定、可信的真谛，这的确是再自然不过的事情。

此外，可能还有一些辅助性的原因，那就是文字、数字和书面语言的发明，它们也对确定论观念的产生发挥了重大的作用，它最终使得与人分离的、同质的、客观的和确定的知识幻象树立起来。

3.4.5 机械论、专业化到碎片化

工业化是人类第一次用自己的智慧释放的“普罗米修斯”。工业化的不断成功，让人类一再受到鼓励，不断探索，不断寻求，相继释放出电能、核能、化学能……社会走向了深度专业化发展的道路。

毫无疑问，工业化的扩张不是凭空发生的，机器生产所具有的稳定质量与效率以及它所带来的巨大经济利益最终借助于资本的力量掀起了工业化的全球浪潮。

正如马克思在《资本论》中所说：“工业较发达的国家向工业较不发达的国家所显示的，只是后者未来的图景。”①

(1)生产的高度专业化

专业化与工业化差不多是同义的。或者说，专业化的大规模发展采取了工业化的形式。18 世纪中期，英国开始进行工作机改良，这首先发生在棉纺织业中。1765 年，哈格里夫斯发明了“珍妮机”；1784 年，瓦特成功地制造出双向联动蒸汽机，蒸汽的时代到来了。

英国好像突然间找到了阿拉丁的神灯，数不尽的工厂、烟囱拔地而起，机器的轰隆声震动大地，汽笛的尖啸声划破长空。人似乎成了自然的主人，机器这个魔怪一经问世，就创造出数不尽的财富。然后，机器迅速占领一个又一个生

① [德]卡尔·马克思：《资本论》，徐靖喻译，煤炭工业出版社 2016 年版，序言第 2 页。

产部门，终于扩展到所有领域。新的工业部门发展起来了，其中关键的是机器制造业。钢铁成为人类最重要的生产工具，人为取得更多的生活资料，就必须用更大的规模先生产工具。于是，大批劳动者走出农村、走进工厂，无数人在飞旋的机轮旁劳动。一个新型社会——工业社会诞生了。

值得指出的是，社会本身有多种自组织机制，在经济领域中，我们称这种机制为市场，市场把生产者与生产者、生产者和消费者联结起来，其保证了经济活动的整体性。在社会生活领域，人类的社会活动则由演化生成的一系列社会规则——伦理的、血缘的、文化的、人情的、甚至是进化论的规则——来协调。

(2)以学术为业——知识的专业化

知识的专业化发展，让那些以学术为业的人为了科学而科学，但是，在此背后的科学的意义并没有不证自明。韦伯这样告诉人们："在科研方面，业余人士的想法可以有着同专家见解完全一样甚至更大的意义。"[①]即专业化的人是有局限的，韦伯看到了众多平庸之辈无疑在大学扮演重要角色这个事实。在专业化基础上发展起来的各种科学，虽然向人们传达了某些确定事实、确定逻辑和数学关系，但是人们无法指望以科学的方法证明科学的价值问题、文化的价值问题。

在《学术与政治》一书中，韦伯指出：

> 现在人们往往倾向于说科学"没有预设的前提"。果然如此吗？这要取决于此话是什么意思。在任何科学研究中，逻辑法则和方法的有效性，即我们在这个世界上确定方向的一般基础，都是有前提的。这些前提，至少对于我们的具体问题来说，是科学中最不成问题的方面。不过科学又进一步假设，科学研究所产生的成果，从"值得知道"这个角度说，应当是重要的。显然我们所有的问题都由此而生，因为这样的假设不能用科学方法来证实。它只能诉诸终极意义进行解释，而对于终极意义，每个人必须根据自己对生命所持的终极态度，或是接受，或是拒绝。[②]

韦伯还指出，理性与科学的进步并不能回答人应该如何生活以及人生的意义。

> 天文学、生物学、物理学或化学，能教给我们一些有关世界意义的知识

① [德]马克斯·韦伯：《学术与政治：韦伯的两篇演说》，冯克利译，生活·读书·新知三联书店2013年版，第15页。

② [德]马克斯·韦伯：《学术与政治：韦伯的两篇演说》，冯克利译，生活·读书·新知三联书店2013年版，第34页。

吗？即便有这样的意义，我们如何才能找到这种意义的线索？姑不论其他，自然科学家总是倾向于从根底上窒息这样的信念，即相信存在着世界的“意义”这种东西。[①]

今天的年轻人中间流行着一种看法，以为科学已变成了一个计算问题，就像“在工厂里”一样，是在实验室或统计卡片索引中制造出来的，所需要的只是智力而不是“心灵”。首先我得说明，这种看法，表现着对无论工厂还是实验室情况的无知。[②]

韦伯还提到，理性与科学的进步会让人们产生这样的感觉：可以通过计算掌握一切，不再需要相信什么神秘力量，这叫作除魅。理性化就是让技术和计算在社会中发挥功效。

理智化和理性化的增进，并不意味着人对生存条件的一般知识也随之增加。但这里含有另一层意义，即这样的知识或信念：只要人们想知道，他任何时候都能够知道；从原则上说，再也没有什么神秘莫测、无法计算的力量在起作用，人们可以通过计算掌握一切。而这就意味着为世界除魅。人们不必再像相信这种神秘力量存在的野蛮人那样，为了控制或祈求神灵而求助于魔法。技术和计算在发挥着这样的功效，而这比任何其他事情更明确地意味着理智化。[③]

特别需要注意的是，韦伯还这样提醒人们：

我们应当做什么？我们应当如何生活？这是唯一重要的问题！……科学没有给我们答案，这是一个根本无法否认的事实……我们所有的问题都由此而生，这些问题不能用科学方法来证实。[④]

(3)从专业化到碎片化

碎片化(fragmentation)意为完整的东西被分割成各种零散的部分。整体社会被划分为经济、政治、艺术、科学、技术等专业性的领域，而每一种领域都被

---

① [德]马克斯·韦伯：《学术与政治：韦伯的两篇演说》，冯克利译，生活·读书·新知三联书店2013年版，第33页。

② [德]马克斯·韦伯：《学术与政治：韦伯的两篇演说》，冯克利译，生活·读书·新知三联书店2013年版，第24页。

③ [德]马克斯·韦伯：《学术与政治：韦伯的两篇演说》，冯克利译，生活·读书·新知三联书店2013年版，第29页。

④ [德]马克斯·韦伯：《学术与政治：韦伯的两篇演说》，冯克利译，生活·读书·新知三联书店2013年版，第34页。

认为是独立的。在政治生活中，作为一个整体的社会被分割成为许多分离的国家和不同的宗教集团、政治集团、种族集团等；在经济生活中，社会成员被划分为不同阶层、利益集团、生产者、消费者；在科学研究领域，有不同的专业、不同的学科等。上述领域也还有其他划分标准，如每个人也被按照其不同目的、抱负、心理特征等被分割成为大量分离和冲突的成分（如利益集团、阶级、知识分子、商人等）。

现代科学思维中成长起来的专家太“专”，不堪偏信。专家和常人一样，都是会犯错误的。专家无法保证最终结果，无法承诺不犯错，也无法承诺不受人性缺陷所累，这些缺陷支配着一切人类研究。

当专家试图把自己的专业知识从一个领域延伸到另一个领域，他们可能会犯错。一些领域里的专家，不甘于诠释，开始预测，开始指手画脚。预测在任何时候都是在破坏科学的基本规则，复杂世界或非线性世界告诉我们，科学的任务是理解与解释，能够预测的只限于封闭或相对封闭的系统。

我们确实经常可以看到，历史上总是不乏一些披着科学外衣的伪科学家，谈未来趋势、搞经济预测、教股民选股等，这些行为都是彻头彻尾的欺骗。在这些情况中，专家为了自己的目的刻意造假。

上述每一项“专家错误”，对社会来说都是危险。小的错误令人尴尬，大的错误浪费时间金钱，甚至带来国际性灾难。

(4)以机械观念构建起来的社会

受机械化的世界观所指导的人们最终会在行为中把世界分裂成碎片，以符合他们一般的思维方式。

现代社会已经成为一个专业化生存的社会。没有劳动分工，不依靠专家、专业人士和知识分子，现代社会就无法运转。对一个人而言，无一技之长，就无立锥之地。这是非常恐怖的，它会把所有的年轻人变成疯狂机器，而其心灵却越来越空虚。正如韦伯所说，科学从来不提出这个世界是否值得存在。

不仅个人生活，社会运行也被置于理性的专制之下。自从有了现代大学，就有了越来越长时间的“寒窗苦读”。有了学历崇拜，有了论文抄袭，有了抢院士、抢人才，有了大学排名，有了不遗余力的考证族等。

内含着理性崇拜的分析主义思维已经把世界分解成为分离的部分，这种观念已经成为一种现代迷信，扩展到现代社会各个领域、渗透到生活的方方面面。

> 我们这个时代，因为它所独有的理性化和理智化，最主要的是因为世界已被除魅，它的命运便是，那些终极的、最高贵的价值，已从公共生活中

销声匿迹。[①]

3.4.6 机械论社会建构的恶果

根据社会建构理论，各种理论，也包括一切经验和行动都是按照我们的思想范畴来组织的，即按照我们的思考空间、时间、物质、实体、因果关系、偶然性、普遍性、特殊性等范畴的方法来组织的。可以说，这些范畴也是我们认识或观察任何事物的方法。

(1)机械论成为主流观念与现代社会的专业化模式

从古代开始的认识问题和理论问题上的分析主义，到现代实践活动、社会建构中的专业主义，经历了一个渐进的演变过程。现代人在享受其带来的高度专业化了的现代生活的同时，却并不再了解它们的运作、它们的意义。整体性的概念在全社会消失。

一个小例子：《人是机器》讨论了宗教神学、形而上学所主张的心灵实体问题。作者拉·梅特里从唯物主义思想出发，运用大量的医学和生理学的知识，说明人和其他动物一样也是机器一般的物质实体，灵魂只是肉体的产物，抨击灵魂不朽的宗教教义。

贝塔朗菲批评道：

> 把人看作机器人，这个概念既是工业密集社会的一种表达方式，又是这个社会的一个强大动力。它是商业、经济，政治和其他的广告及宣传中谈得很多的行为工程的基础；"富裕社会"不断扩张的经济没有这样的操作就不能生存下去。只有操纵人类使其愈来愈变成斯金纳的老鼠，机器人、购买东西的自动机、按自动动态平衡调整好的顺从者和机会主义者(直截了当地说，低能者和傻瓜)，这个伟大社会才能循着国民经济产值不断增加的道路前进。事实上，学院心理学的原理已与"人的金钱概念"的原理完全相同。[②]
>
> 与物理上的力如引力和电力不同，生命现象只能在叫作机体的个别实体中找到。任何机体都是系统，也就是参与相互作用的部分和过程的动态秩序。同样，心理现象只能在个体化的实体中找到，在人类就叫人格。不

① [德]马克斯·韦伯：《学术与政治：韦伯的两篇演说》，冯克利译，生活·读书·新知三联书店2013年版，第48页。

② [美]冯·贝塔朗菲：《一般系统论——基础、发展和应用》，林康义等译，清华大学出版社1987年版，第197页。

管人格可能是别的什么东西，它总有系统的特性。[①]

更重要的是，现代社会也已经深度机械化了。现代社会几乎完全是按照机械原则组织的，分工、专业化延伸到了社会的每一个角落。每个人、每个岗位都成了社会大机器的组成部分。社会变得越来越像一部加足马力的战车。

如今，专业化、碎片化的社会状况广泛延伸，不仅遍及整个社会，而且遍及每个个体之中。所有这些碎片是独立存在的观念，显然是一种幻觉。这种幻觉只能引起无穷的冲突和混乱，这种延伸造成了没完没了的各种问题：

首先，严重地干扰了我们感知的明晰性。从个人层面来说，在即使卷入其中也无法理解的社会力量面前，整个现代社会普遍发展着一种失望与绝望的情感，个人无法控制、无能为力。

其次，阻碍了社会对大部分问题的解决。相互推诿、相互扯皮的大企业病极大地降低了社会效率。表面上，各个机构都尽职尽责，实际上只是固守自己部门的权限和职责。没有整体的社会的观念，每个普通人都可能化身成为恶魔。

最后，也是最重要的，按照碎片是真正独立存在的观念来组织生活，必然导致人类今天所面临的一系列不断增长着的最紧迫的危机。例如，众所周知，这种生活方式已导致污染、生态平衡的破坏、人口过剩、世界性的经济和政治混乱，并造成了一个对大多数必须生活于其中的人来说不利于身心健康的综合环境。

1961年，耶路撒冷地方法院对纳粹战犯、"犹太问题最终解决方案"重要执行者阿道夫·艾希曼开展了一场旷日持久的审判。汉娜·阿伦特就这场审判为《纽约客》写了五篇报告，后结集成书。《艾希曼在耶路撒冷》详细记录了这次引发全球关注的审判的全过程，并结合对大量历史资料的分析，提出了"平庸的恶"的概念。恶的化身未必是狂暴的恶魔，也有可能是平凡、敬业、忠诚的小公务员。艾希曼由于没有思想、盲目服从而犯下的罪并不能以听命行事或国家行为的借口得到赦免。

(2)自酿苦果的人类

如果我们有一种碎片化的思维方式、观察方式和行为方式，那么它显然表现在人类生活的各个方面，即破碎化实际上会普遍存在于我们的全部生活之中。但是，它所产生的后果却是我们意想不到的——我们的破碎化思想方式正在造成普遍的危机，包括个人的和整个社会的社会危机、政治危机、经济危机、

① [美]冯·贝塔朗菲：《一般系统论——基础、发展和应用》，林康义等译，清华大学出版社1987年版，第199页。

生态危机、心理危机等。工业社会不仅给先行国家带来许多光荣和伟大，还给它们以及其他国家带来了许多苦难和曲折。

人类作为一种具有智慧、光荣和梦想的生物，曾经有过漫长的依附于自然的生存过程，附于自然就是屈从于它的反复无常并承认它的专制。经过启蒙运动、工业化和技术进步，人类改造自然的野心开始膨胀。工业革命从根本上说是努力用技术秩序替代自然秩序，用人的理性征服自然的野性。

当我们学会使用火，创建了民主制度，完成了工业化，发现原子核并制造出核武器，登上了月球并培育出转基因番茄，不可避免地会有一种更大的傲慢以及对自然力的藐视，自然界的约束随着一系列的成就而抛到人们脑后。我们忘记了我们不仅会犯错，有时还会失去理智。

社会本身就是人类想象(理想)的一种实现形式。一个完整的、健全的社会必然是多目标的，是协调的，而不仅仅是经济的发展和工业的发展。大多数人在享受其带来的有序现代生活的同时，却并不了解它们究竟是如何运作的。所幸，社会本身具有它的自组织机制。到了大约 20 世纪中期，我们看到，在一些实现了工业化的国家，出现了一种新的现象，这种现象又被称作后工业化、服务业和公共部门就业人数开始以更快的比率上升。例如在美国，“到 1968 年比例已经发生了变化，每 10 人中有 6 人从事服务业。到 1980 年，随着服务业越来越占主导地位，10 名工人中差不多将有 7 名在服务业部门工作。从 1900～1980 年，在各部门之间的比例完全改变的过程中，美国经济发生了两次结构性变化，一是向服务业的转化，二是公共部门作为就业的主要领域面发展起来”①。即便如此，社会目标仍然是资本主义式的。

(3)顾此失彼：经济目标与社会目标

实际上，资本主义所建立的并不是完整的社会模式，它是单一目标的，这个目标在经济学上叫利润，而通俗的名字就叫钱。社会上的一切——科学、技术、文化、教育、社会组织等都服务于这个单一目标。人的生存与发展更是被抛到了九霄云外，人变成了机器的附属品：职业病四处蔓延，技术复杂性带来的风险被忽略不计，人口大规模向工业城市集中……社会失去了平衡。为了保持经济正常运行，人们继续无视能源和环境问题。正如美国前总统克林顿顾问詹姆斯·卡维尔的著名口号：“关键是经济，笨蛋！”

实际上，不难想到，只有农业社会的成员才知道对土地的珍惜，对自然、对环境的尊重；才知道“大地母亲”；才知道“天人合一”；才知道“人法地，地法天，天法道，道法自然”。

① [美]丹尼尔·贝尔：《后工业社会的来临》，彭强编译，科学普及出版社 1985 年版，第 140 页。

而现在，人类不再面对自然界，而是惬意地工作、生活在工厂里、书堆里、实验室里，天马行空地遐想。“没有做不到，只有想不到。”何等生物能如此狂妄自负？有多少人真正“想到”过？

加尔布雷斯(John Kenneth Galbraith)[①]指出，对于突然到来的工业化，人们的思想准备不足，也并不知道它会带领社会走向何方。其实，在多数时候，人类是短视的，人类是被动的，被牵着鼻子走向未来。仅仅着迷于工业化的经济潜力，却忽略了它的负面影响，于是，生产力发展了，环境、资源、就业以及其他社会问题也暴露出来了。

(4)来自大自然的报复

可否这样说：也许，大自然的报复才刚刚开始？

> 近200年来，燃烧煤炭、石油、天然气推动了人类的工业化进程，向地球大气中排放了大量的二氧化碳，由于空气中的二氧化碳增加，阻止了太阳的热量从地球上空散去，地表温度升高，进而导致北极地区冰层融化，雪面覆盖的减少，意味着反射能力的丧失——白色反射热量，黑色吸收热量——地球散发的热量减少。反过来，这又提升了地球表面的温度，以正反馈的方式加速了雪的融化。最终导致地球温度灾难性的转变，继而会造成对未来生命的毁灭性打击。[②]

2009年1月，192个国家的政府首脑聚集在哥本哈根，共同商讨应对人类面临的历史上最严峻的危机——由工业化引发的气候变化。2007年3月，联合国政府间气候变化专门委员会曾在巴黎发表了一项有关气候变化的报告，阐述问题的严峻性。这是15年中发表的第四份类似报告。第四次联合国气候报告提醒我们：地球的化学性质正在发生变化。

哥本哈根气候会议争吵不断。政府间相互指责对方以地球的未来为筹码玩地缘政治游戏，并指责对方把短期经济利益看得高于人类的生存利益。奥巴马总统未经宣布出席了中国、印度、巴西和南非四个国家间的首脑会议——这一举动在国际外交会晤中似乎前所未闻。最终，各国没有就限制碳排放达成协议。总之，这是不负责任的行为。尽管由人类活动引起的气候变化是对人类生存最大的威胁，但各国领导人却不能就拯救人类达成共识。

---

① 约翰·肯尼斯·加尔布雷思是美国著名的经济学家，也是历史上拥有读者最多的经济学家之一，被誉为“美国的经济医生”。历任普林斯顿大学副教授、哈佛大学教授、美国物价管理局副局长、美国国务院经济安全政策室主任、美国驻印度大使、美国经济学学会会长等职。加尔布雷思被公认是制度主义新阶段的主要代表人物，一生著述甚丰，主要著作有《美国资本主义：抗衡力量的概念》《大崩溃：1929年》《丰裕社会》《新工业国》《经济发展论》《货币》《没有把握的年代》《价格管制理论》等。

② 转引自罗运鹏：《国学管理精论》，安徽人民出版社2014年版，第247页。

2010年4月，墨西哥湾发生漏油事件。一个英国租赁的石油钻井平台在深水区突然爆炸，事故中有11名工人死亡，断裂的管道有1英里，接近500万桶石油流入墨西哥湾。石油从管道裂缝中涌出，扩散成羽状带，杀死野生动物，破坏脆弱的环境，甚至把墨西哥湾变成死海。

> 我们正生活在醉生梦死之中。尽管越来越多的证据表明，基于化石能源的世纪正成为过去，地球面临气候恶化的现实，但总体而言，人类仍然拒绝承认这一现实。相反，我们继续寄希望于寻找越来越少的石油和天然气，以此来维持如同吸毒成瘾般的生活。[①]

传统能源产业仍然是一股强大的力量，这主要是因为其雄厚的财力能帮助企业对政府能源政策的制定和实施产生影响。

核能怎么样呢？核能从来就不是清洁的能源。放射性物质和核废料对人类的健康、对生物和环境都是严重的威胁。1979年宾夕法尼亚三里岛核事故和1986年苏联切尔诺贝利核事故后，2011年，日本地震和海啸又引发了福岛核泄漏。不幸的是，人们的记忆经常是短暂的。所有这些做法有个恰当的名字，叫作“饮鸩止渴”。

(5)来自社会的报复

与经济学的说教不同，里夫金认为：

> 经济是一种有关信任的游戏……这就意味着，当公众的信任足够时，经济就会繁荣，未来就有保障；反之，经济就会衰退，前景就会暗淡。[②]

信用泡沫和金融危机不会凭空发生。

> 丰富、廉价的石油和汽车的结合，使美国经济在20世纪80年代雄居世界第一。然而，不幸的是，我们却以疯狂购物的方式，在不到创造这些财富所需的一半时间里，花光了这些积蓄，其目的是人为地促进经济增长。[③]

信用文化带来的信用透支，如同一种使人易醉的物品。人们购物成瘾，消费变得更像集体炫富。我们似乎是在不知不觉中，以一种僵化的思维方式，降低直至毁掉了第二次工业革命的经济增长速度，挥霍了一生积累的财富。

---

① [美]杰里米·里夫金：《第三次工业革命——新经济模式如何改变世界》，张体伟、孙豫宁译，中信出版社2012年版，第23页。

② [美]杰里米·里夫金：《第三次工业革命——新经济模式如何改变世界》，张体伟、孙豫宁译，中信出版社2012年版，第27页。

③ [美]杰里米·里夫金：《第三次工业革命——新经济模式如何改变世界》，张体伟、孙豫宁译，中信出版社2012年版，第17页。

2007年,房价暴跌,房地产泡沫破灭。数百万曾认为自己是富人的美国人突然发现,他们已无法支付即将到期的抵押贷款的利息了,丧失抵押品赎回权的房屋数量暴涨。银行和其他信用机构——它们的积极参与最终导致了这个复杂的全球庞氏骗局成形——也陷入了困境。2008年9月,雷曼兄弟倒闭;随后,美国国际集团面临倒闭的威胁,如果这一状况发生,将会使美国经济的其他部分和世界经济的很多部分面临下行风险。类似20世纪30年代大萧条规模的经济崩溃一触即发,美国政府被迫救市,向华尔街非银行金融机构提供7000亿美元救助资金。

任何形式的僵化世界观都意味着我们不再把理论看成是洞察或者观察方式,而是把理论看成是关于万物实际上如此的绝对真知识。因此,我们必须警觉起来,仔细注意和认真考虑如下事实:我们的许多理论并不是对实在本身的描述。

3.5 经济活动的逻辑

在现代经济学中,数理逻辑被广泛用来证明经济学理论和问题。这是当前那些实证研究的普遍做法,这种做法背后的理念是:经济学逻辑遵循数理逻辑。这样的理解和做法是否正确?事实究竟是如何?

生搬硬套的实证研究只需要计算出一个P值(统计显著性),但经济活动的逻辑不等于经济学的逻辑,把经济活动的逻辑等同于经济学的逻辑,把经济学的逻辑等同于数理逻辑或形式逻辑,是现代经济学的痼疾。

3.5.1 世界上有多少种逻辑在起作用

一提到逻辑,很多人都会想到亚里士多德的教诲——演绎逻辑、归纳逻辑。实际上,这些都只是指推理的不同方法,流行的逻辑学主要就是介绍和研究这种方法的科学。

一段时间以来,我一直想回答逻辑是什么。我认为它应该有两重含义:第一,作为方法的逻辑。这个意义上说,逻辑是思想工具或推理的方法。第二,作为依据的逻辑,也就是思想和推理的依据。我们可以看到,生活存在各不相同的领域,不同领域中有不同的力量、逻辑在起作用,即遵循着不同的机理或逻辑。

有没有人想过,现实生活中有多少种逻辑?换言之,形式逻辑、数学逻辑是不是可以无限制地使用于生活的各个方面?更进一步地,经济学可以借数理逻辑的工具而成为科学吗?

我相信，只有当我们能够提出这些问题的时候，我们才会走近真理。当然，不要忘了世界是一个整体。

在我们看来，现实生活中，实际上存在并发挥作用的是多重逻辑。而且，在一些领域它们是互补的，甚至是纠缠在一起同时发挥作用。与之相适应，我们对不同领域的认识，也需要遵循不同的逻辑，而不是以一种思维、一种逻辑解释一切。以下，我们粗略地归纳了不同领域中的逻辑力量，见表 3-2。

表 3-2　真实世界的情况与逻辑类型

真实世界的情况	逻辑类型
1+1=2(严格说，这只属于抽象世界)	形式逻辑或数理逻辑(严格同质，保持不变)
$F=ma$	机械力学
$\Delta x \Delta p \geqslant \frac{h}{4\pi}$	量子力学
化合与分解	化学逻辑
遗传、变异	生物逻辑
1+1>2;1+1<2	社会逻辑或协同效应
爱、恨、情、仇	情感逻辑、社会伦理
满意的工作与满意的收入	模糊逻辑或多值逻辑(布尔代数)，“与，或，非”运算从精确到模糊、从确定性到不确定性
其他：创新、涌现、演进……	有多少不同系统，就有多少不同逻辑

贝塔朗菲也指出，存在着一系列的系统模型，可以分别用来描述不同层级的系统，见表 3-3。换言之，不同系统中存在着不同的逻辑或不同机制。

表 3-3　系统层次主要阶层非正式一览表(部分根据保尔丁 1956 年的图式)[①]

阶层	种类和例子	理论和模型
静态结构	原子、分子、晶体、从电子显微镜水平到宏观水平的种种生物结构	如化学结构式,晶体学,解剖图谱
时钟机构	时钟,一般常用机器,太阳系	普通物理学,如牛顿的和爱因斯坦的力学定律
控制机构	恒温装置,伺服机构,有机体自动调节动态平衡机制	控制论,反馈和信息论
开放系统	火焰、细胞和一般机体	物理理论扩展到物质流动过程中自我维持的系统(新陈代谢); 遗传密码中的信息存储(DNA)
低级有机体	“类似植物的”有机体:系统的渐增分化(所谓有机体中的“分工”;生殖与机能性个体的区别)	几乎没有理论模型
动物	信息传递的重要性增加(感受器的进化,神经系统);学习;意识的开端	自动机理论的开端(S-R 关系),反馈(调节现象),自主行为(张弛交替)等
人	符号表示:结果有过去和未来,自我和世界,自我意识等;语言通信等	初步的符号系统理论
社会系统	有机体种群(包括人类);只在人类中才有的符号决定的社会(文化)	人口动力学中的统计学和动力学规律,社会学,经济学,或许还有历史,文化系统论的开端
符号系统	语言、逻辑、数学、科学、艺术、道德等	符号算法系统(如数学,语法);“游戏规则”,如视觉艺术、音乐规则等

贝塔朗菲告诉大家:“这份一览表是印象主义式的和直观性的,并不自诩有逻辑的严格性……每一种情况下各层之间的关系都需要阐明……在这个意义

① [美]冯·贝塔朗菲:《一般系统论——基础、发展和应用》,林康义等译,清华大学出版社 1987 年版,第 26~27 页。

上，这里的一览表暗示了还原论的局限性和实际知识系统中的空白部分。”[①]

3.5.2 为什么不同领域或系统会有不同的逻辑

说到底，现实世界存在多种不同类型的系统，不同系统中，有不同的要素构成、不同的要素结构以及不同的作用机制，因而是不同的逻辑力量在起作用，由此产生了不同的逻辑系统空间，见图 3-1。

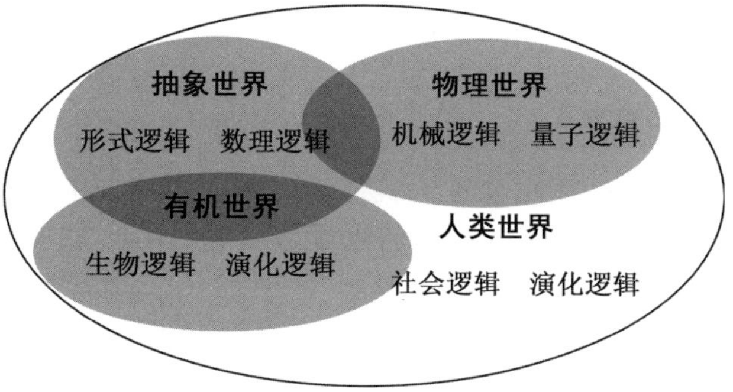

图 3-1 现实世界中的不同类型系统

图 3-1 只是一个简单的示意图。完整的外部世界当然不只是这几个系统，而且每一个系统都是开放系统，因此，各系统之间有不同程度的交叉和重叠。每个子系统还可以细分。

如果我们考虑社会系统中的经济活动，它既受到形式逻辑、数理逻辑的影响，又受到机械逻辑、量子逻辑的影响，还会受到生物逻辑、演化逻辑的影响。当然，最多的是受到社会逻辑的影响（包括资源与环境、供求、收入、受教育程度、文化潮流等），另外，每个人的身体健康程度、知识与经验积累、社会的法律与制度等也真实地发挥着作用，心理作用也必然有一席之地，如攀比心理、虚荣心、示范效应等。所以，如果我们只用一种思维、一种逻辑来解释经济活动，就不只是简单化了问题，而是根本用错了工具。

例如，大家考研、择业、购物、出国甚至是谈恋爱都会受经济的、社会的、文化的、地域的、个人志向、个人的经验知识储备等影响，也就是说这些决策受到多种力量的驱动，而不是一种两种。实际上，当我们面临重大决策的时候常常会感到左右为难，原因在于我们考虑了许多因素（即受到多种力量的制约），而且它们大多都充满着不确定性。这恰恰证明我们的日常行为都属于开放系统中的行为。因此，试图用一种简单的逻辑——成本—收益的逻辑或数理逻

① [美]冯·贝塔朗菲：《一般系统论——基本、发展和应用》，林康义等译，清华大学出版社 1987 年版，第 27 页。

辑——来解释我们的选择和决策、不同类型的人们的行为乃至人类社会的发展进步等，说得好听一些是把复杂事情简单化，说得不好听一些，那不就是误人子弟、自欺欺人吗？

自然的力量或逻辑、社会的力量或逻辑、精神的力量或逻辑始终是社会演进过程的共同参与者。然而，现代经济学却乐此不疲地运用数理逻辑、抽象的形式逻辑来推理、来证明。他们连篇累牍地发表文章、争取各种类型的研究课题、角逐各种名目的奖项，获得各种花里胡哨的名号，花了纳税人多少钱？又解决了哪些实际问题？

3.5.3 经济学的思维方式

一段时期以来，经济学的思维方式成为一些人竞相谈论的话题。林毅夫、张维迎、梁小民等鼎力推荐《经济学的思维方式》这本书，道格拉斯・C. 诺斯(Douglass C. North)作序。

书的三位作者是保罗・海恩(Paul Heyne)，美国芝加哥大学伦理学与社会学博士、华盛顿大学经济系讲师；彼得・勃特克(Peter Boettke)，美国乔治・梅森大学经济学博士，现为该校经济学教授，美国市场研究中心高级研究员；大卫・普雷契特科(David Prychitko)，美国乔治・梅森大学经济学博士，现任北密歇根大学经济系教授。

正如书名显示的，这本书说的是经济学的思维方式，事实上，三位作者始终也没有能够跳出经济学的思维限制，说到底，《经济学的思维方式》只是经济学的通俗版。出版商还使用了"没有让人望而生畏的公式图表，也没有难懂的术语，更没有枯燥的实证""用最贴近日常生活的语言和案例……让所有人都能体验毫无障碍的阅读"这样的噱头来吸引人们的眼球。另外说明一下，2011 年上海译文出版社曾以《诡辩与真相：经济学入门》为名出版过这本书。

且看下面几段话：

> 有一点要注意，我们关于社会的理论既不完美，也不是没有偏见的。(你知道什么理论既完美又中立吗？)经济学理论并不提供没有成见的观点——既能顾及所有事实，又能对所有价值观一视同仁。[①]

从这几句话看，似乎作者要承认经济学的偏见。但是，这只是表面上的，他们不仅没有做到，而且继续贩卖经济学的偏见。紧接着，作者分别对一些关于经济学的批评作了辩护。

---

① [美]保罗・海恩等：《经济学的思维方式》，马昕、陈宇译，世界图书出版公司 2008 年版，第 10 页。

> 对我们三位作者来说，对任何种类的知识的探索都必然是从求知者一方的某种约定或信念开始的，这一点是显而易见的。我们不可能带着一个完全开放的头脑去接触世界，因为我们不是昨天刚刚出生的。无论如何，完全开放的头脑意味着完全空白的头脑，什么也学不到。任何讨论、探寻，甚至每一次观察都根植于信念、并从中生长出来。我们必须从某一个地方开始，头脑中也必然有一些现成的东西……当然，我们的判断可能是错的。的确，我们在某种程度上总是错的，因为每个“正确”的陈述都必然遗漏或忽略大量正确信息。最详细的地图也是对现实的简化。①

为什么不能带着一个完全开放的头脑去接触世界？又为什么完全开放的头脑意味着完全空白的头脑？从上述言论中不难看出，作者是用为一般理论辩护的腔调来为经济学辩护，这是最典型的狡辩。实际上，那些批评经济学的人们并没有否定一般理论，而且经济学恰恰不能等同于一般意义的理论（如物理、化学、生物学等），而且二者之间差别很大。

> 我们能观察事实，但必须用理论来解释其原因……实际上，在我们对世界的观察当中充满了理论，我们才能从纷乱扰攘的世界中发现意义。事实上，我们观察的只是我们所“知道”的一小部分……其余部分我们用所持的各式理论补足……②

> 本书写作的宗旨很明确，就是要事半功倍。本书围绕一组概念展开讨论，这些概念共同构成了经济学家的知识工具箱，这些工具，实际上也就是技能……用途极其广泛，它们能解开诸多谜团……这些工具也能解释一些通常被认为不属于经济领域的事情，比如交通堵塞，环境污染、政府运作、大学领导的行为……然而，经济理论本身并不能回答任何有趣或重要的社会问题，认识到这一点很重要。经济学的思维方式要补充其他领域的知识历史、文化、政治、心理以及塑造人们价值观和行为的社会制度。仅仅学习经济分析的技术并不难，而要把这些技术应用于无限复杂的社会实际问题则难得多，至于要用得明智、有说服力甚至出神入化，就更是难上加难了。③

---

① ［美］保罗·海恩等：《经济学的思维方式》，马昕、陈宇译，世界图书出版公司2008年版，第11页。

② ［美］保罗·海恩等：《经济学的思维方式》，马昕、陈宇译，世界图书出版公司2008年版，第12页。

③ ［美］保罗·海恩等：《经济学的思维方式》，马昕、陈宇译，世界图书出版公司2008年版，第12页。

前后自我矛盾，这是所有诡辩者常常无法克服的问题。所以，低水平的诡辩总是很快就会露馅的。最后，他们用“画饼”的方式来安慰大家：

> 最好的经济学家和经济学学生不仅仅是匠人，他们能把经济学的思维方式运用自如。[①]

3.5.4 当经济学遇到生物学

人类社会主要是建筑在物理、化学、生物、社会性的基础之上，而不是建立在数理或形式逻辑基础上。那种建立在简单的理性人假设基础上的经济物理学只揭示了人类经济活动的冰山一角。正如迈克尔·舍默（Michael Shermer）[②]所指出的：

> 从生物遗传学那里，我们知道了人在性情、个性，还有很多政治、经济和社会偏好方面的差异，40%～50%来自遗传；从进化论那里，我们知道了相互利他原则——如果你给我挠后背，我就给你挠后背——是普遍的，人们并不天性慷慨，除非他有所回报；从进化心理学那里，我们知道了道德惩罚原则——如果我给你挠了后背，你却不给我挠后背，那么我就要惩罚你——是普遍的，人们不能长期容忍只索取不给予的“搭便车的人”；从行为博弈论那里，我们知道了“组内和睦，组间敌意”它的意思是相信组内成员，直到他们被证明不可信。提防组外成员，直到他们证明这是多余的；从行为经济学那里，我们知道了人们几乎普遍有与人交易的愿望。这使得交易能够帮助陌生人之间建立信任，消除群体之间的敌意，同时还为交易双方创造更大繁荣。[③]

经济学发展到今天应该不再是一门单纯的逻辑学科。随着自然科学与社会科学的融合，经济学必须逐渐成为一个交叉领域，接受着各路学科渗透。

舍默在《当经济学遇上生物学和心理学》的引言中指出：

> 我在本书里要反对的观点之一便是：认为在社会科学，尤其是在对人类社会和经济行为的研究当中，达尔文及其进化论站不住脚……我反对的

---

① [美]保罗·海恩等：《经济学的思维方式》，马昕、陈宇译，世界图书出版公司 2008 年版，第 12 页。

② 迈克尔·舍默作为怀疑论者学会（Skeptic Society）的创始人以及《怀疑论者杂志》（*The Skeptic*）的发行人兼主编，致力于打击谣言、迷信和伪科学，是美国头号科学打假人。

③ [美]迈克尔·舍默：《科学是我们理解人性的最好工具》，[美]约翰·布罗克曼编：《那些科学家们彻夜忧虑的问题》，靳清等译，浙江人民出版社 2017 年版，第 230 页。

第二个观点，是经济人理论，它认为经济人有着极大的理性和自由的意志……是为了最大化自我利益，都是追求效率的……我们发现，经济人理论（也即传统经济学的基础）频频出错，极度缺乏说服力。事实上，我们是很不理性的生物，我们不光受当代文明发展出来的逻辑和有意识的理性所驱动，还要受到数十万年进化而来的深沉的潜意识情绪所驱动（甚至可以说，后者对我们的驱动性更强）。我要反对的第三个观点……说经济学是“沉闷的科学”……我们必须像医生、化学家、生物学家研究自然界的法则那样，研究经济领域人类行为的法则。①

经济是多重复杂的系统……实际上还是所谓“复杂适应系统”。在此系统中，单个元素、部件、生物体或人相互作用，相互影响，处理信息，使其行为适应变化的环境。这种系统不断学习、发展，从简单进化到复杂，且可自我催化，也即它们包含着自驱动的反馈回路。②

物质经济的进化，也是以类似的方式进行的，是在无数种产品的无数次转变中产生并选择的……诚如自然会选择最适合在特定环境中生存的变异，人也会选择某一市场中最适于满足自身独特需求和欲望的产品与服务。请注意，不管是进化还是经济，都没有什么自上而下的设计师监管整套系统……实际上，生物是依靠自然选择自下而上设计出来的，那么，同样道理，经济也是靠“看不见的手”自下而上设计出来的。③

人对经济不确定性的容忍度低得惊人。自由市场混乱无常，不可控制，无法预知。我们大多数人难以容忍这种环境，并惯于指望政府等社会制度为社会带来一定的确定性……在过去的一百年里，我们逐渐依赖“政府力”来进行必要的调整，提供保障——尤其是在我们自己做不到这一切的时候。④

---

① [美]迈克尔·舍默：《当经济学遇上生物学和心理学》，闾佳译，中国人民大学出版社 2009 年版，引言第 5 页。

② [美]迈克尔·舍默：《当经济学遇上生物学和心理学》，闾佳译，中国人民大学出版社 2009 年版，第 15 页。

③ [美]迈克尔·舍默：《当经济学遇上生物学和心理学》，闾佳译，中国人民大学出版社 2009 年版，第17～18、19 页。

④ [美]迈克尔·舍默：《当经济学遇上生物学和心理学》，闾佳译，中国人民大学出版社 2009 年版，第 25 页。

3.5.5 当经济学遇到心理学

2002年，卡尼曼获得诺贝尔经济学奖，成为经济学与其他学科大融合的一个里程碑；心理学也随之开始在经济领域开疆拓土，不断改造着人们对自己经济行为的认知。当然，早在凯恩斯那里，经济学就已经与心理学建立了的密切联系。

卡尼曼在《思考，快与慢》中指出：在我们的大脑中，存在着两个思维系统，我们的大脑有快与慢两种作决定的方式。

无意识的系统1依赖情感、记忆和经验迅速作出判断，使我们能够迅速对眼前的情况作出反应。但系统1也很容易上当，它固守“眼见即为事实”的原则，任由损失厌恶和乐观偏见之类的错觉引导我们作出错误的选择。

有意识的系统2通过调动注意力来分析和解决问题并作出决定，它比较慢，不容易出错，但它很懒惰，经常走捷径，直接采纳系统1的先入为主的判断，同样会发生一系列主观偏差。

通过《思考，快与慢》，卡尼曼告诉我们，当你对某事形成了一种根深蒂固的偏见时，摆脱偏见很难。换句话说，前一种方式不靠谱，后一种模式也强不到哪里去，经济学上的人类理性的假说是错误的。

20世纪中后期以来，前沿的经济学研究中已经出现了一个十分引人注目的现象，即经济研究开始突破了传统界限，经济学与其他学科的交流与融合不断加深。一些经济学交叉学科和边缘学科，例如混沌经济学、不确定经济学、行为经济学、实验经济学等不断涌现。

3.5.6 当经济学遇到社会学

给大家推荐一本书：《社会构建的邀请》，作者肯尼斯·格根（Kenneth Gergen），北京大学出版社2011年版。

> 什么是客观世界呢？
>
> 同一座山在小孩子、运动员和老年人眼里是一样的吗？同一棵树在植物学家、护林员和园林工人眼里是一样的吗？到底什么是“客观世界”？
>
> 我们认为世界是什么，主要取决于我们如何看待它，我们看待世界的方式则又取决于我们是哪种社会关系的一部分。完全了解这一点后，你就会发现构建论观点对“事实”“客观”“理性”和“知识”这些长久以来一直为人看重的词语是个挑战。你对自己的理解（你的思想、情感和欲望）也会发生转变。你对自己与他人之间的关系会有一种全新理解。你会以一种不同方式去看待世界上的矛盾冲突。构建论者的观念和行为正在延伸到世

界上每个角落。[①]

3.5.7 跳出现代经济学窠臼

前面我们提到,现代经济学片面地依赖了形式逻辑或数理逻辑,而忽略了人类的经济活动是一个涉及物理、化学、生物、社会、认知、心理等多领域的综合活动。

(1)现代经济学确实还不是一门科学

即使是对数学的应用,现代经济学也缺乏足够的认知和严谨,没有做到位,只是机械模仿,既有以学术为业的冲动,又有刻意炫耀的虚伪。就像维纳讽刺的那样:

> 如同原始人照搬毫无自身特色的西方着装方式和议会制,这是出于一种模糊的感觉……经济学家也习惯于用无穷微积分这样的语言来粉饰其并不精确的观点……因此,所有假称应用精确公式的都是一种欺骗和浪费时间。[②]

在经济学发展过程中,对主流经济学自以为高深的理论的不满早已存在。约翰·康芒斯(John Rogers Commons)、尼古拉斯·乔治斯库-罗根(Nicholas Georgescu-Roegen)、尼古拉斯·卡尔多(Nicholas Kaldor)、迈克尔·卡莱茨基(Michal Kalecki)、约翰·梅纳德·凯恩斯、卡尔·马克思、缪尔达尔(Gunnar Myrdal)、琼·罗宾逊(Joan Robinson)、哈耶克、约瑟夫·熊彼特、乔治·沙克尔(George Shaker)、索尔斯坦·凡勃仑(Thorstein B. Veblen)等,他们对远离现实的主流经济学提出了强烈批评,并努力发展一种动态的、历史的、面向真实世界的经济理论。

《经济学为什么不是一门科学?》一书尖锐地批判了经济学的现代潮流:

第一,把数学引进经济学,试图完成经济学的体系构建,经济学慢慢地变成一种学术性的经济学,偏好演绎推理,这也是李嘉图恶习导致的后果。

第二,一些经济学概念和理论是一种完全虚构的理想主义,如生产函数、效用函数。经济学理论仅凭一些不现实的假设,用数学和其他演绎推理分析等手段来建立模型,没有什么意义。

第三,脱离环境孤立分析人类行为是一种幼稚的行为,列举了经济学的市场有效论更像是一个神话而不是有用的知识。

---

① [美]肯尼斯·格根:《社会构建的邀请》,许婧译,北京大学出版社2011年版,第2页。

② Norbert Wiener, *God And Golem, Inc.*, The Mit Press, 1966, p. 4.

显而易见,过于强调个人行为逻辑(尤其是把这些逻辑等同于数理逻辑)的经济学分析方法,已经严重偏离了实践轨道,让经济学走进了自娱自乐的死胡同。

里昂惕夫指出:

> 事实上,经济学工作者中的许多人是从数学领域转入的。这样,专业经济学杂志上就连篇累牍地充满了数学公式……对现在大多数学究式经济学家不喜欢系统的经验调查而乐于避免或少用具体的实际资料这种情况……经济资料都被归纳成相对少的几个量:"资本""劳动""原材料""中间产品""总价格水平"等等。通常把这些量纳入一个"模型",即含有用少数相应"总量"变量描述整个经济的方程这样一个小系统。[①]

里昂惕夫接着说道:

> 年复一年,经济学家在继续建立大量的数学模型,而且更为详细地探讨这些模型的性质。同时,经济计量学家把所有可能的代数函数式用于基本上是同样的一些资料。这些都无助于进一步深入理解一个现实经济系统的结构和运行。[②]

约翰·布拉特(John Blatter)则说:

> 我认为经济学家滥用数学的例子远不止一个,而我这篇论文的目的就是要对经济学家严重地滥用数学提出警告。数学毕竟是一门纯粹的逻辑科学。它以一套初始公理(假设)开始运用逻辑法则推出结论。当数学推理被运用于数学自身之外的问题时,其结果不会比初始假设好。计算机科学家有一个生动的警句"废料进,废料出",意思是由计算机(或者数学)得到的结果并不比原始输入好。如果初始假设是错误的,那么,无论在假设和结果之间用了多少和多复杂的数学,结论就不可能作为正确的而被接受。[③]

效用函数 $U(C)$ 和生产函数 $f(x)$ 都不是数学意义上的函数,也就是

---

① 转引自[美]阿尔弗雷德·S. 艾克纳:《经济学为什么还不是一门科学》,苏通等译,北京大学出版社 1990 年版,第 2 页。

② 转引自[美]阿尔弗雷德·S. 艾克纳:《经济学为什么还不是一门科学》,苏通等译,北京大学出版社 1990 年版,第 4 页。

③ 转引自[美]阿尔弗雷德·S. 艾克纳:《经济学为什么还不是一门科学》,苏通等译,北京大学出版社 1990 年版,第 146 页。

说，它们并没有提供这样的法则使得通过这些法则给定 C，就能够真正计算出 $U(C)$ 的值，x 和 $f(x)$ 也是同样。我们可能知道 $U(C)$ 和 $f(x)$ 是单调上升的凹函数，但除了这样笼统的说明外没有更多的东西。结果没有足够的信息可使我们得到正确答案，即一个实际的限定清楚的最优化控制政策。用这种问题的提法(或者更确切地说是一种不完全的提法)要解决问题是不可能的。①

效用函数 $U(C)$ 没有明确给出，因为它不可能被给出，它是理论家人为的头脑产物，同丰富多彩的现实世界完全不相符。社会效用甚至不能有始终如一的定义，更谈不上度量了。函数 $U(C)$ 没有给出，因为它不存在！生产函数也完全一样。②

在现实经济生活中，未来完全是不确定的……就本质而言，投资是指向未来的，任何投资评估方法必须承认这样的事实：未来是未知的、不可知的、有风险的，从此可以看到，建立在已知的假定的生产函数基础上的投资未来效用的最大化是完全没有意义的。当不确定性实际上是现实生活中唯一重要的因素时，在确定性假设下的极大化有什么用呢？③

布拉特引用凯恩斯的话：

目前过多的数理经济学只是一种大杂烩，和它所依赖的初始假设一样不精确，它使作者在矫揉造作的、无用的符号的迷宫中丧失了对现实世界的复杂性和相互关系的洞察力。④

斯坦费尔德指出，经济学中的问题是根本性的。新古典理论提出了错误的问题，从利昂尔·罗宾斯(Lionel Robbins)告诫理性选择或资源最佳配置是需要在经济学中强调的中心问题以来，一直是如此。把注意力集中于理性选择这样的问题酿成了数学形式主义(mathematical formalism)，这种形式主义就是经济学的特点。这是一种把市场资本主义的特殊情况上升到普遍原则的倾向，也

① 转引自[美]阿尔弗雷德·S.艾克纳：《经济学为什么还不是一门科学》，苏通等译，北京大学出版社1990年版，第148页。

② 转引自[美]阿尔弗雷德·S.艾克纳：《经济学为什么还不是一门科学》，苏通等译，北京大学出版社1990年版，第149页。

③ 转引自[美]阿尔弗雷德·S.艾克纳：《经济学为什么还不是一门科学》，苏通等译，北京大学出版社1990年版，第150页。

④ 转引自[美]阿尔弗雷德·S.艾克纳：《经济学为什么还不是一门科学》，苏通等译，北京大学出版社1990年版，第151页。

就是怀特海所说的误置(misplaced concreteness)错误的例证。

> 该谬误是把市场资本主义体制中具体的经济理论提高为人类历史中普遍的不变的理论,把和人类历史一个非常有限的时期经济活动相联系的利益关系、动机和意图一般化,并假定它们在任何时代、任何地方都代表了人类经济活动的本质。[①]

特别不幸的是,对于这本书,经济学家们集体选择了视而不见,也许还有发自内心的抵制和回避,它在各国都没有再版。

(2)路漫漫其修远兮

现在的情况是,越来越多的主流经济学家也站到了批判的阵地上。但是,主流经济学的统治地位却难以改变(至少是在短期内)。原因是多方面的,在这里,我们简单概括如下:

①以学术为业的体制;

②经济学的需求(类似于野生动物市场)——经济学教学、政府推出经济学课题与各种经济学杂志;

③传承机制(年轻人急于出成果而且缺少相关知识的积累);

④曾经长期流行的错误观念——一门科学只有当它能够用数学的方法来描述的时候才成为真正的科学;

⑤路径依赖的力量;

⑥专业化的轻松与跨学科知识体系的难度。

☞拓展阅读

查理·芒格:唯有跨科学,才能高效而成熟地生活[②]

2007年5月23日,芒格(Charlie Thomas Munger)在南加州大学法学院毕业典礼上的演讲中说道,有一位教授向他提出了这样的问题:什么是法律头脑?如果有两件事交织在一起,相互之间有影响,你努力只考虑其中一件,而完全不顾另一件,以为这种思考方式既实用又可行的头脑就是法律头脑?

同样,我们可以说,什么是经济学思维?如果许多事情交织在一起,而你假定它们不存在,这就是经济学思维?实际问题往往牵涉到许多学科,现代专业化教育恰恰局限在一个学科里面。正如芒格所说,我们的教育太过局限于一个

---

① 转引自[美]阿尔弗雷德·S.艾克纳:《经济学为什么还不是一门科学》,苏通等译,北京大学出版社1990年版,第163页。

② 参见[美]考夫曼:《穷查理宝典:查理·芒格的智慧箴言录》,李继宏译,上海人民出版社2010年版,第382~415页。

学科。重大问题往往涉及许多学科。相应地,用单一学科来解决这些问题,这是很神经的,跟疯帽匠的茶话会差不多。但在当前的专业实践中,这种行为已经非常普遍,而且更糟糕的是,多年以来,人们认为各种软科学——就是一切没有像生物学那么基础的学科——彼此之间是相互独立的。[①]

怀特海很早就对此敲响了警钟,曾指出各个学科之间的割裂是非常有害的。

在芒格眼里,经济学有哪些缺陷呢?

第一,致命的自闭,导致“铁锤人综合征”,通常会引起经济学家过度强调某些可以量化的因素。我认为经济学有八个,不对,是九个不足之处,其中一些是由一个大的整体缺陷派生出来的。经济学的这个大的整体缺陷就是它的封闭性。怀特海曾经指出,学科各自孤立的情况是致命的,每个教授甚至并不了解其他学科的思维模型,将其他学科和他自己的学科融会贯通就更别提了。

“铁锤人综合征”能够把人变成彻底的白痴,而治疗它的唯一良方是拥有全套工具。

不仅在经济学领域,实际上在其他各种领域,包括商业领域,这种特殊的“铁锤人综合征”都是很可怕的。你们拥有一个复杂的系统,它吐出来许多数字,让你们能够测量某些因素。但还有些别的因素特别重要,可是你们没有相关的准确数据。你们知道它们很重要,但就是没有数据。实际上,每个人都会过度强调那些有相关数据的因素的重要性,因为它们让人们有机会使用在高等学府学来的统计学技巧,并且不把那些可能更加重要但没有相关数据的因素考虑在内。这是我终生试图避开的错误,我从来不后悔自己这么做。

第二,没有采用硬科学基本的全归因治学方法。

第三,物理学妒忌。经济学有一种虚假的精确,即追求可靠的、精神的公式的倾向。

大体上来说,那种包括玻尔兹曼常数在内的准确而可靠的公式是不可能在经济学中出现的。经济学涉及的系统太过复杂,渴望做到物理学那么精确不会给你们带来任何好处,只会让你们陷入麻烦之中,就像麦肯锡那个可怜的傻瓜。

第四,太过强调宏观经济学。最重要的原因是,他们经常犯错,因为他们想要理解的系统实在是太复杂了。

第五,经济学的综合太少。

第六,对心理学的极度无知及其造成的负面后果。

第七,对二级或者更高级别的效应关注太少。

---

① 参见[美]考夫曼:《穷查理宝典:查理·芒格的智慧箴言录》,李继宏译,上海人民出版社2010年版,第305页。

第八，对“捞灰金”的概念关注太少。

第九，对美德效应和恶行效应不够重视。

3.6 复杂世界的经济学与复杂经济学的异与同

瑞典经济学家阿克塞尔·莱荣霍夫德(Axel Leijonhufvud)[①]在 1973 年曾发表过一篇简短的寓言故事《经济学人的生活》(Life Among the Econ)[②]，详细记述了经济学人部落的流行行为、地位关系和禁忌。该部落的特征是痴迷于莱荣霍夫德所称的“模子”(model)，即经济学家的职业工具——格式化的数学模型。尽管“模子”没有明显的实际用处，但它装饰得越富丽堂皇，其持有者的地位就越高。正因为经济学人看重“模子”，所以他们很鄙视其他部落的人，如社会学人、政治学人，因为他们不做“模子”。

3.6.1 布莱恩·阿瑟的非均衡经济学

目前，人们关于复杂性的理解有很多不同。布莱恩·阿瑟(Brain Arthur)在《复杂经济学：经济思想的新框架》中的说法更为准确。

> 复杂性科学研究系统中相互作用的要素如何生成整体模式，以及整体模式反过来又如何导致这些要素发生变化，或导致这些要素调整以适应整体模式。复杂性并不是一种理论，而是一种科学运动。[③]

在很大程度上，对复杂经济学的研究起源于 20 世纪 80 年代后期的圣塔菲研究所。

> 复杂经济学认为，经济不一定会处于均衡状态；在经济学中，计算与数学同样非常有用；在同一种经济状况下，既有可能出现收益递增，也有可能出现收益递减；经济不是给定的、一成不变地存在着，而是在一系列制度、

---

① 阿克塞尔·莱荣霍夫德，瑞典人，生于斯德哥尔摩，1967 年获得西北大学哲学博士，1971 年开始任加利福尼亚大学经济学教授。著有《论凯恩斯学派经济学和凯恩斯经济学》，认为凯恩斯学派对凯恩斯经济学作了错误的解释，是一种庸俗化的凯恩斯主义。莱荣霍夫德的理论以非均衡为特征，所以叫凯恩斯主义的非均衡学派。在克洛沃、莱荣霍夫德等人的经济理论的基础上，美国经济学家巴罗、格罗斯曼，法国经济学家贝纳西和马林沃德等人建立起了非均衡理论模型。

② Axel Leijonhufvud, “Life Among the Econ”, *Economic Inquiry*, *Western Economic Association International*, Vol. 11, No. 3, 1973. pp. 327-337.

③ [美]布莱恩·阿瑟：《复杂经济学：经济思想的新框架》，贾拥民译，浙江人民出版社 2018 年版，第 31 页。

> 安排和技术创新的不断发展中形成的。[①]

阿瑟这段话包括四个意思：

(1)经济不一定会处于均衡状态；

(2)在经济学中，计算与数学同样非常有用；

(3)一种经济，有可能出现收益递增，也有可能出现收益递减；

(4)经济不是给定的、一成不变地存在着，而是在一系列制度、安排和技术创新的不断发展中形成的。

复杂世界的经济学不完全同意阿瑟的说法。我们在后两个方面即(3)(4)上能够保持一致，而对前两个方面即(1)(2)则有所保留。具体地说：我们认为经济只在非常特殊的条件下，才会出现偶尔的均衡。实际上，均衡是一个过时的概念，应该用“适应”来代替。在经济学中，计算与数学具有非常有限的用处，而不是非常有用。我们可以看到阿瑟正确地指出了世界是一个有机的、进化的、充斥着历史偶然性的世界。他说：

> 复杂经济学绝不仅是标准经济学的延伸，也不只是标准经济学模型再加上基于行为主体的行为。复杂经济学以一种全然不同的方式看待经济，给出了一个完全不同的图景。在这个图景中，行动和策略是不断进化的，时间变得至关重要，结构不断形成且不断重组，标准的均衡分析中不可见的现象将浮现出来并得到研究，介于微观层面和宏观层面之间的中观层面也是非常重要的。与新古典主义理论中的世界相比，复杂经济学中的世界更接近于政治经济学中的世界，那是一个有机的、进化的、充斥着历史偶然性的世界。[②]

但是，阿瑟却又强调均衡理论极其有价值。

> 这种便捷的均衡理论，不失为研究经济模式的一种自然方法，同时也为数理分析留下了用武之地。利用这种方法来推进经济学研究无疑是可以理解的，甚至可以说是适当的，而且该方法也确实带来了累累硕果。这种方法的核心理论建构是一般均衡理论。它不仅在数学上是严谨的，而且还通过对经济的建模，使我们得以在心智上对经济进行重构，从而给了我们一种刻画经济的方法，一种全面理解经济整体的途径。这一点无疑是极

① [美]布莱恩·阿瑟：《复杂经济学：经济思想的新框架》，贾拥民译，浙江人民出版社 2018 年版，第 30 页。

② [美]布莱恩·阿瑟：《复杂经济学：经济思想的新框架》，贾拥民译，浙江人民出版社 2018 年版，第 31 页。

其有价值的。除了一般均衡模型之外，其他理论，如厂商理论、国际贸易理论和金融市场理论的均衡模型，也都是非常有价值的。[①]

我们完全不能同意阿瑟的上述说法。如果说经济学的目标是理论，也许阿瑟的说法是成立的。但是，实践导向的经济学对那些毫无解释力的均衡理论持否定态度。

均衡分析方法只是为数理分析留下了余地，为不食人间烟火的经济学家们展示自己的形而上学技巧留下了空间。它固然带来了“累累硕果”——相关著作充斥各类杂志并填满了图书馆，但是，这是一些除了自我欣赏之外并无用处的成果。

正如后面阿瑟自己所说：

不过，这种“均衡建模法”也不是没有代价的。许多经济学家都不认同这种均衡建模法，以及在它基础上形成的新古典经济学理论，理由是它假设了一个理想化和理性化的世界，这扭曲了现实世界，而且为这个世界所选定的基本假设也往往只是为了便于分析。我本人也持同样的反对意见。正如许多其他经济学家一样，我也赞赏新古典经济学的美好，但在我看来，新古典经济学的理论建构过于纯粹、过于脆弱了，必定会在现实世界面前碰个头破血流。新古典经济学生活在一个有序、静态、可知、完美的柏拉图式的世界当中。在这个世界里，现实世界的模糊不清、混乱无序和真实多变是完全不存在的。[②]

而且，阿瑟并非不知道这样做的害处，他知道现实世界中的经济远比新古典经济学世界中的经济更加丰富多彩。

如果我们预先假定经济是均衡的，那么就等于设置了一个过滤器，我们就无法观察到经济中的很多现象。这是因为均衡本身的定义就决定了，均衡的经济没有改进或进一步调整的余地，没有探索和创造的空间，也没有任何暂时性现象的存身之地。在均衡理论中，任何可以在经济中带来改变的东西，如适应、创新、结构变化及历史本身，都会被绕开或被忽略。由此而产生的新古典经济学，也许算得上一个完美的理论建构，但是它缺少

---

① [美]布莱恩·阿瑟：《复杂经济学：经济思想的新框架》，贾拥民译，浙江人民出版社 2018 年版，第 32～33 页。

② [美]布莱恩·阿瑟：《复杂经济学：经济思想的新框架》，贾拥民译，浙江人民出版社 2018 年版，第 33 页。

真实性、活力和创造力。①

前面这两段引语有点意思,既然阿瑟有这样的认识,就不必要前面像一个圆滑的掮客一样先虚伪地赞扬一番。很难想象一个"缺少真实性、活力和创造力"的理论同时还是一个完美的理论建构。

经济是一个系统,而且这个系统中的各个元素,都会根据"当前状况"来不断更新自己的行为。如果采用另外一种更加正式的说法,我们可以说,经济就是一种持续的"计算"(computation)。这是一种极其庞大的分布式计算,也是一种大规模的并行计算,而且这种计算是随机的。这样一来,经济就可以视为一个以一系列事件为序不断进化的系统。从这个角度来看,经济是有算法规则的。②

复杂经济学中的"解",是一个由相互竞争的多种策略、行为或信念组成的生态系统。这个生态系统是不断变化的,它拥有自己的特性,对它可以进行定性研究和统计研究。③

阿瑟"复杂经济学中的解"的这个说法虽然用到了生态系统的概念,但是,如果这个系统只是"由相互竞争的多种策略、行为或信念组成的",实际上并没有比主流经济学前进多少,仍然是一个近乎封闭的框架。我们前面说到过,复杂世界的经济学是一个开放系统的经济学,它由多个维度的不同因素的共同相互作用构成。

理论绝非全由数学构成。数学无非是一种技术、一个工具而已,尽管它看上去比较精确、比较复杂。理论不同于数学,理论就在于发现、理解并解释世界中存在的现象。数学只是为这个理论化过程提供便利,当然这是一个很大的便利。重要的是,计算也能起到同样的作用。④

---

① [美]布莱恩·阿瑟:《复杂经济学:经济思想的新框架》,贾拥民译,浙江人民出版社 2018 年版,第 33～34 页。

② [美]布莱恩·阿瑟:《复杂经济学:经济思想的新框架》,贾拥民译,浙江人民出版社 2018 年版,第 39 页。

③ [美]布莱恩·阿瑟:《复杂经济学:经济思想的新框架》,贾拥民译,浙江人民出版社 2018 年版,第 43 页。

④ [美]布莱恩·阿瑟:《复杂经济学:经济思想的新框架》,贾拥民译,浙江人民出版社 2018 年版,第 44 页。

上面这段引语，只是对现代经济学流弊的批判，并没有其他价值。当然，如果这个批判产生了效果，对未来经济学的健康发展是有意义的。

> 所有这些都指向一个新的前进方向，即以非均衡视角来研究经济的方向。我们可以将经济或我们感兴趣的部分经济领域视为行为主体的策略、预测和行为不断变化的结果。[①]

阿瑟这里的说法我们认为是不完全正确的。我们相信，正确的方向是以开放系统的观念和方法来重新解释经济活动，以适应与演进的视角重新理解经济活动。

3.6.2 内生与外生：一对封闭系统的概念

一个错误的观念可以衍生出一系列错误的概念，阿瑟在他的《复杂经济学：经济思想的新框架》中，讨论了内生的非均衡问题，这不能不说是受传统的封闭系统观念的影响。

(1)封闭系统的观念——内生与外生

在现代经济学中，有一对与封闭系统观念相联系的常用概念——内生变量与外生变量，内生变量(endogenous variables)是指一个经济模型所要决定的变量，外生变量(exogenous variables)是指由模型以外的因素所决定的已知变量。问题是，在真实世界中，内生与外生真的有清晰的界线吗？

毫无疑问，假如存在一个封闭系统，那么，我们可以找到系统边界，也能够区分系统内外。但是，如果是一个开放系统，我们就无法区分系统内外，因为它们是联通着的。因此，我们的观点是，内生与外生是一个错误的说法，也是具有误导性的概念。

阿瑟看到，那些接受过良好的新古典经济学训练的经济学家，认为非均衡情况在经济中无足轻重。这些经济学家明确地告诉我们：均衡就是经济的自然状态。例如，新古典经济学的重要代表萨缪尔森在1983年就曾经说过："不稳定的非均衡状态，即使真的存在，也必定只是暂时的、非持久的状态。"[②]

但是，阿瑟并不这么认为。

---

① [美]布莱恩·阿瑟：《复杂经济学：经济思想的新框架》，贾拥民译，浙江人民出版社2018年版，第44页。

② 转引自[美]布莱恩·阿瑟：《复杂经济学：经济思想的新框架》，贾拥民译，浙江人民出版社2018年版，第34页。

> 我认为事实并非如此，绝对不会如此。我敢肯定，非均衡状态才是经济的自然状态，因此经济始终处于变化当中。这不仅是因为经济总是面临着外部冲击或外界影响，而且还因为非均衡本身就产生于经济的内部。内生的非均衡的出现，主要出于两个原因，第一个原因是根本的不确定性或奈特意义上的不确定性，第二个原因是技术创新或技术变革。①

不幸的是，这两个原因都不属于经济的内部。这样，他有关的讨论（虽然是很认真的）也就没有什么意义。因此，在我们看来，阿瑟正确地坚持了经济的非均衡观点，却在寻求错误的原因时误入了歧途，没有看到新古典经济学错误地把经济当作一个封闭系统。

（2）开放系统的观念——共生

实际上，在真实世界中，任何封闭系统都是不存在的。不幸的是，封闭系统的观念却在各类书籍、杂志、演讲中广为流传。

我们认为，没有开放系统的概念，复杂世界的经济学是得不到正确的诠释的。实际上，内生与外生的区分只是为了寻找因果关系上的自变量和因变量，这是一种典型的线性思维的表现。而在真实的经济生活中，并没有严格的自变量和因变量，不仅任何变化都具有非线性特点，而且几乎所有的变化都具有与环境（外部系统）共生的性质。

种种迹象告诉我们，生命的历程是一个共生的历史、一个开放系统的历史。最新的估算结果显示，人体内大约有 30 万亿个细胞，微生物的数量大约为 39 万亿——二者相差不多。这个数字也不太准确，但没关系：无论怎么计算，我们确实都“包罗万象”。细菌分解了污染物，肥沃了土壤，驱动了地球表面的碳、氮、硫、磷循环，把这些元素转换成了可以为动植物利用的化合物，再分解有机体，把这些元素送回各路循环。它们通过光合作用利用太阳能，成为地球上第一批能自己制造食物的有机体；它们把氧气作为代谢废气排出体外，彻底且永久地改变了地球的大气组成。多亏了它们，我们才能生活在一个富含氧气的世界中。

不确定性既存在于经济系统内部，也存在于经济系统外部。阿瑟强调，不确定性是选择过程中必然会遇到的（因为选择或决策被认为是经济行为）。但是选择或决策行为也必然会遇到资源约束和竞争对手的策略等。

为什么不确定性就成了内生因素，而其他则不是？阿瑟没有回答这个问题，而是错误地强调，不确定性是演绎理性无法把握的。他说：

---

① ［美］布莱恩·阿瑟：《复杂经济学：经济思想的新框架》，贾拥民译，浙江人民出版社 2018 年版，第 34～35 页。

> 问题本身都未能在逻辑上界定清楚，针对这些问题的缘由也就不可能有一个合乎“逻辑”的解决方法，因此理性，即纯粹的演绎理性(deductiverationality)，也不可能得以明确地界定。在这种情况下，演绎理性不仅只是一个糟糕的假设，而且它本身根本就不可能存在。也许有可能存在聪明的行为、合乎情理的行为，也许可以存在富有远见的行为，但是从严格意义上来说，根本不存在合乎演绎理性的行为。因此，我们不能假设这种理性。①

他又提到，依据沙克尔等人“想象过程也是决策过程的重要组成部分”的洞见，建立决策模型的一种方法是：假设行为主体对自己身处的环境形成了某种个人信念或假设，也有可能是一系列信念或假设，即内部模型，并且不断地对他们的信念或假设进行更新。按这里的说法，所谓的内生因素仅仅是假设的。

在主流经济学中，技术创新或技术变革被认为是经济系统的外部因素。阿瑟同样没有证明技术创新或技术变革属于内生因素。他认为，熊彼特最早强调了技术创新的重要性，由此而导致的结果并不是偶发性的破坏，而是持续性的、一浪催生一浪的破坏大潮。在整个经济中，这种破坏并行出现，在所有维度上同时发生。技术变化会内生地、不断地创造出更进一步的变化，从而使经济处于永远的变化之中。

换言之，在阿瑟看来，技术创新的自我强化性质等于证明了它的内生性质，这当然是不正确的。技术创新具有很复杂的性质——熊彼特就强调了创新的毁灭性质，而不仅仅是自我强化。阿瑟在这里则把技术创新的复杂性质简单化为自我强化，但是，技术的自我强化仍然无法进入经济的内生循环，它依然在经济系统之外独立运行，因此，在阿瑟的复杂经济学中，技术创新的内生性质并没有得到证明。

实际上，与主流经济学家一样，阿瑟也缺少开放系统的观念，而只要保留了封闭系统的理论框架，内生与外生以及均衡理论就僵而不死。

3.6.3 复杂世界经济学的主要维度

复杂世界的经济学强调经济系统是一个具有多个维度的复合体，至少有五个重要维度，需要我们同等程度地予以关注。这是我们与阿瑟的复杂经济学之间的重要不同。我们认为，阿瑟的复杂经济学的视野只在有限度程度上超越了主流经济学。

---

① [美]布莱恩·阿瑟：《复杂经济学：经济思想的新框架》，贾拥民译，浙江人民出版社 2018 年版，第 35～36 页。

人是一个具有多个维度的复合体、统一体和共生体，有人的生物化学层面、人的社会层面等；我们对经济系统的理解也是如此，它是一个具有多维度的复合体、统一体和共生体，而且具有更多侧面。我们强调：开放系统是共生系统。因此，复杂世界的经济学有多个维度，而且每一个维度都有动态演化的特征。

(1)维度一：经济系统的自然维度

经济系统并非如主流经济学所描述的是仅仅由经济要素构成的封闭系统，而是无比庞大的社会系统的一个子系统。它的第一个维度是自然层面——土地、水、气候、矿物等。

自然资源对经济活动是重要的，它们空间分布上的巨大差异是同样重要的。人类经济活动的空间分布以及各地经济发展的不平衡性已经充分地证明了这一点。

同时，干旱、地震、飓风……都是煽动着的“蝴蝶的翅膀”的经济因素。不幸的是这个维度的经济学迄今还遭遇着严重的排斥和贬抑，刚有缓解的迹象。

(2)维度二：经济系统的人的维度

毫无疑问，经济系统不能缺失了人的维度。正因为如此，奥地利学派的米塞斯、哈耶克等与主流经济学作了长达30多年的不懈斗争；西蒙也并不愿意与经济学家为伍，而最终的结果则是现代行为学、认知科学、心理学等与经济学越来越密切的结合。

(3)维度三：经济系统的技术、信息维度

虽然我们确实能够看到一些版本的技术经济学、信息经济学，但是非常不幸，太多的版本都只是简单模仿了现代经济学的思维模式和分析方法，或者说是现代经济学的翻版，因此，并非真正意义上的技术经济学、信息经济学。

(4)维度四：经济系统的社会维度

经济系统不能缺失了制度、文化的维度，正因为如此，主流经济学遗漏了大量的重要内容。作为这种遗漏的补偿，现代制度经济学、法经济学、新政治经济学等应运而生。

今天，经济学家们都非常清楚，关于资源配置的“数学分析”，不但远未包含所有经济问题，而且也不能很好地处理经济形成、探索、适应以及质变等问题。相比之下，复杂经济学则非常关注创造问题和结构形成问题，它研究的就是创造和结构形成得以实现的机制。复杂经济学是与政治经济学一脉相承的，并且是对政治经济学伟大传统的复兴。特别让我高兴的是，这两种理论有很多值得相互借鉴的地方。利用复杂经济学，我们能够从理论上系统地研究世界的形成，利用政治经济学，我们能够通过直觉方法和经验方法来研究世界的形成。复杂经济学将为政治经济学提供坚实

> 的理论基础。复杂经济学不可以、也不应该取代基于案例的历史分析，恰恰相反，它将深化和发展这个值得尊重的经济学思维方法。同样，政治经济学也会深化和发展复杂经济学。[①]

阿瑟认为，新古典经济学失败的原因很大程度上是因为它把经济看成是均衡的。这个说法当然没有涉及问题的根本。

> 新古典经济学之所以在现实世界中遭到失败，很大程度上是因为它把经济看成是均衡的……受均衡思维所限，人们无法提前预见到这种情况。原因很简单：由定义可知，在均衡状态下，没有人有动力偏离当前的行为，所以"钻空子"行为不会发生。受限于均衡思维，人们也很难看到极端的市场行为，因为他们认为对均衡的偏离，很快就会被反向抗衡力量纠正过来。[②]

我们相信，新古典经济学失败的原因，而是因为新古典经济学的封闭系统观念和理论框架。不难想到的是，封闭的系统与均衡之间有一种天然的联系，只有开放系统的思维观念才能超越均衡思维模式。

当然，阿瑟接下来的说法是值得肯定的：

> 复杂经济学可以告诉我们，经济系统永远对各种各样的反应开放，它的每个组成部分永远对各种各样的新行为开放……而且，同样重要的是，复杂经济学会让我们转向现实主义立场。[③]

(5)维度五：经济行为的心理学维度

通过上述的说明，大家已经可以感受到：在许多问题上，复杂世界的经济学与阿瑟的复杂经济学之间具有较高程度的一致性；但是，仍然有很多重要不同。主要的不同在于复杂世界的经济学摆脱了现代经济学的封闭系统观念。

复杂世界的经济学是开放系统的经济学，是演化的经济学。

---

① [美]布莱恩·阿瑟：《复杂经济学：经济思想的新框架》，贾拥民译，浙江人民出版社 2018 年版，第 61 页。

② [美]布莱恩·阿瑟：《复杂经济学：经济思想的新框架》，贾拥民译，浙江人民出版社 2018 年版，第 62～63 页。

③ [美]布莱恩·阿瑟：《复杂经济学：经济思想的新框架》，贾拥民译，浙江人民出版社 2018 年版，第 63 页。

☞拓展阅读

尼古拉斯·乔治斯库-罗根[①]自述[②]

触动我的是数理经济学中常常存在的有悖情理的情况。随便挑出一个物理学家所应用的公式,问他公式实际上代表什么,他可能会请你到实验室看该公式所描述的实际现象。然而,在经济学中存在大量的,而且越来越多的绝对与任何事实无对应的纯粹的数学练习,这种数学练习甚至都没有对应的物理事实。如果仅从数学出发,就会陷入其中,甚至难以继续思考自己原本关注的认识论问题。

熊彼特把我改造为一名经济学家——我相信,我是唯一真正的熊彼特主义者。我获得的唯一经济学学位是熊彼特大学颁发的。

帕累托的数学水平并不值得称道,我第一篇数理经济学论文论述的就是他的一个数学推导错误。我特别关注对事实的合理的解析表述,感到新古典效用理论需要有一个基本的公设。

数理形式的概念是绝对不变的:"矩形"对于欧几里得和我们今天意味着同一件事……顽固的逻辑实证主义者自然将永远坚持彻底的数理形式主义。但这些信徒们彻底错了,因为如果不使用较之数理形式概念更多的辩证概念,他们甚至都不能为其任何主张辩护。

主流经济学家仅满足于一个有名无实且难以理解的名为效用的综合体的二阶导数,但甚至杰里米·边沁本人最终也不喜欢用的概念。新古典的理性化是,需要不可能被准确定义。

主流经济学广泛应用等产量线——几何曲线——来表述不改变产量情况下要素之间的替代。但由于资本设备和劳动者都不能根据等产量线的要求进行量化,如果使用等产量线,就不可避免要承认其分析框架基本上是辩证的。的确曾有人把资本比作黏土和油灰。我知道没有任何其他科学的规律像数理经济学的多数领域那样,辩证法不可或缺。

建立表述所有的进化而非仅仅经济学进步的一般框架的经济学家是熊彼特教授。让我来解释一下他这一对科学的巨大贡献,因为它仍旧需要被解释。熊彼特关于发展的看法——他首次提出是为了反对加速增长理论——提前三十多年预言了杰出生物学家理查德·戈德施密特 1940 年所提出的著名的观点。熊彼特认为经济进步一直受到了不连续创新的促进,不连续的创新本身是

---

① 尼古拉斯·乔治斯库-罗根,熊彼特的学生,范德比尔特大学著名的经济学教授。

② 转引自[美]迈克尔·曾伯格:《经济学大师的人生哲学》,侯玲等译,商务印书馆 2001 年版,第 185～219 页。

人类思维的连续创新能力的产物，而戈德施密特主张生物的进化主要通过成功的变异而实现。受熊彼特启发，在我的生物经济学中，我把明显可知的工具变化等同于他的人类创新链。二者本质上都是不可预测的，甚至都不存在随机规律。

熊彼特以一种比生物学家更为坚定的方式坚决主张经济进化正像生物进化一样不可逆转。但几位信仰机械至上主义的生物学家反对不可逆性。

社会学必须指生物：人类、大猩猩、蜜蜂、马，谈论书本的社会或者微分的社会毫无意义。

我关于里昂惕夫静态系统的可替代性理论通常与我的名字无关，而是同萨缪尔森的名字连在一起，尽管萨氏本人一直感谢我的原创性(或许，萨氏可以谦虚)。在经济文献中，我们也碰到一种隐秘的剽窃，作者仅列出最近二三年的文献，而根本不提及亚当；斯密、卡尔·马克思、维尔弗雷多·帕累托、约翰·R.希克斯或者其他伟人的名字。其目的是使自己置于众多的伪原创者之中。

只要我继续从事数理经济学研究，就仍然是数理经济学家们的宠儿。几件事极大地改变了他们对我的态度，尤其是计量经济学家们的态度。首先，我认为边际定价方式是农业人口过剩经济的最坏政策。

我关于土地的论文作为首篇刊登在《牛津经济论丛》上，不仅因此触及神圣不可侵犯的古典教条，而且特别指出了肯尼思·阿罗和热拉尔·德布鲁备受赞美的对于瓦尔拉斯解的存在性的证明实际上是离题的，因为他们的证明基于一个狂想式的前提，即每个人都有着足以维持生活的收入。这导致我职业处境无可挽回的恶化。

其次是我犯了另外一些令人不愉快的大错。在《分析经济学》中，我主张量化并不能解决一切问题。并且在1966年纪念科拉多·吉尼的集会上，我宣读的论文中胆敢揭露经济计量模型在预测经济前景上的无能。这无异于宣判了我作为计量经济协会会员的死刑。

再次，我于1970年在阿拉巴马大学的一个著名讲座上提出的思想激怒了大量新生的能量主义者，特别是惹恼了大多数经济学家。当时，我驳斥了自由价格机制是确保资源在所有世代之间理性分配的唯一途径这一新古典主义信条。

哥德尔定理与经济学

库尔特·哥德尔是位伟大的数学家、逻辑学家和哲学家，是一位具有传奇色彩的人物。哥德尔的数学天分极高，他在维也纳大学时本来修读理论物理和基础数学，后来研习数理逻辑、集合论；24岁时，完成哥德尔不完备性定理并获得博士学位。哥德尔的一生可以说是献身科学事业的一生，他的学术贡献基本上是在数学、逻辑和哲学领域，不仅作出了令人瞩目的科学贡献，还以深刻的思想为世人留下一笔丰厚的哲学遗产。哥德尔对数学乃至整个科学的巨大贡献是证明了哥德尔不完备性定理。

在他之前，人们普遍相信这样一个的原理：逻辑上不相容的命题不可能同时为真；如果一组命题是真的，那么这些命题逻辑上是相互协调一致的。数学家们曾希望可以设计这样一个数学公理系统，理论上它可以被证明是自洽的，并能用来推证所有数学定理的正确性或谬误性。

哥德尔证明了这是不能实现的，他进而证明了对于许多演绎系统，要确定其内部逻辑一致性是不可能的。现在人们已普遍认识到，哥德尔所得出的结论是具有革命意义的。

哥德尔第一不完全定理：任何一个形式系统，只要包括了简单的初等数论描述，而且是自洽的，它必定包含某些既不能证实也不能证伪的命题。换言之，在任何一个形式（逻辑）系统中，一定有不可判定的命题。

哥德尔第二不完全定理：任何足以展开初等数论的数学形式系统，如果是一致的，其一致性在系统内不可证。哥德尔第二不完全性定理的另一种形式是说，任何足够丰富的数学形式系统，如果它是一致的，那么它不能证明表达它自身一致性的命题是定理。

“数学不仅是不完全的，还是不可完全的。”这是哥德尔定理的最深刻意蕴。与不确定性原理不同的是，哥德尔定理是一条完全基于理论推导的数学规律，它完全不可能被推翻。

在现代科学中，人们常常用建立模型的方式来描述世界。如果我们试图通过为外部世界建立模型的方式来描述它，就会发现无论如何都非常困难。从统计学角度分析，这些模型中存在太多参数，每一参数的变化繁多，因此，每一模型都存在太多的不确定性。我们生活在一个概率支配的世界！

这至少可以说明，在科学理论上，世界是不可知的，世界是不确定的、概率性的。我们所生活的世界是一个无限可能的世界。

事实上，与气象学、生态学、流行病学一样，经济学研究所涉及的因素不计其数，对于这些因素的定量认识甚至远比核物理学领域的多得多。正因为如此，我们可以在计算链式裂变反应的基础上成功地研制出原子弹，但却无法准确预测出流行病的爆发，也无法预测经济危机、金融危机的爆发。

世界的不确定性（概率性）让人们迷惑、不安，命运原来并不完全掌握在我们自己手中！无论我们多么强大和聪明，人类都不能从根本意义上完全掌控命运、预测未来。我们能够做的只是在统计意义上、在概率上去无限接近，去尽量施展自己的影响力，但最终的决定权仍在不确定性那里。所以，中国古人很伟大，早就说出了“谋事在人，成事在天”的至理名言。

约翰·塔巴克(John Tabak)在他的《概率论与统计学》中指出：“现在，因果论不再起核心作用。现在科学家们乐于承认世界具有多个方面，有些不仅未知，而且本质上是不可知的。”①现代科学也一样，它只是要走近事实和真相。

显而易见，20世纪之前的传统世界观——确定论的世界观——的基石被彻底动摇了。新世界不再有因果性，不再有实在性，可能让人觉得不太安全，但它却是那样胸怀博大，气势磅礴，到处都有珍贵的宝藏和激动人心的秘密等待着人们去发掘。

本章参考文献

① Nobert Weiner, *God and Golem*, Cambridge, Mass.: MIT Press, 1964.

②[德]亨利希·肖尔兹：《简明逻辑史》，张家龙译，商务印书馆1977年版。

③[美]冯·贝塔朗菲：《一般系统论——基础、发展和应用》，林康义等译，清华大学出版社1987年版。

④[英]休谟：《人性论》上册，关文运译，商务印书馆1980年版。

⑤[英]伯特兰·罗素：《人类的知识——其范围与限度》，张金言译，商务印书馆1983年版。

⑥[波兰]安德热依·莫斯托夫斯基：《数学基础研究三十年》，郭世铭等译，华中工学院出版社1983年版。

⑦[比]普里戈金、[法]斯唐热：《从混沌到有序：人与自然的新对话》，曾庆宏、沈小峰译，上海译文出版社1987年版。

⑧[英]P. 切克兰德：《系统论的思想与实践》，左晓斯、史然译，华夏出版社1990年版。

⑨[美]约瑟夫·熊彼特：《经济分析史》第3卷，朱泱等译，商务印书馆1994年版。

⑩[美]M. 克莱因：《数学：确定性的丧失》，李宏魁译，湖南科学技术出版社2001年版。

⑪[美]罗德·霍夫曼：《相同与不同》，李荣生等译，吉林人民出版社1998

① [美]约翰·塔巴克：《概率论与统计学——不确定的科学》，杨静译，商务印书馆2007年版，第72页。

年版。

⑫[美]林恩·马古里斯、多里昂·萨根:《倾斜的真理——论盖亚、共生和进化》,李建会等译,江西教育出版社1999年版。

⑬[美]理查德·S.韦斯特福尔:《近代科学的建构:机械论与力学》,彭万华译,复旦大学出版社2000年版。

⑭丛爽:《神经网络、模糊系统及其在运动控制中的应用》,中国科学技术大学出版社2001年版。

⑮[美]迈克尔·曾伯格:《经济学大师的人生哲学》,侯玲等译,商务印书馆2001年版。

⑯[丹麦]帕·巴克:《大自然如何工作——有关自组织临界性的科学》,李炜、蔡勖译,华中师范大学出版社2001年版。

⑰[美]保罗·贝纳塞拉夫、希拉里·普特南编:《数学哲学》,朱水林等译,商务印书馆2003年版。

⑱[美]詹姆斯·格雷克:《牛顿传》,吴铮译,高等教育出版社2004年版。

⑲[美]约翰·霍兰:《涌现:从混沌到有序》,陈禹等译,上海科学技术出版社2006年版。

⑳[美]约翰·塔巴克:《概率论与统计学——不确定的科学》,杨静译,商务印书馆2007年版。

㉑[美]保罗·海恩、彼得·勃特克、大卫·普雷契特科:《经济学的思维方式》,马昕、陈宇译,世界图书出版公司2008年版。

㉒[美]迈克尔·舍默:《当经济学遇上生物学和心理学》,闾佳译,中国人民大学出版社2009年版。

㉓[美]凯文·凯利:《失控:全人类的最终命运和结局》,陈新武等译,新星出版社2010年版。

㉔[美]考夫曼:《穷查理宝典:查理·芒格的智慧箴言录》,李继宏译,上海人民出版社2010年版。

㉕[美]伯特·荷尔多布勒、爱德华·O.威尔逊:《超个体昆虫社会的美丽、优雅和奇妙》,焦鸿丽、张雁译,中国人民大学出版社2011年版。

㉖[美]杰里米·里夫金:《第三次工业革命——新经济模式如何改变世界》,张体伟、孙豫宁译,中信出版社2012年版。

㉗[美]丘成桐、史蒂夫·纳迪斯:《大宇之形》,翁秉仁、赵学信译,湖南科学技术出版社2012年版。

㉘[法]亨利·柏格森:《创造的进化论》,陈圣生译,漓江出版社2012年版。

㉙[德]克劳斯·迈因策尔:《复杂性思维:物质、精神和人类的计算动力

学》，曾国屏、苏俊斌译，上海辞书出版社2013年版。

㉚[美]马斯洛：《动机与人格》，许金声等译，中国人民大学出版社2013年版。

㉛[美]司各特·索姆斯：《20世纪的分析哲学史》，张励耕等译，中国社会科学出版社2014年版。

㉜[美]马塞洛·格莱泽：《求知简史：从超越时空到认识自己》，曾大为、刘勇军译，重庆出版社2017年版。

㉝[美]布莱恩·阿瑟：《复杂经济学：经济思想的新框架》，贾拥民译，浙江人民出版社2018年版。

4 经济:一个复杂适应性系统

进化,简单说来就是一切的历史。①

——[美]林恩·马古利斯

许多环境是不容忍独特,不容忍有见地的科学发现的,特别是那些使我们原以为正常的宗教文化感到不安的观点。同为人类,我们都一样迷恋那些熟悉的、与主流思想一致的观念。总而言之,"习惯"或者"传统"对我们的影响之深,超过了我们的想象……我们都已经淹没在我们"安全的"现实思维之中。我们的观点对我们见到的和知道的事物的认识塑形,添加色彩。我们已经接受的,确认是事实或者真理的观念,都顽强地要整合到我们整个思维模式中去。然而,对此我们并不一定都能意识到。这种传统文化的束缚可以称作"经过训练的无能""思维共性"或者"现实的社会构建"……所有的人都背负着沉重的语言、民族、宗教和辈分的精神负担,难以感受新的观念。②

——[美]林恩·马古利斯

① [美]林恩·马古利斯:《生物共生的行星——进化的新景观》,易凡译,上海科学技术出版社1999年版,第20页。

② [美]林恩·马古利斯:《生物共生的行星——进化的新景观》,易凡译,上海科学技术出版社1999年版,第2~3页。

我们相信,经济系统是自然一社会系统的有机组成部分,如果独立地看,它是一个复杂适应性系统。一般系统论的广泛纲领是由著名理论生物学家路德维希·冯·贝塔朗菲在20世纪40年代末至50年代初提出来的,系统思想在现代科学、技术和实践活动中得到广泛传播,系统观念以各种不同的形式融入人们的思维中。

4.1 共生演化的历史

各种社会行为主体,通过相互作用、互相影响而共生于一个整体系统,共生于一张将彼此联系的网络之中。每一个行为主体都依据它们所处的系统的情况,作出不断的调整和适应,经历着各自适应性进化过程。社会主体间相互适应的结果,便是主体间的相互作用变得高度非线性化,各组成部分变得难以分解,而整体系统则在这样一种高度复杂性中演进。

共生(symbiosis)概念最早产生于生物科学领域,用来描述生物物种之间的关系。在当代,它已经作为一种方法论,广泛应用于其他领域,人们认识到,从自然到社会,无不遵循着一种共生、演化的逻辑。

提起进化论,人们往往会想到查尔斯·达尔文(Charles Darwin),很少有人会想到伊凡·瓦林(Ivan Wallin)或林恩·马古利斯(Lynn Margulis)。少有人知的是,后两位是开创性的现代进化理论家,他们揭示了共生起源(symbiogenesis)——新物种通过两种或多种物种在进化上的相互依赖而出现,并证明了共生演化在生命史中与适者生存至少是一样重要的。

4.1.1 生命的共生起源

20世纪60年代,一个勇敢年轻的生物学家在许多早期线索的基础上建立了一门新的分子生物学。凭着经验和洞察力,她进入了一个鲜为人知、异彩纷呈的微生物世界中。她注意到,那些可见的、微小的、包裹着的细胞组分,一定是曾经自由生活的细菌。如此有生命力的细胞器,一直被包裹在所有动植物的更大的真核细胞中。这位生物学家就是林恩·马古利斯。

俄国博物学者、进化理论家和政治哲学家彼得·克鲁泡特金(Peter Kropotkin)在《互助论》(*Mutual Aid*)中写道:"互助是与彼此斗争一样的一条动物生命法则,但是……作为进化的一个因子,它最可能有远大于此的重要性。它有利于居住习惯和生活特性的发展,也能确保物种的保持和进一步发展。"①

① [俄]克鲁泡特金:《互助论》,李平沤译,商务印书馆1963年版,第2页。

1927 年，科罗拉多大学的瓦林发表了《共生主义与物种起源》，指出线粒体拥有它们自己与众不同的基因，有它们独立的细菌血统。这是呈现给欧美科学界、支持共生起源进化论的第一种直接的遗传学证据，但是并没有引起西方科学家注意，共生起源观点仍然在细胞核理论的阴影笼罩下。

早在 20 世纪初期，就有俄国和美国学者注意到了线粒体、叶绿体跟某些细菌具有相似之处。他们据此猜测，也许线粒体和叶绿体都曾经是独立生活的细菌，后来被真核细胞吞进肚子，与后者形成了共生关系，才成为了细胞器。1966 年，马古利斯关于复杂生命的进化问题的论文《有丝分裂真核细胞的起源》，在遭到了 15 种科学杂志的拒绝后在《理论生物学杂志》(*Journal of Theoretical Biology*)上发表。她的观点是，作为生命史上一次重大的进化过渡，真核生物细胞 15 亿年前的出现是共生起源的结果。按照马古利斯的观点，原核—原核生物的共生结果是出现了真核生物，原核—真核生物的共生结果是出现了更具竞争力的真核生物，而真核—真核生物的共生结果是出现了多细胞生命。马古利斯的内共生学说解释了细胞内的线粒体和叶绿体起源。

地球上最丰富的生物类型是原核生物。马古利斯要告诉大家的是，所有真核生命已经适应了与原核细菌的共生关联。按照马古利斯的学说，微观生物体和其他微观、宏观生物体之间的进化关系是生命史的本质。到了 1981 年，马古利斯出版《细胞演化中的共生》一书，学界完全被她说服了。

4.1.2 地球是活的

生物学研究是不是应该更多地考虑共生的整体而非单一的个体呢？也许共生才是进化的根本动力，个体间的生存竞争是次要的。马古利斯考虑这样的可能性：也许内共生并不限于原始的细菌和真核细胞，而是更广泛地存在于各种生命之间。

这个想法和盖亚假说的首创者詹姆斯·洛夫洛克(James Lovelock)的观点不谋而合，两人迅速成为合作伙伴。1975 年，二人正式确立了盖亚假说的纲领：地球上的全部生命和大部分非生命物质形成了一个复杂的整体，维持着一定的环境条件，使得生命可以在其中生存。更简洁但也更有争议的一个表述是“地球是活的”。

严格地说，要成为共生者，至少两种物种的个体成员必须在大多数时间里相互接触。如果略微放宽一点标准，允许接触的距离远一些，我们会发现，地球上所有的生物体通过水、大气和土壤发生物质接触，它们都定居在这个有限星球表面的一层中。盖亚理论提供了一个框架，通过它可以详细研究各种生物怎样与地球上的水、大气和土壤交换空气和其他化学物质。

> “盖亚”这个词，是古希腊对“大地之母”的称谓，暗示了大地是有生命的。盖亚假说由英国化学家詹姆斯·洛夫洛克提出，认为大气中的气体成分、地表的岩石和水的情况受生物生长、死亡、新陈代谢和其他活动有规律的调节。格雷格俏皮地说：“盖亚假说正是从太空看到的生物共生现象!”所有的生物都互相联系着，因为大家都沐浴在同一种空气和同一种流动的水之中。①

> 人类中心说的观念主导着宗教思维，即令在那些声称抛弃宗教观点而代之以科学世界观的人中间也是如此……我们，睿智的人类，和我们的灵长类亲属除了出现较迟之外，也没有什么特殊之处；甚至，我们还是进化过程中的后来者。人类与其他生命形式的相似之处显著地多于差异之处。②

4.1.3 我们居住在一个共生的世界里

一直以来，达尔文的进化论渗透到了自然科学的各个领域，而且引起了人类思想的巨大革命，对世界历史进程有着广泛和深远的影响。但是，它不仅是片面的，甚至是宿命的，因为其中只有一个单向的优胜劣汰的过程，无法解释生命的欣欣向荣和生生不息。

马古利斯告诉我们，共生并非一种罕见的现象，它很自然也很普通，我们居住在一个共生的世界里。在《生物共生的行星——进化的新景观》一书中，她说：

> 共生，这个不同物种的生物个体保持机体的相互接触而生活在一起的系统……不是很明显但却是无所不在的……我们是一个生物共生的行星上的共生生物，只要我们留意，就能发现共生现象是无处不在的。对许多不同种类的生命说来，与其他生物间互相的机体接触是一种没有商量余地的需要。③

> 共生对于了解物种的起源和进化的创新能力有着决定性的意义……动物和植物的细胞都源于共生，这已没有疑义。分子生物学包括基因测

---

① [美]林恩·马古利斯：《生物共生的行星——进化的新景观》，易凡译，上海科学技术出版社1999年版，第1～2页。

② [美]林恩·马古利斯：《生物共生的行星——进化的新景观》，易凡译，上海科学技术出版社1999年版，第3页。

③ [美]林恩·马古利斯：《生物共生的行星——进化的新景观》，易凡译，上海科学技术出版社1999年版，第5页。

序，已经辩证地证明了细胞共生学说的这一方面。细菌在植物和动物细胞内，作为质粒和线粒体的永久性整合是我的连续内共生理论的一部分。①

马古利斯认为，达尔文自然选择和孟德尔遗传的综合理论完全走错了方向，不能解释化石的停滞，也不能解释大突变的发生。马古利斯特别强调：

对我说来，共生作为进化创新的来源，有助于解释"被打断的平衡"这一关于化石记录中所观察到的不连续性……共生发源是通过获得性遗传而产生的基因组的进化性变化……在所有我们熟悉的大型生命形态的创造力中，共生开创了新颖性。②

换言之，只有共生，才有进化，用马古利斯的话说，共生就是进化，共生论讲的就是进化论的故事。

我们的动物界一共3000万物种都是从微生物世界萌发出来的。微生物世界，泥土和空气的最终来源，提供了我们自身之所以存在的信息。微生物历史剧的一个重大主题，就是从一度各自独立的演员中涌现出具有个性的新个体。③

细胞互相在对方体内生活，是一种比人类的有性生殖更加深刻的互相渗透和同化，创造了从红花绿叶春色满园、温热湿润的动物躯体，直到地球的全球性联系的万事万物。现在，30年之后，共生发源正在把细胞质遗传学从一个边缘课题转变为基因研究的中心课题。④

4.1.4 演化理论的革命

长期以来，生物学领域一直被达尔文的自然选择理论所统治，孟德尔的遗传学修正和发展了达尔文进化论。

马古利斯认为，形成于19世纪末的所谓新达尔文主义完全误导了人们的思想。真正的演化革新应该诞生于共生和基因交流里，而不是来自物竞天择。

① [美]林恩·马古利斯：《生物共生的行星——进化的新景观》，易凡译，上海科学技术出版社1999年版，第6页。

② [美]林恩·马古利斯：《生物共生的行星——进化的新景观》，易凡译，上海科学技术出版社1999年版，第8页。

③ [美]林恩·马古利斯：《生物共生的行星——进化的新景观》，易凡译，上海科学技术出版社1999年版，第9页。

④ [美]林恩·马古利斯：《生物共生的行星——进化的新景观》，易凡译，上海科学技术出版社1999年版，第16页。

历史将证明，新达尔文主义不过是蔓延滋生的盎格鲁-撒克逊生物学中一个20世纪的小小宗教流派，是人类中心主义的产物；真正的进化伟业大部分是由渺小的、被人忽视的共生微生物来完成的。

> 人类确实是进化而来的，但绝不只是从猿或者别的哺乳动物而来。我们是从先祖们的长链上进化而来，最初是从第一个细菌而来的。大多数进化是发生在被我们划为“微生物”的这类生物中。我们现在知道，所有生命都是从这种最小的生命形态——细菌进化而来的。我们不必欢迎这个事实。微生物，尤其是细菌，被宣布为敌人并被贬入病原体一类。事实上，微生物指藻类、细菌、酵母和任何其他在显微镜下比肉眼看到的污渍或浮垢还要清晰的生物。我的主张是，同所有其他猿猴一样，人类不是上帝的作品，而是千百万年来高度活跃的微生物之间相互作用的结果。①

共生理论有重要的现实意义，一些具有治疗应用潜能的共生起源科学在今天正在用来考虑治疗慢性疾病，许多医学科学家从马古利斯和其他人的共生起源研究中获得灵感和鼓舞，改变了对人类健康的思考。

另外，刘易斯·托马斯也向我们描述了一个生物共生的世界。

> 我们被其他生命分享着，租用着，占据着。在我们细胞的内部，驱动着细胞、通过氧化方式提供能量，以供我们出门去迎接每一个朗朗白天的，是线粒体。而严格地说，它们不是属于我们的。原来它们是单独的小生命，是当年移居到我们身上的殖民者原核细胞的后裔。很有可能，是一些原始的细菌，大量地涌进人体真核细胞的远古前身，在其中居留了下来。从那时起，它们保住了自己及其生活方式，以自己的样式复制繁衍，其DNA(脱氧核糖核酸)和RNA(核糖核酸)都与我们的不同。它们是我们的共生体，就像豆科植物的根瘤菌一样。没有它们，我们将没法活动一块肌肉，敲打一下指头，转动一个念头。②

4.2 复杂适应系统——新的理论工具

现代经济学理论为我们提供了一个由同质的行为主体、无差别的产品以及

① [美]林恩·马古利斯：《生物共生的行星——进化的新景观》，易凡译，上海科学技术出版社1999年版，第3～4页。

② [美]刘易斯·托马斯：《细胞生命的礼赞——一个生物学观察者的手记》，李绍明译，湖南科学技术出版社1997年版，第2页。

一致的行为模式(理性行为)构成的相对静态的场景。他们总是错误地“把经济的历史变化过程当作向均衡调整的过程”[①]。

> 均衡概念来自力学，其在经济学中的应用隐含着这样一个假设，即经济系统的所有因果关系都能够用一个联立方程组来表示，这类方程必须是动态的，否则将没有意义。它们必须包括向均衡的调整过程，而不只是描述均衡状态的条件，它们必须类似于运动方程。这就要求，每一关系所表达的因果关系实际上是连续和同时发生的。这一假设显然与事实不符，并会使经济学的概念更加混乱不堪。[②]

这个理论，无论是初学者，还是资深的经济学家都能感觉到它与现实的遥远距离，更看到了它在理解与解决现实经济问题时的无力。

系统科学的研究告诉我们，系统的复杂性既可以源自系统外部力量的冲击和影响，也可以源自系统内部各种因素的相互作用。作为开放系统，当它受到了外部因素的随机干扰时就产生了不可预测的变化。系统内部的结构复杂性以及各种因素的交互作用，也可以带来系统的非线性变化。现代系统科学的发展，特别是对于自组织现象的研究，揭示了这种类型的复杂性。对于任何一个复杂系统，都不适合、也不能够用简单的线性思维去把握。

4.2.1 复杂适应系统理论的提出

复杂适应系统是一个最近几年才提出的新概念，甚至还不能说它已经发展成了十分完善的理论。它试图解释大量简单个体如何自行组织成能够按一定模式行动，甚至能够进化和学习的整体以及它们如何行动。复杂适应系统的研究是一个交叉学科研究领域，比如生物群落、免疫系统、大脑和经济系统等。

(1)理论背景

近代科学起步的地方——早期物理学与工程领域中所研究的系统——多半是一些简单系统。科学家们构建了线性系统，用还原论方法把世界分解得尽可能小，尽可能简单。在这个系统中，整体等于部分之和。这种做法造成了科学上越来越多的碎片(互不相通的专业)，导致了隔行如隔山的普遍现象，这已经成为现代科学进步的障碍。

牛顿以后，机械还原论的方法一直支配着科学技术的发展。例如，生物学

---

① [美]弗兰克·H.奈特:《风险、不确定性和利润》，王宇、王文玉译，中国人民大学出版社 2005 年版，前言第 10 页。

② [美]弗兰克·H.奈特:《风险、不确定性和利润》，王宇、王文玉译，中国人民大学出版社 2005 年版，前言第 11～12 页。

上对细胞和分子水平的研究为生物个体水平的认识建立了稳固的基础；心理学上的行为主义等。如果我们不能从整体层次上掌握和理解系统，我们将无法找到方法来解决诸如种群爆发、污染等经济、社会和环境问题。

几乎所有的事情、所有的人都被笼罩在充满变化、限制和相互关系的巨大非线性网络之中，一个小小的变化会导致其他相关领域的震荡。真实的世界要求我们用整体的眼光、复杂性的思维去看问题，任何事情都会影响到其他事情，牵一发而动全身，你必须了解事情的整体关联网。

(2)实践中遇到的问题

对不确定性世界的研究，至今已有百年历史。至少从庞加莱开始，少数科学家们开始认识到，许多复杂的系统应该被视为一种非线性系统。

进入20世纪以来，相对论、量子论以及生物学上双螺旋结构的发现，开辟了人类认识自然的新纪元，奠定了化学、分子生物学、核物理和凝聚态物理学、天体物理学、电子学和光子学的理论基础，形成了不同层次自然系统的科学图像。其后，因为各种应用的需要，复杂性研究范围逐渐扩大，汲及通信、航天、机械等领域。

人们每时每刻都身处复杂系统组成的世界里，并与许许多多的复杂系统保持着密切的接触。用系统的观点看世界，一切事物都是一些变化着的复杂系统。复杂系统可以分为两类，一类是复杂的无生命系统，如各种物理系统、机械系统；一类是复杂的生命系统，具有能动、适应的特点，因此，可以称之为复杂适应系统。生态系统、人体内的各种器官、人的神经系统等都是极其复杂的适应系统；一切社会系统也都是复杂适应系统：一个企业也具有复杂系统的全部特性；人口系统、城市系统、能源系统、交通系统、贸易系统和政府组织都是复杂适应系统。所有这些系统中，众多系统要素在不同层面交织在一起，进行着相互作用。

(3)圣塔菲研究所与复杂性研究

在20世纪80年代中期以前，虽然已有个别学者提出并开始研究复杂性问题，但是，专业的研究者、专门的机构几乎没有。原因是多方面的，首先是科学家们长期受到近代牛顿科学的熏陶，已经形成了根深蒂固的思维惯性；其次，各学科处于严重的分隔状态，阻碍了科学家们的相互了解和交流；最后，复杂系统的研究一般没有简单、确定的结论。

美国的圣塔菲研究所成立于1984年，位于美国新墨西哥州圣塔菲市。这是一个独立的非营利的研究所，它依靠申请各种基金来支持跨学科的研究工作。创建人是乔治·考温(George Cowan)，一位核物理系专家，一个对大学、教育和科学状况感到强烈不满的人——大学有越来越严重的保守倾向(大学本应该是思想最活跃、最富有创造力的地方，如今却是粉碎学生梦想、扼杀创造力的场所），科学则被分割成互不相干的碎片。

1953年，沃森和克里克提出DNA分子的双螺旋结构模型是分子生物学诞生的标志。分子生物学的诞生与发展，让人们看到了一个复杂到不可思议的活系统的描述，地球万千生物携带着的庞大的生命信息，人类了解的还只是冰山一角。人们开始认识到，传统的还原论思维已经走进了死胡同。考温相信，与各个领域中对世界的确定性描述不同，可能存在一个更基本的事实：它们都是复杂系统。

研究所创立之初就吸引了来自不同的阶层和背景的研究人员，包括物理学家盖尔曼、安德森和经济学家阿罗等。他们都有一个基本的共识，都坚信有一个关于自然和人类的新科学，他们称之为"21世纪的科学"——复杂性理论。复杂性研究是圣塔菲研究所的一大特色（另一个特色是它们的开放性），现在他们被视为世界复杂性问题研究的中枢。经过不懈的努力，他们已经成功地给一直以来占统治地位的牛顿线性科学和还原论思维方式造成了强有力的冲击。

复杂适应系统（Complex Adaptive Systems，CAS）理论所强调的是，系统的成员是具有自身目的与主动性的、积极的活主体。正是这种主动性以及它与环境反复的、相互的作用，才是系统发展和进化的基本动因，即适应性造就复杂性。

4.2.2　复杂适应系统的基本特性

在量子理论问世之后，即使是物理学家也习惯了同概率理论打交道，因为一项实验的特定的结果是不能预料的——只能知道一些统计特性。物理中的三个基本理论都有统计的特性。①

生物、社会等高级系统凭借自身的自组织的机制，在适应环境的过程中不断调整自身的结构和行为方式，并实现从简单到复杂的演变。在每种情况下，这些无穷无尽的相互作用使每个复杂系统产生了自组织行为。霍兰把这类复杂系统称为复杂适应系统。

复杂适应系统强调所有个体都处于一个共同的大环境中，但各自又根据它周围的局部小环境并行地、相对独立地进行着适应性学习和演化。

（1）复杂适应系统的自组织性

如果一个系统在运行过程中没有外界干预，这个系统就是自组织的。系统的自组织性对系统内行为主体的特征具有重要的依赖性，在社会系统中，人的

---

① 参见[丹麦]帕·巴克：《大自然如何工作——有关自组织临界性的科学》，李炜、蔡勖译，华中师范大学出版社2001年版，第11页。

需求、偏好、价值观等都是具有行为调整能力的自组织力量，而市场或机构只是自组织行为得以发生的舞台。

复杂性科学研究代表性的工作是普里戈金和哈肯的远离平衡态的自组织理论。普里戈金提出的耗散结构理论以非平衡热力学和相变理论为基础，运用非线性微分方程以及随机过程等数学工具，揭示出某些生命系统和非生命系统的共同特点，沟通了非生命系统和生命系统的内在联系，说明这两类大系统之间并没有严格的界限。

> 特别重要的事实是：在远离平衡态时，含有催化机制的化学系统可以导致耗散结构……在远离平衡态时，化学动力学和反应系统的空时结构之间出现了意想不到的关系……耗散结构的发生通常要求系统的大小超过某个临界值，而这个临界值是反应扩散过程各参数的一个复杂函数。因此我们可以说，化学不稳定性包含了长程有序性，通过这种长程有序性，系统作为一个整体起作用……耗散结构一旦形成，时间以及空间的均匀性可能就遭到破坏。①

> 有趣的是，在某种意义上说，热力学分支把历史引入到物理学及化学中来，而“历史”这个要素过去似乎只是留给研究生物、社会以及文化现象的学科用的。②

> 对于具有分支的系统的任何描述都同时含有决定论的和概率论的两种因素。系统在两个分支点之间遵守诸如化学动力学定律之类的决定论规律；但在分支点的邻域内，则涨落起着根本的作用，并且决定系统将要遵循的“分支”。③

自组织理论中起重要作用的另一个一般的概念是结构稳定性的概念。

> 看来，几乎所有的生物活动都包括某些机制，这些机制表明生命中含有超出热力学分支稳定性阈值的、远离平衡态的条件。因此，它诱使人们猜想，生命的起源可能和逐级不稳定性有关。④

---

① [比]普里戈金：《从存在到演化：自然科学中的时间及复杂性》，曾庆宏等译，上海科学技术出版社1986年版，第95～96页。

② [比]普里戈金：《从存在到演化：自然科学中的时间及复杂性》，曾庆宏等译，上海科学技术出版社1986年版，第97页。

③ [比]普里戈金：《从存在到演化：自然科学中的时间及复杂性》，曾庆宏等译，上海科学技术出版社1986年版，第97页。

④ [比]普里戈金：《从存在到演化：自然科学中的时间及复杂性》，曾庆宏等译，上海科学技术出版社1986年版，第112页。

(2)适应性造就复杂性

当前，系统观点已经渗透于科学和技术的各领域中，而且进一步表现为科学思维的一个新范式。但是，系统或事物的复杂性从何而来？系统科学已经作出了许多有益的探索。霍兰“适应性造就了世界的复杂性”的结论既适用于物理世界，也适用于生命世界。然而，生命世界并不完全等同于物理世界，而是具有独特的复杂性。

生命世界的复杂性是生成的，是系统或事物为了维持生存和求得发展而适应环境，在适应中涌现出复杂性。

所谓的适应性，就是指主体能够与环境以及其他主体进行交互作用。在环境中演化着的个体，为了生存的需要，不断地调整自己的行为，以求更好地适应环境选择的需要。系统的演变或进化，包括新层次的产生，分化和多样性的出现，新的、聚合而成的、更大的主体的出现等，都是在复杂适应基础上逐步派生出来的。

适应性造就复杂性，可以从以下四个方面来加以说明：

①主体是主动的、活的个体。这些主体可以是分子、神经元、物种、消费者或甚至是企业，主体的主动性是系统进化的基本动因，其主动的程度决定了整个系统行为的复杂性的程度。

②主体与环境(包括个体之间)的相互作用和影响。大量适应性个体在环境中的各种行为反过来不断地影响和改变着环境。

③个体和环境处于一种永不停止的相互作用、相互影响、相互进化过程中，形成一个新的复杂适应系统，如此不断地演化。

④随机因素的作用。复杂适应系统的运动和变化不再是一般的统计方法所能描述的，统计方法不是反映复杂适应系统中运动的唯一方法。

毫无疑问，霍兰这个观点有特定的适用范围。它可以解释生命系统(存在主动性主体的系统)的复杂性，却无法解释物理系统的复杂性。因此，它属于生命系统特有的现象。同时，它也不排除生命系统还有其他的产生复杂性的机制与渠道。应该说，适应性是产生复杂性的机制之一，而不是复杂性的唯一来源。

复杂适应系统理论处理随机因素的方法是特别的，集中表现为遗传算法。遗传算法的基本思想是活的、具有主动性的个体会接受教训，总结经验，并且以某种方式把经历记住，使之固化在自己以后的行为方式中。正因为这样，复杂适应系统理论提供了理解生物、生态、经济、社会等复杂系统的可能，明显地超越了以往的一般的随机方法。

(3)分布式的生存状态

分布式系统的特征是多主体共生，每个主体既可以独立地存在，也可以协同工作来完成单个主体无法完成的任务。分布式系统由独立的或松散的主体通过网络耦合组成。

世界上的万物是经过千百万年的长期演进出现的，人类社会当然也不例外。人们常说，人类的存在是个体与社会组合的统一。这种说法当然没有错，但是，严格地讲，人类是人的个体的集合，社会虽然集合了众多个体，但它并没有在根本上超越个体。人类个体又组成了各种类型的群体，无论是个体还是群体，它们都是社会中的行为主体，这种主体具有分布式特征，而不是像机器一样、有中心控制机构的整体。

人类的个体是人类存在的最基本形态，认识人类无疑应把认识人类的个体放在最基本的位置。人类的个体是一个相对独立的单元，也是一个复杂的系统。人是生理实体、心理实体、文化实体，从个体功能上看，人既是个人生活的主体，又是参与社会活动的实体。只是在人与人、人与社会的相互联系的意义上，我们才说人类社会是一个相互关联的整体。

人的社会组合（各种类型的社会组织）同样是一个复杂的系统。社会组合具有诸多层次，如家庭、团体、阶级、民族、社区、国家、国际组织等。从社会组合的结构看，它具有技术、经济、政治、意识形态等亚系统；社会组合内部的相互联系、相互作用是错综复杂的，社会交往、社会活动充斥于社会组合之中。

在当前的思想和理论中，存在着两种错误的倾向：一种是把人类个体绝对化，这是原子式的个人主义者的立场；另一种是把人类整体绝对化，抹杀个人的独立性，这是曾经的集权主义者的立场。

> 值得注意的是，涌现行为是在没有一个中心执行者进行控制的情况下发生的。①

> 尽管人们常常认为建立模型在创立科学理论中的地位并不是决定性的，然而我的观点恰恰相反……这里运用观察可以形成这样一套看待问题的方法，即我们将复杂系统和涌现看作一个由机械构件和一系列程序组合而成的事物……我们的想法要更接近于物理学家对于基本粒子的看法。就像光子激发电子使它从原子周围的轨道跃迁那样，这样定义的构件提供了一种精确描述的方法，用以构成复杂系统的基本元素（主体）、规则及元素之间的相互作用，由此得出的整套观点，使我们能够认识和描绘种种不同的、展现涌现现象的、受一定规则支配的复杂系统……我们发现，存在于受一定规则支配的复杂系统中的涌现现象，是合理运用还原论的一个有力

① [美]约翰·霍兰：《涌现：从混沌到有序》，陈禹等译，上海科学技术出版社 2006 年版，第 7 页。

佐证。[①]

这个特点与经济学中的奥地利学派对市场的理解比较一致。同样是讨论市场，主流经济学的市场是一个抽象的概念，而奥地利学派的市场则是一个被赋予了信息和过程内涵的概念。哈耶克强调企业和消费者通过市场学习和试错，以此调整和纠正自己的行为。企业和消费者比政府更贴近市场，比政府更了解市场知识，能更好地作出自己的选择。

以上三个方面的特征，使复杂适应系统呈现出一定范围的有序性。

(4)涌现性

前面我们提到，早在古希腊时代，亚里士多德就提出了“整体大于部分之和”的论点。用当代复杂系统理论的概念说，这就是一种涌现。由于涌现，系统的整体结构与功能不同于部分的结构与功能，系统也不是各部分结构的堆积与功能的相加。

如何理解涌现？简单说，涌现就是从无到有，由小生大，由简入繁。

> 像涌现这么复杂的问题，不可能只服从一种简单的定义。[②]

> 我们在许多认识方面完全无知。甚至在许多基本认识上，我们的视野也是狭小而可悲。[③]

涌现是我们周围世界普遍存在的一种现象。

> 有许多困惑我们的问题——从经济调控到理解意识——都涉及起决定作用的涌现现象。[④]

> 对涌现更深入的理解可以帮助我们分析两个深奥的科学问题，两个具有哲学和宗教意味的问题：生命和意识。[⑤]

我们只有弄清楚涌现现象，才会真正弄清楚世界、生命和有机体的性质及其运动。我们可以说，化学、生物学以及社会科学所研究的对象都具有涌现的特征。

氢气和氧气发生作用成为一种新的分子结构即生成水，水的特性完全不同于生成它的两种气体。某种藻类和腔肠动物演化成珊瑚，会形成一个高效的营

---

① [美]约翰·霍兰：《涌现：从混沌到有序》，陈禹等译，上海科学技术出版社2006年版，第5、7～8、9页。

② [美]约翰·霍兰：《涌现：从混沌到有序》，陈禹等译，上海科学技术出版社2006年版，第4页。

③ [美]约翰·霍兰：《涌现：从混沌到有序》，陈禹等译，上海科学技术出版社2006年版，第238页。

④ [美]约翰·霍兰：《涌现：从混沌到有序》，陈禹等译，上海科学技术出版社2006年版，第239页。

⑤ [美]约翰·霍兰：《涌现：从混沌到有序》，陈禹等译，上海科学技术出版社2006年版，第252页。

养循环机制从而能够在低营养供给的水体中维持高效生产力，珊瑚礁惊人的生产力和多样性是仅在珊瑚礁群落的层次才有的一种涌现性。霍兰说：

> 在生活中的每一个地方，我们都面临着复杂适应系统中的涌现现象——蚁群、神经网络系统、人体免疫系统、因特网和全球经济系统等。在这些复杂系统中，整体的行为要比其各个部分的行为复杂得多。在对这些复杂系统中涌现属性的理解方面，至今存在着许多深奥的待解决的问题，这些问题与人类的生存状况密切相关。[①]

> 少数规则和规律就能产生令人惊讶的、错综复杂的系统。这种复杂性不仅来源于系统随机模式本身，而且也与从局部到整体的过渡密切相关。[②]

> 虽然组成系统的元素及其属性往往是简单的，但是由于它们具备适应和学习的能力，由它们引起的各种涌现现象却是综合的，从而使组合变得十分复杂。[③]

当然，适应性过程也是一种涌现现象。复杂适应系统始终处于连续适应、永恒创新的过程中。随着行为主体经验的不断积累，行为、行动、策略、产品等，全都不断地被修订、调整，或者说系统将不断地适应。

(5)复杂适应系统难于模拟

> 这里我们碰到了一个关于建模、创新和涌现研究的中心问题：建立一个模型或发展一个科学理论结构并不是演绎的过程，科学理论结构所推导出的标准结论，往往掩盖了导出这些理论结构的早期的隐喻模型所包含的许多性质。[④]

> 模型的重要价值，就在于我们可以不必进行费时费力，而且可能有危险的公开实践，就可以预测到结果……最重要的是，模型使预测和预报成为可能……从某种意义上来说，所有的科学都是以模型为基础的。[⑤]

但是，霍兰告诉我们，如果我们希望对复杂适应系统进行模拟或建模，这些模型既不一定要明确，也不一定要连贯，甚至也不一定要相互一致。

---

① [美]约翰·霍兰：《涌现：从混沌到有序》，陈禹等译，上海科学技术出版社2006年版，第1页。

② [美]约翰·霍兰：《涌现：从混沌到有序》，陈禹等译，上海科学技术出版社2006年版，第4页。

③ [美]约翰·霍兰：《涌现：从混沌到有序》，陈禹等译，上海科学技术出版社2006年版，第6页。

④ [美]约翰·霍兰：《涌现：从混沌到有序》，陈禹等译，上海科学技术出版社2006年版，第10页。

⑤ [美]约翰·霍兰：《涌现：从混沌到有序》，陈禹等译，上海科学技术出版社2006年版，第12、13页。

不妨举一个简单的例子。一条干净的流动着的小河里，水流在一块石头前激起浪花，形成所谓驻波。组成这个驻波的水分子不断变化，然而只要石头立在那里，并且水在不断流动，这个驻波就会持续地存在。蚁群、城市和人体（不超过两年，它们的组分就会全部更换）提供了更复杂的例子。这些涌现的宏观模式，依赖于不断变化的微观模式，也就使得涌现更具有吸引力，也更难以研究。①

从主流经济学中我们所能看到的，无论是瓦尔拉斯一般均衡、纳什均衡，还是所谓动态系统理论中的均衡，只有一个结果：通往那个稳定的"静态"。但是很显然，如果我们承认一个永恒新异的世界，就不难看到，在这样一个世界中，唯一可能有效的描述只能是关于瞬变现象的描述，即关于过程和涌现的描述。实际上，这也正是企业家心目中的市场。

4.2.3 复杂适应系统的稳定与演化机理②

复杂系统较人们所熟知的简单系统要难以捉摸得多、有趣得多。在复杂系统中，几乎所有变量都是高度相关的，但是从时间角度去区别因与果，其意义并不大。过分地热衷于统计与相关分析是没有意义的，对于复杂适应系统而言，重要的是过程而不仅仅是结果，是新的事物如何在世界中生成。

那么，从这种过程与涌现的视角出发，我们如何理解人类的经济活动呢？

(1)线性方法失灵

现实生活中发生的各种过程几乎都带有非线性的特征，复杂且难以预见。这种复杂性既来源于外部冲击，也来源于内部要素之间的动态的相互作用。

真实系统的非线性特征使我们通常使用的一般理论的工具、线性的描述方法显得无能为力，趋势分析、均衡测定、样本均值等都失灵了。

基于开放系统和复杂系统的观念，我们就不难理解，无论是在社会经济系统还是在自然系统中，都存在着一因多果、一果多因的情况。特别是社会生活领域，人为因素的介入、目标的多重性、行为的多样性造成了各变量间的关系更为复杂与模糊，我们所面临的问题与现象也愈加复杂。

在经济系统中各部门之间的资金分配问题，消费与积蓄之间的比例问题，经济发展对教育与科技发展的要求等，都包含着一个辨别、比较、选择和决策的思维过程，这一过程表现为一种模糊的因果关系。这就要求我们引入一种能描

① [美]约翰·霍兰：《涌现：从混沌到有序》，陈禹等译，上海科学技术出版社2006年版，第8～9页。

② 这里我们有意使用"机理"的概念而不是"机制"的概念，意在强调"机理"是指有机意义上的概念。"机制"这一术语只适合于死气沉沉的机械世界而不是活生生的人类世界。

述这种复杂关系的方法，非线性方法是描述复杂系统行为所必不可少的工具。

只有利用非线性思维和方法，才能了解经济行为的性质并构造出反映真实情况的动态关系。一旦确立了复杂系统非线性关系的观念，人们就会放弃一味追求系统方程的解析解的念头，转而接受较具经验色彩，而形式上不够简洁、结论不很确定的复杂系统方法，把注意力从过分追求虚幻的准确性转移到更为重要的系统结构方面。

贝塔朗菲曾指出了博弈论失败的必然命运，我们相信他是正确的。

> 想想世上的权力与对策论中的"理智的"博弈者很少有相像之处，那么对策论的失败就不足为奇了。平衡、自动调节动态平衡、调节等概念以及模型，对于系统的维持是适用的，但却不适用于变化、分化、进化、负熵、不可见状态的产生、创造性、张力的增大、自我实现、发生等现象。①

(2)正反馈、负反馈与系统演化

正反馈和负反馈最早是控制论中使用的概念。维纳把控制论看作是一门研究机器、生命社会中控制和通信的一般规律的科学，是研究动态系统在变的环境条件下如何保持平衡状态或稳定状态的科学。在维纳的《控制论》一书出版后的几十年中，它的思想和方法一度使用到了一些自然科学和社会科学领域。各种冠以控制论名称的学科如雨后春笋般生长出来，例如工程控制论、生物控制论、神经控制论、经济控制论以及社会控制论等，管理更是控制论应用的一个重要领域。

但是，由于控制论是一门研究自我调节系统的科学，实际上只不过是一种关于封闭系统的理论。控制论模型适合于机械机制的系统，如水力、电力等系统。

正反馈通常是系统输出经过反馈增强后重新输入系统并持续增强的过程，是一个系统失去控制的机理；而负反馈则是一个经过反馈削弱后再重新输入系统限制增强的过程，是一个系统得到控制的机理。

正反馈是自身运动的加强过程，它使原来的趋势得到加强，具有诸如非稳定、非平衡、增长和自增强等多种特性。正反馈起主导作用的系统就是正反馈系统。

在实际生活中，就系统产生的后果而言，正反馈机理倾向于使系统离开某些稳定点，导致恶性循环甚至系统崩溃。例如人口的自然增长过程，若不考虑意外与人为控制因素的影响，就是呈正反馈的特点。再如面对城市交通拥挤，

---

① [美]冯·贝塔朗菲：《一般系统论——基础、发展和应用》，林康义等译，清华大学出版社 1987 年版，第 21 页。

人们往往会改建或扩建道路，改善交通条件。在社会经济和生态系统中的增长过程与现象通常更多地与正反馈回路有关。

负反馈具有克服增强力量、倾向于恢复其稳定状态的特性。负反馈回路亦可称为稳定机理、平衡回路或自校正回路。

一开始呈正反馈特性的回路，若回路中某些变量因素受其他回路的影响而改变，则可能使回路的增长能力逐渐减弱并进入一种特殊的运行状态，所谓拐点。如果上述过程继续进行下去，该回路将进入负反馈运行状态。正、负反馈性质的相互转化导致了复杂系统产生各种振荡行为。

复杂系统的反馈类型有技术的反馈、制度的反馈，也有贫困的反馈（贫困的恶性循环）、富裕的反馈（富裕的良性循环）……

正反馈和负反馈同时存在、共同作用，是复杂系统的共性特征。如果一个系统只存在负反馈，在经济学中，这就是收益递减，那么系统很快就会收敛到均衡，表现出“死”的状态。如果一个系统只存在正反馈，那么系统会偏离均衡，表现出爆炸性行为。只有正、负反馈的作用相互叠加，这样的系统才是一个“活”的系统。

此外，复杂系统的反馈回路并非固定不变，它们往往在诸回路之间随时间而转移，导致变化多端的系统行为。

需要提醒的是：不仅仅生命是活的，土壤是有机体，它是活的，它会呼吸；大气是活的，它有与土地、阳光、生物的交流；大海是活的；生态圈是活的……而且至关重要的是，它们是相互开放的。没有什么是能够被完全控制的，因此，控制论的用武之地是有限的。

(3)创新、适应性学习与赶超

实际生活中的适应与创新是现代经济生活中近乎永恒的主题，特别地，还是经济学无论如何不能绕过的主题，早就引起了熊彼特、阿林·杨格、奈特以及德鲁克等人的高度关注。当然，阿瑟十分重视，在《技术的本质》一书中，他说：

> 本书主要论述的是：技术是什么，以及它是如何进化的。我们试图建立一个关于技术的理论，也即可以用来解释技术行为的“一组连贯的一般命题”。本书尤其想创建的是关于技术的进化理论……我将基于三个基本原理逐步建构这一理论。首先是我已经谈到的：技术（所有的技术）都是某种组合。这意味着任何具体技术都是由当下的部件、集成件或系统组件建构或组合而成的。其次，技术的每个组件自身也是缩微的技术。这听起来很奇怪，我将会对这种说法进行修改。但是目前仅考虑使用组件的含义，因为它在总体技术中有着特殊的作用。而实际上组件也是技术。第三条基本原理是，所有的技术都会利用或开发某种（通常是几种）效应（effect）

或现象(phenomenon)。[①]

如果我们将上述两部分放在一起,即新技术产生于已有技术的组合,以及(因之而来的)现存技术会带来未来技术,我们是否能够得到技术进化的机制呢?我的回答是肯定的。该进化机制可以简述如下:之前的技术形式会被作为现在原创技术的组分。当代的新技术将成为建构更新的技术的可能的组分(构件)。反过来,其中的部分技术将继续变成那些尚未实现的新技术的可能的构件。以这种方式,慢慢地,最初很简单的技术发展出越来越多的技术形式,而很复杂的技术往往用很简单的技术作为其组分。所有技术的集合自力更生地从无到有,从简单到复杂地成长起来了。我们可以说技术从自身创生了自身。我将这种机制称为依靠组合而形成的进化,或简称为组合进化(combinatorial evolution)。[②]

如果技术是组合而来的,那么它们就有了一个内秉性质:技术组件的集成或组合是为了满足它们的目的。这种内在性存在于原本也是技术的一部分或子系统当中……从这个视角开始观察技术,会发现它类似于某种"遗传学"。[③]

技术有机地从内部建造了自己。

现代技术不仅是稍具独立的生产方式的集合,而且已经进化成创造经济结构与功能的开放性的语言。慢慢地,我们从生产固定的物理产品的技术转变成为新的目的可以进行无限地组合和装配的技术。技术,曾经的生产手段,正在进化成一种"化学"。[④]

技术的"组合"和"递归"特征,将彻底改变我们对技术本质的认识。[⑤]

然而,到此为止,他对自己提出的这个问题的解释就结束了,后面则是顾左

---

① [美]布莱恩·阿瑟:《技术的本质:技术是什么,它是如何进化的》,曹东溟、王健译,浙江人民出版社 2014 年版,第 18～19 页。

② [美]布莱恩·阿瑟:《技术的本质:技术是什么,它是如何进化的》,曹东溟、王健译,浙江人民出版社 2014 年版,第 17 页。

③ [美]布莱恩·阿瑟:《技术的本质:技术是什么,它是如何进化的》,曹东溟、王健译,浙江人民出版社 2014 年版,第 19 页。

④ [美]布莱恩·阿瑟:《技术的本质:技术是什么,它是如何进化的》,曹东溟、王健译,浙江人民出版社 2014 年版,第 20 页。

⑤ [美]布莱恩·阿瑟:《技术的本质:技术是什么,它是如何进化的》,曹东溟、王健译,浙江人民出版社 2014 年版,第 23 页。

右而言他。

不得不说阿瑟的理解是错误的。技术从来不是一个独立于人的因素，更不能作为独立现象加以说明。

我的理解是技术是人的延伸：思想的或触觉（中枢神经系统）的延伸，人体个别器官的延伸。延伸了的器官仍然履行器官的职能，如望远镜、实验仪器、各种工具和机械。因此，技术当然是进化的，但是，技术的进化只能由人的因素来解释。人创造思想并且被思想所规训，人创造技术又被技术所改造。但是这并不改变人是思想、技术的主体这一事实，技术深层的含义乃是人类行为借以表现的形式。

阿瑟对技术的本质以及技术演进的解释，正印证了麦克卢汉所指出的：

> 荒诞派戏剧表现了西方人这种新近的两难处境——行动的人似乎并没有卷入自己的行动。贝克特丑角的源头和感染力，就在这里。经过三千年专业分工的爆炸性增长之后，经历了由于肢体的技术性延伸而日益加剧的专业化和异化之后，我们这个世界由于戏剧性的逆向变化而收缩变小了。①

只是，这个变化停留在少数人身上，那些深受专业化和异化熏陶的人，还远远没有感受到春天的到来。

系统性思维要求人应该是感知整体的人，应该是整体思维的人，应该是整体把握世界的人。但是，目前的世界却仍然是一个只偏重机械性的、专门化的时代，一个只重逻辑思维、线性思维的时代，虽然麦克卢汉说：

> 我们正在迅速逼近人类延伸的最后一个阶段——从技术上模拟意识的阶段。在这个阶段，创造性的认识过程将会在群体中和在总体上得到延伸，并进入人类社会的一切领域，正像我们的感觉器官和神经系统凭借各种媒介而得以延伸一样。②

也许如麦克卢汉所说：机械时代正在退出舞台。但是，这种退出却是那么犹豫、那么缓慢、那么艰难。实现后现代的期望——超越分析的、线性的、机械的思维，走向整合的思维——仍然任重而道远。

实际上，阿瑟的解释不仅前进甚微，甚至比早期的熊彼特退步了很多。熊彼特把创新归于“企业家”。这当然是正确的、不会产生误导的解释，因为他的

---

① [加]马歇尔·麦克卢汉：《理解媒介：论人的延伸》，何道宽译，译林出版社 2011 年版，第 22 页。

② [加]马歇尔·麦克卢汉：《理解媒介：论人的延伸》，何道宽译，译林出版社 2011 年版，第 20 页。

这一解释印证了“技术是人的延伸”[①]。

阿瑟的错误再次验证了，由于专业化分工的出现，人学会了分析，同时也使自己成为被分裂切割的、残缺不全的人。每个人只专精一门，人们认识世界的方式也被分裂切割，人的感知系统不再能够看到问题的整体，人的认识成了“摸象”得来的知识。

> 组合不可能是技术进化背后唯一的机制。一定有超出组合之外的某些东西在继续创造新的技术。我认为，这些超出组合之外的某些东西，就是持续地捕获新的自然现象以及带有特定目的地驾驭这些现象。……技术的建构不仅来自已有技术的组合。还来自于对自然现象的捕捉和征服。[②]
>
> 我们必须要关注人类，特别是人类思维在这一组合过程中的巨大作用。新技术先是精神的建构，之后才是物质的建构。这一精神过程需要仔细探究。我们必须关注技术到底是如何变成了现实：人类的需求是怎样召唤了新技术的创造。我们必须弄清楚技术产生进一步的技术，即新技术从已有技术集合中产生，到底是什么意思。[③]
>
> 技术就如同生命体一样，它的进化与生物进化也没什么本质差异。[④]
>
> 我一直声称这个集合的进化是个自我创造的过程：新元素（新技术）的构成来自于那些已经存在的元素，而这些新元素又能为进一步的建构提供建构模块。[⑤]
>
> 当然，说技术创造了自身并不意味着技术是有意识的，或能以某种阴险的方式利用人类为它们自身的目的服务。技术集合通过人类发明家这个中介实现自身建构，很像珊瑚礁通过微小生物自己建构自己一样。所以，假如我们把人类活动总括为一类，并把它看成是给定的，我们就可以说，技术体是自我创生的，它从自身生产出新技术。或者，我们可以采用温

---

① [加]马歇尔·麦克卢汉：《理解媒介：论人的延伸》，何道宽译，译林出版社2011年版，第23页。

② [美]布莱恩·阿瑟：《技术的本质：技术是什么，它是如何进化的》，曹东溟、王健译，浙江人民出版社2014年版，第17～18页。

③ [美]布莱恩·阿瑟：《技术的本质：技术是什么，它是如何进化的》，曹东溟、王健译，浙江人民出版社2014年版，第18页。

④ [美]布莱恩·阿瑟：《技术的本质：技术是什么，它是如何进化的》，曹东溟、王健译，浙江人民出版社2014年版，第185页。

⑤ [美]布莱恩·阿瑟：《技术的本质：技术是什么，它是如何进化的》，曹东溟、王健译，浙江人民出版社2014年版，第187页。

贝托·马图拉纳和弗朗西斯科·瓦雷拉自创的一个词——自创生，来描述这种自创生系统，这样就可以说技术是自创生的。[①]

最后，阿瑟得出了一个片面的结论：

> 技术的进化机制就是“组合进化”。所有技术都是从已经存在的技术中被创造出来的……可以将技术体看作是一个网络，这个网络是自我建构的，并且有机地向外部生长。[②]

马萨诸塞大学的萨缪·鲍尔斯在他的《微观经济学》中用了4章(第10～13章)的篇幅来回答：制度如何变迁？人类和规制其生活的规则是如何共生演化的？他构建了多水平选择模型，对变迁的三个基本源泉进行了建模：外生的长期趋势的适应性，机会和集体行动的共同作用，机会和组间竞争的共同作用。模型考虑了利益冲突、机会、集体行动、低效制度的持续，以及间断性均衡概念所概括的高度不规律的变迁轨迹等所扮演的重要角色。

模拟结果显示：“人们几乎将所有的时间都花费在两种状态中的一种上：高频率的利他主义和很频繁的战争，或者几乎没有利他主义者和不频繁的战争。”[③]

遗憾的是，鲍尔斯虽然作了极大的努力，但是他所提供的只是一个虚构的制度变迁模型。我们无法想象“制度的变迁”如何能够展示共生演化的整体，也不能期待用“制度演化”就能够解释人类故事。用一种花拳绣腿代替了另一种花拳绣腿，哪里有什么“里程碑式的进步”？

(4)工业化与城市化——福祸相依的道路

在生物学上，人们把生物与环境的相互作用分成三个类型：

①偏利共生——对一个种群有利；

②原始合作——对两个种群有利；

③互利共生——对两个种群都有利，并且彼此间完全依存于对方。

如在白蚁中，共生体在宿主体内生活；固氮物和高等植物之间的合作；微生物和植物之间的互利共生能增强矿物质循环和食物产量。最好的例子是菌根，菌根是真菌丝状体与植物的活根联合组成的互利共生体，如果没有菌根，许多

---

① [美]布莱恩·阿瑟：《技术的本质：技术是什么，它是如何进化的》，曹东溟、王健译，浙江人民出版社2014年版，第190页。

② [美]布莱恩·阿瑟：《技术的本质：技术是什么，它是如何进化的》，曹东溟、王健译，浙江人民出版社2014年版，第194、197～198页。

③ 转引自[美]萨缪·鲍尔斯：《微观经济学：行为，制度和演化》，江艇译，中国人民大学出版社2006年版，第346～347页。

树木就不能生长。把森林中的树木移植到不同区域的草原土壤上，除非嫁接真菌共生体，否则其往往不能生长。互利共生也常见于微生物和动物之间，微生物能消化纤维素和其他植物残渣，动物则没有消化这些物质所必需的酶。

人类一直是其所在环境的能量寄生者，获取他们所想要的，却很少考虑地球的福利。例如，大城市增长并成为乡村的寄生者，乡村必须设法提供食物和水资源，并且处理大量的城市废物。人类必须进化到与自然互利共生的阶段，否则将像愚蠢的或不适应的寄生者一样，对宿主的利用可能会达到毁灭自身的程度。

4.2.4 生态系统，一个复杂适应系统的范例

生物系统是人类所面对的充满多样性和复杂性的领域之一。生物之间有各种关系，是一个高度复杂的网络系统。

生态系统思维，简单说就是把事物联系在一起看，看成链、看成网、看成生态系统，而不只看作是一个个相对孤立的个体。

地球已经存在了几十亿年。地球上所有生物的共同祖先最可能是原核生物，即使是在今天，它们仍组成这个生命世界的绝大部分。原核生物能适应各种各样不同的环境，它们能够用最快的速度生长繁殖。

(1)地球上的主角——现代版的齐物论

现代生物学告诉我们，在地球生命的演化进程中，很长一段时间微生物都是唯一的存在形式，它们为地球带来了真实的、不可逆转的变化。细菌肥沃了土壤，分解了污染物，驱动了地球表面的碳、氮、硫、磷循环，把这些元素转换成可以为动植物利用的化合物，再分解有机体，把这些元素送回各路循环。它们通过光合作用利用太阳能，成为地球上第一批能自己制造食物的有机体；它们把氧气作为代谢废气排出体外，彻底且永久地改变了地球的大气组成。多亏了它们，我们才能生活在一个富含氧气的世界中，直到今天，我们呼吸的氧气至少有一半都是海洋中能进行光合作用的细菌贡献的。此外，它们还能固着二氧化碳。

微生物无处不在，在最深的海沟，甚至岩层下都可以寻得它们的踪迹，它们的数量完全是一个天文数字。一个人肠道里的微生物数量甚至可能多过银河系中的天体。

在这个世界上，动物起源于微生物，根据图 4-1，所有动物都属于真核生物。不论物种间差距多大，所有真核生物的细胞都拥有相同的基本结构，也正是这种结构把它们与其他类别的生物区分开来。真核细胞内的所有 DNA 都包裹在一个细胞核内，这也是“真核”之名的由来。

- 生物
  - 非细胞结构
    - 病毒：SARS 病毒、人类免疫缺陷病毒（HIV）、流感病毒等
    - 类病毒：仅由 RNA 分子构成
    - 朊病毒：仅有蛋白质构成，如疯牛病病原体
  - 细胞结构生物
    - 原核生物
      - 细菌：球菌、杆菌和螺旋菌等
      - 蓝藻：蓝球藻、念珠藻、颤藻等
      - 放线菌：支原体、衣原体、立克次氏体
    - 真核生物
      - 原生生物：衣藻、小球藻、草履虫、变形虫等
      - 真菌：酵母菌、青霉菌、黏菌、蘑菇、木耳等
      - 植物：多细胞低、高等植物
      - 动物：多细胞低、高等动物

图 4-1　动物在生物家族中的位置

根据现代生物学，所有真核生物都可以追溯到 20 亿年前的一位共同祖先。在那之前，地球上的生命分属两大阵营：一类是众所周知的细菌，另一类是不为人熟知的古菌（喜欢生活在极端环境中）。这两类生命体都只由一个细胞构成，没有真核生物那么复杂，它们没有内部结构，没有细胞核，也没有提供能量的线粒体。

细菌和古菌的演化路径完全不同。曾经，在某个决定命运的时刻，一个细菌不知为何忽然被另一个古菌吞并，失去了自由身，永久地被困在了后者的内部。许多科学家认为这就是真核生物的起源。这就是地球的创世故事：两个伟大的生命域走到了一起，在有史以来最伟大的共生事件中，创造出了第三个生命域。古菌提供了真核细胞的基本架构，细菌则最终转变成了线粒体。

所有的真核生物都起源于那一次改变命运的结合。这也解释了为什么我们基因组中的许多基因继承了古菌的特征，而另一些基因则更像是细菌的，以及为什么我们所有的细胞中都含有线粒体。

这些被驯服的细菌改变了之后的一切，它们为细胞提供更多能量，让真核细胞长得更大、聚集更多的基因、变得更加复杂。生物化学家尼克·莱恩（Nick Lane）称其为“生物学中心的黑洞”。简单的细菌、古菌细胞和复杂的真核细胞之间横亘着一条巨大的鸿沟，经过漫长的时间，生命抓住这次结合，终于越过鸿沟，走上了更伟大的演化之路。但自那之后，不计其数的细菌和古菌继续演化，却没能再次创造出一个真核细胞。

自地球上演化出真核细胞之后，它们中的一些便开始合作、聚集，如动植物这样的多细胞生物相继诞生。

引发疾病的微生物（又称病原体）在人类历史上造成过太多伤害。许多人依然把微生物视为病菌，认为它们会给人类带来疫病，所以必须不惜一切代价

地严密防治。言下之意是，这些微生物污染着我们的生活，它们的存在就象征着污秽、肮脏、疾病。这种刻板印象其实非常不公平，大部分微生物并不是病原体，也不会让我们得病。世界上只有很少的细菌能让人类患上传染性疾病，与之对比，我们肠道中的数千种微生物，绝大多数都不会带来危害，还会为人体带去不计其数的益处。

(2)生物系统的演化

生物系统是如何进化出来的？如果能够对生物系统的演化作出解释：个别生物是如何发展为超个体的，一只只单独的蚂蚁是如何构成一群秩序井然的蚂蚁的……那么人是如何发展出人类社会的这个问题的答案也就浮出水面。

1859 年，达尔文自然选择理论诞生了。

自然选择理论主要基于基因是遗传的单元这一原则，淘汰的对象则是每个基因所决定的性状。比如，某类生物一个不利的基因突变引发了疾病，导致其寿命降低和繁殖能力减弱，所以遭到了淘汰。也有些有利的基因突变，使生物不仅寿命长，而且繁殖能力强。①

如果一个生物种群具有某种好斗的基因，那么，在不同的种群发生冲突或争夺资源时，种群间的差异之处就会成为一种自然选择。

现代分子生物学的进步揭开了 DNA 复制和突变的神秘面纱。

DNA 这个概念我们并不陌生。它的全称是“脱氧核糖核酸”，是一种分子结构复杂的有机化合物，作为染色体的一个重要成分而存在于细胞核内。

1953 年 4 月，英国的《自然》杂志刊登了沃森和克里克在英国剑桥大学合作的研究成果：DNA 双螺旋结构的分子模型。这一成果被誉为是 20 世纪以来生物学方面最伟大的发现，标志着分子生物学的诞生。

DNA 的最主要功能就是储藏遗传信息。带有遗传信息的 DNA 片段称为基因，基因支持着生命的基本构造和性能。基因中储存着生命的种族、血型等信息，我们人类，包括其他一切生物体的生、长、衰、病、老、死等一切生命现象都与基因有关。

DNA 是一种双螺旋状的生物大分子（见图 4-2）。组成这种双螺旋的基本单元是碱基对，在受到外界电磁辐射、自由基以及各种化学物质的诱导下，碱基会发生交联、断裂以及结构上的改变，从而造成 DNA 的损伤。此外，即使没有外界因素干扰，细胞自身在进行 DNA 复制过程中也会有一定概率的产生错误。

---

① 如爱德华·威尔逊在《人类存在的意义》（浙江人民出版社 2018 年版）中提到的决定乳糖耐受性的基因，这种基因在欧洲和非洲食用乳制品的人群中出现后，使得具有这种基因显性的人们可以放心地食用乳制品，因此携带这种基因的人不仅寿命长，而且繁殖能力强。

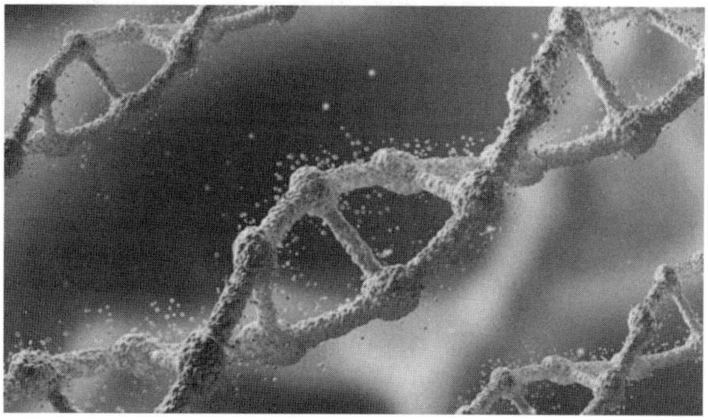

图 4-2 DNA

①DNA 复制

DNA 复制是生物遗传的基础，是所有生物体中最基本的过程。复制开始时，DNA 分子首先利用细胞提供的能量，在解旋酶的作用下，把两条螺旋的双链解开，这个过程叫解旋。

然后，以解开的每一段母链为模板，以周围环境中的四种脱氧核苷酸为原料，按照碱基互补配对原则，在 DNA 聚合酶的作用下，各自合成与母链互补的一段子链。

随着解旋过程的进行，新合成的子链也不断地延伸，同时，每条子链与其母链盘绕成双螺旋结构，从而各形成一个新的 DNA 分子。这样，复制结束后，一个 DNA 分子就通过细胞分裂分配到了两个子细胞中。

②DNA 修复

DNA 复制出错的原因有多种，机体内拥有一套保卫系统能够时刻监视并修复着 DNA。DNA 受损伤后，体内的细胞会对受伤后的 DNA 起一种反应，而这种反应可能使 DNA 结构恢复原样，重新执行它原来的功能。但有时并不能完全消除 DNA 的损伤，只是使细胞能够耐受 DNA 的损伤而继续生存。有时候细胞未能完全修复 DNA 的损伤，而存留下来的损伤会在其他条件下显示出来，如细胞的癌变等。

在细胞的生命过程中，许多内源性因素如碱基的氧化、脱胺和外源性因素如紫外线、电离辐射、致癌化合物等都会导致 DNA 损伤。DNA 损伤有多种修复途径，细胞在修复损伤时不会只调动一个孤立的修复途径，这些途径之间相互调控和辅助，共同维护遗传信息的稳定性。

③DNA 突变

DNA 突变是指基因组 DNA 分子发生的突然的、可遗传的变异现象。基因虽然十分稳定，能在细胞分裂时精确地复制自己，但这种稳定性是相对的。在一定的条件下，基因也可以从原来的存在形式突然改变成另一种新的存在形式，就是在一个位点上，突然出现了一个新基因代替了原有基因。这就是DNA突变，通常称为基因突变。

基因突变通常都是不好的，因为它会导致细胞运作不正常，或者导致细胞死亡，可能会引发肿瘤癌症等，当然是对机体不利的。但是如果基因永远不发生突变，那这种生物恐怕要被淘汰；那些对环境适应性有损害的基因突变，会通过自然选择最终被淘汰；而那些对物种有利的突变则会累积并传递下去，从而保持物种对各种环境的适应，保持物种的活力。

当然还有一些其他因素也会导致基因的变异：温度因素，高寒地带由于温度的骤变会引起多倍体变异；化学因素，一些化学物质可能会使基因在复制时发生错误，引起突变；时间因素，在基因不断的复制过程中可能会发生一些错误，引起突变。

尽管我们已经深刻地认识到生命必须经历生、老、病、死这四个阶段，但仍然没有一种确切的理论能告诉我们，为什么人类会逐渐衰老，为什么人类会生病，为什么人类最终会死亡。

目前已经有超过300种理论可以解释生命的衰老和死亡，其中最被人们广泛认同的就是端粒学说。

生命的本质是成长、自我复制以及复杂物质合成等这些变化过程的连续。人类生命依赖于能量的连续流入，如果没有能量转换，那么生命及生态系统将不会存在。

(3)现代生物学的生态系统理论

大多数生态系统从太阳获得能量，从空气或岩石中获得物质后，在生态系统内不同的组分之间进行转化，然后将能量和物质释放到环境中。生态系统中的重要生物成分为植物、动物和分解者微生物。

微生物对有机物质进行分解，其所产生的营养物质就变成了其他微生物和植物可以利用的形式。如果没有微生物的分解过程，死有机质的大量积累就会使植物生长所必需的营养物质变为不可利用形式而被封存起来。动物也是生态系统中的关键成分，因为他们能传送物质和能量，并强烈影响着植物和土壤微生物的数量和活动。生态系统中主要的非生物成分是水、大气和土壤矿物质，大气提供碳和氮，土壤矿物质提供生物所必需的其他营养物质。

从较大的地理尺度上来看，气候是对生态系统过程与结构具有最大影响的因素。气候的全球变异性可以解释生物群系(biomes)(即生态系统类型)的分布，如湿润热带森林、温带草原和北极苔原就分布于不同的气候带。

在局部的尺度上，地形、地貌既影响小气候又影响土壤的发育，潜在的生物区系影响着实际占据某一地点的生物有机体的类型和多样性。

时间影响土壤的发育以及生物有机体的长期进化趋势，时间也体现了过去的干扰以及长期的环境变化对生态系统过程的影响。

自然生态系统是多种相互作用的反馈所构成的复杂网络。当一个系统的两个组分彼此具有相反的影响时，就会出现负反馈，例如，捕食者捕食猎物对消费者来说具有正影响而对猎物来说则具有负影响，捕食者对猎物的负影响就会防止捕食者种群的无限增长，因而起到了既稳定捕食者种群大小、又稳定猎物种群大小的调节作用。在生态系统中，也存在正反馈作用，即一个系统的两个组分对彼此均具有正影响，例如，植物为菌根真菌提供碳水化合物，而植物通过菌根真菌获取营养物质作为回报。

由于负反馈作用能阻止交互控制因子的变化并维持生态系统特征当前的状态，所以负反馈作用是维持生态系统的关键所在。例如，食物供应的减小和捕食的增加会降低种群的增长，因而动物种群不会永远保持指数增长。当然，如果这种负反馈作用很弱或缺乏（例如，由于对捕食者的控制而使捕食率维持较低的水平），种群周期就会放大并会导致两个相互作用的物种之一或两者的灭绝（见图 4-3）。

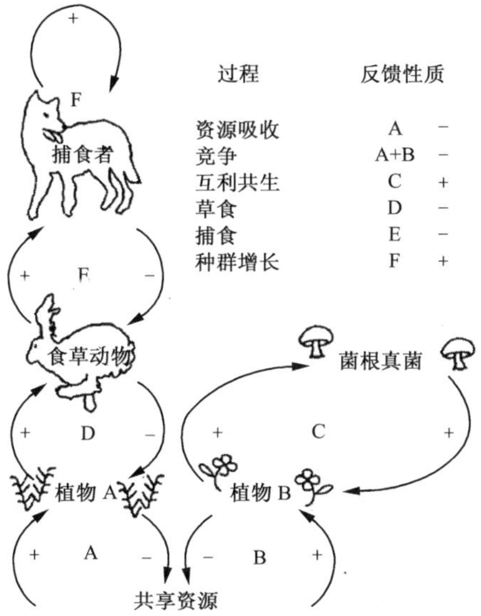

图 4-3 生态系统中正、负反馈相互关联①

① [美]蔡平等：《陆地生态系统生态学原理》，李博等译，高等教育出版社 2005 年版，第 13 页。

博格斯(Tony Burgess),沙漠和草原生态学博士,任职于亚利桑那州图森的沙漠协调实验室,强调:

> 均衡态不仅意味着死亡,它本身就是死亡状态……一个生态系统就是一个活物的网络……生物通过食物链网、气味和视野以各种不同程度的连接性连接到一起。每个生态系统都是一个动态的网络,总是在流变,总处在重塑自己的过程中……不论何处,当我们寻找不变时,找到的都是变化。①

人类活动最终会影响决定生态系统特性的所有过程,而且其影响正变得越来越大。我们人类的行为已影响到了交互控制因子,如水分有效性、干扰体系和生物多样性。数千年以来,人类已成了许多生态系统的一个自然组分。然而,自工业革命以来,人类对地球生态系统的影响是惊人的,而且有别于其他生物。从今天的事态发展来看,我们有理由认为,人类活动的影响值得特别关注。人类活动不止对单个的生态系统有影响,而且还影响到了诸如气候等状态因子,例如,大气组成和潜在生物区系的变化,物种的引入和灭绝。无论从区域尺度上还是全球尺度上来看,这些影响的幅度模糊了独立状态因子和交互控制因子之间的差异。人类活动正在使所有生态系统的结构和功能发生变化,事实上,新的生态系统类型已经形成。

生态系统不断地变化着,呈现出绚丽多姿的相互作用及其种种后果,如共生(mutualism)、寄生(parasitism)和拟态(mimicry)等。在这个复杂的生物圈里,物质、能量和信息等结合在一起循环往复(见图 4-4)。

各种复杂系统都能够保持协调,每个系统的协调性和持存性都依赖于广泛的相互作用、多种元素的聚集以及适应性或学习。

> 生态学家偏爱自然界中的各种均衡状态,其主要原因和经济学家偏爱经济中的各种均衡状态相同:均衡态可以用数学模型来表达,你可以为一个过程写出你能够求解的方程。但如果你说这个系统永远处于非均衡状态,你就是在说它的模型是无法求解的,也就无从探究,那就相当于你几乎什么都没说。而在当今这个时代,生态学(还有经济学)上的理解发生巨大改变并不是偶然的,因为用廉价计算机就能轻松地为非平衡和非线性方程编程求解。在个人电脑上为一个混沌的共同进化的生态系统建立模型突然不再是难题了。②

---

① 转引自[美]凯文·凯利:《失控》,陈新武等译,新星出版社 2011 年版,第 137、140 页。

② [美]凯文·凯利:《失控》,陈新武等译,新星出版社 2011 年版,第 136 页。

在连接松散的系统里，比如生态系统、经济系统、文化系统，发生的是不那么结构化的适应性调整。我们对松散系统的一般动力学所知甚少，是因为这种分散的改变是杂乱的、无限间接的。[①]

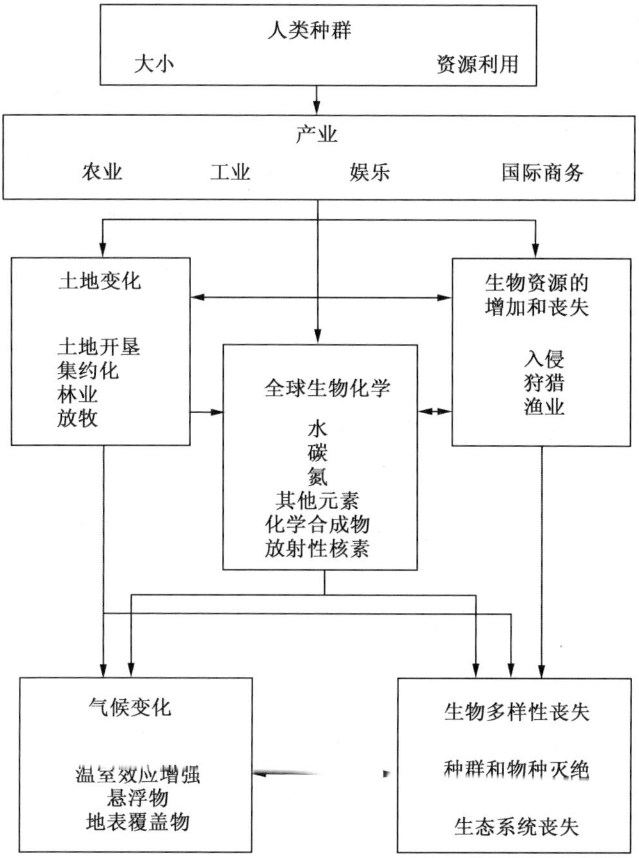

图 4-4　人类活动对地球生态系统的直接和间接影响[②]

与紧密联系的微观系统不同，宏观系统受控于一些略显抽象、更加间接也更加杂乱无章的复杂性因素，它们的变化是缓慢的、不易被察觉的，但却不是无变化。

许多年来，理论学家一直被一个事实所困扰着，即生命系统内所维持的有序似乎违反了热力学第二定律。普里戈金通过说明自组织和新结构的产生能

---

① [美]凯文·凯利：《失控》，陈新武等译，新星出版社 2011 年版，第 146 页。

② [美]蔡平等：《陆地生态系统生态学原理》，李博等译，高等教育出版社 2005 年版，第 14 页。

够出现在远离平衡态的系统中并且具有发育完全的耗散结构，从而解决了这个表面矛盾。他凭借在非平衡态热力学方面的研究而获得了诺贝尔奖。

生物有机体、生态系统以及整个生物圈都具有这样的热力学特征：它们能够创造并维持一个内部有序的高级状态或低熵的状态。在生态系统中，一个复杂生物结构的秩序是通过整个群落不断地排除无序的呼吸作用来维持的。因此，生态系统及生物有机体是一个开放的、非平衡的热力学系统，这个系统持续地和周围环境进行能量与物质交换，以此来降低自身的熵值并使外界的熵值增加(符合热力学的两个定律)。

人类活动改变了陆地表面，增加或减少了物种的数最，并改变了生物地球化学循环。人类通过收获资源、改变土地利用方式和管理等活动直接影响着生态系统，其他活动则可能通过改变大气化学、水文和气候而间接地影响地球生态系统。

人类为了生产自己所需的食物、纤维和其他物品，改变了陆地表面，这种改变是人类对生态系统最直接和最深刻的影响。

除了地球上环境条件最极端的区域之外，所有其他区域均已受到某种形式的人类的直接影响。人类活动也改变了淡水和海洋生态系统。

> 20世纪90年代中叶，约有22%的海洋渔业资源受到过度开发，甚至已经耗尽，另有44%的渔业资源已达到开发的极限。大约有60%的人口居住在海岸的100 km以内，所以海洋的沿海边缘已受到许多人类活动的强烈影响，例如，由于农业生态系统中的化肥、人类和牲畜污水的渗漏和排放，许多近海水域呈现富营养化，已导致了藻类的大量繁殖，其所造成的厌氧环境致使大量鱼类和其他动物死亡。①

土地利用方式变化及其所造成的生境丧失是导致物种灭绝和生物多样性丧失的主要原因。由于生态系统的变化与物种丧失之间存在明显的时滞(time lag)，所以，即使在土地利用变化已稳定的地区也可能出现物种的进一步灭绝。

当然，社会系统与自然系统不同，在社会系统中，行为者并不是控制论式的反应器，经济和社会行为者没有被动地接受来自环境的信息，而是针对环境调整他们的行为。这说明了生物反馈模型只是处理社会演化过程中自组织行为的各种方法的一部分，尽管是重要的部分。

---

① [美]蔡平等：《陆地生态系统生态学原理》，李博等译，高等教育出版社2005年版，第13页。

☞拓展阅读

罗根：熵定律和经济问题（摘录）[①]

经济思想发展史中有个奇怪的事情：在机械教条已经失去了它在物理学中至高无上的权威，也已多年不再控制哲学世界之后，新古典主义学派开始创立一门机械模式的经济科学——按照杰文斯的话，就是“关于效用和自利的机械学”。尽管自此以后经济学取得了很大的进展，经济学思想却没有逾越标准经济学鼻祖的机械认识论一步。突出的证据是在标准的教科书中描述经济过程的循环图式，这是一个处于完全封闭系统中动荡于生产和消费之间的钟摆运动。这种情形在给标准经济文献锦上添花的分析著述中也没有什么不同；那也是将经济过程简化为自我维持的机械的类似物。一个明显的事实是，历史上在经济过程和物质环境之间存在的持续的相互作用，对于标准的经济学家几乎毫无影响。马克思主义的经济学家也一样，他们强调马克思的教条：自然界提供给人类的每一件东西都是一份自然而然的礼物。在马克思著名的再生产图式中，经济过程也是一个完全封闭的循环的和自我维持的事情。

然而，早期的作家指出了另外一个方向，正如威廉·配第所强调的劳动是财富之父，自然是财富之母。人类全部的经济历史证明，自然同样在经济过程和经济价值的形成中起重要作用，这点是毫无疑问的。我认为，现在是接受这个事实并考虑自然界对人类经济问题的影响的时候了。因为，如同我在这篇论文中将尽力阐述的，这其中的一些影响对于我们理解人类经济的特点和演化非常重要。

二

有些经济学家已经提到了一个事实：人既不能创造物质或能量，也不能毁灭它们——这是由物质和能量不灭原理，也称为热力学第一定律，推断出来的事实。然而没有人看上去被这样一个问题打动——从热力学第一定律看，是一个非常让人困惑的问题——“那么经济过程在做什么呢？”我们在这些基本的文献中所发现的全部东西，只是偶尔的一些评论，即人可以生产出实际的效用，这样的评论使得问题更令人困惑不解。考虑到人既不能创造物质也不能生产能量这一事实，人怎么可能生产出物质的东西呢？

为回答这个问题，让我们从整体上和纯物理的角度考虑经济过程。我们首先必须注意的是：这个过程是一个不完全过程，像所有的不完全过程一样，它有一个边界，在这个边界上进行着与周围物质世界的物质和能量的交流。这个物

① 参见[美]尼古拉斯·乔治斯库一罗根：《熵定律和经济问题》，[美]赫尔曼·E. 戴利、肯尼思·N. 汤森编：《珍惜地球——经济学、生态学、伦理学》，马杰等译，商务印书馆 2001 年版，第 87～101 页。

质的过程在做什么，答案很简单，它既没有生产也没有消耗物质—能量：它仅仅吸收物质—能量又将其源源不断地释放出来。这是纯物理学教给我们的东西。然而、经济学——让我们大声强调——不是纯物理学，甚至不是物理学的另外一种形式。我们可以相信，即使是认为自然资源与价值毫不相干的最激进的人，最终也会承认，输入经济过程的东西和经济过程所产生的东西之间存在差异。当然，这种差异只能是定性的。

一个非正统的经济学家——比如我自己——会认为输入经济过程的东西是有价值的自然资源，经济过程所产生的东西是毫无价值的废物。物理学的一个特殊的（而特别的）分支热力学进一步确认了这种差异，尽管采用了另外一种术语。从热力学的角度看，物质—能量以低熵的状态进入经济过程，以高熵状态出来。

详细解释熵的含义并不简单。我们相信热力学的一个权威所说，这一概念所涉及的东西甚至“物理学家也不容易理解”。对于新手以至每一个人来说，更糟糕的是，这个术语具有好几重含义，又不是所有的含义都和物理概念有联系。1965 年版的《韦氏大学字典》在“熵”下有三个条目。而且，与经济过程相关的熵定义是“在一个封闭的热力学系统中不可获得的能量的度量。熵与一个系统的状态密切相关，以至于在绝对温度下吸收的热能的增加的改变会使得熵的度量发生变化”，这个定义好像让读者更糊涂而不是解释得更清楚。但是（似乎是故意要证明不是所有的进展都是更好的），一些老版本提供了一个较容易理解的定义。“热学系统中能量不可获得性的度量”——如我们在 1948 年的版本所读到的——这一说法不会让专家们满意，但对于一般人的理解已经足矣。（粗线条地）解释什么是能量的不可获得性；是一个相对简单的任务。

能量以两种状态存在——几乎已经完全被人类控制的可获得的或者是自由的能量，和人类几乎不能利用的不可获得的或者是被束缚的能量。一块煤的化学能是自由的能量，因为人可是转化为热，或者，必要时转变为机械能。但是，比如海水中的大热能乃是被束缚的能量。船在这种能量上航行，提供能量的却是一些燃料或风这样的自由能。

当一块煤燃烧时，它的化学能既没有减少也没有增加。但是原始的自由的能量以热、烟和灰等人们再也无法利用的形式消散了。自由能转化成了被束缚的能。自由能意味着有差别的能量，最简单的例子是一个锅炉内外的温度差。相反，被束缚的能量是无序分散的能量。这种差别可以用另一种方式表达。自由的能量表示有序的结构，就像商店里所有的肉类都在一个柜台，蔬菜在另外一个柜台，等等。被束缚的能量是无序分散的能量，就像一个被龙卷风袭击过的商店。这就是为什么熵定义为无序的量度。它符合这样一个事实，即一块铜的熵小于提炼这块铜的原始铜矿的熵。

这种区分自由能量和被束缚能量的方式，当然只是一个拟人的比喻。但以这种简单的形式，就不会给研究人类问题的学生以及研究物质问题的学生带来困惑。试图理解现实的时候都可以采用拟人的比喻。只是热力学的例子碰巧给人印象更突出一些。关键的一点在于，是具有经济价值的东西与废弃物之间的经济学的区别，促成了热力学的区别，而不是相反。事实一些。关键的一点在于，是具有经济价值的东西与废弃物之间的经济学的区别，促成了热力学的区别，而不是相反。事实上，热力学定律产生于一个研究报告，在这个研究报告中，法国的工程师赛迪·卡诺(1824)第一次研究了热机械的经济性，从此，热力学才成为一门关于经济价值的物理学，并始终如此，尽管后来大量的研究更加抽象了。

三

由于卡诺的研究报告，热能只可以从热的物体传向冷的物体这个基本事实，在为物理学家认可的事实中占有了一席之地。更重要的是接下来对另外一个事实的认可，即在一个封闭的系统中，热能一旦扩散，整个系统具有同样的温度后，没有外界的作用，热能不能够向相反的方向运动。一杯水中的一块冰一旦融化，自已再自动形成一块冰是不可能的。一般而言，在一个封闭系统中的自由的热能将持续不断地、不可逆转地降解为被束缚的能。把这个特性从热能推广到其他所有形式的能，就是热力学第二定律，也叫熵定律。这个定律表明：一个封闭系统中的熵(即被束缚能的量)将持续上升，要么这样一个系统将稳步地由有序变为无序。

强调系统是封闭的很重要。让我们看一个封闭的系统。一间房子，里面有一个电炉和一锅已经烧开的水。熵定律告诉我们的是，首先，开水的热能将持续不断地扩散到整个系统，最终达到热力学的平衡状态——系统内各处温度相同的状态(也就是所有的能量都被束缚了)。这点适用于一个封闭系统中的每一种能，例如，一块煤的自由的化学能，即使这块煤埋藏在地下，最终也将降解为被束缚的能。任何条件下，自由能都将降解为被束缚的能。

这个定律也告诉我们：一旦达到热力学平衡状态，水将不会自动烧开。但是，每个人都知道，我们打开电炉就可以把水烧开。然而，这并不意味着我们可以违背熵定律。烧水产生了温度差似得这间房子的熵减少了，这仅仅是因为从外界带进来了一些低(自由能)。如果我们把这个电器算进这个系统，如熵定律所述，这个新系统的熵则一定是减少的。这意味着房子里面熵的减少是以其他地方的更大的熵的增加为代价的。

一些作者观察到活的有机体在一个短时期几乎不发生任何变化，从而认为生命现象是流离于熵定律之外一种现象。目前，生命的一些特征确实不能用自然定律来解释，但是，这种认为生命可以违背物质定律(这完全是不同的事情)的想法是毫无道理的。事实是：每一个活的有机体都在奋力保持自身的熵的恒定。它之所以能够保持熵的恒定，是因为它从环境中吸收了低熵来抵消自身熵的增加，有机体的熵就像每一个物质的结构一样，也在持续不断地增加。但是，整个系统的熵——由有机体及其环境组成——肯定是增加的。事实上，在一个存在生命的系统中比在非生命的系统中，熵增加得更快一些。任何活的有机体都能够能动地阻止其自身物质结构的熵的增加，这是生命的特征之一。关于这点，物质的定律无法解释，但这并不说明活的有机体可以违背这些定律。

实际上，所有的有机体都依靠直接利用环境中的低熵维持生存，只有人类是最突出的例外：人的大部分食物都经过烹调，并且将自然资源转化为机械功或者各种形式的有用的东西。这里，我们不要再一次误导自己。金属铜的熵比提炼金属铜的矿石所含的熵低，并不意味着人类的经济行为可以逃避熵定律。提炼铜矿导致环境中的熵增加得更多。经济学家喜欢说：我们不能免费得到一些东西。熵定律教育我们，生物生命的规则，以及人类社会中经济延续的规则更严格。从熵的角度来说，任何生物的或者经济的行为，其成本总是高于产出。同样，从熵的角度而言，任何生物的或经济的行为必然导致赤字。

四

这样就完全证明了早期的看法——从一个纯物理的角度看，经济过程仅仅是把有价值的自然资源(低熵)转化为废弃物(高熵)。但是，为什么这样的过程应该继续下去，这个问题还在困扰我们。只要我们没有看到经济过程的真正的经济产出不是废弃物这样的物质流，而是非物质流，对生活的享受，这个问题就要继续困扰我们。如果我们没有认识到非物质流的存在，我们就不是处在一个经济的世界。如果我们忽略了这样一个事实，即这种流动——就像熵的流动一样，是所有层次生活的特征——只有它能够源源不断地从环境中吸取低熵，它才能存在，否则我们不可能形成一个对经济过程的完整的图象。如果再进一步，我们就会发现每件具有经济价值的物品——无论是从树上摘下来的果子，还是一件衣服，或家具等等——都拥有高度有序的结构，也就是拥有低熵。

从这个分析我们可以得出几个结论。第一个结论是：人类经济奋斗的中心是环境中的低熵；第二，从不同的意义上讲，环境低熵比李嘉图的土地更稀缺。可获得的李嘉图的土地和煤的储量都是有限的。差别在于：一块煤只能用一次。而实际上，熵定理解释了为什么一台机器(甚至是有机体)最终会磨损坏而不得不用新机器代替，也就是再次攫取环境中的低熵。

人类不停地攫取自然资源不是一个对历史没有影响的行为，相反，从长远来看，这是一个有关人类命运的最重要的因素。这因为物质——能量的熵降解的不可逆性，例如，在人类进入第一个千年的初期，来自亚洲大草原以养羊为经济基础的民族，开始了横穿欧洲大陆的大迁移。这次迁移的原因——迫于自然资源的压力——毫无疑问，在其他的迁移中也起了同样的作用，包括从欧洲到西半球美洲的迁移。为登月而做的神奇努力，可能也反映了一种获得低熵新来源的模糊的希望。也是由于环境的低熵极其缺乏，有史以来，人类就不断地追求新的手段以更好地筛选低熵。在人类大部分的（尽管不是所有的）发明中，我们无疑可以看到低熵的利用越来越经济。

因此，我们从这个事实发现：没有什么事情比经济过程是一个孤立的、循环的事情这样一个概念——马克思和标准分析都是这样理解经济过程的——更需要进一步发展的了。经济过程牢牢扎根于其物质基础之上，受其约束。正是这些约束使得经济过程的演化是单方向的，不可逆的。在经济世界中，只有钱可以在一个经济部门和另一个经济部门之间来回循环（尽管事实上，即使是金块也会慢慢磨损，而必须不断从金矿中补充以维持其存量）。回顾历史，我们发现两个学派的经济学家都陷入了最糟糕的经济崇拜——金钱崇拜。

五

经济思想一直受到所处时代经济问题的影响。它也反映了自然科学中的思潮，尽管有些滞后。关于这点的一个突出例证是：经济学家在表述经济过程中开始忽视自然环境的时候，整个学术界的学术气质发生了转变，经济学家对环境的忽视反映了那个时期学术气质的转变。工业革命借助于机械的力量取得了史无前例的成就，这震惊了每一个人，以至于大家的注意力都集中到了工厂。新的技术设备触发了一个又一个势不可挡的伟大的科学发现，这更增加了人们对技术力量的敬畏。这也诱发了文人们过高地估计，并且最终，对他们的听众过度吹嘘了科学的力量。自然，这样人们就不能想象人类自身还存在任何内在的真正的障碍。

冷静之后，会发现事实是另外一回事。人类的历史，相比于星系的历史，几乎是微不足道的。所以，尽管人类能够翱翔太空，人类还是被限制在太空中的一粒尘埃之中。人的生物特征对于人的行动还有其他一些约束。人类不能在太高或者太低的温度下生存。同样，人类不能在有很多射线的环境中生存。人类上不能到达一些星球，下也进不去一个基本粒子，如原子。

然而，很明显，人类尽管很幼稚，但他已经感觉到自己的生命依赖于难得的、一去不复返的低熵，所以，人类产生了一种希望，希望最终能够发现一种自己永动的力量。电的发现使人们相信这种希望事实上可以实现。随着热力学和机械奇怪地结合在一起，一些人开始郑重思考摆脱被束缚能的计划。原子能的发现掀起了另一次乐观的希望浪潮，这个时候，我们终于真正抓到了可以自我永生的动力。但困扰纽约的电力短缺逐步蔓延到了其他城市，足够让我们清醒起来。核理论学家和核电站的操作人员都证实核能发电关键问题是成本太高，从本论文的角度，则是一个从熵的方面进行平衡的问题。

由于自然科学鼓吹科学能够克服人类自身的局限性，由于经济学家继续追随不把经济过程的分析与人类的物质的环境联系起来的经济思想，没有人认识到在我们制造出“更好更大”的冰箱、汽车或者喷气式飞机的同时，不可能不产生同样“更好更大”的废弃物也就没什么可奇怪的了。因此，当每一个人（在拥有“更好更大”的工业产品的国家），不夸张地讲，被污染问题打了一记响亮的耳光的时候，科学家和经济学家都震惊了。但是，即使到了现在似乎仍没有人明白造成这一切的原因是我们没有认识经济过程的熵的特征。一个更有说服力的证据是，有关污染问题的各种各料物权威一方面试图向我们兜售不产生污染的机械和化学反应的想法，另一方面又说人类可以通过废弃物质的永久循环获得拯救。不可否认，至少在理论上，我们甚至可以重复利用分散在沙海中的黄金，就像就像我们可以循环使用我前面所说的烧开的水。但是，在过两种情况中，被重复利用的东西中的熵都降低了，而我们必须使用额外的更多的低熵。免费的重复利用是没有的，就像没有不生产废弃物的工业。

人类被束缚在地球这个星球上。地球似乎是漂移在一个充满自由能的宇宙中，这些自由能甚至可能是无穷尽的。但是，由于前面提及的原因，人类不能接近所有这些奇妙的无穷的能量，也不接近自由能的所有可能的形式。比如，人类不能直接获得太阳巨大的热核能量。最重要的障碍（同样适用于“氢弹”的工业使用）是没有物质的容器能够经受住剧烈的热核反应产生的温度。这样的反应只能在自由的太空中发生。

人类能够接近的自由能有两个来源。第一个来源是一个能库，矿物质在地下深处沉积形成自由能的仓库；第二个来源是能流，，被地球截获的太阳辐射的流。这两个来源之间有几个不同点需要注意。人类几乎完全控制了地球上的能库；可想见的是，人类仅仅在一年之内就可以用光这个能库。但是，人类还不能控制太阳辐射的能流用于实际的目的。现在，人类也不能利用能流。这两个来源的另外一个不同与它们各自的作用有关。只有地球才为我们提供低熵的物质，利用这些物质可以生产出重要的工具。另一方面，太阳的辐射能是地球上所有生命的主要来源，这起始于叶绿体的光合作用。最后，地球的能库同太阳的能流相比简直微不足道。从太阳那里，地球获得了强度很大能。太阳的生命很可能还将持续50亿年。很难想象的是，地球上所有的能库只能够产生几天的太阳光，尽管这是可能的。

所有这些给今天大家议论纷纷的人口问题带来了新的认识。有些学生得到警告：到公元2000年，世界的人口有可能达到70亿——联合国人口学家所预测的水平。另一方面，像科林·克拉克他们，则宣称只要恰当地管理资源，地球可以供养450亿之多的人口。然而，好像没有哪位人口专家为人类的将来提出更重要的问题：世界在某个人口规模下——比如10亿或者450亿——能维持多久？我们只有提出这样的问题，才能发现人口问题是多么复杂。多很多人口问题的研究建立在最适度人口的分析概念之上，提出这个概念时，就像在杜撰一个差劲的谎言。

人类在过去的两百多年间为低熵而奋斗中所发生的一切是这方面的有力例证。一方面，由于科学的伟大进展，人类已经取得了几乎是奇迹般的经济发展水平。另一方面，经济发展进一类攫取地球的资源以至到了一个危险的地步(近海的石油钻探就是一个例证)。经济发展也维持了人口增长，从而加重了对粮食的需求压力，在某些地区，这个压力已经到了危险水平，大家一直赞同的解决粮食压力的办法是提高农业机械化水平。但是，让我们从熵的角度看看这个解决办法意味着什么。

首先，通过淘汰农民的传统伙伴——用作劳力的牲畜，农业机械化使得所有的土地都用于生产粮食(喂养牲畜也完全根据内需求量来安排)。但是，最终也是最重要的结果是：人类投入的低熵的来源从太阳能中获得机械的能量，但它们被拖拉机取代了。而生产和操作拖拉机必须借助于陆地的低熵。从农家肥到人造肥料同样造成这种低熵来源的转移。最终的结局是，农业机械化尽管在当前的困境中是不可避免的，但从长远来看是反经济的。将来，人类的存在日益依赖于越来越缺乏低熵的能源和资源。同样还存在这样的危险：由于另外一种耕种方法可能造成一些生物种类的灭绝，机械化的农业可能使人类进入一个死胡同。用转化的太阳能中获得机械的能量，但它们被拖拉机取代了，而生产和操作拖拉机必须借助于陆地的低熵。从农家肥料到人造肥料

事实上，经济地利用这个地球能库的低熵的问题，不仅仅局限于农业机械化；这是一个关系人类命运的问题。为说明这点，以s代表目前的地球的低熵能库，r代表年均消耗量。如果我们抽取低熵，地球的能库s慢慢枯竭(在这里这样做不会出现问题)，到能库完全枯竭，理论上最大的年限是s/r。这也是人类演化过中的工业阶段被迫走向终结的年限。考虑到s和每年到达地球的太阳辐射的能流之间极其不成比例，毫无疑问，即使极其谨慎地使用S，人类演化过程中的工业阶段也早在太阳停止闪耀前就已经结束。很难说在此之后会发生什么(如果一些根法对付的害虫或者一些人们尚未了解的化学物质导致人类灭亡得更早一些的话)。人类可以回到采摘野果为食的阶段——就像他从前那

样——以继续生存下去。但是，按照我们所知道的进化论，这样的进化的倒退看上去是不可能的。即使倒退回去了，这个事实仍然存在，经济发展的程度越高，年消耗的 r 越大，人类预期的生命就越短。

七

结局是清楚的。我们每生产出一辆卡迪拉克，就不可逆转地消耗了一定量的低熵，要么这些低熵本可以用于生产犁或者铲子。换而言之，我们每生产出一辆卡迪拉克，付出的代价是减少将来人口的数量。工业繁荣带来的经济发展，对于我们现在的以及不远的将来还能享受到工业文明成果的人们而言，是一种福音；但是，如果人类的利益是拥有一个与地球上的低熵相匹配的生命期，那么，整体而言，这必然有损于人类的利益。在这种经济发展的矛盾中，我们看到，人类为生活而奋斗，可以超越生物学上的限制，这是唯独人类享有的特权，但也不得不为这个特权付出代价。

生物学家津津乐道的是，自然的选择是一系列的大错，因为未来的条件没有考虑在内。这一评论暗示人类具有比自然界更高的智慧，人类应当接管自然界的所为。这表明了，人类的自负和学者们的自信也许永远不会明白自己知识的局限性。经济发展是现代文明的标志，但经济竞争显示了人类是多么缺乏远见。正是由于人类的生物特性，人类仅仅关心他近期后代的命运，通常不会超过他的重孙。即使人类意识到熵的问题，人类也不会为了一万年甚至一千年以后的人们更好地生活而放弃自己目前的奢华生活，这既不是愤世嫉俗的看法也不是悲观的看法。一旦人类借助于工业创造出来的工具扩展了其生物的能力，就这一事实而论，他不仅依赖于支持生命存在的十分稀缺的熵源，而且陷入工业所创造的奢华生活而不能自拔。看来、人类注定要拥有一个短暂而刺激的生活。让那些唯唯诺诺者过一种漫长而乏味的生活吧。

在这里讨论的一些问题属于长远的压力。因为这些压力的发展极其缓慢，人们似乎忽视它们的存在，或者，即使我们认识到这些压力，也会贬低这些压力的重要性。人类的天性就是只对明天发生的事情感兴趣，而漠视几千年以后发生的事情。然而，一般而言，正是这种缓慢发展的压力才是更重要的。大多数人不是死于飞速而来的力量——如肺炎或交通事故——而是死于慢性的导致衰老的力量。正如一位耆(qi)那教的哲学家所说的，人出生时就开始死亡。关键的一点是，大胆思考一些关于人类经济远景的东西不会比粗粗地预言一个新生儿的命运冒更大的危险。一个大胆的经济思想是：矿产资源面临的压力由于工业发展掀起的现代化浪潮而增大，加上人们试图减少污染的危害，由此造成的问题也在上升(这增加了对能源的需求量)。这些问题势必迫使人们将注意集中于更充分地利用太阳能，这是一个更丰富的自由能的来源。

有些科学家现在自豪地宣称，食品问题正处在彻底解决边缘，因为把矿物的石油转化为食品蛋白的工艺即将可以形成工业化生产——我们对于熵已经有所了解，从熵的知识来看，这是一个愚蠢的想法。根据这一问题的逻辑，我们应当改而证明预言是正当的：在生活必需品的压力下，人类最终会开始向反方向转化，即把植物产品变为石油(如果他仍然需要用石油的话)。我们也可以相当确定地说，在同样的压力下，人类将发明把太阳能直接转化为发动机动力的方法。当然，这样的发明对于人类的熵的问题将可能是一个最大突破，因为它将把一个更丰富的支持生命存在的源泉置于人类控制之下。废物的重复利用和净化污染将继续消耗低熵，但所消耗的低熵将不再是我们星球上快速衰竭的储备。

4.3 作为复杂适应系统的经济系统

中国历史上流传着这样的说法：人类历史是“分久必合，合久必分”“三十年河东三十年河西”“世事无常”等。这些说法部分地反映了我们对历史的朴素认识。回顾人类历史，总的说来，社会系统是一个并非稳定的系统，它的短期稳定是依靠了一些特别的手段维持的，包括官僚机构、法律与警察、文化与制度、意识形态以及技术进步等——通过这些手段，各个地方的社会形态产生了相对的封闭性，它部分地隔离了外部冲击。但是，从根本上说，任何一个社会系统都是开放的系统，不仅有来自自然界的冲击，而且有来自其他国家的冲击，各个国家总是相互影响的。近代中国历史最典型地说明了隔绝与封闭社会所造成的巨大代价。

经济系统自然属于复杂系统。复杂的经济系统更接近生物学系统，因此，用生物学思维思考复杂经济系统是个不错的选择。但是，经济和社会系统的复杂和演化的特征是它们比生物系统有更复杂的影响因素，它们是以知识信念、文化和制度等为基础的。

事实表明，物理定律能够解释苹果是如何下落的，但是，它解释不了苹果的来源，解释不了生命演化，更解释不了社会生活中的多数现象。换言之，牛顿定律具有适用的范围，近代科学那种认为物理定律可以适用于各个领域的观念是错误的，试图把一切事物都建立在所谓“第一原理”之上的幻想已经完全破灭了。但是，这并没有妨碍有些人继续这种梦想。

当然，即使是在牛顿的时代，也并不是所有的人都与牛顿一样，追寻简单性、统一性。在17世纪中叶，一位名叫纳撒内尔·费尔法克斯(Nathanael Fairfax)的英国医生在科学杂志《哲学学报》(*Philosophical Transactions*)上连续发表了几篇论文,支持多样性和复杂性。①

在非平衡状态下运动、进化和发展是所有复杂开放系统的一个重要和基本的特性,自然、生态系统和社会经济系统都具有这一特性。

系统动力学研究告诉我们,开放系统在不断与外界进行信息流、物质流、能量流的交换过程中,获得外部动力;同时,在系统内部的各组成部分相互耦合、作用下,形成相互约束与相互协调,产生内部动力,在内外动力的共同作用下,系统内的组成部分朝向共同目标发展。这就是所谓自组织的含义。系统动力学所研究的对象,大部分都具有自组织性质。

当系统进入远离平衡态的阶段,系统与外界进行信息流、物质流、能量流的交换规模显著增大且变化迅猛,这时系统吸取的物质流与能量流足以促使系统结构的更新,并对外部环境产生更强烈的影响或严重的后果。人类历史已表明,工业化以后的各类社会经济系统,其行为的性质与特征均大体与此相似。

4.3.1 连续统一的"自然—社会"系统

人类的经济活动只能是一个向自然和环境开放的子系统,自然和环境与人类的经济活动密切关联,并形成对经济活动的制约。一个基本的道理是,当我们向自然和生态系统索取和排放的数量与规模不断增大时,将会超出自然与生态系统的承载力,整个"自然—社会"系统将不堪重负而崩溃。

这就决定了那些把经济活动视为一个封闭系统,就经济说经济、为增长而增长的研究成果(这正是主流经济学家正在做的事情),无异于盲人摸象,在制造和传递错误的信念。任何不顾自然和环境因素的经济思想、理论、目标和政策都是完全行不通的。

(1)乔治斯库-罗根:熵定律与经济过程

乔治斯库-罗根,1906 年生于罗马尼亚的康斯坦察,1926 年获布加勒斯特大学数学学位,1930 年获得巴黎大学的经济学博士学位。1934 年,访问哈佛大学并在熊彼特的影响下成为一名经济学家,1951～1968 年任《计量经济学》副主编,1971 年当选美国经济学协会的成员。1949 年,他在范德比尔特大学任职,在那里他待了 27 年,直到退休。

乔治斯库-罗根对经济学的贡献是巨大的并且是多方面的,包括对效用和消费者选择、可测性、期望值、生产理论、投入—产出分析以及经济发展等方面的基础工作。在乔治斯库-罗根的《解析经济学》序言中,保罗·萨缪尔森非常

---

① 参见[美]塞缪尔·阿贝斯曼:《为什么需要生物学思维》,贾拥民译,四川人民出版社 2019 年版,第 80～81 页。

恰当地称他为“学者中的学者，经济学家中的经济学家”，并声称：“我敢打赌任何见多识广的经济学家在深思这篇文章后将无法继续自满。”[①]乔治斯库-罗根对经济学的革命性的贡献，就是他的著作《熵定律与经济问题》。

> 在机械教条已经失去了它在物理学中至高无上的权威，也已多年不再控制哲学世界之后，新古典主义学派开始创立一门机械模式的经济科学——按照杰文斯的话，就是“关于效用和自利的机械学”……突出的证据是在标准的教科书中描述经济过程的循环图式，这是一个处于完全封闭系统中动荡于生产和消费之间的钟摆运动。[②]

> 没有什么事情比经济过程是一个孤立的、循环的事情这样一个概念——马克思和标准分析（指主流经济学——引者）都是这样理解经济过程的——更需要进一步发展的了。经济过程牢牢扎根于其物质基础之上，受其约束。正是这些约束使得经济过程的演化是单方向的，不可逆的。[③]

> 由于自然科学鼓吹科学能够克服人类自身的局限性，由于经济学家继续追随不把经济过程的分析与人类的物质的环境联系起来的经济思想，没有人认识到在我们制造出“更好更大”的冰箱、汽车或者喷气式飞机的同时，不可能不产生同样“更好更大”的废弃物也就没什么可奇怪的了。因此，当每一个人（在拥有“更好更大”的工业产品的国家），不夸张地讲，被污染问题打了一记响亮的耳光的时候，科学家和经济学家都震惊了。[④]

热力学定律听起来有些深不可测，其实它们是我们所知道的最简单而又给人印象最深的科学概念。我们经常使用的一些说法，如“你不可能不劳而获”“覆水难收”或者“天网恢恢，疏而不漏”“人死不能复生”“时间不会倒流”等，如果你对这些谚语并不陌生，而且在日常生活中也有过亲身体验的话，那么，你就近似地懂得了热力学第一定律和第二定律。

热力学第一定律是能量守恒定律，它告诉我们能量既不能被创造又不能被消灭，但可以从一种形式转化为另一种形式。在经济学中，我们不断地被告知

① 转引自陈志武：《金融的逻辑》，国际文化出版公司2009年版，第54页。

② [英]尼古拉斯・乔治斯库-罗根：《熵定律与经济问题》，[美]赫尔曼・E. 戴利、肯尼思・N. 汤森：《珍惜地球——经济学、生态学、伦理学》，马杰等译，商务印书馆2001年版，第87页。

③ [英]尼古拉斯・乔治斯库-罗根：《熵定律与经济问题》，[美]赫尔曼・E. 戴利、肯尼思・N. 汤森：《珍惜地球——经济学、生态学、伦理学》，马杰等译，商务印书馆2001年版，第93页。

④ [英]尼古拉斯・乔治斯库-罗根：《熵定律与经济问题》，[美]赫尔思・E. 戴利、肯尼思・N. 汤森：《珍惜地球——经济学、生态学、伦理学》，马杰等译，商务印书馆2001年版，第95～96页。

自然界的一切物质是在不断循环再生的。这一点并没有错，因为它说的只是物质既不能被创造也不能被消灭，是热力学第一定律的重复而已。

然而，这只是问题的一个方面，人们往往忽略了热力学第二定律。根据热力学第二定律，运动只能沿着一个方向——熵增的方向——转化。如果熵增过程是可以逆转的，那么过去发生的一切都可以挽回。但是，这个过程只能局部地发生，而且必然是以整体的熵增为代价。时间运动近似地体现了从有序状态到混乱状态的变化。

牛顿力学完全忽视了熵增定律，它所描述出来的世界制造了一个假象，似乎世界能够摆脱时间之箭而独立运行。现代经济学则完全继承了牛顿力学的世界观。由于采用了这样一种把人与自然、人类活动与熵定律彻底隔绝开来的世界观，经济学中的“人类行为”就与自然、时间、生命和熵增过程完全脱离了。根据现代经济学，人们改造自然的能力越高，速度越快，人类的物质文明、精神文明进步就越大，世界就变得秩序井然。可以说，这是一种完全幻想的时间观和历史观。

实际上，熵增过程的速度是在不断地改变着的。世界上每发生一个变化，熵值都会增加。因此，世界上的能量消耗越快，熵增过程的速度也就越快，所剩下的时间也就相应地越来越少。

从根本上说，热力学第二定律为自然界，为人类行为设定了标准和界线。人类的一举一动都直接影响到熵增进程。我们无法逆转时间或熵的过程，然而我们可以通过对生活方式和行为的选择，影响世界的熵增速度。疯狂的军备竞赛、无休止的增长都无异于人类的自杀行为。

任何人都懂得经济增长要从环境中提取原材料并向环境排放废物，污染与熵增是同义词。因此，现代经济增长是以地球系统其余部分更多的欠账（无序性或熵增）为代价而维持的。

主流经济学只把经济增长看成是一个孤立的过程，忽视了有限资源、脆弱环境、熵增和生态的相互依赖性。

> 由于经济子系统的增长依赖于生态系统作为低熵物质输入的来源和高熵废物的接收器，当经济子系统的规模（流量）相对于整个生态系统而增长时，复杂的生态联系就会变得更加脆弱，因此经济子系统的增长受到其生态母系统既定规模的限制。而且，这三个基本的限制是互动的。[①]

通常，人们只是在资源耗竭、环境恶化和遭遇不确定性冲击变得严重的时

① [美]赫尔曼·E. 戴利：《超越增长：可持续发展经济学》，诸大建等译，上海译文出版社 2001 年版，第 46 页。

候，才会开始反省那些进化、进步和创造物质财富的观念。但是，无限增长观念至今仍然被多数人固守着。在现代经济学中，经济学家们不仅虚构了环境和资源的无限承载能力，而且虚构了技术创新和资源替代的无限可能性，这种做法无异于自欺欺人。

从实践上看，经济学主流模式（增长理论）的最大失败就是，它为之辩护的经济增长的竞争不仅没有给人类带来更多的安全，相反，它降低了人们的安全。过度激增的人口、有毒的废物、酸雨、气候变化、热带雨林的毁坏、大规模的生物灭绝以及生态系统服务功能的降低等，这些现象都诠释着主流模式（增长理论）的失败。市场确实可以在微观层面上对资源配置产生良好的效果，但却无力限制宏观经济的规模。

厄尔·库克对现代社会流行的无限创造力的信仰提出了一些颇有洞察力的批评。他主张，这种无限创造力的观点的吸引力并不在于其科学背景，也不在于其逻辑力量，而是基于以下的事实：

> 增长的极限这一概念威胁到了既得利益和权力结构……重要的是，"主流"经济学家们从来没有放弃过这种信仰，他们拒绝接受热力学第二定律与经济过程的相关性；如果他们这样做，他们在市场经济中高高在上的"神父"地位就会不复存在。①

(2)"自然—社会"系统中的经济

为了避免像现代经济学一样孤立地看待经济，复杂世界的经济学特别强调，自然、经济与社会是一个连续统一体，我们用"自然—社会"系统来指称它。这是一个看似平凡的说法，但是，它对于我们准确地理解和认识自然、经济与社会的关系以及它们的运行具有至关重要的意义。特别是当人们的思维受制于专业化时，人们可能因为它的平凡而对其熟视无睹。实际上，那些具有重大方法论价值的思想，未必都是惊世骇俗的宏论。

"自然—社会"系统的观念是把经济看作一个开放子系统，而不是一个封闭系统。它的前端连接着自然与资源，后端通往环境和生态。与主流经济学不同，复杂世界的经济学与现代生态经济学有高度的一致性，它强调自然与环境是经济的组成部分。赫尔曼·戴利认为，现代经济学中的资本概念是不够的，他引进了自然资本的概念，认为自然资本是指产出自然资源流的存量——大洋中能为市场再生捕鱼流量的鱼量；能再生出伐木流量的现存森林；能产生原油的流量的石油储量。

---

① 转引自[美]赫尔曼·E. 戴利：《超越增长：可持续发展经济学》，诸大建等译，上海译文出版社2001年版，第49页。

“自然—社会”系统的经济观至少包含以下几个方面的要点：

第一，从自然界到人类社会都是由原子、分子形成的不同层次的组织。和无机界一样，生命系统的元素归根结底无非是原子和基本粒子。

第二，无生命的元素一旦形成组织就会产生新的性质。无机物是没有目的的，但生命系统可以自繁殖，具有目的性以及对环境的适应性。

第三，自然、经济与社会构成一个连续的整体。有机体和人类社会这样复杂的组织系统的生存，需要内外环境两个方面的支撑：一方面是复杂的内部条件。人类生命的存在除了需要大脑供血稳定外，还要求血液中水、盐含量的稳定，血蛋白、体温、供氧量的稳定等。一旦失去这些内部条件，生命组织就会死亡，分解为分子和原子，整体瓦解。另一方面，这些生命和组织的生存又始终处于与外部环境的相互作用之中。整体世界就是一个由各个部分联合组成的连续统一整体，各个组成部分——自然界、生命和社会组织系统——在各种变化与相互作用中长期共存。

即使整体世界系统的各个部分之间的相互作用足够复杂，比如表达它们的微分方程是非线性的，而且子系统层次很多，但是，它们依然是一个相互关联的整体。普里戈金指出过，只要具备四个条件——第一是远离热力学平衡态，第二是系统和外界有物质或能量交换，第三是系统各部分存在反馈耦合，第四是非线性①——就会形成耗散结构，世界的各个部分就是互相衔接的。

4.3.2 经济系统的自组织性

人们通常习惯于从物质的大小尺度、所在层次、空间位置、性质分类等来区分和定义整体中的子系统。例如把人体看作细胞组织，把大脑看作是由一个个神经元组成的组织，把社会看作个人的集合，把经济看作是企业的集合等。这种定义和理解方法有一定的价值，但也有重要错误。如果对子系统定义错误，那么整体的性质将得不到合理的解释。

子系统只能从系统功能的分析中得到，这样的子系统才是存在于整体之中的子系统，是真正起作用的部分。这些子系统的互相耦合就可以说明和解释整体的功能，整体系统只能是由子系统功能耦合而成的。

经济系统作为一个复杂适应系统，具有自组织特征。

(1)超越“看不见的手”

亚当·斯密强调了市场力量，这是正确的。但是，现代经济学对市场的理解遭到了过度的简化，市场被简化为“需求与供给”的机械抗衡，需求又被定义

---

① 参见胡俊杰：《微观交叉经济学新论》，中国经济出版社 2013 年版，第 69 页。

为“有效需求”，它等于收入决定的需求（需求的收入约束），最终结果就是价格的波动，它可以像物理学中的运动一样被精确地刻画出来。

但是，人类行为与物质运动和动物行为的最根本不同是它的目的性，也就是说，全部人类行为都在不同程度上联系着“未来”，人类的经济行为也是如此。实际上，潜在需求对于企业创新，或未来（需求的、收益的、技术的）预期对于投资者的投资，进而对于经济的长远发展具有显著的重要性。这就是凯恩斯所强调的“对未来经济的信心”，已经超越了主流经济学的市场范围。而且，正如弗兰克・奈特所强调的，它们与风险、不确定性紧密联系，而不是确定的变量。

当然，这还并不是问题的全部。把市场简化为供求，也就简化和过滤掉了许多其他力量对市场的影响，最终使得主流经济学分析抓住一点，不及其余。

例如，人口究竟是一个内生变量还是一个外生变量？人口的增加与减少是由单纯由经济因素决定的吗？资源与环境、技术进步、制度与文化、政治体制甚至心理因素也具有同样的问题。

如果说，人们对人类自身的研究还处在初步阶段，对于生命的理解、对于思维的认识、对于疾病的了解都十分有限，那么，人们对市场机制的理解也同样是有限的，特别是在机械论、还原论观念的统治下被严重地简单化了。

早在20世纪初期，奥地利学派的经济学家米塞斯、哈耶克就多次强调，经济系统是由许多个体构成，他们在为各自利益工作的同时，也因为交叠的目标和知识而相互合作，并最后自组织到一个自由市场系统。

正如当代美国经济学家埃德加・E. 彼得斯（Edgar E. Peters）①所说的：“事实上，由奥地利经济学派发展出来的许多概念与复杂性科学理论是相吻合的。只不过，复杂性科学理论把奥地利经济学派的观点数学化了。”②

（2）积重难返的现代经济学

为了用形式（或数理）逻辑来建构理论，主流经济学家们偏爱分析的概念和方法。形式（或数理）逻辑的基本要求是概念的边界清晰、含义确定和前后一致（同一性）。

但是，形式（或数理）逻辑的概念与方法无论如何不能反映经济生活、技术和产品的演进与变化。即使如此，经济学家们还是越来越热衷于采用分析方法和以数学化为导向。乔治斯库・罗根提醒我们，我们能够用数字处理的东西是

① 埃德加・E. 彼得斯，全球投资管理企业 Pan Agora 资产管理公司的系统资产分配首席投资战略家和投资官，首次提出了分形市场假说；他的《复杂性、风险与金融市场》研究了不确定性与复杂性、风险性之间的关系，另外还著有《分形市场分析》《资本市场的混沌与秩序》。

② ［美］埃德加・E. 彼得斯：《复杂性、风险与金融市场》，宋学锋等译，中国人民大学出版社 2004 年版，第 8 页。

有限度的，就像我们不使用数字能够处理的东西也是有限度的一样。另外，任何经济都不是独立于法律、道德和政治规则之外的与外界无关的封闭领域。

在实际生活中，如果人为地割裂了系统各部分之间的联系，必然会给系统的自组织功能带来巨大损害。现实生活中这种情况非常普遍。尤其是建立在专业化基础上的现代社会，社会系统的自组织功能受到巨大损害，协调成本难以估计。而且任何一个自组织元素的缺失或功能失灵，就会导致系统总体的瘫痪。正如贝塔朗菲所说：

> 系统是自调节的，但是如果系统分裂为一条条独立的因果链，调节能力就丧失了。各个局部过程将互不相顾地进行下去。例如，我们在胚胎发育中就可以看到这种行为，调节能力随着定型过程的进展而减小。[①]

同样，在社会生活中，这种情况更是屡见不鲜，引发的社会问题尤其严重。

我们相信，而且事实也证明，哈耶克所说的自发秩序——市场力量——不仅优胜于绝大多数的人为设计，同时总是顽强地抵制人为力量的干预。

4.3.3 经济系统的涌现性

> "涌现"的观念不只是打破了传统的线性经济学框架的束缚，而且可以提供更具有解释力的经济学理论。现在，越来越多的人认识到，在生活中的每一个地方，我们都面临着复杂适应系统中的涌现现象——蚁群、神经网络系统、人体免疫系统、因特网和全球经济系统等。在这些复杂系统中，整体的行为要比其各个部分的行为复杂得多。[②]

(1)"涌现"的观念浮出经济学的水面

1987 年 9 月，20 位学者——10 位理论经济学家，10 位物理学家、生物学家和计算机科学家——齐聚圣塔菲研究所，讨论有关"经济可看作是进化的复杂系统"的问题。这次会议产生了两大成果。第一个成果是一本文集——《经济作为进化的复杂系统》[③]；另一个成果是 1988 年在圣塔菲研究所启动的经济学研究计划——从复杂科学的角度增进对经济现象的理解。

> 回顾最近 10 多年来经济学领域的进步，可以认为，伴随着系统科学、

---

① [美]冯·贝塔朗菲：《一般系统学——基础、发展和应用》，林康义等译，清华大学出版社 1987 年版，第 65 页。

② [美]约翰·霍兰：《涌现：从混沌到有序》，陈禹等译，上海科学技术出版社 2006 年版，第 3 页。

③ 1996 年 8 月，圣塔菲研究所经济研究计划举办了一个研讨会，会议的重要成果之一即《经济作为进化的复杂系统》。

复杂性科学的发展，一个全新的经济学观念开始浮出水面。它有时被称“复杂性视角”，或称为“圣塔菲研究所视角”，偶尔也称之为“过程与涌现视角”。①

他们指出了经济的6个特征：

①分散的交互作用。经济中发生的几乎所有事情，都是由大量的行为主体的相互作用决定的，而这些行为主体是分散的且极可能是异质性的、并行采取行动的。任何一个特定的行为主体的行动，都依赖于他所预期的一定数量的其他行为主体的行动，还依赖于所有行为主体共同创造的聚合状态或总状态(aggregate state)。

②没有全局性的控制者。经济中没有全局性的、可以控制行为主体之间的交互作用的实体。如果说有控制，那也是通过行为主体之间的竞争和协调机制实现的。经济行为是由法律制度、行为主体承担的角色，以及相互之间不断变化的联结来实现调和的。同样地，经济中也不存在万能竞争者，即可以利用经济中的一切机会的一个行为主体。

③交叉分层组织。在经济中，存在着很多层次的组织和互动……经济的整个组织不仅是层次化的，而且在每个层次上都存在许多复杂缠结的交互作用，或者说联系或交流渠道。

④连续适应。随着行为主体经验的不断积累，行为、行动、策略、产品等，全都不断地被修订、调整，或者说系统将不断地适应。

⑤永恒的创新。随着新的市场、新的技术、新的行为模式、新的机构等不断涌现……这导致的结果是持续的、永恒的创新。

⑥非均衡的动力学。由于新的利基、新的潜力、新的可能性等不断地被创造出来，经济的运行会远离任何最优或全局均衡。改进总是可能的，并且确实经常发生。②

对于具有上述性质的系统，约翰·霍兰提出一个概念——自适应非线性网络。这些特征决定了仅使用现代经济学所崇尚的数学方法处理这类系统将面临极大的困难。

如果只运用经济学家习惯使用的数学工具，如线性、不动点、微分方程

① [美]布莱恩·阿瑟:《复杂经济学:经济思想的新框架》，贾拥民译，浙江人民出版社2018年版，第145～146页。

② [美]布莱恩·阿瑟:《复杂经济学:经济思想的新框架》，贾拥民译，浙江人民出版社2018年版，第146～147页。

> 组等，就不能对自适应非线性网络有一个深刻的理解。相反，我们需要的是，将组合数学和种群层级的随机过程结合起来的新型数学方法，然后再加上计算机建模方法……它们都强调组织的各个不同层级上的结构发现和结构涌现的过程。[①]

显然，自适应非线性网络这个概念对经济理论的基础、对提出和解决经济学理论问题的方式都在产生深远的影响。

(2)约翰·霍兰讲述涌现的故事

> 尽管涌现是普遍存在的现象，而且相当重要，但它至今仍是一个奇妙的令人难以理解的问题，人们对它更多的还是感到好奇，而没有进行过细致的分析……像涌现这么复杂的问题，不可能只是服从一种简单的定义，我也无法提供这样的定义。[②]

> 本书将一遍又一遍地反复证明，少数规则和规律就能产生令人惊讶的、错综复杂的系统……处处都显示着：少数规则和规律生成了复杂的系统，而且以不断变化的形式引起永恒的新奇和新的涌现现象。实际上，只有我们弄清楚了系统中涌现现象的规律，才会真正了解这些复杂系统。[③]

"无法预料、出其不意，这是涌现的一个重要方面。"[④]但是，这里有一个非常重要的因素——混沌系统对初始条件具有敏感依赖性，初始条件的深远影响却是无法预料、出其不意的。在实际天气预测中，由于气象学家并不知道所有相关变量的值，从而也就无法在细节上进行研究，作出长期预测。因为这需要考虑混沌带来的影响。而在短期预测中，常常无须考虑混沌的影响。"要对短期内大规模气团运动进行预测的话，蝴蝶抖动翅膀或者喷气式飞机产生的影响都可以忽略不计。事实上，气象学家并没有试图在很久以前的初始条件的基础上进行预测，如蝴蝶效应，而是利用最新数据，每天重新预测。"[⑤]当然，即使是短期预测，也仍然无法逃避种种意外。复杂系统的状态空间很大，混沌系统重返已经发生过的状态的概率很低。"这种无穷无尽的新奇使预测变得十分困难，即

---

① [美]布莱恩·阿瑟：《复杂经济学：经济思想的新框架》，贾拥民译，浙江人民出版社2018年版，第148页。

② [美]约翰·霍兰：《涌现：从混沌到有序》，陈禹等译，上海科学技术出版社2006年版，第4～5页。

③ [美]约翰·霍兰：《涌现：从混沌到有序》，陈禹等译，上海科学技术出版社2006年版，第4页。

④ [美]约翰·霍兰：《涌现：从混沌到有序》，陈禹等译，上海科学技术出版社2006年版，第6页。

⑤ [美]约翰·霍兰：《涌现：从混沌到有序》，陈禹等译，上海科学技术出版社2006年版，第46～47页。

使是在机制（规则）和初始状态已经确定的情况下也是如此。”[①]

（3）当建模遭遇涌现

霍兰认为，通过构建动态模型，可以发现导致结构变化的那些不变的规律。如果我们有效地掌握了控制天气的办法，那么变化规律将能够进一步确定这些控制条件是如何影响未来天气状况的。实际上，我相信，他的这种说法与他对涌现的认识并不协调，在实践上也只能概率性地成功。正如他自己所说：“当然，无法保证在所选择的详细程度下，一定能够找到简单的变化规律。”[②]

> 因为主体个体的行为是受当时环境（环境中的其他主体和对象）影响的，所以我们不太容易从一个“一般”的个体行为中预测出所有主体的行为。特别是，如果主体个体会不断学习、适应环境，那么这个困难就更大了……主体的策略不仅会受目前状态的影响，而且随着时间的流逝，它的策略规则也会变化。随着这些困难的增加，涌现行为也逐渐产生了。[③]

> 尽管这些计算机模型并不是物理实验，它也是非常精确的。这些模型的定义和它所蕴含的结果之间的联系是很明确的。两次运行同样的模型，如果模型的设置完全相同，那么将会得到同样的结果。计算机模型的精确性，使得它有些类似于数学模型（基于方程或公理）。[④]

> 在可编程计算机出现之前，我们研究带有大量主体的模型时，只能假设主体个体都表现出一种典型的，或者说是“平均的”行为——而整个模型的行为可以看作是这些平均行为的总和……但是，正如我已经指出的，这些平均行为有它的局限性。蚁群的行为并不是一群蚂蚁行为的简单总和。蚂蚁之间耦合的相互作用提供的这种群体内的凝聚现象，远远超出了简单总和所能够预测的。[⑤]

> 涌现首先是一种具有耦合性的前后关联的相互作用。在技术上，这些相互作用以及这个作用产生的系统都是非线性的。整个系统的行为不能通过对系统的各个组成部分进行简单的求和得到。我们不可能在棋类游戏中通过汇编棋子各步走法的统计值来真正了解棋手的策略，也不可能通

① ［美］约翰·霍兰：《涌现：从混沌到有序》，陈禹等译，上海科学技术出版社2006年版，第48页。

② ［美］约翰·霍兰：《涌现：从混沌到有序》，陈禹等译，上海科学技术出版社2006年版，第83页。

③ ［美］约翰·霍兰：《涌现：从混沌到有序》，陈禹等译，上海科学技术出版社2006年版，第120页。

④ ［美］约翰·霍兰：《涌现：从混沌到有序》，陈禹等译，上海科学技术出版社2006年版，第122页。霍兰把一些重复出现的模式称为涌现性质，并且试图构建出一个普适理论，以便对于涌现作出预测——何时、何地、何物。

⑤ ［美］约翰·霍兰：《涌现：从混沌到有序》，陈禹等译，上海科学技术出版社2006年版，第123页。

过蚂蚁的平均活动了解整个蚁群的行为。在这些情况下，整体确实大于局部之和。但是，如果我们考虑非线性的相互作用，就可以将整个系统的行为简化为其组成部分合乎规定的行为。[①]

蚁群中的蚂蚁、神经网络中的神经元，或者物理学中的基本粒子，都可以由一些规则和规律来描述，这些规则和规律决定了这些主体在一个大环境中的行为。在每一种情况中，我们都能将这些主体的行为描述成处理的物质、能量或信息，它们可以产生某一行为，这一行为通常就是物质、能量、信息的传递。说得更通俗些，主体的功能就是处理输入并产生输出。[②]

(4)一个应用：从涌现的观点看待中国经济当前的成功

2017 年 9 月 20 日，林毅夫教授在北大文研讲座上发表了题为“中国改革开放 40 年与北大立校 120 年：反思与前瞻”的演讲。他指出：“中国改革违背了主流经济学理论，为什么还能成功？”[③]应该说，林教授提出了一个很好的问题，但是他却提供了一个错误的答案。他认为，全部答案包含在他的“后来者优势”理论里。

林毅夫说道：

发展中国家的现代化努力中有一个共同的现象，就是到现在为止，没有一个发展中国家是按照发达国家的主流理论去做成功的，少数几个能够幸运地实现赶上发达国家愿望的经济体，他们的主要政策在推行时从主流理论来看是错误的。为什么会是这样？仔细想来道理也不难明白，因为现在的主流理论都来自于发达国家，总结于发达国家的经验。一个理论是否适用决定于理论的前提条件是否存在，来自于发达国家的理论，自觉不自觉地以发达国家的条件为其理论中明的或暗含的条件，由于发展阶段不同，发达国家那些前提条件在发展中国家大多不存在，发达国家的理论拿到发展中国家来运用，难免会有“淮南为橘淮北为枳”的遗憾。更何况发达国家的条件也在变化，盛行一时的理论也不断被新的理论所取代。

现在国内外学界顶礼膜拜西方的理论，认为那些理论很先进，是国际的，无非就是现代西方国家强。1995 年《经济研究》创刊 40 周年时，我写了一篇文章，标题为“本土化、规范化、国际化”。文章中我提出一个观点认

① [美]约翰·霍兰：《涌现：从混沌到有序》，陈禹等译，上海科学技术出版社 2006 年版，第 124 页。

② [美]约翰·霍兰：《涌现：从混沌到有序》，陈禹等译，上海科学技术出版社 2006 年版，第 126 页。

③ 林毅夫：《中国改革开放 40 年与北大建校 120 年：反思与前瞻》，《北京大学学报》(哲学社会科学版)2018 年第 2 期。

为：任何理论都是一个简单的因果逻辑体系，而且，理论是越简单越好；并且，总结于任何一个国家社会的理论，都是对人类知识增量作出贡献的理论。①

这里，我们认为有几点需要说明：

第一，当前流行的西方理论真的如林毅夫所说，是“发达国家的经验”吗？显然，林教授的这个说法是错误的！

在这里，西方国家的成功与西方理论流行之间的逻辑被林毅夫颠倒了。真实的逻辑是：西方国家的成功造成了西方理论的流行！西方经济学理论从来没有超出过理论的范畴，在实践上并没有对经济发展作出过什么重要贡献。

第二，英美国家是如何成功的？

西方国家成功的两个主要代表——英国、美国，它们的成功主要是历史、文化和制度原因造成的，具有很大的偶然性。不仅涉及特殊的“初始状态依赖”，而且，它们的历史、文化和制度的变化具有真实的重要意义。这包括启蒙运动的思想准备，新教伦理开辟了资本主义的道路，以及资本主义制度的确立，正是这些方面的联合作用，才释放了被束的普罗米修斯。英国的崛起属于典型的技术强国——纺织机械、蒸汽机、铁路与造船带来了巨大生产力，英国通过贸易与掠夺的手段，建立起“日不落帝国”；美国的崛起则完全属于另一种类型，正如布克哈特曾指出的，西方文明的兴盛与危机都是在历史过程中产生的。我们需要像一个观看艺术作品的人一样仔细端详历史，而不是拿一把理论的尺子去裁剪历史。马克斯·布特(Max Boot)②也充分肯定了战争对历史变迁的作用。有一些历史知识的人都知道，两次世界大战，把大量的资本、人才、技术推向了美国这片未被战争蹂躏的大陆，这是美国崛起的一个重要原因。日本的经济发展则很好地诠释了“模仿”的力量。

因此，不是西方的理论培育了西方的成功，当下流行的西方的理论也不应被视为西方经验的总结。

美国哲学家理查德·罗蒂告诉了我们美国哲学家杜威的解释：

> 杜威不仅没有过分地喜爱特定的美国制度，而且激烈地批评了许多美国制度。他认为，除了好运气以外，亦即除了尽管经历了许多变迁，仍然能够使其维护宪政民主几乎达两个世纪之外的一些偶然条件以外，美国不存

---

① 林毅夫：《中国改革开放40年与北大建校120年：反思与前瞻》，《北京大学学报》(哲学社会科学版)2018年第2期。

② 马克斯·布特，美国历史学家。他嘲笑了那些幼稚的经济基础决定论或者民主体制论，或者单纯的武器论等。获奖著作为《为了和平的野蛮战争：小规模战争与美国威权的兴起》。

> 在什么独特之处。在那些条件当中,最重要的一条是经济条件,比如不断延伸的国界,以前没有被开发出来的自然资源财富以及廉价移民劳动力源源不断地供应。这样一些偶然因素使得一个极其庞大的有教养的资产阶级的出现成为可能。[①]

第三,中国当前的经济成功是不是违背了西方理论?中国的成功的确有“后发优势”的作用,但是,并非“后发优势”所能全面解释的。“后发优势”的能量不能被夸大,“后发”往往是劣势大于优势。特别是,那么多的落后国家,为什么独有中国成绩亮眼?

我们的结论是:中国经济快速发展最实际的原因是,我们没有去照搬任何理论,而是实实在在地依靠了技术进步的力量(虽然是模仿的方式),并拥有超大规模的“市场”(人口)。再有制度变革所释放的强大动力、中国百姓的吃苦耐劳、当前世界的和平发展等因素的叠加,共同造就了中国经济的黄金发展40年。这当然是一种涌现现象。

4.3.4 复杂系统经济过程的不可逆性

对于把握复杂系统的演化来说,除了前面分析过的共生演化以外,还需要记住复杂系统的运行具有典型的不可逆性。

(1)没有什么事物可以抛开历史

大家已经知道,“历史”在现代经济学中并没有占据应有的地位。一个国家的经济发展,需要考虑资源、资本、劳动和市场因素,却与所有的历史因素没有任何关系。这是极为荒唐的。这里我们要告诉大家的是:不懂得历史你就不会了解现在。

我们不是历史决定论者,但是,由此走向它的反面——历史无关论——就是从一种错误走向另一种错误。

例如,卡尔·波普尔在《历史决定论的贫困》中说道:

> 本书中我要证明历史决定论是一种拙劣的方法——不能产生任何结果的方法。我的论证可以概括为如下五个论题:①人类历史的进程受人类知识增长的强烈影响。②我们不可能用合理的或科学的方法来预测我们的科学知识的增长。③所以,我们不能预测人类历史的未来进程。④这就是说,我们必须摈弃理论历史学的可能性,即摈弃与理论物理学相当的历史社会科学的可能性。⑤所以历史决定论方法的基本目的是错误的,历史

① [美]理查德·罗蒂:《后形而上学希望》,张国清译,上海译文出版社2003年版,前言第1~2页。

决定论不能成立……我的论证只是根据历史发展可以受到我们知识的增长影响这一点，来反驳对历史发展进行预测的可能性。①

我们强调，历史是社会发展的特别重要的影响因素之一，而不是它的全部。这一结论适合任何一个开放系统。波普尔从科学或任何别的方法都不可能预测人类历史进程的事实，得出了历史决定论纯属迷信的结论是草率的，是站不住脚的。实际上，不仅根据历史不能预测历史发展，无论是根据什么，都不能完全预测历史发展。如果说历史决定论是错误的，然后以此为根据完全否认历史的作用、放弃历史研究是不可取的。所以，波普尔这本书实际上只不过是历史虚无主义的哲学版本，而历史虚无主义则是虚无主义阵营中的核心成员。用海德格尔的话说："凡是既蔑视有其基本规律的思而又破坏创建意志与信仰的就是纯粹虚无主义。"②

说的更严重一些，这是一种不幸，否认历史包含了一种对科学思维的错误崇拜。正如海德格尔指出的：

到目前为止大为不幸的是，人们以为似乎科学思维才是唯一的和真正严格的思，唯有它，也必须是它才能成为哲学运思的准绳。可事实却正好相反，一切科学的运思都只是哲学运思衍生出来的和凝固化了的形态。③

这就是海德格尔所说的一种真正的"精神沦落"。透过波普尔这些人的行为，海德格尔看到了：

大地在精神上的沦落已前进得如此之远，以至于各民族已处于丧失其最后的精神力量的危险之巾，而这种精神力量恰是使我们有可能哪怕只是看见这种(与"在"的命运密切相关的)沦落和评估为这样为沦落④。

我们相信，历史在人类社会进步中的作用不应该被夸大。但是，历史无疑是影响人类社会进步的一种真实的力量。这就是"初始状态""路径依赖"以及"蝴蝶效应"所揭示的事物演化的复杂性。它们都对事物发展和演化具有无可否认的影响，无论是个人、社会、自然还是宇宙都不能超越这些复杂世界的真实力量。

---

① [英]卡尔·波普：《历史决定论的贫困》，杜汝楫、邱仁宗译，华夏出版社1987年版，序言第1～2页。

② [德]海德格尔：《形而上学导论》，熊伟、王庆节译，商务印书馆1996年版，第24页。

③ [德]海德格尔：《形而上学导论》，熊伟、王庆节译，商务印书馆1996年版，第26页。

④ [德]海德格尔：《形而上学导论》，熊伟、王庆节译，商务印书馆1996年版，第38页。

(2)没有什么事情可以回到从前

基于时间具有不可逆性(实际上,时间不可逆与过程不可逆两种说法是同一回事)的事实,我们强调,任何系统都是具有历史性的,各种系统的演进,在时间上它只有一个维度,不停地向前,没有任何事情是可重复的;但在路径上它可以有许多种可能。

在各个科学领域中,我们都能发现“一般的……学”。这种做法实际上是要构建“纯粹的……科学”,或者说试图用一种一般方法奠立某一科学的逻辑与理论基础。毫无疑问,对任何领域、任何问题的研究,抽象程度越高,就会离事实越远。但是,如果我们承认世界是由不同的系统组成的,我们就必须承认不同的系统——物理的、化学的、生物的、社会的——由于构成要素、结构和作用机理不同,需要我们运用不同的方法去认识和研究,不能把一种逻辑方法(如物理学的或生物学的逻辑)强加于各类系统。

回头看,历史上各种类型的拘泥于抽象的逻辑推理的研究,那些静态的形式主义的推理,它们所得出的结论既不符合现实,也不符合历史。在这里我们需要再度提醒,差之毫厘,谬以千里!

尽管数学最终被证明非常有用,但数学定理不随时间变化这条假设却是一个只适用于抽象世界的观念,流露着根深蒂固的形而上学幻想。数学中的对象是纯思维的产物,关于这一点,前面提到的英国数学家怀特海已经作出了最好的说明。抛物线、圆、直线,这些都是我们头脑中的想法,我们构造它们并给予它们数学定义。

在数学的发展与应用中,形而上学对其他学科产生了深刻的负面影响。我们看到,在柏拉图、亚里士多德和托勒密的宇宙学中,存在一个没有时间的完美世界,它遵循永恒的规律。但是,宇宙的膨胀、地球的沧海桑田、人类的生老病死,这一切都说明我们所生活的世界受制于时间、空间。

回到经济学上,不仅均衡理论是一个虚构的概念,周期理论也是子虚乌有或想当然的概念。就像我们每个人无法回到从前一样,不可逆的世界也不可能回到某个原点,回到某种状态。经济生活中所看到的表面上回到某个价格水平或某种状态,只不过是一种近似或粗略的、大而化之的说法。经济波动应该被视为经济运行的常态。

(3)奥地利学派的过程市场观

奥地利学派与主流经济学的本质区别在于奥地利学派的市场观是一种过程的市场观。这当然是一种很重要的观念,但是,应该承认,他们对过程的理解和解释还是存在许多局限。

主流经济学中,长期存在着对不确定性的严重漠视,20 世纪微观经济学都是根据均衡模型来理解市场现象的。换句话说，经济学家们认为市场数据——价格、生产方法、工业的规模——就可以提供有关的解释，这些数据可以从与市场均衡相一致的变量的值中得到。主流经济学不承认经济现象背后的数据的模糊性。偏好、可利用的资源以及技术不变[被称为基本变量(UVs)]是新古典理论家普遍采纳的假定。基于这种对于市场的理解，主流经济学把市场上由于竞争者和革新性的企业家活动所引发的变动以及政治、文化、制度变化的影响看成是需要被过滤掉的扰动因素。

奥地利学派的基本立场可以归纳为：①在一个私有产权受到尊重的体制中，自由社会是经济努力主要通过市场得以体现的社会。②市场总是处于不断的流变之中，并且从来不会处在或者接近于均衡状态。③市场过程要能够起作用，关键的要求是竞争性的企业家准入的自由，个体完全的经济自由是必要的。④只有在一个自由社会中才有可能解决经济计算问题，一个社会主义社会如果与市场经济体完全隔离开来，必定倾向于无效率和经济失败。

许多人对于主流经济学的批评，都是从经济、社会的根本性的不确定性出发的。如果不确定性是不可消除的，那人们对未来情形的无知也是没有办法被消除的，仅此一点就使得市场无法保障个体选择之间的一致性。那么，那些从个体的最优选择出发建构出来的新古典模型完全不具有现实相关性。"源自于不确定性的未来的'知识的空白'(gaps of knowledge)使理性'笨手笨脚'，无法起作用。"[①]

奥地利学派的市场过程理论强调，一方面，完美知识假定使我们追问市场过程如何导致个人选择之间的协调变得没有意义，因为这样的协调已经隐含在完美知识假定之中。另一方面，关于无法超越的无知的假定使通过系统性的市场过程实现系统性的协调变得不可能。如果未来的不确定性使我们根本无法分辨什么是更好的行为路线，那么选择就成了空话。

> 市场过程理论把市场看作是在所有时间都表现出强大的激励，真正的、有价值的发现的力量。它认为，要理解市场是如何起作用的，有必要既拒绝接受关于均衡始终存在并立即实现的假定，也有必要拒绝其相反的假定，认为我们称之为引致变量 IVs 的值与基本变量 UVs 之间不存在实质性的关联性。[②]

---

① [美]伊斯雷尔·柯兹纳：《市场过程的含义》，冯兴元等译，中国社会科学出版社 2012 年版，第 4 页。

② [美]伊斯雷尔·柯兹纳：《市场过程的含义》，冯兴元等译，中国社会科学出版社 2012 年版，第 49 页。

奥地利学派还强调了市场过程的中心特征——无知和发现——在经济运行中扮演的角色。市场过程由一系列发现造就的变化构成,市场过程观强调企业家对于纯利润机会的警觉性,认为这是理解市场上发生的事情的重要力量。企业家的激励源自发掘市场中纯利润的机会,这些发现是纠正市场非均衡的力量。但是,市场过程观也承认,在任何给定时点,市场都没有使得所有非均衡的特征被消除掉,这主要是因为基本变量——偏好、可利用的资源以及技术——总是在变化中。

市场是一个过程,而且是一个复杂性过程。虽然,奥地利学派的市场过程观念对于修正主流经济学的线性、静态、狭隘的市场理论具有重要意义,但市场本身并不是一个完整的过程,它只是整体经济过程的一个局部,从这里无法获得关于人类经济活动的完整理解。

奥地利学派一致强调,只有一个自由社会中才有可能解决经济计算问题,一个与市场经济体完全隔离开来的社会(社会主义社会),必定倾向于无效率和经济失败。这个观点是不能成立的。实际上,经济计算问题无论在什么条件下都不可能解决,试图从这里证明某种体制的合理性是完全行不通的。我们相信,体制与制度问题的关键在于是否承认激励因素的社会合法性。

4.3.5 复杂系统经济过程的路径依赖性

最早关注到路径依赖现象的是生物学领域,经济学关注路径依赖是很晚的事情。

英国生物学家康拉德·瓦丁顿(Conrad Waddington)[①]发现,偶然性随机因素启动基因控制机制,使物种进化产生各式各样的路径,并且这些路径互不重合,产生物种进化。他首先用希腊文"chreod"和"homorhetic"(即必然的、命中注定的、自动跟随的路径)来表示这种现象。后来,古尔德(Stephen Gould)在研究生物进化中的间断均衡(puctuated equlibria)和熊猫拇指进化问题时,进一步提出了生物演进路径的机制以及路径可能非最优的性质,并明确了路径依赖的概念。

生物学中的新进化论影响了经济学,它促使人们在思索社会系统的演进过程中提出类似的问题。1975年,美国斯坦福大学保罗·A. 戴维(Paul A. David)在《技术选择、创新和经济增长》(*Technical Choice, Innovation and Economic Growth*)一书中,指出人类社会中的技术演进或制度变迁均有类似于物理学中的惯性,即一旦进入某一路径就会沿着该路径一直发展下去,并锁定在

---

① 康拉德·瓦丁顿,英国爱丁堡大学著名生物学家,古生物学家、遗传学家、胚胎学家和哲学家,他奠定了系统生物学、表观遗传学和进化发育生物学的基础,并对人类生态学的研究采取了广泛的跨学科方法。

该路径上。1985年，他又通过对计算机为什么至今还采用QWERTY键盘的分析，说明了历史变迁的路径依赖性质。戴维把路径依赖现象归结于三个原因：技术上的相互关联性、规模经济和投资的不可逆转性。此后，他继续对这一问题进行研究与探索，使得路径依赖理论更加丰富完善。

1981年，道格拉斯·诺斯(Douglass North)用路径依赖理论解释经济制度的演进，指出决定制度变迁的路径有两种力量，一种是报酬递增，另一种是由显著的交易费用所确定的不完全市场，如果没有报酬递增和不完全市场，制度是不重要的。诺斯强调，经济史中的结构与变迁的根源在于制度演进。

阿瑟对技术演进过程的自我强化和路径依赖性质进行了研究。他的观点是：技术如同生命体一样，它的进化与生物进化没有什么本质差异。[①] 这一观点难以让人认同。他指出，新技术的采用往往具有报酬递增的性质。一种并不一定是最好的技术，由于某种原因首先获得发展，就可以凭借先占的优势地位，利用规模扩大促成的单位成本下降，普遍流行导致的学习效应，许多相关、相近行业采用相同或相似技术的协调效应，以及市场上的流行给消费者带来的良好预期等，实现自我增强的良性循环和持续的发展。相反，如果一种先进的技术出于某种原因而晚了一步，就没有机会获得先入者的诸多优势，从而陷入一种恶性循环的状态，甚至会被“锁定”在一种被动的状态下难以自拔。

总之，一些细小的事件或是偶然因素，常常会把技术的发展引入一种特定的路径，而不同的路径会导致完全不同的结果。这就是技术演进轨迹的路径依赖。

阿瑟认为，技术轨迹的路径依赖特征，是由于自我强化机制。技术演进中的自我强化机制主要包括四个方面：第一，新技术在开发之初往往需要投入大量的初始成本或固定成本，随着产量的增加则会导致单位成本不断下降。第二，学习效应，随着一项技术的流行，人们会在使用和推广过程中不断地改进这一技术，使之更完善。第三，协调效应，随着一项技术的采用和推广，会产生一系列相关的技术和产品(或称互补性的技术和产品)，也会产生相关部门的合作效应。第四，适应性预期，越流行的技术和产品，越容易产生该技术和产品将来会更流行的预期。[②]

阿瑟还对自我强化机制所导致的结果进行了分析，他认为其结果表现出以下四个特征：第一，技术演进的结果不是唯一确定的，它是多种均衡的选择，可能有多种解决办法。第二，发展的结果不一定是最佳的，一项技术在开始时可

---

① 参见[美]布莱恩·阿瑟：《技术的本质：技术是什么，它是如何进化的》，曹东溟、王健译，浙江人民出版社2014年版，第185页。

② 参见[美]布莱恩·阿瑟：《技术的本质：技术是什么，它是如何进化的》，曹东溟、王健译，浙江人民出版社2014年版，第185页。

能很有效，但发展下去可能会失去效率。第三，发展模式固定化，选择某项技术容易，但放弃它却很难。第四，轨迹依赖，一次偶然的机会可能会导致一种解决方法，而一旦这种方法流行起来就会产生一种沿着原来路径走下去的趋势，要想改变这种方法或是选择其他路径十分困难。①

严格说来，即使是人类社会，在随机因素的作用下，哪怕是具有完备理性的人类行为，在相互观察对方策略的学习过程中，系统也可能不收敛或收敛于错误的均衡。

4.4 经济系统的演化图谱

马古利斯在《生物共生的行星——进化的新景观》中说："进化，简单说来就是一切的历史。"②

主流经济学所秉承的经济观是均衡观念，实际上是一种静止的观念。这种观念和方法不能解释经济的发展，也容纳不了创新。如何用演化和进化的观念理解经济系统？

4.4.1 经济系统演化全景

用系统的观点看经济，经济系统是作为整体社会系统中的一个组成部分存在的(见图 4-5)。这个说法的含义有二：第一，经济系统与其他系统的相互联结；第二，不同经济系统（通常意义上的经济体）在空间和地域上的相互联结。伴随着当代世界经济一体化发展，虽然世界被划分为不同的民族国家，各经济体却也在全球层面上互相联结、相互影响，某种程度上是一荣俱荣、一损俱损。

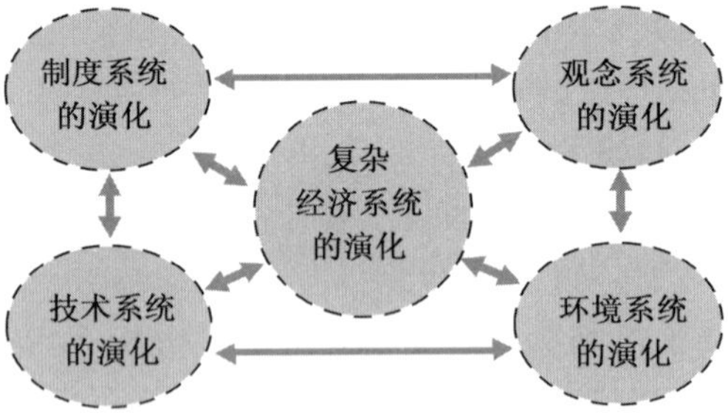

图 4-5 作为复杂适应系统的经济系统演化示意

① 参见[美]布莱恩·阿瑟：《技术的本质：技术是什么，它是如何进化的》，曹东溟、王健译，浙江人民出版社 2014 年版，第 185 页。

② [美]林恩·马古利斯：《生物共生的行星——进化的新景观》，易凡译，上海科学技术出版社 1999 年版，第 20 页。

(1)经济系统与其他系统的共生与演化

任何时代的实体经济都是一个高度共生的复杂系统，无论在理论层面上还是在实践层面上都是如此，只是在机械论思维中才被分裂为多个独立的系统。迄今为止的经济学理论都是基于这样的认识来建立竞争和交易模型，从来不去研究或者关注整体系统的运作及其状态变化。

“系统”(system)表示一系列共生要素构成的有机整体，经济系统的演化就是一部人类的“社会—经济”史。

第一个阶段，史前经济。在这个阶段，人类只是作为一种高级动物——灵长类动物而存在。这个时期没有形成文化，也没有制度和法律，人与自然和谐共生。

第二个阶段，农耕经济发展时期。农业耕种出现后，土地变成了生存基础，政权、制度、文化开始形成并对经济产生影响。在这一时期，经济活动的经验具有重要意义，可以说是经验经济时期。

第三个阶段，“技术—经济”时期。“技术—经济”时期即技术和经济合为一体，经济活动靠技术驱动。这一时期，技术重要性上升，交通、通信手段的快速发展使世界经济的整体性突显。这是全球经济一体化建立与发展的时期。

“技术—经济”时期又可以细分为重商主义时期、工业化时期和后工业化时期。大约从1500～1800年，是重商主义时期。这一阶段始于哥伦布和达伽马的航海探险，终于工业革命。在此三百年间，美洲开始被殖民并向欧洲输出白银、糖和烟草；非洲人被运往美洲充当奴隶，生产上述产品；亚洲则将香料、纺织品和瓷器运往欧洲。主要欧洲国家不断获取新的殖民地，并采用关税和战争手段阻挠其他国家与殖民地开展贸易，企图以此来增加本国的贸易收入。以牺牲殖民地的发展为代价，欧洲制造业取得了进步。

19世纪的欧洲经济可称为工业化时期。在这一阶段，英国已经在工业领域内确立了领先优势，将其他国家都甩在身后。西欧各国和美国将经济发展作为首要任务，试图采取一系列政策来发展经济。这些政策包括四个部分：第一，消除内部关税，加强交通基础设施建设，从而建立统一的全国性市场；第二，建立外部关税，保护本国工业，应对来自英国的竞争；第三，成立银行，稳定货币并为工业投资提供资金；第四，建立大众教育体系，提升工人的能力。这些政策在西欧和北美取得了成功，这些地区内的各个国家和英国一起构成了如今的富国俱乐部。

(2)不同经济体的共生与演化

一方面，历史上始终存在着不同经济体之间的交流与合作——从产品到资源再到技术。玉米原产地是拉丁美洲的墨西哥和秘鲁一带，小麦原产地是西亚,水稻原产地是中国,但这些作物如今遍地全球。

另一方面,近代以来,来自欧美的资源掠夺和技术垄断使得大多数亚洲国家的工业化道路异常艰难。但是,到20世纪末,世界各地的工业化还是取得了很大的进步,一些新兴经济体借助新的技术和制度,获得了快速进步,迅速成长。

在克里米亚战争(1853～1856)中,俄国被英国和法国击败,现代化成为其迫切的目标,沙皇亚历山大二世因此废除了农奴制。通过关税、金融、教育等多方面的改革,俄国重工业占国内生产总值的比重明显提高。

日本历史可以划分为四个阶段:德川时期(1603～1868),当时日本处于德川幕府的统治之下;明治时期(1868～1905),此时权力回到明治天皇手中,日本开始推行经济现代化;帝国主义时期(1905～1940),日本发展重工业;高速发展时期(1950～1990),日本经济赶上西方强国。

第四阶段,地球村经济。这一时期,人类的经济活动受到越来越多因素的影响,如资源、环境、国际关系、战争、文化、科技等。竞争没有变得缓和,而是变得更加激烈和残酷。

现代经济发展的基本动力是模仿与创新。注意,模仿与创新是全方位的——文化、制度、教育、科技乃至社会生活方式,而不是仅仅停留在经济或技术方面。现代经济学也谈论模仿与创新,但是由于它们局限于经济学的理解范围和解释框架,因而不仅不能充分解释社会进步,而且不能充分解释经济进步。

在现代社会,模仿成为绝大多数国家、企业重要的生存方式。无奈也好,必须也罢,对某些国家、企业而言,在其特定的成长阶段,模仿是其唯一或者说是最佳的选择。相对于创新而言,模仿无处不在。

如果说创新者拥有先发优势,那么模仿者一定会享有后发优势。理论上,先发者可能拥有的优势是技术优势、认知优势、资源优势;相对而言,模仿者可能拥有的优势则是成本优势、经验优势。先发优势通常可为先行者赢得占领市场的空间与时间,而后发优势通常可为模仿者创造低成本切入市场与竞争的可能。

4.4.2 超越经济学思维

历史前进的每一步从来都伴随着意识和观念的转变,为了迎接真实生活的挑战,首先必须转变认识问题、思考问题的观念和方式。在这方面,马克斯·韦伯为我们提供了最好的诠释。

(1)新教伦理与资本主义精神

社会观念对社会的变革、进步有什么样的作用?如何解释资本主义的胜利？韦伯在《新教伦理与资本主义精神》一书中，论述了两个重要问题：西方近代资本主义的产生及其本质；社会观念伦理与经济行为的关系。韦伯指出，解释资本主义的胜利虽然经济因素具有根本的重要性，但是，它也是资本主义精神为了取得统治的地位，同各种敌对的力量进行搏斗并最终取得胜利的过程。因此，伦理观念具有至关重要的和决定性的影响。他说：

> 首先考虑经济状况，因为我们承认经济因素具有根本的重要性。但是与此同时，与此相反的关联作用也不可不加考虑。因为，虽然经济理性主义的发展部分地依赖理性的技术和理性的法律，但与此同时，采取某些类型的实际的理性行为却要取决于人的能力和气质。如果这些理性行为的类型受到精神障碍的妨害，那么，理性的经济行为的发展势必会遭到严重的、内在的阻滞。各种神秘的和宗教的力量，以及以它们为基础的关于责任的伦理观念，在以往一直都对行为发生着至关重要的和决定性的影响。①

韦伯特别强调：简单地用经济因素来解释资本主义是不可取的，任何一种经济现象，观念和文化因素必然共同发挥作用。实际上，这显示了韦伯对社会系统的深刻理解。

> 我们只是试图阐明宗教力量在我们这一仍在发展着的世俗近代文化之网的形成过程中，在无数不同的历史因素的复杂的相互影响中所发挥的作用……无以数计的历史条件，特别是纯粹政治的发展过程，不能归结为经济规律，也不能用任何一种经济原因所解释，它们必然共同发挥作用。②

韦伯所理解的资本主义是这样：在一个完全资本主义式的社会秩序中，资本主义是靠持续的、理性的、资本主义方式的企业活动来追求利润并不断再生利润。但是，韦伯强调，对财富的贪欲根本就不等同于资本主义，更不是资本主义的精神。

> 没人知道将来会是谁在这铁笼里生活；没人知道在这惊人的大发展的终点会不会又有全新的先知出现；没人知道会不会有一个老观念和旧理想的伟大再生；如果不会，那么会不会在某种骤发的妄自尊大情绪的掩饰下产生一种机械的麻木僵化呢，也没人知道。因为完全可以，而且是不无道

① [德]马克斯·韦伯：《新教伦理与资本主义精神》，于晓等译，生活·读书·新知三联书店1987年版，第15页。

② [德]马克斯·韦伯：《新教伦理与资本主义精神》，于晓等译，生活·读书·新知三联书店1987年版，第67页。

理地这样来评说这个文化的发展的最后阶段:“专家没有灵魂,纵欲者没有心肝;这个废物幻想着它自己已达到了前所未有的文明程度。”①

(2)主流经济学的思维模式

思维模式具有与其他各种事物不同的性质和特点,它有时非常灵动和善变,有时又非常顽固、保守和难以克服。

虽然已经进入了21世纪,韦伯的著作也对人们的思想产生了广泛影响,但是,现代经济学对社会经济现象的理解和解释,依然大大落后于韦伯。如今,统治经济学理论的思维模式依然是近代机械论的思维模式,只是在表现方法上有所改进。这种改进就是开始用模型和数据来解释经济活动。这甚至已经成了经济学家、企业战略大师、城市规划师、精算师等专业人士的“核心竞争力”。任何人,只要想分析当前形势、制订发展策略就首先会考虑到应用模型,这就是“模型思维”。

斯科特·佩奇(Scott E. Page),密歇根大学复杂性研究中心核心成员之一,圣塔菲研究所外聘研究员,1993年获得西北大学凯洛格商学院管理经济学和决策科学博士学位。佩奇以对社会科学的多样性和复杂性的研究与建模而闻名,具体研究方向包括路径依赖、文化、集体智慧、社会生活的计算模型,研究领域涉及多个学科,包括经济学、政治学、计算机科学、管理学、物理学、公共卫生、地理学、城市规划、工程学和历史学。他曾多次为国际货币基金组织、美国教育部、福特汽车公司、奔驰汽车公司等提供咨询。佩奇获得过多项奖金,包括2013年的古根海姆奖(Guggenheim Fellowship)。他还曾多次获得加州理工学院、西北大学和密歇根大学颁发的杰出教学奖,这些大学对他多年来在复杂性和多样性方面的教学成果给予了高度认可。在《模型思维》一书中,佩奇介绍说:“‘模型思维’第一次上线时就吸引了6万名学生,到现在,这门课程的注册学生人数已经接近100万了。”②那么,为什么大家需要学习这门课程呢?佩奇在自己的《模型思维》一书中说道:

本书提倡多模型思维方法,应用模型集合理解复杂现象。本书的核心思想是:多模型思维能够通过一系列不同的逻辑框架“生成”智慧。不同的模型可以将不同的力量分别突显出来,它们提供的见解和含义相互重叠并交织在一起。利用多模型框架,我们就能实现对世界丰富且细致入微的

① [德]马克斯·韦伯:《新教伦理与资本主义精神》,于晓等译,生活·读书·新知三联书店1987年版,第143页。

② [美]斯科特·佩奇:《模型思维》,贾拥民译,浙江人民出版社2019年版,第2页。

理解。[①]

> 掌握本书的内容，特别是那些涉及创新、预测、数据处理、学习和市场准入时间选择的模型，对许多人都有非常重要的实际价值。使用模型来思考能够带给你的，远远不仅仅是工作绩效的提高，它还会使你成为一个更优秀的人，让你拥有更强的思考能力，你将更擅长评估层出不穷的经济事件和政治事件，更能识别出自己和他人推理中的逻辑错误。有了这种思维方式，你将懂得辨识什么时候意识形态取代了理性思考，并对各种各样的政策建议有更丰富，更有层次的洞见，无论是扩建城市绿地的建议，还是强制药物检测的规定。[②]

在这里，我们并不想评论佩奇的说法有什么问题，但是，我们还是希望把雷蒙·阿隆(Raymond Aron)[③]半个世纪以前的著作《知识分子的鸦片》中的一段话送给大家。

> 军事首领、政治家、投机家和企业家对局势往往很少有足以使其将手段和目标严格地结合在一起的全盘了解。故此，他们在行动时就像是在下注，而且只能是像下注。当人们在制订作战计划时，不可能完全预测到对手的反应。而议会活动的成功所需要的因素非常之多，以至人们无法完全统计。证券商很少考虑政府的干涉以及会改变大盘走势的政治事件。企业家在制订投资计划时信任的是经济扩张的阶段。人类行动的各种结构的特征，如意志的碰撞、局势的无比复杂、反常的现象以及导致偏差的因素等等……各种决定与它们所要摆脱的处境密不可分，而且，伟人们会"显露出"他们所处的社会环境，但是，个中关系却绝不是一目了然、清晰可辨的。人的心智既无法洞察局势，也无法列举出所有的原因。[④]

虽然说佩奇曾多次获得过杰出教学奖，其研究领域涉及多个学科，甚至当选了美国艺术与科学学院院士，但佩奇也许不过是一个"手拿锤子的人"，一个贩卖"知识分子的鸦片"的人。在全书的最后一部分，一个并不起眼的地方，佩奇还是承认：

---

① [美]斯科特·佩奇:《模型思维》，贾拥民译，浙江人民出版社 2019 年版，第 2 页。

② [美]斯科特·佩奇:《模型思维》，贾拥民译，浙江人民出版社 2019 年版，第 3 页。

③ 雷蒙·阿隆，20 世纪法国著名政治哲学家、社会学家。主要著作有《知识分子的鸦片》《社会学主要思潮》《阶级斗争:工业社会新讲》《国家间的和平与战争》等。

④ [法]雷蒙·阿隆:《知识分子的鸦片》，吕一民、顾杭译，译林出版社 2005 年版，第 171～172 页。

但是在这里，我们并不想说，利用模型就可以避免灾难的发生，那过于夸大其词了。我们这里对阿片类药物滥用问题的分析其实并不深刻，事实上，我们只是试图就如何利用多模型思维来考虑政策制定和政策实施问题给出一个粗糙的模板。我们没有收集过数据，也没有校准模型，相反，只是定性地应用模型得到一些见解……无论是对阿片类药物滥用问题，还是对收入不平等问题，利用多个模型来进行思考都会使我们变得更有知识、更聪明，但从定义上讲，复杂的系统是很难预测和理解的。我们肯定会犯错误，但是可以从这些错误中吸取教训，变得更加明智。①

基于多模型思维的"谋定而后动"肯定要比仅仅基于冲动和直觉就行动更好。当然，这也就意味着，我们无法保证成功。即使有很多模型，我们也可能无法确定最相关的逻辑链……在应用模型来辅助设计时，我们可能会发现自己无法构建出有用的模型抽象。在这种情况下，模型的简单性可能会成为它们失败的原因。面对复杂性，我们可能会发现模型无助于我们交流思想、做出准确预测和选择最优行动。我们的探索也可能是几乎没有价值的……我们可以提示出相互依赖性，能够理解为什么复杂的过程往往很难理解。②

我们可以看到，贝塔朗菲在80多年前提出的下述说法并没有过时：

机械论的观点认为物理粒子的运动是世界的真相，这个观点来源于一个崇拜物理技术的文明社会，而这些物理技术迄今已导致了很多灾难的发生。也许将整个世界看成一个有机体来建立模型的做法能帮助我们强化对生命的崇高敬意——这种敬意几乎已经消失在人类历史的残暴之中了。③

当今社会，机械技术得益于机械力学的启发，通过减少相互关联的部件而降低复杂性。另一方面，管理技术得益于统计力学的成果，将人群看成无结构的群体之中可互换的单元，通过取平均值来简化。我们必须正视各种技术手段（尤其是模型思维）的局限性，实际上，严格意义上的机械学和统计学系统在现实生活中很少存在，而经济学家总是把我们的社会看成是理性的集合体，以便

① [美]斯科特·佩奇：《模型思维》，贾拥民译，浙江人民出版社2019年版，第429页。

② [美]斯科特·佩奇：《模型思维》，贾拥民译，浙江人民出版社2019年版，第448页。

③ [美]冯·贝塔朗菲：《一般系统论——基础、发展和应用》，林康义等译，清华大学出版社1987年版，第49页。

推论社会的总需求、总供给；工程师、规划师也总是将对象看作是标准的零部件。世界本来是一个有机整体，但是，我们却将设备分解成部件，将躯体分解成器官，将地球表面分解成行政区域。在某些情况下，这样做有好处，但我们往往走向极端。人类借助科学方法和手段来加强控制，并沉迷于科学带来的快捷成功，因而没太在意分析和求均值之外的后果。许多现代社会弊病的来源，恰恰是这些简化成果的应用——把适用范围有限的工具广泛用在经过简化的各种场景，试图将那些自身带有不足的方法、技术推广开来造成了极大的误导和广泛的社会危害——把草原变成荒漠，把湖泊变成污水坑，把城市变成资源黑洞和垃圾制造基地。

(3)超越经济学的思维模式

在经济学中，我们还是能够看到经济学思维方式的显著进步的。

柯廷顿的《开放经济中的非均衡宏观经济学》、贝纳西的《市场非均衡经济学》等，是试图突破主流经济学思维模式的并不成功的尝试。

理查德·纳尔逊和西德尼·温特的《经济变迁的演化理论》、理查德·H. 戴等的《混沌经济学》、杰弗里·M. 霍奇逊的《制度与演化——论演化经济学和经济学的演化》、J. 斯坦利·梅特卡夫的《演化经济学与创造性毁灭》、库尔特·多普菲的《演化经济学：纲领与范围》等，都成功突破了主流经济学的思维模式。最具有开创性的经典之作当然非熊彼特的《经济发展理论》莫属。

可以肯定，社会科学不可能用物理学方法取得“成功”。

> 它们不能随意将眼前的世界切割成小块，因为它们拿到的东西是不可分割的。如果系统被分解、抽象或平均化，它的特性就不复存在。如果行为科学家试图通过平均化来理解“个体”，个体的特性就会被消失殆尽。如果试图分离出个体进行研究，他们又割断了研究对象与其他人或世界其他部分的联系，个体仅仅成为实验室的人造物，而不再是人。①

4.4.3 技术系统演化——键盘的故事

我们目前所使用的计算机标准键盘，其字母排列的基本结构是从 19 世纪 70 年代的打字机键盘延续下来的。打字机键盘上方第一排字母的左边是按照 QWERTY 排列的，因而叫 QWERTY 键盘。这些字母为什么要这样排列？这种排列形式的键盘为什么能够延续下来？1985 年，美国经济史学家戴维在《美国经济评论》发表了《QWERTY 的历史与经济学》，对 QWERTY 键盘的生存

① [美]杰拉尔德·温伯格：《系统化思维导论》，王海鹏译，人民邮电出版社 2015 年版，第 20 页。

和发展史进行了经济学分析。

打字机键盘起源于19世纪60年代末70年代初的美国。当时威斯康星州密尔沃基市的一位印刷工肖尔斯(Christopher Latham Sholes)在朋友的帮助下,装配了一种原始的打字机,并于1868年获得专利。但这种打字机存在一个严重缺陷:打字员在连续快速打字时,打字机的铅字连动杆常常相互碰撞,造成堵塞。因此,肖尔斯花了六年时间来完善他的打字机,对原来键盘的字母顺序进行重新排列,以减少打字连接杆碰撞的机会。结果就产生了接近于目前使用的四行排列键盘。

但QWERTY键盘并未就此一跃成为键盘界的老大。因为当时美国经济的不景气让这种打字机销售情况很糟糕,而且其可复制性很强,有很多方法可以把打字机改装成QWERTY布局的打字机。对QWERTY更不妙的消息是,市场上已经出现了工作原理比QWERTY键盘更高效的打字机键盘,甚至完全解决了QWERTY键盘曾经最大的隐忧——打字卡住了怎么办。

美国市场上第二种打字机的发明者克兰德尔(Lucien Stephen Crandall),把铅字安放在圆柱套上,从而完全避免了铅字连动杆的堵塞问题。后来出现的Blickensderfer打字机则根本没有采用这种铅字杆,而是使键盘的排列、运动比QWERTY更合理。这种键盘把构成70%英语单词的字母按照DHIATEN-SOR顺序放在打字机的主要行(home row)上。

19世纪80年代,打字机市场开始繁荣起来,出现了很多键盘与QWERTY键盘竞争。然而,又过了一个15年,就在QWERTY的技术原理优势要被打字机工程学的进步所取代时,美国的打字机产业迅速倒向QWERTY键盘,使之成为打字机的通用键盘。

在QWERTY键盘成为通用键盘的过程中,被认为起关键作用的事件是1888年7月25日在美国辛辛那提举行的一场打字比赛。比赛中,盐湖城法庭速记员麦古瑞(Frank McGurrin)使用QWERTY键盘和触摸打字方法,以绝对的优势战胜了对手陶布(Louis Taub)获得冠军。麦古瑞显然是第一个熟记这种键盘并使用触摸打字的人。陶布使用的是一台由72个键组成的能够提供信件上下抬头格式的Caligraph打字机,采用的是看着键盘打字的方法。戴维认为,这一事件绝对地确立了雷明顿(Remington)打字机技术上更先进的地位。麦古瑞选择雷明顿打字机可能是随意的,但却为这种标准的确立作出了贡献。

1936年,德沃夏克(August Dvorak)申请了Dvorak简化键盘(Dvorak Simplified Keyboard, DSK)的专利。他声称这一键盘通过平衡双手以及各手指的工作量,极大地减少了打字时的手指运动。因此,这一键盘有提高速度、减轻疲劳且更容易学习的优点。美国海军曾做过的一个实验也证实了对一组打字员进行再培训的成本将被使用 DSK 在随后十天的全职工作中增加的效率来弥补。尽管存在上述优势，但直到 1975 年 Dvorak 去世，DSK 键盘也没有被市场所接受。虽然不久后，苹果 II 计算机从 QWERTY 转向 DSK 键盘，并且通过商业广告劝说人们放弃 QWERTY 键盘，但这种做法显然没有产生效果，因为今天我们计算机仍沿用这种 QWERTY 键盘。

一种当初只为解决打字机堵塞问题而产生的键盘——QWERTY 键盘——一百多年来一直占据市场主导地位，虽然后来出现了打字效率更高的键盘，但市场并没有选择效率高的键盘。换句话说，打字机(现在是计算机)键盘市场一直被“锁定”在一种低效率的产品上。为什么会是这样?

在戴维看来，导致打字机市场“锁定”在 QWERTY 键盘上的关键因素有三个：技术上的相互关联性、规模经济和投资的不可逆转性。

技术的相互关联性(technical interrelatedness)也叫键盘硬件和软件(打字员对键盘排序的记忆)之间的系统兼容性。

规模经济使基于 QWERTY 的打字系统的用户成本随着它被更多的人接受而下降，从而增加了后来者选择 QWERTY 的可能性。

随着打字员在 QWERTY 键盘上的培训和学习投入增加，产生了软件转换的高成本和由此导致的在专门的打字技能方面的投资不可逆性，强化了市场“锁定”在 QWERTY 键盘上的程度。

事实上，这种“锁定”在 19 世纪 90 年代就基本出现了。“键盘的故事”已经成为“技术锁定”或“路径依赖”(path dependence)的代名词。

根据戴维和阿瑟的研究，诺斯认为，“路径依赖”可能是一个非常重要的历史解释变量，这即是说，一些微小的历史事件可能导致某些制度产生并沿着某种路径长期延续下去。当然，相反的结论也同样成立。

4.4.4 经济制度的演化

(1)主流经济学对制度分析的缺失

古典经济学家并没有忽视制度对经济活动的影响。无论是亚当·斯密，还是马克斯、熊彼特都充分肯定了制度的作用，对制度予以高度重视。当然，也有例外，那就是大卫·李嘉图。熊彼特对他的评价是中肯的，他说：

> 他根本没有社会学……那些找不到制度方面的专题论文的批评家，简直是找错了地方……在他的经济政策建议中，我们的确觉得没有对社会过程的原动力的洞见，也没有历史感……李嘉图的头脑不是那种主要对根本原理或是对广泛性的概括感兴趣的头脑……他把使事情简单化的假设一个个堆砌起来，直到通过这些假设实际上使一切都安排妥当以后只剩下几

个集合的变数，在它们之间，根据这些假设，他建立起简单的单向关系，以便所希望的结果在最后显露出来，几乎就像同义异语反复那样……一种决不可能被驳倒的、除了没有意思之外什么都不缺少的理论，诚然是妙不可言的理论。应用这种性质的结果去解决实际问题的习惯，我们将称之为“李嘉图的恶习”。①

李嘉图确实可以被称为开先河的人，开启毫无顾忌地任意假设的先河。熊彼特曾经严厉地批评道：

我要立即说：李嘉图的分析正是一条弯路。这样一种分析机器的建立所引起的后果是，构成普通经济学的各个要素被焊接在一起，成为一个有系统的统一体，而它们在过去却从来不是这样。②

(2)自发秩序：经济生活的自组织

萨缪·鲍尔斯是美国马萨诸塞大学经济学教授，长期以来从事博弈论、行为经济、演化经济学研究。他的《微观经济学：行为、制度和演化》一书于2006年在中国翻译出版，作者以主流经济学批判者的身份提供了微观经济学的“制度分析”版本，的确有较高的理论价值。

鲍尔斯在《微观经济学：行为，制度和演化》序言中提道：“我在与同事瓦斯利·列昂惕夫(Wassily Leontief)、提波·斯托夫斯基(Tibor Scitovsky)、戴维·坎德雷克(David Kendrick)等人的长期讨论中，已经对新古典经济模型产生了怀疑。”③

我在本书中借鉴了演化经济学中的新发展，涉及了博弈论、经济制度理论、行为和实验经济学以及微观经济学的其他最新研究成果……我在文中运用了文化、权力、非对称社会关系、社会网络以及规范准则等方面的内容来阐述和解释了许多常见的经济问题。④

个体间进行交往时，彼此间任何活动都遵循一个完备且能严格履行的合同，这种情况不是常规，仅仅是一种例外。相反，非契约性社会交往在邻里、公司间、家庭中、公共环境事务和政府事务中以及市场里广泛存在。尽

① [美]约瑟夫·熊彼特：《经济分析史》第2卷，杨敬年译，商务印书馆2001年版，第144～147页。

② [美]约瑟夫·熊彼特：《经济分析史》第2卷，杨敬年译，商务印书馆2001年版，第149页。

③ [美]萨缪·鲍尔斯：《微观经济学：行为，制度和演化》，江艇译，中国人民大学出版社2006年版，序言第1页。

④ [美]萨缪·鲍尔斯：《微观经济学：行为，制度和演化》，江艇译，中国人民大学出版社2006年版，第2页。

管大多数这类非契约性社会交往发生在市场环境以外，但是即使在高度竞争的市场中，它们仍然对经济结果的决定起着重要作用。①

个体有意识地追求他们的目标，但是其行为的实施受到诸多限制，即这些行为受制于过去的经验，而不是像瓦尔拉斯范式和绝大多数古典博弈论所假定的那样，参与人能够按照一个认知上所要求的前向预期的最优计算程序行动。在许多情况下，诸如耻辱、厌恶或嫉妒等感情因素交织在一起，产生了行为反应。另外，尽管自私是一个强有力的动机，利他动机同样重要。②

经济学家们总是把违背了标准理性的严格教规的行为视为特异、不稳定或非理性，简言之，行为不存在可进行科学分析的规律性。但事实上，实验中的受试者持续表现出来的不可传递性、损失厌恶、折现率的时间不一致以及对小概率事件的高估等“非理性”行为，说明这些行为不仅很常见，而且易于分析。③

人们的行为反应部分来源于对类似场合中的他人行为的模仿，即模仿者按照某种标准判定被模仿者在某种意义上成功了，或是在给定对他人如何行动的某种信念下，被模仿者最大化自身利益的行动成功了，模仿者观察到这些，就会模仿所谓的成功行为。但是，其他一些影响因素也会起作用，比如因循守旧，某些频度依存的学习，这些学习与那种和行为相关的收入无关。结果，基于有远见的收益最大化的行为预测，会对人们产生误导……罗宾斯提出的“既定目标”在许多分析课题中是一个非常有用的简化，但在其他情况下，是非常武断的，并容易对他人产生误导。④

物理学和生物学中长期以来的共识使我们明白，许多重要的问题都难以得出一个简单的、封闭形式的答案，也无法得出一些易受简单解释影响

① [美]萨缪·鲍尔斯：《微观经济学：行为，制度和演化》，江艇译，中国人民大学出版社2006年版，第7页。

② [美]萨缪·鲍尔斯：《微观经济学：行为，制度和演化》，江艇译，中国人民大学出版社2006年版，第7页。

③ [美]萨缪·鲍尔斯：《微观经济学：行为，制度和演化》，江艇译，中国人民大学出版社2006年版，第8页。

④ [美]萨缪·鲍尔斯：《微观经济学：行为，制度和演化》，江艇译，中国人民大学出版社2006年版，第8～9页。

的答案。[①]

> 像"自私基因"尽量自我复制，或是拍卖师主导一般均衡交易过程一样，全知全能的社会工程师对社会福利最大化的追求是一种幻觉，其有用性取决于其虚构的特征变量。[②]

鲍尔斯提到，穆勒曾经在自己的著作中留下过这样的话："很高兴，价值理论已不需要再由现在的读者或将来的读者来补充了；关于此问题的理论已经彻底完成了。"[③]这不能不说是一个天大的讽刺。鉴于此，鲍尔斯告诉自己的读者：

> 当我在20世纪60年代学习经济学时，正值瓦尔拉斯范式如日中天，也遇到过类似的说法。本书不会传递任何保证，我们对微观经济学的理解是会改变的。没有什么既定，一切都未完成。[④]

鲍尔斯用"演化社会科学"这一术语作为对新古典经济学范式的替代并对两种范式的不同作了对比（见表4-1）。

表4-1　　瓦尔拉斯范式及其替代理论[⑤]

	瓦尔拉斯经济学	演化社会科学
社会交往	竞争市场中完全的、可实施的交易	普遍的非竞争环境中的直接（合约之外的）关系
技术	外生的生产函数是非报酬递增的	技术和社会互动（正反馈）都表现出普遍的报酬递增
更新	有远见的个体在整体系统知识基础上及时更新	保守（依赖经验）的个体根据局部信息更新
结果	个体行为稳定基础上的唯一稳定均衡	多重均衡：总体结果可能是不稳定低级别实体的长期均值
时间	比较静态分析	外在动态分析

---

① [美]萨缪·鲍尔斯：《微观经济学：行为，制度和演化》，江艇译，中国人民大学出版社2006年版，第12页。

② [美]萨缪·鲍尔斯：《微观经济学：行为，制度和演化》，江艇译，中国人民大学出版社2006年版，第12～13页。

③ 转引自[美]萨缪·鲍尔斯：《微观经济学：行为，制度和演化》，江艇译，中国人民大学出版社2006年版，第3页。

④ [美]萨缪·鲍尔斯：《微观经济学：行为，制度和演化》，江艇译，中国人民大学出版社2006年版，第3页。

⑤ [美]萨缪·鲍尔斯：《微观经济学：行为，制度和演化》，江艇译，中国人民大学出版社2006年版，第350页。

续表

	瓦尔拉斯经济学	演化社会科学
机会	只与风险承受和保险相关	演化动态过程的基本组成部分
领域	将经济视为一个独立、自我调节的实体:偏好和制度外生	经济嵌入在一个更大的社会生态环境中;共生演化的偏好和制度
偏好	利己主义偏好,从结果方面定义	利己和利他主义偏好,从结果和过程两方面共同定义
价格与数量	价格配置资源;经济人不受数量限制	受数量限制;财富依赖于契约机会
方法	简化论(个人主义方法论)	非简化论;在个体和高级实体中选择

这本书耗费了鲍尔斯许多心血,是用系统的观点看经济学的比较好的作品了。但是我们可以看到,鲍尔斯的经济学也接近于封闭系统的经济学。换言之,经济问题仍然近乎一个独立于其他系统的领域。

与新古典经济学不同,鲍尔斯并不认为政府干预必然是低效率的。他正确地指出,只有较好地理解所干预的动态系统才能够做到有效率。

> "效用"是一个内涵丰富的概念:经济学家们通常用它来指代动机、行为和福利。将这三个内涵各异的用法融合成一个单独概念的做法是相当方便的。但是,这需要实质理性(substantive rationality)这一内在假设,即人们为了获得所需而行动,进而通过对相关结果的独立评估,增进他们的福利。与之相反,被绝大多数经济学家们明确假定的形式理性(formal rationality)只对行为作一致性要求,而在个体快乐或其他行为目的方面,在追求某种结果所采用的方法的合理性方面,以及在个人福利的结果方面,不作任何要求。也就是说,一个自始至终的受虐狂是理性的……但是,实质理性的假设建立在关于人们行为的动机和结果的浓重的经验主张基础之上。这些主张一般都是错误的。大量的经验证据表明,在福利标准下,人们的选择都很糟糕。我们都目光短浅,既无法预测当出现与我们行为相关的结果时我们所拥有的偏好,又无法累计关于过去享乐方面经验的准确信息,在跨期选择情况下行动不一致,并经常违背预期效用假设。①

① [美]萨缪·鲍尔斯:《微观经济学:行为,制度和演化》,江艇译,中国人民大学出版社 2006 年版,第 357 页。

4.4.5 经济环境的演化

在这里，我们所说的“经济环境”是一个广泛的概念，它包括了物质的、文化的、技术的、社会的维度。

在物理学中，我们学到了物质在不同状态下的表现形式也不相同。比如水(H_2O)，在0℃时会结冰；0℃以上，冰会融化；达到100℃的时候，水会沸腾，然后蒸发。每一种情况下，水分子的结构都是相同的，然而其表现形式却大相径庭。

在社会生活领域，我们能够看到与此类似的现象。如果社会领域的状态(文化、习俗、制度等)有所不同，那么社会系统就会衍生出差异巨大的结构和行为。

当然，物理学与生物学、社会学还有重要的不同。弗里曼·戴森认为，在物理学中，人们通过统一和简化去观察各种现象的明显趋势，无论是在爱因斯坦、牛顿，还是麦克斯韦身上，都能看到这一点。

与物理学不同，生物学家通常更愿意接受多样性，并倾向于陈列大量事实，而不在意这些事实是否能用某个统一理论来解释。因为生物学家们深知，当你把生物学层面上的细节都抽象掉之后，你不仅会丢失大量信息，而且最终还会对某些重要组成部分，比如边界情况，感到束手无策。

尤其是，生物和社会系统中，行为主体能够自发地创造变化。

以管理学中的权变理论为例。权变理论强调了组织行为的灵活适应，从另一角度坚持了世界的复杂系统观念，这使得该学派超越了其他管理学派理论。

系统和权变观念已成为组织和管理研究中要重点考虑的事情。系统哲理观是思考复杂人类活动的一种方式，它便于人们认识组织运行的环境并强调要理解实现目标所需要的各种活动间的相互关系。权变观是关于管理组织活动的一种思维方式，它便于进行情境诊断，使管理行动适合特定情境。在《组织与管理：系统方法与权变方法》一书中，卡斯特和罗森茨韦克提出了企业管理系统模型，把它作为理解组织及其管理的全面的框架。

> 系统观念为人们理解组织提供了广泛的基础。这个方法的结果之一是抛弃了有关组织设计和管理实践的普遍原则的过于简单化的说法。现代组织理论反映出了对各分系统间关系和协作形态以及权变观的寻求。系统观念为我们提供了研究组织的宏观范例，但却包含着比较高的概括性。权变观念的趋向是更为具体和强调各分系统间的更特殊的特征和相

互关系模式。[1]

组织是由很多具有非常重要的相互作用的分系统所组成的。一旦我们接受了系统观点，很明显，我们就不能强行规定适用于所有组织的原则。因为相关的变量太多，因而一个简单的模型是不可能勾画出现实的情况的。简单的观点只能适用于稳定的、机械式的，而且对外界变量的干预处于封闭状态的系统。当我们以具有相互作用的成分组成的开放系统来观察一个组织时，我们就再不能从简单的单一的方面来看待组织了。[2]

向着系统观念和权变观念发展的组织与管理理论的演变见图 4-6。

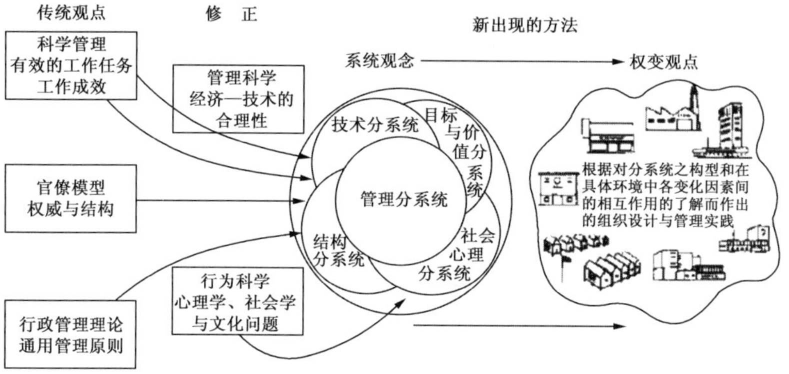

图 4-6 向着系统观念和权变观念发展的组织与管理理论的演变[3]

权变观的最重要的观点即否认存在着普遍的适用于所有环境的原则。在进行组织和管理时不存在一个最好的办法，分权并不一定比集权好；官僚机构也并不全坏；明确清楚的目标也不是总好；民主参与式的领导风格也可能不适合于某些环境；而严格地控制在某些时候也可能是适宜的。总而言之，这全取决于很多相互作用的内部的和外部的变量。[4]

一个整体组织不能简单地被描述为封闭/稳定/机械式或开放/适应/

① [美]弗莱蒙特·E. 卡斯特、詹姆斯·E. 罗森茨韦克：《组织与管理：系统方法与权变方法》，傅严等译，中国社会科学出版社 2000 年版，第 143 页。

② [美]弗莱蒙特·E. 卡斯特、詹姆斯·E. 罗森茨韦克：《组织与管理：系统方法与权变方法》，傅严等译，中国社会科学出版社 2000 年版，第 686 页。

③ [美]弗莱蒙特·E. 卡斯特、詹姆斯·E. 罗森茨韦克：《组织与管理：系统方法与权变方法》，傅严等译，中国社会科学出版社 2000 年版，第 146 页。

④ [美]弗莱蒙特·E. 卡斯特、詹姆斯·E. 罗森茨韦克：《组织与管理：系统方法与权变方法》，傅严等译，中国社会科学出版社 2000 年版，第 678 页。

有机式组织，它们具有某些适于两个极端之间某种类型的特点。一条生产线并非完全典型的封闭/稳定/机械式系统，而一个研究实验室也并非完全的开放/适应/有机式系统。①

组织的环境不是绝对的，正如管理对现实的感觉一样，有些情况也是可以加以改变的，组织的目标可以包括环境超系统中人们所希望出现的变化。管理者在选择他们的工作环境（他们的范围）、他们所追求的目标、他们将采用的技术等方面有很大的自决权。管理人员能对组织成员间的气氛产生影响。在应付有关的因素力量中（包括他们自己的信仰、价值观和态度，以及组织中其他的人），管理人员可以作出战略选择。②

它涉及"从森林中选树木"、区分主要的相互关系和辨别各种因素在问题中所具有的重要性的能力。成功的管理者必须是一位优秀的诊断专家，而且必须富于探讨精神……没有在任何时候都适用的正确的管理策略。为了能应付各种情况，管理者必须灵活。很明显，这种方法比依靠普遍的原则和规则的方法要难得多，这要求一种注重情况分析的实用的方法。③

☞拓展阅读

马克斯·韦伯的经济史观简评④

在这里，我们并不打算全面评价韦伯的经济史观念，仅就与本书主题有关的方面略述一二。

韦伯始终坚持，资本主义的发展根植于一个信仰：新教伦理（禁欲的基督教伦理）所倡导的追求有效率地工作的价值，乃是一种义务和美德。这样的资本主义精神表现在生活上则为一种合理的生活态度，韦伯有时也直接地称之为理性的生活方法。

以理性化为线索，韦伯梳理出了他心目中的经济历史图像。在《经济通史》一书中，他除了探讨西方历史上各种生产活动（农业、工业与商业等）之经济功效配合的问题，以及各种生产制度与团体（庄园制、领主制、行会制、工厂、市场、

---

① [美]弗莱蒙特·E. 卡斯特、詹姆斯·E. 罗森茨韦克：《组织与管理：系统方法与权变方法》，傅严等译，中国社会科学出版社2000年版，第681页。

② [美]弗莱蒙特·E. 卡斯特、詹姆斯·E. 罗森茨韦克：《组织与管理：系统方法与权变方法》，傅严等译，中国社会科学出版社2000年版，第685页。

③ [美]弗莱蒙特·E. 卡斯特、詹姆斯·E. 罗森茨韦克：《组织与管理：系统方法与权变方法》，傅严等译，中国社会科学出版社2000年版，第687～688页。

④ 参见[德]马克斯·韦伯：《经济与历史 支配的类型》，康乐等译，广西师范大学出版社2004年版，第28页。

城市与国家等)的互动与演变外,特别强调其间理性化的成分。同样地,在研究世界诸大宗教时,他也非常着意于此一宗教所寄存的社会、经济、政治情境,从各文化的固有法则来印证近代西方理性主义的特殊意涵。

马克斯·韦伯说:"就某种意义和某种限度而言,整部经济史无非就是站在计算的基础上、而在今日已达成目标的、经济理性主义的历史……因此经济史对于并非经济性质的诸要素,亦不能不计及。这些要素诸如:追求获得神圣资财的巫术要素与宗教要素,追求权力的政治要素,以及追求荣誉身份阶层之利益等等要素。"

但是,韦伯也承认,并非人们的全部经济活动都能够纳入经济理性的范畴,总有一些行为超出了计算上的合理标准,而他把这些行为归为符合实质理性标准,并认为形式理性与实质理性的斗争并不仅限于经济。

今日的经济,就营利经济而言,原则上已有经济的自律性,且以经济的观点为归依,具有高度的计算上的合理。但是实质的非合理性仍常常渗入此种形式的合理性之中,这是因为所得的分配,在某种情形下,引起实质上非合理的财货分配。或者由于家计的利益与投机的利益,这在营利经营的观点看来,亦属非合理的性质。然而,上演着形式理性与实质理性这场斗争的文化领域,并不仅限于经济。

4.5 复杂适应系统的经济动力学

20 世纪中期以来,一门称为"系统动力学"的学科应运而生,它是基于系统内在机制以及与环境间的紧密依赖关系,用系统的观念引导,并通过构建模型的方法去揭示系统内外的联系和变化过程的一种方法,是一门认识和解决系统问题的综合交叉学科。数学模型当然具有很多优点,如无含混性、严格推导的可能性、可用观察数据未检验等。但是,任何数学模型都会一定程度上歪曲实在。人类思想史上屡见不鲜的做法恰恰是一些人用模型把真实世界改造成某种形而上学的实在。

贝塔朗菲提醒人们:用日常语言表述的模型在系统中自有其位置。

> 先有某种非数学的模型,尽管有缺点却表现了先前未曾注意到的方面,并可期待未来会发展出一种适当的算法,这比一开始就遵循已知算法

的不成熟的数学模型要更为可取,因为那种做法可能限制视野。[①]

系统思想即使不能用数学表达,或始终只是一种“指导思想”而不是一种数学构想,也仍保持其价值。例如,我们在社会学中或许没有满意的系统概念,单单这种见识,即认为社会实体是系统而不是社会原子的总和,或者,历史是由遵守系统一般原则的,称作文明的系统(尽管定义欠明确)所组成的见识,就已经意味着有关领域中的方向转变了。[②]

4.5.1 复杂适应系统的经济动力学概述

在我们看来,复杂适应系统的经济动力学不失为现代宏微观经济学的补充学科。

(1)现实世界中问题的特征

现实世界中的问题都具有以下特征:

①与问题相关的系统包含大量彼此相关但性质上又根本不同的影响因素,为此研究中必须考虑许多变量。

②各种影响因素之间的关系错综复杂,彼此之间的关系一般表现为非线性性。这种关系难以确定,各个问题的解决可能将会互相影响,或者一个问题的解决有待于另一个问题解决。

③问题交织存在于广阔的空间与漫长的时间跨度上。

④原因与结果之间的关系往往是相互的,因而因果之间表现为循环的因果律,一般难以说出一个现象的终极原因。

⑤存在大量的不确定性。

⑥问题本身往往联系着多个目标,而各个目标之间往往是冲突的或竞争的。

⑦一个问题可能是某一更大问题中的子问题,几个互相关联的问题之间的关系可能错综复杂:或者表现为某种层次性,或者表现为互为因果的关联。

⑧问题的决策过程可能涉及多个决策者,各决策者在价值观与世界观上的差异可能将影响对问题的定义以及问题的解决方式。

⑨问题的解决方式可能影响到多方的利益,而各方的利益可能是冲突的(如技术进步对劳资双方的影响)。这种冲突不仅可能是经济方面的,还可能是

---

① [美]冯·贝塔朗菲:《一般系统论——基础、发展和应用》,林康义等译,清华大学出版社1987年版,第22页。

② [美]冯·贝塔朗菲:《一般系统论——基础、发展和应用》,林康义等译,清华大学出版社1987年版,第22页。

文化方面的(如价值取向的不同将导致对平等与效率认识的不同)。

在简单系统中,原因与结果的对应关系往往是明显的,原因紧紧伴随着结果,人们往往可以一下子察觉遇到的问题与困难。然而,在复杂系统中这种简单的因果关系已不复存在,复杂系统中几乎所有变量都高度相关,通常人们所采取的解决简单社会经济系统问题的办法,多半是错误的、无效的。

(2)系统动力学的诞生

系统动力学(system dynamics)始创于 1956 年,在 20 世纪 50 年代末成为一门独立完整的学科,其创始人为美国麻省理工学院福瑞斯特(Jay Forreoter)教授。

在应用方面,系统动力学初期主要用于工业管理,因此,早期被称为工业动力学。随着系统动力学的研究范围不断扩大,其理论与方法亦日臻成熟,应用范围几乎遍及各类系统,深入到各种领域,远远超越了工业动力学的范畴,故改称现名。

系统动力学研究处理复杂系统问题的方法是定性与定量结合、系统综合推理的方法。按照系统动力学的理论与方法建立的模型,借助计算机模拟可以用于定性与定量地研究系统问题。

系统动力学的发展已具相当规模,许多著名的院校与科研机构都在讲授系统动力学课程或开展相关的理论与应用研究工作,有关系统动力学的国际性学术会议已召开十余次。但是,我们也应该看到,系统动力学在经济领域的应用,其限制是多方面的。

任何模型与实际常常是不一致的。即使有十分精致复杂的数学模型,但它能否应用于具体实例还是没把握的,何况有些基本问题没有可供利用的数学方法。期望过高反而产生失望。

(3)系统动力学的适用与限制

由于非线性因素的作用,高阶次复杂系统往往表现出反直观的、千姿百态的动力学特性,已引起人们的重视。系统动力学的模型模拟是一种结构—功能的模拟。系统动力学正是这样一门可用于分析研究社会、经济、生态和生物等复杂大系统问题的学科。

系统动力学模型可作为实际系统,特别是社会、经济、生态等复杂大系统的“实验室”。系统动力学的建模过程就是一个学习、调查研究的过程,模型的主要功用在于向人们提供一个进行学习与政策分析的工具,并使决策群体或整个组织逐步成为一种学习型和创造型的组织。

复杂世界的经济发展过程是而且必然是各种经济主体在各种变化和冲击面前适应性调整的过程。从技术上说,系统动力学所能解决的大部分生态、科技、经济、社会问题都是高阶(多因素)、多反馈回路(循环因果关系)、非线性的复杂大系统问题。

由于系统的反直观特性,系统设计者会作出失误的设计,一些目的在于获得近期益处的措施,却同时为系统的长期发展设置了陷阱。这一特性为复杂系统又增添了一层难以捉摸的色彩。

复杂社会系统总是包含许多因素,由于历史的原因,对它们的研究过去被分割成彼此绝缘的学科。如果人类能够成功地解决复杂系统的问题,那么诸学科之间的森严壁垒将随之融解。在同一系统中可能包含社会、经济、文化、技术、政治和心理等诸因素的相互作用。通常,上述因素之间的相互作用较之任何单独因素的具体内容更为重要。所以,当我们思考与研究问题时,若仍然把这些学科彼此隔绝,则它们之间的作用将永远不能被洞察。

在复杂的社会经济系统中,人们的控制能力是很有限的。尽管人是社会的主人,人类本身塑造了社会经济系统,而且在一定程度上可运用政策的选择来控制这个系统和改变它的结构;但人又不可避免地受这个系统的制约与束缚。

4.5.2 为复杂适应系统的世界建模

社会、经济、生态系统是在开放、非平衡状态下运动、变化、发展的。社会经济系统是以自组织系统特性为主导兼有人造系统特性的复杂开放系统。系统动力学模型在社会、经济、生态领域的应用,可用来定性与定量地剖析历史、分析现在和研究未来,是实现决策科学化与经营管理现代化的有力手段。

(1)关于模型

在现代生活中,模型具有多种应用。通过模型,人们可以更有逻辑地进行思考;运用模型,人们可以极大地提高处理数据的能力。无论是学术界、政府还是商业领域都普遍应用模型方法。地图、建筑图案、比例模型、游戏、飞行模拟器、数学模型、隐喻、类比、计谋策略等,这里列举的只是很少的一部分模型。

一般而言,系统建模过程就是一个学习、调研的过程,其模型的主要功用在于向人们提供一个进行学习与政策模拟分析的工具。通过对经济系统的模拟,获取更丰富、更深刻的信息,进而寻觅解决问题的途径。但是,无论如何,系统模型应该被视为经济系统的实验室,其作用不应该被夸大。我们应该记住当代统计学大师乔治·博克斯的忠告:“所有的模型都是错误的,但有些是有用的。”①

约翰·霍兰很好地说明了被人们广泛采用的模型方法的局限性:

---

① [英]乔治·博克斯:《统计学大师之路——乔治·博克斯回忆录》,朱磊磊译,人民邮电出版社2018年版,第185页。

事实上，有许多秘密隐含在人们为构建模型所作的努力中。在某种意义上，当人类最初开始构建模型时，秘密就已经成为它的一部分了……剖析模型和建模过程的神秘因素是非常重要的……显然，棋类游戏的规则与逻辑规则有许多共同的性质。从这个方面来看，它与以公理和基于方程的科学模型有很大的相似性。我们现在的绝大部分观点都受到这些公理方法的制约，表现在我们认识世界的方式上，从原子和基因开始，直到超导性和抗生素……但是，如果仔细研究数字，就会发现它是抽象的——数字舍弃了事物的细节，数字几乎删去了所有我们认为是细节的东西……忽略细节在建模时是非常必要的，无论我们想研究什么，建立的模型必须要比被建模的真实结构简单……然而，在现实中是不会有这样的模型出现的。即使是非常接近真实事物的虚拟现实，其基本模型也遵循计算机里用简洁方式描述的基本规律，然后由这些描述推导出这个人造世界的各种细节来……必须注意，即使我们能够揭示一套固定的规律，可以演绎出自然界蕴藏的众多可能性，仍然还会有大量未知和神秘的事情隐藏着。例如牛顿方程，经过数个世纪的不断挖掘之后，我们仍然能够发现它所蕴涵的新的可能性，而且牛顿定律显然也还远没有包含自然界所有的可能性……尽管观察者了解初始每个过程的具体细节，还是无法预测出全部过程。在参与者相互适应对方的博弈中……涌现以及种种永恒的新奇是永远存在的。[①]

(2)从微观能够通往宏观吗

现代经济学无一例外地把经济理论分为宏观和微观两部分。这给人一种误导，似乎二者之间存在实质上的不同。这种划分有什么依据吗？我的解释有二：第一是基于一种错误的认识，第二是因为理论发展的路径依赖。

迄今为止，经济学界很多人注意到了宏观和微观之间的矛盾——逻辑不一致，他们开始寻找宏观经济学的微观基础，相关的讨论至少有上千篇的文章。应该说这些人是意识到了宏微观不一致的问题，却受制于宏微观划分的先见而走不出自设的“迷魂阵”。找错了方向、不得要领的行为必然是无果而终的。

我们的回答是，宏微观经济学并没有可以完全沟通的桥梁。如果我们把宏观经济学当作一个整体系统现象，系统整体的涌现特性并不能够从个体的微观行为演绎出来；而如果仅从数量意义上讨论整体(宏观经济)，就是大家所看到的现代宏观经济学。追根溯源，现代经济学的方法论基础来自近代机械论、还原论思维，这一初始状态为后来经济学的发展路径埋下了无尽的祸患。

---

① [美]约翰·霍兰：《涌现：从混沌到有序》，陈禹等译，上海科学技术出版社2006年版，第43～45页。

(3)从还原论到平均值

从数学上说,我们要用一个 m 维的向量去解释一个复杂程度是 n 维的现象,那么 m 必须要小于 n 才算真的作出了"解释"。这种方法为还原论提供了逻辑和观念上的支持。

还原论方法的好处是,它能够用一组数量较少的原则解释一种现象(前提是这是一个独立系统),并且可以加总得到整体的解释。

> 对于变动和误差我们往往视而不见或者置之不理,我们习惯于将它们折中处理——这是一种根深蒂固的倾向。正因如此,我们常常会在重要的事情上犯一些严重的错误。[①]

> 在行为经济学领域,对于诺贝尔奖得主的研究结果表明:即使是接受过概率论和统计学训练的人,在面对日常生活中的不确定性因素时,也往往会犯错误——这也许正是他们的教学方式造成的结果。[②]

> 取平均值的错误做法也谬种流传,为人们所广泛接受。无论是政治、军事还是商业领域,在进行远景规划的时候都会使用这一方法。最近发生的次贷危机也正是在它的掩盖之下才最终演变成了一场席卷全球的世界危机,而且,要想消除这一危机,人们还必须继续遭受它的困扰。这一做法甚至还被我们的会计法典奉为圭臬……事实上,以假设的平均值为基础制订的计划基本上都是错误的……在日常生活中,以平均值——比如平均客户需求、平均生产周期、平均利润率等——为基础制定的计划往往同实际情况格格不入,从而出现达不到预期目标、落后于预定计划甚至超过预算开支的情况。[③]

平均值相同但变化程度不同的概率分布见图 4-7。

在经济学中,无论是产品,还是要素或行为主体,其异质性问题始终没有得到应有的重视,或者被认为可以通过取平均值的方法加以消除。但是,这种做法并不正确,尤其是在行为和过程中,这种做法本末倒置。差之毫厘,谬之千里。

---

① [美]萨姆·萨维奇:《平均值的缺陷》,刘伟译,东方出版社 2011 年版,第 5 页。
② [美]萨姆·萨维奇:《平均值的缺陷》,刘伟译,东方出版社 2011 年版,第 3 页。
③ [美]萨姆·萨维奇:《平均值的缺陷》,刘伟译,东方出版社 2011 年版,第 5 页。

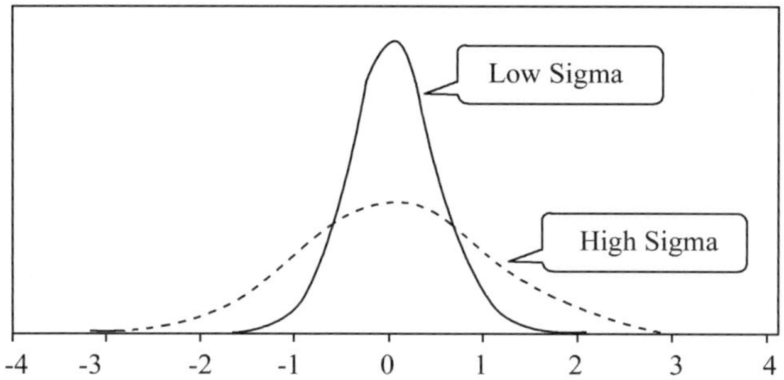

图 4-7 平均值相同但变化程度不同的概率分布①

(4)还原论方法的失败

现代经济学中流行的分析的方法本质上是还原论思想的体现和应用。无论是在哪个领域(自然和社会),还原论方法必然在整体层面上遇到问题。微观经济学中的全部结论都以微观主体的理性决策为基础,演绎出了消费者行为和企业的价格决策、产量决策、投资行为等。

在宏观经济学部分,如果继续承认人们具有理性、能动地决策的能力,那么,当政府制定政策时,比如为了消除失业而使用宽松的货币政策,经济中的个人就能够通过预期去提前适应这种变化,最后使得这种政策以及政策所依据的模型——如 IS－LM 模型、菲利普斯曲线——归于无效。微观经济学上的消费者行为(跨期消费)、企业的价格、产量、投资行为以及社会的货币总需求等都会失效。当然,这些考虑还没有超出封闭系统和准静态系统的范围。

虽然经济学家希望从个体的微观互动中推导出宏观规律,但是,现代微观经济学已经证实了,人的分散化决策其实很难被精确加总,也就是说,除非所有人的偏好、财富分配都非常标准也非常一致(实际上是完全被平均化)的时候,我们才能得到那个期望的结果——最优产量、最优投资、最优税收。

实际上,哪怕是微观主体,也是一个复杂系统。而宏观主体,并非只是微观系统的放大或累加。一方面,作为不同层级的系统,意味着有不同的因素作用于不同的行为主体,也会存在不同的行为模式、不同的原理;另一方面,宏微观之间的差别不能简单地视为只是两个不同层级的系统。由于存在涌现,也由于影响因素并不完全相同,宏观现象不能简单地从微观现象的推理中获得。

为复杂适应系统建模,确实存在许多实际的困难。但是,毫无疑问,还原论的思想和方法是行不通的。

---

① [美]萨姆·萨维奇:《平均值的缺陷》,刘伟译,东方出版社 2011 年版,第 71 页。

4.5.3 经济系统的动力学模型

早在 20 世纪 60 年代,美国麻省理工学院的福雷斯特借助系统论、信息论、控制论与计算机技术的发展,创立了一门崭新的学科——系统动力学,这门学科开始把社会科学问题带到实验室里来研究,并且某种程度上成功地在实验室里研究了工业企业的生产、组织与管理问题,城市问题,世界的繁荣与衰退问题,国家的经济滞胀及人口增长等一系列社会科学问题。然而,这种方法的先天局限决定了它只能取得有限的成功。

(1)福雷斯特的动力学模型

早在 20 世纪 50 年代,福瑞斯特就对经济和工业组织系统(包括人、财务和技术结合在一起的系统)进行了深入的研究。通过分析和研究这些系统的性质与特点,从而得到了有关系统的信息反馈、系统的基本组成等重要观点。随着系统动力学的研究范围不断扩大,其理论和方法也日益趋于成熟。1961 年,麻省理工学院出版社出版了福雷斯特的《工业动力学》,从而正式宣告了综合系统论、控制论、信息论、组织理论和基于计算机技术的系统动力学的诞生。1968 年出版的《系统原理》,简明清晰地阐述了系统的特性、系统动力学的基本理论与建模方法、系统动力学的专用模拟语言 DYNAMO 等。书中的基本原理与方法都具有一般性,适用领域广泛,把系统动力学提高到了更高的理论水平,为其开拓了更广的应用领域。

系统动力学在分析研究复杂系统和建立大规模、多变量、非线性的各类系统模型时所作的基本假设与采用的模拟手段,都基于它自身特有的理论与方法论。福雷斯特于 1971 年出版了《世界动力学》;米都斯等于 1972 年出版了轰动全球的《增长的极限》,1974 年出版了《走向全球的平衡》《有限世界的增长动力》等。以世界模型的方式来全面地研究社会、经济、军事等问题,对于系统动力学来说差不多是第一例。

系统的阶数是由系统内的状态方程的数目决定的,系统阶数在四阶或五阶以上的称为复杂系统。典型的社会一经济系统的系统动力学模型阶数约在 10 至数百之间。美国麻省理工学院系统动力学研究中心所建的美国全国模型,其阶数在 200 以上。真实系统的阶数往往很高,然而可根据不同的建模目的和要求,确定模型的阶数。一个企业的模型,大体应包括雇员、库存、资产、设备、市场与产品信誉水平等主要状态变量。根据需要还可以分别把雇员分成熟练与非熟练,库存分为成品与半成品库存两个状态变量。一个国家的人口模型,单就人口状态而言,根据建模的要求可以或是 1 个人口状态,或是 4 个人口状态,或是 15 个、甚至分解至 80 个或 100 个人口状态变量。依此类推,建筑物、机器与设备亦可以分为不同的状态变量。

用系统动力学方法并结合其他的理论与方法（如在描述模糊的因果关系时用到的一些学科）建立一种能反映模糊因果关系、描述思维与决策过程的方法与模型单元，将有助于扩大系统动力学的研究领域与范围，并提高系统动力学模型的有效性。

(2)罗马俱乐部的世界经济模型：《增长的极限》

1968 年 4 月，意大利经济学家奥雷利奥·佩切伊（Aurelio Peccei）召集来自 10 个国家的 30 名科学家、经济学家、文学家、教育学家、企业家在罗马聚会，探讨未来人类面临的问题与困境。这次会议导致了罗马俱乐部的成立。这是一个非正式的组织，成员一直不足一百人，却拥有最广泛的国籍与文化的代表。其宗旨在于促进人类对其所生活的全球系统的各种独立变化着的组成部分——社会、经济、政治和自然——的认识；促使决策者能注意到这些相互影响、相互作用的错综关系，从而对世界产生新的认识与理解；促使新政策的诞生和实施。

20 世纪 70 年代初，世界工业生产呈指数增长趋势，却出现了金融与经济周期性衰退、通货膨胀、人口迅速增长、城市人口发展失控、就业困难、传统价值观被抛弃、资源日渐枯竭、生态环境恶化等一系列棘手的世界难题。

寻求未来世界与人类摆脱困境的出路，首先要回答的问题是，迄今世界上一些主要因素指数增长的势头是否会持续下去？1970 年夏天，福瑞斯特向俱乐部成员介绍了世界棋型的雏形，WORLDⅠ。罗马俱乐部决定委托麻省理工学院的系统动力学组进一步开展对未来世界发展前景的研究工作。于是成立了由福瑞斯特教授的学生梅多斯教授为首的国际研究小组，最终完成了《增长的极限》一书。书中全面研究了全球的粮食、人口、环境污染、军备竞赛与自然资源等五个问题，找出了制约全球发展的主要因素，并以实验模拟的方式探讨了全球发展的可能前景。小组的主要模拟结果见图 4-8。

罗马俱乐部的世界经济模型主要探索了五种主要趋势：加速工业化、快速的人口增长、普遍的营养不良、不可再生资源的耗尽以及恶化的环境等。目的在于了解这些趋势的原因，它们的相互关系，以及它们对未来一百年的影响。

世界模型模拟结果显示：世界范围内人口、工农业和生态破坏指数式增长与加剧的趋势，将受到种种客观条件的限制，不能永远持续下去，世界的未来发展应逐渐过渡到某种均衡发展状态。简言之，他们的观点可归纳为：由于工业化伴随了人口膨胀、资源的短缺和污染的增长，从长远的战略观点看，目前不发达国家按西方先进国家的模式所进行的工业化的努力未必是明智的。迄今持续增长的模式应让位于某种程度的均衡发展。

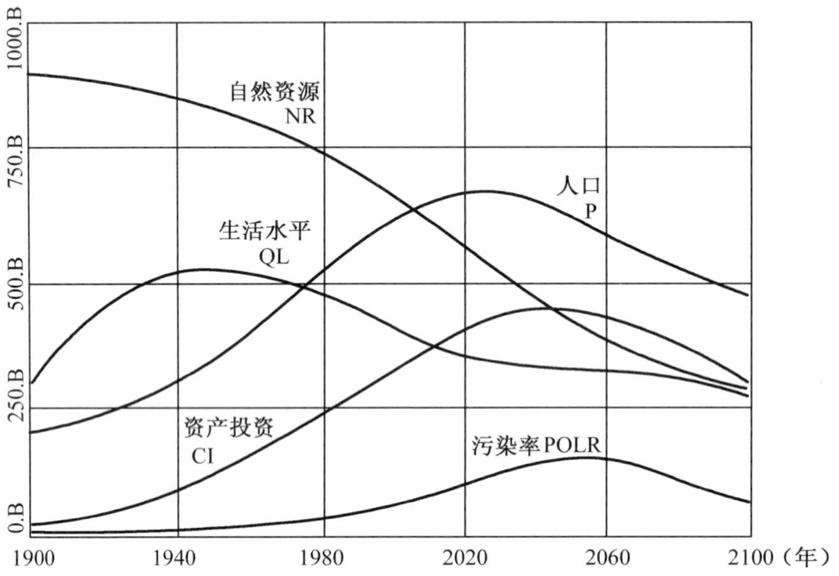

图 4-8 世界模型的基本模拟结果①

如果按照现在的趋势继续下去，最可能的结果将是人口和工业生产力都有相当突然的和不可控制的衰退。改变这种增长趋势并建立稳定的生态和经济的条件，才能支撑未来。

上述论点被人们认为是对未来的悲观估计。这些论点公之于世之后，在20世纪70年代引起了一场令人瞩目的、旷日持久的论战。尽管人们对它的评价不一，但它给予人们的启迪是有益的，作为一门新学科的系统动力学也因此被人们所认识了。

(3)世界模型的局限

世界模型有以下局限：

①基本概念、运行机制都建立在经济学假设基础上或继承了经济学的逻辑——机械的和数理的逻辑。

②缺少涌现与演化观念，它展示的不过是一个机械逻辑。经济理论大多是静态的而不是动态的，而且传统的数学工具很难分析研究非线性关系，因此，它们很难描述复杂的和非线性的动态系统。

③这是一种决定论的结论，没有不确定性的地位。决定论目前只是在线性

① 转引自[美]威廉·恩道尔：《政府外脑影响美国决策的智库》，梁长平译，中国民主法制出版社2018年版，第88页。

系统中应用较成功，对非线性系统，其应用与理论都受到了限制。这就决定了其应用的范围，它们主要研究系统平衡点或工作点附近的特性，较适合作短期预测，难以进行长期过程的研究。

复杂世界的经济学学认为，社会经济系统本身不仅有清晰、确定的相互关系，还存在着模糊、随机的因素。这些因素和关系很难用传统的数学方法描述。

(4)复杂世界经济运行的重要修正

现代经济学把经济活动理解为投入—产出的循环系统，即经济过程是一个从厂商到家庭再从家庭回到厂商的孤立的循环流动。表面上，这是一个简单明了的概念，任何人都可以领会，每个人都可将它看作是对真实世界的描述。但是，这却是一个非常典型的盲人摸象式的理解，真实世界中并不存在这样一个孤立的循环系统。真实的经济运行起于自然又终于自然，只有乔治斯库·罗根将其准确地描述为始于资源和终于废物的单向流动。他将这个概念命名为“熵流”(entropic flow)。

毫无疑问，物质和能量的熵流要比价值交换的循环流动更基本。没有熵流的经济是虚构的、不真实的。

> 标准经济学是机械论的，用杰文斯的话来说，它是“效用主义和利己主义的机械论”。机械论研究可逆性和与性质无关的现象。交换的循环流动是与性质无关和可逆的，这符合机械论的观点。但是熵流是不可逆和定性的。熵是有用资源和无用的废物之间的定性差异的衡量指标。这个性质上的差异是不可逆的。因此，机械论模型不能解释经济生活中很多基本事实。另外，维持经济过程所必需的熵流的存在，由于其返回到环境和从环境中吸收的性质不同，必然会促使它所依赖的环境性质的改变。当环境变化时，经济必须重新适应——这就是共同进化的过程。[①]
>
> 将熵流置于经济学理论的核心也会带来很多更为特殊的推论。这些推论主要是关于以持续经济增长(以实际GNP为指标)作为健康经济标准及经济政策目标的可行性。这个循环流动从理论上来说可以永远增长，因为抽象的交换价值(债务、购买力)没有自然属性。但滴流的增长将会遇到耗损、污染及生态破坏的自然限制。[②]

---

① [美]赫尔曼·E. 戴利:《超越增长:可持续发展的经济学》,诸大建等译,上海译文出版社2001年版,第273页。

② [美]赫尔曼·E. 戴利:《超越增长:可持续发展的经济学》,诸大建等译,上海译文出版社2001年版,第274页。

显然，将熵流引入经济学会带来许多改变。新的发展概念在本质上将与以实际 GNP 为指标的增长不同，它将着重考虑污染控制、对不平等分配的限制以及保证基本需要的生产。那种认为贫困国家仅通过加快交换的循环流动和周转即可脱离贫困和债务的想法，将连同新古典经济学的庞氏骗局一起被彻底抛弃。

性质的改变无法用机械主义模型的解析或数学形式的概念来充分研究，因为这些概念被严格和精确地定义，并且永远具有同一性。

4.6 复杂适应系统的脆弱性

> 人类的困境在于：人类尽管具有很多知识和技能，可以看出这个问题[①]，然而，却不能理解它的许多组成部分的起源、意义和相互关系。因此不可能作出有效的反应。这种失败的发生原因在于：我们继续考察这个问题的某一个部分时，不理解这一部分仅仅是整体的一个方面，也不理解一个因素会导致其他因素的变化。[②]

4.6.1 系统的稳定性：自组织临界性

莱斯特·R. 布朗(Lester R. Brown)被《华盛顿邮报》称为“世界上最有影响的一位思想家”。2011 年，他出版了《崩溃边缘的世界》一书。他提出：

> 目前，威胁人类文明的是气候变化、人口增长、水资源短缺、贫困加剧、食物价格上涨，以及国家失能。我们面临的挑战，在复杂性、广泛性和紧迫性上都史无前例。[③]

帕·巴克在《大自然如何工作——有关自组织临界性的科学》中提出了这样的观点：“巨大的、灾难性的爆发在平衡系统中无立足之地，但在历史学、生物学和经济学中它们无所不在。”[④]

---

① 指当前人类所面临的复杂问题，包括富裕中的贫困、环境的退化、对制度丧失信心、就业无保障、青年的异化、遗弃传统价值、通货膨胀、金融和经济混乱等。罗马俱乐部把这些问题打包称为“世界性问题”。

② [美]丹尼斯·米都斯：《增长的极限——罗马俱乐部关于人类困境的研究报告》，李宝恒译，四川人民出版社 1983 年版，第 5 页。

③ [美]莱斯特·R. 布朗：《崩溃边缘的世界》，林自新等译，上海科技教育出版社 2011 年版，第 3 页。

④ [丹麦]帕·巴克：《大自然如何工作——有关自组织临界性的科学》，李炜、蔡勖译，华中师范大学出版社 2001 年版，第 30 页。这种观点可以称为灾变论，即认为大多数的变化通过灾难性的事件发生。

如果自组织临界性是现实世界的真实情景，那么我们必须接受生物学、历史学和经济学的观点：不稳定性和大的灾难是不可避免的。由于过去那些特定的不重要事件的结果是偶然的，因而我们也必须放弃详尽的长期决定主义或可预测性的观点……巨大的灾难性的事件和每天都发生的微小事件都遵从同样的动力学。这种发现和我们通常思考大事件的方式背道而驰，通常的思考方式，正如我们通常所了解的，总是寻找特定的原因（例如一颗下落的陨石导致恐龙的灭绝）来解释巨大的灾难事件。尽管小事件比大事件要多得多，但是系统的改变的很大部分都是由大的、灾难性的事件造成的。自组织临界性可以看作是灾难主义的理论判据。[①]

社会系统中也存在许多经典的正反馈的例子，如股票市场崩盘、骚乱、战争、政治运动以及交通堵塞等。

主流经济学家们认为，2008～2009年的全球性经济衰退，以及国际金融危机，不过是前进路上的沟沟坎坎，只是比之前的挫折更大而已。将来是会恢复正常的。世界银行、高盛集团和德意志银行等著名机构的经济预测都认为，全球经济每年大约会有30%的增长。按照此速度，从2010年第2035年，世界经济规模会顺利翻番……

我们错在哪里了呢？错就错在，以市场经济为基础的全球经济管理模式，目前已经陷入了困境。市场经济在很多方面确实是不错的。它高效的资源分配方式是计划经济无法预料，更不可做到的。但是，世界经济过去100年增长约20倍的同时，也暴露出其漏洞——一个非常严重的漏洞，如果这个漏洞得不到弥补，就意味着我们的文明将终结。

决定价格的市场经济并没有反映真相。它忽视了间接成本，而间接成本目前又在某些情况下大大高于直接成本……我们用自己的会计系统欺骗自己……除此之外，主流经济学极不重视自然系统可持续产量的极限。由现代经济思想和决策构建成的经济模式，与它所依赖的几近崩溃的生态系统并不协调一致。[②]

4.6.2 复杂系统的脆弱性

复杂系统和特大系统诸如生态系统与社会系统，它们往往表现出反直观的

① ［丹麦］帕·巴克：《大自然如何工作——有关自组织临界性的科学》，李炜、蔡勖译，华中师范大学出版社2001年版，第33页。

② ［美］莱斯特·R. 布朗：《崩溃边缘的世界》，林自新等译，上海科技教育出版社2011年版，第5～6页。

行为特性。一个简化的环境污染模型见图 4-9。

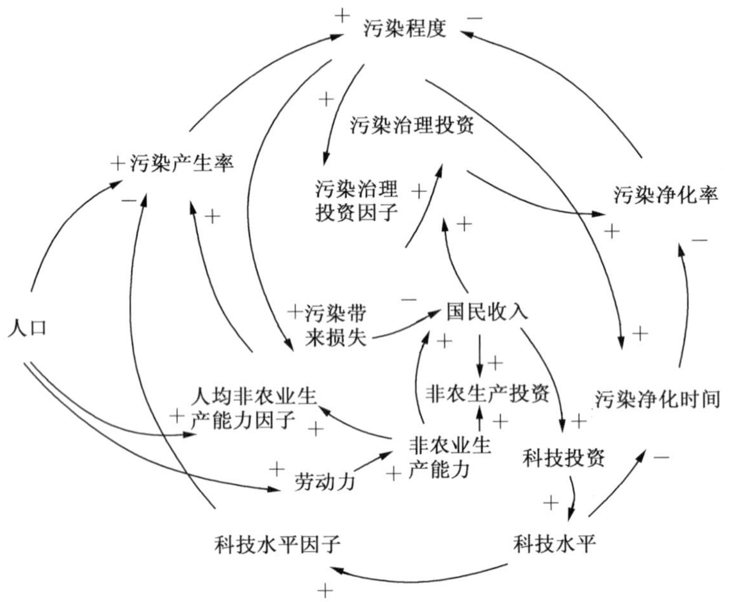

图 4-9 简化的环境污染模型①

复杂系统具有隐蔽的脆弱性。混沌物理学家詹姆斯·克拉奇菲尔德(James Crutchfield)已经专门论述了这些风险。人们过度依赖超级复杂系统是值得警惕的。

(1)我们构建了现代复杂社会

像市场、交通和互联网这样的复杂系统,看起来稳定,但其复杂性使它们天生脆弱。一些表面看来无关紧要的事情,实际上常常带来灾难性的后果。

因为高效,大规模复杂系统蓬勃发展起来,取代了低效的市场、小型农户、反应缓慢的媒体。它们工作时,无疑是美妙的;它们失常时,我们会追悔为什么没能早点认识到依赖它们的危险。

就在几十年前,食品生产地点还要毗邻人口中心。现在,遍布全球的分销网络保证了世界各地不受饥荒的困扰;不过,一旦分销网络突然毁坏,大规模饥荒的可能性就增加了。GPS 给平民提供精准服务也就是近 20 年的时间,可如果现在它失灵了,通勤一族肯定会备感不便,多数空运和航运也会寸步难行。互联网确实很强大,不过我们对它的依赖实在太惊人了。一旦它出了问题,工厂和电厂就要关闭,陆空联运停止,医院和学校会瘫痪,大部分商贸会歇业。

① 王其藩:《系统动力学》,清华大学出版社 1994 年版,第 11 页。

有人会认为这种担忧纯属言过其实，毕竟人类社会已在大风大浪中漂泊了几千年，无数的瘟疫、地震和风雨都没有将我们击垮。不过，人工系统与自然系统相比有很大不同。特别是一些新事物，它们是新近出现的，因此我们对它们的了解时间不长，这决定了人们对于它们的理解和把控能力都十分有限。当然，就算这样，我们仍应该保持自信：即使技术在未来有可能引发巨大的灾难，人类也能够想出办法克服它。

(2)复杂系统的崩溃

约瑟夫·泰恩特(Joseph Tainter)在其著作《复杂社会的崩溃》(*The Collapse of Complex Societies*)一书中研究了古今历史上数百个文明崩溃的案例，他认为：

> 崩溃是一个普遍进程，并不局限于某种类型的社会或某种层面的复杂化。人类社会的复杂化不是一个若有全有、若无全无的命题。①

泰恩特指出，复杂社会的崩溃也有复杂性的原因，例如罗马的灭亡的原因有雇佣军削弱了罗马军队的势力，不健全的经济策略导致粮食短缺和城市人口迁移，还有瘟疫暴发(在165～180年期间夺去了罗马一半人口的生命)等。这些事件仅仅是将一个摇摇欲坠的文明推下悬崖的决定性力量，而早在这些事件发生以前，崩溃的迹象已经显露出来了。

泰恩特认为复杂性是一个贪婪的系统：当问题越大，越错综复杂，就需要更多的资源来解决。最终，一个社会无法聚集足够的资源来抵御长久以来悬而未决的问题。特别是，当一个初步成功的社会逐渐成长为一个“恐龙型”社会后：

> ……在“恐龙型”中，一个复杂社会犹如一个笨拙的巨人，其形态固定，无法快速应变。它被锁定在一个进化的死胡同里，代表着它在社会结构、规模和复杂化方面所作的投资，虽气势轩昂、令人景仰，但却不能适应任何变化。危机出现之时，社会无法应对，因此必然过时。这样的复杂社会代表着一种权威的盛景，既神奇又可怜。用通俗的话语说，这是些可怜无用的巨人，必然被更新颖、更矫健、更有进取精神的社会所取代。②

泰恩特举的例子是罗马农业生产在几代人的时间里可测的下降。随着产量下降和人口增长，泰恩特认为的“人均能源”降低到危险的水平。通过征服邻国，罗马在短期内成功地缓解了农产品短缺的威胁。他们迅速地获得了所需的

① [美]约瑟夫·泰恩特：《复杂社会的崩溃》，邵旭东译，海南出版社2010年版，第8页。

② [美]约瑟夫·泰恩特：《复杂社会的崩溃》，邵旭东译，海南出版社2010年版，第88页。

金属、粮食、奴隶和资源，从而维持自身的进步和发展。随着商业、统治管理和国防系统变得越来越复杂，管理它们所需的“能源”超出了罗马人的能力范围。

因此，泰恩特认为，复杂的组织并不必然是好的，在竞争中也并不一定胜出，相反，复杂化程度较低的边缘国家灵活性较大，往往还体现出更强的竞争优势。

人类社会的未来进程，甚至人类社会的生存，取决于人类对这些问题作出的选择。但是，“现代化”却是一个高熵的社会形态。

当前我们面临的主要的和长期的问题是，现代社会已经陷入一个高熵社会而不能自拔——经济增长、工业化、城市化、军备竞赛的正反馈都有愈演愈烈的态势，它们所带来的资源枯竭、环境恶化、人口爆炸等问题就像悬在人类社会头上的达摩克利斯之剑。

可惜的是，世界上只有小部分人关心对这些问题的理解，或寻求解决这些问题的办法。更多的人只关心自己，只关心眼前。

毫无疑问，健全的知识比信仰更难获取。获取健全的知识需要复杂的认知过程，比如抽象概括、搜索、学习、推理、分析、决策、判断等。

(3)利欲熏心——病态社会的根源

在工业革命基础上发展起来的现代社会，已经成功地塑造了极端现代化的意识形态，也可以说是一种强烈而固执的自信，他们对科学和技术的进步、生产能力的扩大、人们的需求得到满足以及掌握自然有很强烈的信心。他们特别相信，人们可以理性地设计社会的秩序，他们特别热衷于某些类型的计划和社会组织的形式，如中央通信和交通枢纽、大型工厂和农场、网格状的城市等，因为这恰好符合他们的现代主义观点。

在社会治理的现代实践背后，折射出的是现代人的理性自负。在他们看来，一个国家、社会可以依据几何学上的标准化和物理学上的秩序，被理性地、有效率地组织起来。这种意识形态产生于西方，是前所未有的科学和工业进步的副产品。

在世界各地都能看到，现代国家机器的基本特征就是简单化和机械化，国家机构设置就像是一张拼图，它们并未成功地协调真实社会活动，这不仅造成了政策上的顾此失彼，漏洞百出，而且制造了权力、利益上的你争我夺以及责任、担当上的推诿扯皮。

毫无疑问，在21世纪，企业和社会都把盈利能力作为最强大的可行性标准。但是，功利社会也许是一条通往崩溃的单车道。

我们乐观地期望能够用已经掌握了知识和方法来减轻很多顽固问题的严重性，甚至在某些情况下可以根治它们。但是，根本的问题在于，我们的标准是功利主义的，而行为方法则是机械论的。今天，在任何一个重要社会问题面前，无论是经济学家、政治家，还是公司高层和街上的路人，脑子里盘算的东西都是类似的。

只有在现代社会中，我们才能够看到：一个个实用的技术中途夭折，牛奶被倒入下水道，新盖成的高楼大厦重新被夷为平地……唯一的原因在于它们过不了经济效益这一关。因此，真正阻碍我们解决现代社会问题的办法不是技术，而是现代社会的功利主义的价值观。

如果功利主导了人类的选择，如果将经济学原则运用于复杂的全球性问题，结果会适得其反。用风险和收益来衡量一个全球人道主义解决方案的价值，就好比用尺子量智商一样，驴唇不对马嘴。

（4）困境中的现代社会

现代社会的主要威胁就来自人类自身而非自然，人们固执地使用那些曾经用来解决局部的、较简单的问题的方法，来对付整体性、复杂得多的问题，头痛医头，脚痛医脚。虽然这些方法屡屡失败，我们仍然惯性地使用换汤不换药的解决方案。

詹姆斯·C. 斯科特（James C. Scott）[①]在《国家的视角：那些试图改善人类状况的项目是如何失败的》中讨论了那些具有良好用意的领袖如何为现代化设计出种种项目。它们都是一些目标清晰的线性化设计，这些设计是所有社会规划和管理所不可或缺的。这些项目是如此巨大，如此忽视生态和社会生活的基本事实，甚至当其致命的结果已经显现出来以后，仍然被不顾一切地继续推行。整体地看，世界各国对社会的干预往往是简单粗暴和自相矛盾的。[②]

同样，在经济生活（市场）中，一些规模巨大并且强有力的组织，它们试图通过市场势力操纵供求或价格，以实现其利润最大化的时候，也会出现类似的结果。

在社会日常生活的许多其他地方，我们发现貌似正常的“理性人”身陷相同的困境：忙于使生活变得不那么美好。当选官员忽略长期问题，因为他们必须迎合选民的短期利益；保险公司的工作人员对保险条款咬文嚼字，拒绝偿付那些危重病人所需要的护理费用；首席执行官和投资银行家给自己的业务和整个经济带来巨大风险，因为他们从成功中获益良多，却在失败时毫发无损；律师继续起诉他们明知无辜的人，同时保护那些他们明知有罪的人，因为他们职业的成功取决于案件的胜诉；政府发动反毒品之战，却产生了黑市利润和政府假装

---

① 詹姆斯·C. 斯科特，耶鲁大学政治学和人类学斯特林（Sterling）教授。

② 参见[美]詹姆斯·C. 斯科特：《国家的视角——那些试图改善人类状况的项目是如何失败的》，王晓毅译，社会科学文献出版社 2004 年版。

解决却始终解决不了的暴力问题。

丽贝卡·D. 科斯塔(Rebecca D. Costa)①认为人类目前的状况十分危险，全球水资源短缺、气候变化、碳基能源减少、对尚存自然环境的过度破坏，以及所有其他逼近或降临到我们身上的灾难，所有危险倾向的首要原因是文明本身的复杂性，而目前我们选用的认知工具还无法理解和对付这种复杂性。

本章参考文献

①罗马俱乐部:《增长的极限——罗马俱乐部关于人类困境的研究报告》，李宅恒译，四川人民出版社1983年版。

②[比]普里戈金:《从存在到演化:自然科学中的时间及复杂性》，曾庆宏等译，上海科学技术出版社1986年版。

③[德]马克斯·韦伯:《新教伦理与资本主义精神》，于晓等译，生活·读书·新知三联书店1987年版。

④[英]卡尔·波普:《历史决定论的贫困》，杜汝楫、邱仁宗译，华夏出版社1987年版。

⑤[美]冯·贝塔朗菲:《一般系统论——基础、发展和应用》，林康义等译，清华大学出版社1987年版。

⑥王其藩:《系统动力学》，清华大学出版社1994年版。

⑦[德]海德格尔:《形而上学导论》，熊伟、王庆节译，商务印书馆1996年版。

⑧[美]刘易斯·托马斯:《细胞生命的礼赞——一个生物学观察者的手记》，李绍明译，湖南科学技术出版社1997年版。

⑨[美]林恩·马古利斯:《生物共生的行星——进化的新景观》，易凡译，上海科学技术出版社1999年版。

⑩[美]弗莱蒙特·E. 卡斯特、詹姆斯·E. 罗森茨韦克:《组织与管理:系统方法与权变方法》，傅严等译，中国社会科学出版社2000年版。

⑪[美]赫尔曼·E. 戴利:《超越增长:可持续发展经济学》，诸大建等译，上海译文出版社2001年版。

⑫[英]尼古拉斯·乔治斯库-罗根:《熵定律与经济问题》，[美]赫尔曼·E. 戴利、肯尼思·N. 汤森:《珍惜地球——经济学、生态学、伦理学》，马杰等译，商务印书馆2001年版。

① 丽贝卡·D. 科斯塔，社会生物学家，长期关注全球变暖、流行病毒、恐怖主义、核扩散和公共教育失败等问题，是E.O.威尔逊生物多样性技术先驱奖获得者。

⑬[丹麦]帕·巴克:《大自然如何工作——有关自组织临界性的科学》,李炜、蔡勖译,华中师范大学出版社2001年版。

⑭[美]约瑟夫·熊彼特:《经济分析史》第2卷,杨敬年译,商务印书馆2001年版。

⑮[美]埃德加·E. 彼得斯:《复杂性、风险与金融市场》,宋学锋等译,中国人民大学出版社2004年版。

⑯[美]马克斯·韦伯:《经济与历史:支配的类型》,康乐等译,广西师范大学出版社2004年版。

⑰[美]蔡平、马特森、穆尼:《陆地生态系统生态学原理》,李博等译,高等教育出版社2005年版。

⑱[法]雷蒙·阿隆:《知识分子的鸦片》,吕一民、顾杭译,译林出版社2005年版。

⑲[美]约翰·霍兰:《涌现:从混沌到有序》,陈禹等译,上海科学技术出版社2006年版。

⑳[美]萨缪·鲍尔斯:《微观经济学:行为,制度和演化》,江艇译,中国人民大学出版社2006年版。

㉑[美]加勒特·哈丁:《生活在极限之内——生态学、经济学和人口禁忌》,戴星翼、张真译,上海译文出版社2007年版。

㉒[美]约瑟夫·泰恩特:《复杂社会的崩溃》,邵旭东译,海南出版社2010年版。

㉓[美]凯文·凯利:《失控:全人类的最终命运和结局》,陈新武等译,新星出版社2011年版。

㉔[加]麦克卢汉:《理解媒介:论人的延伸》,何道宽译,译林出版社2011年版。

㉕[美]萨姆·萨维奇:《平均值的缺陷》,刘伟译,东方出版社2011年版。

㉖[美]约翰·H. 米勒、斯科特·E. 佩奇:《复杂适应系统:社会生活计算模型导论》,隆云滔译,上海人民出版社2012年版。

㉗[美]伊斯雷尔·柯兹纳:《市场过程的含义》,冯兴元等译,中国社会科学出版社2012年版。

㉘[美]布莱恩·阿瑟:《技术的本质:技术是什么,它是如何进化的》,曹东溟、王健译,浙江人民出版社2014年版。

㉙[美]杰拉尔德·温伯格:《系统化思维导论》,王海鹏译,人民邮电出版社2015年版。

㉚[美]布莱恩·阿瑟:《复杂经济学:经济思想的新框架》,贾拥民译,浙江

人民出版社 2018 年版。

㉛[美]塞缪尔·阿贝斯曼:《为什么需要生物学思维》,贾拥民译,四川人民出版社 2019 年版。

5 复杂世界中的市场

很久以前就已确立起来的形而上学理论体系，由于其专门用语和措辞已进入现在流行的文献之中，它已经获得了某种具有恰当精确性的虚假外观。这样，用它的语言所表达的那些命题，就很容易与我们的思维中对形而上学真理一闪而过的直觉联系起来。一旦我们相信了这些语言陈述，并且用它们来论证，仿佛它们对意义作了恰当的分析，这时我们就会陷入各种困难之中，这些困难从外观上看否定了实践中所预设的东西。①

——[英]怀特海

① [英]A. N. 怀特海：《过程与实在》，杨富斌译，中国城市出版社 2003 年版，第 22～23 页。

复杂世界的经济学用系统的观念看待人类的经济活动。认为一个独立、封闭的经济系统是不存在的。它不可能脱离其他系统——资源、环境、技术、文化、历史等得到有效的说明，不可能脱离人类的其他活动得到有效的说明。由于现代经济学在市场、企业、政府等主题上有过长期、广泛的讨论，积累和流传的错误观念最多，因此，这些主题也是复杂世界经济学重点关注的对象。

复杂世界的经济学首先需要解释的经济现象是市场。在如何看待市场的问题上，它与主流经济学有着重大的不同，因为二者之间具有不相同的世界观、方法论和不同的理论基础。基本上可以这样说，主流经济学是确定性的经济学，而复杂世界的经济学是不确定的经济学。

5.1 现代经济学对市场的解释及批判

主流经济学具有一种被线性思维驯化了的理论模式，它秉持了牛顿机械论的世界观和方法论基础，把经济活动从复杂的世界中抽取出来，然后用物理学上“分析的解剖刀”对人类经济活动进行研究，最后再把它们拼合起来，建立了一个从微观到宏观的经济学理论体系。但是，只有将经济看成复杂适应系统，才能让我们更好地理解这个系统是如何随时间演化的，并且寻找到让这个系统变得更有活力、更具适应能力的方法。

5.1.1 现代经济学的市场理论

现代经济学几乎可以简单地概括为关于市场的理论或者如斯蒂格勒所说，是关于价格的理论。而如果大家足够细心，相信会获得这样的同感：从这个理论的任何角落都找不到“人”的影子。

(1)现代经济学的形式主义崇拜

我们这里所说的形式主义崇拜是指现代经济学中普遍存在的对数学(形式逻辑、数理逻辑)的迷恋，人们错误地认为数理逻辑赋予了经济学精确性。

16～17 世纪开始，哥白尼、开普勒、笛卡尔、伽利略、帕斯卡都证明了自然界的一些现象与数学定律相吻合。他们深信上帝不仅创造了世界，而且其创造与人的数学思维相一致。统治 18 世纪的哲学或科学方法论由笛卡尔系统地阐述和发展，笛卡尔甚至认为全部物理学都可以归结为几何学。笛卡尔的方法论影响了莱布尼茨、牛顿以及他们之后的科学家。

形式化方法是以数学化和机械化方法为基础来规约、构建和验证的计算和推理系统，是改善和确保推理质量的重要方法，其模型、技术和工具已经成为当今科学思维的重要载体。

试图以形式化的方式(逻辑语言)表达人类的思想的努力可以追溯到莱布尼茨。他认为,我们可以建立一种普遍的、没有歧义的语言,通过这种语言就可以把推理转变为演算。一旦人们发生争论,我们只要坐下来,拿出纸和笔算一算就行了。1879 年,逻辑学家弗雷格发表了《概念文字——一种模仿算术语言构造的纯思维的形式语言》,试图把莱布尼茨的梦想付诸实现。

同样,牛顿在《自然哲学的数学原理》中写道:"古人(如帕普斯所告诉我们的)认为在研究自然事物时,力学最为重要,而今人们则舍弃其实体化的形式和深藏的实质,力图以数学定律说明自然现象。我在本书中致力于用数学来探讨有关的哲学问题……因此我把这部著作称为哲学的数学原理,因为哲学的全部任务就在于从各种运动现象来研究各种自然之力,而后用这些力去推证其他现象。"①

牛顿用数学概念及量化了的公式推导建立了整个 17 世纪的物理学。牛顿的光辉业绩呈现给人类一个崭新的世界秩序和一个普遍的、仅用数学表述的物理原理控制的宇宙。他教给了人们一种错误的信念:自然界是依数学设计的,自然界的真正定律即数学;宇宙是尽善尽美的,是所有可能有的世界中最美好的世界,数学的公理是先天存在的真理,人类的理性思维能够揭示出它的规律。

牛顿之后的科学家们将物理世界的具体事物转换成数学公式,从而留给后人一个数学的、定量的世界,这就是延续至今的科学数学化。18～19 世纪的人们极大地发展了数学和数学科学,使有知识的人确信数学和科学中的数学定律是真理。

从 18 世纪开始,人们确信:一个完美的世界不能容忍浪费,所以自然的作用应该是花费最少即能达到目的,于是,寻找普遍原理的工作开始了。欧拉是 18 世纪最伟大的数学家,他用这样的话来表述他的基本信念:

> 宇宙的结构是最完美的,它是一位最为睿智的创造者的杰作。所以,如果没有某种极大或极小的法则,那就根本不会发生任何事情。②

> 数学依赖于一种特殊的方法去达到它惊人而有力的结果,即从不证自明的公理出发进行演绎推理。它的实质是,若公理为真,则可以保证由它演绎出的结论为真。通过应用这些看起来清晰、正确、完美的逻辑,数学家们得出显然是毋庸置疑、无可辩驳的结论。数学的这套方法今天仍然沿

① 转引自[美]M. 克莱因:《数学:确定性的丧失》,李宏魁译,湖南科学技术出版社 2001 年版,第 46～47 页。

② 转引自[美]M. 克莱因:《数学:确定性的丧失》,李宏魁译,湖南科学技术出版社 2001 年版,第 59 页。

用，任何时候，谁想找一个推理的必然性和准确性的例子，一定会想到数学。①

欧拉确信，大自然的语言是用数学写成的，数学支配一切。拉普拉斯则有一段更著名的论述：

我们可以把目前的宇宙状态看作是宇宙过去的结果和将来的原因。如果一个有理性的人在任何时刻都知道生物界的一切力及所有生物的相互位置，而他的才智又足以分析一切资料，那么他就能用一个方程式表达宇宙中最庞大的物体和最轻微的原子的运动。对他来说，一切都是显然的，过去与未来都将呈现在他眼前。②

这种数学方法所取得的成功吸引了最伟大的智者：数学已显示了人类理性的能力、根源和力量，所以为什么不能把这种方法用到由权威、风俗、习惯控制的领域，比如在哲学、神学、伦理学、美学及社会科学中去寻求真理呢？人类的推理能力，在数学及自然科学中，是如此的卓有成效，肯定也将成为上述其他领域思想和行为的主宰，为其获得真理的美和美的真理。因此，在称作“理性时代”的启蒙时代，数学方法甚至一些数学概念和定理，用到了人文事务中。

以形式主义方法做学问具有很大的便利，它不需要经验的支持，也不需要顾忌任何事实。因此，对形式主义（或纯理论）的偏好成为一种不自觉的行动。霍奇逊指出：

形式主义的做法，既不需要经济学史的知识，甚至也不需要了解现实经济的历史。一篇数学文章可以主要按其自己的方式进行评价。这样，经济思想史甚至经济史，大量地从这门学科中消失了。形式主义甚至能够在贫瘠的哲学和方法论文化氛围中繁荣昌盛。更为重要的是，形式主义并不要求熟练掌握英文或任何其他主要语言，因而得以在积极效仿全球标准的非英语国家的经济学系中受到鼓励。形式主义不断成长并自我强化，就像劣币驱逐良币一样。③

莱昂·瓦尔拉斯是第一个试图以数学形式表述“无形之手”信念的经济学家。1874 年，他首次以数学形式描述了经济的一般均衡理论。1954 年，肯尼思

① 转引自[美]M. 克莱因：《数学：确定性的丧失》，李宏魁译，湖南科学技术出版社 2001 年版，引论第2 页。

② 转引自[英]吉利斯《概率的哲学理论》，张健丰、陈晓平译，中山大学出版社 2012 年版，第 15 页。

③ [英]杰弗里·M. 霍奇逊：《演化与制度：论演化经济学和经济学的演化》，任荣华等译，中国人民大学出版社 2007 年版，第 6 页。

·阿罗和杰拉德·德布鲁证明了一般均衡的存在性、唯一性、稳定性。当然,大家也还会记得,美国经济学家加里·贝克尔(Gary Becker)提出的人力资本理论强调,人们可以正确地预测在未来的职业生涯中能赚多少钱,从而据此选择某种教育以及为其投入多少时间和金钱(即所谓的人力资本投资)。这难道不是经济学的天方夜谭吗?

一般均衡的证明虽然在数学上精巧漂亮,但是,赫伯特·西蒙质疑道:

> 它是否与现实有什么关系,我们可以而且已经提出了疑问。或许,有人之所以攀登某些智慧的高峰,无非是因为那些高峰的存在——无非是因为攀登高峰能使人感到刺激和振奋。①

毫无疑问,基于非现实的严格假设下的一般均衡分析只能被视为一种纯粹的逻辑练习,只不过是经济学形式主义崇拜的充分体现。

> 在经济学界,赞美牛顿力学并寻找经济学上的物体运动定理,一直是很常见的做法。但对于一门科学来说,这并不是唯一的模型;并且就我们的意图而言,这也确实不是合适的模型。对人类行为,即使理性行为,我们也不能用少许几个不变量加以解释。②

哈耶克告诉人们,即使只考虑信息因素(即不考虑其他的变化和不确定性),确定未来工资和价格也是困难的。他说:

> 在确定价格和工资的过程当中,每一个参与市场过程的行动者所拥有的特定信息都会产生某种影响——这些具体事实的总和在整体上讲是不可能为任何科学观测者所知道的,甚至也是不可能为任何其他个人所知道的。一如我们所知,在此基础上而展开的对资源配置的过程中,多于任何个人所能够掌握的有关特定事实的知识(亦即只能以分散的方式存在于无数个人当中的那种知识)都会得到运用。事实上,这就是市场秩序优越性的渊源之所在,也是市场秩序在未遭政府权力压制的时候一般都能够取代其他类型秩序的原因之所在。据此我们可以说,由于我们这些从事观察的科学家不仅根本不可能知道市场秩序的全部决定因素,而且也不可能知道需求在何种价格和工资的特定结构中会与供给达致平衡,所以我们不可能

---

① [美]赫伯特·西蒙:《现代决策理论的基石——有限理性说》,杨砾、徐立译,北京经济学院出版社1989年版,第65页。

② [美]赫伯特·西蒙:《现代决策理论的基石——有限理性说》,杨砾、徐立译,北京经济学院出版社1989年版,第96页。

计量出它们对市场秩序的偏离程度。此外，我们也不可能用统计学的方式来检测我们的理论。①

现代经济学中，计量方法被广泛地用于经济学的分析和推理，这个看似严谨的做法，只证明了他们对统计与计量方法的滥用。哈耶克指出：统计学在处理经济活动的复杂性方面无能为力。

从本质上说，统计学乃是通过下述两种做法来处理大量数据这个问题的：第一，化复杂为简单；第二，有意把它所计算的个别要素看成是毫无系统联系的孤立要素予以对待……统计学对于解释复杂现象来说也贡献甚微……任何数量的有关投入产出之相互关系的统计学信息，都不可能使我们更接近我们的目标……甚少有人会认为，统计学能够帮助我们解释有机体的功能。但是，当统计学试图说明社会结构的功能的时候，人们却广泛地认为统计学有能力做到这一点。当然，这在很大程度上是因为人们错误地理解了研究社会现象的理论的目的造成的。②

人所共知的是，在实际的经济生活中，最优化方法常常是不可行的。特别是对一个开放系统而言，不确定性如影随形。霍奇逊指出：

自马歇尔的《经济学原理》出版后的一百年间，经济学作为一门学科已呈现出急剧的狭窄化和形式化。20世纪最后30年，这门学科已经遭受数学形式主义者的蹂躏，他们不去把握和解释真实的经济结构和经济过程，而是潜心于建立方程。那些已经或即将延续一个世纪的权威刊物，如《美国经济评论》《经济杂志》《政治经济学杂志》和《经济学季刊》等，表明了这种变化。20世纪20年代以前，90%以上的文章用的是文字描述。到了20世纪90年代初，代数、积分和计量经济学在这些权威杂志发表的文章中已超过了90%。③

霍奇逊还指出，试图用数学的方法来提高经济学的威力是徒劳的，这一举动只是暴露了现代经济学形式主义的本来面目，暴露了他们逃避现实、游戏学术的心态：

……假定世界就是这样一个模型，然后对此模型进行讨论，甚至可能

① [英]哈耶克：《哈耶克论文集》，邓正来译，首都经济贸易大学出版社2001年版，第387页。

② [英]哈耶克：《哈耶克论文集》，邓正来译，首都经济贸易大学出版社2001年版，第294～296页。

③ [英]杰弗里·M. 霍奇逊：《演化与制度：论演化经济学和经济学的演化》，任荣华等译，中国人民大学出版社2007年版，第2页。

不再涉及现实世界……展示数学的威力当然要容易。这样，一个人不必过多地卷入现实的混乱与无序之中，就能获得经济学家的头衔。然而，其结果可能意味着经济学在严谨之中变得与现实无关，在精确之中形成错误。形式主义成了逃避现实的手段，而不是帮助理解现实的工具。当然，这并不是说数学在经济学中是无用的，只是表明数学不能够替代对现实经济的构成和运行的理解。①

其实，迄今为止，人们对数学的性质以及它对于现代科学作用的认识存在着严重的误区。这个误区没有太多的人能意识到，更没有太多的人敢于正视它。

早在19世纪初，新的几何学和代数学的诞生终于使人们认识到，自然界并不是根据数学设计的，绝对意义上的数学以及科学中的数学真理并不都是真理。这是降临到数学头上的第一个不幸事件。克莱因在《数学：确定性的丧失》一书中写道：

事实上，数学已经不合逻辑地发展。其不仅包括错误的证明，推理的漏洞，还有稍加注意就能避免的疏误。这样的大错比比皆是。这种不合逻辑的发展还涉及对概念的不充分理解，无法真正认识逻辑所需要的原理，以及证明的不够严密；就是说，直觉、实证及借助于几何图形的证明取代了逻辑论证。②

然而，20世纪30年代，数学家的构建数学公理体系美梦还是被无情地打破了。哥德尔的研究告诉我们，数学被证明并不能够建立起逻辑一致的公理体系。

到1930年，数学家已满足于接受几种数学基础的一两个，并且宣称自己的数学证明至少和这些学派的原则相符。但是，灾难再次降临，形式是K.哥德尔的一篇著名论文，哥德尔证明了那几个学派所接受的逻辑原理无法证明数学的一致性，这还不包括论文里其他一些意义重大、影响深远的结果。哥德尔表明，对已取得的成功提出质疑不能不用到非常可疑的逻辑原理，哥德尔定理引起一场巨变，随后的发展带来了更大的麻烦。例如，就连过去极度推崇的、被认为是精密科学方法的公理化——演绎方法看来也

---

① [英]杰弗里·M.霍奇逊：《演化与制度：论演化经济学和经济学的演化》，任荣华等译，中国人民大学出版社2007年版，第3页。

② [美]M.克莱因：《数学：确定性的丧失》，李宏魁译，湖南科学技术出版社2001年版，引论第3页。

是有缺陷的……显然，普遍接受的概念、正确无误的推理体系——1800年时的尊贵数学和那时人的自豪——现在都成了痴心妄想。与未来数学相关的不确定性和可疑，取代了过去的确定性和自满。[①]

当然，这一成果的影响并不仅仅局限于数学领域，实际上，它带来了广泛的观念变革。

因完美的数学是什么而产生的危机和矛盾还阻碍了数学的方法在许多其他文化领域中的应用，如哲学、政治科学、伦理学、美学。找到客观、正确的定律和标准的希望变得微弱了，理性时代已经过去。[②]

20世纪是一个不平凡的世纪，不止是在数学领域，其他领域同样受到了构建逻辑与实证体系的诱惑，正如怀特海所指出的：

哲学一直被数学的样板所误导；甚至在数学中，对终极的逻辑原理的陈述也被各种困难困扰着，迄今还是不可克服的。[③]

霍奇逊则说：

放弃对现实世界的研究而进行形式主义的理论训练，使经济学家丧失了判断与理解实践问题和复杂情况的直觉能力……不断引起混乱的问题是，这种模型始终是一个封闭的系统，而现实经济却是受制于永不停止的外部力量或者冲击的开放的系统。经济现实既不是同质的，也不是静止的；它既非机械地运行，也不能精确地预测……因此，模型是永远不够的。模型永远不能代替说明现实的其他学术话语形式所具有的完全开放的特征和灵活性。[④]

让我们再回忆一下乔治·博克斯的醒世恒言："所有的模型都是错误的，但有些是有用的。"

霍奇逊在《演化与制度：论演化经济学和经济学的演化》一书中提道：

《美国经济评论》的一位前任编辑罗伯特·克洛尔(Rohert Clawer)在谈到他担任编辑的时代时说道："明显的事情是，所挑选的文章绝大部分极

---

① [美]M. 克莱因：《数学：确定性的丧失》，李宏魁译，湖南科学技术出版社2001年版，引论第4页。

② [美]M. 克莱因：《数学：确定性的丧失》，李宏魁译，湖南科学技术出版社2001年版，引论第5页。

③ [英]A. N. 怀特海：《过程与实在》，杨富斌译，中国城市出版社2003年版，第13页。

④ [英]杰弗里·M. 霍奇逊：《演化与制度：论演化经济学和经济学的演化》，任荣华等译，中国人民大学出版社2007年版，第3～4页。

为单调乏味，缺乏任何新的思想。”①

这种做法所产生的一个恶果就是，那些以学术为业的人躲进了纯理论的象牙塔，沉迷于经济学的逻辑游戏不能自拔。

在数学充斥着主要大学和研究生院的课程时，经济学的学生们不再受到训练或者得到鼓励去分析现实世界的经济和制度。②

(2)现代主流经济学对市场的诠释(见图 5-1)

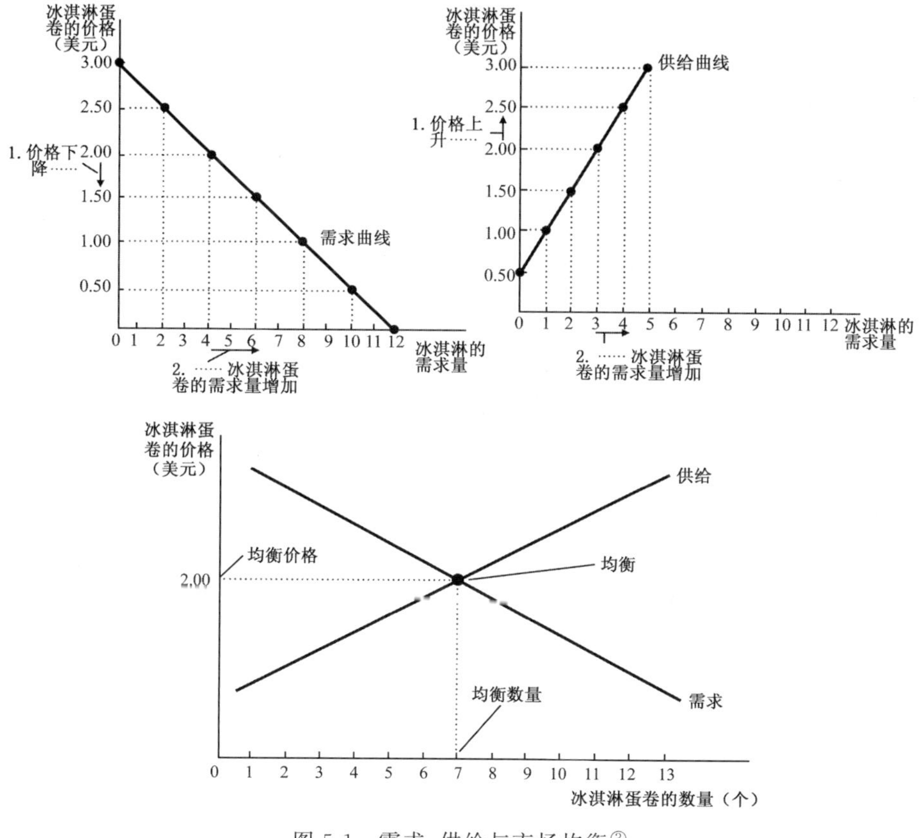

图 5-1 需求、供给与市场均衡③

① [英]杰弗里·M. 霍奇逊:《演化与制度:论演化经济学和经济学的演化》,任荣华等译,中国人民大学出版社 2007 年版,第 6 页。

② [英]杰弗里·M. 霍奇逊:《演化与制度:论演化经济学和经济学的演化》,任荣华等译,中国人民大学出版社 2007 年版,第 7 页。

③ [美]格里高利·曼昆:《经济学原理》(第 5 版),梁小民译,北京大学出版社 2009 年版,第 74、80、84 页。

主流经济学的市场理论是形式主义的，具体的表现是从新古典经济学开始，用边际和最优方法全盘改造古典经济学。主流经济理论立足于物理学上的均衡概念，把市场作为配置资源的手段，核心问题是稀缺性资源在竞争性目的之间的配置。

主流经济学的理想目标是建立完全竞争市场，并且认为只有通过完全竞争的市场才能达到帕累托最优，任何偏离完全竞争的行为都会导致资源配置的效率损失。这一思想贯穿于当代主流经济学的全部理论之中。

主流微观经济学理论建立在价格变动使市场出清的假说之上，隐含在这些理论背后的基本思想是充分的价格调整使每个市场供求相等。因此，在分散决策的经济中，价格是引导资源有效配置的充分信号。与马歇尔的名字联系在一起的局部均衡概念，只是对一般均衡理论的有限修正，并没有使经济学进步多少。事实上，供给和需求的均衡只在非常特殊的市场上——如拍卖市场——才能得到满足。

现代经济学的均衡分析方法是以市场均衡为核心的价格和数量决定的分析。这种方法，说到底就是约束条件下最大化的数学求解；实质地看，主流经济学确实只是在做一件事——证明在一定条件下，市场交易能够实现资源最优配置，使社会福利最大化。其最高成就就是阿罗与德布鲁在论文《一般均衡存在性的数学证明》(Existence of Equilibrium for a Competitive Economy)中给出的结论：在一系列严格的假设条件下，有一组确定的解，能够同时满足一般均衡方程组。①

在二战以后的绝大部分时间里，均衡分析(equilibrium analysis)在经济学中成为最基本的范式，经济学家们一直试图描绘市场均衡存在与稳定的一般条件。然而20世纪80年代开始，一般均衡理论已经举步维艰。哈恩和索洛在《现代宏观经济理论的评论》中开宗明义地指出：

> 若在本书的开始部分就告诉读者，我们出版本书的最初动机是基本否定新宏观经济学，或许有助于读者更好地理解本书的其他章节。我们发现，自己无法同意20世纪80年代前期的宏观经济理论的主流观点，希望确立能抵制这些主流观点的理论依据……许多学者已经注意到，宏观经济学始终注重微观基础，至少都通过微观行为合理解释总量关系。②

---

① J. Kenneth, "Arrow and Gerard Debreu: Existence of an Equilibrium for a Competitive Economy Author(s)", *Econometrica*, Vol. 22, No. 3, 1954, pp. 265-290.

② ［英］弗兰克·哈恩、［美］罗伯特·索洛：《现代宏观经济理论的评论》，朱保华等译，上海财经大学出版社2011年版，第1页。

阿兰·吉尔曼(Alan Kirman)[①]也指出,宏观经济学建立在坚实的微观基础之上的计划也正濒临破产。

实际上,认识到宏观经济学与微观经济学的不一致性当然是正确的。但是,试图填补它们之间的鸿沟,注定会是一种徒劳的努力。他们完全找错了方向,他们并不理解涌现,也不理解整体不是个体的简单加和。

哈恩称流行的经济学为"和真实世界相距甚远的乐天派经济学",他认为:

> 在过去数十年中,由于不对称信息、"缺失市场"、合同、策略互动等已理解成需要解释的现实世界的现象,其研究取得了很大进展,而宏观经济学则完全忽略了不对称信息等问题……阿罗-德布鲁均衡确实是特殊的社会福利函数最大化对应的配置,但在部分保险市场缺失或考虑较温和的现实现象时,阿罗-德布鲁均衡就未必成为对应社会福利函数最大化的配置。[②]

实际上,只要我们放弃"代表性经济人"或"单个经济人"的条件,主流经济学分析的实际价值就值得质疑。这个概念有很大的迷惑性,它偷偷地把同质性塞进了行为主体和分析对象之中,以至于哈恩也十分不满。他说:

> 我们认为,将不同经济人持有的信念增加到经济描述的元素组成部分极为重要。"信念"是包括价格、收入和各种总量的正常预期与推测;我们也希望运用词汇"信念"涵盖态度及经济运行理论。经济的实际运行方式可能依赖于经济人对经济运行方式的认识。[③]
>
> 现行决策的影响时间越长,不确定性对决策的影响也越大,决策者在不确定性消失前需要承担的决策风险也越大。这不仅可能成为难以处理在稳态和其他明确状态之外的耐用资本品的原因,也是宏观经济学常规假设完全预期或套利的原因。完全预期和套利的两种处理方法的问题在于,两者都不能真正把握固定资本使用期的奈特不确定性的形成过程。无论不确定性是(奈特和凯恩斯想象的)非概率性东西,还是不确定性显得过于复杂而无法予以概率描述,这些都不涉及事物本质。不管是哪种情形,我

---

① 阿兰·吉尔曼,法国巴黎社会科学高级研究院(School for Advanced Studies in the Social Sciences)的经济学家,同时也是法兰克福论坛(Frankfurt forum)的联合主席。

② [英]弗兰克·哈恩、[美]罗伯特·索洛:《现代宏观经济理论的评论》,朱保华等译,上海财经大学出版社2011年版,第3页。

③ [英]弗兰克·哈恩、[美]罗伯特·索洛:《现代宏观经济理论的评论》,朱保华等译,上海财经大学出版社2011年版,第198页。

们都缺乏清晰满意的模型化决策及其影响的方法。由于我们最小化持续性影响的模型，也最小化了随机性的影响结果，我们回避了严密处理随机因子的问题。①

当然，《现代宏观经济理论的评论》也存在不少的局限：虽然哈恩他们已经认识到整体非线性动态对描述经济活动的重要性，但是，他们还是主要依据了简单的线性数学公式，这样做当然就使得他们不能充分讨论多样动态可能性；假定了经济学概念界限分明；承认宏观经济中存在多重均衡——在合理的宏观模型(或符合要求的微观模型)中可能存在多个就业和失业的均衡水平(存在多重均衡时，动态过程未必整体稳定)；厂商的形成没有任何历史性约束，厂商的本质在于进行融资、投资、生产和销售产品及消亡；由于涉及更加复杂难解的建模过程，没有令人满意地明确构建货币需求的细致模型。因为他们认为特定简化程序并没有巨大的实质性危害；他们知道在不确定性起着重要作用的场合，忽略不确定性可能带来严重后果。但是，他们还是采用了单值预期或完全预期假设简化处理预期问题。

对于一般均衡的唯一性和稳定性问题的研究表明，除非作出非常严格的假设，例如整个社会能够像一个人一样行动，否则均衡可能是非决定性的和非稳定性的。②

确实，完全竞争的有效市场依赖于很多假设，这些假设包括：①偏好、技术、资源既定和保持不变；②行为是理性的，经济主体行为满足最大化；③完全信息、完全竞争，排除了错误发生的一切可能性；④所有生产要素能够自由流动，不均衡是暂时的，长期看，与均衡不一致的经济和利润损失是不存在的。

虽然阿罗和德布鲁证明了一般均衡的存在性，但是，由于完全排除了时间、信息和人类行动的不确定性等因素，一般均衡理论只不过是一个以抽象概念为基础、机械推理为依据的纯逻辑体系，实际上，它只是一个只关注起点和终点的静态分析，只对均衡状态或均衡条件感兴趣，其典型的特征是静态的配置效率。

(3)有效市场理论：形式主义市场理论的另一个代表

一点儿都不奇怪，金融市场的特殊性使其成为现代经济学研究中一个备受重视的领域，甚至近些年来很多届的诺贝尔经济学奖都被颁发给研究金融学的经济学家。现代金融经济学始于哈里·马科维茨(Harry M. Markwitz)、默顿·米勒(Merton Miller)和威廉·夏普(William F. Sharpe)等金融学家，“有

---

① [英]弗兰克·哈恩、[美]罗伯特·索洛：《现代宏观经济理论的评论》，朱保华等译，上海财经大学出版社2011年版，第188～189页。

② J. Kenneth, “Arrow and Gerard Debreu: Existence of an Equilibrium for a Competitive Economy Author(s)”, *Econometrica*, Vol. 22, No. 3, 1954, pp. 265-290.

效市场假说”这一术语是由芝加哥大学经济学家尤金·法玛提出的。

1964年,芝加哥大学证券价格研究中心建成了第一个股价数据库,在芝加哥大学相关学者的带领下,该领域的研究立刻繁荣起来。其中的主要人物包括米勒、法玛,还有迈克尔·詹森、理查德·罗尔、迈伦·斯科尔斯(Myron Scholes)等一批出类拔萃的研究生。罗尔是加州大学洛杉矶分校的一位杰出学者,也是那里的一位教授;斯科尔斯与费希尔·布莱克(Fischer Black)共同发明了布莱克-斯科尔斯期权定价公式。

有效市场假说由两部分组成,它们从某种程度上说是相互关联的,但从概念上讲又有区别。其中一部分与价格的合理性有关,另一部分关注的则是能否跑赢市场。

“价格是合理的!”从本质上说,这句话的意思是,任何资产的价格都能反映出其真正的内在价值。① 如果一家公司的合理估值为1亿美元,那么在股票市场上,这家公司的市值就是1亿美元。经济学家认为,这条规律既适用于个别公司,也适用于整个市场。

有效市场假说的早期研究大多是在强调该理论的第二部分——“天下没有免费的午餐”,也就是说,人们没有办法跑赢市场。更确切的说法是,因为当前的股价已经反映了所有的公开信息,所以不可能有效地预测未来的股价并让股东从中获利。无论是有利的信息还是不利的信息,一经公开,人们都会开始加仓或减仓,股价几乎转瞬之间就会上涨或下跌,致使获利的机会快速消逝。

詹森等人之所以笃信有效市场假说,是因为该理论的逻辑是无可辩驳的,这种推理令人信服。早期的一些实验似乎也能够证明这一点。詹森就认为,职业投资者的业绩并不比市场上其他投资者的平均水平高,即使是专业人士都无法跑赢市场。②

经济学家,尤其是金融经济学家一致认为,金融市场最典型地反映了理性人的行为特征,是最不可能发现反常行为的地方。任何非经济人(普通人)或是非理性的行为(即使是专家的行为)在该市场中应该都没有幸存的机会。另一方面,人们认为,在金融市场中,愚蠢的行为根本不会影响市场的价格,哪怕是引起微小的波动。大多数行为学家假设,即使有人在投资过程中犯了错误,还有一部分聪明人会起到平衡作用,校正价格,所以市场价格不会受到影响。同

---

① 多年来,金融经济学家一直认为有效市场假说中的“价格合理性”是无法直接验证的,企业或公司的内在价值是无法测算的。这当然也是称其为假说的一个原因。

② 无可否认,凯恩斯的《就业、利息和货币通论》一书中关于金融市场的见解,远比金融学的“有效市场”深刻。他认为,情感或他所说的“动物精神”在个人决策中扮演着重要角色,其中也包括投资决策;职业投资者玩的是一种微妙的竞猜类游戏,选择最佳股票与选美比赛无异。

样地，斯科尔斯和布莱克建立的布莱克-斯科尔斯期权定价模型虽然为他们赢得了1997年诺贝尔经济学奖，却依然是“一座建立在沙滩上的城堡”。在实际生活中，经济系统不仅从来没有、也永远不可能收敛到一个稳定的均衡解。

主流经济学的衰落，只不过是形而上学经济学的失败。理查德·塞勒在《“错误”的行为：行为经济学关于世界的思考，从个人到商业和社会》中指出：

> 我认为凯恩斯“选美竞赛”的类比现在仍可以用来描述金融市场的运行方式，以及人类行为因素在其中扮演的重要角色。①

> 当然，并非所有金融经济学家都宣布放弃对有效市场假说的支持。不过，行为研究法已经受到了严肃的对待，在很多问题上，理性主义者团队和行为经济学团队的争论一直存在于金融经济学领域，时间跨度长达20多年。②

其实，每个人都知道，绝大多数经济学理论并非源自经验观察，而是从理性选择公理推导出来的，不管这些公理是否与我们在日常生活中观察到的现象有关。实际上，有关经济人行为的理论不可能以经验为基础，因为经济人是不存在的。

> 在行为经济学的发展过程中，我们很多次都要向经济学领域的重要人物提出，理性模型是不符合事实的……如果人们会因为直言不讳或其他事情而遭到解雇，我们就不能指望所有人都愿意承担这些风险。真正的领导者必须创造一种环境，让员工觉得只要根据证据作出决策，不管结果如何都会受到奖励。理想的环境会鼓励所有人细心观察、收集数据并且直言不讳。能够创造出这种环境的老板只会面临一种风险：可能会伤害他们自己的自尊心，但与层出不穷的好点子和降低灾难发生的概率相比，这只是很小的代价。③

5.1.2 对现代经济学市场理论的批判

虽然主流经济学频繁使用“市场”这个词，并不意味着他们恰当地或准确地

---

① [美]理查德·塞勒：《“错误”的行为：行为经济学关于世界的思考，从个人到商业和社会》，王晋译，中信出版社2016年版，第233页。

② [美]理查德·塞勒：《“错误”的行为：行为经济学关于世界的思考，从个人到商业和社会》，王晋译，中信出版社2016年版，第384页。

③ [美]理查德·塞勒：《“错误”的行为：行为经济学关于世界的思考，从个人到商业和社会》，王晋译，中信出版社2016年版，第393页。

理解和定义了市场的概念。布莱恩·阿瑟指出：

> 新古典经济学继承了启蒙运动的思想，即我们观察到的混乱无序的世界只是表面现象，背后隐藏着秩序、理性与完美。它还继承了19世纪末的物理学观念，尤其是这种观念：大量相互作用的同质元素，可以通过简单的联立数学方程式一次性地全部分析清楚。到了20世纪中叶，这种观念在经济学中导致了如下这种愿景：经济学理论的核心，可以简单地用数理方程表示的定律来刻画，从而实现公理化。[①]

新古典经济学以理性和最优化行为为特征的模型描述现实中人类行为的特征。其实，封闭系统是传统经济学和绝大多数决定论思想的核心隐喻。现代经济学所构筑的是一个封闭系统——一个均衡经济体系，他们把经济理解为一种“精巧的机械时钟”。

市场机制本身非常简单，但是，它所协调的经济行为却极为错综复杂，同时又处在无止境的变动和永不停息的演进之中。为了保证市场的平稳运行，需要具备许多有效的因素：信息通畅、产权得到保护、人们信守自己的承诺、外部性受到限制以及对竞争的促进等。另外，虽然有时候政府会扭曲甚至破坏市场，但是，要想把市场的潜能完全发挥出来，我们还需要来自政府的帮助，例如保护产权、反垄断等。

市场上充满了显示人类的智慧和创造性的故事，更不乏挫折与失败的故事。另外，市场和政府之间的关系并非像经济学教科书上写的那么简单，用单一维度的思维方式去分析市场是非常可笑的，而现代经济学恰恰是这样做的。

(1)武断的假设

现代经济学理论把市场视为组织社会的最理想的方式，市场近乎是万能的，也是一成不变的，最好的政府则是对市场管制最少的政府。为了证明这一信念，它们把自己的理论深植于一些有悖于现实人类行为的假设之上，其武断程度比李嘉图有过之而无不及。

假设1：在亚当·斯密经济人的意义上，人们是理性的。因此，当出现关于股票或债券的相关信息时，投资者将会作出通往最大可能的财富或幸福的理性选择。他们的偏好可以用数学方程即效用函数来表示，效用函数能够被极大化。在现实中，人们不是仅根据数学上的效用函数来思考，不是永远理性和自利的，他们受到扭曲他们选择的情绪的驱使。有时他们错误地计算了概率，对得失感受有异。

---

① [美]布莱恩·阿瑟：《复杂经济学：经济思想的新框架》，贾拥民译，浙江人民出版社2018年版，第5页。

假设 2:所有投资者都是相同的,因而,人们有相同的投资目标,并且以同样的方式反应和表现。简言之,他们的行动如同物理学中理想气体的分子一般。一个描述这种分子或投资者行为的方程式可以被用来描述任何这样的分子。事实上,人们并非相同的。如果放弃同质性的假设,更复杂的市场模型将会产生。例如,至少有两种不同类型的投资者:原教旨主义者相信每种股票都拥有它的价值,而且最终将以那个价值出售;宪章派忽略基本教义,监控价格趋势以便跟随浪潮。投资者间的相互作用,会导致价格泡沫和自发的崩溃,市场由平衡良好的线性系统(其中一个因素以可预期的方式加到另一个)转换到混沌的非线性系统(其中,因素彼此间相互影响,产生协同和无法预期的影响)。

假设 3:价格以几乎连续的方式变动,因而,股票报价或汇率不会上下跳跃,而是从一点平滑移动到另一点。连续性是经典物理学的一个假设,莱布尼茨认为:自然没有跳跃。从方法论的角度来看,因为有认为自然和经济表现出连续现象的这种信念,因而人们能够应用连续函数和微分方程以分析方式求解物理学或经济学问题。然而事实上,经济中的价格以及量子物理学中的量子态都会跳跃,现实确实是不连续的。与爱因斯坦对量子物理学的反对相反,上帝真的在掷骰子,不管在自然界或是社会上。

假设 4:价格变动能用布朗运动描述。布朗运动首先由物理学家阐述,后来由巴舍利耶应用到金融市场上。布朗运动在经济学上的应用隐含着三个假设:第一,价格的每次变动与先前的变动无关(统计独立性)。第二,产生价格波动的过程不随着时间而改变(统计稳定性)。第三,价格变动遵循正态分布——每次改变的频率呈现出高斯钟形曲线的结果。事实上,金融数据的图中价格变动并没有呈现出平滑的正态分布的结果,运用随机数学和系统理论对于实际分布形式的分析具有某种挑战性。

经过假设的清障和铺垫,终于建立起了现代经济学的理论大厦。但是,这个理论体系只是假设出来的。正如哈耶克指出的:

> 我认为,所谓的宏观经济理论之所以能够在现代得到发展,完全是因为这样一种错误的信念所致,这种错误的信念就是:只有当某个理论能够使我们对特定事件作出预测的时候,这种理论才是有用的。显见不争的是,宏观经济理论之运用所必需的数据永远不可能为人们所探明并确定,所以人们便试图通过重新建构理论的方式来克服这个困难——但是值得我们注意的是,他们只是把理论重构成了这个样子,即必须纳入其论式之中的数据不再是有关个人的信息而是统计上的数值、总数或平均数。我认为,大多数这样的努力都是错误的,因为它们只是导致了这样两个结果:第一,我们丢失了我们原本能够获得的洞见人际关系之结构的观点;第二,由

于那些统计数字只为我们提供了有关过去的信息，而且也没有为他们所提出的有关这些数据会保持不变的假定给出任何证明，所以我们仍旧无法对特定事件作出成功的预测……特定商品的数量和价格并不是由任何平均数而是由特定的情势所决定的——而有关这些特定情势的知识则是由成千上万的人分散掌握的。①

因为经济过程中的各个部分都是相互依赖的……为了成功地干预该经济过程中的任何一个部分，我们就必须知道整个经济(不仅包括本国的经济，而且也包括整个世界的经济)中的所有的细节。②

另外，前面我们提到过，在自由市场经济中，不确定性同样是必不可少的，只有当经济系统运行在不确定性的状态中，参与者才能有效地搜索问题的解决方案，并从中发现具有创造性的答案。

英国经济学家霍奇逊指出，经济在其性质上更接近于生物系统而非机械系统，对经济作生物学的隐喻更为恰当。使用生物学隐喻的目的在于取代支配着主流经济学的机械论范式。

实际上，谈论均衡就意味着无视创新，无视我们生活在其中的这个迅速变化的世界，无视不确定性、不完全信息、人的有限理性，市场的开放性……

人们不禁要问：

如果迅速的技术创新使生产成本变得不确定，将会发生什么呢？

如果消费者偏好变得不确定，将会发生什么呢？

如果我们面对的不是收益递减而是收益递增那将如何呢？

如果厂商缺乏完全的信息会怎样呢？

如果存在政府管制会怎样呢？

如果存在有限理性会怎样呢？

如果存在垄断会怎样呢？

作为封闭系统的主流经济学不可能产生对现实经济活动的解释力，它遭到了越来越多的人也包括许多诺贝尔经济学奖获得者在内的广泛批判，已经显露出了的衰落趋势。这种状况并不意外，它标志着形而上学经济学理论和方法的失败。

(2)线性的、决定论的思维

阿瑟指出：

① [英]哈耶克：《哈耶克论文集》，邓正来译，首都经济贸易大学出版社2001年版，第429～430页。

② [英]哈耶克：《哈耶克论文集》，邓正来译，首都经济贸易大学出版社2001年版，第431页。

> 从"西方思想"学到的一个重要教训就是：如果我们努力尝试将任何一个事物还原为或化约为纯逻辑的，如我们试图确定诸如真理、存在或生命这类概念的"终极意义"，或者试图将某些研究领域，比如说将哲学、数学或数理化的经济学还原为若干狭隘的公理，那么这种努力必然会招致失败。世界是不可能被还原为纯逻辑的，也是不可能被锁入纯逻辑的铁笼里的。或迟或早，世界总有一天会突破纯逻辑，将真实的混乱一面呈现在世人的面前，上面这类研究纲领必定会以失败而告终。①

那些与外部环境没有任何联系的系统被称作孤立系统或封闭系统。经典物理科学之所以获得成功，很大程度上是因为在物理过程中或受控实验中，近似实现了系统与环境的部分隔离，近似地建立了一个孤立系统或封闭系统。那些外部的部分被称为环境变量或外生参量（exogenous parameters）以区别于内生变量（endogenous variables ），后者由系统内部的运行情况所决定。

把研究对象从其环境中抽象出来的做法，也就是把该系统与世界的其余部分孤立起来。这种做法在一些特定领域可能是有效的，如经典物理学。但是，在此过程中，与之相关的世界的很大一部分都被忽略掉，世界的整体联系也被取消（至少是被极大地简化），这个孤立的部分并不伴随系统的变化而变化。

这种做法并不总是有效的。如果系统外部因素的变化与系统内部变量存在关联，如果系统的变化不完全是由系统内部变量所决定，那么，这种做法的合理性及其结论的可靠性就是值得怀疑的。

例如生物体与其环境有相互作用，它们共同形成了一个生态系统，应该被看作一个整体。如果认为生物进化不受环境的影响就太荒谬了。

但是，在现代经济学中，绝大多数研究都把生产技术、消费者偏好以及法律、政治和社会制度当作固定不变的、不受经济运行影响的。在经济学理论中，我们经常可以看到，经济学在实际分析某种具体商品市场情况的时候，通常假定其一系列不变的条件。实际上，当主流经济学把经济因素从社会、政治因素中强行割裂出来时，已经把他们所要研究的现象歪曲了。

因此，虽然宏观经济学貌似严格地定义了许多宏观变量，却仍然不能提出令人满意的宏观经济学定律。

（3）机械主义的还原论

现代还原理论是由实证主义者发展的。受到笛卡尔深刻影响的现代科学，在分析一个大而复杂的过程时，常常采用分析的方法，即把整体逐步拆分成许

---

① ［美］布莱恩·阿瑟：《复杂经济学：经济思想的新框架》，贾拥民译，浙江人民出版社 2018 年版，第 24 页。

多越来越小的部分。这样，问题就变得容易处理，复杂事物、复杂过程被视为这些部分的加和。

主流经济学遵循了这样的还原论教条，它断言通过对每个个体的行为进行完全的刻画，在逻辑上就意味着对整个经济的完全认识。还原性经济学的微观基础所依靠的假设是，经济中的所有个体都是同质的，因而是可以相互替代的。但是，这个假设是不成立的。

从个体到整体的严格演绎之路是行不通的。美国物理学家菲利普·安德森(Philip Anderson)[①]在1972年发表的文章中强调了试图将一切事物都还原为微观层次的局限性。他指出，还原论假设其实蕴含有建构论(constructionist)假设——将万物还原为简单基本定律的能力，实际上并不意味着从这些定律出发重建整个宇宙的能力。他强调说：

> 事实证明，我们无法根据少数粒子的性质简单外推，来理解大量且复杂的基本粒子集合的行为。相反的，在复杂性的每个层次上，都会出现全新的性质……在每个阶段，全新的定律、概念和概括都是必要的。[②]

(4)抽象的逻辑推理

在经济生活领域，如果我们从单个企业和个人的微观行为出发去解释经济系统的变动，肯定是不会成功的。因为，每一个微观主体、每一种行为都包含了多重信息，大部分信息都是没有被认识到的，或者人们简单地假定了它们之间不相关。这种做法非但不能解释经济现象，还使经济现象变得难以理解，它掩盖了许多重要的细节。

霍奇逊一针见血地指出：

> 新古典理论主要是由有关个人偏好的假定编织而成的，它的实质不是关于市场的理论……新古典分析绝不是以市场为中心的，而是不了解市场的。[③]

传统经济学与生活中的会计学并无本质的不同。第一，它们都把所有的内容都转化为数字——高楼大厦、铁路、飞机、粮食、钢铁、原子弹、航母、衣服、食物、汽车、家甚至包括人，都变成了完全无差别的数字。你增加了收入只是得到

---

① 菲利普·安德森，1977年诺贝尔物理学奖获得者，美国圣塔菲研究所发起人之一。

② Philip Anderson, "More Is Different: Broken Symmetry and the Nature of the Hierarchical Structure of Science", *Science*, Vol. 177, No. 4047, 1972, pp. 393-396.

③ [英]杰弗里·M. 霍奇逊：《演化与制度：论演化经济学和经济学的演化》，任荣华等译，中国人民大学出版社2007年版，第35页。

了一个大数字；你改善了住房也只是变换了个数字而已；你吃了一顿大餐、换了部手机只是用大数字替换了小数字；你的父母、姊妹、亲戚朋友、同学都不过是一个数字（人口）；新科技的研发和应用，人的全部生活——消费、工作、上学、读书、看电影、旅游……在经济学家眼里都变成了灰色的数字！第二，它们都只关心数字的变化，而且只关心一个指标——盈余或利润——的增加，这个数字的增加是它们的全部目的。

保罗·克鲁格曼在《致命的谎言——揭开经济世界的真相》中指出：

> 不可否认的一点是，现代经济学家也包括其他学术领域的人，花费了太多时间去做那些毫无意义的工作，其实，也就是对技术的卖弄。比如，本来用一般术语就能说得非常明白的事情，却用玄妙的数学来表达；或者，那些看上去明显愚蠢的事情，经过数学的描述反而变得模糊不清。[①]

克鲁格曼还说道：

> 荒唐经济学的散布者正在玩一种“请君入瓮”的游戏。他们承诺提供精妙的分析，以此来吸引观众，然后再用一些简单而粗劣的故事作为替代品。更糟糕的是，当其他人试着反驳这些观点时，他们的回答往往是“请你放心，没人会在意的”。接着，将这些观点稍作修饰，然后重新陈述一遍。[②]

而且，克鲁格曼指出，将“劳动”视为商品是现代经济学最不真实的、最荒唐的地方。他说：

> 将“劳动”视为商品是资本主义最不人道的地方。经济学教科书在处理劳动力换取金钱问题时，就像是在谈论一筐苹果的买卖那样。然而，我们都知道，从人性的角度来说，这中间其实存在很大的差异。作为商人，他可以贩卖各种物品，但对于工人，他通常只拥有一份工作。这份工作，不仅是他赖以生活的收入来源，在更大的意义上，还是他获得社会认同感的源泉。商品如果卖不出去，可能只是一件麻烦事；而工人的失业，却足以酿成一个悲剧……原因还在于真正了解市场逻辑的人并不多。[③]

---

① [美]保罗·克鲁格曼：《致命的谎言——揭开经济世界的真相》，陈宇峰译，北京大学出版社2009年版，序言第1～2页。

② [美]保罗·克鲁格曼：《致命的谎言——揭开经济世界的真相》，陈宇峰译，北京大学出版社2009年版，序言第4页。

③ [美]保罗·克鲁格曼：《致命的谎言——揭开经济世界的真相》，陈宇峰译，北京大学出版社2009年版，第3页。

毫无疑问，这就是传统经济学的“智慧”。正如霍奇逊在《演化与制度：论演化经济学和经济学的演化》一书中所说：

> 经济学越来越成为应用数学的一个分支，在这里，经济学的目标已不再是去解释经济世界的真实过程和结果，而是为了自身的兴趣去探索数学技巧。①

当前世界各国都在作的国民经济统计，几乎可以说是专门为经济学家量身定做的游戏工具。因为他们只用数字讲话，也只会用数字讲话。在某种意义上，政府的统计部门确实可以看作是为经济专家提供数字幻觉的机构。

“盲人”经济学家目中无“物”只有数。你给他一个苹果，他看到的是1，给他两粒豆子，他看到了2，如果让他自己选择，他只选数字大的，而不关心数字背后的“实物”。

米塞斯说：“实证主义和各种大同小异的形而上学派别的某些假设都是虚幻的。”②在《货币、方法和市场过程》中他又说道：

> 历史科学或者道德科学中所用的类型—概念，都不是统计上的平均数。用于进行分类的大多数属性，并不是根据数值来决定的，仅这一点，就决定了不可能将其建构为统计上的平均数。这些类型—概念……不应当与为构想人的行动的范畴而使用的人类行动学的概念混淆。③

实际上，米塞斯也在很多问题的细节上存在自我矛盾的说法④，在一定程度上，这也许是难免的。但是，他确实在一些重要的和基本的理论问题上提供了真知灼见。

5.1.3 作为开放系统的市场

于渌、郝伯林⑤等在《边缘奇迹：相变和临界现象》一书中指出：

---

① [英]杰弗里·M. 霍奇逊：《演化与制度：论演化经济学和经济学的演化》，任荣华等译，中国人民大学出版社2007年版，第5页。

② [奥]路德维希·冯·米塞斯：《人的行动：关于经济学的论文》(上)，余晖译，上海人民出版社2013年版，第39页。

③ [奥]路德维希·冯·米塞斯：《货币、方法与市场过程》，戴忠玉、刘亚平译，新星出版社2007年版，第14页。

④ 例如，他坚决地认为世界是不确定的，另一方面又顽固地认为存在经济规律；一方面认为一切理论都是人们的主观认识，另一方面又认为存在一门“人的行动学”。差不多可以说他的理论中正确的东西和错误的东西近乎一样多。因此，阅读米塞斯需要相当的知识辨识力。

⑤ 于渌，中科院理论物理学家，1999年当选中科院院士。郝伯林，理论物理学家，1995年当选中科院院士。

在宇宙的演化过程中，从形成轻元素到产生重元素，进而形成某些分子，在一定条件下发展出生物大分子和生命现象。物质世界的运动和结构愈来愈复杂……非平衡相变研究，对于物质怎样走向更高级的有序和组织，提供了不少有益的启示。这是物理学通向化学、生物学的一个窗口。①

经济活动是一个整体的、开放的系统过程。与其他系统一样，任何一个经济系统都是一个开放的系统。开放系统指与外部环境发生物质、能量、信息交换的系统。

开放经济系统承认经济与政治、文化、自然、社会之间的关联和影响，也承认不同经济体之间的关联。世界经济的一体化是一个基本事实。

(1)现代经济学中的开放理论

我们已经看到，受过专业训练的现代经济学家看到的都是孤立的个体，常常缺少基本的系统智慧，不仅在微观经济问题上如此，在开放经济问题上也是如此。

赫伯特·斯坦因(Herbert Stein)总结道：

我所学到的两个主要的教训就是：经济学家对经济并不知道多少，而其他人(包括制定经济政策的政治家)知道得就更少了。②

国际间广泛的经济关联以及基于这种关联的开放性，在现代宏观经济学中并没有得到充分反映，而是被简化为少数的几个变量，主要是资本和汇率——数字关系的逻辑推理。

正如克鲁格曼所指出的，现代经济学家也包括其他学术领域的人，花费了太多时间去做那些毫无意义的工作，其实只是对数学技术的卖弄。他无奈并不满地说道：

现在，我对以下这些现象深有体会：站在真相这一边，未必总能获胜；巧舌如簧的江湖人物，往往能让那些有地位的"好人"误以为他们才是智者，而且有些在我看来极为愚蠢的经济理念，常常被外行人误以为是深刻的见解。③

某些颇有影响力的经济学写手或演讲者，已经在造假上投入了很多精

① 于渌、郝伯林等：《边缘奇迹：相变和临界现象》，科学出版社2005年版，第206～207页。

② 转引自[美]阿维纳什·K. 迪克西特：《经济政策的制定：交易成本政治学的视角》，刘元春译，中国人民大学出版社2004年版，第2页。

③ [美]保罗·克鲁格曼：《致命的谎言：揭开经济世界的真相》，陈宇峰译，北京大学出版社2009年版，序言第3页。

力，即通过歪曲事实，甚至是虚构事实，以及巧妙的修辞手法，来掩盖他们在逻辑上的漏洞。特别需要指出的是，这些人以及被蒙蔽的人，其实都不太高兴见到谎言被揭穿的那一天。①

我可以负责任地说：我那些不得不说的话，才是他们真正需要认真去听的。至于人们是相信我，还是写信羞辱我，并无所谓，但似乎很多人宁可选择后一种做法。②

当然，即使引用了上面这些话，也并不证明我们全部同意克鲁格曼的观点。但是，它们确实足够证明现代经济学与“世界真相”之间遥远的距离，甚至部分地证明了经济学中散布着许多“致命的谎言”。

(2)开放经济的多重维度

虽然开放经济学的研究定位于“商品、服务、生产要素(资本和劳动力)的跨国流动”③上，但是，对开放经济的理解不应该仅仅停留在这样几个有限的维度上。

本来意义上的开放经济有着丰富的内涵和广泛的内容。经济开放首先是国际间经济关联性的表现形式，这是一个可以近似地用国际经济学来描述的概念，这里不作展开。

认为国际间的经济往来只有“纯经济”的意义是一种幼稚的表现。只要存在国际竞争，国际间的经济活动就不会是“纯而又纯”的经济往来。

我们必须承认：市场和政府都是不完美的体系，二者都具有不可避免的现实特征，每一个体系的运转都受到另一个体系存在的强烈影响，而且在实际当中，二者是相互不重叠的过程，它们的演进依赖于历史并受到偶然性因素的冲击。④

开放经济不仅包括不同部门之间种类繁多、内容丰富的物质、能量、信息的交换，而且包括不同国别经济的相互影响。任何一个国家的经济变动——技术、生产力、通胀等，都会通过波及效应传递和影响到其他国家；甚至一个国家的产业政策、产业竞争力、行业垄断等因素，也都会给相关国家的经济带来机

① [美]保罗·克鲁格曼：《致命的谎言：揭开经济世界的真相》，陈宇峰译，北京大学出版社 2009 年版，序言第 4 页。

② [美]保罗·克鲁格曼：《致命的谎言：揭开经济世界的真相》，陈宇峰译，北京大学出版社 2009 年版，序言第 4 页。

③ [美]保罗·克鲁格曼：《国际经济学》，中国人民大学出版社 2010 年版，第 1 页。

④ [美]阿维纳什·K. 迪克西特：《经济政策的制定：交易成本政治学的视角》，刘元春译，中国人民大学出版社 2004 年版，第 2 页。

会、冲击和影响，正如中国古话所说的“城门失火，殃及池鱼”。

通常，我们看到，开放经济的不确定性频频引发不同程度的灾难性的结果，正反馈与负反馈机制的存在才使得不确定性没有无限放大。但是，这恰恰是让人忽视了不确定性存在的原因。

在这种相互关联的复杂世界中，遥远过去的事件持续回声到现在。受到历次股市崩盘和大萧条惊吓的金融家，对投机心有余悸。

> 复杂动力学系统拥有它们自身异于标准时钟时间的内察时间尺度。在生理学中，有机体由其自身内察老化过程所刻画。两个60岁的人或许有截然不同的健康状况；60年是外在的物理的时钟时间，而非内在的生物的时钟时间。老化是一组复杂的生理过程和心理过程，这个过程依赖于或许处于不同健康状况的器官。我们的心智由内在的经验时间刻画。在无趣的环境下，时间显得缓慢拖沓；而当我们忙碌于激动人心的工作时，时间飞逝。同理，市场也拥有其自身的内在的交易时间。当交易量增加时，价格就会上涨，则时间像是飞逝。然而，当场上交易稀少，价格平静时，也存在着缓慢的时间。①

> 金融市场比令我们信服的传统学院型理论更加复杂。说金融市场是震荡的，不是在严格的物理学的意义上说的，而是由于它们内在复杂的随机动力学，而且这种震荡可能造成危险的后果，如同自然界中的地震、海啸或者台风。因此金融系统不是线性的、连续的及可计算的机器；个别的经济事件无法像天文学中的行星位置一样被精确预测。②

5.1.4 市场：自生自发的秩序

在真实生活中，有些秩序可以是自发产生的，这种秩序并不需要计划。我们时常通过制定法律和规则来减少不确定性，以便使公共利益成为整个社会的目标。复杂系统具有局部杂乱无序和整体结构有序的特性，局部的杂乱无序导致创新和活力，反之亦然。

在自由市场经济中，竞争需要高度的不确定性，这与我们在现实中的感受是一致的。企图减少不确定性的做法只能破坏自由市场经济的特性，随机和秩

---

① [德]克劳斯·迈因策尔：《复杂性思维：物质、精神和人类的计算动力学》，曾国屏、苏俊斌译，上海辞书出版社2013年版，第445页。

② [德]克劳斯·迈因策尔：《复杂性思维：物质、精神和人类的计算动力学》，曾国屏、苏俊斌译，上海辞书出版社2013年版，第447页。

序实际上可以共存。奥地利经济学派认为，当存在共同目标或相同知识的时候，社会就会产生自组织现象。事实上，由奥地利经济学派发展出来的许多概念与复杂性科学理论是相吻合的。

> 事实上，所有既需要变化又需要稳定性的系统都需要不确定性。自由市场需要稳定，以便使人们对经济保持信心，与此同时，自由市场也需要一定的涨落。保持自由市场基本活力的机制就是竞争，而竞争需要不确定性。①

主流经济学家构造了理性人的原型假设，这种理性人从平均意义上代表了所有参与者，个性被淹没。

一旦把市场的参与者看作是同质的和一样的，市场机制就被简化成了完全脱离现实的东西。最后，理性人假设消除了市场过程中的不确定性，每个人都拥有同样的信息、具有同样的信息评价方式、抱有同样的目的。因此，不论交易的对象是股票、债券或其他什么品种，没有什么东西能激励我们去进行相互交易。这个假设忽略了市场中最真实的东西。更为不幸的是，如果市场确实按照这种方式运转，其结果不可能是稳定的，相反，它很可能出现剧烈波动、恐慌和经常性崩溃等现象。

但是，在理解市场时要认识到个体差别（偏好差别、信息差别、收入差别、行为差别等）的根本重要意义。（参考本章第四部分）

5.2 开放市场的“非均衡常态”

我们相信，任何社会的经济都是非均衡的、动态的，特别是现代经济，总是在快速的需求变革、技术和制度的创新中发展。只有抛弃了均衡观念，才能够观察到经济非均衡的模式或现象。

与主流经济学强调秩序、确定性、演绎推理和静态分析不同，复杂世界的经济学强调市场的不确定性、非线性，强调经济的过程性和系统开放性。在实际经济生活中，到处都能看到一些非均衡的力量在起作用，以至于均衡的假设再也不能被理所当然地视为基本出发点和最终归宿。

复杂世界的经济学强调，**市场的非均衡常态不仅是诸多因素——环境与资源、有限信息、有限理性、技术与制度创新、市场势力以及政府管制——共同作用的结果，而且，这些因素中任何一个因素的存在，就足以产生一个非均衡的市**

① [美]埃德加·E. 彼得斯：《复杂性、风险与金融市场》，宋学锋等译，中国人民大学出版社2004年版，第8页。

场。不完善知识会导致最优性缺陷，而信息获取的滞后会引发涉及主体数量的振荡。为有限资源而进行的合作与竞争，可能出现协同效应。大大小小的涌现无论是在自然界还是在人类社会都是常态。

5.2.1 有限信息(不完全信息与非对称信息)

信息在经济活动中扮演着举足轻重的角色。如果缺乏足够的信息，即便是有着丰富购物经验的消费者，对于一个产品的很多方面，如适用性、质量以及长期伴随的收益和风险，往往都是茫然的。而在企业投资、产品研发、教育培训上，信息的不足和选择的盲目更加常见。

信息如此重要，但在传统的主流经济学中却根本没有获得应有的地位。加州大学伯克利分校的经济学家布拉德福特·德隆(Bradford DeLong)曾嘲笑曼昆把医疗保健与食品杂货相提并论，而前者尤其容易遭遇信息不足的问题。

行为心理学家发现，当面对不完全信息时，人们通常会依据直觉或过去的经验进行决策，而无法遵循和符合理性行为模式。乔治·阿克洛夫(George Akerlof)在《柠檬市场：产品质量的不确定性与市场机制》(诺贝尔经济学奖获奖作品)中，用一个二手车的例子阐释了信息不足是如何导致市场失灵的。[①] 与传统经济学中的完全信息相比，不完全信息是一种普遍情形而非特例。

(1)有限信息的影响

人们对事物的认知不可避免地具有不完整性，没有一种方法能够让我们认识到事物的全部细节。

我们提出有限信息并非意在创造一个新概念，而是因为它是一个较为完整的、可以概括各种信息状况的概念。它不仅包括了信息经济学上的不完全信息与非对称信息的概念，而且也包括了这两个概念之外的其他信息状况——如噪音及虚假信息等。

信息不完全(imperfect information)是指市场的一方或另一方没有掌握到应该掌握的信息。信息不对称(asymmetric information)是指市场中的一方比另一方掌握更多的信息。通常情况下，这两个概念是混合使用的。

噪音是指那些导致交易者判断错误或决策困难的杂乱信息。最早提出噪音交易者(noise trader)概念的是凯尔和布莱克。虚假信息则是指流传于市场

---

① 芮廷先：《网络经济学》，上海财经大学出版社 2017 年版，第 41 页。在旧车市场，卖车人知道车的真实质量，而买车人不知道。这样卖家就会以次充好，买家为了尽量降低风险则会以平均质量作为参考，以平均质量出中等价格。如此，卖家若提供高于中等价的上等旧车会吃亏，而提供低于中等价的下等旧车则得益。这样，上等旧车便会逐步退出市场，导致平均质量进一步下降。接下来，买家会继续降低估价，次上等车会继续退出市场。最后的结果是：市场上都是破烂车，劣币驱逐良币，最终导致市场失灵。

上的、误导交易者决策的不实信息。

我们强调,有限信息并不是个别类型市场上的特例。在现实经济生活中,各个领域都存在着有限信息的问题。例如,现代社会产品的种类多得让人震惊,一家普通的沃尔玛超市里就有10万多种各不相同的商品,而且现在每月还有几百万种新产品源源不断地涌现出来。

不完全信息遍布生活的每一个角落。如一个医生对其医疗服务质量的了解比患者要多得多;买保险的人对自己的风险的认识比保险公司要准确得多;二手车的车主对汽车的质量比潜在的买主更清楚等。

(2)有限信息的类型

在信息经济学中,有人将信息不对称区分为事先的不对称和事后的不对称,其实这种区分有很大的模棱两可的性质。威廉姆森(Oliver Williamson)则将事先的信息不对称和事后的信息不对称合并为信息阻塞,他最重要的机会主义的假设,就是建立在此基础之上。

事先的不对称——逆向选择(adverse selection),也叫隐瞒信息(hidden information):起因于信息不对称,交易的一方具有比另一方更多的信息,因此能够利用更多的信息使自己受益。由于信息劣势的一方难以作出买卖决策,于是难以达成交易,失去了供求平衡,导致市场效率的降低。如果市场价格下降,则会导致劣质品驱逐优质品,进而出现市场交易产品平均质量下降的现象。

当然,在二手车市场、公司收购活动中、经济合作活动中甚至招聘活动中都存在逆向选择的问题。这个问题的一种解决方法是,通过发布市场信号来显示产品质量。这里的关键是市场信号的可信度,包括质量担保、专业证书、熟客推荐等。

事后的不对称——道德风险(moral hazard),也叫隐瞒行动(hidden action):交易的一方知道他自己的行动影响到了另一方的利益,而另一方则不知道。道德风险也可以用市场信号来解决,比如吸烟或酗酒的人群的人寿和医疗保险的费用就比较高。重要的是签订激励与约束合约。

激励合约是用合约来约束当事人的一种方式。一个委托人(principal)雇一个代理人(agent)去完成一项工作,只有这个代理人自己知道他工作的努力程度,而委托人无法知道,这也是一种形式的信息不对称。这种关系一般叫作委托—代理关系,为解决代理人的激励问题的分析方法叫作委托—代理模型(principal-agent model)。

解决委托人问题的办法是:设计一个激励合约使得这个代理人尽最大的努力来实现委托人报酬的最大化。所有有效的激励合约的一个共同特征是,这些合约都使代理人成为经济活动中产生的利润剩余部分的所有者(residual claimant)。

委托—代理问题的分析是博弈论的一个应用领域。但是,需要提醒大家的是,现在十分流行的博弈论,在其意义和适用性方面存在着严重的问题。实际上,博弈论所引发的问题要比它解决了的问题更多。[①]

迈因策尔在《复杂性思维:物质、精神和人类的计算动力学》中说道:

> 博弈论只是一个精密数学理论,其在经济学上的应用有时被高估了。其缺点主要是它关于社会的典型线性假设……为了描述经济的动力学过程,需有成千个部门以及上百万个个体的经济变量的演化方程。如同其他领域,在经济学中的所有事物决定于其他事物,因而,为了尽可能模型化经济的复杂性,方程必须是耦联和非线性的。[②]

> 约翰·冯·诺伊曼的失败并非是数学上的原因,因为在线性数学的框架下,他与经典天文学家一样都是正确无误的。但是长期下,流体和气候的真实情况与这些模型具有极大的差异。[③]

(3)造成有限信息的多重原因

造成有限信息的原因有搜寻成本、信息垄断、知识与专业化分工等,最主要的一条是,世界总是处于瞬息万变之中。

(4)有限信息如何影响市场运作

信息经济学的价值不在于揭示了信息不对称,而在于说明了信息和资本、土地一样,是一种需要考虑、具有价值的生产要素。事实上,不完全信息、非对称信息对经济活动的影响是广泛而深刻的。

从根本上讲,有限信息意味着价格在任何时候都不可能使供给和需求在一切市场上都相等,以至于影响了市场机制配置资源的效率以及因信息差别所导致利益分配的失衡。一般均衡是无法存在的。

在存在有限信息的场合,任何形式的最优决策都是困难的。

5.2.2 作为基石之一的有限理性

经济学上的理性人是一个完全虚构的概念,他不仅知道所有的信息,而且知道所有问题的数学解决方案,并能迅速完成所有运算,不管这是多么困难。

---

① 参见[英]杰弗里·M. 霍奇逊:《演化与制度:论演化经济学和经济学的演化》,任荣华等译,中国人民大学出版社2007年版,第5页。

② [德]克劳斯·迈因策尔:《复杂性思维:物质、精神和人类的计算动力学》,曾国屏、苏俊斌译,上海辞书出版社2013年版,第397~398页。

③ [德]克劳斯·迈因策尔:《复杂性思维:物质、精神和人类的计算动力学》,曾国屏、苏俊斌译,上海辞书出版社2013年版,第398页。

实际上,经济学家们并不知道理性人假设的困难所在。图灵提出了“停机问题”:不存在这样一个程序或算法,它能够计算任何程序或算法在给定的输入上是否会结束(停机)。最初图灵提出停机问题只是针对“图灵机”本身,停机问题说明了现代计算机并不是无所不能的。但是其意义可以被推广到所有算法、程序、现代计算机乃至形式逻辑中。实际上,停机问题是哥德尔的不完备性定理的另一个版本。哥德尔的不完备性定理,即:一个形式系统,如果各个命题自身是一致的(相容的、无矛盾的),那么,就一定存在一个命题,这个命题在该系统中不能被证明,也不能被否证。

(1)主流经济学与经济人或理性人

传统经济理论认为,人具备关于其所处环境各有关方面的知识,而且,这些知识即使不是绝对完备的,至少也相当丰富的。此外,人还被设想为具备一个很有条理的、稳定的偏好体系,并拥有很强的计算技能,依靠这类技能就能计算出备选行动方案当中哪个方案可以达到其偏好尺度上的最优点。

正是由于创造了理性人的概念,经济学开始广泛地引入了数学方法,现代经济学的数学化甚至所谓的公理化一发而不可收。对应于理性人的决策规则有极大极小法则、概率法则、确定性法则等。

完全理性与真实世界相去甚远。赫伯特·西蒙在《现代决策理论的基石——有限理性说》中说道:

> 周密考察“古典”理性概念,我们就能立即看到,它们给作为抉择者的生物强加了一些严格要求。生物必须有能力给每个可能结果赋以明确的报酬值(或至少是一个明确的报酬范围)。这当然也包括确定那些结果的精确性质的能力——这一图式没有给“出乎意料的后果”留下任何余地。报酬必须完全排好优劣次序——它必须总能始终一致地确定某一结果比另一结果好、一样或欠佳。而且,若使用确定性法则或概率法则,那就要么必须知道具体备选方案的结果,要么至少必须能给每个结果指定一个确定的概率。①
>
> 这套理论在数学上的精巧漂亮,堪与自然科学的某些最精致的理论相媲美。在此,我只须举例提醒诸位,回想一下瓦尔拉一般均衡论,以及亨利·舒尔茨、萨缪尔逊、希克斯和其他一些人在其著作中论述的一般均衡论的现代子孙;或者回想一下由阿罗、赫维茨、德布鲁、玛林沃德等人及其同事们所创立的、给人留下难忘印象的深奥理论,它证明了竞争均衡和帕

① [美]赫伯特·西蒙:《现代决策理论的基石——有限理性说》,杨砾、徐立译,北京经济学院出版社1989年版,第12页。

累托最优在一定条件下的等价性。至于这类理论中的某些高深部分是否与现实世界有什么关系，我们可以，而且已经提出了疑问。或许，有人之所以要攀登某些智慧的高峰，无非是因为那些高峰存在，无非是因为攀登高峰能使人感到刺激和振奋。①

现代德国心理学家吉仁泽和泽尔腾在《有限理性：适应性工具箱》一书中提道：

最优化是一种颇具吸引力的梦想：从数学意义上说，它是一种上品，能够利用成熟精良的微积分学。与最优化的美丽优雅相比，人类和动物的近端机制（proximal mechanism）类似于粗鄙的机修工所使用的工具。在许多领域，通用微积分学的如意梦想都令研究者心驰神往，难以将注意力集中在探索适应性工具箱的内容上。②

理性的认知限制并非唯一的限制。一个决策者或许认为某个选项是唯一合理的选项，却并不选择它。经由理性深思熟虑得到的结论很可能被强烈的情绪冲动所否定。③

当主流经济学家找不到能够完全解释微观现象的理论时，他们选择了退而求其次，竟然找到一种"足够"的理论替自己辩解。这真是莫大的讽刺。西蒙不屑地说：

极力主张经济活动者追求最优的那些经济学家，在评价他们自己的理论时，反而变成了寻求满意者了。他们明白，经济理论家是寻求满意者，可是他们却认为商人追求最优。④

西蒙还指出：

采用了主观期望效用概念的统计决策论以及对策论，为那类问题的概念明朗化作了很大贡献，但它们并没有给人类真实行为提供令人满意的描

① [美]赫伯特·西蒙：《现代决策理论的基石——有限理性说》，杨砾、徐立译，北京经济学院出版社1989年版，第65页。

② [德]吉仁泽、莱因哈德·泽尔腾：《有限理性：适应性工具箱》，刘永芳译，清华大学出版社2016年版，第12页。

③ [德]吉仁泽、莱因哈德·泽尔腾：《有限理性：适应性工具箱》，刘永芳译，清华大学出版社2016年版，第16页。

④ [美]赫伯特·西蒙：《现代决策理论的基石——有限理性说》，杨砾、徐立译，北京经济学院出版社1989年版，第67页。

述，在大多数情况下，它们甚至没有提供令人满意的规范性理论，也就是，在人和计算机的计算能力有限的条件下实际可用的理论。①

本文的任务是要用一种符合实际的理性行为，来取代经济人那种全智全能的理性行为。我们所提出的符合实际的理性行为，就是符合生物（包括人在内）在其生存环境中所实际具备的信息存取能力和计算能力的一种理性行为。在这方面，人们可以向心理学文献索求答案。②

主流经济学的完全理性不仅缺乏理论依据，而且实践上是行不通的。

我们也许能够理性地决定想什么，却无法决定想到什么。思维的结果可以变成有意识的，但多数的思维程序却是无意识的，甚至是无法内省的。很显然，这些隐蔽过程的结构对于有限理性理论来说是十分重要的。③

（2）西蒙的有限理性经济学

西蒙首次对有限理性这个概念进行了全面的经济学分析。需要指出的是，有限理性并不是非理性，一种行为不能够仅仅因为它不符合完全理性的标准就被称为非理性的。有限理性理论的核心在于不仅抛弃了最优化幻想，而且也修正了附加到人类决策行为上的非现实的臆测性假设。

有限理性学说有两个主要概念："其一是搜索，其二是寻求满意。如果决策者在一开始并没有现成的备择方案，他就必须去搜寻。因此，关于有限理性的学说，必须包含搜索理论。"④

在西蒙看来，存在有限理性的原因有三：

第一，环境及未来的不确定性是无法克服的。西蒙认为，在复杂性和不确定性的情况下，全面理性（寻求最优）是不可能的。

第二，存在信息搜寻成本。

第三，有限的计算能力。它对于具体场合下的理智抉择的定义来说，也是一种重要的约束。

---

① ［美］赫伯特·西蒙：《现代决策理论的基石——有限理性说》，杨砾、徐立译，北京经济学院出版社1989年版，第73页。

② ［美］赫伯特·西蒙：《现代决策理论的基石——有限理性说》，杨砾、徐立译，北京经济学院出版社1989年版，第7页。

③ ［德］吉仁泽、莱因哈德·泽尔腾：《有限理性：适应性工具箱》，刘永芳译，清华大学出版社2016年版，第17页。

④ ［美］赫伯特·西蒙：《现代决策理论的基石——有限理性说》，杨砾、徐立译，北京经济学院出版社1989年版，第82页。

> 哥德尔首先指出了这里的根本困难所在，那就是：富有逻辑的系统永远不可能是完美无缺的——总是存在着这样的真定理，它无法靠把合法转换应用于输入而导出。这一逻辑不完备问题的重要性，比推理在人类事务中的应用的重要性要小得多。①

哥德尔的不完备性定理最深刻的意义就是它揭示了自指（或称自引用，递归调用自身等）结构的普遍存在性。进一步地说，逻辑的标准公理和推理法则本身确实具有某种程度上的任意性。

> 在过去半个世纪里，数理统计学家和经济学家们建立了一整套给人印象极深的形式理论，用不着引进新型逻辑，就可帮助我们对这类问题进行推理。这种理论的基本思想是，把一切价值纳入单一的函数之中，即构成所谓效用函数，靠这个办法，巧妙地解决不同价值如何彼此比较的问题。假如事件的每一种状态都已被指定了效用，那就等于作了这种比较。②

因此，西蒙的结论是：

> "寻求满意"的途径，则在不同方向上简化真实情景，它保留了较多的真实情景细节，但试图作出满意的决策，而不是最优的决策。③

在现代经济学研究中，一些受约束条件下的最优化研究常常被称为有限理性文献，这是一种对有限理性的严重误解和歪曲。原因在于它仍然保留了最优化的渴望，而有限理性不需要最优化概念，有限理性对主流经济学的决策理论提出了挑战，它意味着重新审视决策理论并探究实际的人类行为。

经验中人们是用满意法则来简化作抉择所需的计算，满意决策原则能使真实世界的情景转化为决策者能够处理的情况。

> 当人们不得不搜索备选方案时，当人们由于计算能力有限，以及外部世界的不确定性，而对选取具体方案的后果仅仅有着非常不完全的了解时，当决策者不具备用以比较不同方案的普遍而一致的效用函数时……以满意抉择取代最优抉择……我们现在搞清楚了，人类为在现代世界上进行

---

① [美]赫伯特·西蒙：《现代决策理论的基石——有限理性说》，杨砾、徐立译，北京经济学院出版社1989年版，第109页。

② [美]赫伯特·西蒙：《现代决策理论的基石——有限理性说》，杨砾、徐立译，北京经济学院出版社1989年版，第113页。

③ [美]赫伯特·西蒙：《现代决策理论的基石——有限理性说》，杨砾、徐立译，北京经济学院出版社1989年版，第56页。

生产和政务活动而建立的种种精致组织，只能被理解为对付个人本领局限性的机器，它们对付的，是个人在复杂性和不确定性面前的理解力和计算力的限度。①

西蒙认为比推理更重要的是我们的求实态度和价值观。

(3)有限理性说的知识价值

有限理性理论体现了西蒙为建立人类经济决策更为现实的理论的一种努力。当然，它还只不过是整个认知心理学的一个小的片段。

作为一个管理实践家，西蒙非常强调科学的致用性，甚至基础性科学研究都不例外。他说：

如果有人以为科学研究要是预示着实用价值，或是以日常生活中的问题为研究对象，则不可能成为基础性的科学研究，那就完全搞错了。这种观点不过是一种世俗偏见。实际上，在需要进行基础性研究的优秀科研课题的一切来源当中，现实世界恐怕是最丰富的了。②

关于人类思维和问题求解的这个有限理性说，我们能对之作何评论呢？西蒙认为：

首先，现在已有大量有力证据表明，这个理论描述了人们实际作决策和解决问题的方式，作为对人类行为的描述，这一理论有着日益巩固的经验基础。第二，它是解释了以下事实的一种学说：无论我们这些生物是凭直感的机敏，还是凭推理和思考，同整个周围世界比起来，我们的计算能力是很有限的，但是，我们毕竟生存着，甚至还日益兴旺发达。这一学说解释了我们这些创造物是如何生存下来的，至少解释了在人类产生后的几百万年间，我们是何以幸存的。③

吉仁泽和泽尔腾认为：

人类决策似乎涉及了选择行为的多种基本模式。可以认为，这些模式形成了一个拥有许多特殊工具的适应性工具箱，这些工具单独或结合起来

① [美]赫伯特·西蒙：《现代决策理论的基石——有限理性说》，杨砾、徐立译，北京经济学院出版社1989年版，第79页。

② [美]赫伯特·西蒙：《现代决策理论的基石——有限理性说》，杨砾、徐立译，北京经济学院出版社1989年版，第66页。

③ [美]赫伯特·西蒙：《现代决策理论的基石——有限理性说》，杨砾、徐立译，北京经济学院出版社1989年版，第121页。

适用于不同的目的。或许我们对这个工具箱的内容尚知之甚少。[①]

有限理性是一个真正意义上的跨学科课题：它研究的主题是动物、人类、机构及其人工替代品用来获得其适应性目标的近端机制（启发式）。其共同特点是需要在不确定的、变幻莫测的现实世界里利用有限的时间、知识和其他资源作出决策。因此，有限理性的框架结构——启发式构筑块，生态理性观，通过社会规范和模仿加速学习过程的文化观——或许有助于将迄今尚相互分离、拒绝接受自己学科之外相关知识的不同研究领域整合起来。[②]

5.2.3 多维度的创新

在现代经济生活中，创新是企业竞争的基本手段，创新意味着做与众不同的事情，用新的生产方式生产差异化的产品。

（1）主流经济学何以忽略创新

长期以来，创新的概念始终未能进入主流经济学家的视野，也未能融入主流经济学的理论框架。造成这种情况的原因，表面上看与他们的假设前提有关：完全竞争是指无数的企业用相同的技术、以相同的成本生产完全相同的产品，因而每个企业面临的都是具有无限弹性的水平需求曲线。但是，深层原因则在于主流经济学的线性方法和静态思维观念以及他们的封闭系统思维。

如果历史是重要的——至少在社会发展具有路径依赖特性这个意义上——那么我们在分析问题时就必须探索过去的特定事件……路径依赖削弱了一般性理论的魅力……人们对一般性理论的迷恋，部分地导致了在现代经济学和社会学中存在一定程度的忽略历史的现象。[③]

（2）杨格和熊彼特的创新理论

在经济思想史上，较早地明确提出报酬递增思想的人也许是安东尼奥·塞拉（Antonio Serra）[④]。

---

① ［德］吉仁泽、莱因哈德·泽尔腾：《有限理性：适应性工具箱》，刘永芳译，清华大学出版社2016年版，第26页。

② ［德］吉仁泽、莱因哈德·泽尔腾：《有限理性：适应性工具箱》，刘永芳译，清华大学出版社2016年版，第11页。

③ ［英］杰弗里·M.霍奇逊：《经济学是如何忘记历史的：社会科学中的历史特性问题》，高伟等译，中国人民大学出版社2008年版，第4页。

④ 安东尼奥·塞拉，意大利经济学者，重商主义先驱。

安东尼奥·塞拉以单位成本递减法则的方式，阐明了制造业中报酬递增的一般法则，并充分注意到它的重要性，就像后来在十九世纪教科书中所阐述的一样。他把报酬递增局限于制造业，这一点应该特别注意……所以他对于十九世纪分析工作的一个重要特色早已作了启发，这个特色甚至马歇尔也没有完全抛弃。但十七、十八世纪的大部分经济学家没有谈过这些……在塞拉之后一百五十多年，亚当·斯密也持有和他十分相似的观点。[①]

阿林·杨格(Allyn Abbott Young)[②]有如下主张：

在现代经济体制的结构中……不仅来自外部的新的或偶然的因素，而且作为产品生产方式永久特征的因素也不断地进行变化。在生产组织上的每一重要进步，不论它是基于狭义或技术意义上的一个新发明，还是涉及科学进步在产业上的新应用，都改变了产业活动的条件，并对产业结构的其他方面发生反应，而这些反应进一步发生的作用又永无止境。因此，变化是累积的，以累进的方式自我繁殖。[③]

也就是说，创新过程与经济增长在交互作用中会相互依赖。创新的正反馈的效应，使得创新变成了自我强化的过程，它使增长得到了加强。当然，创新的更基本、更重要的作用是推动了经济系统的演化与进步。这已经超出了主流经济学的理论框架。

熊彼特指出：

经济发展至今只不过是经济史的对象，而经济史又只是通史的一部分，只是为了说明而把它从其余的部分中分离出来的。由于事情的经济方面对于每一种其他的事情的这种根本依存性，所以，不能单用以前的经济的情况去解释经济的变化。因为一国人民的经济状态并不单是从以前的经济情况中产生的，而是从以前的全部形势中产生出来的。由此而引起的在解释上和分析上的困难，由于构成经济解释的历史基础的那些事实，而变得大为减少了。[④]

---

① [美]约瑟夫·熊彼特：《经济分析史》第1卷，杨敬年译，商务印书馆1991年版，第391页。

② 阿林·杨格，美国经济学家，1928年在英国科学促进协会分部主席的就职演说中发表《报酬递增与经济进步》一文。

③ [美]阿林·杨格：《报酬递增与经济进步》，《经济社会体制比较》1996年第2期。

④ [美]约瑟夫·熊彼特：《经济发展理论——对于利润、资本、信贷、利息和经济周期的考察》，何畏等译，商务印书馆1990年版，第65页。

从这里能够看出，与主流经济学不同，熊彼特并没有把经济看作一个封闭系统，我们不能因为解释和分析上的困难而罔顾事实，不能就经济论经济。

> 凡是在问题只是使发展或发展的历史结果成为可以理解的，只是找出能说明一种形势或决定一个问题的要素时，传统意义的经济理论就几乎不能作出什么贡献了。①

> 经济生活也经历这样的变化，但它还经历其他的变化，这些变化不是继续不断地出现的，而且它们还会改变这种结构，即传统的过程本身。②

> 经济体系中理想的均衡状态的位置——从来未达到过的，继续不断地"被追求的"（当然不是自觉地）——是变化着的，因为数据在改变。③

> 连续的变化……属于"静态的"分析。但是，"静态的"分析不仅不能预测传统的行事方式中的非连续性变化的后果；它还既不能说明这种生产性革命的出现，又不能说明伴随它们的现象。它只能在变化发生以后去研究新的均衡位置。而恰恰就是这种"革命性"变化的发生，才是我们要涉及的问题。④

> 经济发展不是可以从经济方面来加以解释的现象；而经济——在其本身中没有发展——是被周围世界中的变化在拖着走；为此，发展的原因，从而它的解释，必须在经济理论所描述的一类事实之外去寻找。⑤

> 我们所说的发展……包括下列五种情况：①采用一种新的产品——也就是消费者还不熟悉的产品——或一种产品的一种新的特性。②采用一种新的生产方法……③开辟一个新的市场……④掠取或控制原材料或半

---

① [美]约瑟夫·熊彼特:《经济发展理论——对于利润、资本、信贷、利息和经济周期的考察》，何畏等译，商务印书馆1990年版，第67页。

② [美]约瑟夫·熊彼特:《经济发展理论——对于利润、资本、信贷、利息和经济周期的考察》，何畏等译，商务印书馆1990年版，第69页。

③ [美]约瑟夫·熊彼特:《经济发展理论——对于利润、资本、信贷、利息和经济周期的考察》，何畏等译，商务印书馆1990年版，第69页。

④ [美]约瑟夫·熊彼特:《经济发展理论——对于利润、资本、信贷、利息和经济周期的考察》，何畏等译，商务印书馆1990年版，第70页。

⑤ [美]约瑟夫·熊彼特:《经济发展理论——对于利润、资本、信贷、利息和经济周期的考察》，何畏等译，商务印书馆1990年版，第71页。

制成品的一种新的供应来源……⑤实现任何一种工业的新的组织……[①]

我们认为企业家是一种特殊的类型,他们的行为是一个特殊的问题,是大量重要现象的动力……典型的企业家……他的独特任务——从理论上讲以及从历史上讲——恰恰在于打破旧传统,创造新传统。[②]

熊彼特还认为"创新"理论与新古典经济学在三个主要方面是完全对立的:第一,两个真实过程的对立……走向均衡的趋势与经济数据中的自发的变化。第二,两个理论工具的对立:静态的和动态的。第三,两类行动的对立……单纯的经理和企业家。[③]

罗伯特·索罗(Robert Merton Solow)[④]曾经在熊彼特的经济史课堂上感到失望,认为熊彼特与凯恩斯争论的经济周期理论纯属徒劳,而且熊彼特不断强调使用数学分析但他自己却无法实践,这让索罗有所不满。这是一个意味深长而又可悲的故事。

在索罗的经典增长模型中,经济增长被土地、资本和劳动力等要素决定,但大量统计表明,这三者无法解释经济增长的全部,于是就出现了所谓的"索罗余值"问题。如何解释"索罗余值"?索罗本人强调了科技进步,还有人从人力资本角度、制度安排角度、知识外溢性角度等进行了解释。但这些修修补补都忽略了另一个重要问题,那就是经济增长的原动力是什么?从熊彼特的思想里,索罗发现了自己的经济增长理论的不足之处。这时,索罗从熊彼特处得到启示,创新精神推动"创造性毁灭"的过程才是经济增长的动力所在。这正是熊彼特思想中的最为闪光之处。

尤其值得重视的是熊彼特自己对于报酬递增的态度,他说:

对我们来说,既然我们认为不管报酬递增与报酬递减都不限于任何特定的经济活动领域,而只要具备某些一般条件,在任何领域里都会存在,那

① [美]约瑟夫·熊彼特:《经济发展理论——对于利润、资本、信贷、利息和经济周期的考察》,何畏等译,商务印书馆1990年版,第73~74页。

② [美]约瑟夫·熊彼特:《经济发展理论——对于利润、资本、信贷、利息和经济周期的考察》,何畏等译,商务印书馆1990年版,第90~91、102页。

③ [美]约瑟夫·熊彼特:《经济发展理论——对于利润、资本、信贷、利息和经济周期的考察》,何畏等译,商务印书馆1990年版,第91~92页。

④ 罗伯特·索罗,美国新古典经济增长理论经济学家,1961年被美国经济学会授予约翰·贝茨·克拉克奖(John Bates Clark Medal);1987年被瑞典皇家科学院授予诺贝尔经济学奖。

么我们理所当然地就会感到这一点是多么令人奇怪了。[1]

年轻时候，熊彼特也曾经相信有精确的经济学，但是，经过几年的数学学习之后，他对精确经济学的追求最终画上了句号。至少在他看来，一种广泛的精确经济学可能永远也无法实现。但是，现在我们看到，有数不清的人迷失在这条经济学的不归路上。

(3)关于创新最深刻的思想

在现代思想史上，可以说怀特海是唯一一位从哲学的角度对创新给予了正确和恰当定位的思想家。[2] 只是，由于怀特海数学家、哲学家的身份，他的创新思想始终没有得到闭目塞听的经济学家的关注。

怀特海在《过程与实在》中说：

> 全部哲学理论中都有一种根本原理，它由于其偶然性而成为现实。只有在这时，它才能通过其偶然性的具体体现而被赋予某些特征，若没有这些偶然性，它便没有现实性。在机体哲学中，这种根本原理叫作“创造性”。[3]

> 个别事实是某种创造物，而创造性则是所有形式背后的终极原因，它是这些形式所无法说明的，然而却以其创造物为条件。[4]

他不仅把创造性定义为根本原理，而且把创造性理解为“事物(thing)”“存在(being)”“存在物”(entity)的终极概念。[5] 如果我们把这一思想用于经济学，就是熊彼特在《经济发展理论——对于利润、资本、信贷、利息和经济周期的考察》中所倡导的观点：创新是社会发展的根本解释。这正是“英雄所见略同”。

(4)创新化生存的时代

在近代以前漫长的历史上，创新活动缓慢地改变着世界，其推动社会进步的作用也因此而没有得到应有的关注。

但是，从 19～20 世纪开始，由于多重因素的共同作用，创新的步伐骤然加

---

① [美]约瑟夫·熊彼特：《经济分析史》第 1 卷，杨敬年译，商务印书馆 1991 年版，第 394 页。特别有意思的是他对那些“报酬递减”理论家的讽刺，“对某些头脑不够成熟的人来说，一种无可抗拒的‘既定’物质环境施加于人类活动范围的限制，有一种特殊的强制力。要把这些限制在分析上的重要性减少到它们应有的程度以及使它们同土地、同耕作土地的产业脱离开来，是需要长时期努力的”(同页)。

② 熊彼特已经可以被称为伟大的经济学思想家了，但是，与怀特海相比，熊彼特对创新的理解还是狭隘了许多。

③ [英]A. N. 怀特海：《过程与实在》，杨富斌译，中国城市出版社 2003 年版，第11 页。

④ [英]A. N. 怀特海：《过程与实在》，杨富斌译，中国城市出版社 2003 年版，第34 页。

⑤ [英]A. N. 怀特海：《过程与实在》，杨富斌译，中国城市出版社 2003 年版，第35 页。

快了，创新的社会作用也日益突出。现在，只要有想法，外加一台笔记本电脑，年轻人就能创立改变世界的公司。

克里斯·安德森(Chris Anderson)认为，创客运动是一种具有划时代意义的新浪潮，将实现全民创造，推动新工业革命。所谓创客，是指出于兴趣与爱好，努力把各种创意变为现实的人。创客们将制造业搬到了自己的电脑上。以往，凭借准入门槛低、快速创新、创新精神强烈的优势，商业互联网模式所向披靡；现在，如何将这种模式转移到制造业显得尤为关键。

> 电脑挖掘并放大了人类的潜能：不仅赋予人类创造的力量，而且使他们能够快速传播创意，创立社区和市场，甚至形成运动。①

> 过去20年，互联网的发展见证了网络创新与创业的极大繁荣，现在是将这样的繁荣从虚拟世界引向现实生活的时候了，而其作用与影响会更加巨大……一如新公司是技术世界内创新的推动力，地下文化是新文化的源泉，创业者和个人创新者的能量与创造力也可以重塑制造业，创造更多工作机会。②

> 因为制造本身正处于向数字化转变的过程中：实体物品已经成为屏幕上的种种设计，而这些设计可以文件形式在线共享。过去几十年间，工厂和工业设计工作室经历了这样的转变；时至今日，这样的转变终于发生在客户的电脑上和地下室里。从零售业到出版业，一旦某一行业转向了数字化，就将经历深远的变革。最大的变化不是制造过程本身，而是谁在做。只要可以在电脑上完成，也就意味着人人可以参与，这正是制造业内现在经历的改变。③

威廉·罗森(William Rosen)在其2010年的著作《世界上最有力的创意》(*The Most Powerful Idea in the World*)中说：

> 英国坚信创意也是一种资产，史上所有创意都具有重大意义。虽然自然法则严格限制了黄金和土地等传统形式资产的数量，但还没有对具有潜在价值的创意数量有任何限制……工业革命首先是一场发明革命，不仅新发明数量激增，而且发明过程本身也发生了根本性转变。④

---

① [美]克里斯·安德森：《创客：新工业革命》，萧潇译，中信出版社2012年版，第16页。
② [美]克里斯·安德森：《创客：新工业革命》，萧潇译，中信出版社2012年版，第18页。
③ [美]克里斯·安德森：《创客：新工业革命》，萧潇译，中信出版社2012年版，第23～24页。
④ 转引自[美]克里斯·安德森：《创客：新工业革命》，萧潇译，中信出版社2012年版，第42页。

开放的组织、开放的技术、开放的供应链、开放的市场，这一切，为创新提供了最有利的舞台。

> 新的工业组织模式，围绕“小块松散组合”建立。公司规模更小，趋于虚拟、非正式。大部分参与者并非公司员工，他们在运行中组队与重组，受到能力与需求的驱动，而非附属关系与责任的鞭策。①

5.2.4 开放的市场与不确定性

前面我们提到，在真实情形下，我们生活在不确定的世界之中。不确定性是世界的本来面目。长期以来，饱受不确定性蹂躏的人们已经形成了对风险和不确定性的恐惧，而秩序则会给我们生活上的稳定和心理上的安全感。

> 我们不喜欢事物能够脱离个人或者集体控制而自发运行，我们不喜欢任何无知状态。必须对这种状态的不确定性加以解释，如果没有，就臆造一个。我们宁愿相信处在黑暗之中是其他人操纵的结果，也不愿意相信所有人都处在黑暗之中这样的事实。②

但是，实际上，不确定性的存在并非完全是一件坏事，正如熊彼特所说的那样，经济与社会的不确定性才提供了发展机遇和动力，对不确定性的利用使人类更加适应周围的环境，不确定性是市场和社会保持自由状态的必要因素。作为一个开放的社会系统，不确定性是社会和经济的固有特性。开放的复杂系统，无论是物理系统还是社会系统，都必然具有不确定性质。

例如，证券市场为投资者提供了一个交易场所，每一位投资者都希望从这里赚尽可能多的钱。但是，没有任何一种投资方法是长期有效的，如果发现了什么方法，也只会在短时间里有效。不难想到，如果市场确实有了可预测的性质，如果有人能够预测到市场变动，最终他就会拥有世界上的所有财富。如此，市场也将寿终正寝。

市场为每个人提供机会而又不偏袒任何人。市场需要不确定性，以便给所有的投资者提供机会；同时它也需要不确定性使资金在投资者之间不断流动，从而保证市场本身的活力。市场确实是不确定性的，米塞斯说：“绝对的确定性

---

① [美]克里斯·安德森：《创客：新工业革命》，萧潇译，中信出版社 2012 年版，第 168 页。

② [美]埃德加·E. 彼得斯：《复杂性、风险与金融市场》，宋学锋等译，中国人民大学出版社 2004 年版，第 15 页。

只存在于先验性理论与推理体系中。”①

> 不确定性是市场的稳定性和创新性的主要来源。它需要不确定性保持其竞争机制永久不衰，而竞争正是市场的生命之源……许多集权政府之所以向自由市场经济转轨，是因为他们认识到了不确定性在经济中的重要作用，这是很关键的。不确定性是我们为自由市场带来的好处和机会所不得不付出的代价。②

那些企图减少不确定性的各种努力，不仅不能消除市场的不确定性，而且常常是制造了更大的市场波动。如越来越多的金融监管——最终只是破坏了市场和经济的活力。

市场不确定性的存在是对市场均衡理论的最有力的批判。正如前面我们提到过的，在不确定性统治的真实世界里，人类的各种决策而不只是经济决策都是在不完全信息情况下作出的，决策者并不完全清楚当前的状况，更不知道行动的所有可能结果。而在实际生活中，依据直观判断或者经验作出决策乃是常有的事。当然，这种做法被主流经济学派看作是非理性的。

当代量子物理学、概率论和随机数学的发展，改变了我们关于自然、心智和社会的看法，也改变着我们的知识结构乃至我们对世界的看法（世界观）。其实，在此之前，拉普拉斯就曾经写道：

> 生活中最重要的问题实际上多半是概率问题。严格地讲，人们甚至可以说几乎所有的知识都是或然性的。而在我们能肯定知道的少量事情中，甚至在数学科学自身中，归纳和类比这样的发现真理的主要方法都是基于概率事件，所以说整个人类知识系统是与概率论相关联的。③

5.3 复杂世界经济学的市场过程理论

复杂世界经济学是整体的、关联的和非线性动态的经济学，真正的市场行为（生产、交易）是一个复杂、动态的过程，是各种要素共同参与、相互协调的系

① ［奥］路德维希·冯·米塞斯：《人的行动：关于经济学的论文》（上），余晖译，上海人民出版社2013年版，第118页。

② ［美］埃德加·E. 彼得斯：《复杂性、风险与金融市场》，宋学锋等译，中国人民大学出版社2004年版，第7～8页。

③ ［法］拉普拉斯：《关于概率的哲学随笔》，龚光鲁、钱敏平译，高等教育出版社2013年版，第95页。不过，他对概率的基本态度是这样的：概率只是人类无知的测度。

统性共生过程。

我们认为，“过程”的观点对于准确地理解和把握“市场”是十分重要的。简单地说，市场过程理论把市场理解为一个具有复杂相互作用的动态过程。“过程”具有不可逆性质；“过程”备受不确定性的困扰，排除了“过程”和“不确定性”，任何经济学理论都会陷入概念和逻辑游戏的泥潭。脱离了真实世界，所有的经济学理论、商业概念以及哲学思想都会变得越来越僵化。

不仅生产是一个过程，交易也是一个过程。经济学需要的是过程分析而非均衡分析。

5.3.1 只有“过程”经济学才是真实的

真实的世界是一个“过程”的世界。宇宙是过程，大自然是过程，事件是过程，人生是过程，一切都是过程。

(1)柏格森的绵延时间

> 我们的思维以纯粹的逻辑形式绝无可能体现生命的真正本质以及生命进化活动的深邃含义……事实上，我们不难意识到，任何一种思维范畴，无论是一元的，还是多元的，实证的(机械的因果论)，抑或是主智的(理智决定论)，等等，都不能切中生命现象的关键……我们徒劳无益地硬将生物纳入这样或那样的框架之中，没想到所有的框架因此都发生断裂的现象；对于我们打算放进去的东西来说，这些框架显得格外狭小和死板。①

有一种持有机械论的生命观的进化论哲学，被柏格森称为“伪进化论”。他们把只是成功地解释过无机物的方法，毫不犹疑地引申到有生命的领域。但是，这种概念化的逻辑思维是无法去理解和解释生命现象的。

柏格森提出了一种“真正的进化论”。例如，没有一种情感、一种表现、一种欲望不是瞬息万变的，它们始终处于无休无止的变化之中，从某一状态到另一状态，转变的过程是连续不断的，它们是连续性的流动。

> 人们从不停止演变，状态原本是演变的过程……事实就是如此，状态互相连贯于不尽的长流之中。②

我们的注意力将原本连续不断地展开的事物分割为一个又一个的状态，然后又将它们串接在一起。正是这种人为分割，制造了一种虚假的“独立”的状态

① [法]亨利·柏格森：《创造的进化论》，陈圣生译，漓江出版社2012年版，绪论第1～2页。
② [法]亨利·柏格森：《创造的进化论》，陈圣生译，漓江出版社2012年版，第10～11页。

以及它们像固定物一样的排列,最后让我们不可能看到真相——"流动的绵延"。

> 事实上,用这样办法取得的结果只是内在生命的人工模仿物,是一种静态的取代品;正因为人们以此抹掉了实在的时间,这种取代品可以更好地迎合逻辑和语言的要求。①

(2)怀特海的过程哲学

谈到"过程",无论如何不能不提到怀特海,正是他在《过程与实在》一书中将现实世界(即经验世界)的"实在"理解和解释为"过程"。他说:

> 机体哲学抛弃了思想的主词一谓词形式……结果,那种"实体一性质"概念被排除;并且以动力学过程描述代替了那种形态学描述……而任何一种现实存在的过程或合生,都涉及其构成成分中的其他现实存在。以此方式,世界的那种显而易见的实体性便获得解释。②

> 现实世界是一个过程,这个过程就是各种实际存在物的生成。因此,各种实际存在物都是创造物。③
>
> 实际存在物是如何生成的构成了这个实际存在物是什么;因而实际存在物的这两种描述方式并不是相互独立的。它的"存在"是由它的"生成"所构成的。这就是"过程原理"。④

市场显然不仅仅是一个空间场所,准确地说,市场应该被理解为一种活动——一种交易过程,核心是交易活动的发生。它固然需要在一定的物理空间上发生,但是,物理空间却并非不可缺少的属性。这一点与其他自然、社会事件的发生并无不同。市场过程理论揭示了不同于新古典经济学视域中的市场经济运作机理,为我们提供了更深刻更切实的经济理解。

(3)哈耶克解说市场过程

与熊彼特一样,奥地利学派把经济活动理解为过程。米塞斯曾经说过,市场不是一个地点、一种事物,也不是一个集体存在,它是一个过程,是形形色色的个人在分工合作的体系下相互之间彼此影响而产生的。⑤ 哈耶克说:

---

① [法]亨利·柏格森:《创造的进化论》,陈圣生译,漓江出版社 2012 年版,第 11 页。

② [英]A. N. 怀特海:《过程与实在》,杨富斌译,中国城市出版社 2003 年版,第11 页。

③ [英]A. N. 怀特海:《过程与实在》,杨富斌译,中国城市出版社 2003 年版,第38 页。

④ [英]A. N. 怀特海:《过程与实在》,杨富斌译,中国城市出版社 2003 年版,第40 页。

⑤ 参见[奥]路径维希·冯·米塞斯:《人的行动:关于经济学的论文》,余晖译,上海人民出版社 2013 年版,第 284 页。

就我们的现代经济制度而言，对秩序据以自我形成的诸项原则的理解告知我们：第一，它乃是以任何人在整体上都绝不可能拥有的那种知识的运用（以及有助于获取相关信息的技艺的运用）为基础的；第二，它之所以得以实现，实是因为个人在其行动的过程中受着某些一般性规则的指导。毋庸置疑的是，我们绝不应当甘受这样一种错误信念或幻想的蒙骗，即我们能够用一种与之截然不同的秩序（亦即那种假定所有这类知识或信息都可以由某个中央领导或一群领导所集中掌控的秩序）去取代这种自生自发的社会秩序。①

美国当代奥地利学派的代表人物伊斯雷尔·柯兹纳在概括奥地利学派的立场时说道：

市场总是处于不断的流变之中，并且从来不会停留在或接近于均衡状态；不断发生的流变由不断变化的现象的两个不同层次组成，一层由外生的变化——偏好、人口，可用资源情况及技术可能性的变化构成，第二层是内生的——这是一种当市场力量不时地使用各种在某一给定时点起作用的力量得以平衡分布而系统性地引致的变化……市场过程要能够起作用，关键的要求是竞争性的企业家准入的自由。②

(4)戴维·玻姆的过程说

戴维·玻姆认为，过程观念隐含着涉及实在本性的东西。他在《整体性与隐缠序：卷展中的宇宙与意识》中说：

我认为这种过程观念的本质应表述如下：不仅万物皆变（everything changing），而且一切皆流（all is flux）。这就是说，变化过程本身就是一切，而一切物体、事件、实体、条件、结构等都是能够从这一过程中抽象出来的形式。③

玻姆还告诉我们，基本粒子也不是终极实体。他说：

长期以来，人们认为，电子、质子、中子等是全部实在的“终极实体”，所有流动的运动，比如溪流的运动，必须归结为是从相互作用着的粒子聚合

---

① ［英］哈耶克：《哈耶克论文集》，邓正来译，首都经济贸易大学出版社 2001 年版，第 239 页。

② ［美］伊斯雷尔·柯兹纳：《市场过程的含义》，冯兴元等译，中国社会科学出版社 2012 年版，第 41～42 页。

③ ［美］戴维·玻姆：《整体性与隐缠序——卷展中的宇宙与意识》，洪定国等译，上海科技教育出版社 2013 年版，第 56 页。

体在空间的运动中抽象出来的。然而，现在已经发现，即使是这些“基本粒子”也能被创造、湮灭和变换。这就表明：甚至这些“基本粒子”也不可能是终极实体，它们也是从某一更深的运动层次抽象出来的相对不变形式。[①]

玻姆特别地指出，甚至知识也是一个过程：

> 必须说，知识也是一个过程，也是从总体流中抽象出来的。因此，总体流既是实在的基础又是关于实在的知识的基础……但在实际情况中，很难不陷入那种把我们的知识看成是一组基本僵化的真理因而不具有过程性质的极普遍的倾向之中（例如，人们可以承认知识总是在变化的，却又说知识是积累的，而这就意味着知识的基本成分是我们必须发现的永恒真理……如果一切皆流，那么知识的每一部分都必定是作为变化过程中的抽象形式而存在的，所以，不可能存在知识的绝对不变的元素。[②]

应该说，把知识理解为过程是非常独到的。知识如何被理解为过程的呢？我们首先注意到，一切知识都是在思想中产生、展开、传达、变换和运用的。在其变化运动中来考虑，思想确实是过程，在其中知识具有其实际而具体的存在性。

思想过程是什么？思想实质上是记忆在生活的每个时期的能动反应，包括了智力的、情绪的、感官的、肌肉的和生理的记忆反应。这些反应是一个不可分解的过程的一切侧面，分离地对待它们就会助长碎片化知识与精神混乱。它们全体是对每一实际境况的一个记忆反应过程，这反应又会对记忆进一步作贡献，从而成为下步思想的条件。根据玻姆的说法：

> 现在有大量的证据表明，思想基本上是一种物质过程。例如，已经观测到：在广泛的境况中，思想是不能跟大脑和神经系统中的电活动和化学活动以及伴随的肌肉紧张与运动相分离的。[③]

因此，玻姆认为，甚至是对于知识和思想过程，我们都应该有这样的认识、作这样的理解：

---

① [美]戴维·玻姆：《整体性与隐缠序——卷展中的宇宙与意识》，洪定国等译，上海科技教育出版社 2013 年版，第 57 页。

② [美]戴维·玻姆：《整体性与隐缠序——卷展中的宇宙与意识》，洪定国等译，上海科技教育出版社 2013 年版，第 58 页。

③ [美]戴维·玻姆：《整体性与隐缠序——卷展中的宇宙与意识》，洪定国等译，上海科技教育出版社 2013 年版，第 60 页。

> 我们看到作为一个现实过程的总体，当这一过程被恰当地进行时它有利于产生一种和谐而有序的总体作用，把思想和思想的对象结合在一个单一的运动之中，而将这一运动分解成为分离的部分（例如，思想和事物）是没有意义的。[①]

5.3.2 市场过程是一种自发秩序

自然界和社会系统中存在着大量的自组织过程，相互独立的元素能够自发地进行相互合作和作用。现代科学已经阐明了自组织、演化以及自适应环境变化这些自然过程的特征。社会系统中的各种形式的变化，其实只不过是复杂性的表现。

自发秩序是亚当·斯密描述的"看不见的手"的基础。交易活动基于生产的分工、专业化以及需求的多样性，市场经济是没有中央控制者的演变结构，它是由参与者协调一致的活动形成的。而这个过程是永远不会停止的，除非人类从地球上消失。

在动态竞争情况下，永远不可能收敛到一个稳定的市场均衡解。奥地利经济学派提供了对市场经济理解最透彻的经济学说，他们关注的是真实世界中的市场过程，并强调通过这样的过程实现经济的动态效率而不是静态均衡，市场是企业家不断创造和利用新信息、发现和获得盈利的协调过程，证明市场的有效性根本不需要一般均衡理论等。特别是米塞斯，他在《人的行动：关于经济学的论文》一书中曾清楚地谈道：

> 市场不是一个地点、一种事物，也不是一个集体存在。它是一个过程，是形形色色的个人在分工合作的体系下相互之间彼此影响而产生的。[②]

进入20世纪70～80年代，柯兹纳、拉赫曼等现代奥派学者作出了进一步的努力，不断地深化对市场经济有效运转机制的认识。当然，对于我们把握复杂世界经济学中的市场而言，他们的认识仍嫌不足。

哈耶克十分肯定地说道：

> 宇宙中根本就不存在任何封闭系统。
>
> 那些研究复杂现象的学科中的主要困难……即人们在探明并确定所

---

① ［美］戴维·玻姆：《整体性与隐缠序——卷展中的宇宙与意识》，洪定国等译，上海科技教育出版社2013年版，第65页。

② ［奥］路德维希·冯·米塞斯：《人的行动：关于经济学的论文》（上），余晖译，上海人民出版社2013年版，第284页。

有决定着相关现象之特定表现形式的基据方面的实际困难;这种困难在实践中往往是无法克服的,有时候甚至还是一种绝对的困难……物理学之所以取得了成功,实是因为它处理的乃是我们所谓的简单现象。但是,一种研究那些在本质上极为复杂的现象(或者一种必须处理"有机程度较高的现象"的理论——如果这一说法更可取的话)的简单理论,很可能只是一种必定会发生错误的理论——至少在没有作出其他条件保持不变之明确假设的情况下是如此。①

哈耶克敏锐地意识到:

市场这种自生自发秩序(或"偶合秩序")相应地也有两个优点:第一,自生自发秩序当中所使用的那种知识乃是该秩序中所有成员的知识;第二,自生自发秩序所服务的目的乃是参与者个人的分立目的,它们不仅不尽相同而且还彼此对立。②

经济学家通常都把竞争产生的那种秩序视之为一种均衡状态(an equilibrium)——从某种角度来看,"均衡"并不是一个很适当的术语……我认为"秩序"(order)概念要比"均衡"概念更合适……尽管一种经济均衡的状态从来就没有真正的存在过,但是我们却有一定的理由认为,人们在很高的程度上趋近了那种被我们的理论称之为"理想型"(an ideal type)的秩序。③

市场上众多的个人计划之所以能够得到彼此调适,实是由我们称之为"负反馈"(negative feedback)的那些因素促成的。而且,他正确地指出,早在自然科学开始关注自生自发的秩序或"自组织系统"(self-organisingsysterms)的问题以前,斯密已经提出了"在一个自由的市场中,价格乃是由负反馈因素调整的"④。

本来人类就具有对不确定性的恐惧和排斥,当人们进一步被灌输了经济规律的信念时,他们无法接受生活的不确定性是保持自由市场必要条件的现实,对他们来说,接受中央集权带来的确定性比忍受自由社会的不确定性更容易些。某种意义上说,对于确定性的渴望是形成集权社会的原动力。

在主流经济学中,经济的变化是外生的,危机和冲击来自外面,而冲击过后

① [英]哈耶克:《哈耶克论文集》,邓正来译,首都经济贸易大学出版社 2001 年版,第 292 页。
② [英]哈耶克:《哈耶克论文集》,邓正来译,首都经济贸易大学出版社 2001 年版,第 449 页。
③ [英]哈耶克:《哈耶克论文集》,邓正来译,首都经济贸易大学出版社 2001 年版,第 450 页。
④ [英]哈耶克:《哈耶克论文集》,邓正来译,首都经济贸易大学出版社 2001 年版,第 451 页。

经济又重新恢复均衡，它的唯一变化是量的增长，即 GDP 增长。所以，主流经济学研究的是静态均衡经济，不存在经济演化，同样，经济发展和结构进步也超出了它的理论框架。

5.3.3 市场过程是一个发现和试错过程

在现代经济各流派中，只有奥地利学派强调和坚持了市场过程理论。他们把市场过程看作是系统性的、相互协调的一系列计划和修正。特别是哈耶克指出：

> 我建议把竞争视作是发现某些事实的一种过程，因为不诉诸竞争这种过程，这些事实就不会为任何人所知道，或者至少不会为人们所利用……一则，竞争之所以有价值，完全是因为竞争的结果是无法预见的；而且从总体来讲，它们也不同于任何人刻意达致或原本想达致的那些结果。再则，竞争所具有的那些普遍有益的影响还必须包括这样一种情形在内，即某些特定的预期或意图会受挫乃至落空。①

在哈耶克看来，把竞争视作一种发现过程还具有重要的方法论意义。要对分散在具有广泛分工的社会中的知识加以运用，“只有当那种知识的拥有者能够从市场那里获得有关何种物品或何种服务为人们所需要的信息以及有关人们在多大程度上迫切需要这些物品或服务的信息的时候，个人所拥有的那种知识才会成为有效的知识”②。

哈耶克看到了主流经济学的荒谬之处：

> ……分析方法乃是以“所有的事实都被假设为已知的”这样一种情形作为其分析出发点的。这便是被经济理论莫名其妙地称之为“完全竞争”的那种事态。③

1945 年，哈耶克指出，社会的经济问题就是一个知识利用的问题，市场就是一种高效地利用分散知识的机制。

> 如果这种机制是人类精心设计的结果，如果人们在价格变化的引导下懂得他们的决策之意义远远超出其直接目的的范围，则这种机制早已会被誉为人类智慧的一个最伟大的功绩了。但不幸的是，它既不是人类设计的

① [英]哈耶克：《哈耶克论文集》，邓正来译，首都经济贸易大学出版社 2001 年版，第 443 页。
② [英]哈耶克：《哈耶克论文集》，邓正来译，首都经济贸易大学出版社 2001 年版，第 446 页。
③ [英]哈耶克：《哈耶克论文集》，邓正来译，首都经济贸易大学出版社 2001 年版，第 447 页。

产物，受其引导的人们通常也不知道自己为何会如此行事。[①]

> 价格体系正是一种人类偶然发现的，未经理解而学会利用的体系（虽然人类远非已经学会充分地利用它）。通过格体系的作用，不但劳动分工成为可能，而且也有可能在平均分配知识的基础之上协调地利用资源。[②]

知识是分散在各个角落、各个生产者那里的。假如集中计划取代企业家发现的过程，无论是全社会范围的大包大揽计划，还是自由市场中国家零敲碎打式的干预，都会降低、削弱市场利用分散知识的能力。

在复杂世界经济学里，我们把市场发现过程理解为内涵更为广泛的概念，包括机会的发现、价格的发现和错误的发现。

（1）发现机会的过程

"竞争乃是一种发现探索的过程。在这个过程中，探索者不断寻觅着尚未被人们利用的机会。"[③]所有的经济行为主体都试图把握住生存、发展的机会。

在发现机会的过程中，既有机遇的因素，又有努力的因素。机会常常属于有准备的人，这个"准备"始终偏爱那些敏锐而又具有主动意识的主体，一些人总能够通过超常思维、创新思维、大胆想象和决断性行动创造未来。

"成功的英雄，无论他们是士兵、探险家、科学家、艺术家或作家，往往都是些善于把握机遇的人。另外，无论是在战争中、在科学研究中，还是在市场竞争中，因冒险而获胜的例子不胜枚举。"[④]实际上，经济生活和市场中需要某种程度的不确定性，没有它，生活就变成了一潭死水，人类就会变得迟钝而没有活力。

更多的经济主体则是通过知识积累、信息搜寻、研发创新等手段去发现、开拓和争取自己的生存空间。

（2）发现价格的过程

哈耶克指出，现代经济学家往往忽视了，被他们错误地当作给定事实的总供给、总需求，本身也是一种微观经济过程的结果，相对价格的变化就是这种微观经济过程当中的一个不可或缺的部分。所有那些我们喜欢使用的总供需曲线，并不是真正客观的给定事实，而是持续展开的竞争过程所导致的结果。[⑤]

---

① ［英］哈耶克：《个人主义与经济秩序》，贾港等译，北京经济学院出版社 1989 年版，第 82 页。

② ［英］哈耶克：《个人主义与经济秩序》，贾港等译，北京经济学院出版社 1989 年版，第 83 页。

③ ［英］哈耶克：《哈耶克论文集》，邓正来译，首都经济贸易大学出版社 2001 年版，第 456 页。

④ ［美］埃德加·E. 彼得斯：《复杂性、风险与金融市场》，宋学锋等译，中国人民大学出版社 2004 年版，第 2 页。

⑤ 参见［英］哈耶克：《哈耶克论文集》，邓正来译，首都经济贸易大学出版社 2001 年版，第 455 页。

(3)试错过程

市场过程是无数个体“内部的主观”与“外部的主观”共同驱动的产物。主观认识论意味着,不同人的感知不一定相同,同一个人的感知也可能有偏差、有错失。里昂惕夫在《投入产出经济学》中指出:

> 国民经济各个部门中的大、中、小企业,都在同一时间而又彼此独立地从事这种徒劳无益而又耗资巨大的猜谜游戏。如果把所有这些预测集在一起,很可能会发现它们彼此之间不一致。当然,这就意味着许多预测是很不准确的。根据这种支离破碎的预测而作出的公司内部的生产计划和投资决定,其结果不是全部流产就是大失所望,这是不足为奇的。①

消费者的价值评估和生产者对生产要素的价值评估都是会犯错的。市场交易实际上为各种产品、各种创意、各种新技术提供了一个试错的舞台。试错是检验一个企业及其商业模式的“试金石”,试错是创业企业越过“死亡谷”的必由之路。在这一过程中,只有少量创业企业能够存活并发展起来,因此创业试错过程必然会产生大量的失败案例。每当有一个新技术产生,就会有许多创业企业将其带进市场,在持续的优胜劣汰竞争中胜出的创业企业,就构成了创新型经济“大厦”的坚实地基。

市场是一个试错过程的意义在于指出这样的事实:新古典经济学所谓的均衡确实从来都没有被实现,市场虽然展现出强烈的朝向均衡趋近的倾向性,但这个均衡总是在没有达到之前就因市场情势的变化而被打破。

经济的长期发展更是如此,从这个意义上说,熊彼特比全部的新古典经济学家都伟大。

5.3.4 市场过程是一种竞争过程、动态调整过程即复杂适应过程

市场交易过程,用系统的观点看,它是一种企业和企业、企业和个人相互联系并相互作用的过程。这个过程把自然资源、生产者、消费者联结为一个整体,并使其在相互作用的过程(特别是竞争过程)中实现各自的生存、发展和整体的进步。

在最直接的意义上,市场是产品或服务的流动与易手过程,也即通常所说的交易过程。在更广泛的意义上,市场交易过程中也是一个经济主体之间相互关联、相互影响的过程。在供给者(系统论中的输出者)一侧,供给者可能动用说服的手段②(广告)、勒索的手段(垄断企业的霸王条款、价格歧视)甚至欺诈的

---

① [美]沃西里·里昂惕夫:《投入产出经济学》,崔书香译,商务印书馆1980年版,第6页。

② 通过合理的说服,确实可以把冰卖给爱斯基摩人。

手段（虚假广告、商标）使得交易顺利进行；在需求者（系统论中的输入者）一侧，他们用排队抢购表示了对产品的接受和欢迎，用顾客忠诚表示了对产品的肯定，也用不购买表示对产品的抵制。

同时，市场交易过程中还是一个信息传递过程，产品的用途、性能，消费者需求、偏好等各种信息，都可以得到交流和传递。在这个意义上，奥地利学派把市场过程看作是系统性的、相互协调的一系列修正是正确的。

另外，还必须看到，市场经济是长期的历史过程的产物，经济的市场化程度是分工不断深化的结果。反过来，劳动分工的程度也会受到市场范围的制约。阿林·杨格在《报酬递增与经济进步》中第一次论证了市场规模与迂回生产和产业间分工相互作用、自我演进的机制。① 持续的、动态的交易过程还伴随着分工深化、交易范围（市场）扩大、交易规则逐渐完善和交易深化（在这里我们是指市场化程度提高）的过程。

5.4 作为整体系统的市场

多数人没有意识到的是，同质性假设在主流经济学中具有无比重要的地位。在主流经济学中，所有的经济参与者都是同质的——同质的生产要素（它们具有可替代性）、同质的消费者、同质的企业等。实际上，同质性是所有形而上学理论体系共同的和基本的假设。

如果说现代主流经济学完全没有“整体”概念也许是不公平的，宏观经济学确实是要解释国民经济整体的理论。但是，现代主流经济学的宏观经济学把经济看作是一个机械加和的概念，而不是强调它的整体性。实际上，宏观经济学不过是一种对经济生活中的国民经济统计所做的理论加工，是对由各分量的相加得出经济总量的分析与解释。

我们把经济理解为一个复杂适应系统，而市场则是将各种经济要素、经济主体连接为一体的复杂网络。众多的个人、企业，也包括政府是市场网络中的不同层级的节点，它们通过市场连接成一个整体的、延伸到远方的巨大网络。它是如此错综复杂、变动不居，而且又无处不在。长期以来，虽然人们从不同的角度对它的某些侧面作出过分析，却始终没有得到一个完整的画面。

5.4.1 差异经济学

经济学家构造了理性人的原型假设，这样做会使问题变得更容易计算。有

---

① 转引自罗卫东：《经济学基础文献选读》，浙江大学出版社 2007 年版，第 272～281 页。

了理性人的概念，经济学家们就可以使用所谓集体的概念来表达整个经济，数百万人的行为可以用一个变量代入预测方程。经济问题被极大地简化了，预测似乎也成为可能。

但是，正如海德格尔在《同一与差异》一书中所说的：

> 既然在内容上是空洞的，这些思想规律就是纯粹的形式了。构成概念、下判断、作推论，都是在这些思想形式中进行的。因此，思想的空洞形式就可以用公式表达出来了……准确地讲，这些思想原则是不能证明的。实际上，任何一种证明已经是一种思想活动，从而任何一种证明都已经服从这些思想规律了。①

(1)同质性经济学的荒诞性

美国当代营销学大师西奥多·莱维特(Theodore Levitt)②曾经说道：

> 在这个充满不确定性和模糊性，而竞争又非常激烈的世界里，谁能借助整洁的公式、精美的战略范式和经过精雕细琢的分析方法，对他们的问题做出非常专业的回答，谁就一定能吸引一大批听众，因此，身着商务装的巫师在这个世界上大行其道。③

经济学家们从来没有意识到其逻辑严重依赖同质性假设。实际上，离开了同质性的概念，无论是形式逻辑，还是数学推理，任何形而上的理论大厦就无法建立。同质性经济学始于瓦尔拉斯的一般均衡经济学，并在一些人的努力下上升成为经济学主流。

有效市场假设(Efficient Markets Hypothesis, EMH)与一般均衡一样，都是运用简化方法的典型例子。同样，著名的费希尔·布莱克和迈伦·斯科尔斯的期权定价公式就是建立在一个简单的理性投资者的概念之上的。

EMH理论试图解释为什么股票价格的变化是不可预测的。首先，该理论有自己对理性的定义：投资者希望他们的期望收益在一定的风险水平上最大化，这看起来似乎非常合理。其次，所有投资者获得的信息都相同，处理信息的方式也相同。满足这两个前提条件，市场价格就是有效的，价格反映了所有的已知信息，价格的波动也能够即时反映所有的新信息。如果这样，股票价格的波动就是随机的和不可预测的，人们就无法从中获利。

---

① [德]马丁·海德格尔：《同一与差异》，孙周兴等译，商务印书馆2011年版，第121～122页。

② 莱维特是一个营销思想家，他在《哈佛商业评论》上发文26篇，数量仅次于彼得·德鲁克。他还四获《哈佛商业评论》麦肯锡论文奖。

③ [美]西奥多·莱维特：《营销想象力》，辛弘译，机械工业出版社2007年版，原版序第xxxii页。

在经济学中，价格的确定取决于人们对未来的预期。如果个体确实如理论所假设的是理性人，那么理性预期就只能沿着一条途径前进，并且所有的理性投资者都沿着这条途径前进。如果这样的话，根据经济学家们的定义，整个市场就只能像一个理性人那样运行。

把市场的参与者看作是同质的和一样的，市场机制就被简化成了完全脱离现实的东西。最后，理性人假设消除了市场过程中的不确定性，每个人都拥有同样的信息，具有同样的信息评价方式，抱有同样的目的。如果市场确实按照这种方式运转，其结果不可能是稳定的，相反，它很可能出现剧烈波动、恐慌和经常性崩溃等现象。

(2)差异至上

也许世界上有同类事物，但是却没有相同的事物，正所谓世界上没有两片完全相同的树叶。我们强调，多样性和差异性不仅具有重要的方法论意义，而且具有最高度的实践和生活意义。在《创造的进化论》中，柏格森多次强调："不存在某种普遍的生物法则可以精确和自动地应用于每一种生物。"[①]

> 生物体……它是一个个的个体，可以说与其他任何物体都不一样……个体性有许多不等的程度，没有哪一部分生物，甚至于人类，可以充分实现其个体性。但我们不能因此否定个体性是生命固有的特征……完美的定义只适用于已经完成的实体(不再变化的实体，也就是死掉了的实体)，而生命的特征只是在实现的过程中，从来都没有全部实现过；这些特征与其说是状态，不如说是趋向。一种趋向只有在不受任何其他趋向干扰的情况下才能达到它的全部目的，在生命的领域中，这种情况又怎么可能出现呢？[②]

能够把个体性与生命特征解说得如此准确、精彩，恐怕也只有柏格森能够做到了。柏格森由此得到一个非常重要的结论：

> 个体性在时间方面所迫切要求的不断延续，使它在空间方面的要求永远不能完成。[③]

时间上的不断延续，是说变化发展是无穷的、无止境的；空间上的不能完成是说一个个体与其他个体、与系统的联系始终延伸的，即万物互联。一句话：无穷变化，万物互联(但是，柏格森认为非生物则不同，这一点应该是错误的)。因此，柏格森的另一个深刻的结论是说：

---

① [法]亨利·柏格森：《创造的进化论》，陈圣生译，漓江出版社2012年版，第18页。

② [法]亨利·柏格森：《创造的进化论》，陈圣生译，漓江出版社2012年版，第18～19页。

③ [法]亨利·柏格森：《创造的进化论》，陈圣生译，漓江出版社2012年版，第19页。

> 生物的进化意味着对绵延的连续记录，也可以说是过去持久地存在于现在之中；至少，有机体的记忆现象就是如此出现的。①

我们认为，市场上每天完成着无数笔交易，每一笔交易的达成都取决于许多因素，而不仅仅是供求，哪怕这个“供求”是一个综合概念。商品价格当然是顾客关注的事情，但是，必须把价格同另外一些事情结合起来，才能满足市场。同一件商品，在不同的时间、地点，可能以不同的价格达成不同的交易量。商品的价格、品牌、营销服务、个性化程度等，都影响着交易的成败。在这里，我们也可以说，世界上从来没有两笔完全相同的交易。

所以，在复杂世界的经济学中，我们强调：就像没有任何一个人的成功是完全必然的一样，也没有任何一笔交易是必然达成的。与世界上的其他事情一样，每一笔交易活动都没有摆脱不确定性的影响。我们认为，这一观点对于克服形而上的经济学至关重要，而现代经济学理论体系恰恰是没有看到这一点。

看到那些满足于逻辑推理的经济学家、管理学家，美国著名营销学大师西奥多·莱维特提醒人们：

> 管理者最担心的不确定性往往来自于市场，无论他们是处在美国、苏联还是在阿联酋，或者联合劝募会。市场是显然存在的，而且谁都无法逃避它。所有商业机构的命运，最终都是在市场冷酷无情的运转中决定的。②

用莱维特的话说，如果不能发挥营销想象力，现代经济学、现代营销科学的任何分析都只会是空中楼阁。

经济学中，消费者具有稳定不变的偏好、消费需求可以被同质化地对待的假设是具有误导性的。现实生活中，异质化始终是消费者需求的根本特征，而且呈现出不断增强的趋势。

虽然消费者表现出对价格的关心，但是，没有证据表明，在不同商品上，人们普遍对价格敏感。这正是市场营销活动中细分市场的动力所在，产品的多样化和个性化越来越被证明是比价格更有力的竞争武器。

> 所有的产品和服务都是不同的.例如在商品交易所的经纪人买卖的是完全无差异的一般产品，但他们实际上卖出的是独特的交易执行能力——他们代表客户进行交易的效率、他们对询价的反应速度、他们确认交易的清晰度和速度诸如此类，尽管一般产品确实是一样的，但是经纪人提供的

---

① [法]亨利·柏格森：《创造的进化论》，陈圣生译，漓江出版社2012年版，第24页。

② [美]西奥多·莱维特：《营销想象力》，辛弘译，机械工业出版社2007年版，原版序第vii页。

产品却是差异化的。[1]

> 世界上没有什么大众化商品(commodity)。所有产品和服务都可以实现差异化,并且通常确实是差异化的。人们通常认为这种情况更加适用于消费品,而不太适用于工业品和服务,可事实恰恰相反。唯一的例外只存在于那些认为有例外的人的脑海里。市场上的差异化随处可见。无论是生产商、制造商、销售商、经纪商、代理商还是经销商,所有的人都在不断努力让自己提供的东西与众不同并赢得人们的青睐。哪怕就是那些生产或经营初炼金属、谷物、化学品和金融服务的公司,也是如此。[2]

莱维特深刻地指出,交易员在商品交易所买卖的金属、谷物、股票等,确实是完全没有差异化的一般产品(generic product),但是,在交易执行方面与众不同——出色的交易服务,才是他们销售的东西。尽管买卖的一般产品是完全一样的,但是他们提供的产品是差异化的。

> 对于所谓的无差异化商品,人们通常认为它们对价格是极其敏感的——谁的价格低出分毫,谁就能吸引买主。其实,除非在经济学教科书那个假想的世界里,这种想法很少是正确的。在真实市场这个现实世界里,哪怕价格竞争激烈到了极点,买主也会考虑价格以外的其他因素。[3]

莱维特谈到,例如汽车、计算机等都具有复杂的含义和象征,能够体现买主的地位、爱好、阶层、成就、抱负。汽车公司付出巨大的努力,尽量缩短下单和交车的时间并精心挑选、培训、监督、激励和强化它们的经销商,这就说明这些东西也是车主所购产品不可分割的组成部分,因此,差异化才是产品的真实特征。

把市场当作一个静态概念导致了许多误导。现代经济学错误地只关注结果,而忽视了过程,这是经济学静态性的一个重要表现。

(3)差别化的生产与营销

万事万物,不仅在其诞生的时候就包含了差异,即所有事物的初始状态存在着不同;而且在其诞生之后的演进过程中,个体也向不同的侧面发展变化,从而造成个体类型的多样性,个体之间的差别会发展与扩大,这是复杂适应系统的一个显著特点。这样,就有了丰富的生物多样性、文化多样性、行业多样性、产品多样性、人的多样性、社会的多样性……世界上找不到两个完全相同的事物。

---

① [美]西奥多·莱维特:《营销想象力》,辛弘译,机械工业出版社 2007 年版,第 75 页。

② [美]西奥多·莱维特:《营销想象力》,辛弘译,机械工业出版社 2007 年版,第 76 页。

③ [美]西奥多·莱维特:《营销想象力》,辛弘译,机械工业出版社 2007 年版,第 77 页。

我们强调，多样性和差异性具有重要的意义：它不仅是一种不同的方法论，一种与形而上学对立的方法论；而且更是一种实践原则，一种行动指南。

如果我们坚持差异化的方法论，那么每个人（无论是作为生产者还是作为消费者）各不相同，每个企业（它们的理念、文化、行为方式、技术、设备条件）也都与众不同。经济学中的同质的消费者、生产者、均质企业的理论和基于这样一些概念的推理就不会提供什么有意义的知识，都应该被看作是一种形而上学。我们在经济学中所看到的，恰恰是一种停滞与僵化状态的思想和方法论。任何种类的形而上学在实践中都是完全行不通的。

1991 年，莱维特在《营销想像力》中表示，差异化是关键的战略战术活动之一：

> 世界上没有什么大众化商品，所有产品和服务都可以实现差异化，并且通常确实是差异化的。人们通常认为这种情况更加适用于消费品，而不太适用于工业品和服务，可事实恰恰相反。唯一的例外只存在于那些认为有例外的人的脑海里。无论是生产商、制造商、销售商、经纪商、代理商还是经销商，所有的人都在不断地努力让自己提供的东西与众不同并赢得人们的青睐。①

薄利多销的逻辑是一种大量生产的逻辑——企业的产量越高单位产品的成本越低，因而盈利能力和竞争力就越强。但是这个逻辑如今遇到了挑战。

把获取利润当成企业的目的纯属无稽之谈，因为如果企业没有足够多和足够稳定的顾客，利润就只是无源之水，企业也就无法生存。②

管理者如果看不到“无形产品”，不了解差异化，那么他必将把企业引向深渊。

高度差异化的消费品比比皆是，许多在一般产品层次上没有差异的消费品，通常也可以在品牌、包装、广告、特色，甚至是定价等运营手段上实现差异化。但是，如果不辅以其他措施，单纯的价格差异化通常注定了是会失败的。

坐在在教室里的人并没有看到也不能理解差异化的市场营销意义。事实上，就宝洁、通用食品、IBM 和施乐而言，它们与竞争对手的真正区别主要在于管理方式，特别是它们的营销管理方式。这些公司的营销管理的最大特点就是做了大量细致的分析、控制和调查工作，但是这些工作被所谓的一般产品的独特性所掩盖，不为外人所知。重视营销细节正是产品经理和市场经理工作的最

---

① [美]西奥多·莱维特：《营销想象力》，辛弘译，机械工业出版社 2007 年版，第 76 页。

② 参见[美]西奥多·莱维特：《营销想象力》，辛弘译，机械工业出版社 2007 年版，原版序第 xxiv 页。

大特点。

差异化无论是在生产环节还是在营销环节都是可以实现的，对市场营销的管理是实现差异化的一种更加强大的方式。

5.4.2 多元主体和多重变量的整体市场

(1)形而上学与同质性

在新古典经济学的视野中，经济活动的主要变量(即生产要素的概念)只有土地、资本、劳动，人们认为它们是无差别的，可以相互替代。交易的主体则只有两个抽象的代表——生产者和消费者，它们是市场上两种力量(供给和需求)的代表性符号，此外并没有其他意义。

在这里，主流经济学家所犯的主要错误与其他形而上学家一样：用同一性掩盖差别性。当然，这也只证明了它们共同的形而上学性质。怀特海在《过程与实在》一书中指出，哲学上自柏拉图以来一直有一种错误，这就是它所进行的普遍性概括。这句话同样适用于经济学。

> ……从概念到原理的普遍性是言过其实或夸大其词……对进行普遍性概括的成功所作的估计通常被夸大了。这类夸大其词的一种形式是……“把抽象误置为具体的谬误”。这种谬误表现在，当仅仅以实际存在物作为某些思想范畴的实例来考察实际存在物时(即把概念混同于实物——引者)，它忽略了其中所涉及的抽象程度。夸大其词的另一种形式是，错误地估计关于确定性和各种前提的逻辑方法……并认为可以在这些前提之上建立一种思想演绎系统。①

> 追问从共相出发究竟能确立多少具体的个别事实，是完全错误的。其答案是：“根本不可能。”②

> 每一种提供了某个事实的命题必定通过自己的完整分析而提供关于该事实所要求的宇宙的普遍本性。任何自我保持的事实，即漂浮在虚无之中的事实，是根本不存在的。不可能把一个命题从其在现实世界的系统关系中割裂出来。③

只有怀特海这样的大师才能说出这样的话：

> 任何形而上学体系都不能完全地期望满足这些诉诸实效的检验。这

① [英]A. N. 怀特海：《过程与实在》，杨富斌译，中国城市出版社2003年版，第12页。

② [英]A. N. 怀特海：《过程与实在》，杨富斌译，中国城市出版社2003年版，第34页。

③ [英]A. N. 怀特海：《过程与实在》，杨富斌译，中国城市出版社2003年版，第19页。

种体系充其量只是对所寻求的那些普遍真理的逼近。特别是，不存在任何精确陈述的、可作为出发点的公理的确定性。甚至根本不存在用来构成其图式的语言。①

(2)非同质的复杂经济世界

科学寻求一般性。可是，如果任意地扩大一般性的适用范围，科学也就演变成了形而上学。任何概念或理论都有一个明确的有效范围，超过范围的滥用是形而上学的共性特征，也是错误产生的根源。

我们必须承认，在真实世界里，任何事物都是非同质的，并没有两片完全相同的树叶，这个结论也适用于经济学。同质性使问题的分析变得简单，而非同质性使问题的分析变得复杂化。实际上，从小学起，我们就知道了，只有同质的东西才可以进行数学运算。现代经济学(其实也包括其他科学)研究和解释问题经常使用简化法——用错误的工具侵犯了具体科学的疆域，因而陷入了把抽象误置为具体的谬误之中。

与新古典经济学不同，复杂系统的经济学强调，与其他系统一样，多种因素和它们的相互作用都在影响着市场。

社会中的个人与企业、蚁群中的蚂蚁、神经网络中的神经元，或者物理学中的基本粒子都是不同系统中的主体，它们同样也是经济过程中的主体。

在每一种情况中，我们都能将这些主体的行为描述成处理的物质、能量或信息，它们可以产生某一行为，这一行为通常就是物质、能量、信息的传递。说得更通俗些，主体的功能就是处理输入并产生输出。②

因此，市场过程不仅是一个多元行为主体——消费者、厂商、银行、投资者、政府机构甚至资源环境——共同参与的活动体系，它还受到了更加广泛因素的约束：制度因素(财产产权)、道德水准(履约状况)、传统习惯、消费文化、政府能力(立法、执法)、企业家生态和能力、货币因素、知识与信息、技术壁垒、流动性障碍、交易成本……甚至具体的时间、空间都是影响交易活动的真实因素。实际上，这些广泛的因素与多元主体之间有着深刻的相互影响，并由此形成了动态的市场交易过程。

(3)市场过程的"时—空"特性

复杂世界的经济学强调市场过程的"时—空"特性，即交易的达成通常是"恰当的人"在"恰当的时间"和"恰当的地点"发生的。这种"时—空"特性决定

---

① [英]A. N. 怀特海：《过程与实在》，杨富斌译，中国城市出版社 2003 年版，第22 页。

② [美]约翰·霍兰：《涌现：从混沌到有序》，陈禹等译，上海科学技术出版社 2006 年版，第 126 页。

了几乎每一个交易过程都带有偶然的色彩，都表现出不确定性的特质。因为当事各方都受到不完全信息、不对称信息以及信息搜寻成本的影响，同时也受到当时、当地的收入状况、消费文化特质以及当事人的交易预期、交易策略和交易时刻的心理波动的影响（甚至在交易最频繁、最典型的市场——股票市场上也是如此）。

认识到交易过程的这一特点意义重大，它意味着几乎所有实际发生的交易都是各种影响力量的汇聚，每一笔交易都与最优有不同程度的差距。这个结论实际上是对新古典经济学均衡市场理论的否定。

5.4.3　复杂世界经济学的市场整体性

现实中，市场是个整体网络。公司、企业、金融机构、政府部门以及其他所有潜在的经济参与者，都是这个网络的组成部分，是网络中的节点。它们通过市场链接，传递各种各样的信息，其中包括销售、购买、合作研究和市场营销项目等。任何一个部分发生变化，都具有牵一发而动全身的效果。

(1)用整体性的思维看“自然—经济—社会”

市场的整体性不仅指一个市场与其他市场是一个紧密联系的整体，而且指它与其他因素——自然、技术、文化、教育、政策、政府等——也紧密联系。

影响经济的因素不只是土地、资本、劳动，而且包括政治制度、文化观念、科学教育等。GDP是一个非常片面的概念。GDP是一种产出，但是任何经济体系生产出来的都不仅仅是GDP，在GDP增加的同时，还有资源的减少甚至枯竭，还有环境污染和生态破坏。

(2)用整体性的思维看世界

我们每个人都是社会网络中的一员，没有人游离在外，世界上不存在完全和外部世界隔绝的孤岛。通过网络链接，个人、企业、政府的行为轻而易举地就影响了上百万的人。

> 在这个世界的任意两个人之间，肯定存在联系。与之相似，在我们大脑的任意两个神经细胞之间，在全世界的任意两家公司之间，或是我们体内的任意两种化学元素之间，肯定也存在联系。万事万物都包容在这个相关的生命网络中。保罗·艾尔德和阿尔佛雷德·莱利向我们解释道：每个节点只需一个链接，就能让所有的节点连为一体。①

1973年5月，格兰诺维特提出，完整的社会网络是通过几个较弱的联系，即

① [美]艾伯特-拉斯洛·巴拉巴西：《链接：网络新科学》，徐彬译，湖南科学技术出版社2007年版，第21页。

熟人关系和不同的朋友圈联系起来的，而较弱的社会关系比起自己所珍视的坚实的友谊能起到更重要的作用。

> 弱关系（或是熟人）是我们联系外部世界的桥梁，因为他们和我们活动的范围不同，因此能够从不同的来源获取信息。①

在我们看来，格兰诺维特的具体结论——弱关系能起到更重要的作用——也许是有问题的。如果能够作有效的统计分析，他的结论恐怕需要修正。而且，他对社会关系网络的定义有失狭窄（我们相信，它是一个近乎无限延伸的概念）。但是，无论如何，格兰诺维特的研究还是能够让人们关注到社会关系网络的普遍存在。

现代网络经济学、现代营销学也研究和分析网络，但是，它们所提到的网络概念都是规则网络，其结构中没有模糊不清的部分。而一旦涉及复杂系统，如互联网、细胞以及真实世界的市场网络等，规则网络就成了特例而不是常态。

在我们看来，真正的网络所揭示的事物之间的能量和信息交流关系，并非都是有形的、看得见的，如物质循环网络、社会关系网络等。

我们的结论是，各种类型的网络（其中，社会关系网络、电话网络、互联网、市场网络等都只是特例）把自然、能源、环境、人及其活动联结为一个密不可分的整体。抓住一点、不及其余的理论或研究结论是不可信的。

5.4.4 复杂世界经济学的市场关联性

复杂世界经济学的市场关联性包括了最广泛意义上的关联含义，是全方位的互联。

（1）投入产出经济学部分展示了市场的广泛关联

在这里，我们并不是要完整地介绍投入产出经济学，而是要以它为例，展示经济活动各部分之间的整体联系。里昂惕夫的投入产出经济学，一定程度上刻画出了市场的整体的关联性。投入产出表描绘的是商品和服务在国民经济所有领域之间的流动情况。当然，请记住：这种描述只揭示了整体关联性的一个侧面、冰山一角。

> 投入产出表所反映的是，在企业家所参与的生产或分配的过程中，到底有多少商品或服务为美国经济中的其他部门所使用；同时表的另一端反

---

① 转引自[美]艾伯特-拉斯洛·巴拉巴西：《链接：网络新科学》，徐彬译，湖南科学技术出版社 2007 年版，第 49、50 页。

映了他自己的部门从别的部门又收到了哪些以及多少商品和服务。[①]

投入产出表由三部分组成，如表 5-1 所示。

表 5-1　　投入产出表

<table>
<tr><td colspan="2" rowspan="4">产出
投入</td><td colspan="4">中间使用</td><td colspan="10">最终使用</td><td rowspan="4">进口</td><td rowspan="4">总产出</td></tr>
<tr><td rowspan="3">产品部门1</td><td rowspan="3">…</td><td rowspan="3">产品部门 n</td><td rowspan="3">中间使用合计</td><td colspan="5">最终消费</td><td colspan="3">资本形成总额</td><td rowspan="3">出口</td><td rowspan="3">最终使用合计</td></tr>
<tr><td colspan="3">居民消费</td><td rowspan="2">政府消费</td><td rowspan="2">合计</td><td rowspan="2">固定资本形成额</td><td rowspan="2">存货增加</td><td rowspan="2">合计</td></tr>
<tr><td>农村居民消费</td><td>城镇居民消费</td><td>小计</td></tr>
<tr><td rowspan="2">中间投入</td><td>产品部门 1
⋮
产品部门 n</td><td colspan="4">第一象限</td><td colspan="12">第二象限</td></tr>
<tr><td>中间投入合计</td><td colspan="4"></td><td colspan="12"></td></tr>
<tr><td>增加值</td><td>劳动者报酬
生产税净额
固定资产折旧
营业盈余
增加值合计</td><td colspan="4">第三象限</td><td colspan="12"></td></tr>
<tr><td></td><td>总投入</td><td colspan="4"></td><td colspan="12"></td></tr>
</table>

第一部分，又称第一象限，是由名称相同、排列次序相同、数目一致的 n 个产品部门纵横交叉而成的，其主栏为中间投入、宾栏为中间使用；这部分是投入产出表的核心，它充分揭示了国民经济各产品部门间相互依存、相互制约的技术经济联系，反映了国民经济各产品部门间相互依赖、相互提供劳动对象给生产和消耗的过程。该部分的每个数字都具有双重经济意义：沿行方向看，反映第 i 产品部门生产的货物或服务提供给第 j 产品部门使用的价值量，称为中间使用；沿列方向看，反映第 j 产品部门在生产过程中消耗第 i 产品部门生产的产品或服务的价值量，称为中间投入。

第二部分，又称第二象限，是第一部分在水平方向上的延伸，其主栏与第一部分的主栏相同，也是 n 个产品部门；其宾栏由最终消费、资本形成总额、出口

① ［美］沃西里·里昂惕夫：《投入产出经济学》，崔书香译，商务印书馆 1980 年版，第 8 页。

等最终使用项组成；它反映各产品部门生产的货物或服务用于各种最终使用的价值量及其构成。

第三部分，又称第三象限，是第一部分在垂直方向上的延伸，其主栏由劳动者报酬、生产税净额、固定资产折旧和营业盈余等增加值项组成；宾栏与第一部分的宾栏相同，也是 n 个产品部门；它反映各产品部门增加值的构成情况。

投入产出表的中心思想就是在某一产业部门的产出量和投入量之间存在着一种基本的关系，经济的构造是由贸易流动交织而成的，而这种贸易流动最终又把各个领域和部门同所有其他领域和部门连接在一起了。

> 在任何一点上，一个事件的影响都是通过把整个体系连接在一起的那种交易链条，而一步一步地送到其他经济部门的。一个有关整个经济的比率表，可以使我们尽量详细地从数量关系方面了解整个经济体系的内部结构。①

里昂惕夫看到，通过编制投入产出表，可以对经济活动各组成部分有一个整体的把握。他说：

> ……技术改革及其对下列各方面——劳动生产率和失业；私人投资、公共投资和经济成长；资本的流入及流出和对外贸易结构；以及经济成长的许多其他问题——的影响都可以得到更深刻的了解。②

投入产出系数是进行投入产出分析的重要工具，包括直接消耗系数、完全消耗系数、感应度系数、影响力系数和各种诱发系数。直接消耗系数和完全消耗系数是最基本的投入产出系数。

> 对某一具体部门来说，只要我们知道它的投入比率，我们就能很容易地计算出来它在任何一个产出水平上所需要的投入量的完整的表。同样，用稍为复杂一点的计算，我们就可以综合各种资料为整个经济编制一个完整的投入产出表。我们只需要知道一个“最终需求单”，来把比率表改为数量表。③

但是，编制一个完整的投入产出表几乎是一项不可能完成的任务。

---

① [美]沃西里·里昂惕夫：《投入产出经济学》，崔书香译，商务印书馆 1980 年版，第 25 页。
② [美]沃西里·里昂惕夫：《投入产出经济学》，崔书香译，商务印书馆 1980 年版，第 10 页。
③ [美]沃西里·里昂惕夫：《投入产出经济学》，崔书香译，商务印书馆 1980 年版，第 25 页。

困难一：

> 一个投入产出表，虽然应用起来是简单的，但其编制却是一项高度复杂繁重的工作。第一步是不需要发挥什么理论上的想象力的，即收集和整理浩瀚的数量资料。由于任何一年的数据从积累到核对都不可避免地要花费一段时间，投入产出表将总是一种历史文献。①

> 投入产出析方法实质上是利用我们经济各部门之间商品和服务流量的相对稳定形态，把整个体系的详尽得多的统计事实置于经济理论控制的范围之内。因此，这种方法不得不等到现代化的高速计算机出现以后，等到政府和私人机构像现在这样热衷于积累大量的资料以后，才开始使用。②

从里昂惕夫的这些警告中，我们可以看到，里昂惕夫是清醒的，反而是他的后人忘记或忽视他的警告，并做了大量无用功。但是，里昂惕夫对编制投入产出表的全部困难的估计仍嫌不足。

困难二：

> 因为对各个部门所要求的生产水平最后都要依赖于所有其他部门的水平，这就很清楚，我们有一个涉及联立方程的问题。虽然要解决这样的方程可以不涉及多高深的数学，但单是计算工作就非常巨大。所要解的方程数目总是和这个体系所划分的部门数目相等。随着所要求的是这个体系的特解还是通解，计算量将是所涉及的部门数的平方或立方。③

当然，如果考虑到解决那些需要变动投入产出比率的问题，每一个变动都需要矩阵的一个全部的新解。因此，计算问题也是很大的困难。

正如里昂惕夫所说的："动态投入产出分析需要较高深的数学方法，不是一般的线性方程组而是线性微分方程组。"④

困难三：

> 按实物单位的投入产出表在描述生产技术方面的情况是适宜的，但实际的投入产出表则全部是按货币价值来编制的。这是因为按实物单位的资料很难得到。通常每个部门都生产好多种货物，而不只是一种货物，所以把各种不同的货物按实物单位综合在一个产出数字里面即令不是不可

① [美]沃西里·里昂惕夫：《投入产出经济学》，崔书香译，商务印书馆1980年版，第25页。

② [美]沃西里·里昂惕夫：《投入产出经济学》，崔书香译，商务印书馆1980年版，第25～26页。

③ [美]沃西里·里昂惕夫：《投入产出经济学》，崔书香译，商务印书馆1980年版，第26～27页。

④ [美]沃西里·里昂惕夫：《投入产出经济学》，崔书香译，商务印书馆1980年版，第29页。

能，也是很困难的。[①]

里昂惕夫错误地认为，为了消除或者至少是减少风险本身，企业家可以通过市场调查工作，把所有制造、采掘、运输和服务等各部门的短期和长期产出计划都连在一起，获得一致的销售预测。

> 无可否认，这种方法所涉及的资料搜集和分析工作，是很繁重和复杂的。不过，近20年来发展起来的经济统计研究的新方法，完全能够解决这样一个计划所涉及的技术问题。[②]

> 在投入产出经济中，关于投入产出的关系我们做了一个相当大胆的假定：当产出的水平变动时，所需要的全部投入的数量也按比例变动。这就叫作要素投入的固定比例的假定。[③]

这实际上假设了投入和产出之间的线性关系。

不难看到，每一个投入产出表都是一个静态模型，代表了国民经济的一个时间上的横切面。而真实的情况却是，单位产出所需的投入数量随着产出水平的变动而变动。

我们应该注意到，投入产出表只是部分地刻画了市场的整体性。因为，准确地说，一张完整的投入产出表是无限延伸的，必将超出所有可统计、可计算的界限；一张有用的投入产出表也必须是随时变动的。因此，我们想说，任何编制投入产出表的努力都是在做无用功。

(2)需求交叉弹性：一个有益而又困难的概念

现代经济学上有一个需求交叉弹性的概念，它是一定时期内一种商品的价格变化引起的相关商品的需求量变动比率。这个概念与投入产出一样，可以揭示不同市场间的关联性。

需求交叉弹性计算方法如下：

$$\text{需求交叉弹性 } E_{yx}=\frac{\text{商品 } X \text{ 需求量的相对变化量}}{\text{商品 } Y \text{ 价格的相对变化量}}$$

商品 X 需求量 Q_x 是它的相关商品 Y 的价格 P_y 的函数，即 $Q_x=f(P_y)$，则商品 X 的需求交叉弹性公式为：

$$E_{yx}=(\triangle Q_x/Q_x)/(\triangle P_y/P_y)=(\triangle Q_x/P_y)\cdot(P_y/Q_x)$$

式中，$\triangle Q_x$ 为商品 X 的需求量的变化量；$\triangle P_y$ 为相关商品 Y 的价格的变

---

① [美]沃西里·里昂惕夫：《投入产出经济学》，崔书香译，商务印书馆1980年版，第304页。

② [美]沃西里·里昂惕夫：《投入产出经济学》，崔书香译，商务印书馆1980年版，第6～7页。

③ [美]沃西里·里昂惕夫：《投入产出经济学》，崔书香译，商务印书馆1980年版，第300页。

化量；E_{yx} 为当 Y 商品的价格发生变化时的 X 商品的需求交叉弹性系数。

需求交叉弹性系数的符号取决于所考察的两种商品的相关关系。可以有三种情况：

$E_{yx}>0$（替代品）

$E_{yx}=0$（无关品）

$E_{yx}<0$（互补品）

显然，这个思想是有价值的，它可以反映各种产品间的相互关联和相互影响。但是，在实践操作上，计算的困难不容小觑。经济学上从来也没有计算出完整的、有说服力的需求交叉弹性表。正如经济学大师米塞斯所说：

> 需求弹性之类的测量，是不能与物理学家所作的诸如密度或原子重量的测量相提并论的……不同的人对同样事物的估值是不一样的，同一个人在不同的情况下对同一事物的估值也是不一样的。[①]

（3）市场关联效应：产业链断裂的灾难

市场是生产者、消费者、资源乃至政府的链接网络，它的作用是巨大的却又常常不被理解。市场的正常运转是现代经济健康运行的基础，任何一个环节——生产者之间（供应链）、生产者与金融机构之间、生产者与消费者之间——的断裂、缺失和故障都会带来灾难性的后果。

20 世纪 80～90 年代，业务外包成为许多企业的一种新的、流行的商业战略。这一做法的早期推动者是思科公司，它销售的所有产品都不是自己造的。思科公司通过这种崭新的、大胆的制造模式，实现了 30%～40%的利润增长。

康柏和其他许多企业竞相效仿思科的模式。业务外包需要建立紧密的供应商体系，保证所有的原件都能按时交货。因此，当某些供应商无法交付某种基本零件，如电容、闪存等，康柏的生产网络就瘫痪了。当时，该公司手持电脑设备方面的零件缺货 60 万～70 万件，定价 499 美元的康柏随身电脑在易趣和亚马逊网站上拍卖的价格达到了 700～800 美元。思科也遇到了一个不同的问题，但其危害却相似：订单都满足了之后，思科忘了让自己的供应链停下来，结果其零部件库存猛增到了 300%。这个问题带来的最终结果非常惊人：从 2000 年 3 月～2001 年 3 月，采取外包模式的公司的市场损失——包括思科、戴尔、康柏、Gateway、苹果、IBM、朗讯、惠普、摩托罗拉、爱立信、诺基亚、Nortel——超过了 12 万亿美元。这些公司和他们的投资者所遭受的惨痛损失，表明了忽略

---

① ［奥］路德维希·冯·米塞斯：《货币、方法与市场过程》，戴忠玉、刘亚平译，新星出版社 2007 年版，第 6 页。

关联效应所带来的后果。

在经济学和管理学上，曾经流行过一种孤立的唯我主义态度，即认为公司的财务平衡是唯一重要的因素。“这种态度限制了人们从市场关联的角度、从整体性的角度进行思考，看不到一个节点的行为会影响到其他节点乃至经济整体，最终就会摧毁部分乃至整个经济网络。”[①]当然，其他类似的错误比比皆是。

5.5 复杂世界经济学的市场进化

现代经济学是一个静态的理论体系，甚至它对市场理解也是静态的，认为19世纪的市场与20世纪的市场没有什么不同，美国的市场与欧盟的市场似乎也并无差别。资源是有限的，市场则作为配置资源的手段而存在。因此，在这样的体系中，经济学不需要历史。在这里，我们将说明，市场应该被理解成为一个活着的、不断演进着的事物，它不是一成不变的东西，更不是书本上的抽象的概念。

5.5.1 信息、交通与市场的协同

复杂世界经济学把市场理解为一个多种因素的协同现象。与其他事物一样，它处于不断地进化过程中，是市场各种因素的共生演化。

在《协同学：大自然构成的奥秘》一书中，哈肯指出：

> 自然界，尤其是动物界和植物界，常以其形态的繁多、结构的精致，以及结构中各组成部分极其巧妙的协作，而使我们惊叹不止……甚至在无生命物质中，新的、井然有序的结构也会从混沌中产生出来，并随着恒定的能量供应而得以维持……在所有这些过程中，许许多多的个别部分几乎总以一种富有意义的方式协同行动。[②]

如果说大自然、生物学是如此这般运作，那么，我们有什么理由认为，经济学上所说的市场在历史的各个时期、在世界各地应该是一样的呢？不同时期有不同的制度、技术、文化，不同地区则有不同的自然、社会和历史因素，它们相互影响、协同运作，市场怎么会独善其身呢？

看似简单的交易行为，其实涉及了多种因素。除了交易物品本身的因素

---

① [美]艾伯特-拉斯洛·巴拉巴西：《链接：网络新科学》，徐彬译，湖南科学技术出版社2007年版，第244～245页。

② [德]赫尔曼·哈肯：《协同学：大自然构成的奥秘》，凌复华译，上海译文出版社2001年版，前言第1页。

外，各地的自然和社会环境都会对不同时期、不同地区的市场产生不可磨灭的影响，这对交易的达成都是至关重要的。因此，市场的发展过程是各种因素协同作用的过程。

毫无疑问，在现实生活中，人们对市场的理解要比经济学家的理解更真实。他们知道，把冰卖给爱斯基摩人是困难的；他们知道，"消费者"不只是一个需要细分的概念，而且有着不断变化的偏好，有一个有弹性的购买力。因此，我们在理解市场时完全可以把经济学中形而上的概念和逻辑抛到一边，只有如此，我们才能成为一个成功的推销员、一个成功的商人。

为了纠正来自现代经济学的误导，我们首先要指出，任何一个市场都是各种因素的协同作用，它们处于不断的变革、进步过程中，也不断改变着形式、规则和效率。

(1)信息技术发展简史

当代著名经济学家斯蒂格利茨在《信息经济学》一书中指出：

> 信息经济学已经深刻地影响到我们对经济政策的理解，而这种影响在将来还将继续加深。当然，这个世界比我们的简单模型——甚至比更为复杂的模型——所描绘的要复杂很多……当我在41年前开始学习经济学时，我被我观察到的世界与所学理论之间的巨大差异所震惊……我们所学的经济理论却很少关注贫困；它认为各种市场，包括劳动力市场总是出清的，因此所谓的失业不过是幻象而已；人们追逐利润的动机保证世界上不可能存在经济歧视。①

然而，由于饱受现代经济学的长期熏陶，斯蒂格利茨没有也不可能完全跳出主流经济学的框架，他在《信息经济学》中所做的，只是为这个漏洞百出的体系贴上几块无关紧要的补丁。例如，他在导言中说道：

> 随着标准经济学分析框架的瓦解，从信息经济学的角度对所有的经济学内容进行重新检验就很有必要。每一个领域——劳动、资本、保险和产品市场等——均呈现出不同的信息问题。多年以来，我尝试着说明广阔的理论视角如何带给我们关于这些市场运行机制的新的见解。②

从上面的几句话不难看出，他所说到的"每一个领域"只是包括了"劳动、资本、保险和产品市场"，换言之，他的信息经济学还是那个封闭系统的经济学，进

① [美]约瑟夫·斯蒂格利茨：《信息经济学》，纪沫等译，中国金融出版社2007年版，第29～30页。

② [美]约瑟夫·斯蒂格利茨：《信息经济学》，纪沫等译，中国金融出版社2007年版，导言第3页。

入他的视野的，还是有限的几个变量。

信息技术发展对市场的形成和发展有着广泛、深刻的影响，信息技术发展本身有着与人类一样漫长的历史。从早期的书信、电报、电话，到现在的计算机网络，信息技术前进的每一步，都及大地扩展了联系空间、生存空间，当然也包括我们这里所关心的市场空间。没有对信息技术进步的理解，就看不到现代市场与近代市场的巨大不同，难以解释市场的演进。

1948年，香农发表《通讯的数学理论》，这篇论文精确地定义了信源、信道、编码等概念，建立了通信系统的数学模型并得出了信源编码定理和信道编码定理等重要结果。这篇论文标志着信息论的诞生。

人们终于发现信息几乎无处不在。香农的理论在信息与不确定性、信息与熵以及信息与混沌之间架起了桥梁，它的出现最终引发了光盘和传真机、电脑和网络、摩尔定律、卫星和光纤以及世界各地硅巷的出现，信息处理、信息存储以及信息检索等技术也应运而生。人们将铁器时代和蒸汽时代之后的时代称为信息时代。

在香农的理论中，符号运算以及映射的思想占据着举足轻重的地位。他要解决如何将一类事物映射到另一类事物的问题，也就是找出两类事物之间严格的对应关系。当然，这种编码转换不是为了遮蔽事实，相反是为了揭示事实。香农相信可以对基因、染色体、继电器和开关进行编码，他成功了，他开启了一个新的时代。

现如今，我们已经可以清晰地认识到，信息是我们这个世界运行所仰赖的血液，是现代社会的维生素，它渗透到各个科学领域，改变着每个学科的面貌。信息理论先是把数学与电气工程学联系到了一起，然后又延伸到了计算领域，甚至连生物学也成为了一门研究讯息、指令和编码的信息科学。随着信息理论的兴起，遗传学也得以迅猛发展。DNA是信息分子的典型代表，是细胞层次上最先进的讯息处理器——它是一份字母表、一种编码，用60亿比特的信息定义了一个人。进化生物学家理查德·道金斯认为：

> 处于所有生物核心的不是火，不是热气，也不是所谓的“生命火花”，而是信息、字词以及指令……如果你想了解生命，就别去研究那些生机勃勃、动来动去的原生质了，从信息技术的角度想想吧。①

生物体中的所有细胞都是一个错综复杂的通信网络中的节点，它们一刻不停地传输和接收信息，不停地编码和解码。

---

① ［英］理查德·道金斯：《盲眼钟表匠》，王德伦译，重庆出版社2005年版，第112页。

现在,信息技术已经进一步全面延伸、扩散到了经济、社会的各个领域。货币正在完成从实体到比特的转身,从而能够存储到电脑、手机内存和磁条上,世界金融得以在全球神经网络上运行。

> 当科学家最终开始理解信息时,他们好奇信息是否才是真正基本的东西,甚至比物质本身更基本。他们提出,比特才是不可再分的核心,而信息则是万事万物存在的本质。对此,物理学家约翰·阿奇博尔德·惠勒就用了一句颇具神谕意味的、由单音节词组成的句子加以概括:"万物源自比特(It from Bit)",任何事物——任何粒子、任何力场,甚至时空连续统本身都源于信息。①

信息可以被处理为信息流,可以被解析、分拣、匹配和过滤。当发短信和使用搜索引擎也融入了我们的日常生活时,我们才蓦然发现信息在生活中无处不在。但其实它一直都在那里,不论是知识、图书,还是实实在在的各种商品,它们都是信息。

(2)物联网改写市场观念

这些发明及无数其他发明——冰箱、电话、打字机电脑、手机等——最终都成为了我们生活的一部分,也重新定义了我们生产、生活、交流、互动和工作方式。

互联网的发明人——包括罗伯特·E. 卡恩和文特·瑟夫——预想到了将网络与其他网络相连会产生的景象:形成一张由联网系统构成的交织在一起的大网。

物联网可以深入到超越了人类视觉、听觉、嗅觉和意识的角落,以无形世界联结起有形世界。物联网创造出了新型的网络和系统,以及完全不同的数据、信息和知识传播通道。现在,世界上几乎所有的地方、所有的物品都被越来越紧密地联系起来,国家边界已经部分失去了往日的意义。今天,越来越少的经济活动是针对本地市场,甚至国家市场,越来越多的经济活动开始针对全球市场。

(3)复杂和不确定的不只是市场

现在,物联网、电脑、手机、移动网络已经把我们编织进了那铺天盖地的经济网络(实体)和信息网络之中,很少有什么活动可以独立于外部竞争,我们每一个人都比祖先们更完全地融入了世界经济体系中。

随着大规模生产技术以及更灵活的生产方式的出现,生产过程正在发生根本性的和意义深远的变化。由于跨境生产组织方式越来越复杂,除了生产技术

---

① [美]詹姆斯·格雷克:《信息简史》,高博译,人民邮电出版社 2013 年版,第 7 页。

的高度关联以外，产品的实际来源地越来越难以确定；一个产品的生产过程也与千万个远在千万里之外的生产过程环环相扣，被称为产业链的东西不断被拉长。生产的不确定性光顾了每一个生产厂商。

贸易穿透了国家边界，变得非常复杂。核心与边缘地区以广泛的劳动分工为基础的直接交换，已经转变为一个高度复杂的、万花筒式的结构。此外，由于技术和市场成长的非同步性，全球贸易游戏不停地在进行重新洗牌。今天，这种转变正在使世界经济地理、全球市场等进一步向信息经济或知识经济变革。当然，还有环境与资源危机以及不断抬头的贸易保护主义在加剧全球市场的动荡。

这就是真实世界的市场，一个与各种因素高度关联、不断演进的市场，一个与均衡（所有的不平衡和差异都被消除了）无关、游荡在现代经济学视野之外的市场。

(4)随交通运输手段的改进而扩展的市场

汽车、铁路、轮船、飞机在我们今天的生活中已经司空见惯，它们的问世为人与物品的空间移动带来了极大的便利，而摄像技术、互联网与手机的发明甚至部分免除了人与物品的空间移动。不难想到，一部交通运输的演进史，是一部在更广泛的空间上把人与人、物与物、人与物联系起来的历史，从这里还应该能够想到，它还是一部市场扩展的历史。

世界经济的联系除了需要克服信息障碍，也还需要跨越时空障碍。没有交通技术的发展，复杂的全球经济联系就不可能存在。交通和通信技术是显著不同的，但是它们之间紧密相关而且互补。

就从世界一个地方到另一个地方所需的时间而言，世界毫无疑问已经大大缩小了。在人类的大部分历史中，交通的速度和效率非常低，空间距离是非常高的成本障碍。在铁路出现之前，陆地交通尤为缓慢和困难。19 世纪的突破来自两个紧密相连的创新：蒸汽机的出现以及利用钢铁制造的火车、铁路和海运轮船的出现。这两个创新再加上连接海陆运的工程（例如在苏伊士和巴拿马开凿运河）大大地缩小了全球的地理距离。铁路、蒸汽轮船、商用飞机以及集装箱的使用，把人类活动带进了一个新的、显著扩大的空间范围。原料和产品的流动性大幅度提高了，大大促进了地理专业化的可能性。这些变革是 19 世纪全球经济大范围扩展的主要原因，20 世纪则是因为信息和通信技术。

谁都无法否认铁路、蒸汽机、商用飞机以及集装箱的使用对市场发展的影响，它们不断地为市场注入变革、演进的力量。

(5)货币的演变与市场范围扩大

货币是现在大家熟悉的纸币吗？它在人类生活中发挥了怎样的作用？它经历了怎样的诞生、演进过程？数字货币的出现给个人和社会带来了哪些影响？理解市场能够撇开货币不谈吗？

金融业是现代经济生活中最基本的行业之一。信息存在于金融服务过程中,其本身也是金融服务的产品。金融服务业的原材料就是信息,关于市场、风险、汇率、投资回报及信用价值等的信息。

金融业越来越深度地嵌入生产、交换网络中,对生产与交换的各个要素都具有重要意义。如果没有货币系统并行以及信用的支持,经济发展就只能停留在最原始组织形式和受地理限制的阶段。

目前,国际金融流动和外汇交易已经达到了空前的规模,大大超过了制造产品和其他服务部门的国际贸易价值。

欧盟和东盟等市场(货币)一体化组织和国际投资,同样面临着各种类型的冲击。在各个不同的经济领域中,金融的动荡最为惊心动魄。全球范围内的金融服务不仅竞争激烈,而且其变革尤其迅猛。通信技术的发展以及信息技术的广泛应用对金融服务业的发展具有重要意义;不同的利益、文化、习俗和制度使得风险和不确定性在这个领域表现得淋漓尽致,金融市场波动的全球化传递一刻也没有停止过,而且到每一个地方都会波及实体经济。

(6)以邻为壑的各国的贸易政策

试问,有哪一个国家的贸易政策没有对交易活动(即市场)产生过影响?

当然,以上列出的也并非是影响“理解市场”的全部因素。但是,对于说明“市场是多种因素的协同现象”来说,应该已经足够。

5.5.2 市场广度:从地区市场到全球市场

我们已经看到,21 世纪的全球经济地图与几十年前相比复杂得多,时间退回越久,差别越大,几乎可以用面目全非来形容。尽管也有明显的连续性要素,但剧烈的变化始终在发生,只是,世界经济增长的轨迹越来越不稳定,每隔一段时间,全球经济地图就会发生相当大的格局重构。我们要仔细考察市场的相变,在相变过程中观察到的旧状态的不稳定化,是与渐进的或强烈的波动现象相联系的。

(1)早期的地方市场

市场扩展的步伐与技术进步以及其他各种变化的步伐高度关联。市场总是面对着一个不断变化的环境,不断有新的技术、制度、文化思想产生和旧的思想消亡。它是一个根本的动力学现象。

受制于信息和交通技术的落后,19 世纪之前的市场形态以地方市场为主。当然,这并不妨碍经济学家们的想象力,他们还是构建起了一般均衡的理论体系。

(2)现代全球网络下的市场

经济全球化是各国相互联系、相互依存程度不断加深的过程,是人类社会发展的必经之路。伴随着经济现代信息技术、交通条件的改善,地区间经济联系的限制已经变得越来越不具有约束性。全球化深入发展,国际分工不断深化,各国比较优势得到充分发挥,国际经济交流合作日益广泛。各经济体越来越融为一体,一个经济活动的全球网络越来越紧密。

无论是从生物学的角度,还是从社会学、经济学的角度出发,共生是一种普遍存在的现象,它代表的是多种不同主体之间形成的紧密互利关系,共生生物之间相互依赖,彼此有利。经济全球化为世界经济增长提供了强劲动力,促进了商品和资本流动、科技和文明进步、各国人民交往。

新进化论(共生演化)同样适用于市场的生存。在持续的变化中,特别是伴随着互联网发展的迭代变化,互联网与各行业的融合成为推进组织全局变革的重要因素。技术所带来的变化推动了要素、生产者、顾客、政府等在产品、服务以及工作方式等各个方面的改变,进而更大程度上重构了企业的生存方式。其中之一便是从过去的空间上的集中,走向追逐市场活力导向的区域的分散化,这可以从跨国公司总部中心的分布上表现出来(见图 5-2)。

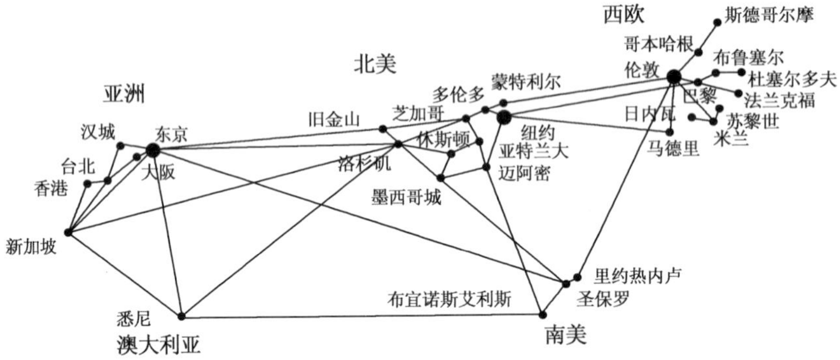

图 5-2 主要的公司和区域总部中心地图①

需要补充的是,即使是在今天,虽然全球经济地图的格局发生了很大的变化,但事实是经济活动中的全球性变化的程度根本谈不上均衡。只有极少数发展中国家实现了显著的经济增长,绝大多数发展中国家仍面临深深的金融困境。

① [英]彼得·迪肯:《全球性转变——重塑 21 世纪全球经济地图》,刘卫东等译,商务印书馆 2007 年版,第 205 页。

本章参考文献

①[美]沃西里·里昂惕夫:《投入产出经济学》,崔书香译,商务印书馆1980年版。

②[美]赫伯特·西蒙:《现代决策理论的基石——有限理性说》,杨砾、徐立译,北京经济学院出版社1989年版。

③[美]约瑟夫·熊彼特:《经济发展理论——对于利润、资本、信贷、利息和经济周期的考察》,何畏等译,商务印书馆1990年版。

④[美]约瑟夫·熊彼特:《经济分析史》第1卷,杨敬年译,商务印书馆1991年版。

⑤[美]阿林·杨格:《报酬递增与经济进步》,《经济社会体制比较》1996年第2期。

⑥[英]哈耶克:《哈耶克论文集》,邓正来译,首都经济贸易大学出版社2001年版。

⑦[德]赫尔曼·哈肯:《协同学:大自然构成的奥秘》,凌复华译,上海译文出版社2001年版。

⑧[美]迪克西特:《经济政策的制定:交易成本政治学的视角》,刘元春译,中国人民大学出版社2004年版。

⑨[英]A. N. 怀特海:《过程与实在》,杨富斌译,中国城市出版社2003年版。

⑩[美]埃德加·E. 彼得斯:《复杂性、风险与金融市场》,宋学锋等译,中国人民大学出版社2004年版。

⑪[美]M. 克莱因:《数学:确定性的丧失》,李宏魁译,湖南科学技术出版社2001年版。

⑫[英]理查德·道金斯:《盲眼钟表匠》,王德伦译,重庆出版社2005年版。

⑬[美]约翰·霍兰:《涌现:从混沌到有序》,陈禹等译,上海科学技术出版社2006年版。

⑭[美]艾伯特-拉斯洛·巴拉巴西:《链接:网络新科学》,徐彬译,湖南科学技术出版社2007年版。

⑮[奥]路德维希·冯·米塞斯:《货币、方法与市场过程》,戴忠玉、刘亚平译,新星出版社2007年版。

⑯[英]霍奇逊:《演化与制度:论演化经济学和经济学的演化》,任荣华译,中国人民大学出版社2007年版。

⑰[美]西奥多·莱维特:《营销想象力》,辛弘译,机械工业出版社2007年版。

⑱[美]约瑟夫·斯蒂格利茨:《信息经济学》,纪沫等译,中国金融出版社2007年版。

⑲[英]杰弗里·M.霍奇逊:《经济学是如何忘记历史的:社会科学中的历史特性问题》,高伟等译,中国人民大学出版社2008年版。

⑳[美]保罗·克鲁格曼:《致命的谎言:揭开经济世界的真相》,陈宇峰译,北京大学出版社2009年版。

㉑[美]托马斯·麦克劳:《创新的先知:约瑟夫·熊彼特传》,陈叶盛等译,中信出版社2010年版。

㉒[美]保罗·克鲁格曼:《国际经济学》,海闻译,中国人民大学出版社2010年版。

㉓[英]哈恩、索洛:《现代宏观经济理论的评论》,朱保体译,上海财经大学出版社2011年版。

㉔[法]亨利·柏格森:《创造的进化论》,陈圣生译,漓江出版社2012年版。

㉕[美]克里斯·安德森:《创客:新工业革命》,萧潇译,中信出版社2012年版。

㉖[法]拉普拉斯:《宇宙体系论》,李衍译,商务印书馆2012年版。

㉗[美]约翰·H.米勒、斯科特·E.佩奇:《复杂适应系统:社会生活计算模型导论》,隆云滔译,上海人民出版社2012年版。

㉘[德]克劳斯·迈因策尔:《复杂性思维:物质、精神和人类的计算动力学》,曾国屏、苏俊斌译,上海辞书出版社2013年版。

㉙[美]戴维·玻姆:《整体性与隐缠序——卷展中的宇宙与意识》,洪定国等译,上海科技教育出版社2013年版。

㉚[奥]路德维希·冯·米塞斯:《人的行动:关于经济学的论文》(上),余晖译,上海人民出版社2013年版。

㉛[美]詹姆斯·格雷克:《信息简史》,高博译,人民邮电出版社2013年版。

㉜[德]吉仁泽、莱因哈德·泽尔腾:《有限理性:适应性工具箱》,刘永芳译,清华大学出版社2016年版。

㉝[美]理查德·塞勒:《"错误"的行为:行为经济学关于世界的思考,从个人到商业和社会》,王晋译,中信出版社2016年版。

㉞[美]布莱恩·阿瑟:《复杂经济学:经济思想的新框架》,贾拥民译,浙江人民出版社2018年版。

6 复杂世界中的企业

认为一个国家，一种文化，甚至整个人类，一定会表现出一种一致的、直线式发展的假设和先验的先入之见会导致我们走入歧途。①

——[美]约瑟夫·熊彼特

① [美]约瑟夫·熊彼特：《经济发展理论——对于利润、资本、信贷、利息和经济周期的考察》，何畏等译，商务印书馆1990年版，第64页。

我们确实建立并拥有了许多不同领域中的“科学”，但是，在机械论、还原论主导的时代里，它们并没有也不可能成为一个相互关联的有机整体，而是僵化的知识拼图。所以，关于我们的外部世界，我们拥有很多碎片化的知识。

现代社会不同于以往社会，它是高度分化、专业化的社会，它建立在高度专业化的分工基础上，而且这个过程仍然在不断地深化着。要理解它的运作，必须充分地理解这样一个事实：它的政治、经济、文化、科技、法律、教育、家庭等各个功能系统，相互地成为其中任何一个系统的环境。

在不断变化的世界里，系统的生命力依靠其自组织和适应性来维系。任何一个子系统都受到内外因素的共同决定和相互作用，它们并不遵守传统观念中的形式逻辑所规定的单向的因果关系规则。由于各个系统的环境、组成与结构各不相同，所以，不同的系统是不可化约的。因此，也不存在一个解释一切的大一统的理论。

长期以来，人们已经习惯了自身的轨迹与有限的视野，以为人生是一条漫长而连续的线，自己会随着时运而不断高升。大多数人认为未来具有极大的可预见性，可以进行规划、加以管理。如今，我们明白，没有任何事情在我们的完全控制之中，我们甚至不能有把握地推断出在自己的生活中将会发生些什么。

复杂系统理论的发展从根本上挑战了人们对精确预测的看法。复杂系统指的是一个开放系统（即混沌系统），对于其初始位置和动量的测量如果有极其微小的不准确，也会导致对其长期预测产生巨大的误差，也就是常说的对初始条件的敏感依赖性。

我们每天都被各种各样的信息所包围、冲击，只要打开手机，天下大事便可一目了然。与以往相比，我们似乎对人世间所发生的事知道得更多也更及时了。但是，我们真的理解人类社会的当下状态及其运作机制吗？我们真的可以预料这个社会将会如何演进吗？答案是否定的。个体行为与社会活动如此复杂，很难进行逻辑推理或进行精确的定量计算。尤其是在机械论、还原论尚未被完全清除的思维背景下，“计算社会科学”难免会误入歧途。

6.1 开放系统中的企业

现代社会是一个组织的社会。人们的生活不是各自孤立的，而是通过与其他人的交往互动实现的，人们之间的交往互动是在组织的框架里进行的：一个学校、公司、政府、居住小区等都是各种各样的组织。从这个意义上说，社会科学的研究就是对组织行为或组织制度的研究，或者说是在组织背景下研究人们的社会活动。

自经济学诞生以来，企业目标、企业的活动一直被认为是独立于社会的。这种观念是错误的，是把企业当作一个孤立系统的结果。在经济学发展史上，曾经对此展开过激烈的辩论，当然，并未达成过共识。

如果是非营利组织、公共事业机构或各种类型的利益群体，其行为和目标可以超越公众健康、公共安全、教育、社区发展、动物保护、环境改善等各种社会责任主题，不仅是不合逻辑的，而且是不可想象的。作为整体社会系统的一个组成部分，必然地与各个社会因素相互制约，要对社会的诉求作出回应。

深入到任何一家企业，我们能够看到的基本事实是，除了企业的经济学目标——利润，每一家企业都承担了广泛的社会责任和企业的公民责任——员工的成长与发展、企业的慈善活动、企业捐赠、企业的社区参与等。实际上，过去实践中的企业行为从来没有遵循经济学上的单一目标，而在当前社会环境中，自觉地从过去的“利润导向”向“责任导向”转变正在成为企业的行为主流。许多优秀企业已经把社会责任目标整合到了自身的经营和战略中。世界可持续发展商业委员会把企业的社会责任描述为“企业将对可持续的经济发展作出贡献、将与员工、他们的家庭、当地社区以及整个社会合作来改善生活质量的承诺”①。

6.1.1 现代经济学中的企业

(1)关于政府

斯密的教诲是政府应该恪守“守夜人”的角色，把国民财富增长的大任交给自由企业。

(2)弗里德曼关于利润最大化的辩解

当弗里德曼看到许多人对经济学的利润最大化假设提出批评，认为商人没有也不可能像这种理论假设的那样去行事的时候，忍不住挺身而出，撰文为这一假设进行辩护。

> 价格产生于买者和卖者之间的自愿交易——简言之，产生于自由市场。价格体系协调着千百万人的活动，他们每个人都追求自身的利益，并且通过这种途径使每个人都过得更好。经济秩序产生于许多人行动的无意识的结果，而他们每个人都追求自身的利益。②

---

① 转引自胡小武：《中国品牌地产文化素描》，经济日报出版社 2016 年版，第 179 页。

② [美]米尔顿·弗里德曼、罗丝·弗里德曼：《自由选择》，张琦译，机械工业出版社 2008 年版，第 14 页。

弗里德曼通过从“类似、似乎”到“无论什么时候”完成了自己的论证——利润最大化是企业的生存之道。

如果商人的行为不是多多少少地类似于与收益最大化一致的行为，他们似乎就不可能长期维持他们的生意。对于商业行为的任何明显的、直接的决定因素，如习惯性反应、偶然性机会或诸如此类的其他因素，情况都是一样。无论什么时候，只要这个决定因素恰好使得商业行为与理性的、消息灵通的收益最大化行为相一致，企业就会兴隆，并能得到扩大经营所需的资源；反之，它就会失去资源，并且只有在能够从外部不断地得到资源的情况下，它才能维持存在。①

企业“仿佛”遵循了“利润最大化”，因此，“利润最大化”是可信的。如果不是因为他是弗里德曼，大家还会认为这个推理恰当吗？

在许多情况下，单个企业行事时，就仿佛他们在理性地追求预期收益（常常被误解成“利润”）最大化，并且知道成功地实现这个目标所需要的全部资料；也就是说，仿佛他们知道有关的成本和需求函数，能够计算他们可能采取的所有行动所带来的边际成本和边际收益，并使他们所采取的每一个行动都恰好进行到边际成本等于边际收益的程度。②

我们可以认为，这种假说“假设”在竞争性产业内，雇主全心全意地追求金钱上的私利。③

弗里德曼以提倡“理论假说根据预测能力来检验”这样一种观点而让自己名声大噪。当然，这只是模仿了物理学中的观点。实际上，在社会科学中，这种方法并不可行，而他的辩护也苍白无力。

实证科学的最终目的是要发展出一种“理论”或“假说”，它能够对尚未观察到的现象作出合理的、有意义的（而不是不言而喻的）预测……理论应该根据它对其希望“解释”的一系列现象的预测能力来进行检验，只有实际证据才能表明这种理论是“正确的”还是“错误的”，或者更确切地说，只有

---

① [美]米尔顿·弗里德曼：《弗里德曼文萃》，胡雪峰、武玉宁译，首都经济贸易大学出版社 2001 年版，第 137～138 页。

② [美]米尔顿·弗里德曼：《弗里德曼文萃》，胡雪峰、武玉宁译，首都经济贸易大学出版社 2001 年版，第 137 页。

③ [美]米尔顿·弗里德曼：《弗里德曼文萃》，胡雪峰、武玉宁译，首都经济贸易大学出版社 2001 年版，第 145 页。

实际证据才能说明这种理论是应该暂时地"被接受"还是应该"被拒绝"。①

弗里德曼当然知道自己的说法在社会科学领域是行不通的，因此，加上了下面这样的几句话作为补充，实际上构成了一种自我否定：

一种假说只能通过它的含义或预测与可观察的现象之间存在一致性而得到检验，但是，这种依赖的确使得人们检验假说的任务变得更加困难，而且使得人们对有关的方法论原则更加混淆不清。与其他科学家相比，社会科学家应该对方法论问题具有更加清醒的自我意识。②

他生怕别人认为自己肤浅，再加几句模糊语言，置自我否定于不顾：

人们并不能通过将一种理论的"假设"与"现实"进行直接比较的方法而检验这种理论。事实上，人们进行这种检验是完全没有意义的。完全的"现实性"显然是不可能达到的。人们要解决一种理论是否是"足够的"现实的问题，就只能考察对于当前的目的来说，它的预测是否足够好或者是否比替代性理论的预测更好。③

(3)失去灵魂中的人

在资本主义制度诞生以来，企业内部确实训练出了机器的附庸、资本的奴隶。但是，企业生活并非人的生活的全部。

查尔斯·汉迪(Charles Handy)的《空雨衣——变革时代的商务哲学》被认为是一本商务哲学经典，书名来源于明尼波理斯公园的一座铜质雕塑，意指变革时代组织与个人非人性化的象征，生命本质沦落到如同一件空的雨衣。他说：

在我们这个成熟的社会中所发生的事情比我原来预料的还要彻底、困惑和令人痛苦。这困惑部分来自于我们对效率和经济增长的追求，因为我们相信对效率和经济增长的追求是进步的必要元素。在追求这些目标的过程中，我们可能会禁不住地忘记这一点：正是我们——每个男人和女人——才应是衡量一切的标准，而不是用其他一些东西来衡量我们。人们

① [美]米尔顿·弗里德曼：《弗里德曼文萃》，胡雪峰、武玉宁译，首都经济贸易大学出版社2001年版，第124、125页。

② [美]米尔顿·弗里德曼：《弗里德曼文萃》，胡雪峰、武玉宁译，首都经济贸易大学出版社2001年版，第155～156页。

③ [美]米尔顿·弗里德曼：《弗里德曼文萃》，胡雪峰、武玉宁译，首都经济贸易大学出版社2001年版，第156页。

很容易在效率中迷失自己，把效率本身看作是一个终点，而不是把它看作是通向其他终点的手段。①

那件空的雨衣是我们最无法摆脱的悖谬的象征。我们并不注定就是空雨衣、薪水册上无名的数字、任务角色、经济学或社会学中的原材料、某政府报告中的统计数字。如果那是我们的代价，那么经济进步就是一个空的承诺。除了做别人的大机器上的一个齿轮外，生命一定还有更多的东西。②

悖谬在我们这一时代几乎司空见惯。当记者和另外一些作家在描述政府、企业和越来越多的个人所面对的困境时，"悖谬"这个词一次又一次地出现。有时似乎我们知道得越多，我们反而越困惑；我们的科技能力越强，我们反而变得越无力。尽管我们有精密复杂的武器装备，我们只能无力地看着世界的各个部分相互残杀。我们种植了比我们所需更多的食物但却不能喂饱世界上饥饿的人。我们能够解开星河的秘密但却无法解开我们自己家庭的秘密。③

汉迪在另一本书《非理性的时代》中谈道：

我认为，我们正生活在一个黑暗的森林里，为周遭的事情感到困惑。我们好像比从前更努力地工作，并且也变得更富裕，但却比以往更不快乐。生产力是提高了，但这通常意味着是更少的人在付出更多的劳动。对于那些不再被需要的人们来说，这并不是一件值得高兴的事情；而对于那些要比以往更加努力工作的人们来说，也经常不是什么好事。④

美国作家亨利·戴维·梭罗，思想深受爱默生影响，提倡回归本心，亲近自然。他在距离康科德两英里的瓦尔登湖畔隐居两年，自耕自食，体验简朴和接近自然的生活，以此为题材写成的长篇散文《瓦尔登湖》成为超验主义经典作品。

---

① [英]查尔斯·汉迪：《空雨衣——变革时代的商务哲学》，江慧琴、赵晓译，华夏出版社2000年版，第1～2页。

② [英]查尔斯·汉迪：《空雨衣——变革时代的商务哲学》，江慧琴、赵晓译，华夏出版社2000年版，第2页。

③ [英]查尔斯·汉迪：《空雨衣——变革时代的商务哲学》，江慧琴、赵晓译，华夏出版社2000年版，第2页。

④ [英]查尔斯·汉迪：《非理性的时代》，方海萍等译，浙江人民出版社2012年版，中文版序第5页。

> 大多数人,即便是在这个相对自由的国家里,仅仅由于无知和错误,被生活中人为的烦恼和过于粗重的劳作挤得满满的,以致无法摘取人生精美的果实。他们的手指因过度劳作变得太笨拙、颤抖得太厉害而做不到这一点了。实际上,日复一日,劳作的人没有空闲使自己具有真正完整的生活;他难以和他人保持最为高尚的关系;他的劳动在市场上会贬值。他除了当一架机器,没有时间当别的……最糟的是,你是你自己的苛刻的监工。①

> 你看他那副战战兢兢、鬼鬼祟祟的样子,整天隐隐地提着心吊着胆,既没有什么不朽,也没有什么神圣,而只不过是成了自我评价以及用他自己的行为赢得的名声的奴隶和囚徒而已。比起我们个人的看法来,公众舆论是一个软弱的暴君。②

> 当我们……来思索什么是人的主要目标,什么是生活真正的需要和方式的时候,人们仿佛故意选择那种共同的生活方式,因为比起别的来,他们更喜欢这种生活方式。而他们也确实相信他们别无选择。但是……今天人人附和或默认是正确的,结果明天可能会变成是谬误,仅仅是一阵见解的轻烟,而有些人还曾相信那是会给他们的田地洒下滋养的雨水的云朵。③

> 一些人时刻不停地焦虑和紧张,几乎已经成了一种不治之症。我们习惯了夸大我们所做的工作的重要性;然而却有多少并不是我们所做的啊!……我们被迫如此认真而真诚地活着,尊重我们的生活,否认变革的可能。我们说,这是唯一的生活之道;但是,能从一个圆心画出多少条半径来,就有多少种生活之道。一切的变革审视起来都是奇迹,但是这是每时每刻都在发生的奇迹。④

在结束语部分,作者向所有的人宣讲了自己的生活方式与理想:"不必给我爱,不必给我钱,不必给我名誉,给我真理吧!我们身体内的生命像活动的水,新奇的事物正在无穷无尽地注入这个世界来,而我们却忍受着不可思议的愚蠢。"⑤

早在他之前,约瑟夫·熊彼特在《资本主义、社会主义与民主》中已经对资本主义作出过深刻的批判。他说道:

---

① [美]梭罗:《瓦尔登湖》,王家湘译,北京十月文艺出版社2009年版,第5~6页。

② [美]梭罗:《瓦尔登湖》,王家湘译,北京十月文艺出版社2009年版,第6页。

③ [美]梭罗:《瓦尔登湖》,王家湘译,北京十月文艺出版社2009年版,第7页。

④ [美]梭罗:《瓦尔登湖》,王家湘译,北京十月文艺出版社2009年版,第10页。

⑤ [美]梭罗:《瓦尔登湖》,王家湘译,北京十月文艺出版社2009年版,第303页。

经济的和社会的事物按照它们自己的动能运动，由此而产生的形势迫使个人和团体以某种方式去做他们想做的任何事情——强迫的方式不一定破坏他们选择的自由，而是塑造他们选择的心理状态和缩小他们选择可能性的范围。如果这是马克思主义的精髓，那么我们所有人都是马克思主义者了。①

6.1.2 开放社会中的企业

熊彼特指出，与资本主义的前身相比，它的初期是成功的。但是，这种成功却是通过残酷的方式实现的。他说：

这部分由于它呼吁、部分由于它创造一种无比简单和有力的动机图式。它提供富裕的指望和贫穷的威胁，它以无情的果断予以实行。②

重要的是，短期成功并不能证明这种制度会在长期中取得成功，更不能证明它的合理性，而人们对这种制度的态度，在大多数情况下只不过反映了他们的社会地位、利益、同情或反感。当古典经济学家们相信在资本主义制度构架中，工厂主和商人争取最大成就的自我利益对全体人民有利的时候，"这些见解当然是英国资产阶级的典型见解，而资产阶级的有色眼镜几乎在古典作家所写的每一页上都显然可见。其他种类的有色眼镜同样显而易见：古典经济学家根据他们无批判的理想化的特殊历史条件进行推理，他们无批判地据以引出一般性的结论"③。

怀特海在《科学与近代世界》第一章的开头就说道：

文明的进展并不完全像是一股奔腾直前日趋佳境的巨流……假如我们从绵延几万年的全部人类历史来看，新时代的出现往往是相当突然的。默默无闻的民族有时突然在事物的主流中出现；技术上的发现可以改变人类生活的状况；原始的艺术可以很快地开出花朵，以满足某种审美的热情；伟大的宗教在披荆斩棘的时代，可以在各族人民之间传播天国的安宁和真主的剑。④

---

① [美]约瑟夫·熊彼特：《资本主义、社会主义与民主》，吴良健译，商务印书馆1999年版，第208页。

② [美]约瑟夫·熊彼特：《资本主义、社会主义与民主》，吴良健译，商务印书馆1999年版，第147页。

③ [美]约瑟夫·熊彼特：《资本主义、社会主义与民主》，吴良健译，商务印书馆1999年版，第136页。

④ [英]A. N. 怀特海：《科学与近代世界》，何钦译，商务印书馆1959年版，第1页。

一段简短的文字，彰显出的是大师的境界，寥寥数语，已将无数经济学教科书和专著碾作齑粉。

从系统的观点看，任何一个系统都受到多重因素影响。外部环境对企业的生存方式、生存状态有着广泛深刻的影响。无论是企业还是个人，在变化莫测的社会或市场面前，对即将到来的冲击保持适应能力，就是持续成长的秘方。

(1)任何一个企业都是开放系统中的一分子(见图 6-1)

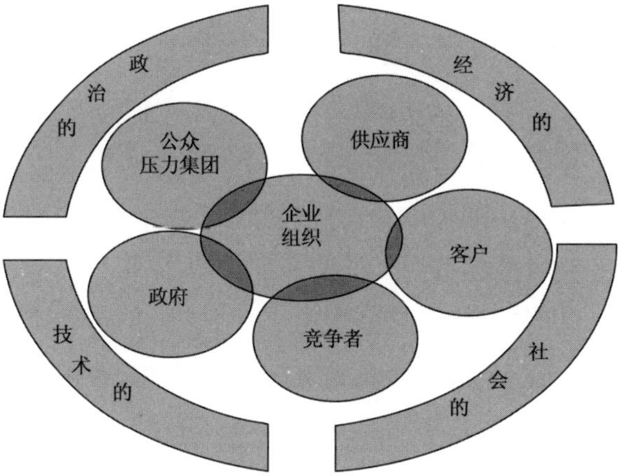

图 6-1 开放系统中的企业

世界上到处都是开放系统和非线性关系。一个现象的发生，总是取决于许多因素的交互作用。一件事情可以产生一系列结果(一因多果)，一个结果也可能是许多事情共同作用导致的(多因一果)。

企业外部的各种因素都构成企业的外部环境。因此，企业的外部环境是一个很广泛的概念，既包括外部团体和机构——供应商、金融机构、政府机构和顾客；也包括社会制度、文化传统；还包括自然和技术等。这是一个很多系统并存且交互起作用的场所，存在高度的变动性和不确定性。在不确定的环境里，一个实体要想保持持续成长会遭遇很多困难，也存在许多机遇。

在一个复杂的世界里，外来冲击总是会随时发生，而且是随机性地出现，能否具有应对冲击的能力正变得越来越重要。

我们也可以用网络的方式看待企业与社会的关系。我们的社会交织着各种网络：自然的或社会的、实在的或虚拟的、有形的或无形的、技术的或人文的，如人与人之间的关系网、电力网、电话网、交通网等。如今的互联网，将全世界的政治、经济、生活、文化等我们生活中的方方面面，全部纠缠在一起。

网络的每一个顶点和连线都不是固定的，而是每时每刻都在随机变化着。社会网络的节点，其实是一个个超级复杂的网络，它们中的某个“蝴蝶”，会引起经济的、技术的、舆论的、社会的风暴，尤其是当两个网络都处于相变点时，这种级联效应会更加可怕，也使得它们构成的整体彻底失去了可预测性。

人际关联网也是如此。虚拟网络世界的人际关联网，如微信、电子邮件、脸书、推特等中的一个小的偶然事件，都有可能发酵、扩大为社会风暴。虽然非线性网络毁灭了预测性，但它却带来了世界的丰富多彩，也是我们生活的所有滋味所在。

20世纪以来的技术变化和进步，催生出一个更加互相依赖，更多相互影响和更频繁复杂变化的世界，企业外部环境的不确定性更加突出。

(2)企业内部的不确定性

很多人都曾经相信过“一分耕耘，一分收获”。但是，它仍然是一种概率性事件。偶然的情况下确实会出现这种结果——更多努力就会有更多回报，实际的情况却并不总是这样，所谓“成功没有偶然性”是一种成功者的自负。

企业内的各个部门是一个相互之间具有高度复杂联系的系统的一部分，有些连接局限在部门内部，但很多连接超出了部门甚至企业组织的边界。

> 在企业里，有一种通常从行动者之间情感纽带的形式中涌现的非正式结构，也有其层级制度所规定的正式结构。非正式结构是由一种自组织形成的，能够表达为社会网络的社会计量结构……从个体相互依存的微观视角涌现出一种关于社会结构的全局视角。[①]

每个企业都是许多因素的集合体。企业内部存在许多因素(或系统)：人、财、物、组织架构、规章制度、企业文化……每个因素都是一个开放的子系统。

重要的是要认识到，各个系统之间都是开放的，存在相互关联、相互作用。每一个因素都面临着不确定性的冲击。

企业整体由许多员工组成，又分成了许多部门，每一个人都是一个对外部社会开放的单元。

每个人都知道，我们对朋友和家人有着直接的影响。我们的行为能让他们感到快乐或悲哀，保持健康或生病，甚至是变富或变穷。但我们很少能意识到，我们所思、所感、所做、所说的任何事情，都能够传播到很远的地方，而不仅局限于我们认识的人。

反过来，我们的朋友和家人也起到桥梁的作用，让成千上万的人影响到我们。在一种社会链式反应中，我们可能会深受一些事件的影响。

人与人之间也连成了各种各样大大小小的网，即人际关系网。人际关系网

---

① [德]克劳斯·迈因策尔：《复杂性思维：物质、精神和人类的计算动力学》，曾国屏、苏俊斌译，上海辞书出版社2013年版，第475页。

可以以个人为顶点,也可以以一个团体(群组)作为顶点。

6.1.3 机械观念、封闭思维与企业病

两种观念统治着近代以来的社会——延续了上千年的柏拉图—毕达哥拉斯传统和近代机械论世界观。柏拉图—毕达哥拉斯传统以几何关系来看待自然界,确信宇宙是按照数学秩序原理建构的;近代机械论世界观则确信自然是一架巨大的机器,并试图解释现象后面隐藏着的机制。

(1)机械论观念下的企业图像

现代企业是按照机械论的组织原则建构的,是近代机械论世界观的产物,它具有严格的结构层次和固定的职责,强调高度的正规化,有正式的沟通渠道,决策常采用集权形式。机械式组织是一种稳定的、僵硬的结构形式,它追求的主要目标是稳定运行中的效率。机械式组织注重对任务进行劳动分工和职能分工,以客观的不受个人情感影响的方式挑选符合职务规范要求的合格的任职人员,并对分工以后的专业化工作进行严密的层次控制,同时制定出许多程序、规则和标准。

在迄今为止的企业实践中,"组织是机器"的隐喻的影响是深刻的(尽管是无意识的)。绝大多数企业领导者,都在无意间接受了这个隐喻。把企业视为一架机器,好处是可以强调专业分工、强调流程、强调标准化。

当人们谈论部门与层级、投入与产出、效率与成效、产业链以及流程再造的时候,都是基于"组织是机器"这个隐喻——企业是赚钱的机器;企业目标可以用蓝图画出来,然后按照计划小心实施;流程是根据目标对生产过程的机械设计;人是资源,就像机器上的齿轮,必须被仔细匹配到组织结构图上。富士康把"组织是机器"这个隐喻执行到了极致。

但是,"组织是机器"却是一个最糟糕的隐喻,组织是机器,员工就是部件(螺丝钉),螺丝钉不需要说话,只需要听话。它带来很大的副作用:①人被作为工具甚至消耗品来使用;②机器的隐喻培养了确定性思维,组织不需要也不可能应对任何变化。

在机器的隐喻下,企业无论聚集了多少人才,依然缺乏生机和灵魂。机器的隐喻倾向于用工程学的视角看待企业,企业行为是典型的目标导向,只关注解决有形的问题,认为完成任务的重要性高于维护人际关系;它看重冷静的理性,谨防情感的流露,也不鼓励对目的和意义的质疑。

企业机械式的组织模式把企业拆解成生产、销售、人事、研发、财务等五大部分,各部分独立发展,少有联系与互动。这种模式不但影响到现有的组织架构,就连教育制度也都根据这种思维方式而分门别类,培养所谓的"专才"。

在企业运作上，一个紧密相关的整体又进一步被分割成品质、成本、技术、流程、策略等块或面，使得管理成本的采购部门毫不关心品质；高级主管们整天关在会议室里想着未来的策略，而忽略了基层员工的心声；技术归工程单位负责，人们单纯从技术角度出发而不管市场的需要；流程归管理部门管控，他们与各个职能部门相互扯皮等。

最为重要的是企业的“整体”的消失。各司其职的后遗症使企业几乎丧失了关照整体的能力，过度分工的结果是人们根本无法了解整个组织是如何运作的，就连公司的总经理也只是看到一大堆的报表与数字——我们只看到了树木，而看不到整个森林。

由于工作已经被切割成许许多多的小单元，而绩效考评制度也告诉我们：完成自己的小单元后就可拿到奖赏，所以更没有任何诱因鼓励我们去看看自己的工作与其他单位的关系以及其对组织整体目标的影响。

受现代分解式战略、目标规划方法的影响，很多人存在这样一种逻辑：只要每个人、每个部门都把目标达成，整个公司的目标就会达成。所以，只要公司目标没有达到，人们就自然而然地反推一定是某个部门或个人没有做好，只要将这个“害群之马”揪出来换掉，问题就会迎刃而解。然而，几乎所有的案例都很难找到这个罪魁祸首。事实上，造成问题的关键是人们把整体当作部分的总和的片段式思考方式，以及由此导致的对部门之间的互动与搭配关系的忽略。

有一些我们习以为常的“找原因、找问题”的做法，并不适用于高度复杂的组织环境。

(2)分工社会的组织病：失去灵魂的组织

在现代社会中，金钱成为衡量一切事物的尺度，而市场则受制于金钱，最后，整个社会都用人民币、英镑、马克或美元的多寡，来衡量我们的人生。以至于我们今天所生活的世界，多半是用钱来说话的。倘若一个产品或是活动没有被标上价码，便不会被列入计算，结果“工具”变成了“目的”。到头来，金钱变成最重要的东西，国民生产总值成了各国政府唯一看重的东西。

以金钱来衡量企业和个人的成功已经造成了严重的社会扭曲和社会疏离。我们已经看到，机械论主导的理性的人构建了非理性、非人性的社会，一种社会达尔文主义应运而生，强调适者生存。社会达尔文主义从企业开始，一路延伸至各个社会组织与教育机构。

当今社会，病态的组织并非只有利益导向、行为疯狂的大企业。在政府机关或非营利组织中，人们对他们的工作也越来越失去热情，甚至那些有着高度使命感的职业也未能幸免于对组织的梦想破灭，教师、医生、护士陆续离开了他们的职业阵地。我们已经把医院变成了冰冷、官僚的机构，组织剥夺了医生和护士从内心去关怀照顾病患的能力。我们的学校在很大程度上也不幸成了没有灵魂的机器,老师和学生只是那里的过客。

> 在著名研究型大学里,为了获得职称升迁,教授们在自己领域接受的培训日益狭隘、专门化和高深化。终身教授的资格在多数情况下授予研究成果突出的教师,很少授予教学贡献突出者。在这一过程中,教师是否有兴趣和能力帮助学生成长,则根本不予考虑。今天,没有几个教授把学术工作看成是神圣的使命。而那些真正有使命感的教师很难在顶尖大学获得终身教席。因为教师迫于压力,需要在短期内发表大量学术成果,学术论文正变得呆板和缺乏锐气,只强调写作技巧。青年教师们往往是根据学术期刊和出版社的喜好而写作。在自然科学和一些社会科学领域,由于研究依靠政府的资助,追求真理的学术方向会被扭曲。因为专利发明可以为大学带来利益,教授与学生的关系和教授与企业的关系被等量齐观。①

在现代大学里,知识的广度对于教师的聘用和晋升没有什么帮助。相反,高度专业化的碎片却必不可少。当然,这种现象并不是今天才出现的,实际上,即使是在马克斯·韦伯的时代,这种现象已经颇为流行了,就像他在《以学术为业》中所说的那样。哈瑞·刘易斯在哈佛大学也看到了同样的情形:

> 终身教授的任职要求使教师选拔标准更加狭隘,并导致教师专注于各自的研究领域,却很少关心学生的整体利益……但是选拔教授的制度必然导致教师视野狭窄而不是博学之士,它们只能心无旁骛地专注于本专业,却无暇关心学生的身心发展。②

> 教授们越来越专注于自己感兴趣的真实领域,而这些领域也越来越远离普通民众理解和关心的范围。学术出版机构甚至出版销量不到300册的著作。一位人文学科的出版社编辑如是说:"对研究成果的要求,最终制造了一大堆文字垃圾。"③

汉迪提供了这样一组"工业化"的数字:42%的工作者觉得一天结束时已被"掏空";69%的人希望过更放松的生活;今天的父母比30年前少花40%的时间

---

① [美]哈瑞·刘易斯:《失去灵魂的卓越——哈佛是如何忘记教育宗旨的》,侯定凯译,华东师范大学出版社2007年版,第6～7页。

② [美]哈瑞·刘易斯:《失去灵魂的卓越——哈佛是如何忘记教育宗旨的》,侯定凯译,华东师范大学出版社2007年版,第7页。

③ [美]哈瑞·刘易斯:《失去灵魂的卓越——哈佛是如何忘记教育宗旨的》,侯定凯译,华东师范大学出版社2007年版,第8页。

陪伴子女；过去20年来，每个人的消费增加了45%，但是经过社会健康指数(Index of Social Health)测量，生活品质则是降低了51%；现今只有21%的年轻人认为他们获得美好生活的机会很大，而20年前却高达41%。[①]

人们已经失去对外部世界、对社会、对他人的感知能力，因为他们不再接触外面的世界，不关心市场以外的社会，也不知道一般人在想些什么，或是有什么感觉。

> 市场与效率都有瑕疵。迄今，我们已经为市场与效率的好处作了种种虚饰。而这个平衡点有必要加以修正，因为无论我们对哪一边失去信心，到头来心灵贫乏都很可能会取代物质贫乏，而这也是今天许多人已经意识到的趋势。[②]

(3)一种新的企业观

人类需要一种新的经济观，不仅计算物质成本，也考究它的真正价值。我们更需要的是一种对人生与社会的新的认识，这种认识使我们认清金钱应有的价值而非高估它的价值。

汉迪在《饥饿的灵魂：个人与组织的希望与追寻》中说道：

> 要拯救这个人类世界唯有靠人心，人的反省力、人的顺从心与人的责任感，除此之外别无他法。若是人类无法下定决心找回自觉，一切皆不会改善，这个世界终将迈向无法避免的大灾难。[③]

这话虽然看似老生常谈，却是真正的解决之道。越来越多的人渴望创造出有灵魂的组织，也许我们需要进入一个意识的新阶段、拥有新的世界观，才能重塑人类的组织。

6.1.4 重新认识企业边界问题

在现代主流经济学中，不存在企业边界问题，它被认为是任何时候都清晰的。因此，在传统的组织理论里，边界往往被描绘成一个组织终止的地方和该组织所处的环境开始的地方。很多理论的一个共同特点就是根据分析的目的

---

① [英]查尔斯·汉迪：《饥饿的灵魂：个人与组织的希望与追寻》，赵永芬译，中国人民大学出版社2006年版，第26页。

② [英]查尔斯·汉迪：《饥饿的灵魂：个人与组织的希望与追寻》，赵永芬译，中国人民大学出版社2006年版，第47页。

③ [英]查尔斯·汉迪：《饥饿的灵魂：个人与组织的希望与追寻》，赵永芬译，中国人民大学出版社2006年版，第51页。

来划定边界,继而在分析中把边界描绘成一种稳定的秩序。

而在新制度经济学中,经济学家把企业边界当作一种便于分析的工具来使用。科斯提出了企业的性质这一问题,并得出结论说存在这样一个点,在该点上,以组织层级为基础的交易效率要高于市场驱动的交易的效率。这一点就是组织与环境之间的边界,组织代表层级机构,环境代表市场。其实,新制度经济学仍然秉持了一种封闭性理论思维。

过去人们的思维模式是建立在稳定而明确的系统界限基础之上的,在系统及其所处环境之间往往能画出一条清晰的界线。而对于开放的系统来说,边界就具有可渗透性了。因此,企业边界比科斯和新制度经济学家所提出的复杂得多,要理解交易的界限,就要考虑几种不同的边界。

确实,边界问题并不简单。边界的定义和分析往往是争议的、难度很高的、难以捉摸的、模糊的和具有渗透性的。

尼尔・保尔森、托・赫尼斯在《组织边界管理:多元化观点》中说道:

> 我们赞同这种观点:过去几十年间存在于写作者头脑中的"组织"已经越来越不适合当代组织的现实情况了……我们不得不对组织进行更近距离的审视,而且要采用符合当代工作生活的复杂性和流动性的方式。[①]

人们也可以认为边界并不存在。事实上,人们总是能够在组织边界以外的地方采取行动,个体可能总是在边界之间游走。

> 在主流组织理论中,边界的概念更多的是理论推导的结果而不是实践的产物。当理论要求一种稳定而明确的边界的时候,系统就被给予了这样的边界,但这主要是出于分析的目的。这就使得分析家们更多地采用闭门造车的方式而没有从实际出发,边界成为一种便利的分析工具,被用来为复杂的现实情况强加秩序和规则。[②]

因此,我们需要一种能够对系统思考方法互补的观点,这种观点应该从现实出发而不是从便于分析的需要出发来进行边界的选择。

任何一个组织都是一个成员之间具有高度复杂联系的系统的一部分,有些连接局限在组织内部,而很多连接则超出了组织的边界。管理者可能非常了解自己的部门,对于部门内部的决策也非常有信心。然而,在一个部门内部看起

---

① [英]尼尔・保尔森、托・赫尼斯:《组织边界管理:多元化观点》,佟博译,经济管理出版社 2005 年版,导论第 3 页。

② [英]尼尔・保尔森、托・赫尼斯:《组织边界管理:多元化观点》,佟博译,经济管理出版社 2005 年版,导论第 8 页。

来非常合理的决策，对于组织整体而言可能未必是最优的。

组织在本质上是一个与环境相互交换的系统，流行的组织的边界理论不足以阐释边界问题和现代社会中边界模糊问题的演变过程。韦伯的组织理论常常被人援引，但是，他的组织理论并不能很好地解释现在出现的种种现象。

对于开放的系统来说，边界的概念具有交叉性、模糊性和可渗透性。

> 我们赞同这种观点：过去几十年间存在于写作者头脑中的“组织”已经越来越不适合当代组织的现实情况了。但是，我们社会中的组织又似乎越来越多了。这里就存在一个明显的矛盾，我们一方面越来越“组织化”，另一方面我们越来越搞不清楚“组织”究竟是什么。结论是，我们不得不对组织进行更近距离的审视，而且要采用符合当代工作生活的复杂性和流动性的方式。①

组织是由动态的、开放的社会系统构成的，其中存在着各种相互依靠的关系网络，这种关系既有个人之间的也有群体之间的。在这样的社会环境里，控制、权力、影响、地位、资源的竞争以及群体间的边界等问题就不可避免地出现了。

> Kramer在一个通用的组织群间关系模型中将组织中的个体定义为：“不是一种独立的或是孤立于社会的决策者，而是一个身处复杂的群体内关系和群体间关系网络中的社会行为人”。但是，尽管这个概念与上面我们所描述的概念类似，Kramer强调了个体在所处群体中建立起的身份特征，并认为这些特征会对员工态度和感受产生巨大的影响。②

在现代社会中，个体深深融入群体之中，继而深深融入更大范围的组织——社会系统里。组织里的个体本质上是与这些群体中的成员彼此联系的，在大多数情况下，个体之间的碰撞就是群体之间的碰撞。

现实世界极为复杂，我们永远也无法运用同一种办法来处理各种各样的复杂因素，经济学的分析方法在任何情况下都是不完备的。

---

① [英]尼尔·保尔森、托·赫尼斯：《组织边界管理：多元化观点》，佟博译，经济管理出版社2005年版，导论第11页。

② [英]尼尔·保尔森、托·赫尼斯：《组织边界管理：多元化观点》，佟博译，经济管理出版社2005年版，第5页。

6.2 弗兰克·奈特论企业

现代经济学把企业作为一个孤立的、抽象的存在物，并以此为基础构建和演绎了一个就企业论企业的逻辑体系，它与真正的企业毫无关系。

6.2.1 弗兰克·奈特小传

弗兰克·H.奈特(Frank H. Netter)是20世纪最有影响的经济学家之一，也是西方最伟大的思想家之一，他对经济学发展和经济分析方法的创新作出了多方面的杰出贡献，曾长期执教于芝加哥大学，任芝加哥大学经济学教授，后任荣誉教授直至逝世。

> 作为一个古典自由主义者，他是芝加哥学派的创始人；作为一个批评家，他告诫公众，经济学家的知识是有限的，其预测的失误是不可避免的；作为一名教师，他培养出了像弗里德曼、斯蒂格勒和布坎南这样著名的经济学家。①

一般来讲，经济规律是经济学家通过对少数因素的分析得出的适应于很多情况的规律。这些规律告诉我们，在"理想条件下"，什么命题"趋于"成立，或"可能"成立。但是，这些假设常常是不符合实际的，因为这里忽视了干扰因素，所谓干扰因素是指那些假设以外的事情。很明显，我们无法消除干扰因素。

奈特认为，经济规律的解释力是有限的，人类无法获得完备的经济规律，进而无法对未来进行正确预测的根本原因在于人类认识能力的有限性。

6.2.2 奈特的《风险、不确定性和利润》

在《风险、不确定性和利润》一书中，奈特从理论条件下竞争与实际条件下竞争的不一致性出发，即从对完全竞争与不完全竞争的分析入手，通过引入不确定性概念，尤其是通过区分两种不同意义的不确定性概念，即风险与不确定性，揭示了理论上的完全竞争与实际竞争之间的本质区别，从而揭示了利润的来源。

奈特还分析了减少不确定性的两种方法。一是集中化，保险就是这种形式的代表。保险公司利用不确定性结果的相互抵补，将众多偶然事件集中到一起，从而把投保者的较大不确定性损失转变成较小的保险费。二是专业化，企

---

① 转引自张炳达、孙爱丽:《现代经济学》，上海财经大学出版社2007年版，第156页。

业的联合有助于克服不确定性。企业通过增加生产规模可以减少不确定性的控制成本,因为大企业的成本水平总是低于小企业。随着企业规模的增加,专业化决策能够减少控制成本的不确定性,同时也能产生更熟练的技能,以更好地应对不确定性。

(1)写作动机

奈特是一个有责任心的经济学家,他坚持认为经济学一定要有社会政策意义,除非经济学家完全依靠提供娱乐或教人们如何互相利用来维持生计。他把经济学家们的均衡分析斥之为"玩弄力学概念",而他要做的是"寻求更有意义的经济学。在《风险、不确定性和利润》的序言中,奈特指出:

> 自从我关注经济学以来,令我特别感兴趣的是经济学理论的含义、必要的假设条件,以及理论条件与现实条件之间的不一致性。①

奈特的这种对经济学假设条件的兴趣和关注意义何在?这是一个主流经济学家想都没有想的问题。奈特则不然,他说:

> 我写作此书的动机主要有两个:其一,鉴于目前存在的实用主义和平庸的倾向,尤其考虑到我们国家的思想特征,我殷切希望人们能用严肃认真的态度研究社会问题,真正关心人类的福祉。其二,我认为,当代"实用主义"只是暂时的,甚至从某种程度上说,是在装腔作势。人们已经开始对随意和肤浅的思想表现出强烈不满,人们真切期望更加清楚地理解经济学理论中为人们普遍接受的术语和信条的真正含义。②

> 很多经济学家都把结果的不确定性当作选择问题来研究,好像它是基于已知的数学概率的一次赌博,这使我感到迷惑不解。我尤其无法理解庇古(Pigou)教授在其《福利经济学》(*Economics of Welfare*)附录1中,把不确定性当作一种要素的观点。也可以说,我根本无法理解他关于要素的一般概念。③

> 任何社会科学都意味着承认并研究"现实的社会价值观"。这一点的

---

① [美]弗兰克·H.奈特:《风险、不确定性和利润》,王宇、王文玉译,中国人民大学出版社2005年版,再版前言第4页。

② [美]弗兰克·H.奈特:《风险、不确定性和利润》,王宇、王文玉译,中国人民大学出版社2005年版,再版前言第1页。

③ [美]弗兰克·H.奈特:《风险、不确定性和利润》,王宇、王文玉译,中国人民大学出版社2005年版,再版前言第6页。

意义在于，经济学中不可避免地包含有政治和伦理的成分。[①]

(2)新古典经济学的错误

在以功利主义假设为基础的经济学理论中，就“功利”一词的确切含义来说，所有经济理论都是抽象的、形式主义的和无内容的。在一般意义上，它研究的是特定形式的经济原理，不考虑要经济的是什么或者如何经济。[②]

奈特的这一看法是正确的。当功利作为一个普遍概念出现在经济学中的时候，就有一种抽象的功效，把那些与功利概念不相吻合的行为过滤掉，由此也把功利强加给所有的人类行为。

力学概念在经济学中的应用方法需要进行彻底改革。这里，我简单地谈谈我对真正的经济动力学问题的看法。经济学中没有什么东西可以对应于力学中的动力、能量或能量守恒定律。对于经济学来说，机械运动的三个基本维度中只有时间是真实的，没有可界定的经济空间(因此没有方向或速度)，也没有质量。然而，从一定意义上说，力和阻力的概念是在对经济现象的解释中不可避免的——比其在力学中的应用更为普遍，均衡概念也是如此。[③]

在这里，奈特用“需要进行彻底改革”表达了自己对流行经济学的强烈不满，也指出了流行经济学的最严重的错误——对物理学的机械模仿。基于这样的认识，他提出了对经济学家们的忠告：

这里给经济学家的一个最中肯的忠告：他们关于理性作用的观点中要有一些能够站得住脚的东西，不要忘记他们的观点与社会大众的观点之间的关系。我们中的绝大多数仍然接受启蒙思想的影响……但是，关于具体内容和具体做法，这些原理却什么也没有告诉我们。再有，从更深层意义上说，值得怀疑的是，我们能够在什么程度上讨论理性的政治政策或政治上的理性……我们也应该认识到，更重要的并不是经济问题，而是在经济利益面前维护社会统一。而且，统一的基础不是理性，而是习俗、情感和价

① [美]弗兰克·H.奈特：《风险、不确定性和利润》，王宇、王文玉译，中国人民大学出版社2005年版，再版前言第7页。

② [美]弗兰克·H.奈特：《风险、不确定性和利润》，王宇、王文玉译，中国人民大学出版社2005年版，再版前言第5页。

③ [美]弗兰克·H.奈特：《风险、不确定性和利润》，王宇、王文玉译，中国人民大学出版社2005年版，再版前言第12页。

值观……不受道德力量制约的理性必定摧毁社会。①

毫无疑问，迄今为止的现代经济学，实际上仍然在重复地讲述着克鲁索的故事——他置身于社会之外，游走在思维世界之中。

思考社会的人，如果他采取自然科学的立场，就必须假设社会永远是由其自身本质决定的，其变化只能源于外部，源于奇迹……类似于人与自然之间的关系，我们面对的是一个悖论：个人是社会的一部分，又置身于社会之外。②

社会科学和经济学从来没有从根本上反抗这一运动——功利主义、科学主义和工具主义所代表的东西，从而使其成了气候。我们最多能够指望的是，少数人将吸取这一经验教训，并将其带入到另一个历史时刻，那时，那些具有相似人性的人，即那些崇尚真理和正义、热爱互惠和合作的人们也许会得到另一次机会。③

虽然奈特是一个认真的老师，却不能算一个成功的老师，他的一些学生（弗里德曼、斯蒂格勒）没有听从他的忠告，背离了他指出的道路。讽刺的是这些人获得了诺贝尔经济学奖，这确实是十分可悲的。

我认为，古典经济学传统的一个主要错误在于古典经济学传统从未明确地、正确地区分在给定条件下系统的运行状况，包括向均衡状态的调整过程，以及在一定条件下的系统条件与系统本身内容的变化。最近出现的这类错误的一个典型例子是，有人把经济动力学的概念用于分析历史变化。确切地说，系统动力学概念只能用于描述在给定条件下系统向均衡状态的调整。与此相关的另一个错误是，把历史的变化过程当作向均衡的调整过程。就这些词语的确切含义而言，其中任何一个都没有这个意思——历史变化定义的表述还涉及不可逆性的概念。一般来说，历史变化具有自我加强的趋势，或者说是积累性。④

---

① [美]弗兰克·H. 奈特：《风险、不确定性和利润》，王宇、王文玉译，中国人民大学出版社2005年版，再版前言第16～17页。

② [美]弗兰克·H. 奈特：《风险、不确定性和利润》，王宇、王文玉译，中国人民大学出版社2005年版，再版前言第18～19页。

③ [美]弗兰克·H. 奈特：《风险、不确定性和利润》，王宇、王文玉译，中国人民大学出版社2005年版，再版前言第20页。

④ [美]弗兰克·H. 奈特：《风险、不确定性和利润》，王宇、王文玉译，中国人民大学出版社2005年版，再版前言第10页。

古典推理中最严重的疏忽是忽略了完成长期调整（达到均衡）所需要的时间。不仅有无数的其他事情会干扰事件发展的逻辑进程，而且在任何时刻把均衡看作近似描述都是一个严重失误……即便其他条件不变，要推测均衡调整所需要的时间也是徒然的。从理论上说，要构造均衡条件是不可能的。①

奈特这里说到的流行经济学中“长期调整所需要的时间”具有极大的模糊性，但是，更根本的问题在于经济的均衡模式本身，这只能是一条通往静态的演绎道路，是一种排斥演化的方法论。

除了阐述上的不精确之外，我们还有一个历史的错误包袱，即古典经济学体系（指杰文斯一门格尔之前的体系）的基础性错误……我坚持认为，经济学一定要有社会政策意义——除非经济学家完全依靠提供娱乐或教人们如何相互利用来维持生计。②

经济学发现自己陷入了一个恶性循环。首先为了得到人们的承认，为了具有影响力，经济学家们堕落到了公众的思想水平；其后，争夺发言权和影响力的竞争取代了根据实际情况作出客观研究的努力；最后，在这场竞争中获胜成了取得这一职业成员资格的必备条件。③

下面这段话对于真正想要了解经济学的人特别有教益，实际上，应该被看作奈特对经济学的极重要的贡献。略作摘录，以飨读者。

在我看来，一旦有理性的或情感的交流，作为基本制度和基本工具的一种，语言就具有一种莫名其妙的重要性，而交流是社会和所有人类生活的本质。在经济学家的一般训练中，不可能包括很多语言学的内容。不过，经济学专业的学生们也许会想到这些事实。然而，在任何经济学的研究程序中，历史的规律观与分析的规律观之间的争议都会得到强调。除此之外，还要在一定程度上把握行为模式的形成中人们之间无限复杂的、有意识或无意识的、有形或无形的、彻底的利益冲突，以及它们与具有同样复杂性的机械的、生物的、神经的和大脑的活动之间的相互作用。过于简单

---

① ［美］弗兰克·H.奈特：《风险、不确定性和利润》，王宇、王文玉译，中国人民大学出版社2005年版，第114页。

② ［美］弗兰克·H.奈特：《风险、不确定性和利润》，王宇、王文玉译，中国人民大学出版社2005年版，再版前言第13页。

③ ［美］弗兰克·H.奈特：《风险、不确定性和利润》，王宇、王文玉译，中国人民大学出版社2005年版，再版前言第14页。

化是一个重大缺陷，而且在实际经济生活中，备受瞩目的领导人与不善辞令的社会公众一样热衷于简单化。在这些概念之间，像博爱、权力欲和经济利益之间一样，唯一的问题是其中哪一个作为一种理论或社会生活的理想更为荒唐。①

分析方法在任何问题中的运用都是不完备的。现实世界的情况极为复杂，我们永远也无法运用同一种办法来处理各种各样的、具有大量复杂因素的情况。分析方法的价值依赖于这样一个事实，即很多不同的案例中存在着一些共同因素，并且这些因素不仅出现在个别情况中，而且数量足够少，但其重要程度却足以在这些情况中起决定性作用。因此，有关这些少数因素的规律能够使我们得出近似于整体情况的规律。这些规律告诉我们，在理想条件下，什么命题趋于成立，或很有可能是成立的。这里，理想条件是指在我们的规律中没有考虑进去的、为数众多且数目不确定的、不太重要的其他因素不会出现。②

理论经济学远不如理论物理学那么成功，其主要原因在于理论经济学未能弄清楚这一方法的本质和局限性。理论经济学研究完全竞争条件下什么事情将会发生，并分析了不完全竞争的若干方面。但是，对于许多经济问题理论经济学家们还远未达成共识，这些问题包括完全竞争的必要条件，这些条件在哪些方面偏离现实生活，偏离的程度有多大；这些问题还包括将完全竞争条件下的结论运用于实际情况时必须有针对性地进行什么样的修正等。在这些问题上，概念的含糊和悬而未决表明，经济学家们对于理论方法的意义和用途持有完全不同的意见。在一个极端上，我们有数理经济学家和纯理论经济学家，对于这些人来说，除了从极少数假设为普遍规律的前提演绎出来的一个封闭体系之外，即便不是完全没有，也很少有什么东西能够称得上是科学经济学。在另一个极端上，那种拒绝接受抽象和演绎方法的倾向越来越强烈，即坚持纯粹客观的和描述性的科学。在这两个极端之间的则是其他形形色色的观点。③

在那些提出经济学原理的理论经济学家的头脑中，甚至没有明确的假

---

① [美]弗兰克·H.奈特：《风险、不确定性和利润》，王宇、王文玉译，中国人民大学出版社 2005 年版，再版前言第 16 页。

② [美]弗兰克·H.奈特：《风险、不确定性和利润》，王宇、王文玉译，中国人民大学出版社 2005 年版，第4 页。

③ [美]弗兰克·H.奈特：《风险、不确定性和利润》，王宇、王文玉译，中国人民大学出版社 2005 年版，第5 页。

设,他们及其成果的应用者自然也不会牢记在所谓经济学原理中,到底有哪些不切实际的假设。他们生搬硬套经济学原理,将其应用于各种不同的情况中,并根据这些原理得出极为扭曲的、完全不可靠的结论。如此明显站不住脚的、错误百出的演绎,自然会导致理论经济学本身失去可信性。这当然是错误的。①

在经济学中,由于理论的假设条件非常模糊不清、难以捉摸,因此,很容易造成人们对一般经济学原理的不信任,这的确不利于理论经济学的发展。要弄明白这些假设条件是一件不容易的事情,但的确又迫切需要弄清楚这些简化的假设与关于生命的复杂事实之间的关系,正像在理论力学中已经做到的那样。这本著作正是向着这一方向努力的一个尝试。我们将努力揭示理论经济学假设条件的不切实际性。②

科学的目的是预测未来,从而使我们的行为更加理性。③

在问题的简化过程中,这种方法是不切实际的,即它只考虑到显性因素和重要条件,忽略了其他因素和条件。我们大脑能力的有限性使我们不得不这样做。我们不得不一次只讨论一种变化,暂时假设其他因素不变,以使这一因素的最终结果充分地展现出来,然后再结合变化的趋势,估计其相对重要性,并作出实际预测。这就是我们大脑的工作方式和工作过程:我们必须对多种因素进行逐一分析才能取得成功。④

(3)风险与不确定性的区分

导致利润出现的不是动态变化,也不是任何其他变化,而是真实情况与人们的预期之间的不一致性……为寻求关于利润来源的令人满意的解释,我们似乎从动态理论回到了关于未来的不确定性,即日常用语和商业用语中不严格地使用"风险"一词所指的那种情况。⑤

---

① [美]弗兰克·H.奈特:《风险、不确定性和利润》,王宇、王文玉译,中国人民大学出版社2005年版,第7~8页。

② [美]弗兰克·H.奈特:《风险、不确定性和利润》,王宇、王文玉译,中国人民大学出版社2005年版,第8页。

③ [美]弗兰克·H.奈特:《风险、不确定性和利润》,王宇、王文玉译,中国人民大学出版社2005年版,第11页。

④ [美]弗兰克·H.奈特:《风险、不确定性和利润》,王宇、王文玉译,中国人民大学出版社2005年版,第11页。

⑤ [美]弗兰克·H.奈特:《风险、不确定性和利润》,王宇、王文玉译,中国人民大学出版社2005年版,第26页。

企业家无法知道其所承担风险的精算值。承担已知的风险报酬与承担数值未知的风险报酬之间存在着根本的不同。它是如此根本，以至于正如我们将要看到的那样，已知风险根本不会导致任何报酬或特殊支付。①

我们生活于其中的这个世界是一个变化的世界、充满了不确定的世界。我们仅仅凭借对未来的有限知识而生活……与其他领域一样，商业活动也是如此。问题的本质是：行为的依据是看法，是关于重要程度不等的基本事情和价值的看法，既不是完全无知，也不是具有完全的和完备的信息，只是部分的知识。如果我们要理解经济制度的运行原理，我们就必须研究不确定性的含义，为此，首先要对知识本身的性质和功能进行研究。②

要理性地生活在现实世界中，使我们的行为适应未来，必须坚持的一个原则是：在某些方面相似的事物，在其他方面也有相似表现，尽管在另外的方面会有很大差别。我们不可能穷尽所有事物的分类，但是，我们必须根据我们的目的或问题进行分类，基于一个共同的性质(或行为模式)把事物归为一类，根据另一个性质则把事物归为另一类。③

我们关于利润问题的研究将会表明，这一研究领域中的困难源于概念的混淆，这种混淆深深地扎根于我们的思维方式中。我们将会发现，梳理这一团乱麻的关键是引入风险或不确定性的概念，并弄清楚它们的含义。④

在日常用法中，风险从未被适当地界定过……我们将会看到，可度量的不确定性，或者更恰当地说是风险，与不可度量不确定性之间存在着很大不同，以至于前者并不是真正的不确定性。在本书中，我们将用“风险”指可度量的不确定性，用“不确定性”指不可度量的风险。正如我们已经指出的那样，利润理论之所以得以成立，正是因为这类真正的不确定性，而不是风险，其中的不确定性造成了现实中的竞争与理论上的竞争之间的不一致性。⑤

---

① [美]弗兰克·H.奈特：《风险、不确定性和利润》，王宇、王文玉译，中国人民大学出版社2005年版，第30页。

② [美]弗兰克·H.奈特：《风险、不确定性和利润》，王宇、王文玉译，中国人民大学出版社2005年版，第149页。

③ [美]弗兰克·H.奈特：《风险、不确定性和利润》，王宇、王文玉译，中国人民大学出版社2005年版，第153页。

④ [美]弗兰克·H.奈特：《风险、不确定性和利润》，王宇、王文玉译，中国人民大学出版社2005年版，第13页。

⑤ [美]弗兰克·H.奈特：《风险、不确定性和利润》，王宇、王文玉译，中国人民大学出版社2005年版，第13页。

(4)关注经济活动的环境

对经济活动的环境的关注是奈特与流行经济学最大的不同。事实上,正是由于意识到环境对经济活动的根本重要性,奈特才注意到风险与不确定性的问题。用奈特的话说:“在经济学中,不确定性有一个最直接和最重要的后果,遗憾的是,它只是被作为详细技术分析的序言而被一笔带过。”①

奈特对经济环境总结了如下七个命题:

> 命题Ⅰ:世界是由事物组成的,作为可察觉的质和不可直接察觉的行为模式的总和,事物的种类是无穷多的。
>
> 命题Ⅱ:有限智慧之所以能够把握世界是因为:可区别的性质和行为模式的数目是有限的,无穷多的类本质上源于事物属性的不同组合;事物性质基本上是保持不变的;当事物发生变化时,其变化方式是确定的,变化中有不变;察觉不到的事物性质和行为模式至少以某些方式与可察觉到的事物性质和行为模式联系在一起。
>
> 命题Ⅲ:事物的数量方面,以及人类智慧与庞大的事务分类的数量打交道的能力,是环境的一个基本组成部分。
>
> 命题Ⅳ:还有一点也是基础性的,即具有特定性质的事物之间只存在程度上的差异,质量和空间属性是事物的普遍性质,不存在类型上的差异。
>
> 命题Ⅴ:根据与命题Ⅳ相同的原理,很多最明显的性质对于很多种类的事物来说是共同的;在质的方面,对于行为来说最重要的是,质的种类很少……事物属性有等级性,按照普遍性从高到低的排序,普遍性较低的属性即是事物的特性,使事物之间以某种方式和程度(而不仅仅是所处环境)有所区别,即使不同事物具有自己的个性。
>
> Ⅵ:不正式强调我们自身之外的“对象”——人和动物——的意识所发挥的作用,智慧行为假设就是不完善的……我们的推断(人的行为)不是或不仅仅是由这些物理特性组成的,而是借助于“同情心的内省”将其转变为我们所注视对象的“脑海”中发生的事情。没有这种神奇的解释能力,就不可能进行合理的推断。
>
> Ⅶ:这并不是说,我们必须完美无缺地了解我们自身以及我们生活于此的世界。从这个意义上讲,我们必须列举我们对自己行动的感知能力。②

---

① [美]弗兰克·H.奈特:《风险、不确定性和利润》,王宇、王文玉译,中国人民大学出版社2005年版,第177页。

② [美]弗兰克·H.奈特:《风险、不确定性和利润》,王宇、王文玉译,中国人民大学出版社2005年版,第153~154页。

奈特对经济环境所作的这七个方面的概括的意义，并不在于其准确性，而在于它展示了经济环境的整体性和复杂性以及对之进行概率计算的困难和可能性。其中，奈特在许多地方都指出了同质性假设的局限，同质的分类概念中甚至存在悖论。

(5)理性主义在理解世界的道路上到底能够走多远

由于机械论、决定论世界观作祟，主流经济学家们以为理性能够完全把握外部世界，因此，他们相信，经济学已经很好地解释了世界，在他们的理论中，也就没有了风险和不确定性的地位。而奈特则对流行的理性主义经济学抱有怀疑的态度，他指出：

> 自从伯格森主义开始流行以来，非理性和对逻辑过程的怀疑已经成为时尚……很值得怀疑的是，我们在理解世界的道路上到底能够走多远。关键是自然事物行为的一致性和存在于它们之间的相似性，这是从一个事物或行为推断另一个事物或行为的依据。按照伯格森主义(即赫拉克利特主义)，只要存在"真正的变化"，进行这样的推理就是不可能的。除此之外，我们还必须作出必要的假设，环境因素或事物性质的基本种类(它们是我们把事物总数目多得无法驾驭的世界进行简化的依据)不会因"组合"(即一个事物)的变化而改变。在一些关系中，这种假设毫无疑问是成立的，对于有生命事物和无生命的事物来说，重量和惯性无疑是相同的。但从本质上说，任何两种有生命事物的"生命"相同的说法就很难成立了。只要这些一般属性不同，而且无法赋予其某一特定含义(这一含义是它们所代表的那个类的事物所共有的)，那么，从该类中的一员推断另一员显然无法成立。也就是说，成立的分类是假设事物在某一方面具有同一性。我们对事物相似性的描述和分类的依据并不是绝对肯定的，从一个事物的行为推论另一个事物的行为往往也不肯定。一个事物的出现在多大程度上预示着另一个事物的出现，其中的关系相当微妙，其基础并不是支持某个成立的推断的某种共同的质。①

至少在这里，我们可以看到，奈特对不确定性的理解是比较细致的，特别是，他看到了科学分类层面上存在相当的模糊性，这对于把握和理解一些变化是具有重要影响的。接下来他又谈道：

> 只有当我们的研究集中在一个事物非常狭窄的方面时，并根据其规

---

① [美]弗兰克·H.奈特：《风险、不确定性和利润》，王宇、王文玉译，中国人民大学出版社2005年版，第155页。

模、质量、坚固程度、弹性等物理属性作出判断，理论上的准确定义和阐述才是可能的；而且，只有借助于精确的试验技术，才能如实地作出界定。日常生活决策所依据的“估计”，往往是粗劣的和肤浅的。一般来说，我们未来活动环境依赖于无穷多事物的行为，有影响的因素如此之多，以至于我们根本不会去费力将它们全部考虑进去，很少估计和加总它们各自的影响。只是在特殊情况下，我们才会作出像数学证明那样的全面而定量的研究。①

人们日常生活决策所依赖的估计和政府层面所作的国民经济统计，都是“粗劣的和肤浅的”。实际上，这些都有十分严重的问题，后来里昂惕夫、库兹涅茨都指出它们对国民经济管理造成了严重困难。所以，奈特十分中肯地给出了以下建议：

要认识到不确定性在经济活动中和经济研究中的重要性，就要研究知识和行为的基础。这一研究的一个最重要结果是，一个科学家和科学逻辑学家的知识与实验室外面的行为所依据的信念或观点有很大的不同。我们日常行为所依据的观点与企业经理们决策的观点几乎都不可能做到分析的广泛性和计算的精确性。在这两种情况下，大脑的活动过程是完全不同的。在日常生活中，大脑的活动大多是潜意识的。②

(6)不确定性与企业和企业家报酬

在流行经济学中，经济学家们的普遍认识是，竞争将使利润趋于消失。奈特认为利润理论至今仍然是最不能令人满意和最无法达成共识的经济学分支，恰恰是被主流经济学忽略了的不确定性才能解释企业的诞生和企业家的报酬——利润。经济学的研究以及对不确定性的理解，需要从对人类知识和行为基础的研究开始。

不确定性使完全竞争不可能按照纯理论规律完美地运行。要认识到不确定性在经济活动中和经济研究中的重要性，就要研究知识和行为的基础。③

① [美]弗兰克·H.奈特：《风险、不确定性和利润》，王宇、王文玉译，中国人民大学出版社2005年版，第156页。

② [美]弗兰克·H.奈特：《风险、不确定性和利润》，王宇、王文玉译，中国人民大学出版社2005年版，第168页。

③ [美]弗兰克·H.奈特：《风险、不确定性和利润》，王宇、王文玉译，中国人民大学出版社2005年版，第168～169页。

奈特的这一观点对经济学研究具有根本的重要性，也指出了经济研究工作是一项非常艰难的事情，这恰恰是那些以学术为业的经济学家不愿意也不敢面对的。没有这种研究，经济学只不过是文字和数理游戏，现代经济学所走过的路已经充分证明了这一点。

> 关于概率判断的粗浅研究表明，概率分为两类，我们分别称之为先验概率和统计概率。在后一种情况下……必须根据对大量事例的分类归纳研究来得出概率。这一局限性包含着严重的逻辑缺陷……在实践中，另一个限制是，我们不可能对事例进行完全同质的分类……客观概率或几率的方法根本不适用，混乱来自我们必须估计我们的观点以及估计的价值是否成立或可信程度等，而这种估计在形式上与概率判断相同。它也是一个比率，表现为一个分数，要将其说成是客观意义上的概率无疑是荒谬的，并极具误导性。由于很难将其与业已形成的经济学术语用法区分开，我们将其称为第三类概率，并强调它与其他类型概率的不同，而不是相似……经济学理论忽视的正是上述第三类概率或不确定性。①

根据这里的说法，奈特所讨论的不确定性是指由于"不能准确分类"，所带来的无法"估计我们的观点以及估计的价值是否成立或可信程度"造成的不确定性。这种不确定性当然是存在的，也确实是无法估计的。在日常生活中，哪怕是在经济生活中，总是存在大量的模糊的东西——模糊的概念、模糊的分类等，也就是说，实际上我们常常无法准确地确定事物之间的明确界限。例如，"矮"就是一个模糊的概念。人们身高多少才算矮？显然"矮"这个概念是无法准确定义的，也就是说它是模糊的。在奈特的分析中，奈特把承担这种不确定性的报酬理解为企业家的工资报酬，这就使得企业家的工资报酬，也就是奈特的利润理论具有十分模糊的色彩。

> 这里，更重要的任务是弄清楚难以度量从而难以消除的不确定性的后果。这种真正的不确定性，通过阻碍完全竞争市场的完美运行，赋予整个经济组织以特有的"企业"形式，也给予了企业家以工资报酬。②

> 为强调可度量的不确定性与不可度量的不确定性之间的区别，我们可以用"风险"一词代表前者，用"不确定性"一词代表后者……风险与不确定

① [美]弗兰克·H.奈特:《风险、不确定性和利润》，王宇、王文玉译，中国人民大学出版社2005年版，第168～169页。

② [美]弗兰克·H.奈特:《风险、不确定性和利润》，王宇、王文玉译，中国人民大学出版社2005年版，第169页。

性之间的真正区别是：前一种情况下在一组事例中(通过计算的先验概率或以往经验的统计)，结果的分布是已知的；在后一种情况下，结果的分布是未知的，因为其所涉及的情况具有高度唯一性，对事例进行分类是不可能的。①

下面的这段话，彰显了奈特与经济学家不同的人文情怀，他指出了现代经济生活中的一个扭曲：财富增长成了手段和目的，形成了"手段→目的"闭环，而生产的最终目的——消费——已经消失不见，甚至也变成了财富增长的手段。

从任何直接意义上说，用于满足需求的间接手段的生产与需求的最终满足没有直接关系。财富增加本身在很大程度上已经成了目的和增加收入的手段，而且，随着生活水平的提高，这种趋势日益加强。在大多数情况下，人们工作是为了致富，而不只是为了换取更多的消费品，因此，那种关于现代工业国家的生产只是为了消费的假设显然是完全错误的。事实上，为了增加生产而牺牲的消费已经达到了无以复加的程度，而且一直在快速增加着。无论人类动机的哲学是什么，我们都必须面对这样一个事实，即人们的确为了喂养更多的猪而生产更多的玉米，为了生产更多的玉米而购买更多的土地。在一般工商业活动中，人们为了生产更多的财富而生产财富，并不关心财富增加的其他社会用途。②

纯经济学的研究无力解决这个问题，我们都必须面对这样一个为财富而财富、为增长而增长的事实。

6.2.3 与不确定性共舞

不确定性是我们现实生活中的一个基本事实。在商业决策和其他决策中，它都是无法被消除的。但是，正如我们已经看到的那样，人们可以借助多种多样的方法来减少不确定性。在《风险、不确定性和利润》的第八章"应对不确定性的建构和方法"中，奈特概括性地展示了应对不确定性的一些措施。

当应对不确定性的主体是企业时，奈特强调了两种方法：第一种方法是企业化，也就是"通过整合把不确定性转化为可度量的风险，从而减少不确定，成了扩大企业规模的强大激励。这一事实是现实生活中企业平均规模日益扩大

---

① [美]弗兰克·H. 奈特：《风险、不确定性和利润》，王宇、王文玉译，中国人民大学出版社 2005 年版，第172 页。

② [美]弗兰克·H. 奈特：《风险、不确定性和利润》，王宇、王文玉译，中国人民大学出版社 2005 年版，第231 页。

的一个重要原因，而企业规模越来越大则是现代社会中已为人们所熟知的一个重要特征"[①]。第二种方法是专业化[②]（奈特这里主要是指企业家的专业化）。

在社会生活中，奈特认为人们可以通过四种方法应对不确定性。

> 第一种方法是通过科学的方法和必要的数据积累，以增进我们关于未来的知识。这一方法可以无限减少不确定性。当然，这样做是有成本的，即必须把资源从其他用途转向这一用途。
>
> 第二种方法是通过不同形式的大规模的组织来整合不确定性。这样做也是有成本的，而且不仅仅限于资源使用意义上的成本，还要考虑到各种可能的组织方式中个人自由的丧失。对于很多受到影响的人来说，这是一种损失，虽然少数人会因为获得了更大的权力而受益，并因权力的集中而获得更大的行动自由。
>
> 第三种方法是通过付出一定代价来增加对未来的控制。这样做也是需要成本的，而且有两类成本必须付出：一是物质付出；二是组织中的人力消耗。
>
> 第四种方法是放慢社会进步的步伐来减少不确定性。这一方法可以无限减少不确定性。当然，这一种方法除了上述两类成本之外，还有着更直接的牺牲。[③]

> 我们已经指出了一个多少有点自相矛盾的事实：理性的行为意味着努力减少不确定性，然而，冷静地想一想，我们又不得不承认，一旦真的完全消除了不确定性或者极大地减少了不确定性，我们的生活就会变得单调而没有色彩。[④]

6.2.4 奈特的局限

我们认为，奈特对经济学的巨大贡献在于，他意识到并充分强调了不确定性在人类经济活动中的意义。特别是，当流行经济学在喋喋不休地证明和构建

---

① [美]弗兰克·H.奈特：《风险、不确定性和利润》，王宇、王文玉译，中国人民大学出版社2005年版，第184页。

② 这种方法有些勉强，专业化一方面提高了应对不确定性的能力，另一方面也造成了更大的不确定性。

③ [美]弗兰克·H.奈特：《风险、不确定性和利润》，王宇、王文玉译，中国人民大学出版社2005年版，第250页。

④ [美]弗兰克·H.奈特：《风险、不确定性和利润》，王宇、王文玉译，中国人民大学出版社2005年版，第251页。

均衡理论、寻找均衡目标、讨论均衡状态的时候，奈特非常尖锐地指出：

> 在我们看来，在古典经济学中，这些均衡条件的含义被误解了，它们的意义或许在某种程度上被夸大了。早期的古典经济学家自始至终认为，这些均衡条件类似于消费品的生产与消费、成本与价值之间的正常价格均衡。他们的"静态"，即便不是社会的实际条件，也是与之相接近的条件。当我们认识到均衡是不确定的且实际上是很遥远的未来的事情时，大量理论分歧就会产生。因此，这一条件只能被认为是某一具体趋势的理论结果，它可以得到任何程度的实现；也可能被其他趋势的影响所改变，即远在一种均衡状态得到实现之前，条件已经因未预见到的发展而发生了变化。所以，在某种具体情况下，均衡是不可能被真正预见的结果，对事件未来发展进程的具体预测必须考虑到所有可能产生影响的因素，并估计它们的相对重要性，而且还必须给无法预测的影响留下充分余地。事实上，正如我们将会看到的那样，要对相当遥远的未来作出确定的预测是不可能的，原因在于各种进步因素之间的相互联系是十分复杂的；关于它们各自的作用，不仅我们知道得非常有限，而且它们还会受到很多未知变量的影响。[①]

奈特的这一观念远远超越了流行经济学的思维局限，具有革命性的意义。甚至在今天，其深刻程度仍然是大多数的经济学家都望尘莫及的。

但是，我们并不认为奈特有力地证明了自己的结论——企业利润来自真正的不确定性。奈特的分析中还存在一些矛盾：

首先，奈特对经济学的理解并没有超越古典经济学。下面这段话表明了他的这一局限。

> 事实上，经济学与物理学的区别只是程度的不同。虽然经济学不可能变得像物理学那样精确，但它还是可以具有适度的精确性。一门精确的科学的架构包括抽象，也包括分析，而分析和抽象不过是同义语的不同表述，我们的任务是把一些有联系的变化整理出一个头绪，也就是说，对其进行分析，得出一个具有一致性的结果序列或行为序列，我们把这一序列称为规律。同时，我们还需要把各种最基本的因果关系剥离出来以便单独研究。[②]

---

① [美]弗兰克·H.奈特：《风险、不确定性和利润》，王宇、王文玉译，中国人民大学出版社2005年版，第112页。

② [美]弗兰克·H.奈特：《风险、不确定性和利润》，王宇、王文玉译，中国人民大学出版社2005年版，第3页。

其次，一方面，他看到了时间的不可逆性；另一方面，他又强调变化、进步的周期性。他认为，所有事物都依赖变化的周期性，所有进步性变化最终都会表现出我们已知的周期性。在我们看来，“周期性”一说来自于简单的机械类比，并没有被证实或实际地得到过确认。如果坚持了时间不可逆性，则“周期性”的基础就不复存在。

最后，他认为有些变化是可以预测的。

> 进步性变化未必都具有不可预测性。事实上，纯粹的进步性变化并不具有不可预测性。但如果变化一致地发生，或随时间推移按照已知的数学函数变化，那么，未来就是可准确预知的，就像没有发生变化一样。进步中的波动才是不确定性的真正原因。事实上，有些变化过程基本不是不变的，并不会产生干扰竞争过程的不确定性。人口增加和资本积累就属于这类变化。有些变化则神秘莫测，常常会打乱企业家们进行生产服务的预算方面的安排。①

其中，进步性变化是指有规则地发生，循序渐进地、周期性地或服从某种已知的规律的变化，它们包括“人口、人口数量及其构成；人们的偏好和偏好倾向；现存生产能力的数量和种类；这些事物的所有权的分配；人和物的地理分布；技术水平科学、教育、技术和社会组织等的总体情况”②。奈特认为它们在价格体系和经济组织中的影响能够被消除，进步变化通常是能够被大致地预见到并被贴现的，而它们的影响一般来说在短期内并不重要。更重要的是，奈特认为“它们不是利润的主要来源。利润来源是较为短期的、非常大的波动和进步、变化的无规律性，而不是变化本身”③。

奈特的这个说法并不正确。实际上，只要属于开放系统的变量，就具有一定程度的不可预测性，奈特所提到的进步性变化都属于这类变量。同样，我们也不能够说，那些缓慢的、小的变化就能够被预测到。蝴蝶效应说的正是这种情况。

按照奈特的说法，进步中的波动才是不确定性的真正原因。这个说法是令人费解的，也是需要进一步解释的。他后面又提到，“在经济学中，不确定性问

---

① [美]弗兰克·H.奈特：《风险、不确定性和利润》，王宇、王文玉译，中国人民大学出版社 2005 年版，第229 页。

② [美]弗兰克·H.奈特：《风险、不确定性和利润》，王宇、王文玉译，中国人民大学出版社 2005 年版，第110 页。

③ [美]弗兰克·H.奈特：《风险、不确定性和利润》，王宇、王文玉译，中国人民大学出版社 2005 年版，第110 页。

题的根源是经济过程本身的未来性”[①]，“应对不确定性的最根本方法是获得关于未来的更好知识，以及获得对未来的更好控制”[②]。

总之，基本上可以说，奈特关于不确定性根源的解释是不正确的，而且存在一定程度的混乱。实际上，经济生活中的不确定性根源在于经济系统的开放性。

> 世界是由那些具有或多或少一致性的事物组成的。也就是说，事物具有以特定方式变化的不变性。如果这一过程得到充分展现，那么，我们将会有一个可知的世界。[③]

> 自然变化……如此之慢，以至于对人类的计划没有影响。[④]

这一观点也不符合实际，奈特这一观念的错误有二：其一，自然的变化有快也有慢，并非所有的变化都缓慢，并且，毫无疑问，有些剧烈的变化会对人类行为造成巨大的冲击（无论是地震、火灾、“9·11”事件还是新冠肺炎）；其二，即使是缓慢的变化，也会给人类行为带来真实的影响。

6.3 开放系统、不确定性与企业

这个世界上根本就没有什么预言家，那些基于确定性思维的所谓长期商业规划或战略很大程度上只是“画饼”和“说梦”。德鲁克表示，任何想要掌握未来的企图都是愚蠢的，未来是不可预测的，如果试图预测未来，就只能使我们怀疑自己目前正在做的事情。对于未来，我们唯一知道的就是它会有所不同。[⑤]

一个有活力的社会系统需要不确定性。认识不确定性的真正内涵能够使我们释放灵感，从而作出更有价值的决策。

---

① [美]弗兰克·H.奈特：《风险、不确定性和利润》，王宇、王文玉译，中国人民大学出版社2005年版，第175页。

② [美]弗兰克·H.奈特：《风险、不确定性和利润》，王宇、王文玉译，中国人民大学出版社2005年版，第189页。

③ [美]弗兰克·H.奈特：《风险、不确定性和利润》，王宇、王文玉译，中国人民大学出版社2005年版，第227页。

④ [美]弗兰克·H.奈特：《风险、不确定性和利润》，王宇、王文玉译，中国人民大学出版社2005年版，第229页。

⑤ 参见[美]彼得·德鲁克：《管理：使命、责任、实务》（使命篇），王永贵译，机械工业出版社2009年版，第129页。

6.3.1 不确定性与企业制度

不确定性令人不安,任何未知的情况都是一种威胁并能够给我们带来风险。然而,很多人误解了风险与真正不确定性之间的关系。在统计学中,风险与不确定性是同义词;在我们的日常交流中,它们也成了同义词。但风险与不确定性之间的关系比我们想象的要复杂。例如,我们通常能够定量地度量风险,但我们却不能定量地度量真正的不确定性。

开放系统理论告诉我们,社会、企业、个人生存于一个不确定性世界之中。在不同的层面上,不同的行为主体各自都选择和衍生出了一些特殊的降低和分散不确定性的方法。就企业层面而言,下面这些制度和方法都具有降低不确定性或分散风险的功能。

(1)产权制度——降低行为风险的制度

产权是一种通过社会强制而实现的对某种经济物品的多种用途进行选择的权利。属于个人的产权即为私有产权,它可以转让以换取对其他物品同样的权利。简言之,没有经过你的许可或没有给你补偿,任何人都不能合法地使用或影响那些产权归你所有的物品的物质性状。

> 张五常:"在经济社会中,基本的游戏规则即产权的规则。谈论产权,我们其实在谈论约束人们行为的游戏规则。如改变游戏规则,输赢条件就会不同。在不同的游戏规则下,人的行为就不同。在经济的世界里,你改变产权的规则,你就改变了整个系统。私有产权非常独特的一点是:只有在私有产权的情况下,人们才用市场价格分配资源。如果你想利用市场价格分配资源,你只能选择私有产权;要有市场价格,就必须有私有产权存在。[①]

德姆塞茨对产权的功能作了经典的解释:"产权是一种社会工具。其重要性就在于事实上它们能帮助一个人形成他与其他人进行交易时的合理预期。这些预期通过社会的法律、习俗和道德得到表达。"[②]由于有了得到法律、习俗和道德维护的所有权制度,侵犯他人所有权的行为受到限制和惩罚,由此修正了人们所采取的行动,为合作创造了条件。

产权制度确立了禁止侵犯他人权利的行为,任何可能允许一个人去妨碍别人权利的事情均被禁止。保障个体权利的规则,也鼓励了合作与信任。法律面

---

① 转引自彭德琳:《新制度经济学》,湖北人民出版社 2002 年版,第 155 页。

② [美]科斯等:《财产权利与制度变迁——产权学派与新制度学派译文集》,刘守英等译,上海三联书店、上海人民出版社 1994 年版,第 97 页。

前人人平等的政策，确保个体能够拥有自己的劳动成果，也进一步地鼓励了合作。财产权利的保护也确立了竞争的基础，对自由市场来说，这是至关重要的。

当然，产权的有效性取决于对其强制实现的可能性及为之付出的代价，这种强制有赖于政府的力量、日常社会行动以及通行的伦理和道德规范。

(2)股份制——分散风险制度

公司制度的发展经历了一个很长时间的探索、完善过程。股份公司是公司的主要组织形式，早在16～17世纪的英国这一形式就得到了普遍的应用。当时为了海外勘探和贸易需要通过销售股份来筹集资本，由此产生了股份公司。现代股份公司的形式有两种：有限责任公司和股份有限公司。目前开始流行的"合伙制"其实具有同样性质。

股份制是一种筹集资金的有效形式，为投资者提供了一个简单、有效的投资方式，某些需要大额资本的部门和企业得以建立。股份公司的另一重要意义是它有利于分散投资者风险。股份分散以及股份可以自由转让，有效地降低和分散了投资人的投资风险。当然，股份公司也保证了企业生命的延续。

到16世纪为止，绝大多数贸易企业都是合伙公司，它们存续时间短，组建者是若干独立经商、独立结算的商人。随着联合东印度公司的诞生，上市公司出现了。219名股东共同向联合东印度公司投资并承担有限责任，投资总额高达645万荷兰盾。股东定期获得股息(年均18%)，但基本不参与企业管理。联合东印度公司直到1799年才解散，而它的股东却不断变化，原因是股东可以在新问世的证券交易所里买卖股份。

(3)利润(剩余索取权)——承担风险、不确定性的制度

奈特把企业家利润定义为承担不确定性的报酬，熊彼特则把利润视为鼓励和促进创新的制度。

(4)物质和技术上的投资

这里是指各种类型的安保投入和制度设计，它们在降低风险和不确定性方面的意义是显著的。虽然这些投入是显而易见的，有时甚至是巨大的，但是，那些热衷于形而上的推理的人(经济学家们)却视而不见。限于篇幅，我们只好点到为止。

未来是不确定的。政府不能作出最佳决策，企业也不能。

自然界和社会系统中存在着大量的自组织过程，也就是说，即使没有专门的组织者，相互独立的元素也能够作为一个实体自发地进行相互合作和作用。在社会系统中，它们被描绘为牛市、自由市场中的"看不见的手"、群体中的羊群效应行为等各种形式。在科学界，复杂系统研究已经部分地阐明了自组织、演化以及自适应环境变化这些自然过程的特征。

6.3.2 不确定性、创新与企业家

均衡经济学的世界是一个乌托邦——一个没有变化的世界。只有将不确定性引入复杂系统，才能允许系统演化到一个可以适应变化的新形态。

在熊彼特看来：

资本主义本质上是一种经济变动的形式或方法，它不仅从来不是，而且也永远不可能是静止不变的……开动和保持资本主义发动机运动的根本推动力，来自资本主义企业创造的新消费品、新生产方法或运输方法、新市场、新产业组织的形式……不断地破坏旧结构，不断地创造新结构。这个创造性破坏的过程，就是资本主义的本质性的事实。它是资本主义存在的事实和每一家资本主义公司赖以生存的事实。[①]

但在迥然不同于教科书所说的资本主义现实中，有价值的不是那种竞争（价格竞争），而是新商品、新技术、新供应来源、新组织形式（如巨大规模的控制机构）的竞争。[②]

就经济成就而言，不能说在今天工业社会里的人比中世纪采邑或村落中的人们生活得"更快乐"甚至"较舒适"。就文化成就而言，即使人们同意我所写的每一句话，他们还是会从心底憎恨它——功利主义和由功利主义造成的人生意义的全部毁灭。[③]

(1)创新生存：人类活动的基本特征

创造性的行动是人类活动的基本特征，是人类历史发展的基本轨迹。农业种植、养殖，房屋的建筑，以及现代生活中的大量用品，没有一样是大自然的恩赐，都是人类智慧和创造的结晶。创新的动力以及存在都依赖于不确定性。具有创造力的人，无论是早期先民或现代作家、艺术家、科学家或企业家，都需要在一个不确定性的状态中以激发创造性的过程。正如德鲁克所说：

无论是在哪个领域，它们之间创业精神的差异是微乎其微的。教育界与医疗保健业的企业家、与身处企业或工会的企业家，都做着相似的事情，

---

① [美]约瑟夫·熊彼特：《资本主义、社会主义与民主》，吴良健译，商务印书馆 1999 年版，第 146～147 页。

② [美]约瑟夫·熊彼特：《资本主义、社会主义与民主》，吴良健译，商务印书馆 1999 年版，第 148～149 页。

③ [美]约瑟夫·熊彼特：《资本主义、社会主义与民主》，吴良健译，商务印书馆 1999 年版，第 207 页。

使用相似的工具，遭遇到相似的问题。[①]

我们知道，承担风险常常是通向成功的途径。无论是个人的还是企业的，通向成功的途径通常都是有风险的那一条。成功的英雄，无论他们是士兵、探险家、科学家、艺术家或作家，往往都是些善于把握机遇的人。另外，无论是在战争中、科学研究中，还是在市场竞争中，因冒险而获胜的例子不胜枚举。当然，在此过程中，更基本的事实是，大量的实践者在通往成功的路上失败了，他们也从人们的视野中消失。无论如何，创新活动推进了我们的文化发展、增加了我们的知识和财富，也引起了变革和增长。

奥地利学派把经济演化和创造性的破坏紧密相连，认为经济系统调节自身以适应某种不可预见的变化——一种危机。由于变化是内生的，经济系统以这种方式进行演化。在主流经济学派中，变化是外生的，危机是从外面发生的，因而不存在演化。演化是经济系统复杂性研究中的一个关键领域，而主流经济学派研究的是静态均衡经济。

(2)熊彼特的贡献

不确定性无所不在。复杂系统，包括物理系统以及社会系统，为了局部的稳定性和发展都需要很高的不确定性。这意味着，尽管我们诅咒生活的不确定性，但是，不确定性却是不可避免和十分必要的。这一点对社会系统显得尤其重要，它实际上已经成为我们每天生活的一部分。

这里我们关注的是企业家的创新，无论如何，熊彼特是引领人们关注这一主题的先驱。竞争环境的不确定性产生了创造力和机遇，企业家们承担与创新一起发生的不确定性。

> 社会过程实际上是一个不可分割的整体。在它的洪流中，研究工作者的分类之手人为地抽出了经济的事实。把一个事实称为经济的事实这已经包含了一种抽象，这是从内心上模拟现实的技术条件迫使我们不得不作出的许多抽象中的头一个。一个事实决不完全是或纯粹是经济的；总是存在着其他的——并且常常是更重要的一方面。[②]

因此，熊彼特强调，对社会过程的研究和理解特别需要谨慎。这是因为：

> ……我们用来理解社会过程的概念，特别是用来表示这种概念的文字，更须小心谨慎，因为文字的各种联系会导致我们走入歧途，朝着各种毫

① [美]彼得·德鲁克：《创新与企业家精神》，张炜译，上海人民出版社 2002 年版，第 33 页。

② [美]约瑟夫·熊彼特：《经济发展理论——对于利润、资本、信贷、利息和经济周期的考察》，何畏等译，商务印书馆 1990 年版，第 5 页。

不足取的方向。①

现在,进化思想在经济学中受到怀疑,甚至遭遇了浅薄的围攻和指责。这些人认为,一个国家,一种文化,甚至整个人类,一定会表现出一种一致的、直线式的发展。而熊彼特通过《经济发展理论——对于利润、资本、信贷、利息和经济周期的考察》所要告诉大家的是:经济过程是一个演进过程,而不是一种直线式、一致性的过程,也不是主流经济学家所说的钟摆式的均衡过程。企业家创新是贯穿这个过程始终的主线。

德鲁克指出:熊彼特是第一位摒弃了传统经济学的经济学家。因为他在《经济发展理论——对于利润、资本、信贷、利息和经济周期的考察》中指出,由创新的企业家所引发的失衡,而非均衡与最优化,才是经济发展的标准以及经济理论和实践的中心实体。

根据复杂系统理论可以知道,每个商业周期在细节上都是不同的,亦即每个周期的内在原因是不同的。没有任何投资方法是长期有效的,许多方法只在一段时间里有效。因此,市场需要不确定性,以便给所有的投资者提供机会。同时它也需要不确定性使资金在投资者之间不断流动,从而保证市场本身的活力。通过保证没有特定的信息驱动市场,市场才使其参与者充分多样化。证券市场需要不确定性才能得以存在和延续,不确定性是市场保持活力和创新性的主要来源。

正如熊彼特在《经济发展理论——对于利润、资本、信贷、利息和经济周期的考察》一书中所说的:

> 凡是在问题只是使发展或发展的历史结果成为可以理解的,只是找出能说明一种形势或决定一个问题的要素时,传统意义的经济理论就几乎不能作出什么贡献了。②

> "静态的"分析不仅不能预测传统的行事方式中的非连续性变化的后果;它还既不能说明这种生产性革命的出现,又不能说明伴随它们的现象。它只能在变化发生以后去研究新的均衡位置。而恰恰就是这种"革命性"变化的发生,才是我们要涉及的问题,也就是在一种非常狭窄和正式的意义上的经济发展的问题。③

---

① [美]约瑟夫·熊彼特:《经济发展理论——对于利润、资本、信贷、利息和经济周期的考察》,何畏等译,商务印书馆1990年版,第64页。

② [美]约瑟夫·熊彼特:《经济发展理论——对于利润、资本、信贷、利息和经济周期的考察》,何畏等译,商务印书馆1990年版,第67页。

③ [美]约瑟夫·熊彼特:《经济发展理论——对于利润、资本、信贷、利息和经济周期的考察》,何畏等译,商务印书馆1990年版,第70页。

由于主流经济学的静态分析把经济系统作为一个孤立的过程，因而，创新被视为一个外生的变量并被排斥在经济理论之外。如果我们把经济系统视为一个开放系统，或如熊彼特所说，社会过程实际上是一个不可分割的整体，那么，创新与发展问题就应该纳入经济分析的框架之内。

> 我们所意指的发展是一种特殊的现象，同我们在循环流转中或走向均衡的趋势中可能观察到的完全不同。它是流转渠道中的自发的和间断的变化，是对均衡的干扰，它永远在改变和代替以前存在的均衡状态。①

> 我们所说的发展，可以定义为执行新的组合。这个概念包括下列五种情况：①采用一种新的产品——也就是消费者还不熟悉的产品——或一种产品的一种新的特性。②采用一种新的生产方法，也就是在有关的制造部门中尚未通过经验检定的方法，这种新的方法决不需要建立在科学上新的发现的基础之上；并且，也可以存在于商业上处理一种产品的新的方式之中。③开辟一个新的市场，也就是有关国家的某一制造部门以前不曾进入的市场，不管这个市场以前是否存在过。④掠取或控制原材料或半制成品的一种新的供应来源，也不问这种来源是已经存在的，还是第一次创造出来的。⑤实现任何一种工业的新的组织，比如造成一种垄断地位，或打破一种垄断地位。②

> 我们把新组合的实现称为"企业"；把职能是实现新组合的人们称为"企业家"。③

对于企业家和他们的创新，熊彼特称之为经济发展的根本现象。为了强调企业家和创新在经济生活中的作用，熊彼特使用了"企业家是一种特殊的类型"这样的表述，这个说法只是从"他们的行为是一个特殊的问题，是大量重要现象的动力"意义上而言的，因为这是理解经济活动的关键。实际上，熊彼特认为，创新是社会生活中的最广泛的现象。

不难看到，现代经济生活中，创新已经成为多数企业获得利润的典型方法，更是产业技术升级和产品演替的基本动力。现代生产技术和产品的快速迭代

---

① [美]约瑟夫·熊彼特：《经济发展理论——对于利润、资本、信贷、利息和经济周期的考察》，何畏等译，商务印书馆1990年版，第72页。

② [美]约瑟夫·熊彼特：《经济发展理论——对于利润、资本、信贷、利息和经济周期的考察》，何畏等译，商务印书馆1990年版，第73～74页。

③ [美]约瑟夫·熊彼特：《经济发展理论——对于利润、资本、信贷、利息和经济周期的考察》，何畏等译，商务印书馆1990年版，第82～83页。

正是创新加快的最有力的证明。

但是，在任何时候我们都不应该把创新看作一项孤立的行为，而应看作一种系统性过程。企业和个人自发创新；政府大力推动公众教育，投资科学研究，加强基础建设；降低税收以鼓励投资新企业；减少管制以促进新企业的建立和发展；保持市场公平发展以避免现有企业蚕食新企业等，这一切构建了一个创新发展的经济生态。

(3)熊彼特的价格说——讨价还价说

熊彼特强调，经济学要真正成为一门科学，就必须抗拒那些本末倒置、抓住货币现象不放的人们的错误。而且，他自己也勇于承认，他所坚持的是经济学的异端观点。

在《经济发展理论——对于利润、资本、信贷、利息和经济周期的考察》一书中，熊彼特提出了一个特别有价值的观点，这个观点可能会招来主流学派的一致反对，所以，熊彼特将其放在了第一章的最后。也许是因为如此，它长期被埋没在那个角落，一直没有引起人们的注意。而我们相信，熊彼特是正确的。这一点，每一个参与过“讨价还价”(或交易行为)的实践者都会有的体会：

> 价格根本不是一种确定的价值的直接表现，而只是在许多个人评价的压力下起作用的诸过程的结果。[①]

6.3.3 全球经济中的企业

常常能够看到，当前人们在谈论经济形势时，一句近乎套话的话是“当前世界经济发展面临诸多不确定性”。言外之意，过去的经济发展是确定的，未来经济也可以是确定的。这深刻地反映了人们对真实世界的一种误解。真实的情况是，世界在过去、现在、未来始终处于高度的不确定性之中。黑暗中并没有秩序，有的只是我们对不确定性事件中存在秩序的一种希望。[②]

德鲁克在《管理未来》一书中谈道：

> ……经济学开始行不通。每当我们应用经济学时，它总是不灵验。更关键的是，现代经济学的基本假设既不合理，也不现实。所有的经济理论都假设：各个国家在这个世界上能够独立生存，自己掌握自己的命运……

---

① [美]约瑟夫·熊彼特：《经济发展理论——对于利润、资本、信贷、利息和经济周期的考察》，何畏等译，商务印书馆1990年版，第63页。

② 参见[美]埃德加·E.彼得斯：《复杂性、风险与金融市场》，宋学锋等译，中国人民大学出版社2004年版，第3页。

多数经济学家也都假设，货币流通速度是一种社会习惯，是一个常数，但所有证据都证明这是错误的。[①]

我们生活一个变化中的世界，在一个“随机漫步”的世界。“随机漫步”是指利用过去的表现，无法预测将来的发展方向以及具体的变动情况。在股市上，“随机漫步”是指股市价格短期内变化的不可预知性。因此，投资咨询服务、收益回报预测、复杂的图表模型都是无济于事的。在全球市场上我们每天都要面对着来自市场变化的冲击。

德鲁克还说道：

本质上看，宏观经济理论不再是制定经济政策的基础，因为没有人知道未来将会发生什么事情。未来的经济学必须要能够做到现在的经济学家做不到的事情：把国内经济及全球经济融为一体（请注意，我在这里使用的词是全球经济，而不是国际经济。国际经济表示不包含本国的外部经济，全球经济则包含本国经济）。[②]

毫无疑问，德鲁克的评价是中肯的。他这里所说的“全球经济”就是一种开放经济，而现代经济学充其量可以被称为“国别经济学”，并不具备全球经济一体化的视角，虽然其中不乏“全球经济”的词汇。

任何组织都是复杂适应系统中的组织，具有以下特点：

它是一个开放体，与周边环境进行着信息和资源的交流；每个参与方都根据局部的和有限的信息开展活动；内部、外部的非线性变化不时会制造惊喜——涌现；它会持续不断地变化；未来的结局无法预估。

6.4 竞争与企业战略

英国当代管理思想家查尔斯·汉迪[③]在目睹了现代经济学、管理学发展的现状以后，非常不满地指出：

现在我已不再相信万能论或完美的可能性。我把悖谬看作是不可避免的、天生的和永远的。时代越动荡、世界越复杂，悖谬就越厉害。复杂论加上混沌论，从理论上可以认为，动荡是产生创造性和某种新秩序的必要

---

① [美]彼得·德鲁克：《管理未来》，李亚等译，机械工业出版社2009年版，第21页。

② [美]彼得·德鲁克：《管理未来》，李亚等译，机械工业出版社2009年版，第21页。

③ 查尔斯·汉迪被誉为欧洲最伟大的管理思想大师。英国《金融时报》言过其实地称他是欧洲屈指可数的“最像管理哲学家”的人，并把他评为仅次于彼得·德鲁克的管理大师。

的前奏。我们能够并应该减少一些明显的矛盾，减少不一致性，理解悖谬中的难点，但在新的秩序确立之前，我们无法使它们消失、根治它们，更不能逃避它们。悖谬就像天气，是某种我们生存其间、无法解决，只能减轻最坏的方面、享受最好的方面并作为未来之路的线索的东西。在生活、工作、团体以及国家中，我们都必须接受悖谬，应付它并使它有意义。①

当我长大后，我逐渐明白，别人告诉我的所谓上帝给人类的伟大礼物——选择，其本身就是一个悖谬，因为选择的自由隐含着选择错误导致犯罪的自由。你不可能拥有一种自由而没有另外一种，原罪便是我们为自己的人性所支付的代价，宗教的核心中存在着悖谬。我开始意识到，这其实非常有道理，因为悖谬可使生命生机盎然。如果每件事都是纯粹的福音，那么生命很快就会厌倦，因而也就没有必要改变或者变动了。给我一个没有悖谬的天堂，我宁愿选择地狱，因为完美既不可能也为我所不欲。这个结论对我来说是一个新发现。生命将不会是轻而易举的，也不是完美的，更不是完全可以预测的。②

这是一个有良心的、注重事实的思想家的肺腑之言，也是一个真正有责任感的思想家才能说出的真话。

6.4.1 "战略"的蛊惑

很久以来，在生活的各个领域，人们都热衷于未雨绸缪，期待企业家能够像战神一样运筹帷幄。人类通过预测未来以消除不确定性的做法由来已久，早期的预测往往是通过一些超自然的方法进行的，这催生了占星术之类的迷信做法。现在流行的则是"战略指南"。当然，一些超自然的工具仍然继续被使用着，尽管我们大多数人知道它们是无效的。

我们一般认为，"管理"进入大学是从美国开始的。美国最早的管理学院是1881年在美国宾夕法尼亚大学设立的，工商管理硕士培训计划（MBA Program）在晚些时候诞生于哈佛大学。二战结束时，许多退伍军人进入大学，其中很多人选择了商学院的MBA进行学习，正是这些人的加入给哈佛大学MBA教育带来了辉煌。从此开始，哈佛MBA开始成为世界上最热门、最有价值的学位之一，每年都有数以千计的年轻人跨入哈佛商学院的大门。

---

① [英]查尔斯·汉迪：《空雨衣——变革时代的商务哲学》，江慧琴、赵晓译，华夏出版社2000年版，第13页。

② [英]查尔斯·汉迪：《空雨衣——变革时代的商务哲学》，江慧琴、赵晓译，华夏出版社2000年版，第13～14页。

20 世纪 50 年代,法国的一批企业家开始建立私立商学院,提供一种与众不同的欧洲 MBA 教育(INSEAD 商学院)。IMEDE 商学院(即现在的 IMD)几年后也在瑞士洛桑成立。

20 世纪 80 年代以前,哈佛的优势是定量分析能力,并形成了后来影响颇广的结构化的课程体系。这个体系的实际效果,用我们的话说,“中看不中用”。

20 世纪 80 年代后,美国社会屡屡出现对于 MBA 这种“脱离实际”的教育的批评。从这时起,哈佛商学院首创了案例分析的教学方法——利用对真实世界的实例分析代替对学术理论的过分依赖。这一方法至今仍是 MBA 课程的基础。但是,这依然是一种“花拳绣腿”。

不难发现,在“战略”概念的背后是一套理念——SWOT 模型(优势 Strength,劣势 Weakness,机会 Opportunity,威胁 Threat),由于哈佛商学院,特别是肯尼斯·安德鲁斯(Kenneth Andrews)的专著而变得广为人知。

安索夫(Igor Ansoff)的著作《公司战略》的出版,是 1965 年管理领域的一件大事,这本书代表着战略规划理论发展的一个高潮。

乔治·斯坦纳(George Steiner)是战略规划概念大众化的推动者。实际上,斯坦纳在 1979 年出版的著作《战略规划》的子标题就是“管理者必读”(What Every Manager Must Know)。斯坦纳的战略规则模型见图 6-2。

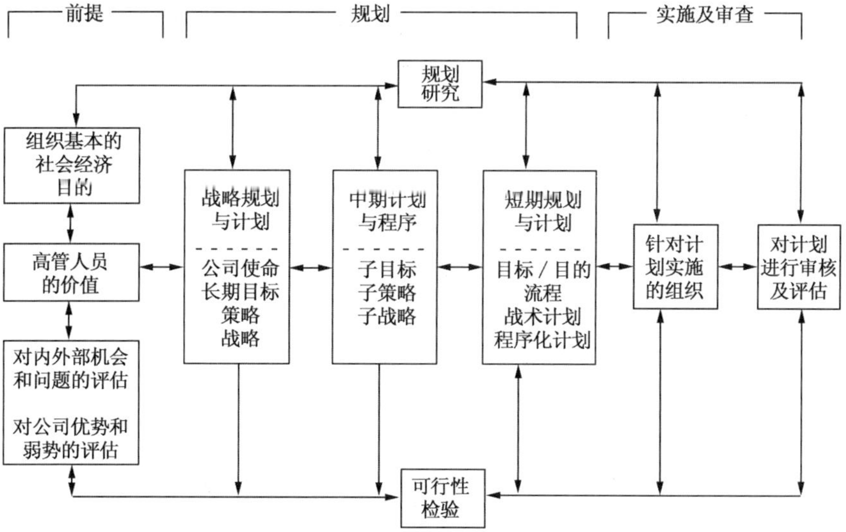

图 6-2 斯坦纳的战略规则模型①

① 转引自[加]亨利·明茨伯格:《战略规划的兴衰》,钟含春译,中国市场出版社 2010 年版,第 35 页。

巴黎综合理工学院的年轻管理人员雅克·萨拉兹(Jacques Sarrazin)通过研究发现了许多令他惊讶的事情。他的结论是:对于战略决策,规划完全是个无效的过程;之所以保留规划,完全是将其作为控制的工具,可能带有政治性质——为了在组织中保持集权。[①]

哈坎·戈默(Hakan Gomer)认为规划是一种落后的系统,规划所关注的更多是战略决策的输出标准的冲击而不是为战略决策提供输入。戈默发现,规划人员习惯于估计危机对业绩的影响,习惯于开展专项研究,习惯于归纳各类管理人员进行的估计,习惯于推荐明显的测量手段,习惯于评估部门预算。[②]

一个组织的有效性取决于如何适应宏观经济环境,包括社会因素、技术因素、环境因素和政治因素(STEP 因素)。其中,社会因素与一个社会中所发生的变化——价值、格调、态度、生活方式等有关。技术因素包括一切由计算机、通信、互联网、电子邮件等带来的变化。经济因素反映了变化中的经济现象,而且包含了购买力、就业、通货膨胀、储蓄、投资和欧元的引入等。政治因素包括不同政府的思想意识形态、私有化和管理方面的政策。知识不像土地、劳动和资本,它体现了收益递增的原则。这也同时意味着知识是一种无限资源,组织中知识的创造、获取和有效实施已经成为竞争优势的重要源泉。

6.4.2 "战略"的歧途

在这里,我们希望说明,只有适合一个企业某一情境的战略,而没有所谓的普适的战略。普适的战略是过分简化的产物。

(1)回首"战略"往事

20 世纪 60～70 年代,企业战略、战略管理成为管理科学领域中的热门话题,随后进入管理实践领域,成为企业竞相追逐的实践活动。传统的企业战略在实践上的做法是怎样的?通常的情况是,一堆饱学之士坐在电脑前,面对着一堆数字和图表,高谈阔论一番,套用一种理论模型,形成一个战略文本。

他们花费数月甚至更长的时间去规划各方面的细节,确保各个环节相互衔接、没有疏漏、不会超出预算,使每件事情都按照规划实施。

但问题是,这种美好的设想并不会变成现实。试图把企业行为限制在充满幻想的图形和曲线里,是一种愚蠢的、注定要失败的做法。虽然人们付出了大量努力去规划细节并预测未知因素,但到最后这些努力终将徒劳无功。

(2)可悲的事实

许多企业的管理者发现,按照这种做法制定出来的企业战略,因为没有充

---

① 参见[加]亨利·明茨伯格:《战略规划的兴衰》,钟含春译,中国市场出版社 2010 年版,第 76 页。

② 参见[加]亨利·明茨伯格:《战略规划的兴衰》,钟含春译,中国市场出版社 2010 年版,第 84 页。

分考虑可能出现的不确定性因素，常常是浪费的资金和精力，最终让企业走上了衰败的路。

请大家记住：几乎没有什么事情的真相是非黑即白的，甚至主流和非主流、好人和坏人、好的主义和坏的主义，这些划分也常常站不住脚。从不同的视角看同一件事，你往往会有不同的看法。刻意追求确定性的战略行动方式不是落伍，而是注定不会成功。可以看到，传统的企业、政府机构的管理方式——命令与控制——是低效率的、缺乏生命力的。

可悲的是，人们明明知道一些工作方式效率非常低，会浪费人力物力，却依然这么做，一而再、再而三地这样做。同时，一些荒诞的、似是而非的说法越来越流行。

原因何在？传统战略理论与实践的局限远远没有被广泛认识到，人们依然沉迷其中不能自拔。人们习惯性地认为，只要进行准确的分析，选择合适的方法，就能实现成功的管理。

问题在于，传统的企业战略常常规划得非常完美，在现实中却往往行不通。实际上，这些战略规划中不仅充斥着错误的假设、不合理的预期，而且通常都脱离现实。最终，这种美好的设想往往不会实现。

不幸的是，一些管理者以为这样的战略很有用，战略规划本身的重要性竟然超越了环境与自身能力，而且如果存在冲突，人们往往认为问题出在现实上，而战略规划是正确的。管理者往往要等到已经投入大量资金，辛苦了很长时间之后才意识到自己原来走上了一条通向失败的路。

传统的企业战略让企业耗费上亿资金之后却以失败而告终，不仅实际花费超出预算，而且根本达不到预期目标。许多做法可能就像在地上挖几下又把土填回去那样徒劳无功。

(3)战略理论与实践的盲点

我们不得不承认，人们所能见到的各种类型的战略计划，大多错误地对开放系统进行了封闭性理解。

①规划活动体现了对控制的迷恋。正如明茨伯格在《战略规划的兴衰》中所指出的，我们都害怕不确定性，缺乏控制的不安全感使人们试图控制有可能给我们带来意外的任何事情。

> 在规划的文献中，最清晰的主题可能就是它对控制的迷恋：对决策和战略、对现在和未来、对思想和行动、对员工和管理者、对市场和客户。所以 Dror 写道（引用 Friedman 的话）："规划是人们在社会奋斗利用自己的理性力量掌控自我、打造长远未来的一种活动。"……对控制的迷恋通常反映出对不确定性的恐惧。当然，在对不确定性的恐惧方面，规划人员与其

他人并没有什么根本的不同。[①]

但是，明茨伯格指出，所有这些努力体现的只是人们关于“混乱”的幻觉。今天的世界与昨天的世界并没有什么两样，不确定性是世界的本来面目。

> 回头看了这么多文献，却只得出一个答案：多数规划学者都愿意将他们所处的时代描述为充满混乱，而且都愿意认定前一代学者所处的时代是稳定的……为什么只有我们所处的时代才是混乱的呢？在20世纪60年代，组织之所以采用规划，是因为稳定的50年代已经过去；到了70年代，又说60年代相比之下是多么的稳定；到了80年代，又有一群学者说波士顿咨询集团的增长共享矩阵之类的技术只适用于70年代，因为70年代是稳定的，80年代是混乱的。安索夫也是这类学者之一……实际上，关于混乱程度在不断增高或者局部混乱的观点，同“今天充满混乱”的观点一样愚蠢。当托夫勒在20世纪60年代写作《未来的冲击》时，Terreberry、Emery和Trist也发表了关于混乱的文章……所以，无论是说组织的整个环境处于混乱局面，还是说二战以来我们经历过的任何一个时期非常混乱，都是荒谬的。如果真的存在这样的混乱局面，所有组织的活动早该被毁掉、所有机构都会解体、任何战略（不管战略是不是该给组织带来稳定性）都将毫无用处。说某个环境处于永久的混乱之中，同说它可以保持永远稳定一样愚蠢：环境总是不断地在某些维度上发生着变化，而又总是在另外一些维度上保持稳定；尽管环境会持续地发生变化，却极少突然之间完全变化（而且在任何情况下，经历环境变化的人也很少能够很好地判断变化的程度）。[②]

所以，我们真正面对的并不是混乱的时代，而是过度膨胀的自大——试图控制一切的自大，是那种意欲未雨绸缪的野心。

> 在我们最后所作的分析中，我们发现……人为应用、徒有其表、无有其实的规划，并不会帮助管理者或外部影响人士控制组织或者组织的环境。规划也不能让规划人员控制组织或组织的环境。相反，每个人都被这个死气沉沉、毫无生机的所谓“规划”系统捆住了手脚，成为它的奴隶！[③]

②理性外表下的非理性。在用战略制定的要求进行评价的时候，战略规划

---

① [加]亨利·明茨伯格：《战略规划的兴衰》，钟含春译，中国市场出版社2010年版，第143～144页。

② [加]亨利·明茨伯格：《战略规划的兴衰》，钟含春译，中国市场出版社2010年版，第145～146、147页。

③ [加]亨利·明茨伯格：《战略规划的兴衰》，钟含春译，中国市场出版社2010年版，第155页。

所假设的理性实际上是非理性的。

> 我们以前看到的，规划文献把人当成另类。尤其当人依靠直觉的时候，是坚决不能信任的。相比之下，系统是可靠的、一致的……用波特在《经济学人》中的说法就是："……公司需要用系统的方式制定战略。战略规划就是对这一需求的回答。"①

③被偏见扭曲了的事实。表面上，所有的战略制定都充分依据了现有的信息，是以事实为基础的。但是，过分依赖硬数据的战略制定过程会出现严重的偏见和扭曲。

明茨伯格认为，正式管理系统所提供的信息总是存在以下的局限性：

首先，硬信息的范围通常有限，缺乏丰富性，而且经常无法包含重要的非经济性和非量化因素。这里的要点在于：对于战略制定来说至关重要的许多信息，永远不会变成硬的事实。

其次，大量硬信息的聚合程度太高，因此在战略制定过程中难以有效地被利用。硬信息依赖的谬误在于：它假定在聚合的过程中不会丢失任何信息，而现实是，在聚合的过程中会丢失大量信息，而且丢失的通常是最核心的信息，有些时候甚至会使管理层丧失对战略制定过程的控制。

再次，许多硬信息基本上是历史信息，反映的都是过去发生的事情，因此对战略制定没有太大作用。

最后，令人惊讶的是，大量的硬信息都不可靠。照理说，软信息应该是不可靠的，具有这样那样的偏差，但实际上，硬信息也好不到哪里，而且很多时候比软信息要差得多。②

当然，更糟的情况是，当规划变成一个数字游戏的时候，管理者们就会假装自己正在制定战略，而实际上他们所做的一切不过是在操纵数字。这时，财务管理代替了战略管理，财务战略不但没有与其他战略协调一致，反而超越了所有其他战略，成为企业资源分配的终极仲裁人。神圣的收入平衡破坏了人们从事战略思考的能力。

每个组织能否存续，取决于不断推进的当下的行动。所以，与当前行动脱节的未来规划是毫无意义的，这样的规划也是毫无用处的。计划变成了许愿清单，表达的都是一些模糊的希望。在这种情况下，正如我们在探讨控制幻象时提到的，现实不再起作用；事情处于控制之下，只是因为它们落在了纸面上。

---

① [加]亨利·明茨伯格：《战略规划的兴衰》，钟含春译，中国市场出版社2010年版，第158页。

② 参见[加]亨利·明茨伯格：《战略规划的兴衰》，钟含春译，中国市场出版社2010年版，第184～187页。

只有当这些过程——规划、决策、思考和管理——与眼下正在进行的经营活动密切而互动地联系在一起，它们才有生命力。①

因此，明茨伯格告诉人们：

“战略规划”是行不通的，它的形式（规划的“合理性”）与功能（战略决策的需求）不符合。制订规划永远不可能成为“最佳方法”。②

6.4.3 迈克尔·波特论竞争战略

迈克尔·波特（Michael E. Porter），哈佛大学商学院企业经济学博士，拥有哈佛商学院的学院教授头衔[学院教授（University Professor）是哈佛大学的最高荣誉，波特是该校历史上第四位获得此项殊荣的人]。他被称为管理界的“竞争战略之父”，是企业竞争战略理论权威人物。他空洞、花哨的三部曲：《竞争战略》《竞争优势》《国家竞争优势》在当今管理学领域备受推崇。

任何一个“理想国”都是很迷人的——柏拉图的、斯密的或现代形形色色的理论。一个完美的、虚构的世界和一个似有似无的逻辑，足以让接受过任何程度教育的人去相信“这就是正确答案”。

在《竞争战略》一书的开头，波特告诉人们：

本书提供了一种分析技巧的综合框架，它有助于一个公司对产业进行总体分析、预测产业未来的演变、理解竞争对手以及自身的地位，并根据具体企业情况将这种分析转化为企业战略。③

有了这样的承诺，又会有哪一个企业家不为之心动呢？然而，我们应该问，迈克尔·波特做到了吗？

任何一个企业行为都有它的关联（波及）效应，这种关联（波及）效应就是牵涉其中的各种相互关联的不同实体之间的行为反应。例如一个企业的降价行为，由于连接的存在，因果事件链就近乎无限地扩张下去——一个事件引发下一个事件，然后是再下一个，再再下一个……由于牵涉其中的事件很多，而每个事件都有多种可能行为，因此，很快就难以估计降价这一小小的动作能够引发出什么样的最终后果。同样，我们也应该认识到，因果链可以回溯的。

波特的做法是将市场系统的反应划分成一些互不相干的组成部分，并试图

---

① [加]亨利·明茨伯格：《战略规划的兴衰》，钟含春译，中国市场出版社 2010 年版，第 205 页。

② [加]亨利·明茨伯格：《战略规划的兴衰》，钟含春译，中国市场出版社 2010 年版，第 282 页。

③ 转引自李庆华：《“正读”经典：迈克尔·波特战略定位思想研究》，东南大学出版社 2016 年版，第 52 页。

以此为基础来理解整个系统。这种化整为零的研究思路确实能够对某些组块有所了解，但并不足以应对整个系统的复杂变化。

波特的战略理论，表面上看来分析得头头是道、斩钉截铁，实际上，只不过是让你把时间、精力和金钱统统浪费在杞人忧天和做无用功上。

可以说，波特完全不知道社会、企业为何事、何物，原因是他的理论错误地、静态地划定了行业边界。现代"赵括"[①]证明了"无知无畏"的道理。最可怕的是那些"似是而非"的理论！

我相信大家都有一个越来越强烈的感受，即现在的行业边界正在变得越来越模糊，这是一个具有重要意义的变化。在这个事实面前，无论是波特的"竞争优势"，还是普拉哈拉德和哈默的"核心竞争力"，抑或是科特勒的"品牌战略"等，已经无法培育和维持企业长期发展的能力了。

实际上，在动态市场上，企业长期努力所获得的竞争优势，常常无法经受时间的考验，跨界联合、跨界并购可以轻易地(甚至是一夜之间)导致企业的"竞争优势""核心竞争力"不攻自破。因此，他们没有指出企业基业长青的正确道路。

6.4.4 不确定条件下的战略

2000 年，《哈佛商业评论》汇总了近年刊载过的关于如何在不确定条件下进行战略管理的一系列文章，文章的作者都是一些名牌大学的知名教授或世界顶级咨询公司的高级顾问。

看似说得头头是道，可惜这种内容几乎都只是虚构的现实。说到底，现代学究们只对绘制无穷无尽的图表感兴趣，仍然属于纸上谈兵。

《不确定性管理》的第一篇文章，休·考特尼(Hugh Courtney)、简·柯克兰(Jane Kirkland)、帕特里克·维格里(Patrik Viguerie)[②]的《不确定条件下的战略》。我的评价是：这篇文章乃至这本书，看起来的确很完美，但基本上全是空洞的逻辑推论，因此华而不实。

变化带来的是更高度的不确定性，节奏越来越快，情况越来越复杂，前景也越来越难以预料。

---

① 赵括，《史记·廉颇蔺相如列传》记载，战国时赵国名将赵奢的儿子，年轻时熟读兵书，谈起兵事来父亲也难不倒他。在长平之战中，他接替廉颇成为赵将，按照兵书来指挥赵军，不知变通，被秦军打败，自己也在突围时被秦军弓箭手射死。

② 休·考特尼，曾是麦肯锡的合伙人，麦肯锡公司华盛顿办事处的管理顾问，他研究的重点集中于不确定性条件下的战略开发以及博弈论的应用。简·柯克兰是麦肯锡公司的知识管理董事，负责公司的知识管理技术、全球调研以及信息服务组织。帕特里克·维格里是麦肯锡公司亚特兰大办事处的一名负责人，向电信、电子、化工等众多产业的客户提供服务，作为麦肯锡公司战略实施的领导者之一，他引导公司对不确定性下的战略进行关注和思考，此外，他还是麦肯锡公司微观经济学实践的领导者。

休·考特尼、简·柯克兰、帕特里克·维格里都是麦肯锡公司的顾问，他们认为，环境的不确定性要求运用新的思维方式来考虑战略。他们指出，经理人员通常会采取一种非白即黑的态度。

> 对于所面临的不确定性，传统企业中的经理人员，要么低估环境的不确定性，对企业前景作出判断；要么因高估环境的不确定性而摒弃所有分析，单凭直觉行事。①

三位作者为人们概括地描述了一种新方法。首先，该方法对四个不确定性层次进行了区分，这种环境的不确定性是任何公司都可能遇到的。其次，他们又阐释了一系列的普通战略（如引导市场、适应市场或保存实力等）是如何被应用到每个层次中的。最后，他们还说明了如何利用三种基本类型的行动（大赌一把、多方下注和稳妥举措）来实施这些战略。

三位作者先列举了几个案例，以解释自己提炼出的不同公司的做法：

> 高度不确定的企业环境中，哪些因素有助于产生好的战略呢？一些经理试图用高赌注的举措来塑造企业的未来。例如，伊斯曼-柯达公司每年花费 5 亿美元开发一系列数字摄影产品，希望能从根本上改变人们创作、储存和观看照片的方式。惠普公司也每年投资 5000 万美元，瞄准开发以家用照片打印机为中心的目标。②

> 商业性报纸喜欢大肆宣传这种决定产业发展方向的战略，因为它具有创造巨大财富的潜力。但是，实际上多数公司还缺乏与此类战略相匹配的产业地位、资产以及相应的风险意识。③

更多的反对冒险的经理选择了少量投资、多方下注方式，以防止遭受损失。例如，在新兴市场寻求发展机遇的过程中，许多消费品生产公司只与一些有限的业务或分销伙伴建立了联系。但是，很难说在这些国家此类有限的投资是保存了实力还是错失了良机。

另外一些经理乐意灵活地进行投资，以使企业能随市场的发展而迅速调整。但是，确立这种灵活性战略的成本可能很高，而且，这种“等着瞧”的战略会

---

① [美]休·考特尼等：《不确定性管理》，北京新华信商风险管理有限责任公司译校，中国人民大学出版社 2000 年版，第 2～3 页。

② [美]休·考特尼等：《不确定性管理》，北京新华信商风险管理有限责任公司译校，中国人民大学出版社 2000 年版，第 4 页。

③ [美]休·考特尼等：《不确定性管理》，北京新华信商风险管理有限责任公司译校，中国人民大学出版社 2000 年版，第 4 页。

将大型投资延迟到前景明了之时进行，这会使竞争对手抓住商机。

还有一类分析的目标通常是确定最可能发生的结果并据此制定战略。在相对稳定的环境下，该方法可以很好地服务于企业；但在前景高度不确定的时候，这种方法就不起作用，甚至可能是危险的。

低估不确定性将会导致这样的战略：它既不能抵御威胁，也无法利用高度不确定性提供的机会。商业史上低估不确定性的案例比比皆是。1977 年，数字设备公司(Digital Equiqment Corporation)的总裁肯尼恩 · H. 奥尔森(Kenneth H. Olsen)宣称："个人没有必要在家里拥有电脑。"在 1977 年，个人电脑市场的迅猛发展还不是必然的，但当时的产业专家们认为它肯定是有潜力的。

另一个极端是认为环境完全是不可预测的，这会导致经理完全放弃传统规划过程中的严谨分析，而主要凭直觉进行战略决策。这种"只管去做"的方法会使经理人员将赌注错误地下在可能导致巨大损失的新兴产品和市场上。

当然，上述企业的做法都被认为是错误的，只能招致失败。接下来，按照考特尼他们的说法，他们提供了"一种新方法"，该方法对不确定性层次进行了区分，这种环境的不确定性是任何公司都可能遇到的。

> 该框架可以帮助管理人员确定哪些分析手段能贯穿不确定环境的决策过程，而哪些不能。在更广的层次上，它为经理人员缜密和系统地思考不确定性及战略提供了一个准则。①

面对环境的极不确定性，经理人员究竟如何作出决定呢？

> 在不确定的环境下，系统地进行正确的战略决策，要求使用一种不同的方式，即一种避免非白即黑的观点。即使在最不确定的环境下，经理人员也不大可能对战略的重要性一无所知。事实上，他们通常可以确定可能发生的结果的变化范围，甚至一组离散的未来情境。这对未来的预测是极其有效的，因为确定哪个战略最好，以及应采用什么程序来开发它，关键在于公司面对环境的不确定层次。然后是确定战略决策环境的不确定层次，并调整战略与之适应的框架。②

考特尼等把企业的前景不确定性分成四个类型。

第一种是清晰的未来，是一条直线。也就说经过整合数据与详尽研究，在

---

① [美]休 · 考特尼等：《不确定性管理》，北京新华信商风险管理有限责任公司译校，中国人民大学出版社 2000 年版，第 3 页。

② [美]休 · 考特尼等：《不确定性管理》，北京新华信商风险管理有限责任公司译校，中国人民大学出版社 2000 年版，第 6 页。

允许一定误差的范围内，通过分析能够达成一个统一的发展方向，比如说预测销售额的增长、用户的变化等（见图 6-3）。

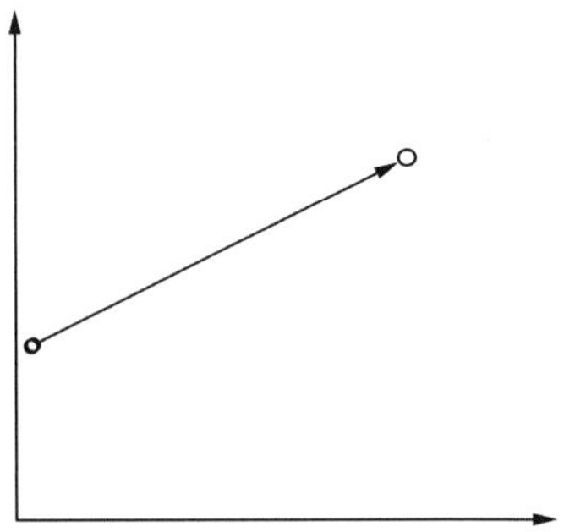

图 6-3　企业清晰的未来

他们指出：这种情况下，完全可以使用大家熟悉的传统战略方法，像波特五力模型、市场分析、SWOT 分析和核心竞争力分析等。这些都是在有明确的预测方向的前提下采取的决策制定方法。

在我们看来，现实生活中，这种情况根本不存在。因此，这种情况属于一味地空想的产物。而且，他们所罗列的几种传统战略方法，已经被证明是无助于解决不确定性条件下的战略问题，也没有帮助过哪家公司渡过难关。

第二种是多情境的未来，和第一种比较接近，虽然表达了有限数量的结果，但也还是有多种可能，所以在预测和制定策略的时候要详细考虑，要把握这其中的不同可能性，分别提出对应的方案（见图6-4）。

一般会围绕可能出现的情况进行两种不同的战略分析，有些有名的方法，可以优化在这种多情景不确定下的策略，像决策树、情景规划，有时会也会用到博弈论。使用穷尽方法能达到最好的效果。

第三种是前景在一个范围内，这是一个有相对边界的集合，你可能只对结果的边界有所把握，但在这个范围里的结果会怎样分布却无法区分（见图 6-5）。

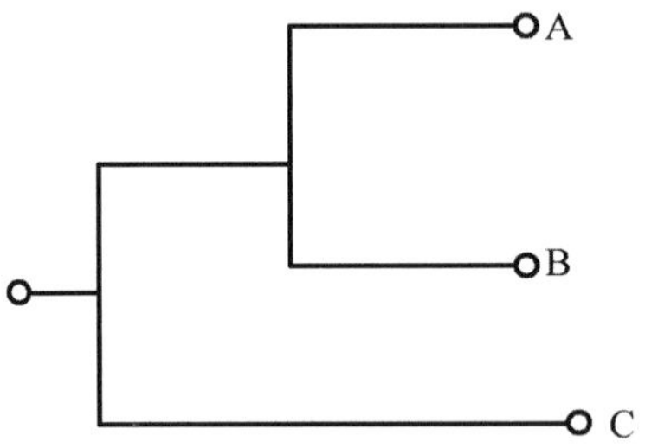

图 6-4　企业多情景的未来

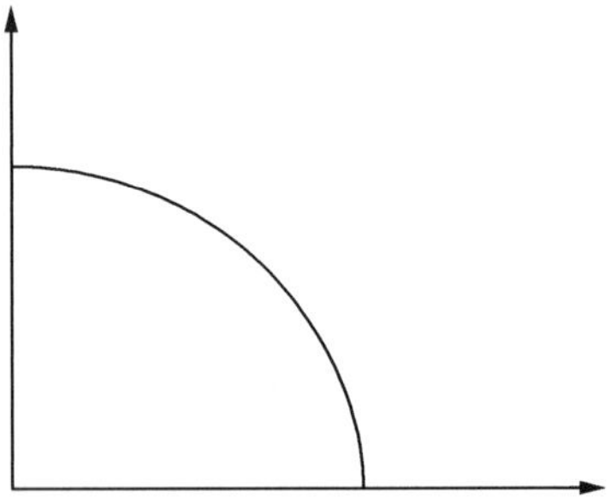

图 6-5　企业前景在一个范围内

在这种情况中我们遭遇的处境更为模糊，部分方法也要随之调整，如潜在需求市场分析、系统动态模型、实物期权价值模型。重点是我们需要谨慎考虑当未来不确定性上升的时候，我们是否需要使用这些更为优化的方法，以及了解如何设计相应的方式去尽可能应对更广的情景。

第四种是模糊的前景，我们甚至不知道图 6-6 中的球是什么，其拥有众多变化量和发展方向，它们带来的结果甚至也完全不确定。那这个情况应该怎么做呢？可以把它拆分成更细的部分来测算可能性。

对于他们提出的“不确定条件下的战略”，三位作者自己评价说：

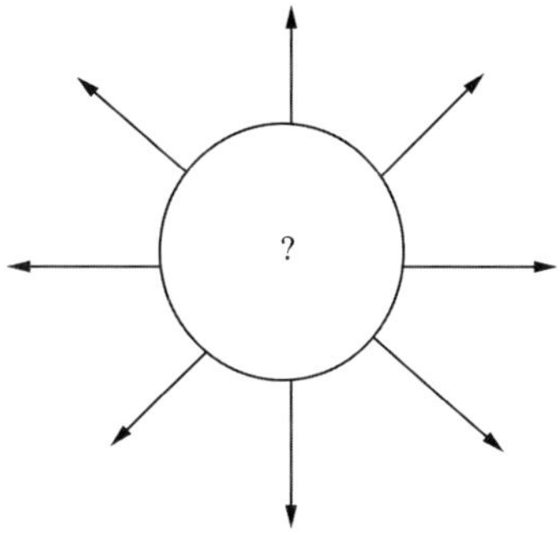

图 6-6 企业的模糊前景

> 这一方法为系统和缜密地思考不确定性提供了一个准则。在一个层面上，对确定哪些手段有助于在各个不确定的层次进行决策而哪些不能，该方法可以提供指导。在更广的层面上，我们的框架可以解决经理人员必须作出的挑战性决策，并完整而细致地理解经理人员所遇到的不确定性及其对战略的意义。[①]

然而，在我们看来，这部作品，除了让作者们收获了名声和稿费，不仅没有解决“不确定条件下的战略”问题，也没有半点指导意义和可操作性，更没有像他们所说，他们的让企业成功地应对了不确定性。

6.4.5 勇反潮流的明茨伯格

大家已经看到，现代管理学家们提出了令人目不暇接的新概念、新思想、新方法和学说，结果，哪怕是最聪明、最清醒的企业家，也变得眼花缭乱、无所适从。

(1)管理理论丛林

现代管理学领域曾经流行一时的理论部分列举如下：

全面质量管理(Total Quality Management，TQM)；全面成本管理(Total Cost Management，TCM)；目标管理(Management By Objictive，MBO)；企业资源计划(Enterprise Resource Planning，ERP)；客户关系管理(Customer Relationship Management，CRM)；供应链管理(Supply Chain Management，SCM)；

① [美]休·考特尼等：《不确定性管理》，北京新华信商风险管理有限责任公司译校，中国人民大学出版社 2000 年版，第 30 页。

业务流程再造（Business process reengineering，BPR）；6σ 管理[①]；项目管理；零库存管理；零缺陷管理……

另外还有数不清的管理模式：哈佛管理模式；GE 模式；惠普模式；松下模式；三星模式；海尔模式；华为模式……

上述各种方法都体现了一种固有观念，这种观念认为，只要能够对问题进行准确的分析并选择合适的方法，就能实现成功的管理。随着世界变得越来越错综复杂，传统的教科书、传统的理论已经过时。

摆脱这种固有思维的关键，就是了解并接受体系中的复杂性，包括任务、组织、问题和项目的复杂性。世界上不能被个人、企业甚至政府掌控的因素太多了：市场环境、竞争对手、客户群体、技术进步、经济状况等。无论撰写规划的人感觉自己把握住了哪些东西，但实际上没有什么东西是完全可控的。

（2）难能可贵的大师：明茨伯格

亨利·明茨伯格于 1939 年生于蒙特利尔，1968 年获得麻省理工学院博士学位，后进入麦基尔大学执教。他揭示了理论上的战略概念与现实之间的差距，有“管理领域伟大的离经叛道者”之称。他的思想非常独特，他提出的每一个新观点都给管理学界带来了巨大冲击。

明茨伯格认为，由于公司都有各自的文化和需要，因此管理者解决问题的办法也各不相同。管理一个企业，并不存在一成不变的“正确”方式。他批判将管理归结为纯科学的观点，主张管理从根本上无科学可言。管理是一种实践、一个过程，从事管理必须在实际环境里摸索、体验、感受、经历，管理不能归纳为统一的标准答案或工业化流程。他出版了 16 本书，发表了 140 多篇文章，其中最具影响力的包括《管理工作的本质》《组织的结构》《战略过程》《战略规划的兴衰》《战略历程：大败局》《管理者而非 MBA》《明茨伯格管理进行时》等。

（3）毫不留情的批判

明茨伯格认为，在管理学的课堂上所发生的事情是将管理简化为决策制定，将决策制定简化为分析。这种情况在经济学中则更为典型，并且进一步延伸为把分析简化为公式。

---

① 从统计意义上讲，6σ 水平意味着差错率仅为百万分之三点四，代表着品质合格率达 99.9997% 或以上。6σ 计划要求不断改善产品、品质和服务来达到目标和客户完全满意的要求。继摩托罗拉、德仪、联信/霍尼维尔、通用电气等先驱之后，几乎所有的财富 500 强的制造型企业，如柯达（Kodak）、西门子（Siemens）、诺基亚（Nokia）等都陆续开始实施 6σ 管理战略。麦克尔·哈默指出：“尽管人们对这种方法的奇效极尽渲染之能事，但 6σ 法的成功并不等于商业的成功。”他还指出：“在最初的采用者当中，有一些公司（柯达，施乐，宝丽来等）正经历重大的商业衰退。甚至摩托罗拉的绩效也是降了又升，升了又降，尽管它持续地实践着 6σ 管理。”

工商管理硕士(MBA)毕业生都该在自己前额烙上骷髅图海盗标记,再加上他们不适合做管理的警告词。他们是商学院的产物,这些学校专把错误的东西教给错误的人。MBA学生中极少有人有任何管理经验,而你无法在教室里教他们如何管理。[①]

无论是经济学还是管理学,为了得到理论的通用性和一般性,都依靠了简化和抽象的方法,尝试将理论推进到现实的最远端。正是这种做法,消除了这个世界的最真实、也最吸引人的部分——模糊的、中间的、相互依存、相互关联的部分。明茨伯格讽刺道:

在对战略规划的流程具体如何一无所知的情况下,他们就敢设计出一套简单化的步骤作为他们建立战略的"一条最佳途径",不仅幼稚之极地声称这个方法模拟了优秀管理者的直觉,还极度傲慢地声称这个方法优越无匹。[②]

规划在许多方面都假设预定条件成立:假定通过预测就可以预言环境,假定通过组织的行动就能约束环境,假定战略形成过程可以按部就班地展开("随需战略"),假定既定的战略会在一个顺从的环境中按部就班地推行,假定组织稳定得可以通过程序来推行战略。[③]

(4)规划依赖预测,预测不可能成功

尤其是在20世纪70～80年代,战略管理红极一时。但是,那些战略管理大师们的理论表面上完美可行,实则毫无用处!毫无疑问,他们无法处理不确定或不可预测的情况,因为他们习惯于分析法,追求明确的因果性。

无论是在Steiner、安索夫、Ackoff、Lorange的著述还是在Jelinek 1979年的著作中,都没有一丁点证据可以证明他们曾经研究过有效的战略家到底是怎么思考的,也没有研究过有效的战略在组织中到底是怎么形成的。相反,他们都是想当然地认为在战略规划、战略思考和战略制定之间存在着对应关系,至少在最佳实践上存在对应关系。[④]

战略规划的理论建立在一些错误或不真实的假设之上,这不仅暴露了它们

① [加]亨利·明茨伯格:《战略规划的兴衰》,钟含春译,中国市场出版社2010年版,第161页。
② [加]亨利·明茨伯格:《战略规划的兴衰》,钟含春译,中国市场出版社2010年版,第161页。
③ [加]亨利·明茨伯格:《战略规划的兴衰》,钟含春译,中国市场出版社2010年版,第162页。
④ [加]亨利·明茨伯格:《战略规划的兴衰》,钟含春译,中国市场出版社2010年版,第158页。

的幼稚与傲慢，也为它们日后的衰落埋下了伏笔。

实际上，在规划的文献中曾经弥漫过一种规范化幼稚病：坚信规范化是最好的，而对规划化是否真正有效充耳不闻。Steiner和斯坦福研究院的专家们都声称自己能够"复制"或"重现"管理人员（先不必给管理者加上"卓越"或"天才"这样的形容词），实际上他们的声明纯粹是胡说，因为直到今天，我们仍然没有真正理解直觉的工作方式，当然也没有任何迹象可以说明直觉是按部就班地工作的。

Leonard Sayles曾经写道："我们的社会显然与崇信模糊不清神谕的古希腊不同，现代社会的人多数都认同，在纷繁的现实世界中并没有所谓天赐的'通灵者'能够预知未来的事件。"实际上，"通灵"这种观念已经正式化成了一种所谓的"神谕技术"，即一群专家围在一起，共享自己的主观估计，反复多次，直到达成共识。Van Gunsteren曾经将这种技术的成果称为"伪信息"，可以在缺乏真实信息的时候使用。神谕技术"为我们提供了无知的专家们作出的平均胡猜，并被用来当成可以使用的最佳科学预测方法。规划人员们忘记了伪科学的知识比无知或常识更危险"。[①]

明茨伯格揭露了规划的深层动力——对确定性的渴望和控制的冲动。

我们认为：借用长期规划、预测以及其他若干面向未来技术这些巫术仪式对管理的增强，不过是缓解焦虑的迷信行为的一种表现，预测和规划的作用与巫术仪式的作用是一样的……它们都使世界变得更加确定，让我们更有信心去应对世界，它们都让管理群体实现了统一，都使我们去采取行动，至少在出现吉兆的时候如此。[②]

明茨伯格的研究发现了一种从变化到控制的交互促进、恶性循环：

一般来说，我们发现战略制定是个复杂的、交互的、渐进的过程，用"适应性学习"来描述这个过程最合适。战略的变化是不平坦的，也是不可预测的，主要的战略在相当长的时间内通常保持相对稳定，有些时候会长达数十年，然后突然之间发生巨大变化。这个过程通常极为紧迫，尤其是在组织面临不可预测的环境变化的时候。[③]

---

① [加]亨利·明茨伯格：《战略规划的兴衰》，钟含春译，中国市场出版社2010年版，第167页。

② [加]亨利·明茨伯格：《战略规划的兴衰》，钟含春译，中国市场出版社2010年版，第167页。

③ [加]亨利·明茨伯格：《战略规划的兴衰》，钟含春译，中国市场出版社2010年版，第79页。

明茨伯格关于政府规划所作的下面这段评论，应该说十分清楚到位，很值得我们深思。

> 不幸的是，由于政府的目标如此模糊不清，所以对绩效的测评方式也是如此贫乏，而且由于公共政策的受众如此分散，所以公共政策质量的问题几乎根本没有以任何系统的方式给予回答。所以，政府枉顾规划活动失败的明显证据，一直千方百计进行所谓正式的规划。①

明茨伯格先是回顾了科克对法国政府的规划工作的研究——法国政府的规划是不可能成功的，因为规划活动的假设是根本不存在的；然后他又引用了《托洛茨基传》中的一段话：

> 假设真的存在所谓无所不知的头脑，能够同时记录自然和社会的全部过程，能够测量自然和社会运动的所有动力，能够预测自然和社会过程所有交互的结果，这样的头脑，当然能够制订出完美无缺、算无遗策的经济计划来，上至要生产多少公顷小麦，下至要制造多少衣扣，不会有任何遗漏。而实际上，官僚机构恰恰总是以为自己真的拥有这样的头脑，因此才会如此肆无忌惮地控制着市场和苏维埃的民主。②

明茨伯格还提到了维尔达夫斯基对战略理论的批判。维尔达夫斯基这样评论说："不论发生了什么事情，规划人员都坚信自己的信仰。如果规划成功了，就证明规划是好的；如果规划失败了，那就证明社会是坏的。所以，规划人员往往不能从经验中吸取教训。要汲取经验，那就肯定会犯错，而规划是永远不会犯错的。"③

> 规划模型中漂亮的顺序掩饰了整个过程里存在的大量混乱之处。尤为突出的是，这个系统虽然提供了全套组成部分，但在实践中却从未厘清这些组成部分之间的关系。目标、预算、战略和程序之间，并不像基本模型假设的那样，吻合得天衣无缝……但是更重要的是，我们认为它反映了模型本身采用的假设是错误的。④

---

① [加]亨利·明茨伯格：《战略规划的兴衰》，钟含春译，中国市场出版社2010年版，第82～83页。

② 转引自[加]亨利·明茨伯格：《战略规划的兴衰》，钟含春译，中国市场出版社2010年版，第83页。

③ [加]亨利·明茨伯格：《战略规划的兴衰》，钟含春译，中国市场出版社2010年版，第97页。

④ [加]亨利·明茨伯格：《战略规划的兴衰》，钟含春译，中国市场出版社2010年版，第48～49页。

(5)战略规划在实践中的失败

目标、预算、战略和程序显然属于非常不同的现象,没有必要像规划文献建议的那样彼此串在一起。它们之间的联系很有可能根本不存在,或者远比目前描述的联系复杂。

通用汽车(General Motors)的CEO在三次不成功的建立总部规划体系的尝试之后,不得不承认:

> 我们把这些了不起的计划集中到一起,把它们放在架子上,然后出发去做那些无论如何我们都要做的事情。我们很快认识到规划什么地方也不会带我们去。对于《商业周刊》来说,什么骚乱也比不上"规划人员和管理人员之间的血腥战斗"更刺激;最后的结果是:战略规划破坏了公司评估外部世界、创建可持续竞争优势战略的能力。①

> 每次都说这次失败是最后一次失败,已经暴露出了真正的问题,这个问题下次就会解决。但他们从来没有质疑过整个规划实践的前提,即:规划人员,或者至少他们这个系统,确实足够聪明,聪明到只要独坐中军帐,就能设计出整个城市的动态、整个企业的未来甚至整个政府的全套政策来。这种反应有一个非常重要的后果:每失败一次,规划人员就会增加一次筹码。(要想成功地进行规划)就需要投入更多资源:更多规划人员、管理人员投入更多时间作规划、采用更多技术、制作更多文档。在规划人员四处忙着堵住他们这艘破船上的漏洞的时候,其他人却必须为他们的错误买单。如果他们不停下来,我们大家除了规划之外,什么事也别想干了(实际上,前苏联可谓是世界上最终极的规划体系,有人估计,仅1969年苏联投入的"与规划有关的行政人员",就高达80万人!)。②

最后,战略管理的衰落也应验了明茨伯格的结论。1984年,安索夫的《战略管理筑基》(*Implanting Strategic Management*)一书出版了,正是在这本书中,明茨伯格看到:

> 我们得说,安索夫的这本书呈现出他与规划过程之间存在的最古怪的关系。这是因为,安索夫全书的观点都与规划的要点相距甚远,而在最后他却死抱住规划不放。在书的最后,安索夫坚信利用解构和制度化的过

① 转引自[加]亨利·明茨伯格:《战略规划的兴衰》,钟含春译,中国市场出版社2010年版,第73页。

② [加]亨利·明茨伯格:《战略规划的兴衰》,钟含春译,中国市场出版社2010年版,第99～100页。

程，就能满足灵活响应的需求。换句话说，用规划的方法就能满足灵活响应的需求。而我们却认为，安索夫从未成功地调和二者间的矛盾，而且(根据本书后面提出观点)我们还认为安索夫根本不可能调和这二者间的矛盾。安索夫想二者兼顾，而根据我们的分析，这两者根本是不可得兼的。①

安索夫似乎总是搬起石头砸自己的脚。他认识到了组织面对动态的条件要变得更加灵活、响应更及时的需求。但是他依然坚信，组织依赖流程的解构和正式化，实际上就是将规划的传统制度化，就能实现组织的需求。正因为安索夫的这种坚持，造成他在规划理论上处于一个尴尬的位置。②

因此，在不确定性的世界里，人们需要有勇气接受这样的事实：

根本不存在通过某种正式过程能够计算出来的所谓"最优"战略。纸上谈兵的战略根本毫无价值。③

6.5 不确定性与企业持续生存：进化型组织的构建

一直以来，主流的企业理论关注的是竞争，与之相应的研究重心是所谓的竞争力建设或竞争战略。但是，这是一种有误导的理论。在企业的实践中，竞争力建设必然因竞争对手的不同而方向各异、变化不定；不仅如此，一个企业把行动目标瞄准竞争对手而不是市场或客户需求，这无疑是一种错误的生存策略。

基于对世界复杂性和社会生物学逻辑的理解，我们强调：企业正确的生存之道在于通过构建进化型组织提升企业的适应力。

人类社会从制度到技术，从观念、习惯到行为，都是在进化的。从一个阶段进入下一个阶段，有缓慢的推进，也有大步的跳跃；它有自发的趋势，也有有意识的选择，却没有具体的终点。进化在各个领域都比大多数人意识到得更为常见、更具深远的意义。进化不仅仅局限于遗传系统，还能解释几乎所有的人类文化改变方式。

虽然迄今依然流行这样一个具有误导性观点：整个社会就像一台精密机器，每个人、每个企业就像这台大机器中的一个零件。但是，在这里，我们要告

---

① [加]亨利·明茨伯格：《战略规划的兴衰》，钟含春译，中国市场出版社2010年版，第103页。

② [加]亨利·明茨伯格：《战略规划的兴衰》，钟含春译，中国市场出版社2010年版，第105页。

③ [加]亨利·明茨伯格：《战略规划的兴衰》，钟含春译，中国市场出版社2010年版，第123页。

诉大家的是：

(1)任何一个组织、团队和人都是一个复杂的自适应系统；

(2)自组织系统的运行存在一些基本的简单规则；

(3)"进化"通过有弹性的迭代方法，迈出"不断的小碎步"，可以让一个复杂的组织体系变得更高效、更加安全。

6.5.1 何谓进化型组织

在近代工业革命后不到两个世纪的时间里，现代科层制的、刻板的和缺乏弹性的机械组织或官僚组织遍地开花——学校、医院、商业及非营利机构——这些我们所熟知的组织只是人类近代的世界观的表达形式，而与之相适应的近代机械论世界观则限制了我们对组织的思考方式。工业化的惯性思维倾向于认为所有的事情都是线性的，据此构建起来的组织和社会是非常局限的。

在历史上，随着每一次观念的进化，人类社会的基础也在转移，包括技术经济范式(从狩猎采集到园艺、农业、工业、后工业)、社会秩序与政治治理(从团伙、氏族到原始帝国、封建文明，再到民族国家、超国家机构)，以及宗教—精神秩序层面(从神灵崇拜、制度化宗教到世俗主义)。现在，我们需要进入一个意识的新阶段，才能重塑人类的组织。

(1)进化的力量

> 钟表般的精确逻辑——也即机械的逻辑——只能用来建造简单的装置。真正复杂的系统，比如细胞、草原、经济体或者大脑(不管是自然的还是人工的)都需要一种地道的非技术的逻辑(生物逻辑)。[①]

卡尔·西姆斯说："进化是一个非常实用的工具。它是一种探索你不曾想过的新事物的方式。它是一种去芜存精的方式。它也是一种无须理解便能探索程序的方式。"[②]但是，人类社会及其组织模式的进化并非像树木一样连续不断，而是以突变的形式发生的。

一个有效的、自发的、进化的分子系统将会是一个超级强大的工具，它将是一个可以创造出任何生物的开放系统。

> 进化无时无刻不在细察这个世界，不仅仅是为了找到更适合的生物体，更是为了找到提升自身能力的途径。它每时每刻都在寻求在适应上有

---

① [美]凯文·凯利：《失控：全人类的最终命运和结局》，东西文库译，新星出版社 2011 年版，第 504 页。

② 转引自[美]凯文·凯利：《失控：全人类的最终命运和结局》，东西文库译，新星出版社 2011 年版，第504 页。

所寸进……这并非出于它的主观努力，而是因为不断加速的适应性就是一条轨道，它行驶其上，身不由己。[①]

在社会生活中，进化可以成为一种有组织地变化。这一结果出现的前提是建立起适应性的组织架构——一种自身求变、自行重组的组织架构。

(2)进化型组织与非进化型组织的区别

进化型组织的特点是善于打破固有认知、尊重客观事实、经常审视自己，摒弃偏见、乐于接受可以使组织变得更完善与美好的事物。反之，非进化型组织的特点则是从思维到行为都相对封闭、保守，多按照惯例与习惯行事，不会去改进组织和个人；这样的组织结构大多权力集中、等级森严，有严格遵循制度与控制的企业文化固化的思维方式。

非进化型组织曾经在工业社会发挥了巨大的作用，这种组织形态可以保证商品的质量，提高生产力，增加组织稳定性，继而降低市场风险。在那个特定时期内，这样的组织具有相对的优势，但是，在当今这个信息化、多元化、纷繁复杂、变化飞速的市场中，工业时代的环境已经一去不返，如果企业依然留恋与迷信曾经的成功经验，将会被社会淘汰。

反观那些进化型组织，他们在市场中勇于创新，不断随环境的变化而变革，与市场形成了一种长效的良性互动，因此，他们从不曾被市场甩下，甚至他们在通过自我进化的过程来引导客观环境的改变，比如那些引领、创造新市场的企业，他们将是未来市场中最具有生命力与发展潜能的企业。

如果我们承认"适者生存"永远是自然界、人类社会乃至一个企业最根本的生存之道，那么，以提升适应能力为核心的企业能力提升战略可以让我们在不确定性面前有效调整自己的行为。于是，企业的战略问题就变成了：在快速变化与不确定的时代，如何提升企业适应能力？

6.5.2 进化型组织与适应性战略

在所有组织发展的早期，都趋于非正式和自组织运作。随着组织的壮大，每一次痛苦的组织蜕变往往都会带来新的架构、层级和控制。相较而言，进化型组织能保持持续和流动，有机地适应与成长。

个体要在客观环境下生存发展的两种选择是改变环境或改变自己以适应环境。

---

① [美]凯文·凯利：《失控：全人类的最终命运和结局》，东西文库译，新星出版社 2011 年版，第 534 页。

(1)试错与适应

人类的生存与发展是通过第一种——改变环境——进行的。这种生存方式是通过不断试错的方法实现的。

从日常生活中,我们不难体会到试错的普遍性。学习语言、学习骑自行车、学习游泳、学习种植谷物、学习养殖动物等,都有令人印象深刻的试错过程。

美国国家科学研究委员会(National Research Council)的泰特洛克(Phil Tetlock),收集了284个政治、经济、生物、物理、天文等多个领域专家的简单预测,并在多年后检验他们的预测结果,计算他们的预测准确度,研究结果在其著作《专家的政治判断》中发表。泰特洛克的研究显示,卓越的公司经常误入歧途,我们比想象的要盲目。在复杂又多变的世界里,试错的过程必不可少。

为什么试错法是解决问题的有效手段?在不断变化的世界里,不断重复进行变异和选择的进化算法,通过尝试各种变异并重复有效的变异来寻找答案。进化或适应的策略之所以有效,是因为它针对复杂、多变的问题,会催生出持续的、适合当下的解决方案。

(2)复杂性与适应性

越是庞大、复杂的系统,对风险的抵抗能力越是脆弱。著名数学家约翰·卡斯蒂(John L. Casti)指出,过分复杂的系统,各参数之间紧密相连,很容易导致整个系统的崩溃。

人们虽然建立起了复杂的模型,却不能预测未来的革命、危机、预算赤字或气候变化,甚至连几个小时后的股市收盘价也无法预测。

纳西姆·尼古拉斯·塔勒布(Nassim Nicholas Taleb)在《反脆弱:从不确定性中获益》中说道:

> 由于天真的乌托邦主义,或者说无视历史,使得我们无法依靠理性的方式消除导致社会脆弱性的贪婪和其他人类的缺点。几千年来,人类一直在进行这样的努力,却毫无效果,无非是增加或减少了几颗坏牙而已,所以我们最不需要的就是更危险的道德说教。相反的,更明智(实用)的行为是让世界能够抵御贪婪的影响,甚至让社会能从人类的贪婪和其他缺点中获益。[①]

蚂蚁与恐龙曾经同时生活在地球上,蚂蚁的体积是大型恐龙的亿万分之一,但强大的恐龙没有适应环境的剧烈变化,早已灭绝;而小如砂粒的蚂蚁则适应了地球亿万年来的巨变,至今依然存在。大多动物只分布在有限的几个区域

---

① [美]纳西姆·尼古拉斯·塔勒布:《反脆弱:从不确定性中获益》,雨珂译,中信出版社2014年版,第103页。

内，很多动物在我们的极力保护下却还是濒临灭绝，而蚂蚁则分散到了除南、北极外的世界各地，成为地球上分布最广泛、数量最多的生物。蚂蚁能够这样顽强的生存发展主要是因为其可以根据生存环境进行适应性进化，亿万年来，不断进化的蚂蚁已经有了几千个种类。

蚂蚁不仅会根据环境来进化自身，还能根据需要来变革组织结构、优化组织机能、进化组织。它们生活在一个科学高效的组织当中，在一个几万只蚂蚁组成的蚁群中，我们找不到一只没有作用或闲着的蚂蚁，虽然上万只蚂蚁同时参与劳动，但却秩序井然。离开蚁穴，没有了蚁后的管理，蚂蚁们能够自我组织形成一支很好的团队。更重要的是，它们能够根据环境需要迅速调整组织结构与功能，找出问题的解决方案。蚂蚁能够如此，完全是因为他们相对环境来说太弱小了，只有不断优化组织进行协作，才能对抗环境。

蚂蚁的进化能力、适应能力、社会分工协作能力和繁殖能力都是非常卓越的，蚂蚁被认为是这个世界上进化最成功的昆虫物种之一，它们生存了上亿年，而进化从未停止。

蚂蚁没有试图改变环境，而是顺应环境改变自己，以协同的力量来对抗环境，因此，它们不但没有被亿万年来环境的无数次突变打倒，反倒越发的兴盛。它们是一群懂得自我进化与促进组织进化的智者。

我们强调：真正能够使企业立于不败之地的战略是不断地提升企业的适应能力，以适应能力的不断提升应对不确定性。任何一个组织能够立于不败的秘籍只能是培养和提高每一个部门、每一个人对变化的敏感程度和应对能力，而不是仅仅依靠一个写在纸上的“战略”。

在动荡的时代，最大的危险不是变化不定，而是继续按照昨天的逻辑采取行动。

6.5.3 提升适应力

复杂系统（如有活力的企业）最令人称奇的特征，就是它们具有多元化、复杂化和学习进化的能力。系统所具备的这种使其自身结构更为复杂化的能力，被称为自组织（self-organization）。

其实，对于一个有机系统而言，自组织是一个非常普遍的特性。一个现代社会的企业家需要对企业的自组织特性高度重视，其主要职能是有效地协调整体系统目标的实现，要让各个子系统有足够的自主权，以维持子系统的活力、功能和自组织性。

虽然上述道理显而易见，但是，在实践中，人们的做法往往相反。在社会生活中，以秩序的名义抑制人的自主性、阻碍系统的自组织性的做法屡见不鲜，例如:应试型教育体系往往限制了儿童的创造力,而不是激发这种能力;现行经济政策往往倾向于支持现有的大企业,而不是鼓励创新型的创业企业;很多国家的政府倾向于约束百姓的行为,而不是允许人们自发地、创造性地行动,结果制造了一个个僵化的、死气沉沉的社会。

大家是否考虑过,造成这种现象的深层原因是什么?

当然是观念!相信大家都熟悉两个一直流行着的管理隐喻:第一种隐喻是把组织比作航船,高层领导就像掌控组织船舵的舵手;第二种隐喻则是把组织比作乐队,把最高层领导比作乐队指挥。实际上,二者都传递了相同的行动信号——构建科层制的组织的观念。

(1)摆脱旧的思维框架

随着观念的进化,人类社会的基础也跟着转移。只有当我们的意识和观念适应了进化,我们才可以再度期待人类文明基础的根本性改变,这将是一次涵盖经济、科技、政治与灵性的彻底变革。

在日常生活中,一个很少被我们意识到的问题是:我们的观念、思维模式、心智模式决定了我们的所思、所见、所为。这种影响虽然是不可见的,但总是存在着,并极大地影响着我们的生活。改变我们自己的思维方式是改变世界的开始,观念的转变是个人、组织和社会转变的开始,摈弃偏见从来不算为时过晚。但是,通常的情况似乎是:一个组织的观念水平不会超越其领导人的意识高度。

由此可以得到的最大感悟是:一项变革的成功,不仅取决于人们的行为和做事方法,更取决于他们的观念,这是他们所有行为的内在源头。如果人们的观念是不同的,那么即使是同一个人,在完全相同的外部环境下做同样一件事,结果也会截然不同。科层制的、封闭式的领导方式、行为方式正在消弭,就好像1989年倒下的柏林墙一样。

日常生活中,我们对任何信息总是有选择的接受。我们接收的信息总是经过了大脑的分类、筛选、过滤和选择,因为每个人都会有先入为主的观念。例如,我们会认真阅读支持自己观点的文章,而压根就不会打开和我们意见相悖的文章。每个人希望看到的仅仅是他所认同的,他的行为只是寻找支持和认同,这在心理学上叫作证实性偏见(confirmation bias)。证实性偏见是人类最顽固的偏见之一,观念和心智模式就是大脑中的过滤器,只留下你认为正确的,剩下的统统扔进垃圾桶。

以上都是在无意识的情况下发生的,因此你会对自己的政治见解、文化偏好和科学观点深信不疑。证实性偏见让我们对事物的认知出现偏差——科学家们为了证明自己的理论,会刻意地回避相反方向的研究;国家与国家之间,组织与组织之间,个人与个人之间的分歧和争端,很大程度上也是由于证实性偏见所造成的。其实，人类信仰也属于一种证实性偏见。

信息科技进步是否能让我们远离错误观念？现代科技(互联网和手机)为人们提供了极为丰富的信息，错误的观念是否已失去了生存空间？不幸的是，答案是否定的。因为在今天，要找到支持自己观点的资料易如反掌，即使对于那些极端的观点也是如此。那么，专家的观点更可信？可以完全相信那些受过高等教育、具有很强的信息处理能力的人吗？答案也是否定的。那些受过高等教育、具有很强的信息处理能力的人，他们曲解信息的能力也越强，歪曲信息佐证自己观点的能力也越强。具有讽刺意味的是，人们可能不会利用聪明才智得出更加准确的结论，而是千方百计证明自己正确。

历史上，不同时代、不同国家，总是不乏伪学者、假大师在用自己的行动诠释什么叫“滥竽充数”。他们只强调管理中数字的作用，特别是现在“数字化管理”更是甚嚣尘上。

我们已多次批判过对数字的迷信，明茨伯格也揭露过这些人的虚伪。生活中充满了数据，但是有时我们忘记了数据仅仅是一种工具，它们没有灵魂。

每一个人的大脑都会创造它自己的内心世界。因此，人的知觉并不是一个信息接收、加工、存储的简单过程，相反，它是一个很复杂的、相互作用的、主观的、唤起性的过程。

由于受到各自观念、思维方式和心智模式的影响和限制，我们在个人生活和事业中，常常看不到真正的威胁和机遇。因此，当马云看到了机会的时候，别人却嘲笑他是疯子和骗子。

(2)CEO 的职责

在进化型的组织里，CEO 承担着举足轻重的角色，他需要创建并护持一个进化空间。这实际上是更高层次的管理，它充满了各种挑战。每当有问题出现，就会有人提出：让我们增加一条规则、一个控制机制、一层监管，把流程再描述清楚一些等。这些需求来自各个角落——有时候是董事会成员，有时候是某个同事、供应商或者客户。因此，CEO 必须一遍又一遍地确保进化理念的稳固，从而不让传统的管理方式从后门乘虚而入。

(3)确立新的商业伦理

对一个企业而言，如果不能处理好不同利益主体的关系，就不可能行稳致远、基业长青。

20 世纪 60 年代，松下幸之助对美国的竞争对手说：

> 我们将战胜西方工业……受制于泰勒模式的不仅仅是你们的公司，更是你们的思想。在你们的模式下，老板负责思考，员工负责机械地使用螺丝刀……对你们而言，好的管理就是老板提出想法并灌输给员工，员工执

行老板的想法，然而我们却不受泰勒模式的束缚。如今，商业愈发复杂艰辛，公司不得不在危机和夹缝中求生存。企业的常青取决于能否时刻充分发挥每个人的智慧。①

如果一个企业只是为短期利益而工作，那么就会丧失判断力。对短期利益的痴迷会使企业失去方向、失去定力。如果企业的价值观和决策方式都是扭曲的，就没有能力去判断哪些工作值得做、哪些工作该放弃，也就无法作出明智的决定。

马云与众不同地提出了“客户第一，员工第二，股东第三”的观点。一般人不敢这样讲，因为当前的《公司法》和社会舆论都认为“股东第一”，他的观点不但颠覆了资本诉求，也颠覆了传统的商业伦理。

我曾经在《人力资本与企业剩余索取权安排》中所论证的正是这样的观点：20世纪末，人们的经济观念经历了一个从物本位到人本位的转变，传统的企业制度造成了对人力资本所有者行为的压抑，没有“活”人，就不可能有活的“资产”。

企业制度变革的思路必须跳出物权变革的路径，向着确立人力资本产权的目标迈进。我相信，只有以员工价值为先，才能更好地激励员工服务好客户，创造更多价值。

在2019年8月20日举行的美国商业圆桌会议上，亚马逊前CEO贝佐斯、苹果CEO库克等181位美国大公司掌门人联合发表声明，重新定义公司宗旨。“股东第三”成为美国这些顶级公司对于企业宗旨、理念与价值的新定位，这是美国商业史上首次摒弃“股东第一”的经营理念。

(4)变革企业的组织结构

当今时代危机四伏，不仅是某一个领导、组织、国家或者某一场冲突的危机，而且揭示了陈旧的社会结构和思考方式正在消逝，揭示了过时的制度化和僵化的社会形态正在消逝。

为了应对快速的、持续的变化，领导者必须掌握如何基于未来最高的可能性来采取行动，而不是陷于过去的经验模式中。

结构无处不在。所有动植物以及几乎所有的人造物都有各自的结构，它们或者是必须能够承受某种强度的力量而不致损坏，或者是有特殊的用途。结构产生稳定，结构产生灵活，结构对于整个系统的存在起到关键作用。

实际上，万物皆有结构——建筑结构、桥梁结构、机器结构、飞机结构、人体

---

① 转引自[美]布莱恩·M. 卡内、[法]艾萨克·盖茨：《自由企业——释放员工，收获卓越》，方宗贤等校译，中译出版社2017年版，第2页。

结构……人类社会及其组织也总是借助于特殊的结构来运行。

在传统的管理思想史上，人们大都承袭了封闭、分割式的思维模式，把企业拆解成生产、销售、人事、研发、财务等五大部分，各部分独立发展，少有联系与互动。这种方法很多时候是有效的，而且也被广泛地应用于社会各个层面。

传统思维模式也影响到企业的组织架构，过去的企业组织是典型的指挥—控制式组织，也是一个封闭系统。传统的组织形态通常包括直线制、职能制和事业部制，它体现了人们对组织系统的理解。

科层制组织架构见图 6-7。在这样的整个框架图中，真正重要的联系就是工人及其管理者之间稀疏的几根垂直线，这存在很大的局限性。奇怪的是，很少有管理学者或专家顾问对此类架构提出过疑问，他们更关心如何完善这个框架（如谈执行力、谈忠诚、谈发挥潜力……）。

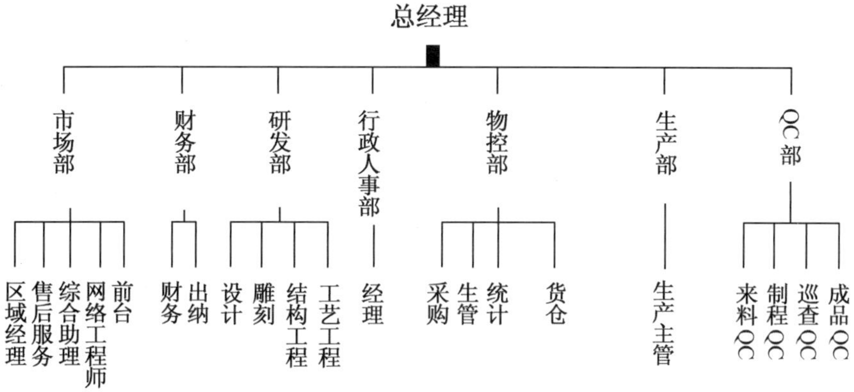

图 6-7 科层制组织架构图

在金字塔般等级森严的组织架构下，信息由车间工人汇报给工段长，工段长汇报给生产线主管，生产线主管再汇报给服务主管，服务主管汇报给制造部负责人，制造部负责人最后汇报给 CEO。这种设置在今天仍然是制造型组织的典型架构。

大家视而不见的一种现象是，扯皮、推诿与浪费行为就像癌细胞一样，正在吞噬我们的效率、组织、生活和社会。正如“敏捷革命”的创始人杰夫·萨瑟兰（Jeff Sutherland）所看到的：“我在很多公司发现 85%的努力是不需要做的，事实上，在他们已经完成的任何一项工作中，只有 1/6 是有价值的。”[①]

随着时间的推进，多数大型组织内就会出现报销政策、差旅政策、着装要

① [美]杰夫·萨瑟兰：《敏捷革命：提升个人创造力与企业效率的全新协作模式》，蒋宗强译，中信出版社 2017 年版，第 93 页。

求、公车使用政策、客户招待政策、供应商签约流程、休假政策、邮件与互联网使用政策等。某些部门被授权用各种表格文件来迫使大家照章办事，并在有人违规时施以惩戒。这种做法实际上是放弃了对企业最具价值的信任，把员工都当成了需要约束、防范和惩戒的坏人。

当系统的结构和功能很复杂的时候，垂直的科层制结构是无能为力的，甚至是有害的。其缺陷主要包括：

第一，低效率。由于工作已经被切割成许许多多的小单元，而绩效考评制度也只鼓励大家完成部门内的目标，所以没有人关心自己的工作与其他单位的关系及其对组织整体目标的影响是什么。

第二，受现代分解式思维的影响，公司的战略、目标规划也完全扭曲。很多人接受了这样一种逻辑：只要每个人、每个部门都把目标达成，整个公司的目标就会达成。

最常见的问题是，每个人都只关心自己的职责所在，自己的任务完成之后就不再过问其他环节了。他们只是从自己的角度去审视工作，而从来不从整体目标、不从用户的角度去看问题。造成这种现象的原因是他们没有密切合作，没有团结一致地去实现一个共同的目标。我们把它称为“分工低效率”原理。可惜的是，人们只记住了分工和专业化的好处，却看不到或不愿意正视分工带来的协调和组织的巨大成本。

第三，滋生了“大企业病”，表现是机构臃肿、官僚主义、流程烦琐、层级隔阂、交流障碍、办公室政治等。

不难想象，在许多航母级的企业中，领导多、会议多、文件多、扯皮多，负责任的少、主动的少、实干的少。即便下层已经是精悍团队，只要上层依然是指挥控制模式的架构，就无法提升企业适应能力。例如，在国企、政府机关和大学，平常大家都有这样的强烈感觉：许多时间、精力、金钱浪费在琐碎、重复、没有价值的工作上。

第四，传统企业中的组织架构的封闭性。在这种架构下，员工、企业与外部的联系被忽略不及，人们对企业外部的变化并不关心，也没有动力对外部变化作出响应，企业成了一个孤立系统。这种情况下，对外部环境变化的适应力就会成为一句空话。

现在，全球范围内的企业组织都意识到：在这个快速变化的世界，过去自上而下、命令式与控制式管理企业的方式正在走向终结。企业正在寻求各种机遇，实现组织的转型与变革，以便更具创造性与敏捷性。管理已不再是指挥和控制，而是在开放、合作基础上，将现代企业转变为适应性组织。企业需要员工拥有主动解决问题的能力并能应对挑战。

适应性组织架构就是要激活每个员工、团队和部门，其至少具有以下六个特点：

第一，开放性。不仅有开放式的组织架构，而且有建立开放式组织的文化。只有靠这“两条腿”，才能放大组织所拥有的资源，获取成千上万员工和社区成员的智慧与能量。

第二，网络化。网络几乎可以看作是这个时代的一切事物的基本存在形态。网络代表了所有的电路（计算机），所有的智慧（机构），所有的相互依存（社会和生物），所有的通信，所有的民主制度，所有的群体，所有的大规模系统。它没有开始、没有结束、也没有中心，或者反之，到处都是开始、到处都是结束、到处都是中心。

各种网络盘根错节，以非常复杂的方式相互依存。网络是群体的象征，由此产生的群组织——分布式系统——将自我融入整个网络，以至于没有哪一部分能说“我就是我”。无数的个体思维聚在一起，形成了无可逆转的社会性。它所表达的既包含了计算机的逻辑，又包含了大自然的逻辑、社会的逻辑，进而展现出一种超越理解能力的力量。暗藏在网络之中的是神秘的看不见的手——一种没有权威存在的控制。网络传送的是由复杂性相互作用而生的协同之力。

与其说一个去中心化的网络是一个物体，还不如说它是一个过程。网络逻辑是违反直觉的，当我们把自己与蜂巢似的网络连接起来时，会涌现出许多东西，而我们仅仅作为身处网络中的神经元，是意料不到、无法理解和控制不了这些的，甚至都感知不到这些东西。任何涌现的蜂群思维都会让你付出这样的代价。

第三，敏捷信息反馈回路。一个快速反应的企业前端，可以随着市场变化快速裂变；一个高效敏捷的组织，可以让成员们独立自主地开展自己的事业。

亚马逊公司前 CEO 贝佐斯主张企业实行分散管理，甚至可以无为而治，让个体独立思考，让自下而上的创新脱颖而出。

第四，唤醒活力的进化功能。在传统管理模式中，随着组织的扩大，管理的层级也不断增加。每一级经理们都在尽力做好自己的工作——指导下级，密切关注预算，仔细确认每一项的资源申请，并且在批准任何一项计划改变之前确保已经照顾到了问题的方方面面。这样一来，下级工作的主动性和积极性也就消失殆尽了。

进化型组织以自主管理的团队为基础，出发点就是让每个人都掌握权力，通过将决策权下放至金字塔底层，化解传统企业中权力不平等的老问题，让企业的每一个神经末梢都能够自主地、灵活地开展工作。

自主管理的团队建设是一项艰苦的创新性工作，如果大家有兴趣，可以参考弗雷德里克·莱卢(Frederic Laloux)的《重塑组织——进化型组织的创建之道》一书。

FAVI曾是一家以传统方式经营的工厂,工厂虽然很小(80人),但也像金字塔般等级森严:车间工人汇报给工段长,工段长汇报给生产线主管,生产线主管再汇报给服务主管,服务主管汇报给制造部负责人,制造部负责人最后汇报给CEO。但佐布里斯特上台之后,他在两年之内彻底重塑了FAVI。

目前,500人的工厂由21个叫作微型工厂的团队组成,每个团队有15~35名员工。大部分团队服务某一个或某一类客户(如大众团队、奥迪团队、沃尔沃团队、水表团队等),还有几个上游制造团队(铸造团队、模具修理团队、保养团队)和几个支持性团队(工程、质量、实验室、行政以及销售支持)。

每个团队都自主管理,没有中间管理层;除了团队自己决定的规则或流程,几乎没有其他任何的规章制度。职能部门几乎全部消失了,之前的人力资源、计划、排班、工程、制造IT和采购部门都被撤销了,他们的工作由团队接管,团队负责自己的招聘、采购、计划和时间安排。

所有人都一致欢迎的完美方案也许并不存在,如此的追求也会让人筋疲力尽。只要没有原则性反对意见,团队就会通过某项方案,而且大家都清楚如果出现了新的信息,随时可以重新讨论之前通过的方案。

在任何特定的领域,都会有一些人比其他人有更多的可以贡献的能力。团队的教练没有等级赋予的权力,但他们仍然发挥着关键作用。团队的教练基于教练能力选出——他们多为年纪较长、经验丰富、人际交往能力强的人。有些人建立的声誉和影响远远超出了所在团队,甚至成为某些专业领域内的问题解决专家。

第五,“互联网+”。21世纪,“互联网+”已经成为一种新的经济形态,即充分发挥互联网在生产要素配置中的优化和集成作用,将互联网的创新成果深度融合于经济社会各领域之中,提高实体经济的创新力和生产力,形成更广泛的以互联网为基础设施和实现工具的经济发展新形态。

“互联网+”并非是在传统产业上叠加一个互联网,也并非是简单地增加一个工具——传统产业与互联网产业的基因不同,它们的相互融合,不仅仅涉及文化、管理,更涉及具体的方法、工具和实现的路径。

互联网所连接的不仅仅是人,物也进入连接,“互联网+”将人、物、商业和万物联系在一起,它将冲破经济与技术的限制,建立任意连接,从而产生颠覆性创新的力量,改变商业模式、业态与产业。

第六,以客户中心。企业只有以客户为中心,才永远不会失去方向。长期以来,在多数企业中都有一种传统认识,认为管理者的职责是监督、控制和命令。在多数情况下，管理一直被当作权威、约束、限制、命令的代名词，管理意味着强调理性及控制。过去的几十年中，特别是在大型组织内，职能部门数量激增，出现了人力资源、战略规划、法律事务、财务、风险管理、内部审计、培训、质量控制以及知识管理等职能部门。

组织虽然是一种人为的构造，但也是一种具有复杂适应性的事物。外部世界虽然复杂，却并不意味着存在一个大自然的设计师。在组织演进问题上，人们不仅一次又一次地弄错了因果，而且像纳西姆·塔勒布所说的，在一个复杂的世界里，"因"这个概念本身就值得怀疑的，人们总是无休无止地为事情找原因。

我们看到，组织内部的人员有一种天然的倾向——适应组织内部规则，而不是适应外部世界，他们通过各种办法来证明他们的存在是有价值的。他们把权力和决策从一线拿走集中起来，一线的员工不得不遵从原则上正确但不符合基层现实的规则。最终，企业的基层充满了挫折感和沮丧情绪，员工士气低落，热情全无。日复一日，对于企业生存至关重要的适应外部世界的能力反而受到削弱。

我们相信，世界上原本就不存在完美的市场、均衡状态或最优组织这些东西，有的只是各种事物的不断演进。正如哈耶克所说，社会秩序的存在，不是来自人的选择，没有人对此负责。

☞拓展阅读

合伙人制度为何流行？

当前，合伙人制度正在变得流行。

(1)合伙的制度本质

实际上，企业核心的资产是人，最难处理的问题也来自人，所以孟子强调说"天时不如地利，地利不如人和"。现在，在中外企业中，越来越多的人认识到了"人"在企业中的核心地位，凡是"人"的要素占这个公司总资产比重非常大的企业，都会使用合伙制。特别是对于公司的骨干，合伙制不仅有效地解决了企业的激励问题，而且化解了人性中的控制问题。

合伙人制度的核心价值是有利于凝聚事业团队，通过权责的匹配和利益的捆绑将人员凝聚在一起为了企业的共同目标而努力，所以当企业对人力资本的要求提高到较高程度，甚至高于资本时可以开始考虑合伙人制度的应用。

(2)实践效果

100 多年来，合伙人制度使西方的投资银行将最优秀也是流动性最高的业内精英集结在一起，形成了一种独特、稳定而有效的管理架构，并先后产生了诸如摩根、美林、高盛等优秀的投资银行。

随着人才争夺战的加剧，企业正在使尽浑身解数吸引和保留优秀人才。在创业创新的浪潮下，员工需要转变为合伙人，这样才能真正激发团队的战斗力。

(3)合伙人制度的时代来了

共创共享共担将取代简单的雇佣关系，合伙人将取代职业经理人，有潜力的员工也将以事业合伙人的身份真正主导自己的事业与未来。虽然合伙过程中不乏散伙的案例，但是在互联网时代，成功合伙的例子也屡见不鲜。例如：

- Google 的“三家马车”(施密特、佩吉、布林)可谓合伙人的成功典范。
- 2014 年 4 月 23 日，万科召开了合伙人创始大会，1320 名中高层管理人员成为万科首批的“事业合伙人”。万科事业合伙人有四个宗旨：掌握自己的命运；形成背靠背的信任；做大事业；分享成就。万科通过将利益与风险捆绑，自我革命，颠覆了长期以来的职业经理人制度。
- 2009 年 9 月 10 日，阿里巴巴的 18 位创始人由创始人身份转变为阿里巴巴集团的“合伙人”，在内部试行三年后，合伙人制度于 2013 年正式对外宣布。马云表示，阿里的合伙人制度建立的不是一个利益集团，更不是为了更好地控制这家公司的权力机构，而企业内在动力机制。

6.5.4 制定战略而不沉迷于战略

不要把战略当作行为教条，再好的战略都需要审时度势作出调整。

战略需要基于对一些未来主要趋势的预测，我们不得不承认，这些预测行为表面上看起来科学且严谨，但这只不过是一种错觉！

(1)警惕统计陷阱

在经济预测活动中，有一个长期以来被人们忽视了的错误：在日常生活中，以平均值——如平均客户需求、平均生产周期、平均利润率等——为基础制定的规划，往往跟实际情况相差甚远，从而导致达不到预期目标、落后于预定计划甚至超出预算的情况。当本来不确定的数据被平均值取代时，必将出现种种错误。

无论是政治、军事还是商业领域，在进行远景规划的时候，人们都会使用这一方法。无论是预测气候变化、地震，还是预测干旱或者洪涝灾害，对不确定性因素、误差幅度以及概率范围的忽视都可能会导致错误判断并带来灾难性的后果。平均值的危害无处不在。

(2)打破计量迷信

计量经济学受到了现代社会高度的关注。计量经济学家们所做的就是试图发现各种变量之间在统计上的关系，但是很不幸，这往往是徒劳的，他们不过是在寻找一些不存在的东西。实际上，在一个开放系统中，任何一个变量与其他变量之间都没有稳定的关系。

我们已经看到，计量经济学模型在预测短期经济走势时并不灵验，在作长期预测时表现也很差；在帮助人们找到如何改善经济的对策方面也无能为力。

统计学和计量学都是以过去的历史作为未来的指针，这个观念是大错特错的，实践中常常让人们付出惨重的代价。

> 如果去看更宽广的历史，我们会发现，某个地方从来没有发生的事，最后往往会发生。换句话说，历史告诉我们，以前从未发生的事，后来竟然发生了。狭隘的时间序列没有教的东西，历史却教了我们许多。视野越宽广，我们学到的教训就越多。①

(3)细节决定成败

通常，战略规划常常要求人们忽略细节。但是，如果我们试图通过简化的方式控制一些复杂的系统，最终可能会发现，这些看似微不足道、被简化的部分，实际上对系统的运作至关重要。

(4)问道真正的大师

塔勒布在《随机漫步的傻瓜》中说：

> 伪科学吸引一大批理想主义笨蛋，经济学家最有可能如此使用科学。你可以用一大堆方程式来充内行而没人能够揭穿你，因为根本没有办法对照实验(controlledexperiment)。②

当然，这段话同样适用于那些打着管理学专家招牌的人。

我个人认为，真正的管理学大师只有两位：德鲁克和明茨伯格。恰恰是这两位大师，毫不留情地打破了人们对“管理学大师”(泰勒、安索夫、波特、哈默……)③的迷信。当然，准确地说，是残酷的、务实的管理实践打破了那些“管理学大师”的饭碗。

明茨伯格强调，战略管理不是一个魔术盒，也不只是一套技术。战略管理

---

① [美]纳西姆·尼古拉斯·塔勒布：《随机漫步的傻瓜》，盛逢时译，中信出版社2012年版，第96页。

② [美]纳西姆·尼古拉斯·塔勒布：《随机漫步的傻瓜》，盛逢时译，中信出版社2012年版，第102～103页。

③ 中国企业战略管理教学、研究、咨询有四大领军人物：刘冀生、郎咸平、赖伟民、徐二明，他们被称为“中国企业战略四大天王”。

是分析式思维，是对资源的有效配置。计划不只是一堆数字，尤其是，战略管理中最为重要的问题是根本不能被数量化的。

从来就没有尽善尽美的战略决策，对相互冲突的目标、相互矛盾的观点，人们总要进行平衡。最佳的战略决策只能是近似合理的，而且总是带有风险的。

明茨伯格批判自上而下的规划型战略，他主张参与式的领导和动态型的战略管理。企业战略应当在高层与基层、企业与环境的反复碰撞之中生成，并应随时调整，适应变化。

本章参考文献

①[英]A. N. 怀特海：《科学与近代世界》，何钦译，商务印书馆1959年版。

②[美]约瑟夫·熊彼特：《经济发展理论——对于利润、资本、信贷、利息和经济周期的考察》，何畏等译，商务印书馆1990年版。

③[美]科斯等：《财产权利与制度变迁——产权学派与新制度学派译文集》，刘守英等译，上海三联书店、上海人民出版社1994年版。

④[美]约瑟夫·熊彼特：《资本主义、社会主义与民主》，吴良健译，商务印书馆1999年版。

⑤[英]查尔斯·汉迪：《空雨衣》，江慧琴等译，华夏出版社2000年版。

⑥[美]休·考特尼等：《不确定性管理》，北京新华信商风险管理有限责任公司译校，中国人民大学出版社2000年版。

⑦[美]米尔顿·弗里德曼：《弗里德曼文萃》，胡雪峰、武玉宁译，首都经济贸易大学出版社2001年版。

⑧[英]尼尔·鲍尔森、托·赫尼斯在《组织边界管理：多元化观点》，佟博译，经济管理出版社2004年版。

⑨[美]弗兰克·奈特：《风险、不确定性和利润》，安佳译，中国人民大学出版社2005年版。

⑩[美]德鲁克：《创新与企业家精神》，蔡文燕译，机械工业出版社2007年版。

⑪[美]哈瑞·刘易斯：《失去灵魂的卓越——哈佛是如何忘记教育宗旨的》，侯定凯译，华东师范大学出版社2007年版。

⑫[美]米尔顿·弗里德曼、罗丝·弗里德曼：《自由选择》，张琦译，机械工业出版社2008年版。

⑬[美]彼得·德鲁克：《管理未来》，李亚等译，机械工业出版社2009年版。

⑭[美]梭罗：《瓦尔登湖》，王家湘译，北京十月文艺出版社2009年版。

⑮[加]亨利·明茨伯格:《战略规划的兴衰》,钟含春译,中国市场出版社2010年版。

⑯[美]纳西姆·尼·塔勒布:《随机漫步的傻瓜》,盛逢时译,中信出版社2012年版。

⑰[英]查尔斯·汉迪:《非理性的时代》,方海萍等译,浙江人民出版社2012年版。

⑱[美]约翰·H.米勒、斯科特·E.佩奇:《复杂适应系统:社会生活计算模型导论》,隆云滔译,上海人民出版社2012年版。

⑲[德]克劳斯·迈因策尔:《复杂性思维:物质、精神和人类的计算动力学》,曾国屏、苏俊斌译,上海辞书出版社2013年版。

⑳[美]纳西姆·尼·塔勒布:《反脆弱:从不确定性中获益》,雨珂译,中信出版社2014年版。

㉑[日]大野耐一:《丰田生产方式》,谢克俭、李颖秋译,中国铁道出版社2014年版。

㉒[美]杰夫·萨瑟兰:《敏捷革命:提升个人创造力与企业效率的全新协作模式》,蒋宗强译,中信出版社2017年版。

㉓[美]布莱恩·M.卡内、[法]艾萨克·盖茨:《自由企业——释放员工,收获卓越》,方宗贤等校译,中译出版社2017年版。

㉔[英]查尔斯·汉迪:《饥饿的灵魂》,刘海明等译,上海三联书店1999年版。

7 复杂世界中的政府

在我看来，经济学家之所以未能以一种比较成功的方式指导政府政策，实是与他们总是倾向于尽可能全力地区模仿业已取得辉煌成就的自然科学的做法紧密联系在一起——然而一如我们所知，在经济学领域中，这种努力可能酿成大错。①

——[英]哈耶克

① [英]哈耶克：《哈耶克论文集》，邓正来译，首都经贸大学出版社2001年版，第381～382页。

严格地说，一个事物的性质是无尽开放的：我们总是能够发现它们更多的性质……我们不仅能够期待在科学探索的进程中去学习有关事物的更多的知识，而且能够期待自己不得不改变对事物组成的性质和行为模式的认识。[①]

人类社会是整个宇宙中迄今涌现的最为复杂的系统。毫无疑问，在复杂的现代社会中，政府扮演了十分重要的角色，发挥了重要的作用。没有政府的经济学理论是不完整的，也是不真实的。在这里，我们选择有限的几个话题略作讨论。

"政府"历来是一个具有高关注度的主题，关于政府的理论汗牛充栋当然也就不奇怪。由于没有系统观念，许多理论对政府作出了错误解读，在这里，我们将用系统的观念看政府。政府本身是现代社会中多种因素共同作用造就的，同时，政府又在与各种因素的相互作用中演进。

7.1 现代社会中的政府

人们普遍认同，现代社会是一个高度文明的社会。这个"高度文明"毫无疑问是人类行为的结果，但是，我们应该如何看待它的形成？它是不是应该被看作是人类理性设计的结果？或者换句话说，人类理性在文明的形成中发挥了什么样的作用？如何认识和评价人类理性？

正确地理解政府的性质也许并不是一件简单的事情。至少我们能够看到，现代社会中的政府存在的一个普遍情况是"政府膨胀"。国家间发展的竞争、政府控制的冲动以及政府服务功能的扩展都是导致政府膨胀的力量。

7.1.1 作为秩序力量的政府

对政府存在及其作用的理解需要一种进化的观念，任何体系都会经历一个形成、增长和发展变化的上升过程。

(1)现代经济学的"无政府"观点

在现代经济学的封闭理论体系中，政府是一个外生变量，因而，根本没有它存在的地位。虽然经济学也无法忽略政府的存在和作用，但是，"政府管制"经济学却只能作为一个边缘话题出现。

亚当·斯密的理论认为政府有害，之后，货币主义者、公共选择学派都认为

---

① [美]尼古拉斯·雷舍尔：《复杂性：一种哲学概观》，吴彤译，上海科技教育出版社2007年版，第50页。

政府有害;而理性预期学派(或新古典经济学)的经济学家则嘲笑他们的所有前辈,并且声称政府干预是一种幻觉,无法改变很多现实问题。包括1995年诺贝尔经济学奖得主罗伯特·卢卡斯和托马斯·萨金特在内,理性预期学派的理论研究者都声称政府对于市场没有多少影响力。

但是,对于开放的、非线性的经济学而言,政府的存在及其作用是无论如何都无法忽略的。

> 一个小的变更——甚至小到无法察觉——都可能引发大的误差。因此,简化——更不必说过分的简化——可能是致命的:差之毫厘谬以千里……每一个细节都很重要——没有哪一个是“不相关的”或“可以忽略的”。简化的模型因此毫无帮助——对于一个非线性系统,就是全或无。因此,或许对任何系统所要问的最近问题是:它是线性的还是非线性的?任何事物都是参与者,因为非线性系统必须被整体地和综合地研究。[①]

基于线性方法论的现代经济学只不过是一种假定。

与外部世界一样,政府本身并没有也不可能超越演化的逻辑。它们以其自身的变异和适应在社会生态系统内演化。

(2)政府是一种秩序的力量

在人类社会的复杂系统框架内,文化、法律、道德观念以及政府都是形成和缔造秩序的力量,它们也都是理解人类经济活动以及构建真实世界的经济学必不可少的因素。

约翰·麦克里兰在《西方政治思想史》中指出:

> 启蒙运动颇以一种新的人性理论自负,这理论强调理性为人性中根本的、凌驾一切的要素……启蒙运动起源于怀疑论……启蒙运动怀疑所有敌人及固有道德与政治制度,忘了对自身以理性之名提出的种种声称存疑。[②]

从政府的诞生与演化看,政府既有人类理性设计的痕迹,又有社会生物学的逻辑。我们强调:政府是从人类对秩序的追寻中诞生的,是人类对确定性追寻的一个结果,是在人类历史发展到特殊阶段应运而生的产物。杜威在《确定性的寻求:关于知行关系的研究》中说:

> 谚语和格言说得好,“万事不由人安排”。事之成败决定于命运,而不

---

① [美]尼古拉斯·雷舍尔:《复杂性:一种哲学概观》,吴彤译,上海科技教育出版社2007年版,第38页。

② [美]约翰·麦克里兰:《西方政治思想史》,彭淮栋译,海南出版社2003年版,第444~445页。

> 决定于我们自己的意旨和动作。希望未能得到满足的悲哀、目的和理想惨遭失败的悲剧以及意外变故的灾害都是人世间所常见之事。我们考察各种情况、尽量作出最明智的抉择；我们采取着行动，除此而外，其余便只有信赖于命运、幸运或天意。①

杜威告诉我们，由于一种“科学的理想和理性生活的理想”，推动人们构建了一个又一个的形而上学的理论体系。然后，这些理论的继承者继续徜徉在这种“合乎理性”的思维系统之中。

> 如果我们用人类学家看待他的材料的眼光来看待柏拉图和亚里士多德哲学的基础，即把它当作一种文化题材，我们就清楚了：这些哲学乃是以一种理性的形式把希腊人的宗教与艺术信仰加以系统化罢了。所谓系统化就包括有澄清的意思在内。逻辑学提供了真实对象所必须最后符合的型式，而物理学则只有当自然界甚至在变化无常之中仍然表现出最后常住的理性对象时，才可能成立。因此，在淘汰了神话与粗野迷信的同时，产生了科学的理想和理性生活的理想……这两个理想便对西方文化构成了一种不可磨灭的贡献。②

(3)社会契约论——洛克等人对政府的形而上演绎

在启蒙运动的早期代表那里，人类的自然状态常常成为他们思想的逻辑起点。洛克提出了人类的自然状态假想。

> 为了正确地了解政治权力，并追溯它的起源，我们必须考究人类原来自然地处在什么状态。那是一种完备无缺的自由状态，他们在自然法的范围内，按照他们认为合适的办法，决定他们的行动和处理他们的财产和人身，而无须得到任何人的许可或听命于任何人的意志。这也是一种平等的状态，在这种状态中，一切权力和统辖权都是相互的，没有一个人享有多于别人的权力。③

洛克还设想了一种约束所有的人不侵犯他人的权利、不互相伤害的自然法。

---

① [美]约翰·杜威：《确定性的寻求：关于知行关系的研究》，傅统先译，上海人民出版社2005年版，第4页。

② [美]约翰·杜威：《确定性的寻求：关于知行关系的研究》，傅统先译，上海人民出版社2005年版，第11页。

③ [英]洛克：《政府论》(下)，瞿菊农、叶启芳译，商务印书馆1982年版，第5页。

> 自然状态有一种为人人所应遵守的自然法对它起着支配作用；而理性，也就是自然法，教导着有意遵从理性的全人类：人们既然都是平等和独立的，任何人就不得侵害他人的生命、健康、自由或财产……正因为每一个人必须保存自己，不能擅自改变他的地位，所以基于同样理由，当他保存自身不成问题时，他就应该尽其所能保存其余的人类，而除非为了惩罚一个罪犯，不应该夺去或损害另一个人的生命以及一切有助于保存另一个人的生命、自由、健康、肢体或物品的事物。为了约束所有的人不侵犯他人的权利、不互相伤害，使大家都遵守旨在维护和平和保卫全人类的自然法，自然法便在那种状态下交给每一个人去执行，使每人都有权惩罚违反自然法的人，以制止违反自然法为度。①

从人类原来的自然状态来追溯政府的起源，也许不失为一种方法。但是，由于人类原来的自然状态早已不复存在，所以无论是谁，只能借助思想实验。但思想实验最容易犯错误，人类原来的自然状态为什么必然会是一种平等的状态？

把人类原来的自然状态设想为一种平等的状态，正是洛克《政府论》形而上的地方。洛克把社会的自然状态看成是一个人人有自由、有平等、有自己财产的状态更缺乏真实性。换言之，洛克把每个人、每个家庭、每个部落甚至人们的思想、观念、偏好等，都当作是同质的原子，这当然是极不现实的、非常形而上学的观念，历史上从来就没有出现过这种自然状态和社会契约。

1651 年，霍布斯(Thomas Hobbes)在《利维坦》这部作品中，给出了他的形而上学国家观点。

依照霍布斯，自然状态中不受节制的自由会引发战争，是“所有人对所有人的战争”。为逃离这一危险处境，人类同意放弃随心所欲的自由，以换取他人尊重自己的生命权。国家，也就是利维坦，以社会契约的形式来执行这一相互的允诺，来保障人们天生拥有但在自然状态中无法享受的权利。政府借保障和平来保障生命权，为保护自然的自由和财产，社会契约便成为必要。

无论是洛克还是霍布斯，他们对政府起源的看法都流于形而上了。我们认为，人类原来的自然状态不可能是一种平等状态。由于各种各样的原因(自然环境、生育、疾病、灾害、战争等)，有的民族或部落人丁兴旺，有的则人口稀少。在不同民族、部落间的力量博弈和生存竞争中，诞生了早期政府的雏形。

(4)政府，在演化过程中一路走来

哈耶克在《自由宪章》中指出，社会和文明是人类行为的产物，但不是人类

① [英]洛克：《政府论》(下)，瞿菊农、叶启芳译，商务印书馆 1982 年版，第 6～7 页。

设计的产物。哈耶克说道：

> 人的社会生活，甚至就连群居动物的生活，唯有个体的行为举止遵循一定的准则，方能实现。随着人的聪明才智的发展，这些准则会越来越从不自觉的习惯发展成为明确而强调表达的陈述，并同时日益抽象化和一般化。我们对法律机关如此熟悉，以致我们看不出，用抽象的规则来划定个人领域是何等难以琢磨的并错综复杂的方式呀。假如它是用理智设计出来的，那它就是人类最伟大的发明创造之一。不过，与语言、货币或者大多数社会生活赖以存在的和机构常规惯例一样，法律机关当然也不是由一位智者发明创造出来的。[①]

哈耶克强调，知识分散在无数个人当中，它是那些单个人的知识。文明允许每一个人从所有人的分离的、局部的，有时是相互矛盾的信念中获益。

哈耶克在《致命的自负——社会主义的谬误》中指出：

> 本书所要论证的是，我们的文明，不管是它的起源还是它的维持，都取决于……人类合作中不断扩展的秩序……这种扩展秩序并不是人类的设计或意图造成的结果，而是一个自发的产物：它是从无意之间遵守某些传统的、主要是道德方面的做法中产生的，其中许多这种做法人们并不喜欢，他们通常不理解它的含义，也不能证明它的正确，但是透过恰好遵循了这些做法的群体中的一个进化选择过程——人口和财富的相对增加——它们相当迅速地传播开来。[②]

与哈耶克相同，英国的马特·里德利《自下而上：万物进化简史》的序言中指出：

> ……通过本书，能逐渐让你释放(disenthrall)对人类意图、设计和规划的痴迷……让你透过设计的错觉，看到潜藏在底层，自然发生、未经规划、无情推进却又美丽动人的变化过程。[③]

在里德利看来，世界上有一套延续至今的主流神话，我们所有人都犯过同样的一个大错误：

---

① [英]哈耶克：《自由宪章》，杨玉生译，中国社会科学出版社 1999 年版，第 211 页。

② [英]F. A. 哈耶克：《致命的自负——社会主义的谬误》，冯克利、胡晋华译，中国社会科学出版社 2000 年版，第 1 页。

③ [英]马特·里德利：《自下而上：万物进化简史》，闾佳译，机械工业出版社 2017 年版，序言。

> 人人都认为，世界主要仰赖规划。这样一来，我们一次又一次地弄错了因果：我们把船舶扬帆归咎于风，又错误地把旁观者当成了肇事者……我们描述世界的时候，总觉得人和制度是关键，可大多数时候并非如此。[①]

里德利的结论是：

> 究其本源，政府是公民之间执行公共秩序的一种安排。它自发出现的概率，跟外界强加的概率至少也是不相上下。数百年来，它的形式不断发生有机的改变，少有规划。[②]

7.1.2 社会问题的两种错误归因

人类社会在不确定性的世界中艰难前行，世界的不确定性深刻地影响着人类的活动。一部人类历史，在很大程度上就是一部与不确定性共舞的历史。

几乎每天，我们都会遇到一些突发事件，而且常常被它们弄得手忙脚乱，其中当然有一些是微不足道的小事情——一个偶遇、一个电话、一次迟到、传染流感……（但并不意味着它们的影响可以被忽略）。同样，大的事变也是屡屡发生：天气巨变、地震、股灾、恐怖事件、局部战争、环境灾难等。由于缺乏正确的世界观，人们常常对它们作出错误的归因。

（1）作为第一替罪羊的商人

当事情变坏时，例如遭遇经济危机或失业等，首先遭到指责的是往往商人。

> 是什么造成了经济大萧条？是"个人的愚蠢和贪婪掌控了经济体制，是以工人和公众为代价而追求个人财富的行业领袖们"……是什么造成了金融危机？"经济危机的根源在于人类的贪婪"。[③]

可以肯定，这样的结论失之于把问题简单化。另外，还有一大群知识分子，被认为是所谓的资本主义的拥护者，如米尔顿·弗里德曼、詹姆斯·布坎南等，他们为资本主义的优越性而论争。但是，他们的解释都不是什么新的或有说服力的见解，所有人的辩护都在危机、通胀和崩溃等问题上含糊其词，都无法解释何以他们期待的市场秩序并没有出现。

我们的观点是：自由市场确实是这样一种体制——有更多财富，更多创新，

---

① ［英］马特·里德利：《自下而上：万物进化简史》，闾佳译，机械工业出版社2017年版，序言。

② ［英］马特·里德利：《自下而上：万物进化简史》，闾佳译，机械工业出版社2017年版，序言。

③ ［美］亚龙·布鲁克、唐·沃特金斯：《自由市场革命：终结大政府之路》，启蒙编译所译，上海译文出版社2014年版，第44页。

更多进步。消费者、企业、投资者寻求更多。市场沉迷于疯狂的、危险的对物质财富的追求，而且不顾后果，但是，它却并非非自然的和不道德的，同时也没有什么万能的手段。即使借助于政府的干预、监管和严格控制，只能一定程度上减缓，却并不能遏止和消除不确定性。并且，政府的干预、监管和严格控制也常常使事情走向预期的反面。

(2)作为第二替罪羊的政府

当事情变坏时，其次遭到指责的常常是政府。

实际上，现代各国政府的许多所作所为颇有一些饮鸩止渴的味道："福利国家"在世界各处都大行其道，政府扩张愈演愈烈。布鲁克和沃特金斯在《自由市场革命：终结大政府之路》一书中提道：

> 如今，以保障重要需求的名义进行财富再分配，这种福利国家计划非常庞大，包括失业救济金、伤残补助金、收入补贴、食品券、社会保障、医疗保险、医疗补助、住房补贴以及公共教育。光联邦预算，就有超过60%用于资助福利事业。今天，美国家庭一年向福利事业平均缴纳 1.6 万美元，几乎是十年前的一倍，这还不包括教育费用。从约翰逊总统的"向贫困宣战"开始，至 2008 年，仅在审查过的福利项目上，花费已超过 14.3 万亿美元。[①]

今天，美国的国债还在变化、增长，更不用说那些州和地方各级的庞大开销了。总而言之，政府支出占了 GDP 的 41%，这个数字令人窒息。然而，这个数字也许只会进一步增长。

当前我们所遭遇的金融危机、社会冲突、失业等问题，既不能笼统地归因于市场失灵，也不能一概地说成是政府失败。必须看到，在一些问题上，政府确实提供了一种负反馈机制，使得一些问题不至于突破人们所能接受的社会和心理界限。当然，在另外许多问题上，政府的简单化做法也加剧了社会动荡——如政府通常是通货膨胀的主要推手；一些领域中的政策目标冲突也加剧了社会混乱和无序——如把增长和 GDP 作为政绩考核标准。

实际上，我们的观点是，我们所遭遇的多数经济、社会问题应该被看作是复杂世界的涌现现象，而不是某个简单原因的线性结果。借杜威的话说：

> 关于所作行动的判断和信仰都不能超过不确定的概率。然而，通过思维人们却似乎可以逃避不确定性的危险……依照传统的主张，理智却可以抓住普遍的实有，而这种普遍的实有却是固定不变的……并且，确定性的

① [美]亚龙·布鲁克、唐·沃特金斯：《自由市场革命：终结大政府之路》，启蒙编译所译，上海译文出版社 2014 年版，第 46 页。

寻求已经支配着我们的根本的形而上学……因此人们把理论与实践、知识与行动分割开来了。这就是我的基本的主题思想。[①]

7.1.3 政府的膨胀

应该看到,政府机构膨胀是现代国家的通病。最近一个世纪以来,多数国家的公权力都比以前更庞大,而且涉足了社会生活的方方面面,深刻地影响国民的生活。

7.2 政府的控制冲动与扩张冲动

系统科学与非线性世界观的问世只有半个多世纪的时间,它们还远远没有成为公共意识,而与牛顿物理学相联系的规律观念还在深刻地影响着人们特别是一些学者和政府官员高度"专业化"的头脑。

工具理性是现代社会中不断张扬着的意识形态,它在当今社会生活中的体现之一就是政府体制向现代社会的全方位扩张和深层次渗透。但是,工具理性是一种有偏的理性,它所带来的效率只是一种有限的机械效率。在复杂的、条块分割的现代官僚体制下,一些总体效率常常是通过损害某些局部效率来取得的,而专业化所带来的局部效率也往往是以牺牲总体效率为代价的。

7.2.1 控制的冲动与规划

在今天,仍然流行着这样的社会观念和行为哲学,它们"从单一的因果角度,把高度复杂的交往秩序解释成机械现象,而不是一种使我们有可能对高度复杂现象作出解释的自我调控过程的原型"[②]。

(1)致命的自负——以"理性"的名义

《致命的自负——社会主义的谬误》一书是哈耶克生前最后一本重要著作,可以看作是哈耶克对自己一生致力于探讨市场文明的原理、反对集体主义选择的一个总结。从1944年的《通向奴役之路》到这本《致命的自负——社会主义的谬误》,哈耶克度过了将近半个世纪的学术生涯。在这段漫长的岁月里,他也从一个十分边缘化的经济学人,变成了享誉世界的思想家。这本书是他对人类提出的最后的忠告。

---

① [美]约翰·杜威:《确定性的寻求:关于知行关系的研究》,傅统先译,上海人民出版社2005年版,第17页。

② [英]F. A. 哈耶克:《致命的自负——社会主义的谬误》,冯克利、胡晋华译,中国社会科学出版社2000年版,第171页。

哈耶克批判计划经济，是基于他所继承的奥地利经济学派的知识：既然人们的需要有着高度的主观性、个体性和易变性，那么为了满足这些需求而从事的经济活动是可以进行合理计划的吗？实行这种计划的政治后果会是什么呢？

他认为，许多知识分子敌视市场秩序的原因在于他们没有真正理解或根本不愿意理解这种抽象的和自发形成的秩序在一切生命领域所起的作用。由于这种建构论理性主义的思维方式把人类社会获得的一切优势和机会一概归功于特意的设计而不是对传统规则的遵从，因此他们认为，只要运用理性对目标作更为恰当的设计和理性的协调，就能消灭一切依然存在的不可取现象。

自从启蒙时代以来，人类在自然科学和技术的运用上取得了巨大进步，但是，从这种进步中，哈耶克却看到了一个巨大的潜在危险，即每个科学领域所取得的成就，都在加强人类在判断自己的理性能力上持有的一种幻觉，这就是他所说的社会主义者的"致命自负"。在他看来，一切打算对整个社会实行计划的企图，不管它们的动机有多么高尚，都建立在这种危险的自负上。

> 理性主义者广泛认为，中央计划经济不仅会提供"社会公正"，还能使经济资源得到更有效的利用。这种观点乍看上去似乎合情合理，但是它忽略了刚才讨论过的那些事实：任何人都根本不可能知道人们在这种计划中所能够动用的资源总和，因此对这些资源不可能进行集中控制。[①]

与这种流行观念相反，哈耶克认为，形成巨大而复杂的现代社会的一个关键性因素，是人类在一个类似于自然选择的过程中，形成了一套调节人际关系的规则，它在很大程度上不是人类特意计划或追求的结果，而是在没有人能够预知其后果的情况下，经过漫长的岁月在自发的进化中形成的。通过市场运行，一种不同于任何人类设计的自然秩序形成了。

> 理解了信息（或事实知识）传递的作用，也就为理解扩展秩序敞开了大门。然而这些问题是十分抽象的，受到支配着我们教育系统的机械论的、唯科学主义的和建构主义的理性教条熏陶，因而倾向于对生物学、经济学和进化论一无所知的人，尤其难以领会这一点。我承认，从我在"经济学和知识"一文中首次取得突破，通过认识到"竞争是一种发现的方法"和"知识的虚妄"，再到阐述我的信息分散理论，直到最后提出我的有关自发形态比

---

① ［英］F. A. 哈耶克：《致命的自负——社会主义的谬误》，冯克利、胡晋华译，中国社会科学出版社2000年版，第96页。

中央管制更优越的结论,的确也花费了一段漫长的时光。①

人类的理性与知识既然有着不可克服的局限,它又是如何为文明的进步作出贡献的呢?或者换言之,人类需要对社会发展和制度的形成采取一种什么态度,才能最好地使有限的个人知识得到充分利用呢?

> 随着我们进入这些复杂的现象,简单的因果解释中的机械方法和模式会变得越来越不适用。具体地说,决定着许多高度复杂的人类交往结构的关键现象,即经济价值或价格,就不能用简单的因果理论或"普遍性"理论加以解释,而是要根据大量独立因素的共同作用来解释,而这些因素的数量之大,使我们根本别想哪个人能够加以观察或操纵。②

哈耶克指出,对于包含着无限多的要素、相互作用关系极为复杂的有机体而言,人类的理智在了解它们秩序模式的形成机制上所能达到的认知水平是十分有限的。对于这种复杂现象,我们充其量只能掌握一些有关它们的一般结构的"抽象知识",这根本不足以使我们有能力真正"建造"它们,或是预见到它们的具体形式。

> 对市场过程令人满意的解释,亚当·斯密在很久以前,就用他的"看不见的手"这个比喻对它作过说明。尽管仍然有着比喻性的、不尽完美的特点,它却是对这种自发生成秩序的过程作出的第一个科学解释。相反,穆勒父子除了根据过去发生的少数事件进行因果判断外,再没有别的方式理解市场价值的决定因素,这种无能的表现,就像许多现代"自然科学家"的情况一样,妨碍了他们对自我调控的市场过程的理解。对边际效用理论的基本真理的了解,又因为詹姆斯·穆勒对李嘉图的主导性影响以及卡尔·马克思本人的著作而被进一步拖延。在这些领域寻找单一因果解释的尝试(由于阿尔弗雷德,马歇尔及其学派的决定性影响,在英国甚至拖得更久),一直持续至今。③

哈耶克的结论是,文明的成长与其说是因为理性的完善和强大政治国家的建立,倒不如说国家和理性精神的产生是它们的结果。

① [英]F. A. 哈耶克:《致命的自负——社会主义的谬误》,冯克利、胡晋华译,中国社会科学出版社2000年版,第100页。

② [英]F. A. 哈耶克:《致命的自负——社会主义的谬误》,冯克利、胡晋华译,中国社会科学出版社2000年版,第170页。

③ [英]F. A. 哈耶克:《致命的自负——社会主义的谬误》,冯克利、胡晋华译,中国社会科学出版社2000年版,第171页。

(2)自负的恶果

如果我们记住了前面所说过的——经济活动是在非线性系统中发生的,记住了它的基本特性是不确定性,那么,试图用计划的方法来推动整体经济的发展,就不能不说是一种空想性质的实践。

哈耶克从人类对信息利用的角度,有力地证明了计划经济的不可能性。

> 如果我们承认社会的经济问题是在特定的时间和地点的条件下,对环境变化的快速调整适应,那么我们也应该同意:只有那些熟悉这种环境并且直接掌握了相关的变化和可以立即应付这些变化的资源的人,才能作出最终的决定。而把所有的知识传递给一个中央板块,经由它对所有的知识进行综合汇总,再发出指令的方式是不能解决经济问题的。解决经济问题必须采取分权的方式,因为只有通过这种方式,我们才能保证特定时间和地点条件下的知识能被及时使用。①

哈耶克强调把价格体系看成是一种信息传递的机制,这是正确的。也许我们还应该认识到,市场并非仅仅是"价格",市场是一个比价格更多维度的概念。

> 如果我们想要了解价格体系的真正功能,我们就必须把价格体系看成是一种信息传递的机制……价格体系最为重要的特点就是它所赖以运行的知识具有经济性,或者说,单个参与者并不需要得到多少知识就能采取正确的行动。只有最必要的信息才是以简短的形式通过某种信息符号传递下去,并且只传递给那些对这些信息感兴趣的人。价格体系可以比喻成记录变化的机器,或者是使单个生产者只能观察到一些"指针"的运动的通信系统。②

在一般均衡经济学中,完全信息是一个重要的基础假设。在计划经济的理论中,这个假设却被人们不加批判地当作了现实。

> 那种假设能够获得几乎所有人的或多或少的完全信息的理论化模式,已经蒙蔽了我们对价格机制的真实功能的认识,而且导致我们采取错误的标准来判断价格机制的有效性。③

---

① [美]詹姆斯·L.多蒂、德威特·R.李:《市场经济:大师们的思考》,林季红等译,江苏人民出版社2000年版,第30页。

② [美]詹姆斯·L.多蒂、德威特·R.李:《市场经济:大师们的思考》,林季红等译,江苏人民出版社2000年版,第32页。

③ [美]詹姆斯·L.多蒂、德威特·R.李:《市场经济:大师们的思考》,林季红等译,江苏人民出版社2000年版,第32页。

哈耶克对于人们盲目崇拜的“理性”表示了高度的怀疑。由于看到了计划模式是人类的“理性设计”的产物，哈耶克特别强调了价格机制不是人类设计的产物。

> 我坚信，如果价格机制的运作过程是人类精心设计的结果，如果受价格变化引导的人都能明白他们作出的决定的重要性远远超过了他们当前的目标，那么价格机制完全可以被誉为是人类智慧最伟大的胜利。令人备感遗憾的是，价格机制既不是人类设计的产物，受它引导的人通常也并不知道他们为什么要这样做。有些人就是不肯相信那些没有经过计划就自发形成的事物，甚至我们根本不理解的事物反而能够解决我们用有意识的方法解决不了的问题。[①]

7.2.2 通货膨胀是一种政府现象

通货膨胀(inflation)，是指因纸币发行量超过商品流通中的实际需要的货币量而引起的纸币贬值、物价上涨现象。在现代经济生活中，通货膨胀是一种普遍现象。

关于通货膨胀的研究浩如烟海，在这里，我们强调它是一种与当今社会存在的两个基本事实——日益深化的货币国家化进程和难以遏制的政府职能扩张趋势——紧密联系的现象，更具体地说，是一种政府现象。

(1)日益深化的货币国家化[②]进程

可以肯定地说，除了少数能够从通货膨胀中短期获益的人，几乎没有人愿意与通货膨胀为伴。然而，在能够预见的未来，我们不得不与通货膨胀相处。早在1963年，在《为什么我们的钱变薄了》一书中，罗斯巴德曾经分析过，通货膨胀使我们手中的钱“变薄了”，它对个人产权和市场经济秩序都冲击。

从形式上看，货币国家化的历史并不很长。如果仅仅是以现代中央银行制度的确立为标志，似乎只有300多年的历史。1668年，世界上第一家中央银行——瑞典的国家标准银行建立。当然，这并不意味着中央银行制度的诞生。1857年，英格兰银行成为真正的中央银行，这也标志着中央银行制度的确立。

---

① [美]詹姆斯·L.多蒂、德威特·R.李:《市场经济:大师们的思考》，林季红等译，江苏人民出版社2000年版，第33页。

② 准确地说，这里应该是政府。持有这种观念的人，实际上混淆了政府和国家的概念，而国家和政府是两个完全不同的概念。同样的混淆也发生在哈耶克的《货币的非国家化》一书的题目中。我们看到，哈耶克实际上说的是货币的非政府化，书中许多地方正确地使用了“政府”，也有一些地方混用了“国家”。本书所用到的“国家”一词，只是出于这样的考虑，即有关的讨论都使用了“国家”的说法，而含义上则是指政府。

从这时算起,实际上中央银行只有一百多年的历史。第一次世界大战后,特别是二次世界大战以来,中央银行制度得以普遍推广,地位日益提高,作用日益扩大。

但是,如果从政府控制货币供应的意义上说,货币国家化的历史则非常悠久,政府的货币垄断权或独占权已有两千多年的历史。

> 在两千多年的时间中,政府供应货币的垄断权或独占权……这种垄断权被人毫不怀疑地视为主权的一个根本属性……不管怎么样,到了罗马帝国时代,统治者对铸造权的垄断已经稳固地确立起来了。中世纪时期,王室对于铸币、采矿、关税的垄断权乃是郡主的主要收入来源。①

对货币的垄断是支撑政府权力的重要支柱。

货币的本质是信用。曾经,公众认为,与私人企业相比,国家拥有更好的信用。其中包含着一些重要的却脱离实际的假设,而这些假设也许只是体现了人们的一些美好愿望。如:政府比个人或企业更理性;政府具有更高的计算和控制能力;政府更能照顾、关心社会大众的利益等。

国家垄断货币以后,并没有保证货币币值的稳定。如果我们回首世界金融史,国家垄断货币时,特别是纸币代替金属货币之前,并没有发生过严重的通货膨胀。但是,中央银行制度确立以来,世界性的货币国家化进程不断深化,而历史上那些最严重的通货膨胀,也称作恶性通货膨胀,统统发生在近几个世纪,正是伴随着纸币发行和货币国家化的进程深化而出现的。

在《货币的非国家化》一书中,哈耶克指出,在纸币代替金属货币的今天,只要国家垄断发行货币的权力,通货膨胀的发生就没法避免。尽管国家或者中央银行深知通货膨胀的后果,但在就业、贸易等重重压力之下,没有力量约束国家通货膨胀的行为。他说:

> 今天我们已经知道,是有可能控制货币的数量以防止货币购买力的剧烈波动的。而且,如果说对于政府,没有了金本位之类的制度约束,我们有充分理由不信任它,但我们却没有理由对私人企业使其所发行的货币保持稳定的能力表示怀疑,因为它的生存就取决于其所发行的货币之稳定。②

要打破通胀魔咒,可供选择的办法就是货币的非国家化。实际上,哈耶克的主张也仍然应该被看作是一种美好的愿望。正如哈耶克自己所说,对于自己

---

① [英]弗里德里希·冯·哈耶克:《货币的非国家化》,姚中秋译,新星出版社 2007 年版,第 27 页。

② [英]弗里德里希·冯·哈耶克:《货币的非国家化》,姚中秋译,新星出版社 2007 年版,第 36 页。

经过潜心研究所得到的货币体系，他抱有一种“绝望心情”。显然，哈耶克的“绝望心情”不无道理。从历史上看，通货膨胀常常成为那些不负责任的政府解脱经济困境的常规手段；也是一些有理想、有雄心壮志的政府实现政府目标的重要手段。因此，至少到目前为止，乃至比较长时间的未来，政府不可能主动放弃控制货币供应的权力。

(2)政府职能扩张

在现代经济生活中，政府职能扩张已经由早期的个别现象演变为一种世界性的潮流，而履行政府职能常常是以政府支出增长为前提的。因此，政府职能扩张的后果就是政府支出的增长。

不难看到，有两种主要力量推动着现代政府的职能不断扩张：政府自身的扩张机制和来自利益集团压力。

第一，政府体系自身的扩张冲动与扩张机制。以科层结构、非人格化和专业分工为基本特征的政府体制是现代社会的正规组织形式，它对现代社会生活产生了深刻的影响。一个官僚体制建立起来之后就会产生一种强大的欲求，想将权力扩展到社会的方方面面，渗透到几乎所有的领域——政治、军事、经济、文化、宗教等。为了贯彻自己的意志或实现自己的理想，又衍生出了获取、支配更多资源的需要。同时，政府机构的分工虽然会提高部门效率，但同时也会导致部门的无休止膨胀。

近代以来政府职能扩张的趋势一直没有停止过，虽然前期进行得比较缓慢。在19世纪以前，国家行政职能通常仅限于国防、社会治安、税收和外交等数项。20世纪30年代以后，凯恩斯主义问世并占据了主流学派的位置，西方经济学界形成了一套以总需求管理为核心的理论，市场经济国家的政府也通过财政、货币政策普遍地加强了对经济的干预。

现代生活中，我们不仅有了越来越庞大的政府队伍和部门林立、越来越复杂的政府机构，而且政府的职能也大为扩张。政府新涉足的领域包括：①对经济进行调控；②管理国内国际金融和贸易；③社会福利和社会保险；④管理教育、文化和医疗卫生；⑤保护知识产权；⑥控制环境污染和改善生活、生态环境；⑦监控产品质量和保护消费者权益；⑧公共物品的生产，等等。

早在20世纪70年代，斯蒂格勒就指出：

> 经济管制确是一项兴旺的事业，平均来说，联邦政府机构的开支每8—10年翻一番。[①]

---

① [美]G. J. 施蒂格勒：《产业组织和政府管制》，潘振民译，上海人民出版社1996年版，第250页。

因此，即使是赞同政府干预的斯蒂格利茨也承认，西方世界存在着越来越明显的“政府的增长”。

> 我们从一些简明的统计中更易于理解政府的增长：现在，美国政府的支出占国民生产总值的1/3以上，而在第一次世界大战前夕的1913年则不到10%；到1930年，政府支出则占国民生产总值的11%。在主要的工业化国家中，美国政府支出在国民生产总值中所占比重是最低的，法国、德国和意大利的公共部门支出占国民生产总值的1/2以上。①

布劳和梅耶也曾指出：

> 在美国，就业统计表明，各类组织倾向于向大型化和科层化发展，联邦政府在1820年有8000名雇员，本世纪初25万，现在接近300万。②

沃克和瓦特在《美国大政府的兴起》一书中指出的事实也表明政府必将继续扩张。

> 大政府的发展是如此之强有力，以至它战胜了根深蒂固的、持久的、大肆声张的社会政治和意识形态思潮，这些思潮热心于建立一个小政府、分散管理的政府和低税收的社会。③

第二，来自利益集团的压力。在现代社会生活中，利益集团的概念大家已经不再陌生，利益集团的存在也毋庸讳言。

> 利益集团，即旨在影响公共政策的集团，也为数众多，并且数量在不断增加。它们有时被称为“特殊利益集团”……它们的类型也五花八门。有些是正式的协会或组织，有些则完全没有正式组织。有些组织首先是为了游说活动，有些则有其他目的，诸如保证增加工资……最近20年里，人们已经看到利益集团的巨大发展及其活动范围的重大变化。④

在《竞争的经济、法律和政治维度》一书中，德姆赛茨分析指出：

---

① [美]约瑟夫·E.斯蒂格利茨等：《政府为什么干预经济——政府在市场经济中的角色》，郑秉文译，中国物资出版社1998年版，第33页。

② [美]彼得·布劳、马歇尔·梅耶：《现代社会中的科层制》，马戎等译，学林出版社2001年版，第9页。

③ [美]约翰·F.沃克、哈罗德·G.瓦特：《美国大政府的兴起》，刘进、毛喻原译，重庆出版社2001年版，第328页。

④ [美]詹姆斯·M.伯恩斯、杰克·W.佩尔塔森、托马斯·E.克罗宁：《民治政府》，陆震纶等译，中国社会科学出版社1996年版，第288～289页。

由于高度组织化的集团的政治影响力超出了成员的范围，通常，他们会要求政府更多地而不是更少地关心社会事务。这种要求具体表现在，特殊利益集团能将他们所承担的成本转嫁给别人。因此，通常的情况是，有组织的集团，无论他们是工会、贸易协会或教育团体，都有一种普遍的利益，一般会偏向于干预性的政府政策。①

太多的政治压力当然会施加到政府(货币量的控制者)身上。

一旦政府获得了照顾某些集团或人口中某一部分的权力，多数政府的机制就会迫使它们使用这种权力以获得足够的支持，使他们能够掌握多数。这种诱惑不断地促使政府通过操纵货币数量去满足某个地方或某个群体的要求。②

本章参考文献

①[英]洛克:《政府论》(下)，瞿菊农、叶启芳译，商务印书馆1982年版。

②[美]哈罗德·德姆赛茨:《竞争的经济、法律和政治维度》，陈郁译，上海三联书店1992年版。

③[美]G.J.施蒂格斯:《产业组织和政府管制》，潘振民译，上海人民出版社1996年版。

④[美]詹姆斯·M.伯恩斯、杰克·W.佩尔塔森、托马斯·E.克罗宁:《民治政府》，陆震纶等译，中国社会科学出版社1996年版。

⑤[美]约瑟夫·E.斯蒂格利茨等:《政府为什么干预经济——政府在市场经济中的角色》，郑秉文译，中国物资出版社1998年版。

⑥[英]哈耶克:《自由宪章》，杨玉生译，中国社会科学出版社1999年版。

⑦[英]F.A.哈耶克:《致命的自负——社会主义的谬误》，冯克利、胡晋华译，中国社会科学出版社2000年版。

⑧[美]詹姆斯·L.多蒂、德威特·R.李:《市场经济:大师们的思考》，林季红等译，江苏人民出版社2000年版。

⑨[美]彼得·布劳、马歇尔·梅耶:《现代社会中的科层制》，马戎等译，学

---

① [美]哈罗德·德姆赛茨:《竞争的经济、法律和政治维度》，陈郁译，上海三联书店1992年版，第72～73页。

② [英]弗里德里希·冯·哈耶克:《货币的非国家化》，姚中秋译，新星出版社2007年版，第117页。

林出版社 2001 年版。

⑩[美]约翰·F.沃克、哈罗德·G.瓦特:《美国大政府的兴起》,刘进、毛喻原译,重庆出版社 2001 年版。

⑪[美]约翰·麦克里兰:《西方政治思想史》,彭淮栋译,海南出版社 2003 年版。

⑫[美]约翰·杜威:《确定性的寻求:关于知行关系的研究》,傅统先译,上海人民出版社 2005 年版。

⑬[英]哈耶克:《货币的非国家化》,姚中秋译,新星出版社 2007 年版。

⑭[美]尼古拉斯·雷舍尔:《复杂性:一种哲学概观》,吴彤译,上海科技教育出版社 2007 年版。

⑮[美]亚龙·布鲁克、唐·沃特金斯:《自由市场革命:终结大政府之路》,启蒙编译所译,上海译文出版社 2014 年版。

⑯[英]马特·里德利:《自下而上:万物进化简史》,闾佳译,机械工业出版社 2017 年版。